Quem foi que inventou o Brasil?

Franklin Martins

Quem foi que inventou o Brasil?

A música popular conta a história da República

Volume III – de 1985 a 2002

EDITORA
NOVA
FRONTEIRA

Editora Nova Fronteira Participações S.A.
Rua Nova Jerusalém, 345 — Bonsucesso — 21042-235
Rio de Janeiro — RJ — Brasil
Tel.: (21) 3882-8200 — Fax: (21) 3882-8212/8313

Coedição
Instituto Tomie Ohtake
Rua Coropés, 88 - Pinheiros - 05426-010
São Paulo - SP - Brasil
www.institutotomieohtake.org.br

Coordenação editorial
Obá Editorial

Supervisão editorial
Diego Rodrigues

Assistente de coordenação
Patrícia Harumi

Preparação de texto
Fernando Nuno

Capa e projeto gráfico
Fernando Mello

Diagramação
Gleison Palma

Revisão
Débora Teodoro
Felipe de Lima Moreira
Hugo Américo Pita
Luísa Munhoz
Osvaldo Tagliavini Filho

Pesquisa
Franklin Martins
Roberto de Azevedo
Bruno Viveiros
Miguel Martins

Iconografia
Pesquisa e seleção de imagens
Porviroscópio Projetos e conteúdos

Coordenação
Vladimir Sacchetta

Colaboração
Roberto de Azevedo
Bruno Viveiros
Pedro de Castro Luscher
Rafael da Cruz Alves
Taciana Almeida Garrido Rezende
(Projeto República/ UFMG)

Franklin Martins, 67 anos, jornalista, foi durante muitos anos um dos principais comentaristas políticos da imprensa brasileira. Trabalhou em alguns dos mais importantes órgãos de comunicação do país, como o Jornal do Brasil, O Globo, O Estado de S. Paulo, o Jornal de Brasília, a revista Época, as rádios CBN e Bandeirantes, o SBT, a TV Globo e a TV Bandeirantes. Foi correspondente do Jornal do Brasil em Londres. De 2007 a 2010, durante o segundo mandato do presidente Luiz Inácio Lula da Silva, ocupou o cargo de ministro-chefe da Secretaria de Comunicação Social da Presidência da República.

Durante a ditadura militar, foi um dos principais dirigentes do movimento estudantil brasileiro em 1968. Participou ativamente da luta pela redemocratização do país, vivendo cinco anos e meio na clandestinidade e cinco anos e meio no exílio. Durante esse período, editou vários jornais e revistas da resistência dentro e fora do país. É diplomado pela Escola Superior de Altos Estudos em Ciências Sociais da Universidade de Paris (1977).

Começou a pesquisar sobre a intensa relação entre a política e a música no Brasil em 1997.

CIP-Brasil. Catalogação-na-Fonte
Sindicato Nacional dos Editores de Livros, RJ

M343q
v. 3
Martins, Franklin, 1948-
Quem foi que inventou o Brasil? : a música popular conta a história da República - volume III - 1985 a 2002 / Franklin Martins. - 1. ed. - Rio de Janeiro: Nova Fronteira, 2015.
576 p. : il. ; 24cm.

Sequência de: Quem foi que inventou o Brasil? vol. 1 e 2
Inclui bibliografia e índice
ISBN 978-85-209-2428-0

1. Música popular - Brasil - História e crítica. I. Título.

15-24421.

CDD: 782.421630981 CDU: 78.067.26(81)

08.07.15 08.07.15

Aos que me deram abrigo em momentos muito difíceis.

À memória de Sigrid Nepomuceno Alvim Correa e Eduardo Alvim Correa.

À memória de Selma Pellizon (Papoula).

E foi por ter posto a mão no futuro
Que no presente preciso ser duro
E eu não posso me acomodar
Quero um país melhor.

(Milton Nascimento e Fernando Brant,
em Carta à República*)*

A burguesia não repara na dor
Da vendedora de chicletes
A burguesia só olha pra si
A burguesia só olha pra si

(Cazuza, em Burguesia*)*

Está difícil de manter a nossa vela acesa
Nós comemos pão com cabelo
Tomamos copo de pus
Apagamos a porta
E fechamos a luz.

(Vítima Fatal, em Verde e amarelo*)*

Aqui tu existe, mas nunca saíste do papel
Aqui tu existe, porém ninguém nunca te viu
Aqui tu existe mas nunca saíste do papel
Aqui tu existe mas onde estás? Onde estás?
E lá no papel tu és linda, és tão bonita
Lá no papel tu és linda, és tão bonita
E lá no papel és linda, és linda, linda

(Edson Gomes, em Democracia*)*

O Real já era !
MEGA SENA vai pagar

O Sumário

yuppies sont fatigués
preto
brás

JAMES BROWN
MATATA

O Nota

O terceiro volume de *Quem foi que inventou o Brasil?* reúne 329 canções sobre política do período que vai de 1985 a 2002. Todas elas podem ser escutadas pelos leitores/ouvintes no site www.quemfoiqueinventouobrasil.com, no qual também estão disponíveis as canções que integram os volumes I e II desta obra.

Ao todo, são mais de 1.100 fonogramas que espelham, ilustram e contam a história da República.

Capítulo IX “Que país é este?”

Introdução

Redemocratização e inflação. Essas duas questões dominaram os quase dez anos que vão do fim do regime militar (1985) à posse de Fernando Henrique Cardoso na presidência da República (1995). Foi um período extraordinariamente complexo e intenso, em que o país alternou momentos de entusiasmo e perplexidade, esperança e frustração, desilusão e revolta, mesmice e renovação, participação e repressão.

Promulgação da nova Constituição.

Esses vaivéns explicam-se. A conquista da democracia não implicou uma ruptura com o regime anterior. Os líderes que comandaram a transição para a Nova República, seja por temer uma radicalização política que escapasse a seu controle, seja por avaliar que a correlação de forças não aconselhava confrontos diretos com o antigo regime, preferiram simplesmente virar a página. Nada de olhar para trás.

Passeata em apoio à greve geral, julho de 1987.

Que o passado fosse deixado no esquecimento. Para que cobrar responsabilidades pela tragédia de duas décadas? Para que liberar fantasmas ou evocar verdades capazes de assombrar o país — ou, quem sabe, de comovê-lo e de ensiná-lo? Vida que segue. Do jeito que der.

O fato de que, por obra do destino, tenha sido José Sarney e não Tancredo Neves o primeiro presidente da redemocratização marcou simbolicamente com precisão as contradições que cercaram o nascimento da Nova República. Até um ano antes, Sarney sequer pertencia aos quadros da oposição. Ao contrário, era o presidente do Partido Democrático Social (PDS), o partido da ditadura, de onde se desprendeu quando a campanha das Diretas-Já, reunindo multidões nas ruas de norte a sul do país, inviabilizou qualquer possibilidade de sobrevida para o regime.

Ou seja, o novo presidente não havia sido um dos líderes da luta pela democracia, mas apenas um companheiro de viagem — um aliado de última hora, no derradeiro trecho da caminhada. Embora seu movimento tenha sido importante para apressar o fim do regime, nem de longe Sarney tinha sua imagem associada à luta pela reconquista do Estado Democrático de Direito. Tanto que, desde o primeiro momento,

José Sarney discursa na convenção nacional do PDS, julho de 1983.

o novo presidente se viu obrigado a dar sinais expressos de que se manteria fiel ao legado de Tancredo Neves — confirmando, por exemplo, todos os ministros escolhidos por ele — e atuaria em estreita sintonia com Ulysses Guimarães, que logo passou a ser considerado, para o bem ou para o mal, a eminência parda do novo governo.

À incerteza política que dominou o novo governo desde o seu início, somou-se outro grave obstáculo. As forças que chegaram ao poder com a Nova República estavam unidas apenas em torno da necessidade do restabelecimento da democracia. Não possuíam um programa comum para enfrentar outros grandes problemas nacionais, como inflação, dívida externa, política salarial ou reforma agrária, o que praticamente inviabilizava a definição dos rumos do governo e dificultava a tomada de decisões.

Na economia, a herança deixada pela ditadura militar era pesada. O Produto Interno Bruto (PIB), que na década de 1970 crescera a taxas robustas, patinava desde o começo dos anos 1980. Seu crescimento ao longo do governo Figueiredo, o último do ciclo dos generais, foi negativo em 1981 (-4,3%), pífio em 1982 (0,8%), novamente negativo em 1983 (-2,9%) e razoável em 1984 (5,4%). Os índices de inflação, em contrapartida, subiram em flecha no mesmo período: 93% em 1981, 100% em 1982, 177% em 1983 e 209% em 1984. Em 1985, primeiro ano do governo Sarney, o Índice Nacional de Preços ao Consumidor (INPC) cresceu 239%.

Assim, em pouco tempo a inflação converteu-se no maior pesadelo da população e na principal dor de cabeça do governo. Em fevereiro de 1986, menos de onze meses depois de empossado, Sarney tentou dar uma resposta ao problema. Anunciou o Plano Cruzado, que congelou os aluguéis e os preços dos gêneros de primeira necessidade, fixou os salários pela média dos seis meses anteriores e instituiu o gatilho salarial, a ser acionado sempre que a inflação acumulada superasse 20%. A moeda nacional, o cruzeiro, foi substituída pelo cruzado.

Bonecão homenageia Ulysses Guimarães na promulgação da nova Constituição.

Desesperada com a carestia, a população reagiu entusiasticamente às medidas. Em três tempos, por

ESTE ESTABELEC
ERDITADO PELA
TAR PRATICA
CIMA DO A

Fiscais interditam estabelecimento que desrespeitou o congelamento de preços.

toda parte surgiram os "fiscais do Sarney" — cidadãos e cidadãs que, nos supermercados, armazéns e padarias, tentavam impedir as remarcações de preços. A popularidade do presidente foi às alturas. Durante os meses seguintes, Sarney viveu em lua de mel com a opinião pública.

Em meados do ano, porém, inúmeros produtos começaram a escassear nas prateleiras dos supermercados. Logo a carne sumiu dos açougues. Muitos empresários, alegando prejuízos com o congelamento, diminuíram a produção, o que favoreceu o surgimento de um mercado negro. Não foram poucas as vozes que advertiram para a necessidade de ajustes no pacote, de modo a superar o engessamento da economia e estimular o crescimento da produção. O governo, entretanto, manteve-se inflexível na defesa do Plano Cruzado, apesar dos indícios crescentes de que ele estava fazendo água. Na verdade, o governo Sarney não estava de olho apenas na economia, mas também nas eleições que se avizinhavam.

Em novembro, o povo foi às urnas para eleger os governadores e o Congresso, que também teria a missão de redigir a nova Constituição do país. Amparado na popularidade do Plano Cruzado, o Partido do Movimento Democrático Brasileiro (PMDB), partido de Sarney e de Ulysses, obteve uma vitória espetacular. Conquistou 22 dos 23 governos estaduais em disputa, 38 das 48 cadeiras do Senado e 260 das

Dílson Funaro, ministro da Fazenda, anuncia o Plano Cruzado II.

487 vagas na Câmara dos Deputados, na maior vitória eleitoral de um partido desde o fim da República Velha.

Entretanto, não houve tempo para comemorações. Seis dias depois das eleições, o governo anunciou o Plano Cruzado II, que pôs fim ao congelamento dos preços e dos aluguéis. Indignada com o que logo foi batizado de "estelionato eleitoral", a população virou as costas para Sarney e para o PMDB. A partir daí e até o fim de seu mandato, o presidente governaria debaixo de enorme descrédito.

Em fevereiro, foi instalada a Constituinte, que escolheu como presidente o deputado Ulysses Guimarães, o "Senhor Diretas", que já presidia o PMDB. Os trabalhos, que duraram cerca de vinte meses, contaram com grande participação popular e legaram ao país uma Constituição democrática e moderna, avançada na garantia dos direitos individuais e sociais, na proteção ao meio ambiente e ao menor. Mas nem a promulgação da "Constituição Cidadã" logrou desanuviar o ambiente, cada vez mais carregado com as péssimas notícias da economia. A inflação galopante estava se transformando em hiperinflação.

Em 1988, o INPC disparou, chegando a 993% no ano. Em 1989, ele praticamente dobrou, alcançando 1.863%. No início de 1990, o ambiente já era de absoluto descontrole dos preços. Em janeiro, o índice foi de 56%; em fevereiro, de 73%. Em março, quando Sarney despediu-se do governo, bateu em 84%. Ou seja, os preços quase dobravam a cada quatro semanas.

Assim, as eleições presidenciais de 1989, as primeiras pelo voto direto desde a vitória de Jânio Quadros quase quarenta anos antes, realizaram-se num ambiente dominado pela escalada vertiginosa dos preços e pela sensação generalizada de que o país se encontrava sem comando, à beira do abismo. Situações dessa natureza, marcadas pelo desespero da população e pela deterioração das instituições, tendem a favorecer o surgimento de demagogos e salvadores da pátria. Foi num cenário semelhante que a Alemanha guindou o cabo Hitler à condição de chanceler do Reich. Foi nesse terreno pantanoso que surgiu Collor.

Fernando Collor em campanha.

O governador de Alagoas, Fernando Collor, percebeu que o colossal desencanto com os políticos tinha aberto espaço para uma

Lula, com a esposa Marisa Letícia e Chico Buarque, faz discurso na Candelária, Rio de Janeiro.

candidatura acima dos partidos, sem compromissos visíveis com os esquemas tradicionais. Assim, apresentou-se ao povo como se fosse uma novidade absoluta. Seu próprio perfil contribuía para a fixação dessa imagem. Jovem, bonitão, voluntarioso, filiado a um partido recém-fundado, egresso de um pequeno estado, quase um desconhecido, Collor tinha atributos que lhe permitiam posar de franco-atirador. Na época, houve quem o visse como um atrevido "Indiana Jones" da política. Lançando mão de um discurso moralista, no qual se apresentava como "o caçador de marajás" — ou seja, o inimigo dos privilegiados —, Collor anunciou ao eleitorado que tinha vindo fundar o "Brasil Novo".

No início, sua candidatura não foi levada a sério, mas os apoios começaram a chover quando as pesquisas mostraram que seu discurso encontrava forte ressonância na sociedade. Aos poucos, entre os setores conservadores, os grandes empresários e os principais grupos de comunicação firmou-se a convicção de que Collor era o único nome em condições de impedir a vitória dos candidatos progressistas. Assim, ele passou para o segundo turno com 28,51% dos votos, bem à frente de Luiz Inácio Lula da Silva, que, surpreendendo a maioria dos analistas, arrebatou de Leonel Brizola no olho mecânico o segundo lugar na corrida presidencial. Obteve 16,08% dos votos contra 15,45% do líder do Partido Democrático Trabalhista (PDT). Também na esquerda havia se produzido uma mudança de guarda.

No segundo turno, a candidatura de Lula, apoiada por Brizola, Covas e Ulysses, cresceu fortemente, polarizando o país. Mas Collor segurou o tranco e venceu por pequena margem — 53% a 47% dos votos válidos. Tornou-se assim o mais jovem presidente da República da história da América Latina, com apenas 40 anos.

Collor iniciou o governo cercado de enorme expectativa. Não perdeu tempo. No dia seguinte à posse, anunciou o Plano Brasil Novo — a prometida "bala de prata" que abateria o tigre da inflação. Novamente o país trocou de moeda — no caso, o cruzado pelo cruzeiro. A medida de maior impacto do pacote, porém, foi o confisco por dezoito meses de todos os depósitos em conta corrente e em cadernetas de poupança acima de 50 mil cruzeiros. A avaliação da equipe econômica era de que, ao enxugar drasticamente a quantidade de dinheiro em circulação, a inflação seria derrubada de forma rápida e consistente. Além disso, fiel ao receituário neoliberal que tomava conta do mundo, o governo decidiu extinguir 24 empresas estatais — entre elas, gigantes como a Companhia Siderúrgica Nacional (CSN) e a Empresa Brasileira de Aeronáutica (Embraer).

À semelhança do que havia se passado no governo Sarney, o pacote teve impactos positivos num primeiro momento. Mas a alegria durou pouco. Em dezembro de 1990, menos de um ano depois do anúncio do Plano Collor, o INPC já se aproximava de 20% mensais. A inflação acumulada em 1991 chegaria a 475%. Em 1992, alcançaria os elevadíssimos patamares do governo Sarney: 1.149%. A bala de prata tinha saído pela culatra.

Mudança da moeda, uma das medidas do Plano Brasil Novo.

Os problemas, no entanto, não pararam por aí. As atabalhoadas medidas implementadas pelo governo Collor desorganizaram de tal forma a atividade produtiva que a economia mergulhou numa recessão semelhante à do final do regime militar. Em 1990, o crescimento negativo do PIB foi acentuado: menos 4,5%. No ano seguinte, houve um incremento medíocre de apenas 1%, voltando a se registrar uma taxa negativa em 1992 (menos 0,5%).

Tudo isso já seria o bastante para lançar o governo Collor, que carecia de bases políticas e sociais sólidas, numa crise de grandes proporções, mas a situação de fragilidade do governo se acentuou ainda mais com as crescentes denúncias de corrupção envolvendo ministros, familiares e pessoas muito próximas ao presidente, a começar pelo tesoureiro de sua campanha, Paulo César Farias, o PC.

Collor ainda tentou recuperar a iniciativa política, realizando nos primeiros meses de 1992 uma reforma ministerial que trouxe o Partido da Frente Liberal (PFL) para o núcleo do governo. Mas em maio foi seriamente atingido por novas denúncias. Segundo seu irmão Pedro, PC Farias não passava de um testa de ferro do presidente, a quem acusou de ser o comandante e o principal beneficiário de uma vasta rede de corrupção.

O escândalo levou à convocação de uma Comissão Parlamentar de Inquérito (CPI). As raposas da política apostaram que a investigação não daria em nada, mas se enganaram. Em pouco tempo, os depoimentos e os documentos reunidos formaram a convicção de que o presidente estava diretamente envolvido num grande esquema de desvio de dinheiro público e de cobrança de propina a empresas privadas.

PC Farias depõe na CPI que investigou a corrupção no governo Collor.

A reação da sociedade foi fortíssima. Em todo o país multidões de jovens, os caras pintadas, saíram às ruas exigindo o afastamento de Collor. O presidente ainda tentou reagir, apelando a seus partidários, mas sua hora já tinha soado. Perdeu rapidamente a disputa, tanto nas ruas como no Parlamento. Em setembro, a Câmara dos Deputados autorizou a abertura do processo de *impeachment* do presidente. Em dezembro, às vésperas de ser condenado pelo Senado por crime de responsabilidade, Collor renunciou ao mandato. Assumiu o governo o vice-presidente Itamar Franco. Oito anos depois das Diretas-Já, o povo nas ruas tinha produzido uma nova situação política no país.

Itamar tinha perfil oposto ao de Collor. Íntegro, simples e discreto, não era dado a arroubos e pirotecnias. Tampouco tinha a pretensão de governar sozinho, embora fosse cioso de sua autoridade. Chamou todos os partidos para conversar e

Manifestação de caras pintadas contra o governo Collor.

por pouco não montou um governo de união nacional. Estendeu pontes em todas as direções. Acenou para a esquerda e dialogou com os movimentos sociais, mas manteve o programa de privatizações tão do agrado dos setores conservadores. Tudo somado, o povo acolheu-o com simpatia e lhe deu um crédito de confiança.

Fernando Collor renuncia ao mandato presidencial.

Entretanto, como a inflação não deu tréguas — em 1993, o INPC alcançou 2.489% —, a insatisfação voltou a crescer. Em maio de 1993, Itamar nomeou o senador Fernando Henrique Cardoso para o Ministério da Fazenda com a incumbência de traçar uma nova estratégia para deter o descontrole dos preços.

Posse de Fernando Henrique Cardoso no Ministério da Fazenda do governo Itamar Franco, à direita.

Nove meses depois, foi anunciado o Plano Real. Extraindo ensinamentos dos pacotes anteriores, a equipe econômica comandada por Fernando Henrique não buscou acabar com a inflação de um só golpe, da noite para o dia. Não propôs congelamentos, confiscos, quebras de contratos ou medidas traumáticas e espetaculares. Ao contrário, o plano se assentou na desindexação progressiva da economia, que durou quatro meses, antes do lançamento da nova moeda.

Assim, em julho de 1994, quando o real passou a circular, a inflação já se encontrava em forte queda e os principais mecanismos de reindexação e correção monetária haviam sido desidratados ou anulados. No segundo semestre de 1994, os índices da inflação se situaram em patamares inferiores a 3% ao mês, com tendência à queda.

Rubens Ricúpero e Itamar Franco lançam as novas cédulas do Real.

O sucesso do Plano Real alterou bruscamente a situação política, redesenhando o quadro da disputa eleitoral que se avizinhava. Fernando Henrique Cardoso, que antes de assumir o Ministério da Fazenda titubeava entre tentar um novo mandato no Senado ou concorrer a uma cadeira de deputado federal, foi catapultado para o primeiro plano. Lançou-se candidato a presidente da República, tendo como vice Marco

Fernando Henrique Cardoso no Nordeste em campanha à presidência da República.

Maciel, um dos principais nomes do Partido da Frente Liberal (PFL). A dobradinha largou com o apoio de uma ampla coalização partidária, que ia da centro-esquerda à direita do espectro político.

Em abril, as pesquisas de opinião apontavam Lula, o candidato do Partido dos Trabalhadores (PT), como o preferido dos eleitores. Tinha 42% das intenções de voto contra 19% para Fernando Henrique. Em julho, quando o real começou a circular, o quadro já registrava empate técnico. Com o início da propaganda eleitoral gratuita no rádio e na televisão, o tucano assumiu a dianteira e livrou boa vantagem sobre seu principal oponente. Nas eleições de 3 de outubro, Fernando Henrique obteve uma vitória espetacular. Venceu já no primeiro turno, arrebatando 54% dos votos contra 27% de Lula.

Lula em campanha, Pirapora, Minas Gerais.

O sucesso do Plano Real foi o responsável pela arrancada fulminante de Fernando Henrique na disputa eleitoral. Enquanto o candidato vitorioso apresentou-se na campanha como o campeão da luta contra o descontrole dos preços, Lula cometeu o grave erro de passar ao largo do problema que infernizava a vida dos brasileiros. Ao investir contra o Plano Real, classificando-o como outro estelionato eleitoral, isolou-se ainda mais do sentimento majoritário da sociedade. Quando os preços deram sinais de estabilização e o dragão da hiperinflação pareceu domado, a eleição estava decidida. Fernando Henrique assumiu o governo em meio a enorme popularidade.

Assim, ao findar o tumultuado período abordado por este capítulo, o país tinha logrado avanços importantes nas duas questões que dominaram sua agenda nos dez anos anteriores. De um lado, consolidou a democracia com a promulgação da nova Constituição, a proclamação da importância dos direitos individuais e sociais, e a realização de eleições regulares. De outro, formou uma clara maioria decidida a não mais conviver com a inflação, dando os primeiros passos na reconstrução de uma moeda nacional confiável. A partir de então, esses dois pontos não sairiam mais da agenda nacional.

***

Nossa música popular acompanhou de perto as idas e vindas dessa década tumultuada e confusa, não só fazendo a crônica dos fatos e acontecimentos como desnudando comportamentos, alertando para hipocrisias, criticando arbitrariedades,

Espetáculo de rap em São Paulo.

denunciando maracutaias, levantando-se contra crimes e chacinas, comemorando avanços, gritando contra injustiças.

Houve no período um nítido deslocamento do peso dos diferentes gêneros musicais que abordaram temas políticos. A MPB, que desde a década de 1960 ocupava com folga o primeiro lugar desse *ranking*, caiu para a terceira posição, alcançando apenas 10% das canções. A liderança passou para o rock, responsável por quase um terço das composições.

De certa forma, mais do que uma substituição de gêneros, houve uma mudança de gerações. Afastada a ditadura, a velha guarda da MPB, que segurara o rojão durante os anos de chumbo, diminuiu sua produção ou a dirigiu para outros temas. Já a garotada do rock, com muitas perguntas e respostas frescas na cabeça, mostrou-se rápida no gatilho na hora de criticar os políticos que haviam participado da luta contra a ditadura.

Entretanto, não foi apenas o rock que irrompeu com grande força no período. O rap também. Embora só tenha despontado nos últimos anos da década de 1980, ele rapidamente superou a MPB no tratamento de temas políticos. Marcaram forte presença ainda o reggae, o samba-reggae, o axé, o repente e o humor — além, é claro, dos *jingles*, cuja produção cresceu bastante com a retomada de eleições democráticas regulares.

É interessante notar que, juntos, o rap, o reggae, o samba-reggae, o axé e o manguebeat — aos quais se poderia somar ainda o samba cheio de bronca de Bezerra da Silva e de Dicró — produziram quase um quarto das composições sobre política no período. Traziam em comum a mesma matéria-prima: a indignação crescente da população dos bairros pobres da periferia e das favelas das grandes cidades com a discriminação racial, o *apartheid* social e a violência policial. Vieram com tudo e vieram para ficar. No início, cantavam, falavam e xingavam como se fossem a voz de guetos isolados e esquecidos. Em pouco tempo descobririam que retratavam a desesperança, a bronca social e a revolta política da maioria do país.

Blitz *policial em morro do Rio de Janeiro.*

Show durante o Rock in Rio, 1985.

A lista de compositores, cantores, bandas e conjuntos que abordaram temas políticos na época não é apenas grande, mas também claramente marcada pela renovação. Dela fazem parte nomes consagrados, como Juca Chaves, Tom Zé, Alceu Valença, Gilberto Gil, Milton Nascimento, Martinho da Vila, Neguinho da Beija-Flor, Bezerra da Silva, Dicró, Caetano Veloso, Raul Ellwanger, Leci Brandão, Reginaldo Bessa, Aldir Blanc, Maurício Tapajós, Guinga, Lourival Batista, Zeto do Pajeú, Valdir Teles e Severino Feitosa, Caju e Castanha, Geraldo Mouzinho e Cachimbinho.

Mas há também uma enxurrada de novos talentos, entre os quais se destacaram Léo Jaime, Lobão, Cazuza, Renato Russo, Mano Brown, Thaíde, DJ Hum, Alípio Martins, Duck Jam, Ndee Naldinho, Edson Gomes, Paulo e Chico Caruso, Galdino de Atalaia, Roque José, Zezé di Camargo e Luciano, Gabriel, o Pensador, GOG, Chico Science e Marcelo Yuka, além de inúmeras bandas e grupos como Plebe Rude, Premeditando o Breque, Olodum, Ilê Aiyê, Ara Ketu, Muzenza, Escola de Escândalos, Os Paralamas do Sucesso, Titãs, Camisa de Vênus, Ratos de Porão, Inocentes, Garotos Podres, Detrito Federal, Legião Urbana, Ultraje a Rigor, Biquini Cavadão, Cidade Negra, Skank, Vítima Fatal, DMN, Nação Zumbi e O Rappa.

Os números deixam clara a intensidade da renovação ocorrida no período. Menos de 30% das canções desta seleção são da lavra da velha guarda. A turma jovem responde por 65% das composições, ficando o restante por conta de *jingles* — muitas vezes, de autores que não foi possível identificar.

A quantidade de músicas sobre política no período, a diversificação dos gêneros e a multiplicação dos artistas têm a ver, é claro, com a conquista e a consolidação da democracia. O clima de liberdade estimulou compositores e intérpretes a abordar sem receio temas políticos que, em outras épocas, haviam provocado perseguições e represálias. Por outro lado, a crise econômica em que o país mergulhou, ao provocar um grande aguçamento das tensões sociais, ampliou a agenda política e promoveu a intervenção de novos atores. A reforma agrária voltou à ordem do dia. Outras questões, que antes apenas marginalmente influíam na pauta nacional, passaram a ocupar lugar de destaque, como a discriminação racial, a violência policial, os menores abandonados, as deficiências do sistema educacional público, a ausência do Estado nas favelas e nos bairros pobres e o controle pelo narcotráfico dessas áreas.

A tudo isso se somou a intensificação do processo de transformações da indústria fonográfica, iniciado no final dos anos 1980, com a proliferação de dezenas de pequenas e médias gravadoras em todo o país. No capítulo VIII, uma em cada

Manifestação durante greve de funcionários públicos federais, Rio de Janeiro, março de 1988.

cinco músicas sobre política havia sido lançada por uma gravadora independente. Nesse capítulo, a proporção passou a ser de uma em cada três.

***

As dez primeiras canções deste capítulo fazem uma ponte entre os últimos anos da ditadura militar e os primeiros meses da Nova República. Têm um pé em cada período. Ao mesmo tempo em que ajustam contas com o passado, testam a temperatura da nova etapa.

Em *Nova República* e *Votar, votar*, Juca Chaves expôs suas dúvidas sobre as ambiguidades da democracia recém-conquistada. Afinal, quem estava no Palácio do Planalto era José Sarney que até um ano antes presidia o partido da ditadura. "O que preocupa o povo, isso eu sei/ Não é somente a ausência do simpático Tancredo/ É o excesso de saúde no Sarney/ Chorei...". Tom Zé, em *Democracia*, chamou a atenção do povo para a fragilidade da situação. O Brasil estava melhor do que antes, mas ainda bem distante do que se queria. *Solange* e *Abaixo a depressão*, ambas do roqueiro Léo Jaime, comemoraram o fim da ditadura, mas fizeram questão de exigir a supressão da censura e da repressão policial.

Até quando esperar?, da banda de rock Plebe Rude, botou o dedo na ferida do principal problema herdado da ditadura: a absurda concentração de renda existente no Brasil. "Com tanta riqueza por aí, onde é que está? Cadê sua fração?", perguntavam os rapazes. Tom Zé, em *Desafio do boia-fria*, denunciou os fazendeiros que se recusavam a assinar a carteira de trabalho dos assalariados rurais. Em *Classe operária*, brincou com os militantes de esquerda originários da classe média que pretendiam liderar os trabalhadores.

Não vamos pagar (1985) conclamou o país a não reconhecer a dívida externa contraída durante a ditadura. *Balão trágico*, copiando o estilo da Turma do Balão Mágico, programa infantil de grande sucesso na televisão da época, mostrou como era difícil a vida das crianças nas favelas.

Os dois sambas que vêm a seguir, *O homem do colarinho branco* e *Vítimas da sociedade*, criticaram a impunidade de banqueiros, empresários e autoridades que cometiam crimes. Neguinho da Beija-Flor denunciou: "Ele apronta, ele faz o que quer/ Porque pra ele nunca pega nada". Bezerra da Silva completou: "Cuidado com essa rapaziada do pescoço ocupado/ Que eles não são de brincadeira/ É uma pá de 171, amizade".

Em novembro de 1985, os eleitores foram às urnas pela primeira vez depois do fim da ditadura. No caso, para escolher os 201 prefeitos das capitais e municípios considerados de Segurança Nacional, até então nomeados pelo regime militar. *Fi-lo porque qui-lo* divertiu-se com a vitória do ex-presidente Jânio Quadros, que surpreendeu meio mundo, desmoralizou as pesquisas e atropelou na reta final o senador Fernando Henrique Cardoso, considerado franco favorito.

Rubens, do Premeditando o Breque, quebrou tabus. Cantou o amor entre dois rapazes, que, depois de muita reflexão, decidiram assumir publicamente seu relacionamento: "Se a tua família descobre/ Eles vão querer nos engolir/ Rubens, mas eu acho que dá pé/ Esse negócio de homem com homem/ E mulher com mulher".

Em *Romance da Bela Inês*, Alceu Valença falou sobre a revolução na América Latina ao cantar seu amor por uma mulher linda e única, que carregava no peito libertário um invencível peso conservador. Tal divisão não foi privilégio da musa do cantador, marcando muitos dos que tentaram alçar voo nas difíceis décadas de 1970 e 1980.

Atenção para as seis canções seguintes: *Oração pela libertação da África do Sul*, *Lágrima do Sul*, *Libertem Mandela*, *África do Sul*, *Meu homem* e *Protesto do Olodum*. Lançadas entre 1985 e 1988, à primeira vista apenas se somaram ao movimento internacional pelo fim do regime do *apartheid*. Mas só à primeira vista. Na verdade, todas essas canções falavam tanto sobre Salvador ou o Rio de Janeiro quanto sobre Johanesburgo ou Soweto. Sinalizavam que também no Brasil a luta contra a discriminação racial e o *apartheid* social estava entrando com força na agenda política.

Também nessa época, diversos blocos afro carnavalescos da Bahia, como o Olodum, o Ilê Aiyê, o Muzenza e o Ara Ketu, engajaram-se no esforço sistemático de recuperação das raízes africanas de nossa cultura, afirmando assim a identidade negra do povo brasileiro. *Canto para o Senegal* (1987) é um exemplo desse movimento, mas há outros no anexo, como *Uma história de Ifá ou Elegibô*, *Serpente*, *Canto para a Nigéria* e *Madagascar Olodum*. Se nos Estados Unidos dos anos 1960 a fórmula para proclamar o orgulho negro diante do racismo havia sido "Black is beautiful", em nosso país nos anos 1980 o lema poderia ser resumido no *slogan* "O Brasil vem da África".

Essa luta cultural e política subterrânea, pouco percebida num primeiro momento, contribuiria para a explosão do reggae, do samba-reggae, do rap e do funk nos anos seguintes. Com ritmos diferentes e recursos distintos, todos esses gêneros cantariam em alto e bom som a indignação dos guetos, que, logo se veria, estava em sintonia com o sentimento de boa parte da sociedade.

A seleção segue em frente com cinco rocks. *Estado Violência*, da banda Titãs, lançado em 1986 embora composto no ano anterior, protestou contra a prisão de dois integrantes da banda por porte de drogas. *Homem público* (1986), da banda brasiliense Escola de Escândalos, denunciou os políticos com duas caras: "Você vê a fachada/ E não a decadência atrás". *Selvagem* (1986), de Os Paralamas do Sucesso, criticou a censura ao filme *Je vous salue, Marie*, proibido porque apresentava uma versão humanizada — e para alguns, desrespeitosa — da Virgem Maria. *Alagados* (1986), da mesma banda, chamou a atenção para a exclusão social da população pobre do Rio de Janeiro e de Salvador. *Homem primata* (1986) observou que os homens no capitalismo selvagem pareciam macacos na selva.

Hino do MST e *Sem-terra* (1986) cantaram o crescimento das lutas pela reforma agrária no país. Os anos seguintes seriam pródigos em canções sobre o tema, que ocuparia lugar cada vez mais destacado na agenda nacional.

Aí veio o Plano Cruzado. Em fevereiro de 1986, quase um ano depois de empossado na presidência da República, José Sarney anunciou um conjunto de medidas de combate à inflação que atormentava os brasileiros: congelamento de preços, gatilho salarial e substituição da moeda nacional. A reação da população foi de franco entusiasmo. Por toda parte, surgiram os "fiscais do Sarney", que pretendiam impedir os reajustes dos preços. *A rasteira do presidente*, lançado por Bezerra da Silva, deu força: "Tabela de preços na mão/ Vamos lutar contra a inflação/ Se liga, tubarão".

Nem todo mundo, porém, embarcou no clima de euforia. Dias depois do anúncio do Plano Cruzado, Marcelo Nova, da banda Camisa de Vênus, cantou num show uma nova versão de *O adventista*, muito mais pesada que a anterior. Desancou a Nova República. Juca Chaves também recebeu o plano com um pé atrás. Em *Fricote do pacote*, anunciou que o cruzado estava começando a fazer água. A realidade mostrava-se mais forte que as boas intenções: "Tem que dar certo, há de dar/ Se eu não aumento na cama, deitado/ O que minha mulher vai falar/ Pois inflação, como tesão/ Basta um beijinho pra recomeçar".

Mas o governo segurou o Plano Cruzado até novembro, o que permitiu uma vitória espetacular do PMDB nas eleições para os governos dos estados, o Senado e a Câmara dos Deputados. Entre os governadores eleitos estava Miguel Arraes, que em 1964 fora preso pelo Exército no Palácio do Campo das Princesas, no Recife. Marcou época sua música de campanha, *Volta Arraes ao Campo das Princesas, vai entrar pela porta que saiu*, composta e cantada por dois dos maiores nomes do repente do Nordeste, Louro do Pajeú e Zeto do Pajeú.

Mal foram abertas as urnas, o governo anunciou o fim do Plano Cruzado e a edição do Plano Cruzado II, que liberou os preços antes congelados. Em poucas semanas, a inflação voltou a disparar. Sentindo-se ludibriado, o povo não perdoou Sarney, cuja popularidade foi instantaneamente à lona. *Plano Furado*, *Pátria Amada*, *Desordem*, *P da vida*, *O país do futuro* e *Melô do cruzaids*, todas de 1987, expressaram o desencanto e a raiva com o "estelionato eleitoral".

A decepção foi tão grande que Milton Nascimento e Fernando Brant, dois nomes da MPB fortemente associados à luta pela redemocratização, compuseram então *Carta à República*, dura e emocionada canção endereçada aos homens que, depois de terem liderado a luta contra a ditadura, dirigiam a vida política do país: "Eu não posso esconder a amargura/ Ao ver que o sonho anda pra trás/ E a mentira voltou/ Ou será mesmo que não nos deixara?/ A esperança que a gente carrega/ É um sorvete em pleno sol".

As cinco canções seguintes — *Ajoelhou, tem que rezar*, *Tá com nada*, *Comida*, *Conta outra que essa foi boa* e *O eleito* — mandaram recados e esperanças para o Congresso Constituinte, instalado em fevereiro de 1987. Vinte meses depois, ele entregaria ao país uma Constituição democrática, moderna e avançada. O tom da maioria das canções é de cobrança e descrença, como no rock da banda punk Detrito Federal: "Nova República, tá com nada/ A censura, tá com nada/ Vovô Guimarães, tá com nada/ E a Constituinte, tá com nada". Ou no samba cantado por Simone: "Chega de levar tanta porrada/ Vamos ver se a papelada/ Dessa vez é pra valer".

100 anos de liberdade, realidade ou ilusão, samba-enredo da Mangueira de 1988, perguntou na avenida se os negros tinham o que comemorar um século depois da abolição da escravatura.

Uma composição da banda de punk rock Garotos Podres, embora gravada um pouquinho mais tarde, abordou um dos acontecimentos mais dramáticos de 1988. *Aos fuzilados da CSN* registrou a invasão da Companhia Siderúrgica Nacional, em Volta Redonda, por tropas do Exército, nos primeiros dias de novembro de 1985. O objetivo era desalojar os metalúrgicos em greve, que ocupavam a usina. Três operários foram mortos e dezenas feridos à bala na operação. A selvageria indignou o Brasil.

Poucos dias depois, o país foi às urnas para eleger novos prefeitos e vereadores. A maior surpresa do pleito foi a vitória de Luiza Erundina, candidata do PT, na capital de São Paulo. Para muitos, a brutalidade da repressão aos trabalhadores da CSN contribuiu decisivamente para o resultado. Seu *jingle*, *São Paulo tem você, Luiza* (título atribuído), faz parte desta seleção.

No finalzinho do ano, outro crime chocou o país. Chico Mendes, que havia conquistado grande prestígio ao defender a floresta das tentativas de desmatamento, foi assassinado na porta de sua casa, em Xapuri, no Acre. *Louvor a Chico Mendes*, lançada por Simone no ano seguinte, homenageou o seringueiro assassinado e pediu punição pelo crime (ver outras cinco músicas em homenagem a Chico Mendes, no anexo "Outras canções").

O ano de 1989 foi marcado por muita bronca e indignação. Não é para menos. A inflação tinha escapado a qualquer controle. A essa altura, o governo José Sarney, enfraquecido e desnorteado, parecia apenas cumprir tabela, à espera das eleições presidenciais de outubro. Seis rocks — *Subúrbio operário*, dos Garotos Podres, *S.O.S. país falido*, dos Ratos de Porão, *Ideologia*, *Brasil* e *Burguesia*, todos três de Cazuza, e *Perplexo*, de Os Paralamas do Sucesso — contam a história desse ano dramático em que parecia não haver luz no fim do túnel.

Mas 1989 foi também o ano das primeiras eleições diretas para presidente depois do fim da ditadura militar. No dia 15 de novembro, mais de 82 milhões de brasileiros foram às urnas escolher entre 22 candidatos o futuro presidente. É interessante comparar com o número de eleitores que votaram em 1960, nas últimas eleições para presidente antes do golpe militar de 1964: 15,5 milhões.

Pela primeira vez, os analfabetos e os maiores de 16 anos de idade puderam votar. Também, pela primeira vez, as eleições foram realizadas em dois turnos. Passaram para a rodada decisiva Fernando Collor de Mello, candidato do recém-fundado Partido da Reconstrução Nacional (PRN), legenda inexpressiva que duraria poucos anos, e Luiz Inácio Lula da Silva, do PT. Lideranças de peso, como Leonel Brizola, Mário Covas, Paulo Maluf e Ulysses Guimarães, foram eliminadas no primeiro turno.

Antes do início da campanha, o paraense Alípio Martins imitou as vozes, os tiques e os jargões de alguns possíveis candidatos a presidente, entre eles Lula, Jânio Quadros, Ulysses, Brizola, Sarney, além do apresentador de TV Silvio Santos e do Rei Pelé. Os arremedos de *Os presidenciáveis* são muito engraçados, mas incompletos. Não se estenderam ao governador de Alagoas, Fernando Collor. Beneficiando-se do clima de desespero gerado pela inflação, Collor vendeu a imagem de caçador de marajás e inimigo dos corruptos. Com o apoio das forças conservadoras, dos grandes empresários e dos principais meios de comunicação do país, venceu o segundo turno e se elegeu presidente.

Quatro *jingles* ilustram musicalmente a corrida presidencial de 1989: *Vai colorir, o Brasil vai* (Collor), *Lula-lá, Lá-lá-lá-lá, Brizola* e *Muda, Brasil que eu quero ver* (Covas). Todos os títulos são atribuídos. Já *Quem quer votar*, versão de Lobão para a canção *Sofisma*, foi cantada ao vivo no Domingão do Faustão na tarde do segundo turno das eleições. Transgredindo a legislação, o roqueiro pediu votos para Lula no momento em que os eleitores retardatários ainda depositavam seus votos nas urnas.

Um dia depois de tomar posse como presidente da República, Fernando Collor anunciou ao país o Plano Brasil Novo, que passou à história com o nome menos pomposo de Plano Collor. Entre outras coisas, o pacote confiscou todos os valores depositados em contas correntes e cadernetas de poupança acima de 50 mil cruzeiros. No início, a população, desesperada com a hiperinflação, apoiou as medidas. Meses depois, porém, elas já estavam inteiramente desacreditadas. Os preços voltaram a subir e, para agravar ainda mais a situação, a economia entrou em recessão. *Pacote do amor* e *Col de Mel* registraram aqueles momentos dramáticos.

Fernando Collor fazia marketing político o tempo todo, posando de atleta, *playboy* e *yuppie*, como se fosse um Super-Homem moderno. *Super Collor* (1990), de Juca Chaves, gozou os arroubos do presidente. Já *Zélia, uma canção* (1991), de Alípio Martins, divertiu-se para valer com o romance que envolveu a ministra da Economia, Zélia Cardoso de Mello, e o ministro da Justiça, Bernardo Cabral. Dia após dia, o governo Collor mostrava facetas surpreendentes.

Já as eleições de 1990, que elegeram governadores e renovaram o Congresso, não trouxeram grande surpresas. Embora tenha perdido muitos governadores, senadores e deputados, o PMDB manteve-se como o principal partido do país, acompanhado de perto pelo PFL. O *jingle ACM, meu amor* embalou a expressiva vitória de Antônio Carlos Magalhães na Bahia.

Para os repentistas Cachimbinho e Geraldo Mouzinho, o eleitor precisava mesmo era aprender a votar. Em *Pobre revoltado*, o recado foi curto e grosso: "Cada governo que entra faz um plano diferente/ Faz Cruzeiro, faz Cruzado, e o povo tudo contente/ Tira zero, bota zero, depois volta novamente/ O que entra vai botando sempre no zero da gente".

Interrompe-se aqui a crônica musical do governo Collor para abrir passagem para a entrada na avenida do rap, do reggae e do samba-reggae. Os anos de 1990 e 1991, que coincidiram com o apogeu do mandato do "presidente mauricinho", assinalaram também a consolidação de uma enorme bronca social e de uma forte revolta política nas favelas e bairros de periferias.

Basta ouvir as composições seguintes, todas sem papas na língua e com muita pegada. *Racistas otários*, dos Racionais MC's, chamou a periferia a se levantar contra a discriminação racial. *Porcos no poder*, de Thaíde e DJ Hum, *President*, de Ndee Naldinho, e *Negros no poder*, do Cidade Negra, investiram contra os políticos que só se lembravam dos pobres nas eleições. *Colarinho branco*, de Duck Jam & Nação Hip Hop, bateu de frente com os dois pesos e as duas medidas adotados pela polícia e pela Justiça. Para os pobres e negros, porrada e prisão; para os ricos e bacanas, impunidade e vida mansa. Essa mesma percepção deu o mote para o samba *Não é conselho não*, de Bezerra da Silva — "Quando a coisa não vai bem/ Eles dizem logo que está preta/ Mas não foi o preto quem travou/ A grana da caderneta".

Em 1991, a União Soviética entrou em colapso. Os irmãos Chico e Paulo Caruso, talentosos cartunistas, mas também assíduos compositores de músicas sobre política, atacaram então com *A marcha da perestroika*, que gozava a adesão dos russos ao capitalismo: "Karl Marx precisa ser revisitado/ O McDonald's chegou a Leningrado". A nova ordem neoliberal parecia incontível. Houve até quem proclamasse apressadamente que a História tinha acabado.

No Brasil, a rápida sucessão dos acontecimentos em 1992 logo desmentiria essa tese. Foi um ano de grandes mobilizações e mudanças. *O imexível bode respiratório*, de Juca Chaves, passou em revista as denúncias de corrupção que se sucediam contra vários personagens do governo, a começar pelo ministro do Trabalho, Antônio Rogério Magri, flagrado ao receber propina de 30 mil dólares. Galdino de Atalaia e José Roque fulminaram: *O Brasil está perdido*. Um rap do Comando DMC, *Tributo ao presidente*, também bateu de frente com Collor: "Nos enganou! Então se exploda, presidente".

As denúncias contra o tesoureiro da campanha de Collor, Paulo César Farias, logo se avolumaram. Dizia-se que PC, como ele era conhecido, tinha formado uma caixinha de mais de 1 bilhão de dólares. Quando Pedro Collor, irmão do presidente, somou-se ao coro de denúncias, o mundo veio abaixo e o Congresso instalou uma Comissão Parlamentar de Inquérito (CPI) para investigar as acusações. Castanha e Caju, na embolada *Melô da CPI*, traçaram um retrato demolidor do governo Collor: "Minha gente, o nosso povo está sofrendo calado/ Com esse PC Farias, nosso Brasil tá quebrado/ Assaltaram os cofres públicos, lascaram os descamisados".

As cinco canções seguintes — o reggae *In(dig)nação*, o rap *Tô feliz (Matei o presidente)*, o samba-reggae *Cara pintada*, o samba *Assombração de barraco (Presidente caô caô)* e a marcha gaúcha *Patifarias* — debruçaram-se sobre o processo de impedimento de Collor. Depois de intensas discussões no Parlamento e muita mobilização nas ruas, o Congresso votou o afastamento do presidente. O vice, Itamar Franco, assumiu o governo em meio a grandes expectativas.

Em outubro de 1992, poucos dias depois de a Câmara dos Deputados ter aprovado a abertura do processo de *impeachment* de Collor, ocorreu o Massacre do Carandiru. O rap *Diário de um detento*, de Mano Brown e Jocenir, conta como a Polícia Militar (PM) de São Paulo invadiu o presídio e matou 111 pessoas. Nenhum policial foi morto na ação, que teve todas as características de um extermínio deliberado.

Dias depois do Massacre do Carandiru, o Brasil foi às urnas eleger prefeitos e vereadores. As esquerdas tiveram bom desempenho nas capitais de estado, mas o resultado mais significativo foi colhido por um político conservador. *Eu quero Maluf, eu quero já* animou a vitória de Paulo Maluf na maior cidade do país.

Nas cinco composições seguintes, todas de 1992, o rap, o repente e o reggae voltaram a levantar suas vozes para denunciar o agravamento da discriminação racial, da exclusão social e da violência policial. Em *Só se for D*, o grupo Vítima Fatal sintetizou no trocadilho o cotidiano da juventude pobre nos bairros da periferia. Em *Verde e amarelo*, o mesmo conjunto descreveu a situação com imagens fortíssimas: "Está difícil de manter a nossa vela acesa/ Nós comemos pão com cabelo/ Tomamos copo de pus/ Apagamos a porta/ E fechamos a luz".

O reggae *Somos nós* resumiu numa frase curta o sentimento de abandono da população pobre e negra: "O inferno é aqui". Em *Bica na boca*, Edvaldo Santana imaginou situações em que os pobres poderiam se desforrar dos responsáveis pelas suas dificuldades. A situação estava tão complicada que houve quem descobrisse aspectos positivos na ação do crime organizado, como Bezerra da Silva em *Se não fosse a ajuda da rapaziada*.

O samba *Par ou ímpar* (1993), de Aldir Blanc e Guinga, revisitou o passado. Numa pelada em Xerém, na Baixada Fluminense, um ex-preso político encontrou seu torturador, que continuava impune. Conversa vai, conversa vem, o esbirro não só justificou seus crimes no passado como se declarou de prontidão no presente: "Não é nada pessoal/ Se convocado outra vez/ Volta e mete o pau".

Retorna-se à crônica dos acontecimentos políticos. Com seu jeito simples, o novo presidente Itamar Franco fez bem ao país, sendo recebido com muita simpatia. *Ah! Se o seu fusca votasse*, de Juca Chaves, brincou com as bizarrices do novo presidente e da "República do Pão de Queijo" que logo fermentou a seu redor. *Itamar e Itapior*, dos irmãos Chico e Paulo Caruso, divertiu-se com o temperamento mercurial do político mineiro, que mudava de humor o tempo todo.

Um dos momentos mais hilariantes do governo Itamar deu-se quando o presidente, durante o desfile das escolas de samba em 1994, recebeu a modelo Lilian Ramos no seu camarote na Avenida Marquês de Sapucaí. A jovem, apenas de camiseta e sem calcinha, sambou de mãos dadas com o presidente, para delírio dos fotógrafos que, posicionados na avenida, num plano inferior ao palanque, registraram tudo de baixo para cima — escancarando a ausência de roupa íntima da modelo. No dia seguinte, a foto explícita estava na primeira página dos jornais. *O topete e a raspadinha*, de Aldir Blanc e Maurício Tapajós, contou com riqueza de detalhes e muito bom humor o improvável encontro entre as duas figuras.

Em 1993, o país foi às urnas novamente — desta vez, para decidir se queria continuar a ser uma república ou se preferia a volta da monarquia. Na mesma consulta, optou-se também entre o presidencialismo e o parlamentarismo. *Plebiscito*, de Juca Chaves, deu força para a República e o presidencialismo, vitoriosos por larga margem.

As duas canções seguintes são pura indignação. Na madrugada de 23 de julho de 1993, soldados à paisana da PM carioca, dispararam contra dezenas de menores que dormiam nas imediações da Igreja da Candelária, no centro do Rio. Seis menores e dois jovens morreram no local. Muitos outros ficaram feridos. *Candelária*, de Protásio Prates, perguntou: "Por quem dobram teus badalos/ Seria pelos que clamam/ Ou talvez pelos que calam". Zezé di Camargo e Luciano, em *Bandido com razão*, pediram ao país que tratasse com respeito as vítimas mais frágeis da exclusão social: "Menino de rua, eu te conheço/ Dignidade não tem preço/ Menino de rua quer ser gente/ Menino pobre, tão carente/ Pede uma chance pra viver".

Meses depois estourou o escândalo dos desvios de verbas públicas na Comissão do Orçamento do Congresso. Por causa da baixa estatura da maioria dos deputados envolvidos nas bandalheiras, a CPI que investigou o caso passou à história como a CPI dos Anões do Orçamento. A canção *Luiz Inácio (300 picaretas)*, de Os Paralamas do Sucesso, destrinchou o assunto, tomando como mote uma avaliação de Lula sobre a composição do nosso Parlamento.

Três raps — *Mova-se*, *Assassinato sem morte* e *Haiti* —, todos de 1993, voltaram a denunciar a exclusão social e o racismo. Os dois primeiros foram compostos por vozes dos bairros pobres da periferia, o grupo DMN e o rapper GOG. O terceiro nasceu de uma das mais criativas e tradicionais parcerias da MPB: Gilberto Gil e Caetano.

O DMN chamou os jovens da periferia a não desanimar diante das dificuldades: "Então se liga, Zé/ Levante e lave o rosto/ Ou irá lamber o osso pro resto da vida". GOG pediu mais consciência à população pobre. Gil e Caetano observaram que também eram pretos os soldados que davam porrada na nuca dos malandros pretos, dos ladrões mulatos e dos brancos tratados como pretos. "O Haiti é aqui, o Haiti não é aqui", concluíram.

É impressionante como praticamente todas as composições sobre política dessa época revelavam enorme desconforto com os rumos do país. Chocado, o Brasil descobria que os gravíssimos problemas sociais herdados da ditadura militar tinham se agravado nos dez primeiros anos de democracia. Inflação em alta, crescimento do desemprego, economia estagnada, políticas públicas excludentes, falta de oportunidades, desprezo pelo pobre, discriminação contra o negro, violência policial atávica — nesse caldeirão de injustiças e iniquidades cozinhava-se a bronca social e a revolta política que tomavam conta do Brasil.

"Esse não é o meu país", protestou o violeiro Flávio José em *O meu país*. Também indignados, os repentistas Galdino de Atalaia e Roque José não se reconheceram mais no Brasil. E perguntaram: "Meu Deus, que país é este?".

As respostas que vinham das favelas, da periferia, dos mangues eram cada vez mais semelhantes. Em *Luta de classes*, o Cidade Negra chamou o povo da Baixada Fluminense a "chegar junto". Em *A cidade*, Chico Science & Nação Zumbi convocaram os moradores do mangue "a sair da lama e enfrentar os urubus". Em *Monólogo ao pé do ouvido/ Banditismo por uma questão de classe*, o tom subiu mais ainda, sintetizado numa frase atribuída a Lampião: "Eu carrego comigo coragem, dinheiro e bala". Marcelo Yuka e O Rappa associaram a exclusão social à escravidão em *Todo camburão tem um pouco de navio negreiro*: "Quem segurava com força a chibata/ Agora usa farda, engatilha a macaca". *Tá na hora*, do Consciência Humana, foi na mesma linha e denunciou a ação dos grupos de extermínio em São Paulo. Da Bahia, o Olodum, em *Papo furado*, também mandou seu recado: "Eu não me iludo/ Esse sistema é imundo".

Mais ou menos na mesma época, Renato Russo gravou *Perfeição*, marcada pelo ceticismo e pelo desalento. Depois de passar em revista os problemas, os fracassos e as imundícies do Brasil, ele virou as baterias contra si próprio: "Está tudo morto e enterrado agora/ Já que também podemos celebrar/ A estupidez de quem cantou essa canção". Na vigésima quinta hora, porém, felizmente ele descobriu espaço para alguma esperança: "Venha, que o que vem agora é perfeição".

Não veio a perfeição, mas veio o Plano Real, que logrou domar o dragão da inflação, devolveu confiança à moeda e abriu caminho para a reorganização da economia. Na esteira do sucesso do Real, anunciado no último ano do governo Itamar Franco, seu ministro da Fazenda, Fernando Henrique Cardoso, se lançou candidato a presidente da República. Elegeu-se com votação consagradora no primeiro turno.

O político, de Dicró, a *Melô dos cão didatos*, de Alípio Martins, bem como os *jingles* das campanhas presidenciais de Fernando Henrique Cardoso e Lula, contam a história das eleições de 1994.

Dez anos depois de a democracia ter entrado — para ficar — na agenda nacional, a estabilidade da moeda passou a lhe fazer companhia. Nos anos seguintes, outros pontos cruciais seriam incluídos na pauta do país. Mas isso já é assunto para o próximo e último capítulo desta obra.

As canções

Juca Chaves.

1. *Nova República* (1985).

Autor e intérprete: Juca Chaves • Gravadora: Arca Som • LP *O menestrel do Brasil - Enfim (quase) livre* (1985)

Na canção *Nova República*, Juca Chaves deu adeus à ditadura militar, mas sem esconder uma ponta de desconfiança. Será que a redemocratização era mesmo para valer? Afinal, um dia antes da posse, o novo presidente, Tancredo Neves, havia sido internado às pressas no Hospital de Base de Brasília. Foi como se jogassem água no chope da festa do país inteiro.

Durante a cerimônia de posse, o vice José Sarney, que assumiu a presidência da República na ausência de Tancredo, leu um discurso que falava sobre liberdade, desenvolvimento, justiça social e austeridade. Mas não empolgou. O sentimento generalizado era de frustração. "E a tão sonhada luz no túnel não passou, decepção!/ De uma moto maranhense na contramão", resumiu Juquinha.

A canção registrou também as informações desencontradas sobre a saúde do presidente. Primeiro disseram que Tancredo tinha sofrido uma crise de apendicite. Depois, os boletins médicos apontaram uma diverticulite. Mais tarde se soube que um tumor fora extraído do estômago do paciente (ver também *Tancredo Neves*, *Coração de estudante* e *Ninguém esquece Tancredo*, no Capítulo VIII do Volume II desta obra).

Adeus, velha república do João
Começamos a nova tal e qual
Banquete milionário com scotch *e camarão*
O patriotismo acaba quando o uísque é nacional
Não era apendicite, o que era então?
Confundiu-se o doutor, coisa normal,
Pois diverticulite é inflamação
Da diversão da negligente da Frente Liberal

A nova ré república pela velha superada
Está sendo, por plágio, processada
E a tão sonhada luz no túnel não passou, decepção!
De uma moto maranhense na contramão.

O povão está preocupado e chora
O fantasma que seria presidente

Mas ninguém preocupou-se até agora com a piora
Do nosso Brasilzinho tão doente

Pois é, clinicamente não é segredo
O que preocupa o povo, isso eu sei
Não é somente a ausência do simpático Tancredo
É o excesso de saúde no Sarney
Chorei...

2. *Votar, votar* (1985).

Autor e intérprete: Juca Chaves • Gravadora: Arca Som • LP *O menestrel do Brasil – Enfim (quase livre)* (1985)

Em *Votar, votar*, Juca Chaves passou em revista boa parte dos acontecimentos políticos de 1985, tendo como mote uma comparação entre a modelo Roberta Close e a redemocratização do país. Nascida Luís Roberto Gambine Moreira, Roberta foi a mais famosa transexual do Brasil na época. Durante 1984 e 1985, foi capa das principais revistas do país e atração de muitos programas de televisão.

Juca Chaves gozou o malabarismo dos políticos da Frente Liberal, que, depois de apoiarem a ditadura durante décadas, desembarcaram da belonave do regime militar quando ela começou a afundar. Concluiu então que a "política é um andrógeno". Também lançou dúvidas sobre a sinceridade da adesão da TV Globo e do banqueiro Olavo Setúbal à Nova República. Setúbal, na época, ocupava o Ministério das Relações Exteriores.

Depois de citar Milton Nascimento e Fafá de Belém, que, cantando *Coração de estudante* e o *Hino Nacional* respectivamente, haviam segurado a trilha sonora das cerimônias de sepultamento de Tancredo Neves, Juquinha virou suas baterias contra o "imortal" José Sarney — "imortal" por ser membro da Academia Brasileira de Letras. Por ironia do destino, o ex-presidente da Arena, que se desvinculara do partido da ditadura para ser o vice de Tancredo, acabou chegando à presidência da República pelas mãos da oposição.

Desconcertado com tantos vaivéns, Juquinha arrematou: "Nova República, não ponha atrás da gente/ Aquilo que a Roberta tem na frente".

Votar gritou o povo
E a votação foi feita
Roberta Close eleita
Preferência sexual
Política é um andrógeno
É travestida esperta
Mostrou como Roberta
Sua frente liberal

Nova república, não ponha atrás da gente
Aquilo que a Roberta tem na frente

Setúbal dá dinheiro
E o apoio vem global
Tancredo desabafa
Nisto eu sou profissional
Há mais de meio século
No muro equilibrado
Ou morre ou sai tombado
Patrimônio nacional

Canta Fafá, o dó de peito sai
E o Milton Nascimento diz "uai"

Mordomia é uma mania
Com jeitinho brasileiro
Desde D. Pedro I
Até os tempos atuais
Mas o nosso presidente
Que é imortal na academia
Agora com mordomia
Que não morre nunca mais

Muda Sarney, é tempo de mudar
Trocar o tucupi por caviar.

3. *Democracia* (1985).

Autores: Tom Zé e Vicente Barreto • Intérpretes: Tom Zé e Charles Furlan • Gravadora: independente • CD *No jardim da política* (1998)

Em 1985, o Brasil superou a ditadura em meio a um clima de entusiasmo e esperança. Os mais otimistas acreditavam que a volta à democracia resolveria num passe de mágica os grandes problemas do país: inflação, estagnação, dívida externa, desigualdade social e desemprego. Mas para quem via mais longe, como Tom Zé e Vicente Barreto, a sede do país por democracia poderia levá-lo a comer gato por lebre: "Democracia que me engana/ Na gana que tenho dela/ Cigana ela se revela". Ela só seria forte se o povo ousasse ir mais longe e não parasse de lutar por seus direitos.

O refrão "É o demo, o demo, a demó/ É a democracia" brinca com a rápida conversão de alguns políticos que, depois de terem apoiado o regime do capeta durante duas décadas, embarcaram de mala e cuia na transição democrática.

Democracia que me engana
Na gana que tenho dela
Cigana ela se revela, aiê
Democracia que anda nua
Atua quando me ouso
Amua quando repouso

É o demo, o demo, a demó
É a democracia
É o demo, o demo, a demó
É a democracia

Democracia, me abraça
Com tua graça me tira
Desfaz esta covardia, aiê
Democracia não me fere
Mira aqui no meio
Atira no meu receio

É o demo, o demo, a demó...

Democracia que escorrega
Na regra não se pendura
Na trégua não se segura, aiô
Democracia pois me fere
Me mira aqui no meio
Daquilo que eu mais receio

É o demo, o demo, a demó...

Democracia, não me deixe
Sou peixe que fora d'água

Se queixa, morre de mágoa, ai nego
Democracia não se dita
Maldita seja se dura
Palpita pela doçura

É o demo, o demo, a demó...

4. *Solange (So lonely)*, (1985).

Autores: Sting (música); Léo Jaime e Leoni (versão) • Intérprete: Léo Jaime • Gravadora: Epic/ CBS • LP *Sessão da tarde* (1985)

LP Sessão da tarde, *Léo Jaime, 1985.*

Na versão de *So lonely*, sucesso da banda inglesa The Police, Léo Jaime criticou a diretora do Departamento de Censura da Polícia Federal (PF), Solange Maria Hernandes. No ano anterior, ao apagar das luzes da ditadura, ela havia imposto vários cortes no LP *Phoda C*, do roqueiro goiano, que iniciava sua carreira.

Fazendo trocadilho com o nome da funcionária e o título da composição de Sting, Léo Jaime pediu o fim da censura. Ela seria extinta ainda em 1985 no governo Sarney, mas com direito a recaídas. No finalzinho do mesmo ano, as autoridades proibiram a exibição do filme *Je vous salue, Marie*, do francês Jean-Luc Godard, sob a alegação de que a película tratava a Virgem Maria de forma desrespeitosa.

Eu tinha tanto pra dizer
Metade eu tive que esquecer
E quando eu tento escrever
Seu nome vem me interromper
Eu tento me esparramar
E você quer me esconder
Eu já não posso nem cantar
Meus dentes rangem por você

Solange, Solange, Solange,
Solange, Solange, Solange
É o fim, Solange (bis)

Eu penso que vai tudo bem
E você vem me reprovar
E eu já não posso nem pensar
Que um dia ainda eu vou me vingar
Você é bem capaz de achar
Que o que eu mais gosto de fazer
Talvez só dê pra liberar
Com cortes pra depois do altar

Solange, Solange, Solange...

Solange, uh
Para de me censolange
Iê, iê, iê

I feel so lo
I feel so lone,
I feel so lonely
Iê, iê, iê,
So, so, so, lan, lan, lan
Solange, iê, iê,

Solange, Solange, Solange...

5. *Abaixo a depressão* (1985).

Autor e intérprete: Léo Jaime • Gravadora: Epic/ CBS • LP *Sessão da tarde* (1985)

Recorrendo a canções aparentemente despretensiosas mas que chegavam diretamente aos jovens, Léo Jaime abordou com frequência temas políticos. Lamentou a derrota da emenda Dante de Oliveira em *Vota pra mim* (ver Capítulo VIII, no Volume II desta obra), criticou a censura em *Solange* (verbete anterior) e falou da exclusão social em *O pobre.*

Em *Abaixo a depressão*, que entrou em *Sessão da tarde*, seu disco de maior sucesso, Léo Jaime comemorou o fim da ditadura: "Ninguém mais vai mandar em mim". O próprio título da canção brincava com o *slogan* "Abaixo a repressão", um dos mais gritados nas manifestações contra o regime militar (ver também *Vote em mim*, de Rita Lee, no Capítulo VIII do Volume II).

O roqueiro também criticou a recessão econômica e o desemprego. Abordou ainda a entrada da cocaína no país, especialmente no meio artístico, um tema candente na época: "Como é que o cara troca o brilho da carreira/ Por uma carreira de brilho?".

Como é que pode um cara passar trinta anos
Com uma ditadura
Se eu passo uma tarde inteira
A gata não me atura

Como é que pode um cara
A essas alturas prestar um vestibular
Pra ser desempregado não precisa estudar

Abaixo a depressão
Ninguém mais vai mandar em mim (bis)

Como é que o cara troca o brilho da carreira
Por uma carreira de brilho
Sem saber se o vício distrai ou destrói

Se não tem grana pra ficar mais bonito
Nem tempo pra passear
Como é que a gente faz se quiser namorar

Abaixo a depressão...

6. *Até quando esperar* (1985).

Autores: Philippe Seabra, André X e Gutje • Intérprete: Plebe Rude • Gravadora: Coronado/ EMI-Odeon • LP *O concreto já rachou* (1985)

Até quando esperar, gravada em 1985 pela banda brasiliense Plebe Rude, discutiu um dos principais problemas do país, que se agravara fortemente durante a ditadura: a concentração da renda.

Os roqueiros, jovens de classe média, não escondiam o mal-estar por levar uma vida confortável enquanto mendigos, flanelinhas e engraxates passavam por grandes privações:

LP O concreto já rachou, *Plebe Rude*, 1985.

"Não é nossa culpa/ Nascemos já com uma bênção/ Mas isso não é desculpa/ Pela má distribuição". E concluíam: "Com tanta riqueza por aí/ Onde é que está?/ Cadê sua fração?".

Não é nossa culpa
Nascemos já com uma bênção
Mas isso não é desculpa
Pela má distribuição

Com tanta riqueza por aí
Onde é que está?
Cadê sua fração? (bis)

Até quando esperar?

E cadê a esmola
Que nós damos sem perceber
Que aquele abençoado
Poderia ter sido você

Com tanta riqueza por aí...

Até quando esperar a plebe ajoelhar
Esperando a ajuda de Deus (bis)

Posso
Vigiar teu carro
Te pedir trocados
Engraxar seus sapatos (bis)

Sei
Não é nossa culpa
Nascemos já com uma bênção
Mas isso não é desculpa
Pela má distribuição

Com tanta riqueza por aí...

Até quando esperar a plebe ajoelhar
Até quando esperar a plebe ajoelhar
Esperando a ajuda do divino Deus.

7. *Desafio do boia-fria* (1985).

Autor: domínio público • Intérpretes: Tom Zé e Charles Furlan • Gravadora: independente • CD *No jardim da política* (1998)

Desafio do boia-fria foi uma das canções de maior sucesso do show *No jardim da política*, encenado e gravado em 1985 no Teatro Lira Paulistana. Somente seria lançada em disco em 1998. No embate entre os dois violeiros, Tom Zé interpretava o patrão, enquanto Charles Furlan defendia o ponto de vista do assalariado do campo, a quem continuavam a ser negados direitos trabalhistas elementares, como a carteira assinada.

Antes do desafio, no diálogo entre os dois cantores, Tom Zé fez menção à greve ocorrida em 1984 em Guariba, município situado no coração da rica região canavieira do estado de São Paulo. Cerca de 6 mil boias-frias cruzaram os braços, exigindo maiores salários e melhores condições de trabalho. A Polícia Militar, chamada às pressas, reprimiu duramente o movimento. Um aposentado, Amaral Vaz de Melone, foi morto com um tiro disparado pelas tropas. Apesar da violenta repressão, os trabalhadores conquistaram importantes vitórias, como registro na carteira de trabalho, 13º salário, transporte mais seguro e pagamento de dias não trabalhados por imprevistos. A greve teve repercussão em todo o país.

Na introdução ao desafio, Tom Zé informou que a cantoria era patrocinada pela Fundação Ford. Tratava-se de uma brincadeira com o Centro Brasileiro de Análise e Planejamento (Cebrap), criado por professores expulsos da Universidade de São Paulo (USP) nos anos de chumbo, que realizou importantes pesquisas sobre os boias-frias em São Paulo. Entre os financiadores do centro de estudos estava a instituição americana. A professora Maria da Conceição d'Incao e Mello, mencionada por Tom Zé, escreveu em 1975 uma obra clássica sobre o tema, chamada *Boia-fria: acumulação e miséria*. A fotógrafa Iolanda Husak, então casada com o artista plástico Elifas Andreato, produziu entre 1979 e 1985 uma série de audiovisuais sobre a situação dos trabalhadores rurais do interior de São Paulo.

Tom Zé.

(Fala)

— Essa música foi patrocinada pela Fundação Ford, é verdade, que patrocinou um estudo, uma pesquisa feita pelo pessoal amigo nosso da USP, Maria da Conceição, com a Iolanda Husak, a mulher do Elifas, outros amigos nossos, sobre os boias-frias.

Toque, vagabundo, fica aí sem fazer nada... Ele vai ser o boia-fria, aqui eu já vou malhando pra ele aprender, vai tocando enquanto eu falo, você embeleza minha pornoporrea, sobe na boleia, toca essa moleza, você é boia-fria mesmo...

Então, voltando ao assunto com esse mal procedido atrapalhando, a Fundação Ford patrocinou, e foi feito audiovisuais que passavam nos sindicatos dos boias-frias, é verdade, tanto que isso teve até influência nessa greve que eles fizeram em dobrado contra a Fundação Ford, mas foi a Fundação Ford que patrocinou.

Toque bonito, mas não muito, pra não subverter.

Socorro, que a censura acabou. Pode-se fazer o que quiser e não tem nada para fazer. Socorro, a censura acabou.

(Patrão)
Meus senhores, eu vou lhe apresentar
Uma gente não sei de que lugar
Uma coisa que imita a raça humana
Eis aqui esses trabalhadô da cana
Pois agora eles só querem falar
Em direitos e leis a registrar
Imagine a confusão que dá
Eu explico pra eles tarde inteira
Esse tal de registro na carteira
Atrapalha, é burrice e é besteira

(Boia-fria)
Mas o traquejo da lei e do direito
Não degrada quem dele se apetece
Pois enquanto se nutre de respeito
É o trabalhador que enobrece
Além disso quem chega-se à virtude
E da lei se aproxima e se convém
Tá mostrando ao patrão solicitude
Por querer o que dele advém
Desse modo o registro na carteira
Será nossa causa verdadeira

(Patrão)
Mas que raça de gente muquirana
Me saiu esses trabalhadô da cana
Ignora que a lei e a justiça
É da autoridade submissa
E quando jegue se mete a gato mestre
Vai um pé para oeste e outro leste
E assim no seu tema predileto
O diabo já passa por dileto
Com esse tal de registro em carteira
Que atrapalha, é burrice e é besteira

(Fala)
— Isso aí já é comunismo, já tá tocando bonito demais... Toca tão bonito assim não...

(Boia-fria)
Da justiça e da lei quem se aproxima
Tá louvando o que vem de lá de cima
Mas o luxo, o palácio, o desperdício
É com Deus que se ajusta cada vício
Sei que a nossa caneta é o machado
Mas poetas da popularidade
Com sonetos e versos caprichados
Já disseram por nós lá na cidade
Que lutar por registro na carteira
Será nossa causa verdadeira

(Patrão)
Não me traga cantores de protesto
Êta raça de gente que eu detesto
E de só de ouvir este nome de política
Eu já fico agastado e com azia
Sinto dores, a febre me arrepia
Tenho a tosse, a maleita e a raquítica
Pelo campo é o voto, a abertura
Já não tem mais pureza a criatura
Com esse tal de registro na carteira
Que atrapalha, é burrice e é besteira

(Boia-fria)
Pois pra mim você tá é misturando
Ter pureza com ser ignorante
Tá chamando a burrice de elegante
A bobeira mental advogando
Se eu estudo é lutando na peleja (bis)
Da maneira da vida melhorar

E com isso não vou abandonar
A pureza da alma sertaneja
Desse modo o registro na carteira
Será nossa causa verdadeira.

8. *Classe operária* (1985).

Autor: Tom Zé • Intérpretes: Tom Zé e Charles Furlan • Gravadora: independente • CD *No jardim da política* (1998)

No show *No jardim da política*, Tom Zé não criticou apenas a ditadura e os políticos conservadores. Também botou na roda as correntes de esquerda e os artistas que pretendiam falar em nome dos trabalhadores, embora estivessem distantes de seus problemas. Na canção *Classe operária*, Tom Zé se apresentou como um "cantor engajado", cuja missão seria anunciar o "dia que virá", o dia da libertação (ver introdução do Capítulo VII, no Volume II). Caberia ao povo apenas receber a mensagem.

Tom Zé debochou também dos militantes que se arvoravam em "vanguarda revolucionária" e pretendiam guiar os operários rumo ao socialismo.

Sobe no palco o cantor engajado Tom Zé
Que vai defender a classe operária
Salvar a classe operária
E cantar o que é bom para a classe operária

Tchu tchuru tchuti
Tchu tchuru tchutê

Nenhum operário foi consultado
Não há nenhum operário no palco
Talvez nem mesmo na plateia
Mas Tom Zé sabe o que é bom para os operários

Tchu tchuru tchuti
Tchu tchuru tchutê

Os operários que se calem
Que procurem seu lugar, com sua ignorância
Porque Tom Zé e os seus amigos
Estão falando no dia que virá
E na felicidade dos operários

Tchu tchuru tchuti
Tchu tchuru tchutê

Se continuarem assim
Todos os operários vão ser demitidos
Talvez até presos
Porque ficam atrapalhando
Tom Zé e o seu público, que estão tratando
Do paraíso da classe operária

Tchu tchuru tchuti
Tchu tchuru tchutê

Distante e bondoso, Deus cuida de suas ovelhas
Mesmo que elas não entendam seus desígnios
E assim, depois de determinar
Qual é a política conveniente para a classe operária
Tom Zé e o seu público se sentem reconfortados e felizes
E com o sentimento de culpa aliviado

Tchu tchuru tchuti
Tchu tchuru tchutê.

9. *Não vamos pagar* (1985).

Autores: Wilson Moreira e Carlos Cachaça • Intérpretes: Wilson Moreira e Zenir Magalhães • Gravadora: independente • Compacto simples *Não vamos pagar* (1985)

Compacto simples
Não vamos pagar, 1985.

No início da Nova República, a dívida externa havia alcançado a astronômica cifra de 105 bilhões de dólares. Anos antes, Raul Seixas, no rock *Aluga-se*, já havia defendido o calote da dívida, lançando a palavra de ordem "Nós não vamos pagar nada". O presidente Tancredo Neves não foi tão longe, mas cunhou uma frase que ficou famosa. Durante pronunciamento nos Estados Unidos, logo depois de eleito, disse: "Não se deve pagar a dívida com a fome do povo".

Morto Tancredo, o tema continuou na ordem do dia. No Rio de Janeiro, sindicalistas, intelectuais, estudantes e sambistas fundaram o Comitê de Mobilização pelo Não Pagamento da Dívida Externa, presidido pelo jornalista Mário Augusto Jakobskind, que gravou o compacto simples *Não vamos pagar*. O samba de Wilson Moreira e Carlos Cachaça, com coro de As Gatas e o Conjunto Nosso Samba, teve acompanhamento de primeira: Carlinhos do Cavaco no cavaquinho, Raphael Rabello no violão de sete cordas e Trambique, Gordinho e Neném no ritmo.

Não vamos pagar a dívida
Porque
O dinheiro não dá
Não dá, não dá
Vocês têm que entender
Vejam vocês
Cem bilhões, não dá
É muito dólar
Já falei que não vai dar
Monetariamente o FMI
Não pode nos governar
(bis)

E os juros sobem todo dia
Toda noite
Desse jeito vocês vão
Nos massacrar
Pegue o lápis e o papel
Essa conta já foi paga
Pela soma você vê
Toda a América Latina unida
Nessa peça não cai mais
Nem em outros carnavais
Nunca mais, nunca mais.

10. *Balão trágico* (1985).

Autores: Mário Manga e Dioni Moreno • Intérpretes: Premeditando o Breque com participação de Cristina Correia • Gravadora: EMI-Odeon • LP *O melhor dos iguais* (1985)

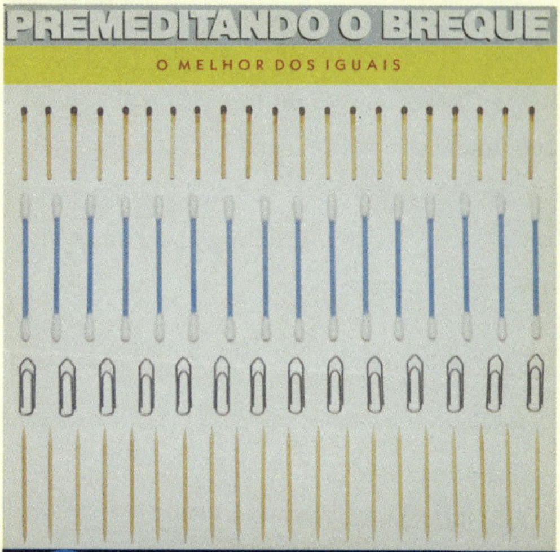

LP *O melhor dos iguais*, Premeditando o Breque, 1985.

De 1983 a 1986, o programa infantil *A Turma do Balão Mágico* bateu recordes de audiência na TV Globo. Durante vários anos, a banda que deu origem ao programa, formada apenas por crianças, fez um sucesso extraordinário. Seus LPs venderam mais de 10 milhões de cópias.

Em *Balão trágico*, o grupo paulistano Premeditando o Breque, copiando o estilo da Turma do Balão Mágico, mostrou outro mundo, em que nem tudo era azul. Nas favelas, as crianças eram obrigadas a conviver com a fome, o desemprego, a sexualidade precoce, o alcoolismo, a falta de infraestrutura, a sujeira e as escolas precárias.

O meu pai desempregado
Minha mãe arrumadeira
Minha avó esclerosada
Meu avô na bebedeira
Minha irmã de onze anos
Já tá esperando nenê
Tem mais quatro que não estudam
Tão roubando pra comer

A vida é tão linda
A vida é tão bela
Eu e meus amiguinhos
Vivendo na favela (bis)

Tomando banho de poça, ça, ça
Pedindo um troco no sinal, sinal
Dormindo num chão batido
Enroladinha num jornal
Lá no meu barraco tem
Água encanada - não
Privada e pia - não
Sofá e cadeira - não
Café e bolacha - não
Porque eu só como uma vez por dia
Cinco dias por semana
Não, porque eu só como uma vez por dia
Eu só como uma vez

Na nossa escola não tem professora
Nossa merenda é roubada todo dia
E quando estoura um cano d'água
Tudo vira uma piscina
Viver na favela é uma alegria
É uma alegria
Eu não tenho roupinha
Não tenho brinquedo
Tenho muitos bichinhos de estimação

Premeditando o Breque.

São cinco baratinhas
Dezoito pulguinhas e um ratinho doente
Chamado Sebastião

Tomando banho de poça, ça, ça...

A vida é tão linda...
— Oh, Denilson, o que você fez, rapaz! Você tá louco? Calma, rapaz... Vai lá agora e canta você
— Não, tenho vergonha
— Vai lá e canta
— Tá bom. A vida é tão linda, a vida é tão bela, eu e meus amiguinhos vivendo na favela, ou! Ou!

11. *O homem do colarinho branco* (1985).

Autores: Edson Show e Wilsinho Saravá • Intérprete: Neguinho da Beija-Flor • Gravadora: CBS • LP *Ofício de puxador* (1985)

Com a redemocratização do país, multiplicaram-se as denúncias de corrupção, antes abafadas pela censura. Em 1985, Neguinho da Beija-Flor, um dos mais respeitados puxadores de samba do carnaval carioca, gravou *O homem do colarinho branco*, criticando as falcatruas dos malandros grã-finos, que apareciam com frequência cada vez maior no noticiário dos jornais.

Recorrendo ao consagrado grito com o qual costumava levantar as arquibancadas da Marquês de Sapucaí, ele chamou a população a ficar ligada nos peixes graúdos que nadavam de braçada no mar da corrupção: "Olha ele aí/ O homem do colarinho branco/ Nadando em dinheiro/ Ele foi para o estrangeiro/ Pra comprar um banco". Já com o ladrão pé de chinelo, a história era outra: "Agora vai o pobre/ Tentar fisgar um pedaço de pão/ É grampeado e jogado no aquário/ Pra virar isca de tubarão".

Alô, meu povo
Se liga nessa

Porque nesse samba
Eu vou contar a história
Do malandro grã-fino

Olha ele aí
O homem do colarinho branco
Nadando em dinheiro
Ele foi para o estrangeiro
Pra comprar um banco
(bis)

Ele apronta, ele faz o que quer
Que pra ele nunca pega nada
Descarrega no imposto de renda
Comprando fazenda na Baixada
De vez em quando ele inventa
Que uma de suas agências faliu
Quando alguém quer saber o motivo
Ele diz: "A clientela sumiu"
Quando a coisa fica preta
Ele arma a mutreta
E foge do Brasil

Olha ele aí...

Ele desce do carro posudo
E o peixe miúdo vem lhe bajular
Tem mais de vinte mansões
Ninguém sabe como
Mas deixa rolar
É que o homem é peixe graúdo
Pode comer tudo
Que não vai dançar
Agora vai o pobre
Tentar fisgar um pedaço de pão
É grampeado e jogado no aquário
Pra virar isca de tubarão

Olha ele aí...

12. *Vítimas da sociedade* (1985).

Autores: Bezerra da Silva e Crioulo Doido • Intérprete: Bezerra da Silva • Gravadora: RCA Vik • LP *Malandro rife* (1985)

LP Malandro rife, *Bezerra da Silva, 1985.*

Em *Vítimas da sociedade*, Bezerra da Silva ironizou a ação da polícia que, volta e meia, invadia as favelas à procura de bandidos: "E se vocês estão a fim de prender o ladrão/ Podem voltar pelo mesmo caminho/ O ladrão está escondido lá embaixo/ Atrás da gravata e do colarinho". Lembrou que, no morro, ninguém tinha mansão, casa de campo, iate e avião particular. E concluiu: "Somos vítimas de uma sociedade/ Famigerada e cheia de malícia/ No morro ninguém tem milhões de dólares/ Depositados nos bancos da Suíça".

Como se vê, não é de hoje que lavar dinheiro ilícito no exterior dá samba.

Aí, meu senhor,
Cuidado com essa rapaziada do pescoço ocupado
Que eles não são de brincadeira
É uma pá de 171, amizade

E se vocês estão a fim de prender o ladrão
Podem voltar pelo mesmo caminho
O ladrão está escondido lá embaixo
Atrás da gravata e do colarinho
O ladrão está escondido lá embaixo
Atrás da gravata e do colarinho

Só por que moro no morro
A minha miséria a vocês despertou
A verdade é que vivo com fome
Nunca roubei ninguém, sou um trabalhador
Se há um assalto a banco
Como não podem prender o poderoso chefão
Aí os jornais vêm logo dizendo
Que aqui no morro só mora ladrão

Se vocês estão a fim de prender o ladrão...

Falar a verdade é crime
Porém eu assumo o que vou dizer
Como posso ser ladrão
Se eu não tenho nem o que comer
Não tenho curso superior
Nem o meu nome eu sei assinar
Onde foi que se viu um pobre favelado
Com passaporte pra poder roubar

Se vocês estão a fim de prender o ladrão...

No morro ninguém tem mansão
Nem casa de campo pra veranear
Nem iate pra passeios marítimos
E nem avião particular
Somos vítimas de uma sociedade
Famigerada e cheia de malícia
No morro ninguém tem milhões de dólares
Depositados nos bancos da Suíça.

13. *Fi-lo porque qui-lo* (1986).

Autores: Claus Petersen, Marcelo Galbetti, Mário Manga, Osvaldo Luis, Wandi Doratiotto • Intérprete: Premeditando o Breque • Gravadora: EMI-Odeon • LP *Grande coisa* (1986)

Em novembro de 1985, depois de duas décadas de abstinência, os eleitores puderam eleger novamente os prefeitos das capitais e das grandes cidades do país. Em São Paulo, Jânio Quadros, que, após a estapafúrdia renúncia à presidência da República em 1961 (ver Capítulo VI no Volume I), parecia uma carta fora do baralho da política, surpreendeu. Derrotou por pequena diferença o jovem senador Fernando Henrique Cardoso (FHC), que emergira da luta contra a ditadura com a aura de político moderno e preparado.

Fernando Henrique estava tão confiante na vitória que, dias antes das eleições, deixou-se fotografar sentado na cadeira de prefeito, como se a fatura estivesse liquidada. Passou o maior vexame. Jânio, sempre jogando para a plateia, deu o troco. Antes de tomar posse, mandou desinfetar o trono municipal.

Na canção *Fi-lo porque qui-lo*, o bem-humorado grupo paulistano Premeditando o Breque relembrou o trecho da carta de renúncia de Jânio à presidência da República em que ele se referia às "forças terríveis" que teriam se levantado contra ele — aliás, jamais identificadas (ver *A minha renúncia*, no Capítulo VI do Volume I). Já o título da canção referia-se a uma pérola do anedotário político brasileiro. Conta-se que, indagado sobre as razões da renúncia à presidência, Jânio, que antes de ingressar na carreira política fora professor de português e se esmerava na colocação dos pronomes, teria respondido: "Fi-lo porque qui-lo". Verdade ou não, a história pegou.

Sinto-me, porém, porém esmagado
Forças terríveis levantam-se contra mim e me intrigam
Me intrigam ou infamam, se permanecesse
Se permanecesse não manteria a calma
E a tranquilidade ora que mandam
Indispensáveis ao exercício da minha autoridade

Janistas comemoram a vitória de Jânio Quadros nas eleições à prefeitura de São Paulo, 1985.

FHC senta na cadeira do prefeito antes do resultado das eleições.

A mim não falta, não falta a coragem
A mim não falta a coragem da renúncia

Fi-lo porque qui-lo
Fi-lo porque qui-lo
Fi-lo porque qui-lo
Fi-lo porque qui-lo.

14. *Rubens* (1986).

Autor: Mário Manga • Intérprete: Premeditando o Breque • Gravadora: EMI-Odeon • LP *Grande coisa* (1986)

Em 1974, em plena ditadura, *Seu Waldir*, da banda pernambucana Ave Sangria, foi censurada sob a acusação de fazer a apologia da homossexualidade. Os discos foram apreendidos nas lojas e o LP teve de ser regravado (ver Capítulo VII, no Volume II).

Doze anos depois, em 1986, após a redemocratização, *Rubens*, do grupo paulistano Premeditando o Breque, fez sucesso ao cantar o amor entre dois rapazes. Depois de pesar os prós e os contras, os jovens chegaram à conclusão de que estava na hora de sair do armário: "Se a tua família descobre/ Eles vão querer nos

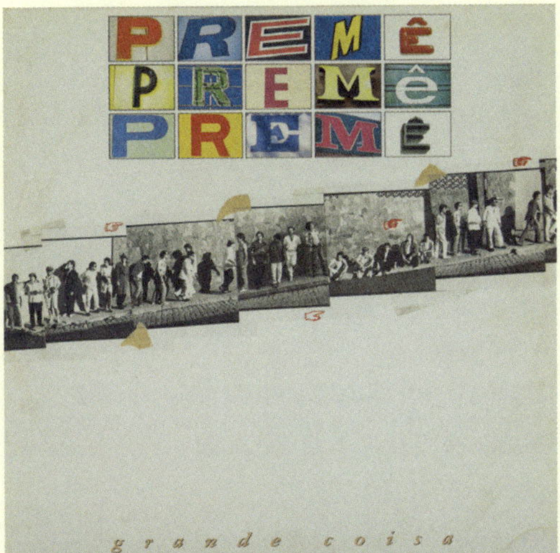

LP Grande coisa, *Premeditando o Breque, 1986.*

engolir/ Rubens, mas eu acho que dá pé/ Esse negócio de homem com homem/ E mulher com mulher". A decisão foi recebida com entusiasmo pela plateia, como fica claro na gravação ao vivo.

Mas nem tudo era festa. Com a chegada da aids, havia novos perigos no ar.

Eu nunca quis te dizer
Sempre te achei bacaninha
O tempo todo sonhando
A tua vida na minha
O teu rostinho bonito
Um jeito diferentão
De olhar no olho da gente
E de criar confusão

O teu andar malandrinho
O meu cabelo em pé
O teu cheirinho gostoso
A minha vida de ré
Você me dando uma bola
E eu perdido na escola
Essa fissura no ar
Parece que eu tô correndo
E sem vontade de andar

Quero te apertar
Quero te morder, e já
Quero mas não posso, não, porque
Rubens, não dá
A gente é homem
O povo vai estranhar
Mas, Rubens, para de rir
Se a tua família descobre
Eles vão querer nos engolir

A sociedade não gosta
O pessoal acha estranho
Nós dois brincando de médico
Nós dois com esse tamanho
E com essa nova doença
O mundo inteiro na crença
Que tudo isso vai parar
E a gente continuando
Deixando o mundo pensar

Tua mãe teria um ataque
Teu pai uma paralisia
Se por acaso soubessem
Que a gente transou um dia
Nossos amigos chorando
A vizinhança falando
O mundo todo em prece
Enquanto a gente passeia
Enquanto a gente esquece

Quero te apertar
Quero te morder, e já
Só que sinto uma dúvida no ar
Rubens, será que dá?
A gente é homem
O povo vai estranhar
Mas Rubens, para de rir
Se a tua família descobre
Eles vão querer nos engolir

Rubens, eu acho que dá pé
Esse negócio de homem com homem
Mulher com mulher.

15. *Romance da Bela Inês* (1987).

Autor e intérprete: Alceu Valença • Gravadora: BMG/ Ariola • LP *Leque moleque* (1987)

LP Leque moleque, *Alceu Valença, 1987.*

Em *Romance da Bela Inês*, Alceu Valença cantou seu amor por uma mulher que, tocada pelos ventos revolucionários que sopravam na América Latina de Che Guevara, Camilo Torres e Augusto César Sandino, embarcou em sonhos libertários. A canção não entra em detalhes sobre as idas e vindas da musa do cantador, mas se sabe — em sociedade tudo se sabe — que, mais tarde, ela voltou sobre os próprios passos e deixou as utopias para trás. Queimou cartas e afastou as lembranças do passado. Foi viver a vida que lhe havia sido destinada pelo mundo em que nasceu e se criou.

Mas, ao compor *Romance da Bela Inês* em 1987, Alceu ainda acreditava numa reviravolta: "Apesar dos pesares não esquece/ Nosso sonho real e atrevido/ Bela Inês tem o peito dividido/ Entre o porto seguro e o além-mar".

O condor mencionado na canção é a Operação Condor, coordenação supranacional dos aparelhos repressivos das ditaduras do Brasil, Argentina, Chile, Uruguai, Bolívia e Paraguai. Com o apoio da CIA americana, na segunda metade da década de 1970, ela promoveu sequestros e assassinatos de militantes que combatiam os regimes militares.

A canção fez grande sucesso. O curioso é que, durante as gravações, um dos produtores implicou com ela. Disse que revolucionários como Guevara, Camilo e Sandino não vendiam disco. Ainda bem que o conselho não foi levado a sério.

Em *Romance da Bela Inês*, Alceu retoma um refrão do folclore alagoano que já havia cantado em *Espelho cristalino*: "Mas eu tenho um espelho cristalino/ Que uma baiana me mandou de Maceió/ Ele tem uma

Alceu Valença.

luz que me alumia/ Ao meio-dia, clareia a luz do sol".

Uma musa matriz de tantas músicas
Melindrosa mulher e linda e única
Como o lado da lua que se oculta
Escondia o mistério e a sedução
Comovida com a revolução
De Guevara, Camilo e Sandino
Escutou meu espelho cristalino
Viajou nosso sonho libertário
Bela Inês, com seu peito de operário
A burguesa que amava o capitão

Acontece que a história não tem pressa
E o amor se conquista passo a passo
O ciúme é a véspera do fracasso
E o fracasso provoca o desamor

Bela Inês teve medo do Condor
Queimou cartas, lembranças do passado
E nessa guerra de Deus e do Diabo
Entre fogo cruzado desertou
Bela Inês, com seu peito de operário
Não me esconde seu ar conservador

Mas eu tenho um espelho cristalino
Que uma baiana me mandou de Maceió
Ele tem uma luz que me alumia
Ao meio-dia, clareia a luz do sol (bis)

Apesar dos pesares não esquece
Nosso sonho real e atrevido
Bela Inês tem o peito dividido
Entre o porto seguro e o além-mar.

16. *Oração pela libertação da África do Sul* (1985).

Autor e intérprete: Gilberto Gil • Gravadora: WEA • LP *Dia Dorim noite neon* (1985)

LP Dia Dorim noite neon, *Gilberto Gil, 1985.*

Na segunda metade da década de 1980, a luta pelo fim do *apartheid*, odioso regime de segregação racial então existente na

África do Sul, ganhou grande impulso. Implantado em 1948, o *apartheid* impedia contatos físicos entre brancos e não brancos, isolava as populações negras em guetos miseráveis e impunha sistemas públicos diferenciados de educação e saúde. Os negros não podiam circular livremente pelo país. Fora de suas áreas de moradia, eram obrigados a apresentar passes às autoridades policiais. Cerca de 90% dos sul-africanos viviam como cidadãos de segunda classe.

Em 1960, a luta contra o passe, liderada pelo Congresso Nacional Africano (ANC), partido progressista fundado em 1912, levou multidões às ruas. Em Sharpeville, bairro negro perto da capital, Pretória, a polícia abriu fogo contra os manifestantes. Sessenta e nove pessoas foram mortas à bala — a maioria delas com tiros pelas costas — e 178 ficaram feridas. Os principais dirigentes da oposição, entre os quais Nelson Mandela, foram presos em seguida, acusados de sedição. Mandela seria libertado um ano depois, mas voltou a ser encarcerado em 1962. Condenado à prisão perpétua, foi enviado para o presídio de Robben Island, onde permaneceu confinado por 28 anos.

Gilberto Gil.

Em 1976, os habitantes de Soweto, cidade de população negra situada a 30 quilômetros do centro de Johanesburgo, levantaram-se contra a tentativa do governo de introduzir novas regras no sistema educacional, tornando obrigatório o uso do africâner — língua de origem holandesa, usada pela minoria branca. Estima-se que 575 pessoas foram mortas pela polícia durante os dez meses que durou o levante. Cerca de 10 mil moradores de Soweto foram presos.

A partir daí, cresceu a repulsa internacional ao *apartheid*, que recebeu condenação explícita da ONU. Em vários países do mundo, irromperam movimentos de solidariedade à maioria negra e de boicote à economia da África do Sul. No plano interno, a autoridade do ANC, que já era grande, reforçou-se mais ainda. Também ganhou projeção a figura do bispo Desmond Tutu, que receberia o Prêmio Nobel da Paz. Em 1960 o prêmio já havia sido concedido a Alfred Lutuli, então presidente do ANC.

Gilberto Gil compôs *Oração pela libertação da África do Sul* depois de uma conversa com o físico Mário Schenberg, que lhe disse que não havia no Brasil uma canção sequer denunciando o *apartheid* — na verdade, Tim Maia já havia gravado *Rodésia* conclamando a maioria negra a se levantar contra os governos racistas na África Austral (ver Capítulo VII, no Volume II).

Apesar da resistência interna e do isolamento internacional, o regime racista continuou a reprimir duramente seus opositores. Mas em 1988 o mito da invencibilidade do exército sul-africano foi quebrado na batalha de Cuito Cuanavale, no sul de Angola. As Forças Armadas Populares de Libertação de Angola (Fapla), apoiadas por soldados e blindados cubanos, derrotaram as tropas de Pretória, aliadas da Unita (ver *Lá de Angola* e *Morena de Angola*, no Capítulo VIII do Volume II). Para evitar perdas ainda maiores, os soldados sul-africanos foram chamados às pressas de volta para casa. O regime do *apartheid* havia conduzido a África do Sul a um beco sem saída. Dentro da própria minoria branca, cresceu o coro dos que diziam que havia chegado a hora de mudar.

Em 1989, o recém-eleito presidente Frederik Willem de Klerk anunciou o fim do banimento dos principais partidos da África do Sul, como o Congresso Nacional Africano, e a revogação da legislação do *apartheid*. Mandela e os demais dirigentes oposicionistas foram libertados em seguida, iniciando-se um complexo e delicado processo de negociação política.

Em 1994, Mandela foi eleito presidente da África do Sul, que hoje é uma democracia constitucional, multiétnica e multicultural.

Se o rei Zulu já não pode andar nu
Se o rei Zulu já não pode andar nu
Salve a batina do bispo Tutu
Salve a batina do bispo Tutu

Ó, Deus do céu da África do Sul
Do céu azul da África do Sul
Tornai vermelho todo sangue azul
Tornai vermelho todo sangue azul

Já que vermelho tem sido todo sangue derramado
Todo corpo, todo irmão chicoteado, iô

Senhor da selva africana, irmã da selva americana
Nossa selva brasileira de Tupã

Senhor, irmão de Tupã, fazei
Com que o chicote seja por fim pendurado
Revogai da intolerância a lei
Devolvei o chão a quem no chão foi criado

Ó Cristo Rei branco de Oxalufã
Ó Cristo Rei branco de Oxalufã
Zelai por nossa negra flor pagã
Zelai por nossa negra flor pagã

Sabei que o papa já pediu perdão
Sabei que o papa já pediu perdão
Varrei do mapa toda escravidão
Varrei do mapa toda escravidão.

17. Lágrima do Sul (1985).

Autores: Milton Nascimento e Marco Antônio Guimarães • Intérpretes: Milton Nascimento e Grupo Uakti • Gravadora: Barclay/ Ariola • LP *Encontros e despedidas* (1985)

LP Encontros e despedidas, *Milton Nascimento, 1985.*

Lágrima do Sul, composta por Milton Nascimento em parceria com Marco Antônio Guimarães, homenageia Winnie Madikizela--Mandela, uma das principais lideranças da luta contra o *apartheid* na África do Sul. Na época, Winnie era casada com Nelson Mandela.

O *apartheid* se apoiou desde o primeiro momento numa brutal repressão à maioria negra e aos partidos e personalidades democráticas. O Congresso Nacional Africano, o Partido Comunista da África do Sul e o Congresso Pan-Africanista foram postos na ilegalidade e seus principais dirigentes permaneceram presos durante longos períodos. Nelson Mandela, por exemplo, levou 28 anos confinado numa cela em Robben Island. As manifestações da população negra eram selvagemente reprimidas, como nos massacres de Sharpeville (1960) e de Soweto (1976).

Muitos ativistas, como Winnie Mandela, foram condenados ao banimento civil, misto de prisão domiciliar e exílio dentro do país. Não podiam frequentar escolas, trabalhar, sair de casa à noite ou em fins de semana e participar de reuniões com mais de três pessoas. Seus nomes não podiam ser mencionados em jornais e discursos. Cumpriam em vida uma sentença de morte. Condenada ao banimento civil, Winnie insurgiu-se seguidamente contra as proibições, sendo presa e processada diversas vezes.

Reviver
Tudo o que sofreu
Porto de desesperança e lágrima
Dor de solidão
Reza pra teus orixás
Guarda o toque do tambor
Pra saudar tua beleza
Na volta da razão
Pele negra, quente e meiga
Teu corpo e o suor
Para a dança da alegria
E mil asas pra voar
Que haverão de vir um dia
E que chegue já, não demore não
Hora de humanidade, de acordar
Continente e mais
A canção segue a pedir por ti

África, berço de meus pais
Ouço a voz de seu lamento

De multidão
Grade e escravidão
A vergonha dia a dia
E o vento do teu sul
É semente de outra história
Que já se repetiu
A aurora que esperamos
E o homem não sentiu
Que o fim dessa maldade
É o gás que gera o caos
É a marca da loucura
Ê, África, em nome de Deus
Cala a boca desse mundo
E caminha, até nunca mais
A canção segue a torcer por nós.

18. *Libertem Mandela* (1987).

Autores: Ythamar Tropicália e Rey Zulu • Intérprete: Banda Reflexu's • Gravadora: EMI-Odeon • LP *Reflexu's da Mãe África* (1987)

Ao lançar seu primeiro LP, em 1987, a Banda Reflexu's já disse ao que vinha. Suas músicas, com muito balanço e percussão pesada, pretendiam levantar e sacudir grandes públicos. Suas letras exaltavam as raízes africanas da nossa cultura. Logo na estreia, o conjunto emplacou diversos sucessos sobre as origens africanas do Brasil, como *Madagascar Olodum*, *Canto para o Senegal*, *Alfabeto do negão* e *Libertem Mandela*. Prosseguiriam nessa trilha em outros discos (ver também *Serpente negra*, *Canto a minha cor* e *Canto para a Nigéria*, no anexo "Outras canções" deste capítulo).

LP Reflexu's da Mãe África, *Banda Reflexu's, 1987.*

Em *Libertem Mandela*, a banda baiana mandou um recado direto: "Tire, tire o chapéu e levante a mão/ Diga não ao *apartheid*/ Liberte Mandela/ Nosso grande irmão".

Batalhas e conflitos
Vítimas de sofrimentos
Sou eu, negro bonito
Desabafando meus sentimentos

De geração em geração
Que é discriminado o negão
E hoje somos cultura
Nosso grito de força é a nossa união (bis)

Tire, tire o chapéu e levante a mão
Tire, tire o chapéu e levante a mão
Diga não ao apartheid
Liberte Mandela
Nosso grande irmão.

Grafite no muro do Consulado da África do Sul, Rio de Janeiro.

RTHEID
HERÓIS DA
RESISTÊNCIA
AFRICANA
AGOSTINHO NETO
ANGOLA

19. *África do Sul* (1987).

Autores: Walter Farias Braga e Boock • Intérprete: Banda Mel • Gravadora: Continental • LP *Força interior* (1987)

LP Força interior, *Banda Mel, 1987.*

No carnaval de 1987, o bloco afro Ilê Aiyê saiu às ruas de Salvador exigindo o fim do *apartheid*. A canção *África do Sul* caiu no gosto do povo e logo foi gravada pela Banda Mel: "Dê a César o que é de César/ Dê a Pedro o que é de Pedro/ Dê ao negro toda a África/ África, África do Sul".

O Ilê Aiyê vai curtindo o seu reggae
Vai fazendo do seu samba
Uma forma de protesto
Seguindo a norma
Dê a César o que é de César
Dê a Pedro o que é de Pedro
Dê ao negro toda a África

África
África do Sul
África do Sul (bis)

E o apartheid, *que faz a separação*
Envolvendo muita gente
E o conflito das nações
Nem todas as águas
Que habitam o oceano
Não dariam pra lavar
A imundície desse mundo

África
África do Sul
África do Sul (bis)

Reggae no reggae do samba-reggae
Ilê Aiyê
África do Sul
África do Sul. (bis)

20. *Meu homem (Carta a Nelson Mandela)*, (1988).

Autor: Martinho da Vila • Intérprete: Beth Carvalho • Gravadora: Polygram • LP *Alma do Brasil* (1988)

Como se cantasse uma carta de Winnie Mandela para o marido, Nelson Mandela, preso em Robben Island, Beth Carvalho falou sobre amor e luta. Sonhava com o dia em que negros e brancos viveriam em harmonia, sem discriminações, sob o sol de Johanesburgo. Aguardava a noite em que o casal poderia dormir abraçado, "entre doces beijos e ternos mimos", em liberdade.

Na canção, o compositor Martinho da Vila associou a resistência ao *apartheid* na África do Sul às lutas dos povos de Angola e da Namíbia. Em quimbundo, um dos idiomas mais falados em Angola, *kizomba*

LP Alma do Brasil,
Beth Carvalho, 1988.

significa festa; *komba*, ritual de despedida dos mortos.

Amandla, nas línguas zulu e xhosa, amplamente faladas na África do Sul, é o mesmo que poder. Nas manifestações contra o *apartheid*, quando os líderes gritavam "*amandla*", as pessoas respondiam "*awethu*" ou "*ngawethu*" — ou seja, "para nós". O ramo cultural do Congresso Nacional Africano, partido dirigido por Mandela, também se tornou conhecido como Amandla.

Meu homem,
Dormi com saudades suas
E sonhei com a liberdade
Caminhando livremente
Como gente
Sob o sol de Johanesburgo
Sob o sol de Johanesburgo
Sob o sol de Johanesburgo

Meu homem,
Passeamos pelo parque
Sem notar que existem brancos
E sem ver que haviam pretos
Pelos guetos
São irmãos brancos e pretos
Nos guetos
São irmãos brancos e pretos

Meu homem,
No meu sonho nós dormimos
E abraçados nos amamos
Doces beijos, ternos mimos
Doces beijos, ternos mimos
Doces beijos, ternos mimos

Fui sozinha pra Namíbia
E de lá fui pra Luanda
Com os artistas do Amandla
Pra cantar rezas num komba
E de lá fui pra kizomba
Lá nas terras de Zumbi
Lá nas terras de Zumbi dos Palmares
Lá nas terras de Zumbi
Lá nas terras de Zumbi dos Palmares
Lá nas terras de Zumbi

Ai,
Aí vi brancos e pretos
Me lembrei do apartheid
E no meio da festança
Sem chorar me entristeci
Ai, meu homem
Que vontade de chorar
Será quando que meus sonhos

Beth Carvalho.

Meu homem,
Serão só doce sonhar
Será quando que meus sonhos
Meu homem,
Serão só doce sonhar

Homem,
Meu homem

(Winnie Mandela, 18 de julho de 1988.)

21. *Protesto do Olodum* (1988).

Autor: Tatau • Intérprete: Banda Mel • Gravadora: Continental • LP *E lá vou eu* (1988)

LP E lá vou eu, *Banda Mel, 1988.*

Fundado em 1979, o bloco afro carnavalesco Olodum se destacou como um dos mais atuantes grupos na valorização das raízes africanas da cultura brasileira. Combatendo o racismo, arrastou — e arrasta até hoje — multidões às ruas. No carnaval de 1988, lançou *Protesto do Olodum*, composto por Tatau, ex-integrante da banda Ara Ketu.

A canção chamava o povo do Pelourinho, bairro central de Salvador onde nasceu o grupo, a lutar contra a prostituição, a poluição, a aids e a miséria. Também cantava as origens africanas da população de Salvador, citando a Etiópia, Moçambique e a África do Sul. Protestou ainda contra o *apartheid*, se solidarizando com Nelson Mandela e Desmond Tutu (ver também *Oração pela libertação da África do Sul*, neste capítulo).

Força e pudor
Liberdade ao povo do Pelô
Mãe que é mãe no parto sente dor
E lá vou eu (bis)

Declara a nação
Pelourinho contra a prostituição
Faz protesto, manifestação
E lá vou eu

A aids se expandiu
E o terror já domina o Brasil
Faz denúncia Olodum Pelourinho
E lá vou eu

Brasil liderança
Força e elite na poluição
Em destaque o terror, Cubatão
E lá vou eu

Iô, iô, iô, iô,
Lá, lá, lá, lá, lá
Iô, iô, iô, iô,
Lá, lá, lá, lá, lá
E lá vou eu

Desfile do Olodum no carnaval de Salvador, 1988.

Aiá, Nordestópia
Na Bahia existe Etiópia
Pro Nordeste o país vira as costas
E lá vou eu

Moçambique
Por minuto um homem vai morrer
Sem ter pão nem água pra beber
E lá vou eu

Mas somos capazes
O nosso Deus a verdade nos traz
Monumento da força e da paz
E lá vou eu

Iô, iô, iô, iô...

Desmond Tutu
Contra o apartheid *lá na África do Sul*
Vem saudando o Nelson Mandela
O Olodum

Iô, iô, iô, iô...

22. *Canto para o Senegal* (1987).

Autores: Ythamar Tropicália e Valmir Brito • Intérprete: Banda Reflexu's • Gravadora: EMI-Odeon • LP *Reflexu's da Mãe África* (1987)

Muitas foram as canções lançadas pelos blocos afro de Salvador que, numa clara atitude política, comemoravam as raízes africanas do nosso povo e condenavam o racismo. Aqui o Ilê Aiyê visita o Senegal (ver também *Uma história de Ifá, Serpente negra, Canto a Nigéria* e *Madagascar Olodum*, no anexo "Outras canções" deste capítulo).

Uma das primeiras rotas do tráfico de escravos no Atlântico partia da região onde hoje está situado o Senegal. Mais tarde, outras duas rotas passariam a concentrar o grosso do tráfico negreiro para o Brasil. Da Costa do Ouro, do golfo do Benim e do golfo de Biafra, sairiam os escravos capturados nos territórios onde hoje estão Nigéria, Benim, Togo, Gana e Camarões. Já os negros sequestrados nos territórios que hoje formam Angola e o Congo deixariam a África rumo ao Brasil principalmente pelos portos de Luanda e Benguela.

Canto para o Senegal, do grupo afro carnavalesco Ilê Aiyê, gravado pela Banda Reflexu's, lembra os Mandingas, os Fulanis, os Serer, os Toucouleurs e os Wolof, povos que vivem no Senegal. Baol é o nome de um antigo reino que existiu no país. Deniakes e Berberes também são povos africanos. Kaolak, Rufisque, Ziguinchor e Dakar são cidades do Senegal. Salium, Gâmbia e Casamance, rios do país.

Hamba Kahle é uma saudação dos zulus, que habitam a África do Sul. Significa "fique em paz", "fique numa boa".

Sene, sene, sene, sene, Senegal
Sene, sene, sene, sene, Senegal
Diz povão Senegal região
Diz povão Senegal região
Diz povão Senegal região
Diz povão Senegal região

A grandeza do negro
Se deu quando houve este grito infinito

E o muçulmanismo que contagiava como religião
Ilê Aiyê traz imensas verdades ao povo fulani
Senegal faz fronteira com Mauritânia e Mali
Os serer ê ê ê, a tribo primeira que simbolizava
Salum, Gâmbia, Casamance, seus rios a desembocar
Mandingo, toucouleur, wolof são os povos negros
E uma das capitais mais lindas, hoje se chama Dakar, ilê
Ilê, Dakar, Obatalá, agô, iê ê ê ê
Esses são os meus sentimentos do antepassado
Senegal narrado como tema Ilê Aiyê

Sene, sene, sene, sene, Senegal...

Ê ahê, ahê á, ia, iê (bis)
Baol, reino de lá, Hamba Kahle, *povo de Dakar*
Negros Ilê Aiyê avançam pelas ruas centrais da cidade
Senegalesas mulheres vaidosas mostrando intensidade
Incorporadas num só movimento frenético do carnaval
Kaolak, Rufisque, Zinguichor são as cidades do Senegal

Ilê Aiyê ê ê está nos torsos, nas indumentárias africanas
Linguisticamente o francês na dialética união baiana
Baobás, árvore-símbolo da nação
Dos deniakes, dos berberes, dinastia da região, ilê. Aiyê, Senegal

Sene, sene, sene, sene, Senegal...

23. Estado violência (1986).

Autor: Charles Gavin • Intérprete: Titãs • Gravadora: WEA • LP *Cabeça dinossauro* (1986)

LP Cabeça Dinossauro, *Titãs, 1986.*

1985 foi o ano da afirmação comercial do rock e da explosão do Rock in Rio, que consagrou duas bandas: o Barão Vermelho e Os Paralamas do Sucesso. A partir daí, o rock deixou o circuito alternativo e se transformou num campeão de vendas. Com o fim da censura — pelo menos, da censura ostensiva —, em três tempos se criou um cenário favorável para o casamento entre o rock e o protesto político.

A banda paulista Titãs, formada três anos antes, já havia lançado dois LPs, que, embora tivessem vendido razoavelmente, não tinham chegado a estourar. Em 1985, dois de seus integrantes, o guitarrista Tony Belloto e o

Público na apresentação do Barão Vermelho, Rock in Rio, 1985.

vocalista Arnaldo Antunes, foram presos por porte de drogas. O episódio marcou o início de uma série de perseguições a roqueiros, levadas a cabo por policiais e juízes em busca de notoriedade. Pelo mesmo motivo, o compositor e cantor Lobão amargaria meses na prisão.

O baterista Charles Gavin, indignado com a prisão dos companheiros de banda, compôs *Estado Violência*. Reclamou do fato de o país ser regido por leis antigas, denunciou a ação violenta e hipócrita do Estado e clamou por liberdade: "Deixem-me querer/ Deixem-me pensar/ Deixem-me sentir/ Deixem-me em paz". A canção foi tocada ao vivo pela primeira vez em dezembro de 1985, dias depois da libertação de Belloto e Antunes. Mais tarde, fez parte do LP *Cabeça dinossauro*, de 1986.

Nos meses seguintes, a banda lançaria diversas canções com críticas à ação repressiva de diferentes instituições, como *Polícia*, *Igreja*, *Família* e *Homem primata* (sobre este último, ler verbete mais à frente).

Sinto no meu corpo
A dor que angustia
A lei ao meu redor
A lei que eu não queria
Estado Violência
Estado Hipocrisia
A lei que não é minha
A lei que eu não queria
Meu corpo não é meu
Meu coração é teu
Atrás de portas frias
O homem está só

Homem em silêncio
Homem na prisão

Homem no escuro
Futuro da nação (bis)

Estado Violência
Deixem-me querer
Estado Violência
Deixem-me pensar
Estado Violência
Deixem-me sentir
Estado Violência
Deixem-me em paz.

24. Homem público (1986).

Autor(es): desconhecido(s) • Intérprete: Escola de Escândalos • Gravadora: independente • LP *Lavagem cerebral* (1986)

Homem público, da banda brasiliense Escola de Escândalos, criticou os políticos que têm duas caras. Na aparência, fingem ser pessoas sérias, preocupadas com os destinos do país. Mas, a portas fechadas, só defendem seus interesses, muitas vezes escusos. O refrão do rock era direto: "A tendência é outra/ A aparência trai/ Você vê a fachada/ E não a decadência atrás".

Nos últimos anos do regime militar, com o estouro de diversos escândalos antes abafados pela censura (ver *Arrombou o cofre* e *Deve ser bom*, no Capítulo VIII do Volume II), cresceu a ideia de que as elites só pensavam em si mesmas, pouco se interessando pelo povo. Na Nova República, devido ao aumento vertiginoso da inflação e à falta de soluções para os gravíssimos problemas da população, essa percepção se consolidou.

A Escola de Escândalos, que teve vida curta — formou-se em 1985 e se dissolveu em 1988 —, era considerada uma das bandas mais promissoras de Brasília, rivalizando com a Legião Urbana, a Plebe Rude e o Capital Inicial. Fez bastante sucesso na capital da República e se apresentou em diversos estados. Mas nunca gravou um disco comercial. O registro de *Homem Público* está numa fita demo do grupo.

Repare aquele rosto novamente no jornal
Parece um homem íntegro
Que está sempre na linha
Mas a portas fechadas como será ele?
Há muito mais sujeira do que você imagina

Oooooh, ooooooh,
A tendência é outra
A aparência trai
Você vê a fachada
E não a decadência atrás
Oooooh, ooooooh

É um escândalo, um escândalo, um escândalo

Tudo bem, é perigoso
É um risco calculado
Geralmente dá certo
Mas pode dar errado
Eles não se preocupam
Quem paga é você
Se não fosse trágico
Seria engraçado

Oooooh, ooooooh, a tendência é outra...

É um escândalo, um escândalo, um escândalo

Falta de decoro e pornografia
São os fatores, mas ninguém pode saber
É um prato cheio para sensacionalistas
Se eles descobrirem minha parte, vou tremer

Oooooh, ooooooh, a tendência é outra...

25. *Selvagem* (1986).

Autores: Herbert Vianna, Bi Ribeiro e João Barone • Intérprete: Os Paralamas do Sucesso • Gravadora: EMI--Odeon • LP *Selvagem* (1986)

LP Selvagem, *Os Paralamas do Sucesso, 1986.*

Em 1985, o cineasta francês Jean-Luc Godard lançou *Je vous salue, Marie*, que causou muita polêmica. Incomodado com a versão modernizada da história da mãe de Jesus Cristo, que em alguns momentos aparecia nua, o papa João Paulo II condenou publicamente a película. Embora o filme tenha sido exibido sem maiores problemas em quase todo o mundo, acabou censurado em alguns países onde era maior o peso da Igreja nas decisões do Estado. Foi o caso do Brasil, onde *Je vous salue, Marie* não pôde ser exibido por ordem direta do presidente José Sarney.

A decisão pegou muito mal. Afinal, depois de duas décadas de censura institucionalizada, o país dava seus primeiros passos num ambiente democrático. Resultado: choveram críticas contra Sarney, especialmente de artistas, intelectuais e jornalistas. Mas houve quem elogiasse a decisão. O presidente da organização conservadora Tradição, Família e Propriedade (TFP), Plínio Corrêa de Oliveira, mandou mensagem de congratulações ao presidente.

Herbert Vianna registrou o episódio em *Selvagem*: “E a liberdade cai por terra/ Aos pés de um filme de Godard”. Para ele, a censura ao filme era apenas mais um exemplo do caráter arbitrário e violento do Estado brasileiro, que vivia em pé de guerra com os moradores de rua, os menores abandonados e os negros.

A polícia apresenta suas armas
Escudos transparentes, cassetetes
Capacetes reluzentes
E a determinação de manter tudo em seu lugar

O governo apresenta suas armas
Discurso reticente, novidade inconsistente
E a liberdade cai por terra
Aos pés de um filme de Godard

A cidade apresenta suas armas
Meninos nos sinais, mendigos pelos cantos

E o espanto está nos olhos de quem vê
O grande monstro a se criar

Os negros apresentam suas armas
As costas marcadas, as mãos calejadas
E a esperteza que só tem quem tá
Cansado de apanhar.

26. *Alagados* (1986).

Autores: Herbert Vianna, Bi Ribeiro e João Barone • Intérprete: Os Paralamas do Sucesso • Gravadora: EMI-Odeon • LP *Selvagem* (1986)

Alagados é uma favela de Salvador. Trenchtown fica em Kingston, na Jamaica. E a Maré, no Rio de Janeiro. Três cidades lindas, plenas de luz, calor e alegria, mas com territórios de miséria e exclusão. Ao se referir ao Rio, Herbert Vianna apontou a contradição: "E a cidade/ Que tem braços abertos num cartão--postal/ Com os punhos fechados na vida real/ Lhe nega oportunidades/ Mostra a face dura do mal".

O mais espantoso, assinalava a banda, era que, apesar de tudo, o povo não tinha perdido a esperança — uma esperança que não vem "do mar nem das antenas de TV", mas da "arte de viver da fé/ só não se sabe fé em quê".

É impossível não se lembrar de *Maria, Maria*, de Milton Nascimento, que canta a mulher que "possui a estranha mania de ter fé na vida" (ver Capítulo VIII, no Volume II).

Todo dia
O sol da manhã vem e lhes desafia
Traz do sonho pro mundo quem já não queria
Palafitas, trapiches, barracos
Filhos da mesma agonia

E a cidade
Que tem braços abertos num cartão-postal
Com os punhos fechados na vida real
Lhe nega oportunidades
Mostra a face dura do mal
Alagados, Trenchtown, Favela da Maré
A esperança não vem do mar
Nem das antenas de TV
A arte de viver da fé
Só não se sabe fé em quê
A arte de viver da fé
Só não se sabe fé em quê.

27. *Homem primata* (1986).

Autores: Sérgio Britto, Marcelo Fromer, Nando Reis e Ciro Pessoa • Intérprete: Titãs • Gravadora: WEA • LP *Cabeça dinossauro* (1986)

Quase todas as canções do LP *Cabeça dinossauro*, de uma maneira ou de outra, abordaram temas políticos, como *Bichos escrotos*, *Polícia* e *Tô cansado*. Mas as duas faixas que marcaram o álbum foram *Estado Violência* (ler verbete neste capítulo) e *Homem primata*, que comunicou com simplicidade um conceito complexo formulado por Marx, o da destruição criativa do capitalismo. "Eu não trabalhava/ Eu não sabia/ Que o homem criava/ E também destruía", canta a banda. O refrão carimba uma ideia forte, muito cantada na época: "Homem primata/ Capitalismo selvagem".

As demais estrofes mostram o capitalismo como um sistema essencialmente cruel,

Favela da Maré.

Favela de Alagados.

onde não há esperança para o Homem, nem mesmo com a intervenção divina: "Cada um por si/ E Deus contra todos". No meio da gravação, Titãs canta em inglês trecho da canção *Concrete Jungle*, de Bob Marley.

Desde os primórdios
Até hoje em dia
O homem ainda faz
O que o macaco fazia
Eu não trabalhava
Eu não sabia
Que o homem criava
E também destruía

Homem primata
Capitalismo selvagem
Oh! Oh! Oh!
Homem primata
Capitalismo selvagem
Oh! Oh! Oh!

Eu aprendi
A vida é um jogo
Cada um por si
E Deus contra todos
Você vai morrer
E não vai pro céu
É bom aprender
A vida é cruel

Homem primata...

Eu me perdi
Na selva de pedra
Eu me perdi
Eu me perdi

I'm a cave man
A young man
I fight with my hands
(With my hands)
I am a jungle man
A monkey man
Concrete jungle!
Concrete jungle!

28. *Hino do MST* (1985).

Autores: Ademar Bogo e Willy C. de Oliveira • Intérprete: Coral da USP • Gravadora: Discograf • CD *Arte em movimento – vários intérpretes* (2002)

Embora somente tenha sido gravado bem mais tarde, o *Hino do MST* foi composto em 1985, pouco tempo depois da fundação do Movimento dos Trabalhadores Rurais Sem Terra (MST). No ano anterior, várias lideranças camponesas, estimuladas pela Comissão Pastoral da Terra (CPT), realizaram o I Encontro Nacional

Encontro de Cascavel, em 1984, que lançou as bases do Movimento dos Trabalhadores Rurais Sem Terra (MST).

dos Trabalhadores Sem Terra em Cascavel, no Paraná, que lançou as bases do movimento.

Logo o MST se converteria no desaguadouro da luta pela reforma agrária, ocupando posição de destaque na mobilização social em todo o país. Na década de 1990, promoveria centenas de ocupações de fazendas improdutivas, muitas delas reprimidas à bala por jagunços e pela polícia (ver também *Sem-Terra* e *Reforma agrária*, neste capítulo, e *Eldorado dos Carajás*, *As pedras gritarão*, *Uma grande reforma*, *João Ninguém Sem-Terra*, e três canções com o título de *Sem-terra*, no Capítulo X).

Vem, teçamos a nossa liberdade
Braços fortes que rasgam o chão
Sob a sombra de nossa valentia
Desfraldemos a nossa rebeldia
E plantemos nesta terra como irmãos

Vem, lutemos, punho erguido
Nossa força nos leva a edificar
Nossa pátria livre e forte
Construída pelo poder popular

Braço erguido, ditemos nossa história
Sufocando com força os opressores
Hasteemos a bandeira colorida
Despertemos esta pátria adormecida
O amanhã pertence a nós, trabalhadores

Vem, lutemos, punho erguido...

Nossa força resgatada pela chama
Da esperança no triunfo que virá
Forjaremos desta luta com certeza
Pátria livre operária, camponesa
Nossa estrela enfim triunfará

Vem, lutemos, punho erguido...

29. *Sem-Terra* (1986).

Autor e intérprete: Raul Ellwanger • Gravadora: Continental • LP 6ª *Seara da Canção Gaúcha* (1986)

LP 6ª Seara da Canção Gaúcha, *Raul Ellwanger, 1986.*

Com a redemocratização do país, as questões sociais voltaram a entrar com força na agenda política nacional, com especial destaque para a reforma agrária. Em *Sem-Terra*, apresentada na 6ª Seara da Canção Gaúcha, festival de música realizado em Carazinho (RS), Raul Ellwanger recuperou o termo "sem-terra", utilizado no estado desde o início da década de 1960, quando colonos organizados no Master (Movimento dos Agricultores Sem Terra) ocuparam parte da Fazenda Sarandi. A luta foi vitoriosa, culminando com a desa-

Camponeses sem-terra comemoram a ocupação da Fazenda Anoni.

propriação do terreno pelo então governador Leonel Brizola.

Cerca de 25 anos depois, cerca de 8 mil trabalhadores sem-terra ocuparam a Fazenda Anoni, também situada na região de Sarandi. A ocupação só terminou depois que 450 famílias foram assentadas na propriedade. As demais receberam parcelas em outras regiões do estado. Mais ou menos nessa época, em 1984, foi realizado em Cascavel, no Paraná, o I Encontro Nacional dos Trabalhadores Sem Terra, que deu origem ao MST.

Embora o centro do movimento naquele momento estivesse na região Sul, ele logo se estenderia para todo o país (ver também o *Hino do MST* e *Reforma agrária*, neste capítulo, e *Baião Agrário*, no anexo "Outras canções" deste capítulo).

Quem viu os colonos sem-terra
Semeando no asfalto da serra
Colheitas de soledades
Sem-terra, sem-terra, sem-terra
Amassando o pão da esperança
No arame da imensidão
Arado, perigo, parado
Sem trigo, sem trigo e sem chão
Sem-terra, sem-terra, sem-terra

Louvado será Jesus Cristo
E paz entre os homens na terra
Louvado colono Corisco
Que há de abrir toda cancela
Na invernada do infinito
Da plantação aquarela
Do colono aqui faminto
Do sal, do sal, do sal da terra

Trabalhadores rurais sem-terra a caminho da Fazenda Anoni.

Sem-terra, sem-terra, sem-terra
No meio de tanta terra
Que nunca se sabe o dono
De tanta terra sem colono

Sem-terra, sem-terra, sem-terra...

Mãe, cozinheira, colona
Curtida no barro da espera
Quem viu tua cidade de lona
Sem erva, sem erva, sem erva

E a gurizada guaipeca
Semente da terra natal
Que nunca pivete em favela
Pivete em favela na capital
Sem-terra, sem-terra, sem-terra

Meu coração violeiro
Do chimarrão já não sabe
Cantigas do velho Guaíba
Não sabe, não sabe, não sabe
Se é chamamé, o que é, o que é
Se é um bugio, que os pariu, o que é
Milonga, milonga, milonga não é
Sem-terra, sem-terra é o que é

Sem-terra, sem-terra, sem-terra...

30. *A rasteira do presidente* (1986).

Autores: Bicalho e Sílvio Modesto • Intérprete: Bezerra da Silva • Gravadora: RCA Vik • LP *Alô malandragem, maloca o flagrante!* (1986)

Em fevereiro de 1986, na primeira ação afirmativa da Nova República, o governo de José Sarney anunciou um conjunto de

LP Alô malandragem, maloca o flagrante!, *Bezerra da Silva, 1986.*

medidas para conter a inflação galopante. A moeda brasileira da época, o cruzeiro, foi substituída pelo cruzado. Os preços dos bens e serviços foram congelados por um ano, sendo proibidas as remarcações. O plano também congelou os salários pelo valor médio dos seis meses anteriores, instituindo o chamado gatilho salarial, que previa o reajuste automático dos salários sempre que a inflação alcançasse 20%.

O povo, desesperado com a carestia, reagiu com grande entusiasmo ao pacote. Em muitos pontos do país, populares passaram a dar plantão nas padarias, mercearias e supermercados para evitar remarcações de preços. Logo ficaram conhecidos como os "fiscais do Sarney". O presidente da República viveu momentos de espetacular popularidade.

A rasteira do presidente, de Bicalho e Sílvio Modesto, interpretada por Bezerra da

Silva, expressou bem o clima de entusiasmo da população mais pobre com o Plano Cruzado: "Fiscais do presidente, se liga/ Tabela de preços na mão/ E vamos lutar contra a inflação". O negócio era enfrentar o "tubarão", impedindo os aumentos de preços. "Eles inventaram essa tal de inflação/ Mas o presidente deu aquela rasteira/ Não é mole não".

O samba também cerrou fileiras com a tese da moratória da dívida externa, ironizando: "Veja bem, não pedi nada emprestado/ Dizem que devo dólar adoidado/ Ao famigerado FMI". De quebra, citou siglas muito presentes no economês da época, como ORTN e INPC. A primeira abreviava o nome de um título público, as Obrigações Reajustáveis do Tesouro Nacional. A segunda, o do Índice Nacional de Preços ao Consumidor, que media a inflação.

Alô, alô, dona de casa
Fiscais do presidente, se liga
Tabela de preços na mão
E vamos lutar contra a inflação
Se liga, tubarão

E não é mole não
Vivendo dessa maneira
Eles inventaram essa tal de inflação
Mas o presidente deu aquela rasteira

Não é mole não (tubarão)...

O meu salário é o mínimo
Porém é o máximo que eu consigo vender
Desconto pro INPS
E o maldito Leão ainda quer me morder
ORTN, INPC, eu escuto dizer
Eu não sei o que é
Eu só sei que recebi meu pagamento
Não deu pra comprar meu alimento
Remarcaram os preços e eu fiquei a pé

Não é mole não (tubarão)...

O que não consigo entender
O meu nome é sujo no SPC (caloteiro!)
Meu crédito é cortado na praça
Não me vendem fiado, nem o que comer
O banco não me empresta dinheiro
Porque não tenho bens para me garantir
Veja bem, não pedi nada emprestado
Dizem que devo dólar adoidado
Ao famigerado FMI

Não é mole não...

E agora é que eu quero ver
Os ladrões de gravata o que vão fazer
O bicho vai pegar adoidado
Em cima daquele que não obedecer
O trabalhador já pode
Com a sua família fazer sua ceia
Se os federais chegarem num supermercado
Encontram os preços remarcados
Dão bolacha no gato e mete na cadeia

Não é mole não (tubarão)...

31. *O adventista* (1986)[1].

Autores: Buzzcocks (música); Marcelo Nova e Karl Hummel (versão) • Intérprete: Camisa de Vênus • Gravadora: RGE • LP *Viva* (1986)

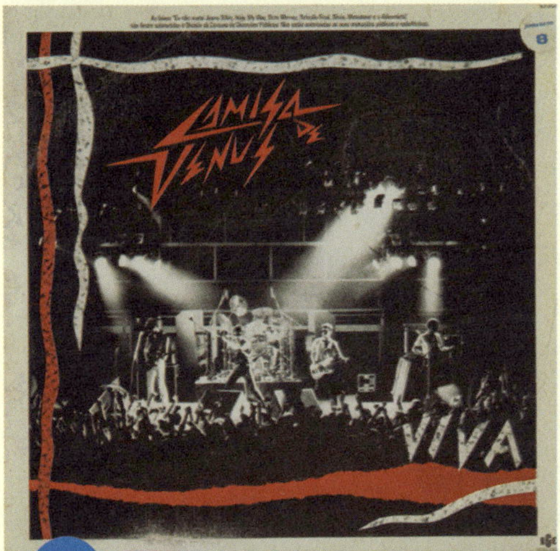

LP Viva, *Camisa de Vênus, 1986.*

O adventista é uma versão de *I Believe*, da banda Buzzcocks. Nos versos originais, os ingleses ironizavam o futuro da revolução proletária e a esperança na salvação eterna. Já os integrantes da banda punk baiana Camisa de Vênus partiram para uma crítica escrachada a alguns símbolos da cultura pop do Brasil na época.

Mas, com o anúncio do Plano Cruzado, *O adventista* ganhou nova versão, com tintas políticas mais fortes. Embora num primeiro momento a maioria da população tenha apoiado com entusiasmo o pacote de medidas contra a inflação, Marcelo Nova não embarcou no clima de oba-oba. Ao contrário, recebeu com ceticismo as novidades. Poucas semanas depois da divulgação do Plano Cruzado, lançou a nova versão de *O adventista* num show em Santos. A gravação ao vivo do espetáculo deu origem ao LP *Viva*, o segundo mais vendido naquele ano no país.

Logo de cara, ao anunciar a canção, Marcelo Nova perguntou: "Tem alguém aí que acredita?". Após o público responder com um sonoro "não", ele deu a senha: "O hino da Nova República". Começou então a cantar os novos versos de *O adventista*: "Eu acredito na manutenção da ordem pública/ Eu acredito na Nova República". Logo a seguir, voltou a provocar: "Eu acredito, você acredita/ Mamãe acredita, todo mundo acredita/ Na Nova República". O público jovem foi ao delírio, cantando em coro o novo refrão, bem mais pesado que o da versão anterior: "Não vai haver amor nessa porra nunca mais".

A nova versão de *O adventista* foi premonitória. Menos de um ano depois, fracassado o Plano Cruzado, o prestígio de Sarney estava na lona. Ninguém acreditava mais na Nova República.

Integrantes da banda Camisa de Venus.

1 Infelizmente, não foi possível reproduzir a íntegra da letra de *O adventista*, porque o pedido de liberação dos versos foi negado pelos detentores dos direitos autorais.

32. *Fricote do pacote* (1987).

Autor e intérprete: Juca Chaves • Gravadora: Sdruws Records • CD triplo *O melhor de Juca Chaves, o menestrel do Brasil* (1995)

No embalo do Plano Cruzado, o presidente José Sarney passou o primeiro semestre de 1986 batendo recordes de popularidade. Para a maioria dos brasileiros, o sumiço dos gêneros de primeira necessidade das prateleiras dos supermercados não se devia aos erros do pacote econômico, mas à ação dos especuladores e dos tubarões.

Mas, em julho, diante dos sinais cada vez mais evidentes de que o congelamento dos preços havia travado a produção, os ministros da Fazenda, Dílson Funaro, e do Planejamento, João Sayad, anunciaram um conjunto de medidas fiscais, logo apelidado de "cruzadinho". Entre outras coisas, se instituiu um empréstimo compulsório na compra de combustíveis e automóveis e uma taxa de 25% na compra de passagens aéreas internacionais e de moeda estrangeira. As providências, extremamente tímidas, não lograram resolver o problema fiscal do governo. Tampouco contiveram o desabastecimento crescente. O governo, porém, se manteve no curso traçado — pelo menos até as eleições de 15 de novembro, que escolheriam os novos governadores e renovariam o Congresso.

Foi nesse ambiente que Juca Chaves compôs e cantou em shows *Fricote do pacote*, gravado no ano seguinte. A pretexto de saudar o plano econômico, ele criticou a censura do filme *Je vous salue, Marie* (ver *Selvagem*, neste capítulo): "*Je vous salue*, ó cruzado/ Tem que dar certo, há de dar/ Se eu não aumento na cama, deitado / O que minha mulher vai falar/ Pois inflação, como tesão/ Basta um beijinho pra recomeçar". Em seguida, citou algumas medidas do "cruzadinho", gozou da visita de Sarney ao Vaticano nos dias que antecederam o anúncio do miniplano e debochou do fato de a saúde do cruzado estar na dependência dos passes de uma mãe de santo maranhense.

Ao final, Juquinha cantou o epitáfio do cruzado: "E o plano? Engano/ Sayad, Sarney, Funaro/ Furaram/ Por quê? Hé, hé, hé/ Não sei!".

No mês de fevereiro
Fez-se um pacote cor de esperança
Verde-amarelo, bem brasileiro,
Ritmo novo na velha dança

Todos prendem gerentes
De padaria ou supermercado
Quanta coragem, toda essa gente
Quando se sente televisado
Je vous salue, *ó cruzado*
Tem que dar certo, há de dar
Se eu não aumento na cama, deitado
O que minha mulher vai falar
Pois inflação, como tesão,
Basta um beijinho pra recomeçar

Quem rasgou o pacote
Foram eles de novo
E a tal multa é fricote
Cai nas costas do povo

Que somos? Fiscais.
De quem? Sarney.
E o plano? Furou.
Por quê? Não sei. (bis)

Passa a banda da alegria
Tocam os ministros novos metais
O trio elétrico da economia
Desafinou nos acordes finais
Na gasolina, o aumento
Dane-se a classe média, Funaro
Só no avião, 25 por cento
Pobre dos ricos, dólar mais caro
Sem compulsório, viaja
O presidente feliz
Foi a Roma ver o Papa
E escapa à reforma que ele quis
E pra dar certo um passe esperto
Da mãe de santo de São Luís

Viva a reforma agrária
Do pobre, a solução
Dando a terra dos outros
Não, a nossa, isso não

Que somos? Fiscais?
De quem? Sarney.
E o plano? Furou!
Por quê? Não sei!
E o plano? Engano
Sayad, Sarney, Funaro
Furaram
Por quê? Hé, hé, hé
Não sei!

33. *Volta Arraes ao Palácio das Princesas, vai entrar pela porta que saiu* (1986).

Autor: Lourival Batista Patriota (Louro do Pajeú) • Intérprete: José Antônio do Nascimento Filho (Zeto do Pajeú) • Gravação especial

O governador de Pernambuco, Miguel Arraes, deposto e preso pelos militares em 1964, viveu quase uma década e meia no exílio. Em 1986, retornou ao Palácio do Campo das Princesas pelo voto popular. Para a campanha eleitoral, Lourival Batista, o Louro do Pajeú, um dos maiores repentistas do Nordeste, compôs especialmente o decassílabo "Volta Arraes ao Palácio das Princesas/ Vai entrar pela porta que saiu".

O repente, apresentado no horário de propaganda eleitoral gratuita — ou guia eleitoral, como se diz no Nordeste — pelo grande cantador Zeto do Pajeú, fez um sucesso espetacular. Resumiu bem o estado de ânimo do eleitor pernambucano, que naquele momento se sentia pagando uma dívida histórica com Arraes.

José Lopes, citado no repente, foi um dos mais truculentos e odiados usineiros de Pernambuco. Teria sido o responsável pelo assassinato de cinco trabalhadores rurais, em janeiro de 1963, mortos por reivindicar o pagamento do 13º salário. Os versos "Se a terra tem leite, açúcar e mel/ Para que ter mendigo em Canaã?" citam, de forma livre, a famosa frase de José Américo de Almeida, escritor e político paraibano, condenando a injustiça social: "Há uma miséria maior do que morrer de fome no deserto: é não ter o que comer em Canaã".

Arraes, então filiado ao PMDB, obteve 61% dos votos válidos, derrotando com facilidade o candidato do PFL, José Múcio Monteiro (ver também *Tô voltando*, no anexo "Outras canções" deste capítulo).

Se em Pernambuco as eleições de 1986 representaram um ajuste de contas com o golpe de 1964, no restante do país elas se deram sob o signo do Plano Cruzado. Embora fosse evidente que o fim do congelamento era uma questão de tempo — e de muito pouco tempo —, o governo segurou enquanto pôde a situação. Durante a campanha, alimentou o discurso de que o sumiço dos gêneros de primeira necessidade dos supermercados era obra dos especuladores. Quando a carne desapareceu dos açougues, o candidato do PMDB ao governo de São Paulo, Orestes Quércia, propôs que o governo mandasse "laçar o boi no pasto". A Polícia Federal foi acionada para descobrir o gado que estaria escondido nas fazendas.

Miguel Arraes discursa em sua posse como governador de Pernambuco.

A estratégia eleitoral deu excelentes frutos para o PMDB. Em 15 de novembro, o partido colheu espetacular vitória nas urnas. Elegeu 22 dos 23 governadores — a única exceção deu-se em Sergipe, onde venceu o candidato do PFL. Conquistou 38 das 48 cadeiras em disputa no Senado e ficou com 260 dos 487 assentos na Câmara dos Deputados. Dessa forma, obteve confortável maioria na Constituinte, que, reunindo senadores e deputados, começaria seus trabalhos no ano seguinte. O PFL elegeu 118 deputados, o PDS 33, o PDT 24, o PTB 17 e o PT 16. Mas as comemorações do PMDB duraram pouco. Antes mesmo que todos os votos tivessem sido contados — naquela época, as cédulas em papel eram computadas manualmente —, a equipe econômica anunciou o Plano Cruzado II. Descongelou os preços de bens e serviços, liberou os aluguéis e alterou os mecanismos de cálculo da inflação. O resultado foi um aumento generalizado dos preços, com a volta abrupta da inflação.

Nasceu então a expressão "estelionato eleitoral". O presidente Sarney e o PMDB pagariam um preço altíssimo por fraudarem a confiança da população. Em termos de popularidade, desceriam em poucos meses do céu ao inferno.

(fala)

Os versos são de Lourival Batista, poeta maior lá do Pajeú, uma prova de que a

O povo pernambucano acompanha a fala de Miguel Arraes.

campanha de Arraes está se caracterizando pela espontaneidade, que é uma coisa legítima do povo. Lourivá, o mote é: "Volta Arraes ao Palácio das Princesas/ Vai entrar pela porta que saiu".

Não cochila, leão, sempre em vigília
Pobre, médio, sem nome em desespero
Se alguns derem votos ao usineiro
Não desejam conforto pra família
O avarento nababo é um sicário
Não sente a nudez do operário
A opressão dessa classe Arraes sentiu
Suportando os seus atos e torpezas
Volta Arraes ao Palácio das Princesas
Vai entrar pela porta que saiu

Nesta terra é preciso estar alerta
Quem tem ouro e ganância produz guerra
Os desmandos que há em nossa terra
Não é o usineiro quem conserta
Não esqueça o que fez o José Lopes
Não tentem ingerir cruéis xaropes
Que o pobre da cana os ingeriu
Houve mortes, torturas e vilezas
Volta Arraes ao Palácio das Princesas
Vai entrar pela porta que saiu

Previnamos o dia de amanhã
Recordemos o golpe tão cruel
Se a terra tem leite, açúcar e mel
Para que ter mendigo em Canaã?
Como mestre leal passou no teste
É o líder sem par, ama o Nordeste
O seu prédio tombou, mas não caiu
Para o pobre ter pão, casas e mesas
Volta Arraes ao Palácio das Princesas
Vai entrar pela porta que saiu.

34. *Plano Furado* (1987).

Autores: João Gordo, Jão e Jabá • Intérprete: Ratos de Porão • Gravadora: Cogumelo Records • LP *Cada dia mais sujo e agressivo* (1987)

Foi com o LP *Cada dia mais sujo e agressivo* que a banda punk paulistana Ratos de Porão conquistou seu espaço no mundo do rock. Uma das faixas de maior sucesso do álbum foi *Plano Furado* — cerca de dois minutos de golpes demolidores no Plano Cruzado, que acabava de ir para o vinagre. A pancadaria começava na ironia do título da canção, mais gritado do que cantado.

A primeira estrofe descreveu os objetivos do plano econômico que pretendia domar a inflação galopante através do congelamento dos preços: "Planejaram febrilmente/ O Brasil ia mudar/ Congelaram a pátria amada/ Botaram as coisas no lugar". Sem meias palavras, recorrendo a palavrões, os versos seguintes não deixaram pedra sobre pedra: "Todo mundo, o mundo inteiro/ Essa farsa engoliu/ O povo se fodeu/ E o Brasil faliu". O refrão, simples e direto, parecia uma palavra de ordem: "Deu tudo errado!/ Plano Furado!".

A banda fez referência também à Assembleia Nacional Constituinte, que iniciou seus trabalhos em fevereiro de 1987. Como o PMDB elegeu a maioria dos seus integrantes prometendo manter o Plano Cruzado, jogado ao lixo uma semana depois do pleito, João Gordo denunciou a fraude: "Fizeram a constituinte/ Com um grande bacanal".

Meses depois, a banda Ratos de Porão faria uma segunda versão para a canção, batizada de *Plano Furado II* (ver no anexo "Outras canções" deste capítulo).

(fala)
Em homenagem ao Plano Cruzado I, Plano Furado I.

Planejaram febrilmente
O Brasil ia mudar
Congelaram a pátria amada
Botaram as coisas no lugar
Todo mundo, o mundo inteiro
Essa farsa engoliu
O povo se fodeu
E o Brasil faliu

Deu tudo errado
Plano Furado
Deu tudo errado

Eles não fraquejaram
Prometeram que iam ver
Uma desculpa nova
E o plano refazer
Fizeram a Constituinte
Com um grande bacanal
Não rifaram o Brasil
Porque era ilegal!

Deu tudo errado...

Pediram pra Igreja
Gentilmente ajudar
Cobrando entradas na missa
Que os fiéis possam pagar

O papa interveio
Disse logo: Filhos meus!
O plano é de vocês
Mas o dinheiro é de Deus!

— Deu tudo errado, o Plano Furado!

35. *Pátria amada* (1987).

Autor: Clemente • Intérprete: Inocentes • Gravadora: WEA • LP *Adeus carne* (1987)

LP Adeus carne, *Inocentes, 1987.*

Ônibus que levava Sarney é cercado por manifestantes na Praça XV, Rio de Janeiro.

Seis dias depois das eleições de 15 de novembro de 1986, o governo anunciou o Plano Cruzado II, que terminou com o congelamento dos preços e autorizou diversos aumentos. Seis dias depois do anúncio do Plano Cruzado II, um protesto convocado pela Central Única dos Trabalhadores (CUT) reuniu milhares de pessoas nas proximidades da Rodoviária de Brasília. A polícia tentou dissolver a manifestação com gás lacrimogêneo e bombas de efeito moral, mas os trabalhadores reagiram. O caos se instalou no centro da capital federal. Ônibus foram incendiados e lojas depredadas.

Era o primeiro sinal de uma formidável virada na opinião pública. O governo Sarney, que havia atravessado 1986 num céu de brigadeiro, mergulharia em 1987 num terrível turbilhão político. Em três tempos, a espetacular vitória do PMDB nas urnas virou fumaça (ver *Volta Arraes ao Palácio do Campo das Princesas, vai entrar pela porta que saiu*, neste capítulo). A partir daí, o povo, se sentindo traído, não perdeu uma oportunidade para demonstrar seu descontentamento. No Rio de Janeiro, o aumento das passagens de ônibus provocou uma onda de tumultos e saques na cidade, com um saldo de cem ônibus depredados, 58 pessoas feridas e 90 presos.

Em junho, durante visita oficial de Sarney ao Rio de Janeiro, o ônibus que transportava o presidente foi cercado e apedrejado por uma multidão nas proximidades do Paço Imperial, na Praça XV. Um popular atirou uma picareta contra o veículo, estilhaçando uma das janelas.

Foi nesse clima de frustração e revolta que a banda Inocentes, expoente do rock paulistano, gravou *Pátria amada*. O fecho da canção composta por Clemente, líder do grupo, traduzia a enorme bronca que havia tomado conta do país: "Pátria amada, de quem você é afinal?/ É do povo nas ruas? Ou do Congresso Nacional?/ Pátria amada, idolatrada, salve, salve-se quem puder!".

Pátria amada, é pra você esta canção
Desesperada, canção de desilusão
Não há mais nada entre eu e você
Eu fui traído e não fiz por merecer

Pátria amada, cantei hinos em seu louvor
Mas tudo o que fiz de nada adiantou
Na boca amarga ainda resta esse refrão
Que diz pra morrer por ti e não importa a razão

Pátria amada, como pude acreditar
Em palavras vazias e promessas soltas no ar
Pátria amada, você me decepcionou
Quando eu lhe pedi justiça, você me negou

Pátria amada!

Pátria amada, de quem você é afinal?
É do povo nas ruas? Ou do Congresso Nacional?
Pátria amada, idolatrada, salve, salve-se quem puder!

36. *Desordem* (1987).

Autores: Marcelo Fromer, Sérgio Britto e Charles Gavin • Intérprete: Titãs • Gravadora: Warner Music • LP *Jesus não tem dentes no país dos banguelas* (1987)

LP Jesus não tem dentes no país dos banguelas, *Titãs, 1987.*

Com o anúncio do Plano Cruzado II, que terminou com o congelamento dos preços menos de uma semana após as eleições de 1986 (ver *Plano Furado* e *Pátria amada*, neste capítulo), a popularidade do presidente José Sarney se desidratou da noite para o dia. Em poucas semanas, o clima político ficou extremamente carregado. Em junho de 1987, no Rio de Janeiro, o ônibus que transportava o presidente foi atacado por populares. No mês seguinte, um protesto contra o aumento nas passagens dos transportes coletivos terminou em depredações.

Os versos de *Desordem*, da banda Titãs, descreveram esse ambiente tenso: "A multidão enfurecida/ Queimou os carros da polícia/ Mas que loucura esta nação".

A banda questionou também os conceitos de ordem e desordem, colocando frente a frente o Estado e a população: "Quem quer manter a ordem?/ Quem quer criar desordem?". Não seriam responsáveis pela bagunça os dirigentes do país que teimavam em andar na contramão?

Os presos fogem do presídio
Imagens na televisão
Mais uma briga de torcidas
Acaba tudo em confusão
A multidão enfurecida
Queimou os carros da polícia
Os preços fogem do controle
Mas que loucura esta nação
Não é tentar o suicídio
Querer andar na contramão?

Quem quer manter a ordem?
Quem quer criar desordem? (bis)

Não sei se existe mais justiça
Nem quando é pelas próprias mãos
População enlouquecida
Começa então o linchamento
Não sei se tudo vai arder
Com algum líquido inflamável
O que mais pode acontecer
Num país pobre e miserável?
E ainda pode se encontrar
Quem acredite no futuro?

Quem quer manter a ordem?
Quem quer criar desordem?

É seu dever manter a ordem
É seu dever de cidadão
Mas o que é criar desordem?
Quem é que diz o que é ou não?
São sempre os mesmos governantes
Os mesmos que lucraram antes
Os sindicatos fazem greve
Porque ninguém é consultado
Pois tudo tem que virar óleo
Pra pôr na máquina do Estado

Quem quer manter a ordem?
Quem quer criar desordem?

37. *P da vida* (1987).

Autores: Lucio Dalla (música); Edgard Barbosa Poças (versão) • Intérprete: Dominó • Gravadora: Epic/ CBS • LP *Dominó* (1987)

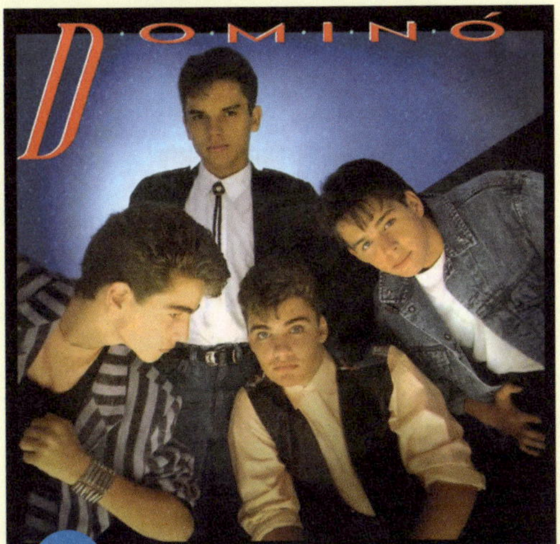

LP Dominó, *1987.*

Com as bandas de rock e de música pop batendo recordes de vendas, logo as gravadoras tiveram a atenção despertada para uma nova mina de ouro: o crescente mercado infantojuvenil. Na cauda do espetacular sucesso do RPM, campeão de vendas em 1985, surgiram várias bandas formadas por garotos, dirigidas para o público adolescente. Um bom exemplo do sucesso da fórmula foi o conjunto Dominó, agenciado pelo apresentador Gugu Liberato.

Era de se esperar que as letras das canções do Dominó tratassem apenas de temas leves e comportamentais, como namoros e paqueras. Mas, como muitos dos grandes sucessos do rock nos anos anteriores haviam abordado temas políticos, a banda também entrou na roda.

P da vida, versão de Edgard Barbosa Poças para *Tutta la vita*, canção italiana com tintas psicológicas, era pura bronca. Protestou contra a falsidade dos políticos, as agressões à natureza e o preconceito racial. Ironizou a iniciativa de artistas internacionais que organizaram shows com o objetivo de arrecadar fundos para combater a fome na África: "*We are the world* lá nas paradas/ E gerações desperdiçadas/ Em tantas lutas sem sentido". Fez pouco de um verso de *Aquarela do Brasil*, de Ari Barroso: "Feche as cortinas do passado". Mas, apesar de tudo, não jogou a toalha: "Mas não me sinto derrotado/ Não tem gatilho, nem cruzado/ Que vai me pôr nocauteado".

As referências a gatilhos e cruzados deixavam evidente a origem do desencanto da garotada: o fracasso do Plano Cruzado, que pretendia deter a espiral inflacionária por meio do congelamento de preços. Entre outras coisas, ele havia criado o chamado gatilho salarial, que previa o reajuste automático dos salários sempre que a inflação ultrapassasse o patamar de 20%.

Tô p da vida
Tô vendo a gente tão pra baixo
Um baixo astral, um cambalacho
E muito pouco amor à vida

Tô p da vida
E o mundo em volta da ferida
Em transes loucos, transas nossas
De mãos atadas, vistas grossas
É muito pouco amor à vida

Tô p da vida
Tão pondo fogo no planeta
E quem não tá vira careta-tá-tá
A fina flor do preconceito
De cor de raça de sujeito
Isso tem jeito
Isso tem jeito

We are the world *lá nas paradas*
E gerações desperdiçadas
Em tantas lutas sem sentido
Feche as cortinas do passado
Mundo grilado, dolorido,
Que se conforma

Tô p da vida
Lances, jogadas ensaiadas
Nas mesas das Nações Unidas
Azucrinando nossas vidas

Integrantes do grupo Dominó.

Jogo de dados combinados
Dados marcados

Tô p da vida
Mas não me sinto derrotado
Não tem gatilho, nem cruzado
Que vai me pôr nocauteado
A esperança é uma música
Canta essa música, nossa música, é nossa música

Tô p da vida
Tô vendo a gente tão pra baixo
Um baixo astral, um cambalacho
E muito pouco amor à vida

Tô p da vida
Mas isso quase não é nada
Tem que enfrentar essa parada
E tem que pôr a mão na terra
Eu tô na guerra pela vida
Só pela vida, viva a vida, viva a vida.

38. *O país do futuro* (1987).

Autores: Marcelo Nova e Robério Santana • Intérprete: Camisa de Vênus • Gravadora: WEA • LP *Duplo sentido* (1987)

LP Duplo sentido, *Camisa de Vênus, 1987.*

Marcelo Nova, que havia batido de frente com a Nova República quando o Brasil era só empolgação com o Plano Cruzado (ver *O adventista*, neste capítulo), voltou à carga no ano seguinte.

De certa forma, *O país do futuro* é a outra face de *P da vida*, do grupo Dominó. Enquanto a *boy band* ainda mantinha uma ponta de esperança e cantava que "Não tem gatilho, nem cruzado/ Que vai me pôr nocauteado", para a banda punk não havia saída à vista: "A gente aumenta o seu salário/ Dispara o gatilho/ Aí, pra que você não reclame/ E também pra que não se esqueça/ Disparam o tal gatilho/ Em cima da sua cabeça".

A previsão do tempo era sombria no serviço de meteorologia do Camisa de Vênus: "Nós vamos outra vez/ Pro fundo do buraco/ Você não tem vergonha/ E eu já não tenho saco".

A menção à picareta na fala final remetia à visita de Sarney ao Rio, em julho de 1987. O ônibus que transportava o presidente foi cercado e apedrejado pela multidão. Um manifestante lançou uma picareta contra o veículo, quebrando uma das janelas.

Dois esclarecimentos:

1. "Ninguém segura este país" foi um dos *slogans* mais usados pela propaganda ufanista durante o regime militar, tendo inspirado a marchinha do carnaval de 1971, de Gustavo Thomáz Filho (Brasinha);

2. Moreira da Silva, o principal nome do samba de breque carioca, também era conhecido como Morengueira.

— Ninguém segura esse país!

Aqui não tem problema
Só se você quiser
Esse é o país do futuro
Tenha esperança e fé
Todo dia lhe oferecem
Sempre o melhor negócio
Vão levar a sua grana
Vão lhe chamar de sócio
Vai ficar tudo bem
Acredite em mim, meu filho
A gente aumenta o seu salário
Dispara o gatilho
Aí, pra que você não reclame
E também pra que não esqueça
Dispararam o tal do gatilho
Em cima da sua cabeça

Nós vamos outra vez
Pro fundo do buraco
Você não tem vergonha
E eu já não tenho saco
Estamos outra vez
No fundo do buraco
Você não tem vergonha
E eu já não tenho saco

No peito um crachá
Na boca um sanduíche misto
Muito pouco aqui no bolso
Mas muita fé em Jesus Cristo
Quem sabe ele se zanga
Desce lá do Corcovado
Passa o cajado nessa corja

Deus também fica arretado
Mas enquanto ele não vem
Não vou ficar parado
Segure a onda, meu irmão
Que eu já tô injuriado
Se você não me respeita
Vou radicalizar
Meto a mão em seu focinho
Eu tô cansado de apanhar

Nós vamos outra vez...

— Cuidado com a picareta! É aí, Morengueira, os bandidos tão atirando pra tudo o que é lado, meu irmão. Sai de baixo! Mas minha conta na Suíça tá uma beleza, tá engordando, ai, ai, ah.

39. *Melô do cruzaids* (1987).

Autores: Carlos Magrão e Sidnei Machado • Intérprete: Carlos Magrão • Gravadora: Polygram • LP 7ª *Seara da Canção Gaúcha* (1987)

LP 7ª Seara da Canção Gaúcha, *Carlos Magrão, 1987.*

Do Rio Grande do Sul veio a *Melô do cruzaids.* Com muito bom humor, ela explicou os motivos do fracasso do Plano Cruzado. "Lá no Planalto, no bailão da Constituinte", o Senhor Cruzado convidou Dona Inflação para jantar e, depois, foram dar uma voltinha. O problema é que o homem da moeda não tomou as precauções necessárias. Esqueceu-se de usar camisinha: "A consequência desse ato foi fatal/ Agora está em baixa na pesquisa salarial".

Conclusão da melô: "Se tu não morre com aids, morre com o Plano Cruzado". A coisa estava feia na Nova República. Muito feia.

A tal de aids já pegou até o Cruzado
Em nosso bolso está hospitalizado
O seu doutor pra evitar o funeral (bis)
Até lhe injetou um abono salarial

Esse vírus não adianta evitar
Está aqui e está em todo lugar
De qualquer jeito, sei que estás acabado
Se tu não morre com aids, morre com Plano Cruzado (bis)

Com esse fato aconteceu o seguinte
Lá no Planalto, no bailão da Constituinte
O Cruzado foi dançar com a Inflação (bis)
E ela foi a causa dessa contaminação

Esse vírus não adianta evitar...

A Inflação lhe convidou para uma voltinha
Mas o tal Cruzado, danado, não usava camisinha

A consequência desse ato foi fatal
Agora está em baixa na pesquisa salarial

Esse vírus não adianta evitar...

Na tentativa de salvar nosso Cruzado
Não há medida que não se tenha tomado
Foi plano um e plano dois, que frustração (bis)
Brasileiros e brasileiras, olha só que confusão

Esse vírus não adianta evitar...

40. *Carta à República* (1987).

Autores: Milton Nascimento e Fernando Brant • Intérpretes: Milton Nascimento com participação do grupo Uakti • Gravadora: CBS • LP *Yauaretê* (1987)

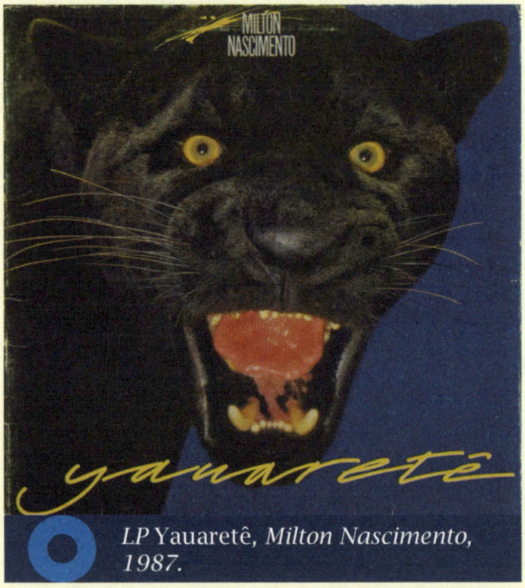

LP Yauaretê, *Milton Nascimento, 1987.*

Não foi apenas o rock que abriu baterias contra o fracasso do Plano Cruzado e o rápido envelhecimento da Nova República. Em *Carta à República*, Milton Nascimento e Fernando Brant também criticaram duramente o governo Sarney. Não xingaram, não gritaram, não debocharam, não cuspiram. Apenas cobraram em tom firme e sereno — uma cobrança de quem já tinha vivido dias piores, mas continuava alimentando a esperança de um mundo melhor.

O primeiro verso deixa claro que a dupla falava por sua geração. Trazia experiências e sentimentos que talvez não fossem tão comuns entre os artistas mais jovens. Reconhecia os avanços: "Sim, é verdade, a vida é mais livre/ O medo já não convive nas casas". Mantinha a esperança: "E até dá pra pensar no futuro/ E ver nossos filhos crescendo, sorrindo".

Mas a decepção estava latente, à flor da pele: "Mas eu não posso esconder a amargura/ Ao ver que o sonho anda pra trás/ E a mentira voltou/ Ou será mesmo que não nos deixara?". A imagem mais forte vinha a seguir: "A esperança que a gente carrega/ É um sorvete em pleno sol". Na ressaca do congelamento dos preços, assistia-se ao derretimento de sonhos. Não dava para ser complacente com a pequenez política em que mergulhava a Nova República, engolida pela inflação e pela falta de um projeto de país: "E foi por ter posto a mão no futuro/ Que no presente preciso ser duro/ E eu não posso me acomodar/ Quero um país melhor".

Sim, é verdade, a vida é mais livre
O medo já não convive nas casas
Nos bares, nas ruas com o povo daqui
E até dá pra pensar no futuro

Fernando Brant.

Presidente José Sarney.

Milton Nascimento.

E ver nossos filhos crescendo, sorrindo
Mas eu não posso esconder a amargura
Ao ver que o sonho anda pra trás
E a mentira voltou
Ou será mesmo que não nos deixara?
A esperança que a gente carrega
É um sorvete em pleno sol

O que fizeram da nossa fé?
O que fizeram da nossa fé?

Eu briguei, apanhei, eu sofri, aprendi
Eu cantei, eu berrei, eu chorei, eu sorri
Eu saí pra sonhar meu país
E foi tão bom, não estava sozinho
A praça era alegria sadia
O povo era senhor
E só uma voz, numa só canção
E foi por ter posto a mão no futuro
Que no presente preciso ser duro
E eu não posso me acomodar
Quero um país melhor.

41. *Ajoelhou, tem que rezar* (1987).

Autores: Evandro Boia, Naldo do Cavaco e Toninho 70 • Intérprete: Carlinhos de Pilares • Gravadora: Top Tape • LP *Sambas de enredo das escolas de samba do grupo 1 – Carnaval de 1987* (1986)

A Constituinte, instalada no dia 1º de fevereiro de 1987, veio ao mundo cercada simultaneamente de grande expectativa e de uma boa dose de desconfiança. Expectativa, porque depois de duas décadas de ditadura o país ansiava por instituições democráticas e modernas, que enterrassem o chamado entulho autoritário e consolidassem no Brasil um ambiente de liberdade e justiça. Desconfiança, porque a ampla maioria do PMDB na Constituinte havia sido fruto do forte apoio popular ao Plano Cruzado, lançado ao lixo menos de uma semana depois do pleito — um procedimento que, na época, ficou carimbado como estelionato eleitoral. Além disso, boa parte da sociedade havia defendido a convocação de uma Constituinte exclusiva, e não de um Congresso-Constituinte.

O samba-enredo cantado pela Caprichosos de Pilares retrata a divisão existente na opinião pública no início dos trabalhos da Constituinte. Por um lado, a escola de samba não esconde um pé atrás com os políticos: "Estou cansado de ser enganado/ Papo furado e demagogia/ Não vão encher (o quê?)/ A minha barriga vazia". Por outro, continua alimentando a fé de que a situação possa melhorar: "Espero da Constituinte/ Em minha mesa muito pão/ Uma poupança cheia de cruzados/ E um carnaval com muita paz no coração".

A nova Constituição foi promulgada em 5 de outubro de 1988, depois de vinte meses de debates e votações. Alguns de seus capítulos são extremamente avançados, especialmente os que tratam dos direitos individuais e coletivos, dos direitos sociais e dos direitos políticos. Infelizmente muitos dos seus dispositivos não saíram do papel até hoje, pois dependem da aprovação de leis regulamentadoras. Na relação entre os três poderes, a Carta, embora tivesse embocadura parlamentarista, acabou confirmando o presidencialismo como sistema de governo.

Justo Veríssimo, político que, nos programas de humor de Chico Anysio, dizia que queria que o povo explodisse, dá o tom no desfile da Caprichosos de Pilares, 1987.

A "Constituição Cidadã", segundo a definição de Ulysses Guimarães, foi escrita, debatida e aprovada por 559 constituintes e contou com ampla participação popular. Foram realizados centenas de debates com representantes da sociedade civil, tendo sido apresentadas 122 emendas populares, subscritas por mais de 12 milhões de pessoas.

Ajoelhou, tem que rezar
Não quero mais viver de ilusão
Você prometeu agora vai ter que pagar
Não vai me deixar na mão

Estou cansado de ser enganado
Papo furado e demagogia
Não vão encher (o quê?)
A minha barriga vazia
Espero da Constituinte
Em minha mesa muito pão
Uma poupança cheia de cruzados
E um carnaval com muita paz no coração

Vou deitar, rolar,
Pular feliz
Essa é a vida
Que eu sempre quis

Vamos, meu povo,
Democracia é participar
Vote, cante, grite
É tempo de mudar
Quem vive de promessa é santo
E eu não sou santo, meu senhor
Seu deputado, eu votei
E agora posso exigir
Quero ver você cumprir
Seu lero-lero, blá, blá, blá

Conversa mole, isso aí
É papo pra boi dormir

Ajoelhou, tem que rezar...

42. *Tá com nada* (1987).

Autor: André X • Intérpretes: Detrito Federal com participação da Plebe Rude • Gravadora: Polygram • LP *Vítimas do milagre* (1987)

LP Vítimas do milagre, *Detrito Federal, 1987.*

E a Constituinte? "Tá com nada", respondeu a banda punk Detrito Federal, de Brasília, em 1987, o primeiro ano dos trabalhos da assembleia. Aliás, aos olhos do conjunto, ninguém estava com nada. Pela ordem: a Nova República, a censura, o Vovô (Ulysses Guimarães), a Voz do Brasil, o herói He-Man, o colunista Ibrahim Sued, o Rei Pelé, a Lady Laura (mãe de Roberto Carlos), a apresentadora Hebe Camargo e o então presidente dos Estados Unidos, Ronald Reagan.

Só Tancredo Neves escapou do refrão "tá com nada". Por uma razão simples e definitiva: "Esse já morreu".

O Detrito Federal não refrescava ninguém. Nem os ouvintes. Entre uma estrofe e outra, um dos integrantes da banda soltou um sonoro arroto ao microfone.

Nova República, tá com nada
A censura, tá com nada
Vovô Guimarães, tá com nada
E a Constituinte, tá com nada

A Voz do Brasil, tá com nada
He-Man, tá com nada
Ibrahim Sued, tá com nada
E o Rei Pelé, tá com nada

A Lady Laura, tá com nada
Tancredo Neves, esse já morreu
Hebe Camargo, tá com nada
E o Ronald Reagan, tá com nada.

43. *Comida* (1987).

Autores: Arnaldo Antunes, Marcelo Fromer e Sérgio Britto • Intérprete: Titãs • Gravadora: Warner Music • LP *Jesus não tem dentes no país dos banguelas* (1987)

Comida apresentou contribuições para um programa de redemocratização do país e, por tabela, para a Constituinte, que começou seus trabalhos em 1987. "Você tem fome de quê?", perguntou a banda Titãs, para em seguida responder que as necessidades humanas iam muito além da mera sobrevivência física.

É claro que homens e mulheres precisam de comida, mas também de diversão, arte, balé, amor, prazer e uma "saída para qualquer parte". Gado é que se satisfaz com água e pasto.

Arnaldo Antunes.

"A gente quer inteiro e não pela metade", cantaram os roqueiros.

Num momento de repactuação nacional na Constituinte, o recado de banda era muito oportuno. O Brasil também precisava garantir liberdades, assegurar direitos, promover a cultura, proteger minorias e combater discriminações.

Bebida é água.
Comida é pasto.
Você tem sede de quê?
Você tem fome de quê?

A gente não quer só comida
A gente quer comida, diversão e arte
A gente não quer só comida
A gente quer saída, para qualquer parte
A gente não quer só comida
A gente quer bebida, diversão, balé
A gente não quer só comida
A gente quer a vida, como a vida quer

Bebida é água...

A gente não quer só comer
A gente quer comer e quer fazer amor
A gente não quer só comer
A gente quer prazer pra aliviar a dor.
A gente não quer só dinheiro,
A gente quer dinheiro e felicidade
A gente não quer só dinheiro
A gente quer inteiro e não pela metade.

Bebida é água...

Desejo, necessidade, vontade
Necessidade, desejo, eh!
Necessidade, vontade, eh!
Necessidade.

44. *Conta outra que essa foi boa* (1988).

Autores: Zé Catimba, Gabi, David Correia e Guga • Intérprete: Alexandre da Imperatriz • Gravadora: BMG/ Ariola • LP *Sambas de enredo das Escolas de Samba do Grupo 1A - Carnaval de 1988* (1987)

No carnaval de 1988, o samba-enredo da Imperatriz Leopoldinense sintetizou o descrédito crescente em relação à Constituinte. Um ano depois de instalada, ela parecia atolada numa paralisia decisória. O "Centrão", bloco conservador que reunia parcela expressiva do PMDB e a quase totalidade do PFL, do PDS e do PTB, criado no final de 1987, impedia a assembleia de avançar.

Daí a gozação em *Conta outra que essa foi boa*: "O povo na Constituinte/ Vai ter mesa farta, sorrir/ E até cantar/ Quá, quá, quá/ Você caiu, caiu/ É brincadeira/ É primei-

A Ferrovia Norte-Sul no desfile da Impereatriz Leopoldinense.

ro de abril". O seu Cabral evocado no samba-enredo tanto pode ser o Pedro Álvares, que descobriu o Brasil, como o Bernardo, relator da Constituinte. A ferrovia mencionada ao final é a Norte-Sul. Sua construção havia sido iniciada no ano anterior.

O samba-enredo não agradou muito. A Imperatriz tirou o último lugar no desfile. Só não caiu do grupo porque mudaram o regulamento na hora H. Não era só em Brasília que existia tapetão.

Eu voto pra não esquecer
A vida tem que melhorar
O povo na Constituinte
Vai ter mesa farta, sorrir
E até cantar

Quá, quá, quá
Você caiu, caiu
É brincadeira
É primeiro de abril (bis)

Eu quero é poder ser marajá
Gozar a vida
Pra vida não vir me gozar (bis)

Disse me disse
Na história do Brasil
Fui criança, fui palhaço
E ninguém me assumiu (ô seu Cabral...)

Cabral, ô Cabral,
O esquema é de lograr (de lograr)
De 171 com a realeza
Me mandou uma princesa
Que fingiu me libertar, me libertar (bis)

Ô ô ô, piuí
Piuí, lá vem o trem
A ferrovia é brincadeira de neném. (bis)

45. *O eleito* (1988).[2]

Autores: Lobão e Bernardo Vilhena • Intérprete: Lobão • Gravadora: BMG/ Ariola • LP *Cuidado!* (1988)

A duração do mandato do presidente da República foi uma das questões que dividiram a Constituinte. As esquerdas e os setores progressistas do PMDB, comandados por Ulysses Guimarães, defenderam o mandato de quatro anos. Dessa forma, o povo poderia votar logo para presidente. Mas o presidente José Sarney, com o apoio do Centrão, conseguiu aprovar a tese dos cinco anos. Em protesto contra a decisão, Mário Covas, Franco Montoro, Fernando Henrique Cardoso e José Serra desligaram-se do PMDB, fundando o PSDB.

O eleito é o carro-chefe de *Cuidado!*, primeiro álbum gravado por Lobão depois de sair da prisão. No início de 1987, ele havia sido preso por porte de drogas. Normalmente, deveria responder ao processo em liberdade. Mas o juiz Paulo Cezar Dias Panza não gostou do comportamento do roqueiro no tribunal e mandou-o direto para a cadeia, onde permaneceu por um bom tempo.

2 Infelizmente, não foi possível reproduzir a íntegra da letra de *O eleito*, porque o pedido de liberação dos versos foi negado pelos detentores dos direitos autorais.

Quando a Constituinte aprovou o mandato de cinco anos para Sarney, Lobão, em parceria com Bernardo Vilhena, compôs *O eleito*, que retratava o presidente como um político ardiloso e autoritário, que "acha que nasceu para ser venerado" e "se imagina o eleito sem nenhuma eleição por perto". A bronca dos roqueiros era tanta que criticaram até a produção literária do ocupante da cadeira 38 da Academia Brasileira de Letras: "Seus ternos são bem cortados/ Seus versos são mal escritos".

46. *100 anos de liberdade, realidade ou ilusão?* (1987).

Autores: Hélio Turco, Jurandir da Mangueira e Alvinho • Intérprete: Jamelão • Gravadora: BMG/ Ariola • LP *Sambas de enredo das Escolas de Samba do Grupo 1A - Carnaval de 1988* (1987)

No carnaval de 1988, ano em que se comemorou o centenário da Abolição da Escravatura, a Estação Primeira de Mangueira lançou a pergunta na avenida: *100 anos de liberdade, realidade ou ilusão?*.

Apesar do fim do cativeiro, a população negra continuava vítima da exclusão social e do preconceito racial. Numa terra que deveria ser de oportunidades, vivia na necessidade e não em liberdade. "Pergunte ao Criador/ Quem pintou esta aquarela/ Livre do açoite da senzala/ Preso na miséria da favela", denunciava o samba-enredo da escola.

O negro samba
Negro joga capoeira
Ele é o rei
Na verde e rosa da Mangueira (bis)

Será
Que já raiou a liberdade
Ou se foi tudo ilusão
Será
Que a Lei Áurea tão sonhada
Há tanto tempo assinada
Não foi o fim da escravidão
Hoje dentro da realidade
Onde está a liberdade?
Onde está que ninguém viu?

Moço,
Não se esqueça que o negro também construiu
As riquezas do nosso Brasil (bis)

Desfile da Estação Primeira de Mangueira no carnaval de 1988.

Pergunte ao Criador
Quem pintou esta aquarela
Livre do açoite da senzala
Preso na miséria da favela (bis)

Sonhei
Que Zumbi dos Palmares voltou
A tristeza do negro acabou
Foi uma nova redenção
Senhor
Eis a luta do bem contra o mal
Que tanto sangue derramou
Contra o preconceito racial

O negro samba...

47. *Aos fuzilados da CSN* (1993).

Autores: Mao, Ciro e Darwin • Intérprete: Garotos Podres • Gravadora: Radical Records • LP *Canções para ninar* (1993)

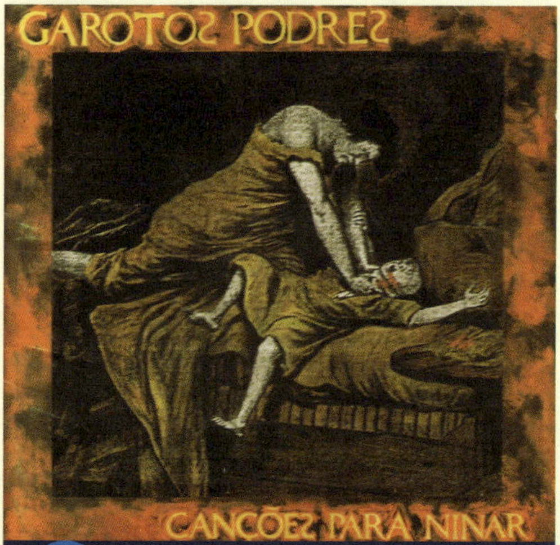

LP Canções para ninar, *Garotos Podres, 1993.*

Com a taxa de inflação atingindo a casa de 1.000% ao ano, a situação dos assalariados deteriorou-se gravemente nos últimos meses de 1988. No início de novembro, milhares de metalúrgicos da Companhia Siderúrgica Nacional (CSN), em Volta Redonda, entraram em greve e ocuparam as instalações da usina. Dias depois, a Justiça determinou a reintegração de posse. A ordem judicial foi cumprida por tropas do Exército, que agiram com extrema brutalidade. Na retomada da fábrica, no dia 9 de novembro, três operários foram mortos a tiros: Carlos Augusto Barroso, Walmir Freitas Monteiro e William Fernandes Leite. Dezenas de trabalhadores foram feridos à bala.

A ferocidade da repressão chocou o país. Os operários da CSN mantiveram o movimento, contando com o apoio do povo de Volta Redonda, que dias depois deu um abraço simbólico na usina, de cerca de 12 quilômetros. A empresa foi obrigada a recuar, atendendo parcialmente às reivindicações dos metalúrgicos. Mais tarde, um monumento em homenagem aos operários mortos, desenhado por Oscar Niemeyer, foi erguido na Praça Juarez Antunes, nome de um dos líderes da greve da CSN.

A onda de solidariedade aos grevistas teve forte impacto nas eleições municipais, realizadas uma semana depois da tragédia. O PT, que já vinha em ascensão nas pesquisas, logrou eleger os prefeitos de três capitais — entre elas, São Paulo, com Luiza Erundina (ver *jingle* de Erundina, neste capítulo).

A homenagem dos Garotos Podres aos grevistas de Volta Redonda só foi gravada cinco anos depois da invasão da CSN.

Começou rendendo tributo aos trabalhadores que não se deixaram abater pelas dificuldades: "Aos que habitam cortiços e favelas/ E mesmo que acordados/ Pelas sirenes das fábricas/ Não deixam de sonhar, de ter esperanças/ Pois o futuro vos pertence". Para a banda, os fuzilados da CSN entraram para a galeria de vítimas da repressão em que já figuravam os camponeses assassinados na luta pela terra, os presos políticos torturados no Dops e os trabalhadores espancados durante as greves. Apesar de tudo, o rock mantinha confiança no futuro: "Mas por mais rosas que os poderosos matem/ Nunca conseguirão deter a primavera".

Em 1993, ano do lançamento de *Aos fuzilados da CSN*, a usina foi privatizada. Cerca de 70% de seus funcionários foram demitidos.

Aos que habitam cortiços e favelas
E mesmo que acordados
Pelas sirenes das fábricas
Não deixam de sonhar, de ter esperanças
Pois o futuro, ouh, vos pertence!

Pois o futuro, ouh, vos pertence!
Pois o futuro, ouh, vos pertence!

Aos que carregam rosas sem temer machucar as mãos
Pois seu sangue não é azul, nem o verde do dólar
Mas vermelho, da fúria amordaçada,
De um grito de liberdade preso na garganta
Pois o futuro, ouh, vos pertence!...

Fuzilados da CSN, assassinados no campo
Torturados no Dops, espancados na greve
A cada passo desta marcha
Camponeses e operários, tombam homens fuzilados
Mas por mais rosas que os poderosos matem
Nunca conseguirão deter a primavera!

Pois o futuro, ouh, vos pertence!...

48. *São Paulo tem você, Luiza* (1988).

Autor: Hilton Acioli • Intérprete(s): desconhecido(s) • Gravação especial

As eleições municipais de 1988 sinalizaram uma forte inflexão eleitoral. Embora o PMDB e o PFL, os dois principais partidos na época, tenham conquistado grande número de prefeituras — 1606 e 1058, respectivamente —, colheram resultados decepcionantes nas principais cidades brasileiras. Os partidos de esquerda saíram vitoriosos em nada menos de dez capitais. O PT venceu em São Paulo, Porto Alegre e Vitória. O PDT, no Rio de Janeiro, em Curitiba, São Luís e Natal. O PSB triunfou em Manaus, Aracaju e Macapá. Além disso, o PSDB, recém-fundado, conquistou Belo Horizonte.

A vitória de Luiza Erundina na capital paulista foi a maior surpresa do pleito. Ligada à ala esquerda do PT, ela já havia contrariado as previsões dos analistas ao vencer as prévias do PT, derrotando Plínio de Arruda Sampaio, que era apoiado pelas principais figuras do partido, inclusive por Lula. Nas eleições, Erundina parecia apenas cumprir tabela, com o pleito polarizado entre o ex-governador Paulo Maluf e o candidato do PMDB, João Leiva. Mas, na reta final, a petista cresceu fortemente, na esteira da propaganda eleitoral gratuita no rádio e na televisão. A revolta contra a morte de três operários na invasão da CSN por tropas do Exército, ocorrida menos de uma semana antes das eleições municipais, também impulsionou sua candidatura.

Abertas as urnas, Erundina obteve 36,78% dos votos válidos, contra 30,14% de Paulo Maluf, 17,47% de João Leiva e 6,89% de José Serra (PSDB). Como na época as eleições para prefeitos das capitais ainda não eram em dois turnos, a candidata do PT foi declarada eleita.

O título do *jingle* é atribuído.

Quando todos souberem bem
Do carinho e coragem que você tem
Como naquela canção
Se darão as mãos
Homem e mulher, é!
Aí você bota ordem na casa
Como tem que ser
Com carinho e coragem
Luiza
São Paulo tem você

Luiza, Luiza
Só sendo mulher
Pra acabar com esse tipo de gente
Que rouba e que mente
Mas todo mundo vê
E fica PT da vida, vota PT
Com carinho e coragem, Luiza
São Paulo tem você.

49. *Louvor a Chico Mendes* (1989).

Autores: Almir de Araújo e Marquinhos Lessa • Intérprete: Simone • Gravadora: Sony Music • CD/ LP *Simone* (1989).

LP Simone, *1989.*

Presidente do Sindicato dos Trabalhadores Rurais de Xapuri, no Acre, Chico Mendes afirmou-se como uma das principais lideranças dos povos da floresta, coordenando os "empates" — manifestações pacíficas em que seringueiros, lavradores e índios protegiam as árvores com seus corpos, impedindo a derrubada da floresta pelos fazendeiros. Participou da fundação do PT, tornando-se um dos seus principais dirigentes, e recebeu o prêmio Global 500 da ONU por sua luta em defesa da floresta e das populações pobres.

Os grandes fazendeiros do Acre, porém, consideravam Chico Mendes um inimigo. Passaram a ameaçá-lo, especialmente depois que o governo, respondendo às pressões da sociedade, começou a criar reservas extrativistas. Após a desapropriação do Seringal Xapuri, em 1988, seu proprietário, Darly Alves da Silva, jurou Chico Mendes de morte. No dia 22 de dezembro, o líder seringueiro foi executado com tiros de escopeta na porta dos fundos de sua casa, quando saía para tomar banho. O assassinato provocou comoção nacional e teve grande repercussão no exterior.

Em dezembro de 1990, a Justiça condenou os fazendeiros Darly Alves da Silva e Darcy Alves Ferreira a penas de dezenove anos de prisão. Dois anos depois, Darly fugiu da prisão. Foi recapturado em 1996.

O samba *Louvor a Chico Mendes*, dos sambistas Marquinhos de Araújo e Almir Lessa, gravado por Simone ao vivo na Caprichosos de Pilares, foi a primeira das muitas homenagens que nossa música popular prestou ao homem que deu voz e visibilidade aos povos da floresta (ver *Xote ecológico*, *Chico Mendes, o arauto da natureza*, *Chico Mendes Pau-Brasil* e duas outras composições com o nome de *Chico Mendes*, no anexo "Outras canções" deste capítulo).

Chico, onde houver uma vida
Sua voz será ouvida
Como força de oração
Do amor pela terra
Que não se encerra num coração
Sou mais um nessa guerra
Quebrando a serra da devastação

Me abraço à natureza
E a Deus peço axé
Em louvor a Chico Mendes
Sua luta, sua fé
Homem simples, seringueiro (bis)
Um valente brasileiro

Que ao mundo fez seu manifesto
Um protesto à crueldade e à tirania
Das derrubadas, das queimadas
É a Amazônia em agonia
Que hoje chora a saudade
De Nova York a Xapuri, ô ô
Do Oiapoque ao Chuí, xi!
Será que as coisas mudam por aqui?

Na Amazônia
A Amazônia tá virando zona
De liquidação
Sem cerimônia
Matam e metem a mão
Na Amazônia
A Amazônia tá virando zona
De liquidação
Sem cerimônia
Matam sem perdão
Um líder

Chico onde houver uma vida...

Ah, meu verde
Meu verde não é rabo de foguete
Vai tacar fogo no cacete.

50. *Subúrbio operário* (1988).

Autor: Mau • Intérprete: Garotos Podres • Gravadora: Continental • LP *Pior que antes* (1988)

LP Pior que antes, *Garotos Podres, 1988.*

A banda punk Garotos Podres lançou muitas canções fortes, proclamando sua revolta contra as injustiças e a esperança num mundo melhor. Mas nenhuma foi mais forte do que *Subúrbio operário*, que mexeu muito com a juventude trabalhadora do ABC. Gravada para o álbum *Pior que antes*, entrou no curta-metragem *Rota ABC*, documentário de 1990 dirigido por Francisco César Filho.

Nascidos e criados no cinturão industrial da Grande São Paulo, os Garotos Podres cantaram o drama de um jovem nascido e criado num subúrbio operário: "Solitário em meio à multidão/ Sufocado pela fumaça/ Rodeado pelo concreto/ Perdido no meio da massa". Em meio a essa situação, só lhe restava o caminho da revolta: "Seu grito de ódio/ Ecoa pelo espaço".

Nos anos seguintes, a bronca dos jovens trabalhadores ganharia forma política e ajudaria a moldar novos rumos para o Brasil. As lutas dos subúrbios operários — e de tantos outros guetos pobres do país — abririam espaço para inclusões e mudanças. A trajetória do próprio vocalista dos Garotos Podres é um exemplo. Mau graduou-se em História, escreveu livros, tornou-se professor. Compôs e escreveu músicas que marcaram e ajudaram a melhorar a vida de sua geração.

Nasceu num subúrbio operário
De um país subdesenvolvido
Apenas parte da massa
De uma sociedade falida

Submisso a leis injustas
Que o fazem calar
Manipulam seu pensamento
E o impedem de pensar

Solitário em meio à multidão
Sufocado pela fumaça
Rodeado pelo concreto
Perdido no meio da massa

Apenas caminhando
No compasso de seus passos
Seu grito de ódio
Ecoa pelo espaço

Sem esperança
De uma vida melhor

Pois os parasitas
Sugam seu suor (bis)

Sobrevivendo das migalhas
Que caem das mesas
Dos donos do papel
Dos donos do papel.

51. *S.O.S. país falido* (1989).

Autores: João Gordo e Ratos de Porão • Intérprete: Ratos de Porão • Gravadora: Eldorado • LP *Brasil* (1989)

LP Brasil, *Ratos de Porão, 1989.*

No final da década de 1980, o Brasil subiu ao pódio da inflação mundial. Fechamos o ano de 1988 com uma taxa de cerca de 1.000%. O que parecia impossível aconteceu no ano seguinte. O recorde foi quebrado, com o índice de inflação alcançando a incrível marca de 1.764%.

Em *S.O.S. país falido*, os Ratos de Porão retrataram o clima de salve-se quem puder que tomou conta da sociedade. Do desastre não poderia nos salvar nem São Tancredo Neves: "Só 1.000% de inflação/ Eu acho que o barco vai afundar/ 2.000% de inflação/ Nem São Tancredo vai ajudar".

Em suma, o povo sofrido, que acreditava em Deus e na seleção brasileira de futebol, estava num barco furado, à deriva: "S.O.S./ Estamos em perigo/ Morrendo no naufrágio/ De um país falido".

Somos um povo sofrido
Acreditamos em Deus
E na seleção
Estamos num barco furado
Não temos dinheiro
Nem revolução

Só 1.000% de inflação
Eu acho que o barco vai afundar
2.000% de inflação
Nem São Tancredo vai ajudar

Subdesenvolvimento
No dia a dia subnutrição
Estamos a um passo do caos
Num mar de promessas e corrupção

Só 1.000% de inflação...

S.O.S.
Estamos em perigo
Morrendo no naufrágio
De um país falido.

52. *Ideologia* (1988).

Autores: Roberto Frejat e Cazuza • Intérprete: Cazuza • Gravadora: Polygram • LP *Ideologia* (1988)

LP Ideologia, *Cazuza, 1988.*

Na cama de um hospital em Boston, Cazuza escreveu o refrão como um grito de guerra: "Ideologia. Eu quero uma pra viver!". A partir daí, o poeta romântico, que havia descoberto pouco antes que era portador do vírus da aids, se mostrou cada vez mais um homem antenado com os dramas de seu tempo e de sua geração. Depois de *Ideologia*, ele comporia *Brasil*, *Burguesia* e outras canções com fortes críticas à mediocridade, ao atraso e à violência do país.

O próprio Cazuza explicou o que pretendia com *Ideologia*: "(Ela) fala da minha geração, sem ideologia, compactada entre os anos 60 e os dias de hoje [fins da década de 1980]. Fui criado em plena ditadura, quando não se podia dizer isso ou aquilo, em que tudo era proibido. Uma geração muito desunida. Nos anos 60, as pessoas se uniam pela ideologia: 'Eu sou de esquerda. Você é de esquerda? Então a gente é amigo'. A minha geração se uniu pela droga: 'Ele é careta, ele é doidão!'. Droga não é ideologia".

Sua geração não tinha partidos, como reconhecia Cazuza nos primeiros versos da canção: "Meu partido/ É um coração partido".

Na terceira estrofe, vinha a constatação melancólica: "Ah! Eu nem acredito.../ Que aquele garoto/ Que ia mudar o mundo/ Mudar o mundo/ Frequenta agora as festas/ Do Grand Monde". Embora nascido numa família de classe média alta, filho de um importante executivo da indústria musical, Cazuza sempre fora rebelde. Mas, sem ideologia, de que servia a rebeldia? "Meus heróis/ Morreram de overdose/ Meus inimigos/ Estão no poder", completou.

Meu partido
É um coração partido
E as ilusões
Estão todas perdidas

Os meus sonhos
Foram todos vendidos
Tão barato
Que eu nem acredito
Ah! Eu nem acredito...

Que aquele garoto
Que ia mudar o mundo
Mudar o mundo
Frequenta agora as festas
Do Grand Monde

Meus heróis
Morreram de overdose

Cazuza.

Meus inimigos
Estão no poder

Ideologia
Eu quero uma pra viver
Ideologia
Eu quero uma pra viver

O meu prazer
Agora é risco de vida
Meu sex and drugs
Não tem nenhum rock'n'roll

Eu vou pagar
A conta do analista
Pra nunca mais ter que saber quem eu sou
Ah! Saber quem eu sou

Pois aquele garoto
Que ia mudar o mundo
Mudar o mundo
Agora assiste a tudo
Em cima do muro
Em cima do muro

Meus heróis
Morreram de overdose
Meus inimigos
Estão no poder

Ideologia
Eu quero uma pra viver
Ideologia
Eu quero uma pra viver.

53. *Brasil* (1988).

Autores: Cazuza, George Israel e Nilo Romero • Intérprete: Cazuza • Gravadora: Polygram • LP *Ideologia* (1988)

Cazuza compôs *Brasil* para o filme *Rádio Pirata*, de Lael Rodrigues, que havia assinado sucessos cinematográficos como *Bete Balanço* e *Rock estrela.*

Embora musicalmente muito interessante, *Brasil* ficou marcada mesmo pela letra — um petardo do início ao fim. No final de 1987, Cazuza estava decidido a virar a mesa: "Eu simplesmente passei o ano do lado de dentro e, quando abri a janela, vi um país totalmente ridículo. O Sarney, que era o 'não diretas', virou o rei da democracia. O Brasil é um triste trópico".

O povo havia sido barrado na festa pobre armada pelos homens do andar de cima. Não tinha nem oportunidades nem futuro: "Não me ofereceram/ Nem um cigarro/ Fiquei na porta/ Estacionando os carros/ Não me elegeram/ Chefe de nada/ O meu cartão de crédito/ É uma navalha". Seguia-se então o poderoso refrão, que cobra transparência e responsabilidade do país: "Brasil! Mostra a tua cara/ Quero ver quem paga/ Pra gente ficar assim/ Brasil! Qual o teu negócio?/ O nome do teu sócio?/ Confia em mim".

Depois de criticar o papel dos meios de comunicação, que programavam a nação brasileira para dizer sim para tudo, Cazuza cantou seu amor pelo Brasil — apesar de tudo: "Grande pátria desimportante/ Em nenhum instante/ Eu vou te trair/ Não, não vou te trair".

Não me convidaram
Pra esta festa pobre
Que os homens armaram
Pra me convencer
A pagar sem ver
Toda essa droga
Que já vem malhada
Antes de eu nascer

Não me ofereceram
Nem um cigarro
Fiquei na porta
Estacionando os carros
Não me elegeram
Chefe de nada
O meu cartão de crédito
É uma navalha

Brasil! Mostra tua cara
Quero ver quem paga
Pra gente ficar assim
Brasil! Qual é o teu negócio?
O nome do teu sócio?
Confia em mim

Não me convidaram
Pra esta festa pobre
Que os homens armaram
Pra me convencer
A pagar sem ver
Toda essa droga
Que já vem malhada
Antes de eu nascer

Não me sortearam
A garota do Fantástico
Não me subornaram
Será que é meu fim?
Ver tevê a cores
Na taba de um índio
Programada
Pra só dizer "sim, sim"

Brasil! Mostra a tua cara!...

Grande pátria desimportante
Em nenhum instante
Eu vou te trair
Não, não vou te trair.

54. *Perplexo* (1989).

Autores: Herbert Vianna, Bi Ribeiro e João Barone • Intérprete: Os Paralamas do Sucesso • Gravadora: EMI-Odeon • LP *Big Bang* (1989)

LP Big Bang, *Os Paralamas do Sucesso, 1989.*

Em 1989, com o país mergulhado na hiperinflação e na recessão econômica, a autoestima dos brasileiros chegou ao fundo do poço. Generalizou-se a sensação de que o Brasil havia falido e as elites eram incapazes de equacionar os problemas nacionais. O povo, portanto, estava condenado a viver no pior dos mundos.

Perplexo é um retrato dessa desesperança: "Desempregado, despejado, sem ter onde cair morto/ Endividado, sem ter mais com que pagar". A descrença era tamanha que até uma eventual novidade positiva, como o fim da censura, não despertava grande entusiasmo: "Mandaram avisar/ Agora tudo mudou/ Eu quis acreditar/ Outra mudança chegou/ Fim da censura, do dinheiro, muda nome, corta zero". Não eram só Os Paralamas do Sucesso que estavam perplexos. Todo o país estava a ponto de jogar a toalha.

Apesar das dificuldades, a banda avisava que continuaria lutando. Mas sem grandes esperanças de vitória: afinal, "eu sou Maguila, não sou Tyson".

O americano Mike Tyson, então campeão mundial dos pesos pesados, era tido como um pugilista imbatível na época. Já o brasileiro Maguila, que ensaiava partir para voos mais altos, acabara de ser nocauteado, no segundo assalto de uma luta com Evander Holyfield.

Tentei te entender
Você não soube explicar
Eu fiz questão de ir lá ver
Não consegui enxergar

Desempregado, despejado, sem ter onde cair morto
Endividado, sem ter mais com que pagar
Nesse país, nesse país, nesse país
Que alguém te disse que era nosso
Há, há, há, há...

Mandaram avisar
Agora tudo mudou
Eu quis acreditar
Outra mudança chegou

Fim da censura, do dinheiro, muda nome, corta zero
Entra na fila de outra fila pra pagar

Herbert Vianna.

Quero entender, quero entender, quero entender
Tudo o que eu posso e o que não posso

Não penso mais no futuro
É tudo imprevisível
Posso morrer de vergonha
Mas eu ainda estou vivo

Segunda-feira, terça-feira, quarta-feira, quinta-feira
Sexta-feira, Sábado de Aleluia
Eu vou lutar, eu vou lutar
Eu sou Maguila, eu não sou Tyson.

55. *Burguesia* (1989).

Autores: George Israel, Cazuza e Ezequiel Neves • Intérprete: Cazuza • Gravadora: Polygram • LP *Burguesia* (1989)

Cazuza gravou o álbum *Burguesia* imaginando que poderia ser seu último trabalho. Magro e debilitado, entrou nos estúdios após uma temporada de internação, quando escreveu mais de vinte letras. Sentia-se correndo contra o relógio. No caso da canção *Burguesia*, por exemplo, mandou os versos para George Israel numa sexta-feira, pedindo-lhe a melodia para a segunda seguinte.

Diante do tratado escrito por Cazuza, Israel optou por uma métrica bem diferente,

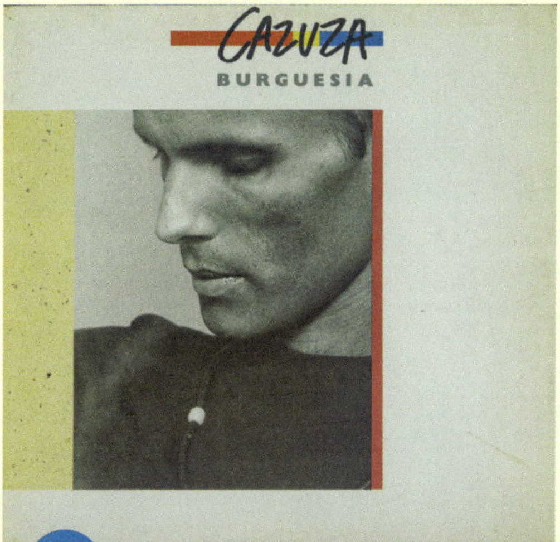

LP Burguesia, *Cazuza, 1989.*

quase falada. Ezequiel Neves, outro parceiro, achou excessivo o peso político dos versos. “Essa coisa está muito chata, você fala umas coisas que parece Titãs”, disse a Cazuza. Sugeriu suavizar o refrão que dizia que “enquanto houver burguesia, não vai haver poesia”.

A letra é uma pancada atrás da outra, a começar pelos primeiros versos do refrão: “A burguesia fede/ A burguesia quer ficar rica”. Cazuza critica a cafonice da elite brasileira, que “quer ser sócia do Country” e “ir a Nova York fazer compras”. Inclui-se na crítica: “Eu também cheiro mal”.

Investe contra a insensibilidade dos donos do dinheiro: “A burguesia não repara na dor/ Da vendedora de chicletes/ A burguesia só olha pra si/ A burguesia só olha pra si/ A burguesia é a direita, é a guerra”. Ela é capaz de tudo, denuncia Cazuza: “Afundam barcos cheios de crianças/ E dormem tranquilos”. Referia-se ao naufrágio do Bateau Mouche, no réveillon de 1989. O barco, com mais de cem pessoas que pretendiam assistir à queima de fogos em Copacabana, estava com o dobro da lotação permitida. Os donos da embarcação fugiram para a Espanha, reforçando o sentimento de impunidade no Brasil.

“São caboclos querendo ser ingleses”, fulmina Cazuza, que prevê que haverá uma revolução no Brasil — mas revolução para valer, “ao contrário da de 64”. Chama o povo a ir para as ruas tomar de volta o dinheiro roubado. “Mas também existe o bom burguês”, aquele que trabalha pelo bem do país — “é como o operário”, “é o médico que cobra menos pra quem não tem”.

Burguesia não tem rodeios, cortes ou edições. É um protesto sem metáforas, cru, direto, visceral. Encarando a morte que se aproximava, Cazuza cantava a vida. Para todos.

A burguesia fede
A burguesia quer ficar rica
Enquanto houver burguesia
Não vai haver poesia

A burguesia não tem charme nem é discreta
Com suas perucas de cabelos de boneca
A burguesia quer ser sócia do Country
Quer ir a Nova York fazer compras

Pobre de mim que vim do seio da burguesia
Sou rico mas não sou mesquinho
Eu também cheiro mal
Eu também cheiro mal

O Bateau Mouche.

A burguesia tá acabando com a Barra
Afundam barcos cheios de crianças
E dormem tranquilos
E dormem tranquilos

Os guardanapos estão sempre limpos
As empregadas, uniformizadas
São caboclos querendo ser ingleses
São caboclos querendo ser ingleses

A burguesia fede
A burguesia quer ficar rica
Enquanto houver burguesia
Não vai haver poesia

A burguesia não repara na dor
Da vendedora de chicletes
A burguesia só olha pra si
A burguesia só olha pra si
A burguesia é a direita, é a guerra

A burguesia fede
A burguesia quer ficar rica
Enquanto houver burguesia
Não vai haver poesia

As pessoas vão ver que estão sendo roubadas
Vai haver uma revolução
Ao contrário da de 64
O Brasil é medroso
Vamos pegar o dinheiro roubado da burguesia
Vamos pra rua
Vamos pra rua

Vamos pra rua
Vamos pra rua
Pra rua, pra rua

Vamos acabar com a burguesia
Vamos dinamitar a burguesia
Vamos pôr a burguesia na cadeia
Numa fazenda de trabalhos forçados
Eu sou burguês, mas eu sou artista
Estou do lado do povo, do povo

A burguesia fede — fede, fede, fede
A burguesia quer ficar rica
Enquanto houver burguesia
Não vai haver poesia

Porcos num chiqueiro
São mais dignos que um burguês
Mas também existe o bom burguês
Que vive do seu trabalho honestamente
Mas este quer construir um país
E não abandoná-lo com uma pasta de dólares
O bom burguês é como o operário
É o médico que cobra menos pra quem não tem
E se interessa por seu povo
Tem seres humanos vivendo como bichos
Tentando te enforcar na janela do carro
No sinal, no sinal, no sinal, no sinal
No sinal

A burguesia fede
A burguesia quer ficar rica
Enquanto houver burguesia
Não vai haver poesia.

56. *Os presidenciáveis* (1989).

Autor e intérprete: Alípio Martins • Gravadora: Chantecler • LP *Eu chego lá* (1989)

LP Eu chego lá, *Alípio Martins, 1989.*

Embora gravada em 1989, a canção foi composta antes da definição do quadro de candidatos, tanto que Fernando Collor de Mello, que seria o vencedor da corrida presidencial, sequer aparece na lista dos possíveis pretendentes ao Palácio do Planalto — todos eles escrachados por Alípio Martins, cantor brega do Pará que, nessa época, passou a compor muito sobre temas políticos.

Alípio faz desfilar os presidenciáveis, com imitações deliciosas de seus discursos. O primeiro candidato, que promete seis meses de férias e cinco horas de almoço, é Luiz Inácio Lula da Silva, do PT, que chegaria em segundo lugar na disputa. Surge em seguida o então prefeito de São Paulo, Jânio Quadros, que, para fazer caixa na administração paulistana, vinha aplicando multas a torto e a direito na cidade. Jânio não disputou as eleições presidenciais.

O candidato seguinte é Ulysses Guimarães, do PMDB. Tinha sido presidente de tudo: do partido, do Congresso, da Constituinte, além de aparecer aos olhos do povo como a eminência parda do governo de Sarney. O quarto político a ocupar a tribuna é Leonel Brizola, governador do Rio de Janeiro. Por fim, entra em cena José Sarney, pedindo uma nova temporada no Palácio do Planalto. Trata-se apenas de uma brincadeira, pois na época a reeleição não era permitida. Quem manda Sarney sair de fininho é Silvio Santos, que por pouco não foi candidato pelo PFL. Finalizando o desfile, o apresentador convoca Pelé a entrar em campo, mas, o Rei, alegando que está com a agenda muito cheia, recusa a missão. Mesmo assim é aclamado pelo povo (ver também *Os presidenciáveis — a resposta*, no anexo “Outras canções” deste capítulo).

Vamos agora escolher
O nosso presidente
Quem sabe vai melhorar
A vida da gente
Olhem pra esse plantel
Só tem sangue novo
Todos com aquela vontade
De ajudar o povo

Vamos chamar o primeiro
Pode falar, Excelência
Diga aos seus eleitores
Tudo o que você pensa
— Eu acho que eu, como presidente, vou assumir e não vou fazer que nem certos neguinhos e tirar da reta. No meu governo vai ter seis mês de férias, vai ter cinco horas de almoço, e vai ser pro povo, porque o povo tá comigo!

Vocês vão votar nele? Não!
Vocês querem ele? Não, joga ovo nele!

Vamos chamar aquele
Que é paranoico por multa
E que se diz perseguido
Por aquela força oculta
— Esse senhor que falou agora é um candidato muito infantil. O que nós precisamos é de um homem experiente como eu e que devolva o meu copo.

Vocês vão votar nele? Não!
Vocês querem ele? Não!

Vamos chamar o terceiro
Esse tem cara de honesto
Já é presidente de tudo
E quer ser presidente do resto
— Vamos dar ao povo, como digo, o faraó da política, em vez de lançar o plano do congelamento, vou lançar o plano do embalsamento.

Vocês vão votar nele? Não!
Vocês querem ele? Não! Sai daí!

E agora aquele fazendeiro,
Aquele bonissimo pai
Que ganha aqui seu dinheiro
E aplica lá no Uruguai

— Realmente, me estranha como esses homens, políticos experientes, podem dizer tantas asneiras, não é verdade? Vamos subir a rampa do Planalto!

Vocês vão votar nele? Não!
Vocês querem ele? Não!

Vamos chamar o quinto
Este sim é o candidato
Que fez planos para o povo
E agora pagou o pacto

— Brasileiros e brasileiras, honestamente eu gostaria de ter a segunda chance.

— Ô bigode, ô do bigode, aaai, iiiiii, eu acho melhor você sair de fininho, porque tu não está agradando, aahaahii, eu já desisti, porque minha voz não é a mesma, a minha voz já está falhando. Francamente. Ôô, vem cá, você, crioulo multinacional, você também não é candidato não?

— Olha, realmente, você sabe que vai ficar muito difícil, porque eu tenho muitos compromissos, entende, mas se acontecer naturalmente, quem sabe, se o povo me quiser, porque a voz do povo é a voz de Deus, e olha aí, é o povo que está querendo...

Já ganhou, já ganhou, já ganhou!

57. *Vai colorir, o Brasil vai* (1989).

Autor(es) e intérprete(s): desconhecido(s) • Gravação especial

Depois de 29 anos de jejum, o povo brasileiro acorreu às urnas em 1989 para escolher pelo voto direto o novo presidente da República. Nada menos de 22 candidatos disputaram a eleição, que apresentou uma importante novidade, inscrita na nova Constituição. Se nenhum dos concorrentes recebesse 50% dos votos válidos mais um, os dois candidatos mais votados se enfrentariam mano a mano num segundo turno.

O jovem Fernando Collor, com apenas 40 anos, não era uma figura conhecida na política brasileira. Governava o pequeno estado de Alagoas, com eleitorado pouco numeroso. Embora tivesse sido eleito governador pelo PMDB, era um corpo estranho no partido, que abandonou em 1989 para se lançar candidato por uma legenda recém-fundada, o Partido da Reconstrução Nacional (PRN). Sem apoios significativos nos outros estados do país, parecia destinado a uma derrota certa.

Mas, em épocas de hiperinflação, tudo pode acontecer. Apresentando-se como uma absoluta novidade, sem maiores compromissos com o mundo político, utilizando muito bem a televisão e apelando para a imagem de "caçador de marajás", Collor conseguiu lançar pontes na direção de um eleitorado desesperado com a carestia, irritado com as figuras carimbadas da vida nacional e sensível ao discurso de um salvador da pátria. Fez uma campanha acima dos partidos e dos políticos, prometendo acabar com a corrupção e com a inflação. Ao receber o apoio da poderosa Rede Globo e atrair boa parte dos setores conservadores que não haviam logrado constituir uma candidatura viável, Collor cresceu nas pesquisas eleitorais e polarizou a disputa.

No primeiro turno, obteve 28,51% dos votos, chegando bem à frente dos demais candidatos. Também passou para o segundo turno Luiz Inácio Lula da Silva, do PT, com 16,08% dos votos, que abriu pequena diferença para o terceiro colocado, Leonel Brizola, do PDT, com 15,45%. Em quarto lugar chegou Mário Covas, do PSDB, com 10,78% dos votos. Paulo Maluf (PDS), Afif Domingos (PL) e Ulysses Guimarães (PMDB) completaram a relação dos candidatos que se destacaram dos demais, com 8,28%, 4,53% e 4,43% do total. Os outros quinze pretendentes, somados, reuniram cerca de 4,5% dos votos.

O segundo turno dividiu o país. As esquerdas e os setores progressistas apoiaram Lula. Brizola, Covas e Ulysses, com maior ou menor ênfase, recomendaram o voto no candidato do PT. Collor recebeu o apoio de Maluf, de Afif, do PFL e de boa parte do PMDB, assim como das entidades empresariais e dos principais meios de comunicação. Explorando habilmente o medo que a candidatura de Lula despertava em parte da população e recorrendo a uma campanha de calúnias contra o adversário, Collor logrou deter a ascensão do candidato do PT na reta final. Venceu a disputa com 53% dos votos válidos, contra 47% de Lula.

No segundo turno das eleições, compareceram às urnas mais de 82 milhões de brasileiros. No pleito que elegera Jânio Quadros em 1960, o total de votantes fora pouco superior a 15 milhões. Ou seja, em menos de trinta anos, o número de eleitores aumentara cinco vezes e meia. Parte desse crescimento poderia ser debitado ao crescimento populacional. Em 1960, o Brasil tinha 71 milhões de habitantes,

Fernando Collor em campanha.

número que praticamente havia dobrado em 1989, segundo as estimativas. O aumento adicional do número de eleitores no período deveu-se a três fatores: a forte urbanização do país nas décadas anteriores, a extensão do voto aos analfabetos e a instituição do voto facultativo para os jovens maiores de 16 anos e menores de 18. As duas últimas novidades entraram em vigor com a Constituição de 1988.

O título do *jingle* é atribuído.

O Brasil precisa
De um sangue novo
O Brasil precisa
De gente que sabe
O que deseja o povo
O Brasil precisa
De Fernando Collor
Trabalho de verdade
Justiça e igualdade

Vai colorir, Brasil, vai
O país todo vai
Colorir pra mudar (bis)

O povo precisa
De um Brasil novo
O Brasil precisa
De gente que vive
Do lado do povo
O Brasil precisa
De Fernando Collor
Garra e vontade
Coragem e lealdade
O Brasil precisa
De quem vai à luta
De inteligência
E não da força bruta

Vai colorir, Brasil, vai...

58. ***Lula lá (Sem medo de ser feliz)*, (1989).**

Autor: Hilton Acioli • Interpretação: coletiva • Gravação especial

Lula foi derrotado por Fernando Collor, mas saiu das eleições de 1989 como o principal nome da oposição e das esquerdas. Fez uma campanha impressionante, falando para grandes multidões nas principais cidades do país e consolidando o PT como o partido do movimento social organizado. De quebra, construiu bases fortes entre os setores progressistas da classe média, os intelectuais e os artistas. Ao derrotar Leonel Brizola no primeiro turno, ainda que por pequena diferença, firmou a ideia de que os eleitores haviam promovido uma mudança de guarda na liderança das forças de esquerda no Brasil. Os dois eram portadores de enorme carisma. Mas Brizola, apesar de seu grande prestígio, evocava o passado. Lula apontava para o futuro.

Lula em campanha.

O fato de que, do primeiro para o segundo turno, Lula tenha praticamente triplicado o número de seus eleitores sinalizava essa virada. Collor conquistou 14,5 milhões de eleitores adicionais no segundo turno; Lula, 19,5 milhões. Sua atropelada na reta final foi fortíssima. Os setores conservadores, assustados, responderam com o discurso do medo. Difundiram a ideia de que uma vitória de Lula jogaria o país no caos, desorganizaria a economia e promoveria uma saída maciça de empresários do país.

Lula lá, também conhecida como *Sem medo de ser feliz*, foi a canção mais marcante da campanha de 1989, tanto que, com ligeiras adaptações, acompanharia Lula em todas as campanhas presidenciais posteriores. Alegre, contagiante, emotiva, ajudou a fazer brilhar a estrela de Lula e do PT daí para a frente.

Passa o tempo e tanta gente a trabalhar
De repente, essa clareza pra votar
Quem sempre foi sincero e confiar
Sem medo de ser feliz
Quero ver chegar

Lula lá, brilha uma estrela
Lula lá, cresce a esperança
Lula lá, o Brasil criança
Na alegria de se abraçar

Lula lá, com sinceridade
Lula lá, com toda certeza
Pra você meu primeiro voto
Pra fazer brilhar nossa estrela

Lula lá, é a gente junto
Lula lá, valeu a espera
Lula lá, meu primeiro voto
Pra fazer brilhar nossa estrela.

59. *Lá, lá, lá, lá, lá, Brizola* (1989).
Autor(es) e intérprete(s): desconhecido(s) • Gravação especial

Nas eleições de 1989, Leonel Brizola arrancou votações espetaculares no Rio de Janeiro e no Rio Grande do Sul, os dois estados em que havia sido governador. No primeiro, teve 50,47% dos votos; no segundo, 60,85%. Mas, nos demais estados, o candidato do PDT não logrou bons resultados. Em São Paulo, por exemplo, recebeu apenas 1,45% dos sufrágios. Sem uma estrutura nacional forte, Brizola não resistiu ao crescimento de Lula na reta final do primeiro turno. Teve 450 mil votos a menos que o ex-líder metalúrgico.

A diferença, embora muito pequena, equivalente a 0,63% dos votos, não só deixou Brizola fora do segundo turno contra Collor como também sinalizou uma inflexão no campo da esquerda. A partir daí, nas eleições seguintes, as águas correriam na direção de Lula.

Brizola em campanha.

Progressivamente, o líder do PDT perderia posições e influência.

Anunciados os resultados do primeiro turno, Brizola declarou imediatamente apoio a Lula, engolindo todas as suas reticências em relação ao "sapo barbudo", apelido que ele próprio pusera no candidato do PT. O essencial era derrotar a direita, declarou. Numa demonstração de liderança, promoveu uma transferência maciça de votos para o candidato do PT. No Rio de Janeiro, Lula teve no segundo turno 5,2 milhões de votos contra 1,9 milhão de Collor. No Rio Grande do Sul, o placar também foi dilatado: 3,3 milhões de votos a 1,5 milhão.

Lá, lá, lá, lá, Brizola
La, lá, lá, lá, Brizola
Um voto no Brizola
Só pode nos trazer
Um tempo bem melhor
Pra se viver

Lá, lá, lá, lá, Brizola
La, lá, lá, lá, Brizola
Brizola presidente
Só pode nos trazer
Um tempo bem melhor
Pra se viver.

60. *Muda Brasil, que eu quero ver* (1989).

Autor(es): desconhecido(s) • Interpretação: coletiva • Gravação especial

Senador por São Paulo, parlamentar mais votado da história do país até aquele momento, Mário Covas, foi, ao lado de Ulysses Guimarães, um dos nomes mais importantes da Constituinte. Logo no início dos trabalhos surpreendeu ao ser eleito líder do PMDB, derrotando o deputado Luiz Henrique, de Santa Catarina, apoiado por Ulysses. Quando a Constituinte aprovou o mandato de cinco anos para José Sarney com o apoio da maioria da bancada do PMDB, Covas deixou o partido juntamente com outras importantes figuras, como Franco Montoro, Fernando Henrique Cardoso, José Richa e José Serra. Fundaram, então, o Partido da Social Democracia Brasileira (PSDB).

Durante a campanha presidencial, em meio à polarização ideológica entre Fernando Collor, de um lado, e Leonel Brizola e Lula, de outro, Covas procurou oferecer ao eleitor a alternativa de uma terceira via, pregando um choque de capitalismo no país. Foi bem votado nos centros urbanos e na classe média, sendo o segundo colocado em São Paulo, atrás apenas de Collor. No plano nacional, recebeu 10,78% dos votos, ficando na quarta colocação.

Apoiou Lula no segundo turno das eleições presidenciais, embora demarcando diferenças com o candidato do PT.

O título do *jingle* é atribuído.

Garra, fé, coragem pra vencer
Muda Brasil, que eu quero ver
Com força, com vontade
Mário Covas
Ser o Brasil da verdade

Nossa força é o coração
Mário Covas

Nosso amor é verdadeiro
Mário Covas
Pela vida deste chão
Pelo povo brasileiro

Vamos todos numa voz
Mário Covas
Nosso país mudar
Mário Covas
Eleger quem pensa em nós
E saberá nos liderar.

61. *Quem quer votar — O sofisma* (1988-1989).[3]

Autores: Arnaldo Brandão, Tavinho Paes e Lobão • Intérprete: Lobão • Gravação especial

O sofisma e *Quem quer votar* são duas canções numa só. Têm uma história muito saborosa. A letra original de *O sofisma*, composta por Arnaldo Brandão e Tavinho Paes, membros da banda Hanói-Hanói, em parceria com Lobão, era de 1988. Refletia indignação com a aprovação pela Constituinte do mandato de cinco anos para o presidente José Sarney — assunto já abordado por Lobão em *O eleito* (ver neste capítulo).

As primeiras estrofes brincavam com os termos "direita", "direito", "direto": "Se você é de direita/ Não tem nenhum direito". A desilusão com a Nova República era explícita na estrofe seguinte: "A política faliu/ Não dá pra acreditar/ Até o que é civil/ Parece militar". O refrão trazia uma pergunta, com a resposta colada: "Quem quer votar?/ Diretas-Já".

Em 1989, Lobão gravou uma segunda versão de *O sofisma*. Cortou alguns versos e rebatizou a canção de *Quem quer votar*. Como as eleições presidenciais já estavam marcadas para novembro daquele ano, substituiu também o verso do refrão que pedia "Diretas-Já" por uma segunda pergunta, que reforçava a primeira: "Quem quer votar?/ Quem vai votar?".

Como muitos artistas e intelectuais, Lobão entrou de corpo e alma na campanha de Luiz Inácio Lula da Silva. No tarde do segundo turno entre Lula e Fernando Collor, o roqueiro se apresentou ao vivo no *Domingão do Faustão*, na TV Globo. Empolgado com a ascensão do candidato do PT, Lobão resolveu fazer boca de urna ao vivo e a cores, cantando uma terceira — e transgressora — versão do rock.

Começou perguntando para a plateia: "Que que vocês tão fazendo no programa do Faustão sem votar?". Faustão deu força: "É até cinco da tarde que tem que votar, é verdade". Lobão iniciou então a trombada com a legislação eleitoral, embora ainda de forma velada: "Então, vai correndo votar, sem medo de ser feliz" — referindo-se à letra do *jingle* de Lula. Faustão riu.

Mas Lobão estava com a corda toda. Ao tocar *Quem quer votar*, alterou mais uma vez o refrão, cantando-o assim: "Quem quer votar?/ É

3 Infelizmente, não foi possível reproduzir a íntegra da letra de *Quem quer votar — O sofisma*, porque o pedido de liberação dos versos foi negado pelos detentores dos direitos autorais.

Lobão.

Lula lá". Faustão ainda tentou segurar o entusiasmo do cantor com uma discreta advertência — "Olha a letra!" —, mas logo Lobão passou a cantar o refrão inteiro do *jingle* do candidato do PT: "Olê, olê, olê, olá/ Lu-la, Lu-la".

Na volta do intervalo, o baixista da banda, preocupado com o rumo que as coisas estavam tomando, fez sinal aos companheiros para maneirar. Lobão, então, sentenciou: "Sem medo de ser feliz, sem crime eleitoral, isso é apenas uma preferência nacional".

Abertas as urnas, Collor foi eleito presidente da República, desmentindo as projeções do roqueiro.

62. *Pacote de amor* (1991).

Autores: Alípio Martins e Marcelle • Intérprete: Alípio Martins • Gravadora: Continental • LP *Alípio Martins* (1991)

No dia seguinte à posse do presidente Fernando Collor, o governo anunciou o Plano Brasil Novo, mais conhecido como Plano Collor, que pretendia acabar com a hiperinflação. Nos últimos meses do governo Sarney, a inflação alcançara taxas incríveis: 56% em janeiro, 73% em fevereiro e 84% em março. O povo estava simplesmente desesperado.

O novo plano apoiou-se num conjunto de medidas dramáticas. A mais importante delas era o bloqueio por dezoito meses de todos os depósitos em conta corrente e cadernetas de poupança acima de 50 mil cruzeiros. A equipe econômica acreditava que, ao retirar de circulação grandes volumes de dinheiro, daria um golpe demolidor na inflação. O cruzado novo foi substituído pelo cruzeiro. Foram extintas 24 empresas estatais, com a demissão dos funcionários sem estabilidade no emprego. Teve início um amplo processo de privatização de empresas estatais. Decretou-se novo e temporário congelamento de preços e salários. O câmbio passou a flutuar, as alíquotas de importação foram reduzidas e os impostos, majorados. Em suma, menos de 24 horas depois de assumir o governo, Collor disparou a prometida "bala de prata" contra o tigre da inflação.

Os resultados não foram lá essas coisas. Os preços, depois de alguns meses de queda, voltaram a subir fortemente. A inflação chegou no fim do ano a taxas mensais próximas de 20%. A economia entrou em brutal recessão. O PIB teve crescimento negativo de 4,6% em 1990, a renda *per capita* regrediu aos níveis de 1979 e o desemprego deu um salto. Só em São Paulo foram fechados 170 mil postos de trabalho no primeiro semestre de 1990.

Assim, o apoio ao plano, muito forte nos primeiros meses do ano, evaporou-se rapidamente.

Em *Pacote do amor*, Alípio Martins não esconde a bronca: "O bem que você guardou/ Veio alguém, passou-lhe a mão/ Confiscou sua lembrança/ Congelou a sua história/ Transformando a esperança/ Em medida provisória". Ele não apostava um tostão furado no pacote: "Diz que vai dar certo agora/ Mas no passado não deu/ Vi o filme, li a história/ Foi assim que aconteceu".

Mais um pacote de amor
É mais um plano no chão
O bem que você guardou
Veio alguém, passou-lhe a mão
Confiscou sua lembrança
Congelou a sua história
Transformando a esperança
Em medida provisória

Diz que vai dar certo agora
Mas no passado não deu
Vi o filme, li a história
Foi assim que aconteceu (bis)

É mais um plano que vai
É mais um plano que vem
Alguém que fica com mais
E você ficando sem
Te aconselho a esperar
Como um dia eu esperei
Mas se você perguntar
Se vai dar certo, eu não sei

Diz que vai dar certo agora...

63. *O Col de Mel (O Collor de Mello)*, (sem data).

Autor e intérprete: Pinaco • Gravadora: Sons do Brasil Discos • CD *Pinaco – um trovador de Rubim, música do Jequitinhonha* (2007)

Pinaco, respeitado repentista da cidade de Rubim, no vale do Jequitinhonha, em Minas Gerais, também não gostou do plano econômico do presidente Fernando Collor de Mello, que ele chamava de "Col de Mel": "Não se pode comprar o boi/ Pelo tamanho do chifre/ Ele tem uma bala no rifle/ Pra atirar na inflação/ Ele adotou a miséria/ E atirou na nação".

A gravação é de 2007, mas foi composta e cantada na época do Plano Collor.

O Col de Mel lhe premeteu
Se Deus num mandasse chuva
Ia fazer um bom salário
Pra aposentado e pensionista e viúva
A gameleira é dos Machado
Jeromo da Costa Abreu
Mas Col de Mel premeteu
Se Deus não mandasse chuva
Eu correndo num boi preto
Montado no meu cavalo

Ele ia fazer um bom salário
Para aposentado e pensionista e viúva
Se a conversa fosse certa
O Brasil ia virar uma uva

O presidente Col de Mel
Mas é um nobre cidadão
Ele tem uma bala no rifle
Pra atirar na inflação
Mas é o seu doce
Que depois deu fel
O presidente Col de Mel
É um nobre cidadão
Não pode comprar o boi
Pelo tamanho do chifre
Ele tem uma bala no rifle
Pra atirar na inflação
Ele adotou a miséria
E atirou na nação

Col de Mel é presidente
É homem do pé ligeiro
Ele armou uma cilada
Pra pegar os fazendeiros
Inda sendo valentão
Na hora de morrer sente
Col de Mel presidente
É homem do pé ligeiro
Noite é melhor do que dia
Pra quem anda de maçada
Ele armou uma cilada
Para pegar os fazendeiros
E deu uma volta nos bancos
E broqueou todo o dinheiro
(he, he, he, he!)

64. *Super Collor* (1990).

Autor e intérprete: Juca Chaves • Gravadora: Sdruws Records • CD triplo *O melhor de Juca Chaves, o menestrel do Brasil* (1995)

Fernando Collor proclamava-se um caçador de marajás — funcionários públicos que recebiam elevados salários. Mas, no cotidiano, se comportava como um jovem rico e *bon vivant*. Assim que venceu as eleições presidenciais, pegou um jatinho particular e foi descansar nas ilhas Seychelles, paraíso tropical no oceano Índico. Tomava uísque caro — sua marca preferida era Logan, não Johnny Walker —, servia-se do caríssimo caviar *malossol* e vestia roupas de grife.

Comportava-se, como registrou Juca Chaves, ora como herói, ora como *yuppie*, ora como *playboy*. Atravessava de moto as largas avenidas de Brasília, andava de *jet ski* no lago Paranoá, treinava caratê e fazia *cooper*, geralmente seguido por legiões de fotógrafos. Sempre procurando passar a imagem de um jovem acelerado e moderno, chegou a pilotar um F5, avião supersônico da Força Aérea Brasileira. No início do governo, tais novidades renderam-lhe cobertura positiva dos jornais. Mas, com o tempo, o país se cansou das proezas e do marketing do presidente. Afinal, ele havia sido eleito para governar.

Alguns esclarecimentos:

1. Bolo de Noiva é o apelido do anexo do Ministério das Relações Exteriores em Brasília, onde funcionou o governo de transição de Collor;

2. A mãe do presidente chamava-se dona Leda;

3. Durante a presidência, Collor não morou no Palácio da Alvorada, mas na Casa da Dinda, de propriedade de sua família.

Super Collor colorindo
Jatinho particular
Foi com Johnny Walker sorrindo
Pro Vale do Luar
Tira o casaco de pele, Seychelles,
Caviar malossol, sol
Ópera em Roma, Turim futebol
Não é, belo ragazzo*?*
Vichy, Verdi, Cardin, é o tchan
Ninguém afinal é de aço
No Bolo de Noiva ainda há espaço
Também vou querer meu pedaço

Vai ao dentista, volta ao dentista
Corre na pista e sorri
De moto, a pé, até jet ski
O sofisticado esportista
Tira o Piaget e faz caratê
Um golpe no bolso do povo
Velho calote, é o Brasil Novo
Um plano inteligente
As boas ideias são dele
Mas o dinheiro é da gente

Sonhos de heróis, de yuppie *ou* playboy
Enfrenta qualquer perigo
Até que dona Leda se oponha
E o ponha de castigo
Com o F5 disse: eu também brinco
Passa a barreira do som
Som, linda imagem, não é mesmo bom
Se fotografa e a cor
Só um detalhe decepcionou
Falhou o botão do ejetor

Na casa da Dinda, tão linda, tão linda
Existem fantasmas, sim
Todos em branco, ocultos no banco
Muito além do jardim
Já se compara muito segredo
Collor com Tancredo Neves
Só que Tancredo morreu bem cedo
Foi de diverticulite
Já Collor de Mello, verde-amarelo
Diverte-se no cu da elite.

65. *Zélia, uma canção* (1991).

Autores: Alípio Martins e Marcelle • Intérprete: Alípio Martins • Gravadora: Musicolor/ Continental • LP *Carnaval do chifre – Alípio Martins e Banda Cabeça Enfeitada* (1991)

LP Carnaval do chifre – Alípio Martins e Banda Cabeça Enfeitada, *1991.*

Zélia Cardoso de Mello foi a primeira mulher a ser ministra da Fazenda no Brasil.

Bernardo Cabral e Zélia Cardoso de Mello.

Responsável pelo Plano Collor, estava no auge do poder quando no dia 19 de setembro de 1990, na festa de seu aniversário de 37 anos, escancarou o romance que mantinha com o então ministro da Justiça, Bernardo Cabral.

Os dois dançaram de rosto colado e olhar enlevado, para surpresa dos convidados à festa no Clube das Nações. Zélia era solteira e Cabral, casado. Como em sociedade tudo se sabe, como diria o colunista social Ibrahim Sued, logo o episódio estava nos jornais.

Menos de um mês depois, Collor afastou Cabral do ministério. Zélia duraria um pouco mais. Foi defenestrada em maio de 1991, depois do fracasso retumbante do Plano Collor.

Também em 1991, Zélia casou-se com o humorista Chico Anysio, com quem teve dois filhos.

No seu início, *Zélia, uma canção* traz acordes de *Sous le ciel de Paris*, de Hubert Giraud e Jean Drejac, sucesso na voz de Edith Piaf.

Coitado do Cabral
Armou, armou
E se deu mal (bis)

Mas isso é uma injustiça
Colocar carniça
No ventilador
O homem só queria
Ter a alegria
De fazer amor
A Zélia entregou tudo
E ele ficou mudo
Todo mundo diz
Agora que ironia

A desmordomia
Nunca mais Paris
Agora quem diria
Enquanto o Cabral chora
Chico está feliz

— É lindo o amor, ah, que maravilha!

66. *ACM, meu amor* (1990).

Autores: Gerônimo Santana e Vevé Calazans • Intérprete: Gerônimo Santana • Gravação especial

O PMDB sofreu uma derrota espetacular nas eleições de 1990, que escolheu novos governadores, senadores e deputados. Os eleitores, sentindo-se enganados pelo partido no pleito de quatro anos antes, deram o troco. Assim, em 1990, o PMDB elegeu apenas sete governadores, contra 22 em 1986, quando havia surfado na onda do Plano Cruzado. O PFL conquistou nove governos estaduais e o PDT, três. Os demais executivos estaduais repartiram-se entre diferentes legendas.

Na Bahia, Antônio Carlos Magalhães, do PFL, obteve vitória expressiva, derrotando Roberto Santos, do PMDB. O samba-reggae *ACM, meu amor* fez bonito na campanha. Carimbou a ideia de que a Bahia tinha sido abandonada pelo PMDB. O governador Waldir Pires, eleito pelo partido em 1986, deixara o cargo no meio do mandato para ser vice na chapa presidencial encabeçada por Ulysses Guimarães. "Eu nunca vi você tão só/ Oh, meu amor! Oh, meu xodó?/ Minha Bahia".

Nas eleições para o Senado, o PDS quase foi varrido da casa. Em 1982, ainda na

Antônio Carlos Magalhães (ACM).

ditadura, conquistara quinze vagas. Levou apenas duas em 1990. Mas o PMDB tampouco teve o que comemorar. Emplacou apenas oito senadores, contra 38 em 1986.

Nas eleições para a Câmara, os resultados foram ainda mais desastrosos para o PMDB. Embora tenha mantido a condição de maior partido, com 108 deputados, perdeu 152 das 260 cadeiras conquistadas em 1986. O PFL também se enfraqueceu, caindo de 118 para 83 deputados. Já o PDT praticamente dobrou de número, subindo de 24 para 46 deputados. O PDS também cresceu, mas seu avanço foi modesto. Tinha 33 cadeiras na Câmara e ficou com 42. Duas legendas recém-fundadas elegeram bancadas significativas: o Partido da Reconstrução Nacional — criado por Collor, que desapareceria pouco depois — conquistou quarenta assentos e o PSDB, 38. O PTB e o PT também cresceram, passando de dezessete para 38, e de dezesseis para 35 deputados, respectivamente.

Você se lembra de mim?
Eu nunca vi você tão só
Oh, meu amor! Oh, meu xodó!
Minha Bahia (bis)

Tá faltando homem, dotô
Que saiba governar
Com força e coragem, dotô
Pra realizar
Ninguém fez
O que cê fez
E o povo consagrou

A, ACM, meu amor
Quem gosta da Bahia quer
A, ACM, meu amor
Quem gosta da Bahia quer
A, ACM, meu amor.

67. *Pobre revoltado* (1992-1993).

Autores e intérpretes: Caximbinho e Geraldo Mouzinho • Gravadora: Disco Kid • LP *Caximbinho e Geraldo Mouzinho de volta à embolada e ao coco* (1993)

Para a dupla de repentistas, o povo era o principal culpado pelos problemas do país, pois acreditava nas promessas dos políticos, só pensava em se divertir e vendia o voto por qualquer bobagem.

Com bom humor, Caximbinho e Geraldo Mouzinho criticaram também os malsucedidos planos econômicos dos anos anteriores, que haviam agravado a miséria do povo: "Cada governo que entra faz um plano diferente/ Faz cruzeiro, faz cruzado, e o povo tudo contente/ Tira zero, bota zero,

LP Caximbinho e Geraldo Moutinho de volta à embolada e ao coco, 1993.

depois volta novamente/ O que entra vai botando sempre no zero da gente".

Tá mudando e vai mudar, é assim que o povo diz
Tá mudando e vai mudar, e nada de melhorar
Tá mudando e vai mudar, é assim que o povo diz
Tá mudando e vai mudar, e nada de melhorar
A maior parte do povo tão ficando abestalhado,
Com conversa e mais promessa, nada é realizado
E o rico é cheio de dinheiro, e o pobre sempre lascado
Tá mudando e vai mudar, tá mudando e vai mudar
E o político sabido, para dizer que tem ação,
Pra um dá uma camisa, outro dá um calção

Fica dizendo calado: "te pego noutra eleição"
Tá mudando e vai mudar, tá mudando e vai mudar
Pobre revoltado diz: não voto mais em ninguém
Um vereador lhe abraça, um deputado lhe dá cem
Quando é na próxima eleição, vota no pior que tem
Tá mudando e vai mudar, tá mudando e vai mudar
A maior parte dos pobres só fala em se divertir
Só fala em roupa e dinheiro, mulher nova para curtir
É um cacete comendo e apanhando sem sentir
Tá mudando e vai mudar, tá mudando e vai mudar
Vai inteirar muitos anos que o povo vem massacrado
Comendo de focinheira feito cavalo amarrado
E dizendo uns aos outros, mas o meu voto é sagrado
Tá mudando e vai mudar, tá mudando e vai mudar
Me disse um político velho, e um tal de Joaquim Santana
"Pobre é como um macaco: se engana inté com banana, com sapato perfurado e duas bicadas de cana"
Tá mudando e vai mudar, tá mudando e vai mudar
A maior parte do povo estão ficando em desespero
O rico toma tudo depois que tá com dinheiro
Chama o pobre de cavalo e diz
"Agora eu sou o galo e posso cantar no poleiro"
Tá mudando e vai mudar, tá mudando e vai mudar
Eu já vi pobre dizer: "me orgulho em ser eleitor, porque o voto é secreto e eu só voto no doutor"
Quando termina a campanha, depois que o doutor ganha, se esquece de quem votou
Tá mudando e vai mudar, tá mudando e vai mudar
E o político sabido aonde chega é mentindo
Promete emprego pro povo, mentira está iludindo
Pobre fica abestalhado dizendo "eu tô empregado" e o fumo entrando e saindo
Tá mudando e vai mudar, tá mudando e vai mudar
Cada governo que entra faz um plano diferente
Faz cruzeiro, faz cruzado, e o povo tudo contente
Tira zero, bota zero, depois volta novamente
O que entra vai botando sempre no zero da gente
Tá mudando e vai mudar, tá mudando e vai mudar
Quando é época de eleição eles vêm cá por candidato
Se danar de porta em porta, começa a pegar retrato

Carrega macho nas costas em vez de voar
no mato
Tá mudando e vai mudar, tá mudando e vai
mudar
É assim que o povo diz e nada de melhorar
Tá mudando e vai mudar, tá mudando e vai
mudar
E é assim que o povo diz e nada de melhorar.

68. *Racistas otários* (1990).

Autores: Mano Brown e Ice Blue • Intérprete: Racionais MC's • Gravadora: Zimbabwe Records • LP *Holocausto urbano* (1990)

LP Holocausto urbano, *Racionais MC's.*

Os Racionais MC's, um dos primeiros grupos de rap de São Paulo, jogaram papel fundamental no movimento hip hop. Formado em 1988 por Mano Brown, Ice Blue, KL Jay e Edi Rock, já no ano seguinte o conjunto fez grande sucesso com *Pânico na zona sul* e *Tempos difíceis*, que integraram a coletânea *Consciência Black*, lançada pela Zimbabwe Records. Os dois raps também entraram no primeiro LP dos Racionais MC's, *Holocausto urbano.*

Racistas otários, outra faixa do mesmo disco, é um libelo contra o racismo. Para os Racionais MC's, a discriminação só se mantinha porque os negros não se levantavam contra ela. Era preciso reagir: "Os poderosos são covardes desleais/ Espancam negros nas ruas por motivos banais/ E nossos ancestrais por igualdade lutaram/ Se rebelaram, morreram/ E hoje o que fazemos?/ Assistimos a tudo de braços cruzados".

Racistas otários nos deixem em paz
Pois as famílias pobres não aguentam mais
Pois todos sabem e elas temem
A indiferença por gente carente que se tem
E eles vêm
Com toda a autoridade o preconceito eterno
E de repente o nosso espaço se transforma
Num verdadeiro inferno e reclamar direitos
De que forma
Se somos meros cidadãos e eles o sistema
E a nossa desinformação é o maior problema
Mas mesmo assim enfim queremos ser iguais
Racistas otários nos deixem em paz

Racistas otários nos deixem em paz (bis)

Justiça
Em nome disso eles são pagos
Mas a noção que se tem é limitada e eu sei
Que a lei é implacável com os oprimidos
Tornam bandidos os que eram pessoas de
bem

Pois já é tão claro que é mais fácil dizer
Que eles são os certos e o culpado é você
Se existe ou não a culpa, ninguém se preocupa
Pois em todo caso haverá sempre uma desculpa
O abuso é demais pra eles tanto faz
Não passará de simples fotos nos jornais
Pois gente negra e carente, não muito influente
E pouco frequente nas colunas sociais
Então eu digo meu rapaz
Esteja constante ou abrirão o seu bolso
E jogarão um flagrante num presídio qualquer
Será um irmão a mais
Racistas otários nos deixem em paz

Racistas otários nos deixem em paz (bis)

Pois a lei é surda, cega e mal interpretada

Então a velha história outra vez se repete
Por um sistema falido como marionetes nós somos movidos
E há muito tempo tem sido assim
Nos empurram à incerteza e ao crime enfim
Porque aí sim certamente estão se preparando
Com carros e armas nos esperando
E os poderosos bem seguros observando
O rotineiro holocausto urbano
O sistema é racista cruel
Levam cada vez mais
Irmãos aos bancos dos réus
Os sociólogos preferem ser imparciais
E dizem ser financeiro o nosso dilema
Mas se analisarmos bem mais você descobre
Que negro e branco pobre se parecem
Mas não são iguais
Crianças vão nascendo em condições bem precárias
Se desenvolvendo sem a paz necessária
São filhos de pais sofridos
E por esse mesmo motivo
O nível de informação é um tanto reduzido
Não...
É um absurdo
São pessoas assim que se f... em tudo
E que no dia a dia vive tensa e insegura
E sofre as covardias humilhações torturas
A conclusão é sua, KL Jay
Se julgam homens da lei
Mas a respeito eu não sei
Porém direi para vocês irmãos
Nossos motivos pra lutar ainda são os mesmos
O preconceito e o desprezo ainda são iguais
Nós somos negros também temos nossos ideais
Racistas otários nos deixem em paz

Racistas otários nos deixem em paz (bis)

Os poderosos são covardes desleais
Espancam negros nas ruas por motivos banais
E nossos ancestrais por igualdade lutaram
Se rebelaram morreram
E hoje o que fazemos?
Assistimos a tudo de braços cruzados
Até parece que nem somos nós os prejudicados
Enquanto você sossegado foge da questão
Eles circulam na rua com uma descrição

Que é parecida com a sua
Cabelo cor feição
Será que eles vêm em nós um marginal padrão
Cinquenta anos agora se completam
Da lei antirracismo na Constituição
Infalível na teoria
Inútil no dia a dia
Então que fodam-se eles com sua demagogia
No meu país o preconceito é eficaz
Te cumprimentam na frente
E te dão um tiro por trás

— "O Brasil é um país de clima tropical onde as raças se misturam naturalmente e não há preconceito racial."
— Ha, Ha, Ha, Ha, Ha, Ha...

Nossos motivos pra lutar ainda são os mesmos
O preconceito e o desprezo ainda são iguais
Nós somos negros, também temos nossos ideais
Racistas otários nos deixem em paz.

69. *Porcos no poder* (1990).

Autores e intérpretes: Thaíde e DJ Hum • Gravadora: Eldorado • LP *Hip hop na veia* (1990)

Para os rappers Thaíde e DJ Hum, os políticos que chegavam ao poder não faziam nada pelo povo. Só pensavam em si mesmos. Não passavam de porcos: "Mas eles não são honestos/ São todos uns urubus/ E eles só fazem as coisas pensando no tutu". *Porcos no poder* veio ao mundo quando Fernando Collor ensaiava os primeiros passos de seu mandato.

LP Hip hop na veia, *Thaíde e DJ Hum, 1990.*

"Esse governo está uma grande bosta", fulminou a dupla.

A revolta era tamanha que os rappers começaram a duvidar da própria democracia: "Já fazem alguns séculos/ Que estamos votando/ E a nossa miséria/ Só está aumentando". Afinal, os políticos eram mestres em fazer promessas na época das eleições e esquecê-las depois: "Tanta coisa eles prometem/ Asfalto e segurança/ Mas depois eles se esquecem".

A solução estava em botar a porcada para correr: "Chega de melancolia/ Chega de sofrer/ Vamos tirar já/ Esses porcos do poder".

Mas eles não são honestos
São todos urubus
E eles só fazem as coisas pensando no tutu
Eu pergunto pra você
Procurando uma resposta

Mas enfim esse governo
Está uma grande bosta
Me dá até vontade de chorar
Vendo essa criancinha se lamentar
Dizendo que faz
Um bom tempo que não come
E que toda a sua família
Está morrendo de fome
Passam todo dia
Sentados na grande mesa
Testando a cada um
A sua grande esperteza
Um sobe os preços até demais
Sabendo que o nosso povo
Não é capaz
Ou passam todo o dia
Fazendo o jogo da velha
Sabendo que o povo
Está morrendo na miséria
Eu não quero ser
Nenhum grande Cristo
Mas quero que os poderosos
Tomem consciência disso
Meu pai em casa já dizia, já dizia
Nesses candidatos
A gente nunca confia
Vou dizer uma coisa
E vou deixar bem clara
Se for mentira minha
Que batam na minha cara
Já fazem alguns séculos
Que estamos votando
E a nossa miséria
Só está aumentando
Nos prometem tanta coisa
Tanta coisa eles prometem
Asfalto e segurança
Mas depois eles se esquecem
Estamos quase sem nada
O que comer, então sabe
O que nós devemos fazer?
Já que os bons inteligentes
Eles não são nossos
E os que vão para o poder,
Ficam lá em cima, são porcos
Vão me perseguir
Mas eu não vou me entregar
Porque na próxima eleição
Eu não vou querer votar
Chega de melancolia
Chega de sofrer
Vamos tirar já
Esses porcos do poder
Nos prometem tanta coisa
Tanta coisa eles prometem
Asfalto e segurança
Mas depois eles se esquecem

Vão me perseguir
Mas eu não vou me entregar
Porque na próxima eleição
Eu não vou querer votar
Chega de melancolia
Chega de sofrer
Vamos tirar já
Esses porcos do poder
Estamos quase sem nada
O que comer, então sabe
O que nós devemos fazer?
Já que os bons inteligentes

Eles não são nossos
E os que vão para o poder,
Ficam lá em cima, são porcos
Pergunto pra você
Depois pergunto pra mim
Porque será que esses porcos todos
Só agem assim
Nos prometem tanta coisa
Tanta coisa eles prometem
Asfalto e segurança
Mas depois eles se esquecem.

70. *President* (1991).

Autor e intérprete: Ndee Naldinho • Gravadora: TNT Records • LP *Menos um irmão, chega disso* (1991)

Ndee Naldinho, um dos pioneiros do rap de São Paulo, criticou duramente a demagogia dos políticos. Chamou a atenção para as principais vítimas das falsas promessas: "As crianças, um alvo perfeito/ Que eles usam para serem eleitos". Após o período de eleições, tudo seguia como antes: "Os filhos das ruas, os abandonados/ As crianças famintas, os pobres coitados".

O rapper também investiu contra os homens da lei, que em tese deveriam garantir a segurança da população, mas viviam atemorizando-a. "O desejo deles é que a gente morra", resumiu. Tudo isso acontecia, segundo Ndee Naldinho, com a condescendência do presidente da República, que "só fala besteira na televisão".

No final, o *president* — assim mesmo, em inglês — é chamado de *asshole*, o que na gíria americana significa idiota ou imbecil.

As crianças um alvo perfeito
Que eles usam pra serem eleitos

Batida policial na favela do Jacarezinho, Rio de Janeiro.

Falam da fome de que elas passam
E prometem tirar da desgraça
Os filhos das ruas, os abandonados,
As crianças famintas, os pobres coitados
Só sentem por elas o melhor a fazer
Depois de eleitos não querem saber
Vão por elas vivendo iludidas
Seus direitos e as leis não são cumpridas
E tão esquecidas, ficando para trás,
Você vê tudo isso e por que nada faz?
Se os homens da lei nada fazem
Não olham pra nós, eles querem
É mais que tudo se dane e que a gente se...
O desejo deles é que a gente morra
Somos vítimas dessa lei do cão
E com isso só digo que sei
Morreremos se não dermos um fim
Pôr um fim nessa merda, essa coisa ruim
Nada fazem e ganham milhões
E só lembram da gente nas eleições
Brasileiros nós somos
E no presente enganados
E o presidente só fala besteira na televisão
Dando moral aos homens da lei do cão
Ele fala de merda e termina com bosta
Eu não quero saber se ele gosta
President, president, president
(Asshole! Asshole! Asshole!).

71. *Negro no poder* (1992).

Autores: Ras Bernardo, Bino Farias, Da Gama e Lazão • Intérprete: Cidade Negra • Gravadora: Epic/ Sony Music • LP *Negro no poder* (1992)

O reggae denuncia os maus-tratos e injustiças contra os negros no Brasil e pede a proteção de Jah (Javeh ou Jeová) — Deus para os rastafáris. Lança também a palavra de ordem: *Negro no poder.*

Desde a década de 1980, com o avanço do movimento pela redemocratização do país, a luta contra a discriminação racial havia se fortalecido em todo o Brasil. A Constituição de 1988 declarou o racismo "crime

Encarte do LP Negro no poder, *Cidade Negra, 1992.*

LP Negro no poder, *Cidade Negra, 1992.*

inafiançável e imprescritível". Existiam então 516 grupos atuando em defesa dos direitos da população negra. Em 1991, foi criada a Coordenação Nacional de Entidades Negras (Conem), entidade que visava articular os movimentos contra o racismo e o preconceito.

Fico vendo essas coisas
Vendo tudo acontecer
Injustiças e maus-tratos
E o abuso do poder (bis)

Quando olham minha gente
Nunca é pra proteger
Muitas coisas acontecem
E o meu povo resistindo
Oh! Jah!
Negro no poder
Pra já!
Negro no poder (bis)

— Bendito seja tu, oh Jah, rei do Universo, por ter nos dado força, porque só assim vamos sempre resistir.

72. *Colarinho branco* (1992).

Autores e intérpretes: Duck Jam & Nação Hip Hop • Gravadora: TNT Records • LP *A Nação quer a verdade* (1992)

Colarinho branco foi a faixa de maior sucesso do primeiro LP do grupo paulista Duck Jam & Nação Hip Hop, chamado *A Nação quer a verdade*, lançado em 1992. O rap fazia uma crítica frontal à corrupção, aos desfalques e a outros crimes praticados pelos espertalhões existentes na elite: "Colarinho branco dá o golpe no Estado".

O rap denunciava a Justiça por agir com dois pesos e duas medidas. Punia com todo o rigor os negros e pobres que saíam da linha. Já os criminosos do colarinho branco geralmente ficavam impunes: "Que os maiores bandidos são brancos e são ricos/ E andam por aí, muito bem vestidos".

Colarinho branco dá o golpe no Estado
E no Estado
E no Estado
E no Estado
Eu disse presos
Em grades de ilusão
Onde a pena que cumprimos é a dura escravidão
Escravidão é encoberta é mascarada
Em cima de pessoas que nunca tiveram nada
Todo brasileiro tem o sonho de um dia ter um carro

Casa própria e um pouco de alegria
Mas não passa de um sonho que não se realiza
E a tal de Previdência não os concretiza
Trabalham, trabalham, dão duro e dão duro
Dão duro e se tornam aposentados
E recebem muito pouco ou então são enganados
E ninguém nada vê ou finge esconder
E a lei nada faz, mas nos dá esperança
Segurança das mais fortes, empresários e banqueiros
E eles metem a mão no nosso mísero dinheiro
Ladrão rouba ladrão, cidadão é assaltado
Enquanto o colarinho branco dá o golpe no Estado

Colarinho branco
Colarinho branco (bis)

Os pobres matam e roubam por um mero desemprego
Enquanto ricos o fazem pela ganância do dinheiro
Marginalidade é preta e tem raça
Principia da miséria e resulta a desgraça
Não se deixe envolver por essa frase, então
Mostre o contrário pois todos nós sabemos
Que os maiores bandidos são brancos e são ricos
E andam por aí, muito bem vestidos
Pena de morte como uma das saídas
Certamente estariam selando suas vidas
Pois pessoas instruídas de alta classe social
Matam e roubam na maior cara de pau
E nunca serão presos, detidos, condenados
Com suas costas quentes e um bom advogado
Serão absolvidos de forma injustiçada
E andarão por aí
Como se nada tivesse acontecido
Sorridentes então
Pois estão absolvidos

Colarinho branco
Colarinho branco (bis)

Não vamos esconder a realidade
Somos escravos do sistema somos escravos da
Burguesia, nobreza, elite, alta classe
São assim que são chamados, não é verdade?
Eles são a minoria, mas dominam o Brasil
Manipulam todos nós de uma forma bem sutil
Classe dominante que explora ignorantes
Ignorantes somos nós, que não fazemos nada
Pra melhorar essa vida que levamos
Não vamos ficar quietos, vamos reivindicar!
Eu ouvi e vi promessas na TV que tudo ia mudar, melhorar
Com novos governos, planos e medidas
E continua a miséria e essa porra dessa vida
Neno e Duck Jam tentam relatar
A realidade de ontem e de hoje
Mas não vamos querer contar a você
O que o amanhã vai lhe oferecer
O que vamos fazer para mudar
Será então que podemos esperar?
Alguém que seja competente pra acabar com tudo

E também acabar com esse absurdo
Onde há racismo
Ambição e egoísmo e nós
Temos que acabar
Liquidar com tudo isso

Colarinho branco
Colarinho branco (bis)

Só assim então ficaremos numa boa
E ninguém vai ser discriminado à toa
Reclamando da vida ou trabalhando em vão
Esperando o auxílio, governantes da nação
E a corrupção que dominam suas mentes
Consideram a plebe um bando de delinquentes
Não acreditam no povo nem nos seus ideais
Eles me dão nojo pois se julgam os tais
Mas um dia isso vai ter um fim
E verá que a vida não é tão ruim
Mostrando para todos que você é feliz
Fazendo da sua vida o que você sempre quis
Criticamos o errado, é
É assim mesmo
Vocês estão ouvindo Duck Jam
E a Nação!

73. *Não é conselho* (1992).

Autores: Dario Augusto e Nilciléa Gomes • Intérprete: Bezerra da Silva • Gravadora: BMG/ Ariola • LP *Presidente caô caô* (1992)

O samba também entrou na roda contra a discriminação racial, ao lado do reggae, dos axés e dos raps. *Não é conselho*, de Dario Augusto e Nilciléa Gomes, gravado por Bezerra da Silva, bateu de frente com o preconceito que associava o negro à delinquência e à incompetência: "Mas não foi o preto quem botou/ O meu Brasil no vermelho/ Quando a coisa não vai bem/ Eles dizem logo que está preta/

Bezerra da Silva.

Mas não foi o preto quem travou/ A grana da caderneta". Os dois últimos versos referiam-se ao confisco da poupança durante o Plano Collor.

Mas o sambista fez questão de deixar claro que o combate à discriminação contra o negro não significava hostilizar o branco. A raiz do problema não estava na cor da pele, mas nas estruturas econômicas e sociais do país: "Isso não é preconceito, pois todo branco pobre também é preto".

Nas últimas estrofes, Bezerra da Silva, descrente da possibilidade de acabar com as injustiças pela via eleitoral, pregou o voto nulo. Sonhava com uma revolução: "Quem avisa amigo é/ Cuidado com a queda da Bastilha".

— Olha aí, rapaziada, isso não é preconceito, pois todo branco pobre também é preto. Falou?

É, doutor, isso é um alô, não é conselho
Mas não foi o preto quem botou
O meu Brasil no vermelho (bis)

Quando a coisa não vai bem
Eles dizem logo que está preta
Mas não foi o preto quem travou
A grana da caderneta

Juro alto, inflação
Mutretagem, mordomia
Mas não foi o preto quem botou
Meu povão nessa agonia

E o colarinho esperto
Que dá lucro certo à elite vadia
Ele não é preto, é bem branco
Claro como a luz do dia

É, doutor...

E foi da boca do branco
Que saiu o beijo traidor
Em seguida mandou para a cruz
J.C., o nosso salvador

E o inventor da bomba
Pra destruir a humanidade
Ele também não gostava da cor preta
O canalha era branco de verdade

Sim, mas agora o povão de tanto passar fome
Aprendeu o correto
Vai votar nulo na eleição
Que é de fato o voto certo

E pra quem escraviza meu povo
Prestem bem atenção
É bom sair dessa trilha
Quem avisa amigo é
Lembre-se da queda da Bastilha
Quem avisa amigo é
Cuidado com a queda da Bastilha

É, doutor...

74. *A marcha da perestroika* (1991).

Autores e intérpretes: Paulo Caruso e Chico Caruso • Gravadora: Dabliú Discos • CD *Pra seu governo* (1998)

A queda do Muro de Berlim, em 1989, e o fim da União Soviética, em 1991, forneceram

CD Pra seu governo, *Paulo Caruso e Chico Caruso, 1998.*

matéria-prima para *A marcha da perestroika*, dos irmãos Paulo e Chico Caruso, que brincou com as mudanças no Leste Europeu. Depois da subida de Bóris Ieltsin ao poder, a Rússia rendeu-se aos encantos do capitalismo, em especial aos do mercado financeiro e das lojas de *fast food*: "Virei *yuppie*, caí na folia/ De noite, no *overnight*/ No *open*, durante o dia/ Karl Marx precisa ser revisitado/ O McDonald's chegou a Leningrado".

A canção deve ter sido composta nos primeiros meses de 1991, pois ainda cita a Albânia como país comunista. No final do ano, o pequeno país europeu também se rendeu ao poderoso charme da burguesia.

Ô ô ô
Caiu o muro de Berlim
A perestroika foi total
Agora nem Stálin nem Lênin
Vão me impedir de brincar o carnaval
Virei yuppie, *caí na folia*
De noite no overnight
No open *durante o dia*
Karl Marx tem que ser revisitado
O McDonald's chegou a Leningrado

A perestroika sim, a perestroika não
Pintou a perestroika
O mundo inteiro está doidão
A perestroika sim, a perestroika não
Em abertura nova
Todo mundo mete a mão

Na Lituânia, Chechênia, no Azerbaijão
Tem perestroika
Só na Albânia e na ilha do Fidel que não

Tem perestroika ali
Tem perestroika aqui
Pintou a perestroika
E o mundo inteiro quer curtir
Tem perestroika ali
Tem perestroika aqui
Do portão de Brandemburgo
Todo mundo quer fugir

Ô ô ô, Bóris Ieltsin!
Ô ô ô, McDonald's!

75. *O imexível bode respiratório* (1992).

Autor e intérprete: Juca Chaves • Gravadora: Sdruws Records • CD triplo *O melhor de Juca Chaves, o menestrel do Brasil* (1995)

Para muitos, Antônio Rogério Magri, presidente do Sindicato dos Eletricitários de São Paulo e da Central Geral dos Trabalhadores (CGT), não passava de um pelego. Para outros, era um sindicalista pragmático, mais preocupado com resultados do que com discursos. Seja como for, o presidente Fernando Collor inovou ao nomear Magri ministro do Trabalho e da Previdência Social. Logo ele ficaria famoso por suas declarações estapafúrdias. Depois do confisco da poupança, perguntaram-lhe se os salários poderiam ser reduzidos. Contestou na bucha: "O salário do trabalhador é imexível". Pouco tempo depois, ao ser criticado por usar um carro oficial para levar a cadela ao veterinário, justificou-se: "Minha cachorra é um ser humano e eu não hesitei".

Porém, o que derrubou Magri do ministério no início de 1992 não foram suas tiradas folclóricas, mas uma fita gravada na qual ele se vangloriava de ter recebido propina. Assediado pelo ministro para participar de esquemas ilícitos, o diretor de Fiscalização do INSS, Volnei Ávila, aconselhou-se com a deputada Cidinha Campos (PDT-RJ), que o instruiu a registrar em fita as conversas com o superior. Um belo dia, Magri disse a Ávila que havia recebido uma bolada da construtora Odebrecht para liberar recursos para a construção do Canal da Maternidade no Acre. A fita, logo repassada à televisão, registrava o entusiasmo do ministro: "O cara veio aqui e me deu 30 mil dólares. Me deu! Caiu do céu!".

Antônio Rogério Magri, ministro do Trabalho e da Previdência Social.

Alguns esclarecimentos:

1. Romeu Tuma, ex-diretor geral do Dops de São Paulo durante a ditadura e mais tarde senador da República, era diretor-geral da Polícia Federal entre 1991 e 1992;

2. A primeira-dama, Rosane Collor, deixou a presidência da Legião Brasileira de Assistência depois da revelação de que seus irmãos, os Maltas, tinham desviado recursos da entidade em Alagoas;

3. O ministro da Saúde, Alceni Guerra, caiu após denúncias de superfaturamento na compra de bicicletas. Mais tarde, ele seria inocentado das acusações.

Não sei se é fato ou se é fita
Não sei se é fita ou se é fato
O fato é que a prova da fita
É a voz do Magri de fato

Culpado não vai ser absolvido
Polícia Federal cumpriu o papel
Terá um longo descanso merecido
No Romeu Tuma Palace Hotel

E as fitas mesmo muito mal gravadas
Fizeram tal sucesso na TV
Que a gravadora Cidinha Livre
Agora vai lançá-las em CD

Não sei se é fato ou se é fita
Não sei se é fita ou se é fato
O fato é que a prova da fita
É a voz do Magri de fato

E o proletário Magri Maravilha
Em novos econômicos momentos
Abriu uma nova holding *em Brasília*
Alceni Magri Malta Investimentos.

76. *Brasil perdido* (1992-1993).

Autor: Galdino de Atalaia • Intérpretes: Galdino de Atalaia e Roque José • Gravadora: MD Music • LP *Os grandes repentistas do Nordeste – Galdino de Atalaia & Roque José – volume 2* (2002)

O diagnóstico da dupla de repentistas sobre a situação do país durante o governo de Fernando Collor de Mello (1990-1992) foi sintético e claro: "O Brasil está perdido". Apesar do marketing político, que tratava de embelezar a realidade, o povo vivia um período muito difícil, marcado pela recessão da economia, o achatamento de salários, o aumento do desemprego e o crescimento da desigualdade social.

Para Galdino de Atalaia e Roque José, o governo podia ser colorido, mas a situação estava preta: "O culpado disso tudo é o tal do presidente/ Quando passa na TV, já é zombando da gente/ Colocando nos jornais que o Brasil está diferente". A dupla aproveitou para lembrar momentos históricos em que o povo havia sido respeitado, como nos governos do marechal Deodoro e de Juscelino. Homenageou também o duque de Caxias, um "homem tão superfino", Tancredo Neves e Tiradentes.

O nosso Brasil tá perdido, nosso Brasil tá perdido
O Brasil tá igualmente o governo colorido
O nosso Brasil está perdido, o nosso Brasil está perdido
Está ficando igualmente o governo colorido
Brasília, coração lindo da riqueza social
Aonde tem senadores, deputado federal
A pobreza paga imposto para morrer no lamaçal
Mas nosso Brasil tá perdido, nosso Brasil tá perdido
Está ficando igualmente o governo colorido
A riqueza come tudo, a pobreza nada come
Rico entra na política só para crescer o nome
Mas quando ganha pretende matar o pobre de fome
Mas nosso Brasil tá perdido, nosso Brasil tá perdido
Está ficando igualmente o governo colorido
Todo dia morre gente assassinada em favela
Se o rico adoece, a televisão revela
E a juventude se ilude com futebol e novela
Mas nosso Brasil tá perdido, nosso Brasil tá perdido
Está ficando igualmente o governo colorido
O culpado disso tudo é o tal do presidente
Quando passa na TV, já é zombando da gente
Colocando nos jornais que o Brasil está diferente

Mas nosso Brasil tá perdido, nosso Brasil tá perdido
Está ficando igualmente o governo colorido
O Brasil está diferente daquele tempo passado
No tempo de Juscelino, o homem era respeitado
E no governo de hoje o Brasil tá fracassado
Mas nosso Brasil tá perdido, nosso Brasil tá perdido
Está ficando igualmente o governo colorido
Pobre só anda a pé, rico de carro importado
De vez em quando, a TV mostra um sendo sequestrado
É quando eles gasta milhões para se manter liberados
O nosso Brasil tá perdido, nosso Brasil tá perdido
Está ficando igualmente o governo colorido
Rico não fala em Jesus, só pensa na bebedeira
Manda matar um garrote, prepara uma churrasqueira
Chama os outros igual a ele pra beber a noite inteira
Mas nosso Brasil tá perdido, nosso Brasil tá perdido
Está ficando igualmente o governo colorido
Rico não gasta dinheiro nem quando vai ao mercado
Passa um cheque, prega um caixa e ainda diz "muito cuidado
Só daqui a trinta dias que eu quero o cheque sacado"
Mas nosso Brasil tá perdido, nosso Brasil tá perdido
Está ficando igualmente o governo colorido
A pobreza do país há anos foi à falência
Não tem um taco de terra pra construir residência
O rico sabe de tudo, mas não usa a consciência
Mas nosso Brasil tá perdido, nosso Brasil tá perdido
Está ficando igualmente o governo colorido
É quando o pobre arresorve de invadir a terra alheia
O rico chega de carro e faz logo uma cara feia
Se você tentar entrar, vai se acabar na cadeia
Mas nosso Brasil tá perdido, nosso Brasil tá perdido
Está ficando igualmente o governo colorido
Passei em uma fazenda, vi uma grande invasão
Gente de carro importado, que só faltava avião
Se fosse um pobre lascado já ia para a prisão
Mas nosso Brasil tá perdido, o nosso Brasil tá perdido
Está ficando igualmente o governo colorido
Eu vi o rico dizendo "sai daqui seus infeliz
Se vão invadir as terras que existe em outro país,
Que Jesus não plantou pobre, pobre nasceu porque quis"
Mas nosso Brasil tá perdido, nosso Brasil tá perdido
Está ficando igualmente o governo colorido
Brasil perdeu marechal Deodoro, nordestino
Perdeu duque de Caxias, um homem tão superfino

O nosso Tancredo Neves, Tiradentes, o Juscelino
Nosso Brasil tá perdido, nosso Brasil tá perdido
Está ficando igualmente o governo colorido.

77. *Tributo ao presidente* (1992).

Autor e intérprete: Comando DMC • Gravadora: Black Mad Records • LP *Vamos dar a volta por cima* (1992)

LP Vamos dar a volta por cima, *Comando DMC, 1992.*

Tributo ao presidente é pura bronca contra Fernando Collor. Os rappers do Comando DMC, de São Paulo, abriram seu protesto desejando o pior dos mundos para Collor: "Nos enganou! Então se exploda, presidente!".

O duplo sentido do refrão é óbvio.

Nos enganou! Então se exploda, presidente! (bis)
Que se exploda, presidente!
Presidente, que se exploda!
Promete, promete, só que nunca nos ajuda
Não quer saber se estamos mortos ou vivos
Presidente, você disse que era o nosso amigo
Nos enganou e os nossos votos ganhou
Agora vive numa boa e de lado nos deixou
Nos enganou! Então se exploda, presidente! (bis)

Cadê aquelas promessas que você sempre fazia
Jurava, jurava que nos ajudaria
E no entanto por enquanto você não fez nada
Nossa gente pelas ruas continuam largadas
Da violência continuam sendo vítimas
E disso tudo você não tem consciência
Providências não quer tomar
Se no poder está você numa boa
E nós vivemos na miséria
Crianças nas ruas morrendo de fome
E nisso tudo você nem mesmo envolve seu nome
Se diz homem mas só que é incapaz
De assumir os compromissos que você sozinho mesmo faz
Nos enganou! Então se exploda, presidente! (bis)

Sacanagem realmente foi o que você fez
Mentiu nos enganando e de bonzinho se fez
Fez mil promessas mas não cumpriu nenhuma
E essa droga de vida para nós continua
Sua palavra pra mim agora já não vale nada
Pois para mim você não passa de um grande canalha
Ei, Gran Master Di, eu não estou nem aí
Estou falando a real e que se exploda, presidente
Se exploda presidente e do poder saia
Nos enganou! Então se exploda, presidente! (bis)

78. *Melô da CPI* (1993).

Autores e intérpretes: Caju e Castanha • Gravadora: Polydisc • LP *Solidão de um caminhoneiro* (1993)

LP Solidão de um caminhoneiro, *Caju e Castanha, 1993.*

Melô da CPI, da dupla de violeiros Caju e Castanha, fez uma crítica demolidora do governo Collor: "Minha gente, o nosso povo está sofrendo calado/ Com esse PC Farias, nosso Brasil tá quebrado/ Assaltaram os cofres públicos, lascaram os descamisados".

Recessão econômica, aumento do desemprego, inflação em alta, corrupção generalizada nos altos escalões — dois anos depois de empossado, Fernando Collor, que pretendia governar acima dos partidos, foi obrigado a mudar de tática. Com a intenção de ganhar fôlego e margem de manobra política, fez uma reforma ministerial, trazendo para o poder o PFL e alguns intelectuais ligados ao PSDB.

Mas já era tarde demais. Quase na mesma época vieram à tona denúncias de que Paulo César Farias, tesoureiro da campanha de Collor, continuava a cobrar comissões e propinas de empresários depois da posse do presidente. A caixinha milionária montada por ele, segundo estimativas na época, teria arrecadado ilegalmente cerca de 1 bilhão de dólares.

Em maio, Pedro Collor, irmão do presidente, denunciou em entrevista à revista *Veja* que PC Farias era apenas um testa de ferro do chefe da nação, que seria o principal beneficiário do esquema. O mundo veio abaixo. Diante da gravidade da situação, o Congresso instalou uma Comissão Parlamentar de Inquérito (CPI) para investigar as denúncias.

Em julho, o motorista do presidente, Erlberto França, confirmou com riqueza de detalhes que recursos das contas fantasmas manejadas por PC haviam sido usados para pagar despesas pessoais do presidente e de sua família.

Em fins de agosto, a CPI concluiu que Collor estava envolvido no esquema PC e havia desonrado a presidência da República. Nos últimos dias de setembro, a Câmara dos Deputados aprovou a abertura do processo de *impeachment* do presidente, a ser julgado pelo Senado Federal. Collor foi afastado temporariamente da presidência. Assumiu o cargo interinamente o vice Itamar Franco.

Os três meses seguintes seriam dramáticos. Finalmente em 29 de dezembro, um dia antes de o Senado concluir o julgamento, Collor renunciou à presidência da República. Mesmo assim, no dia 30 de dezembro, o Senado, por 76 votos a 3, condenou-o por crime de responsabilidade, declarando-o inelegível para qualquer cargo público por oito anos.

Meses depois, na iminência de ser preso, PC Farias fugiu do Brasil. Acabou capturado na Tailândia. Condenado a sete anos de cadeia por falsidade ideológica, ficou menos de dois anos atrás das grades. Em 23 de julho de 1996, PC Farias e sua namorada, Suzana Marcolino, foram encontrados mortos na casa de praia do empresário, em Alagoas. A primeira versão, que não colou, foi de crime passional, seguido de suicídio. A polícia concluiu mais tarde que o casal havia sido assassinado pelos seguranças do próprio PC. A mando de quem? Nunca se soube ao certo.

E não tem jeito e não tem jeito e não tem jeito não
Quanto mais se faz pacote mais aumenta a inflação
E não tem jeito e não tem jeito e não tem jeito não
Quanto mais se faz pacote mais aumenta a inflação

No governo de Sarney, era a maior confusão
Os pobres passava fome mas tinha seu bom feijão
E no governo de hoje só pode comer pirão

E não tem jeito e não tem jeito e não tem jeito não...

Nosso povo se cansou desse trem da alegria
O rombo já tá demais, toda noite, todo dia
Pra acabar de lascar é PT e PC Farias

E não tem jeito e não tem jeito e não tem jeito não...

Inventaram um prano novo quando o Brasil afundou
Da classe média pra cima ainda se segurou
E ficou a classe pobre, foi aonde se lascou

E não tem jeito e não tem jeito e não tem jeito não...

A coisa já ficou preta, o negócio anda mal
Já tá comendo sardinha quem comia bacalhau
Até papel higiênico foi trocado por jornal

E não tem jeito e não tem jeito e não tem jeito não...

O homem enganou todo mundo, da criança ao cidadão
E o povo votou nele com fé e bom coração
Depois que ele ganhou, quer acabar com o povão

E não tem jeito e não tem jeito e não tem jeito não...

Minha gente, o nosso povo está sofrendo calado
Com esse PC Farias, nosso Brasil tá quebrado
Assaltaram os cofres públicos, lascaram os descamisados

Fernando Collor deixa o Palácio do Planalto após a renúncia.

E não tem jeito e não tem jeito e não tem
jeito não...

Quem comia caviar já tá no contrafilé
Quem tomava muito uísque já tá entrando é
no mé
Quem tinha um carrinho velho já está
andando a pé

E não tem jeito e não tem jeito e não tem
jeito não...

Não dá mais pra se viver nesse país varonil
Quem roubava cem cruzeiros agora só quer
de mil
No país da impunidade pobre toma é no funil

E não tem jeito e não tem jeito e não tem
jeito não...

Ele está com vergonha, os prano dele é errado
Só inventando pacote, é pacote pra todo lado
Termina o governo dele e o Brasil
empacotado

E não tem jeito e não tem jeito e não tem
jeito não...

Acabaram o ministério, fizeram uma
confusão
Tira o ruim, bota o bom para ajeitar a nação
Enquanto ele se ajeita, desgraça a situação

E não tem jeito e não tem jeito e não tem
jeito não...

Nós estamos arrochados, igual um pinto no
ovo
O desemprego crescendo, não tem trabalho
pro povo
E o governo dizendo: "esse é um Brasil novo"

E não tem jeito e não tem jeito e não tem
jeito não...

Enquanto os aposentados, vivem nas filas
penando
Recebem uma mixaria, que pra nada está
mais dando
Se aposentam com sessenta e eles com
quatro anos

E não tem jeito e não tem jeito e não tem
jeito não...

As coisas já ficou preta, nada não se vende
mais
As lojas tudo fechando com os pranos que
ele faz
Cada pacote de verba e o povo se lasca mais

E não tem jeito e não tem jeito e não tem
jeito não...

Disseram que ele acabava tudo quanto é
marajá
O que teve foi aumento em todo lado ele está
E agora a moda nova é dá-lhe, pague e Bagdá

E não tem jeito e não tem jeito e não tem
jeito não...

79. *In(dig)nação* (1992).

Autores: Samuel Rosa e Chico Amaral • Intérprete: Skank • Gravadora: independente • LP *Skank* (1993)

LP Skank, *1993.*

Até 1992, a banda Skank, que buscava combinar a pegada do reggae jamaicano com o pop e o rock nacionais, ainda não tinha estourado nas paradas de sucesso. Foi com *In(dig)nação*, lançada por um selo independente, que o grupo liderado por Samuel Rosa entrou no hall da fama. Para a banda, a indignação poderia reduzir-se a uma "indigna inação" se não produzisse mobilização. A canção logo virou clipe na MTV Brasil, canal de televisão especializado em música para o público jovem.

Ao criticar a falta de ação da sociedade, apesar da indignação generalizada com os desmandos e as injustiças, o reggae falou diretamente ao coração dos caras pintadas, que começavam a se mobilizar pedindo o *impeachment* de Fernando Collor: "A nossa indignação/ É uma mosca sem asas/ Não ultrapassa as janelas/ De nossas casas".

A última parte da letra destacava que todos estavam indignados: os músicos da Bahia, os sambistas do Rio, as favelas, os criminosos, os pontas no futebol, os blocos carnavalescos de BH, as zonas de prostituição, os grupos de capoeira e as torcidas organizadas.

O reggae serviria de mote para a campanha de Patrus Ananias à prefeitura de Belo Horizonte em 1992. Ao utilizar *In(dig)nação* em sua propaganda, o candidato petista procurou não só se associar ao movimento dos caras pintadas, como também enaltecer a diversidade social e cultural da capital mineira e do país. Deu certo. Patrus venceu com folga o pleito, deixando para trás os candidatos do PL, Maurício Campos, e do PSDB, Aécio Neves.

Eu fiquei indignado
Ele ficou indignado
A massa indignada
Duro de tão indignado

A nossa indignação
É uma mosca sem asas
Não ultrapassa as janelas
De nossas casas

Indignação, indigna
Indigna nação
Indignação, indigna
Indigna inação

Lazzo Matumbi, Ara Ketu, Ilê Aiyê — a Bahia indignada

Carlos Cachaça, Morengueira, Ivo
Meirelles — o samba indignado
Vila Dias, Papagaio, Cafezal, Pendura Saia,
Pau Comeu, Pai Tomás, Santa
Marta — o morro indignado

A nossa indignação...

Ramiro, Lúcio Flávio e Escadinha — o crime
indignado
Cafuringa, Natal e Jairzinho — lá na ponta
indignados
Satã e Seus Asseclas, Imigrantes da
Abissínia, Boca Branca, Os
Inocentes e os Leões da Lagoinha —
indignados
Jaguarão, Oiapoque e Guaicurus — a zona
indignada
Ginga, Mão Branca, Negrinhos de Sinhá —
a capoeira indignada
Gaviões, Galoucura, Máfia Azul, Young
Flu, Mancha Verde, Flamante,
Independente — e a massa indignada.

LP Gabriel, o Pensador, *1993.*

80. ***Tô feliz (Matei o presidente)*, (1993).**
Autor e intérprete: Gabriel, o Pensador • Gravadora: Chaos/ Sony Music • LP *Gabriel, o Pensador* (1993)

Quando surgiram as primeiras acusações de envolvimento do presidente Collor no esquema de corrupção de PC Farias, as principais lideranças da oposição não acreditavam na possibilidade de *impeachment*. O então senador Fernando Henrique Cardoso chegou a comparar ironicamente o impedimento político à bomba atômica: "Existe, mas não é para ser usado". Mas a CPI, surpreendendo os políticos mais experientes, desmontou o governo Collor em três meses de trabalho. Analisou centenas de cheques e notas frias, descobriu empresas laranjas e lançou a luz sobre milionárias contas fantasmas.

Aos poucos, formou-se a convicção de que Fernando Collor estava diretamente envolvido no esquema montado por PC Farias, não podendo permanecer, portanto, à frente do governo. No dia 29 de setembro, a Câmara dos Deputados aprovou por ampla maioria — 441 votos a favor e 38 contra — a abertura do processo de *impeachment* do presidente.

A partir de agosto, as manifestações de rua contra Collor ganharam força em todo o país, com a multiplicação das passeatas de jovens, que, por pintar os rostos com as cores da bandeira nacional, foram batizados de caras pintadas. Foi nesse clima de comoção nacional que Gabriel, o Pensador, estudante de comunicação

Gabriel, o Pensador.

social da PUC do Rio, lançou *Tô feliz (Matei o presidente)*, que fez estrondoso e imediato sucesso. Filho da jornalista Belisa Ribeiro, que trabalhara na campanha de Collor, mas depois rompera com o governo, Gabriel se apresentou no rap como alguém que tinha matado o presidente — e, por isso mesmo, virado herói.

A canção começa com um falso Gil Gomes — apresentador do programa policial *Aqui e Agora* — anunciando a morte do presidente e entrevistando o suposto assassino. "Vamos escutar Gabriel, o Pensador, principal suspeito do crime", diz o Gil fictício. A resposta do entrevistado é imediata: "Suspeito, não; culpado, rapá, pode falar aí, que eu assumo".

Justifica-se: "Ele ganhou a eleição e se esqueceu do povão". Em seguida, cita os ministros mais polêmicos de Collor: Antônio Magri, do Trabalho, acusado de receber propina (ver *O imexível bode respiratório*, neste capítulo); Zélia Cardoso de Mello, da Fazenda, responsável pelo malogrado Plano Collor (ver *Pacote de amor*, neste capítulo); e Alceni Guerra, da Saúde. Também entram na lista dos malfeitos os desvios de verbas da Legião Brasileira de Assistência, presidida pela primeira-dama.

Ao final, Gabriel se dirige ao cemitério com a multidão, para tripudiar sobre o cadáver de Collor. Recorre então a um comercial de TV da época, em que o chefe elogiava a roupa do funcionário: "Bonita camisa, Fernandinho". A frase, aliás, já fora muito usada em cartazes nas passeatas de caras pintadas, nos quais o presidente aparecia de uniforme de presidiário. No caso do rap, a bonita camisa era um caixão: "Você nessa roupa de madeira tá bonitinho".

Após tocar durante cinco dias nas rádios, *Tô feliz (Matei o presidente)* foi proibida sob a alegação de que fazia a apologia da violência. Mas já tinha caído no gosto do povo. No ano seguinte, Gabriel, o Pensador incluiu-a no seu primeiro LP.

O refrão reproduz a expressão com que Collor costumava iniciar seus discursos: "Minha gente".

Chegou a hora de acabar com os marajás...
— Ouçam todis! Foi executedis o nosso presidente...

— Peraí, peraí, o que essa música tá fazendo aí? Virou flashback o disco, é flashback?
— Flashback não, porra, é tua primeira música, de 92, tá cuspindo no prato que comeu?
— Não rapá, isso aí já passou, hoje eu tô feliz, cê tá feliz? Já tamo em outra, pô!
— Que outra o quê, mané, cê vai censurar tua própria música do disco agora?
— Ah, tá bom, tá certo. Vai como recordação pra quem já ouviu então. E pra quem não ouviu, rola aí, DJ Frias!

Chegou a hora de acabar com os marajás...

— Ouçam todis! Foi executedis o nosso presidente. Aqui e agora. Vamos escutar Gabriel, o Pensador, principal suspeito do crime.

— Suspeito não, culpado rapá, pode falar aí que eu assumo mesmo.

— Como aconteceu a tragédia?

— Encontrei ele e a mulher na rua e não resisti. Peguei um pedaço de pau que tava no chão e aí... Atirei o pau no rato, mas o rato não morreu. Dona Rosane admirou-se do ferrão três-oitão que apareceu.

Aaaaii
Minha gente...

Todo mundo bateu palma quando o corpo caiu
Eu acabava de matar o presidente do Brasil
Fácil, um tiro só, bem no olho do safado
Que morreu ali mesmo, todo ensanguentado
Quê? Saí voado com a polícia atrás de mim
E enquanto eu fugia eu pensava bem assim:
"Tinha que ter tirado uma foto na hora em que o sangue espirrou
Pra mostrar pros meus filhos, que lindo, pô"
Eu tava emocionado mas corri pra valer
E consegui escapar, ha, tá pensando o quê?
E quando eu chego em casa o que eu vejo na TV
Primeira-dama chorando perguntando: "Por quê?
Ah, dona Rosane, dá um tempo, não enche, não fode
Não é de hoje que seu choro não convence
Mas se você quer saber porque eu matei o Fernandinho
Presta atenção, sua puta, escuta direitinho
Ele ganhou a eleição e se esqueceu do povão
E uma coisa que eu não admito é traição
Prometeu, prometeu, prometeu e não cumpriu
Então eu fuzilei, vá pra puta que o pariu
É podre sobre podre essa novela, é Magri, é Zélia
É Alceni com bicicleta e guarda-chuva
LBA, Previdência, chega dessa indecência
Eu apertei o gatilho e agora você é viúva
E não me arrependo nem um pouco do que eu fiz
Tomei uma providência que me fez muito feliz

Hoje eu tô feliz! (Minha gente!)
Hoje eu tô feliz, matei o presidente! (bis)

Eu tô feliz demais, então fui comemorar
A multidão me viu e começou a festejar
(É Pensador, é Pensador, é Gabriel, o Pensador)
Me carregaram nas costas, a gritaria não parou
Eu disse "Eu sou fugitivo, gente, não grita o meu nome por favor!"
Ninguém me escutou e a polícia me encontrou
Tentaram me prender mas o povo não deixou
(O povo unido jamais será vencido)
Uma festa desse tipo nunca tinha acontecido
Tava muito demais, alegria e tudo em paz
E ninguém vai bloquear nosso dinheiro nunca mais
Corintiano e palmeirense, flamenguista e vascaíno

Todos juntos com a bandeira na mão,
cantando o hino
(Ouviram do Ipiranga às margens plácidas
De um povo heroico o brado retumbante)
E começou o funeral e o povo todo na moral
Invadiu o cemitério numa festa emocionante
Entramos no cemitério cantando e dançando
E o presidente estava lá, já deitado, nos
esperando
Todos viram no seu olho a bala do meu três-
-oitão
E em coro elogiamos nosso atleta no caixão:
(Bonita camisa, Fernandinho!
Bonita camisa, Fernandinho!
Bonita camisa, Fernandinho!
Você nessa roupa de madeira tá bonitinho!)

E como sempre lá também tinha um grupo
mais exaltado
Então depois de pouco tempo o caixão foi
violado
O defunto foi degolado e o corpo foi
queimado
Mas depois não vi mais nada porque eu já
tava cercado de mulheres
E aquilo me ocupou
(Ai, deixa eu ver seu revólver, Pensador!)
Então eu vi um pessoal numa pelada
diferente
Jogando futebol com a cabeça do presidente
E a festa continuou nesse clima sensacional
Foi no Brasil inteiro um verdadeiro carnaval
Teve um turista que estranhou tanta alegria
e emoção
Chegando no Brasil me pediu informação:
(O Brasil foi campeão? Tá todo mundo
contente!)
Não amigão, é que eu matei o presidente!

Hoje eu tô feliz! (Minha gente!)
Hoje eu tô feliz, matei o presidente! (bis)

E o velório vai ser chique, sem falta eu tô lá
Ouvi dizer que é o PC que vai pagar

Hoje eu tô feliz! (Minha gente!)
Hoje eu tô feliz, matei o presidente!

81. *Cara pintada* (1993).

Autor e intérprete: Leci Brandão • Gravadora: Globo/ Columbia • LP *Um ombro amigo* (1993)

Os protestos estudantis foram decisivos para o *impeachment* de Fernando Collor. As manifestações reuniram milhares de jovens que, por colorir os rostos com o verde-amarelo da bandeira nacional, foram apelidados de caras pintadas. Organizadas pela União Nacional dos Estudantes (UNE), à época liderada por Lindbergh Farias, que quase vinte anos mais tarde seria eleito senador pelo Rio de Janeiro, as manifestações começaram ainda no primeiro semestre. Inspirando-se nos personagens da minissérie *Anos Rebeldes*, da Rede Globo, que retratava o movimento estudantil de 1968, os manifestantes carregavam cartazes que diziam "Anos Rebeldes, Próximo Capítulo".

Em agosto, o movimento tomou conta das principais cidades do país. No dia 11, 10 mil jovens, principalmente secundaristas, se concentraram em frente ao Museu de Arte de São

Paulo (Masp) e saíram em passeata pela cidade gritando "Fora Collor". Nos dias seguintes, as manifestações se estenderam por todo o país.

Collor, cada vez mais acuado, resolveu partir para o confronto. No dia 14 de agosto, sexta-feira, apelou a seus seguidores para que no fim de semana saíssem às ruas com roupas verde-amarelas. Os caras pintadas retrucaram imediatamente, chamando a população a se vestir de negro, em sinal de luto contra a corrupção. O resultado da batalha visual no domingo foi demolidor: o negro tomou conta das grandes capitais, em manifestações gigantescas. A partir daí, a sorte de Collor estava selada.

Em *Cara pintada*, Leci Brandão homenageou os jovens que saíram às ruas: "O cara pintada é a cara mais limpa desse país". Leci, que mais tarde se elegeria deputada estadual em São Paulo pelo PCdoB, proclamou com entusiasmo: "Deixa eu pintar sua cara/ A passeata não para/ Você é uma joia rara/ Vamos cantar".

O cara pintada é a cara mais limpa desse país
A cara do jovem, que coisa mais linda nesse país
O cara de pau que nem é pau-brasil, não é a raiz
A cara do povo que quer ser lavada pra ser feliz (bis)

Eu quero ver cara a cara
Amarelou, não encara
Toma vergonha na cara
Vem batalhar

Deixa eu pintar sua cara
A passeata não para
Você é uma joia rara
Vamos cantar.

82. *Assombração de barraco (Presidente caô caô)*, (1992).

Autores: José Carlos e Élson Gente Boa • Intérprete: Bezerra da Silva • Gravadora: BMG/ Ariola • LP *Presidente caô caô* (1992)

LP Presidente caô caô, *Bezerra da Silva, 1992.*

As cores estiveram em alta no governo Collor. Já na campanha presidencial, ele havia prometido colorir o Brasil. Na batalha do *impeachment*, houve o embate entre o verde-amarelo e o preto, opondo partidários e adversários do presidente. Antes disso, o roxo já havia dado o ar de sua graça. Em 1990, num discurso no sertão do Cariri, Collor havia proclamado ao mundo: "Eu tenho aquilo roxo".

No Nordeste, quando alguém diz que tem o "saco roxo" está querendo avisar que é um cabra macho, sim senhor.

Em *Assombração de barraco (Presidente caô caô)*, Bezerra da Silva gozou a profusão de cores na cena política: "É colorido, amizade/ É roxo/ É verde e amarelo/ É preto/ É branco, cumpádi". Em seguida, desancou o governo e os amigos de Collor, como PC Farias: "O trabalhador adoece e morre na fila do hospital/ Enquanto uma pá de aspone [...] dorme e come mamando na teta/ E os PCs na mamata sempre fazendo mutreta". "Aspone" é uma forma sintética de "assessor de porra nenhuma".

O que estava assombrando o barraco, ou melhor, o palácio? A enorme quantidade de cheques fantasmas emitidos pelas empresas laranjas criadas pelo PC: "E uma pá de cheque fantasma assustando o planalto Central".

— É colorido, amizade.
— É roxo!
— É verde e amarelo.
— É preto!
— É branco, cumpádi!

Olha aí eu já ando injuriado, ô xará,
Meu salário defasado
Meu povo todo esfomeado
E ainda é intimado a votar (bis)

Vejo que essa previdência não tem competência pra ser social (bis)
O trabalhador adoece e morre na fila do hospital
Enquanto uma pá de aspone que dorme e come mamando na teta
E os PCs na mamata sempre fazendo mutreta
Roubando dinheiro do povo
E mandando pra Suíça na maior careta

Eu já ando injuriado, ô xará...

Isso é que é covardia que me arrepia e me faz chorar
É fraude por todos os lados e ninguém consegue grampear os culpados
É que na realidade a impunidade campeia demais
E uma pá de cheque fantasma assustando o planalto Central
Assombração de barraco é um ladrão de gravata e não é marginal

Eu já ando injuriado, ô xará...

83. *Patifarias* (1994).

Autores: Gaúcho da Fronteira e Vaine Darde • Intérprete: Gaúcho da Fronteira • Gravadora: Warner Music • LP *Tão pedindo um vanerão* (1994)

Poucas canções fizeram uma crônica tão aguda e bem-humorada dos anos Collor como *Patifarias*, a começar pelo trocadilho do título com a expressão "Pra ti, Farias" — alusão a PC Farias, tesoureiro da campanha presidencial e gerente do caixa dois do ocupante do Palácio do Planalto. "E a secretária, cheque, cheque, cheque, cheque, cheque/ Mais parecia outro filme de terror/ E os

LP Tão pedindo um vanerão, *Gaúcho da Fronteira, 1994.*

PC Farias.

fantasminhas assombrando todo mundo/ E a CPI dando fim nesse pavor".

Alguns esclarecimentos:

1. O jatinho particular de PC Farias se chamava Morcego Negro;

2. O "outro Pedro" que redescobriu o Brasil era Pedro Collor, irmão do presidente. Ele se somou às denúncias de corrupção;

3. As revelações do motorista Eriberto Reis, o "chofer que derrubou o caçador", foram decisivas para o *impeachment* de Collor. Permitiram a identificação das contas bancárias fantasmas, com movimentos de recursos de origem ilegal que serviram para o pagamento de despesas pessoais de Collor e sua família.

Quando Fernando foi lá pra Casa da Dinda
Fazer safári para caçar marajás
De jet ski, *motocão, coisa mais linda*
Morcego negro também pousava por lá

Era pacote, era calote, um tempo novo
Plano e mais plano pra poder se arrumar
Bateram então a carteirinha do meu povo
E o Fernadinho nos levou no blá-blá-blá

Patifarias, pra ti Farias
O Fernandinho nessa bronca quem diria
Patifarias, pra ti Farias
Tantos fantasmas o Brasil não merecia

Ali PC e os quarenta ladrões
Em uma noite num palácio de Brasília
Deram bandeira e chegou-se à conclusão
Que tudo isso era só patifarias
Dona Rosane foi lá pra LBA
Porque afinal ela era a patroa
Mas na horinha de comprar fralda e mamar
O dinheirinho se afundou nas Alagoas

Patifarias, pra ti Farias...

E a secretária, cheque, cheque, cheque,
cheque, cheque
Mais parecia outro filme de terror
E os fantasminhas assombrando todo mundo
E a CPI dando fim nesse pavor
Mas outro Pedro redescobriu o Brasil
E um chofer derrubou o caçador
Hoje na rua o meu povo anda a mil
Todo de luto, pois já chega de "colores"

Patifarias, pra ti Farias...

84. *Diário de um detento* (1998).

Autores: Mano Brown e Jocenir • Intérprete: Racionais MC's • Gravadora: Cosa Nostra • LP duplo/ CD *Sobrevivendo no inferno* (1998)

LP duplo/ CD Sobrevivendo no inferno, *Racionais MC's, 1998.*

Na manhã de 2 de outubro de 1992, três dias depois de a Câmara dos Deputados ter aprovado a abertura do processo de *impeachment*, quando em várias cidades os caras pintadas ainda comemoravam o afastamento de Collor da presidência da República, o Brasil foi sacudido por uma das piores chacinas de sua história: o Massacre do Carandiru. Tudo começou com uma discussão banal entre os presos "Barba" e "Coelho" no Pavilhão 9 da Casa de Detenção de São Paulo, destinado a réus primários, considerados de baixa periculosidade. A briga entre os dois presos acabou descambando para um motim generalizado.

Alertado, o coronel Ubiratan Guimarães, do Comando de Policiamento Metropolitano, se dirigiu para o local à frente de trezentos soldados da Polícia Militar. Com a chegada da polícia e da imprensa, os presos pediram a abertura de negociações, ao mesmo tempo em que ateavam fogo em colchões e exibiam nas janelas cartazes com reivindicações. Às 16h30, porém, o coronel Ubiratan, depois de receber a autorização do secretário de Segurança Pública de São Paulo, Pedro Franco de Campos, deu a ordem para a invasão do presídio.

Armados com metralhadoras, escopetas e revólveres, os soldados da PM não tiveram dificuldades em dominar a resistência dos detentos, que contavam apenas com pedras, facas e estiletes. Mas as tropas não se contentaram em sufocar a rebelião. Realizaram uma liquidação em massa dos presidiários amotinados. Em meia hora de ação, 111 detentos foram mortos. Não se registrou um óbito sequer entre os policiais. Laudos posteriores do Instituto de Criminalística atestaram que

Familiares das vítimas do Massacre do Carandiru.

70% dos presos mortos tinham sido baleados na cabeça e no tórax, reforçando a hipótese de extermínio.

Josemir Prado, o Jocenir, autor da letra do rap, não estava no Carandiru durante o massacre. Foi preso em 1994, dois anos depois da chacina, acusado de receptação de carga roubada. Como lia muito e escrevia bem, logo se tornou respeitado na prisão, redigindo poemas dos presidiários para suas namoradas e esposas.

Na prisão, Jocenir coletou relatos das testemunhas do Massacre do Carandiru e, com base neles, escreveu *Diário de um detento*, poema em que um presidiário narra a chacina. A narrativa começa no dia "1º de outubro de 1992, 8h da manhã" e termina no dia 3. O que acontece nesse intervalo de tempo é descrito de forma direta e brutal.

Ao fazer uma visita ao Carandiru, Mano Brown conheceu Jocenir. Ficou impressionado com o poema. Após alguns ajustes, ele virou a letra de um dos maiores sucessos do rap nacional.

Na primeira parte, descreve-se a rotina do presídio: a intensa vigilância, as relações com amigos, familiares e inimigos, a mediocridade do cotidiano e a lentidão do relógio, que "anda em câmera lenta". Mais adiante, começa a narrativa do massacre. "Dois ladrões considerados" discutem, instala-se um tumulto e os presos do Pavilhão 9 — "uma maioria de moleque primário" — dão a "brecha que o sistema queria". Com a chegada da PM, o confronto fica por um fio. Daí para a frente, tudo depende de um sim ou não do governador, "que prefere ficar neutro pelo telefone".

Na época, o governador Luiz Antônio Fleury eximiu-se de toda responsabilidade alegando que na hora da invasão estava almoçando em Sorocaba, só sendo informado da ação policial horas depois. A versão é criticada por Jocenir: "Fleury foi almoçar, que se foda a minha mãe". A letra termina criticando a tropa de choque, chamada de "Robocop do governo", e refletindo sobre o descrédito que a palavra de um preso tem no Brasil: "Quem vai acreditar no meu depoimento?".

Diário de um detento é um marco no hip hop nacional. Foi eleito pela revista *Rolling Stones* uma das cem músicas mais importantes da história brasileira. Nele, "a vida no presídio ganha rigor documental", avaliou a revista.

São Paulo, dia 1º de outubro de 1992,
8 horas da manhã.

Aqui estou, mais um dia
Sob o olhar sanguinário do vigia
Você não sabe como é caminhar
Com a cabeça na mira de uma HK
Metralhadora alemã ou de Israel
Estraçalha ladrão que nem papel
Na muralha em pé, mais um cidadão José
Servindo o Estado, um PM bom
Passa fome, metido a Charles Bronson
Ele sabe o que eu desejo sabe o que eu penso
O dia tá chuvoso. O clima tá tenso
Vários tentaram fugir, eu também quero
Mas de um a cem, a minha chance é zero
Será que Deus ouviu minha oração?
Será que o juiz aceitou a apelação?
Mando um recado lá pro meu irmão
Se tiver usando droga, tá ruim na minha mão.
Ele ainda tá com aquela mina
Pode crer, moleque, é gente fina
Tirei um dia a menos ou um dia a mais, sei lá
Tanto faz, os dias são iguais
Acendo um cigarro, e vejo o dia passar
Mato o tempo pra ele não me matar
Homem é homem, mulher é mulher
Estuprador é diferente, né?
Toma soco toda hora, ajoelha e beija os pés
E sangra até morrer na rua 10
Cada detento uma mãe, uma crença
Cada crime uma sentença
Cada sentença um motivo, uma história de lágrima
Sangue, vidas e glórias, abandono, miséria, ódio,
Sofrimento, desprezo, desilusão, ação do tempo
Misture bem essa química
Pronto: eis um novo detento
Lamentos no corredor, na cela, no pátio
Ao redor do campo, em todos os cantos
Mas eu conheço o sistema, meu irmão, hã
Aqui não tem santo
Ratatatá... preciso evitar
Que um safado faça minha mãe chorar
Minha palavra de honra me protege
Pra viver no país das calças bege
Tic, tac, ainda é 9h40
O relógio na cadeia anda em câmera lenta

Ratatatá, mais um metrô vai passar
Com gente de bem, apressada, católica
Lendo jornal, satisfeita, hipócrita
Com raiva por dentro, a caminho do Centro
Olhando pra cá, curiosos, é lógico
Não, não é não, não é o zoológico
Minha vida não tem tanto valor
Quanto seu celular, seu computador
Hoje, tá difícil, não saiu o sol
Hoje não tem visita, não tem futebol
Alguns companheiros têm a mente mais fraca
Não suporta o tédio, arruma quiaca
Graças a Deus e à Virgem Maria
Faltam só um ano, três meses e uns dias
Tem uma cela lá em cima fechada
Desde terça-feira ninguém abre pra nada
Só o cheiro de morte e Pinho Sol
Um preso se enforcou com o lençol
Qual que foi? Quem sabe? Não conta
Ia tirar mais uns seis de ponta a ponta
Nada deixa um homem mais doente
Que o abandono dos parentes
Aí moleque, me diz: então, cê qué o quê?
A vaga tá lá esperando você
Pega todos seus artigo importado
Seu currículo no crime e limpa o rabo
A vida bandida é sem futuro
Sua cara fica branca desse lado do muro
Já ouviu falar de Lúcifer?
Que veio do Inferno com moral
Um dia... no Carandiru, não... ele é só mais um
Comendo rango azedo com pneumonia
Aqui tem mano de Osasco, do Jardim d'Abril, Parelheiros,
Mogi, Jardim Brasil, Bela Vista, Jardim Ângela,
Heliópolis, Itapevi, Paraisópolis
Ladrão sangue bom tem moral na quebrada
Mas pro Estado é só um número, mais nada
Nove pavilhões, sete mil homens
Que custam trezentos reais por mês, cada
Na última visita, o neguinho veio aí
Trouxe umas frutas, Marlboro, Free
Ligou que um pilantra lá da área voltou
Com Kadett vermelho, placa de Salvador
Pagando de gatão, ele xinga, ele abusa
Com uma nove milímetros embaixo da blusa.
— Aí neguinho, vem cá, e os manos onde é que tá?
Lembra desse cururu que tentou me matar?
— Aquele puta ganso, pilantra corno manso
Ficava muito doido e deixava a mina só
A mina era virgem e ainda era menor
Agora faz chupeta em troca de pó!
— Esses papos me incomoda
Se eu tô na rua é foda...
— É, o mundo roda, ele pode vir pra cá
— Não, já, já, meu processo tá aí.
Eu quero mudar, eu quero sair
Se eu trombo esse fulano, não tem pá, não tem pum
E eu vou ter que assinar um 121.

Amanheceu com sol, dois de outubro
Tudo funcionando, limpeza, jumbo
De madrugada eu senti um calafrio
Não era do vento, não era do frio
Acerto de conta tem quase todo dia
Tem outra logo mais, hã, eu sabia
Lealdade é o que todo preso tenta

Conseguir a paz, de forma violenta
Se um salafrário sacanear alguém
Leva ponto na cara igual Frankenstein
Fumaça na janela, tem fogo na cela
Fodeu, foi além, se pã!, tem refém
Na maioria, se deixou envolver
Por uns cinco ou seis que não têm nada a perder
Dois ladrões considerados passaram a discutir
Mas não imaginavam o que estaria por vir
Traficantes, homicidas, estelionatários
Uma maioria de moleque primário
Era a brecha que o sistema queria
Avise o IML, chegou o grande dia
Depende do sim ou não de um só homem
Que prefere ser neutro pelo telefone
Ratatatá, caviar e champanhe
Fleury foi almoçar, que se foda a minha mãe
Cachorros assassinos, gás lacrimogêneo
Quem mata mais ladrão ganha medalha de prêmio
O ser humano é descartável no Brasil
Como Modess usado ou Bombril
Cadeia? Claro que o sistema não quis
Esconde o que a novela não diz
Ratatatá, sangue jorra como água
Do ouvido, da boca e nariz
O Senhor é meu pastor
Perdoe o que seu filho fez
Morreu de bruços no salmo 23
Sem padre, sem repórter
Sem arma, sem socorro
Vai pegar HIV na boca do cachorro
Cadáveres no poço, no pátio interno
Adolf Hitler sorri no inferno!
O Robocop do governo é frio, não sente pena
Só ódio e ri como a hiena
Ratatatá, Fleury e sua gangue
Vão nadar numa piscina de sangue
Mas quem vai acreditar no meu depoimento?

Dia 3 de outubro, diário de um detento.

85. *Eu quero Maluf, eu quero já* (1992).

Autor: PC Bernardes • Intérprete(s): desconhecido(s) • Gravadora: RB Produções (1992)

As eleições municipais de 1992 foram realizadas na esteira do *impeachment* de Collor. O PSDB foi o partido que venceu o maior número de disputas nas capitais, elegendo cinco prefeitos, seguido pelo PT (4), PMDB (4) e PDT (4). O PSB conquistou três capitais e o PDS e o PDC triunfaram em duas. O PFL e o PPS, com uma vitória cada, completaram a lista. Embora as esquerdas tenham triunfado em onze capitais, coube a Paulo Maluf, político conservador, a vitória mais expressiva. Ele derrotou com facilidade Eduardo Suplicy, que tentava suceder a petista Luiza Erundina à frente da prefeitura de São Paulo: 58% a 42% dos votos válidos no segundo turno.

Em seu *jingle* de campanha, Maluf bateu de frente com o PT, que estava no comando da prefeitura, e também com o PMDB: "Não quero Alô/ Nem Suplicy/ Já estou cansado/ Dessa turma que está aí". Alô, no caso, era Aloysio Nunes Ferreira, candidato do PMDB, que chegou em terceiro lugar no primeiro turno.

Paulo Maluf em campanha para a prefeitura de São Paulo.

Eu quero quem trabalha e saiba impor respeito
Eu quero porque eu quero, eu tenho esse direito
Eu quero honestidade de quem abre o jogo
De quem tem a coragem pra tentar de novo

Eu quero gente séria, eu quero alguém que faça
O orgulho por São Paulo renascer no peito
Alguém que tenha fibra, alguém que tenha raça
Eu quero mudar, quero Maluf prefeito

Eu quero, quero
Eu quero já
Eu quero Maluf
Eu quero é mudar

Não quero Alô
Nem Suplicy
Já estou cansado
Dessa turma que está aí.

86. *Só se for D* (1992).

Autor e intérprete: Vítima Fatal • Gravadora: Chic Show Fivestar • LP *Nem A nem B, só se for D* (1992)

No seu primeiro LP, o Vítima Fatal já chegou pegando pesado. Fazendo um jogo de letras e palavras, o grupo de rap chamou a atenção para a absoluta exclusão em que viviam os jovens da periferia, que não pertenciam às classes socioeconômicas com poder de consumo: "Nem A, nem B, nem C/ Só se for D". O cotidiano se resumia a "só se for D".

O grupo pedia a todos para não se conformar com a situação e a batalhar no movimento hip hop: "Nós somos dignos de uma vida decente/ Não somos lixo, nem bicho, somos sobreviventes/ Nós somos restos desse país decadente/ Onde a desigualdade habita como fato supernatural/ O preconceito de cor passou a ser um assunto banal".

QAP, Dimal, MC Sídio e CI integravam o Vítima Fatal.

— Pode crer. É isso aí, Vítima Fatal. Chega aí, QAP, chega aí.

— Pode crer. Diz aí.

— E aí, DC?

— E aí, Dimal? Como é que está, beleza mesmo? Chegou a hora, é ou não é?

— Pode crer, Vítima Fatal. Fundamental é fazer o poder saber que A é A e B é B.

— É isso aí, meu irmão, vai nessa!

Eu percebi que vocês estão interessados
Em decifrar e saber qual o certo e o errado
A realidade nas ruas ainda continua
A verdade ainda dói, aquela nua e crua
A página é a mesma, com o mesmo dilema
Desunião é constante, é o nosso ecossistema
Por isso os rappers, hip hop, nós
Vivemos batalhando com o mesmo ideal
Fundamental é fazer o poder saber o quê?
(Que A é A e B é B. É isso aí)
Em meio a críticas e autocríticas
O movimento não padece, cresce, sem cometer falhas
E mesmo assim, os arapongas aderem
Sorridentes, bronzeados, curtem a nossa praia
Eu, às vezes, paro e penso, medito, como pode ser?
Não querem que façamos parte da classe
(Pode crer)
Nem A, nem B, nem C, só se for D
Nem A, nem B, nem C, só se foder

Nós somos dignos de uma vida decente
Não somos lixo, nem bicho, somos sobreviventes
Nós somos restos desse país decadente
Onde a desigualdade habita como fato supernatural
O preconceito de cor passou a ser um assunto banal
Antissocial, palhaçada, hein, Dimal?
(Não esquenta, DC, melhorias virão, vai nessa, vai nessa)

Eu vejo pena, vejo dó em cima da carência
Vejo que sou alienado em sua consciência
Mas pra ciência de tudo e de todos
MC Sídio, Ci, QAP e Dimal
Estamos aqui de novo
Super a fim de saber o porquê
Não querem que façamos parte da classe (eu vou dizer)
Nem A, nem B, nem C, só se for D
Nem A, nem B, nem C, só se foder

Por isso os rappers, hip hop, nós
Vivemos batalhando com o mesmo ideal
Zona norte, zona sul, leste, oeste
Um por todos e todos por um (é por aí)
Em meio a críticas e autocríticas

O movimento não padece, cresce, sem
cometer falhas
E mesmo assim os arapongas aderem
Sorridentes, bronzeados, curtem a nossa
praia (pode crer)

Eu vejo pena, vejo dó em cima da carência...

Nem A, nem B, nem C, só se for D
Nem A, nem B, nem C, só se foder.

87. *Verde e amarelo* (1992).

Autor e intérprete: Vítima Fatal • Gravadora: Chic Show Fivestar • LP *Nem A nem B, só se for D* (1992)

Verde e amarelo recomendava a todos que não levassem a sério o que o governo dizia. Afinal, para "Sua Excelência" — provavelmente o presidente da República —, a miséria, o racismo e o preconceito social eram coisas do passado. Com imagens fortes, os rappers descrevem o dia a dia dos jovens nas favelas e nos bairros da periferia: "Está difícil de manter a nossa vela acesa/ Nós comemos pão com cabelo/ Tomamos copo de pus/ Apagamos a porta/ E fechamos a luz".

Como seria um verdadeiro país verde e amarelo? "Achamos que a realidade/ Pode ser diferente/ Com um país mais feliz/ Um povo mais sorridente/ Negros e brancos/ Dividindo o mesmo prato/ Negro se achando negro/ Não moreno ou mulato".

Eu não preciso de nada
Pois tenho de tudo
Divido o meu tudo com todos
Que é do meu próprio consumo
Não vejo motivo para ficar triste
Porque não existe miséria
Sua Excelência já disse
Que o preconceito racial, social
Virou fato banido
Os que pecaram no passado
Foram removidos
Reduzidos a nada
Tomados como exemplo
(Não acredite, fique atento)
É pois é assim que eles querem
Que encaramos uma não verdade
Ou melhor, uma falsa realidade
E na verdade a situação, irmão
Está feia, está preta, está negra
Está difícil de manter a nossa vela acesa (bis)

Nós comemos pão com cabelo
Tomamos copo de pus
Apagamos a porta
E fechamos a luz
Até quando eu vou ouvir
E dizer o que eu não quero
Nesse azul e branco
No verde e amarelo

Tá tudo lindo
Tudo belo
Tudo azul e branco
No verde e amarelo (bis)

A miséria se propaga
E a maioria da cidadania
Só se fode

Vendo o rico ficando mais rico
O pobre ficando mais pobre
A burguesia desfruta
E nós ficamos com as sobras
Só um milagre salvará os habitantes
Desse ninho de cobras
Até quando eu vou dizer
E sentir o que eu não quero
Nesse azul e branco
No verde e amarelo
Vejo os irmãos, à toda tona
Mandando um recado
Pedindo e implorando
Para que os fatos sejam apurados
Pois o povo está totalmente
Massificado

Tá tudo lindo,
Tudo belo
Tudo azul e branco
No verde e amarelo (bis)

Não nos tenha como pessimistas
Ou anarquistas
Somos vítimas fatais
Com isso temos nosso ponto de vista
Achamos que a realidade
Pode ser diferente
Com um país mais feliz
Um povo mais sorridente
Negros e brancos
Dividindo o mesmo prato
Negro se achando negro
Não moreno ou mulato
Uma vida mais digna,
Justa e correta
Uma galera conscientemente
Mais esperta
Capazes de mudar todo esse panorama
Pois infelizmente esse é nosso
Diagrama
Nunca sabemos de nada
Nem nunca temos certeza
Se abaixou a miséria
Ou se aumentou a pobreza
Tudo gira ao nosso redor
É como uma privada
A merda está fedendo
Mas ninguém quer dar descarga
Até quando eu vou dizer
E sentir o que eu não quero
Nesse azul e branco
No verde e amarelo

Tá tudo lindo
Tudo belo
Tudo azul e branco
No verde e amarelo. (bis)

88. *Somos nós* (1992).

Autor e intérprete: Edson Gomes • Gravadora: EMI-Odeon • LP *Campo de batalha* (1992)

Em *Somos nós*, Edson Gomes, talvez o maior nome do reggae da Bahia, denunciou o tratamento desumano dado aos pobres, aos marginalizados, aos favelados e aos negros. O curto refrão não podia ser mais forte: "O inferno é aqui".

Jah, contração de Javé ou Jeová, é como os rastafáris chamam Deus.

Sim, somos nós que estamos nas calçadas
Sim, somos nós que estamos nas prisões
Nos alagados (aaaaah)

Sim, somos nós, os marginais
Sim, somos nós, brutalizados
Os favelados dos porões do inferno
O inferno é aqui (bis)

Sim, somos nós, os sem-direitos
Sim, somos nós, os imperfeitos,
Somos os negros

Sim, somos nós, filhos de Jah
Sim, somos nós, os perseguidos
Os habitantes dos porões do inferno
O inferno é aqui. (bis)

89. *Bica na boca* (1993).

Autores: Edvaldo Santana e Glauco Mattoso • Intérprete: Edvaldo Santana • Gravadora: Camerati • LP *Lobo solitário* (1993)

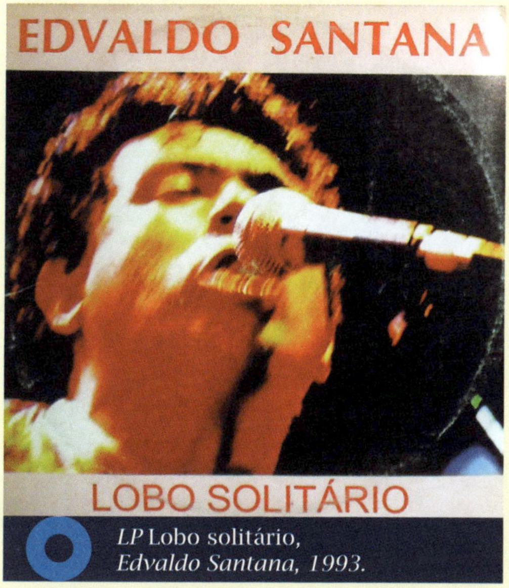

LP Lobo solitário, *Edvaldo Santana, 1993.*

Com bom humor, Edvaldo Santana imagina situações em que quem "nasceu pra ser pisado, abandonado, carente, infrator" tem a chance da desforra. Numa delas, o doutor que deixou o pobre "nesse estado" tropeça e cai no chão. "Já pensou? Ô ô ô ô/ Sabor de gol/ Um chute só e você barbariza a dentadura/ Que dá vontade, dá".

Apesar do tom de brincadeira, a proclamação em alto e bom som do desejo de dar uma bica na boca dos poderosos era um sintoma do crescimento da bronca social no país.

E aí, meu? E você que já nasceu pra ser pisado
Abandonado, carente, infrator
Calcula só: se o cara que te deixa nesse estado
Aquele mesmo chamado de doutor
Tropeça e vem pro chão com todo o peso, estatelado
Que nem bola no pé do jogador
Já pensou? Ô ô ô ô!
Sabor de gol!
Um chute só e você barbariza a dentadura
Que dá vontade, dá
Nem cana dura te segura, tá lá

Aí, meu! E você que trampa duro e tá mal pago
Contribuinte, freguês e eleitor
Calcula só: se o cara que te deixa nesse estrago
O tal de chefe, cacique, diretor

Cai do cavalo, escancara a perna e mostra o bago
Na posição de quem já tá sentindo dor
Já pensou? Ô ô ô ô!
Sabor de gol!
Só um pisão e você estrela o ovo na fritura
Que dá vontade, dá
Nem desemprego te segura, tá lá

Aí, meu, e você que se diz bom "rocabileiro"
Que é bom de Tutti Frutti, Peggy Sue e High School
Calcula só: se um progressivo, um funk, um metaleiro
Ou desses monstros do brega, reggae ou soul
Der zebra e pendurar na beira do despenhadeiro
Em frente ao seu pisante de camurça azul
Já pensou? Ô ô ô ô!
Sabor de gol!
Só um pontapezinho, o cara desce das alturas
Que dá vontade, dá
Nem a galera te segura, tá lá.

90. *Se não fosse a ajuda da rapaziada* (1992).

Autores: Rabanada e Bolão "Sax Tenor" • Intérprete: Bezerra da Silva • Gravadora: BMG/ Ariola • LP *Presidente caô caô* (1992)

Inflação desenfreada, economia em recessão, escândalos de corrupção, insensibilidade social — tudo isso contribuiu para que no início dos anos 1990 se generalizasse em boa parte da população, especialmente entre os pobres, o sentimento de que a sociedade e o Estado estavam falidos. "É aí que eu lhe pergunto o que seria de mim/ Se não fosse a ajuda da rapaziada", cantou Bezerra da Silva. A rapaziada, no caso, era a turma do narcotráfico, que aos poucos havia assumido o controle de muitos morros do Rio de Janeiro, deixados ao deus-dará pelo sumiço do Estado.

O sambista argumentou que "a rapaziada" estava presente no dia a dia da favela, ajudava a comprar material escolar para as crianças e socorria os mais necessitados. Já os políticos só subiam os morros na época de eleição. Depois de eleitos, só cuidavam de empregar parentes e davam as costas para o "faminto operário do salário mínimo".

Se não fosse a ajuda da rapaziada foi uma das primeiras canções, em meio à crise econômica e à falência do Estado, a se referir com simpatia à ação social do crime organizado nas favelas e bairros populares. Nos anos seguintes, o tema se tornaria cada vez mais presente na nossa música popular.

Olha, mas dizem que o homem só vale o que tem
Doutor, vou lhe provar que eu não valho nada
Sou um faminto operário do salario mínimo
Tenho mulher e filho e moro em casa alugada
É aí que eu lhe pergunto o que seria de mim
Se não fosse a ajuda da rapaziada

Aí eu lhe pergunto o que seria de nós
Se não fosse a ajuda da rapaziada

Lá na minha bocada ninguém paga pedágio
A malandragem é quem paga pra gente
passar
Nossos filhos vão pra escola com todo material
Que o sangue bom compra e dá pra criançada
É aí que eu lhe pergunto o que seria de mim
Se não fosse a ajuda da rapaziada

Aí eu lhe pergunto o que seria de nós...

É, o candidato caô só visita o morro
Quando é tempo de eleição
Chega dando beijos e abraços
Tapinha nas costas e aperto de mão
Depois que se elege emprega seus parentes
E pelo pobre favelado ele não faz nada
É aí que eu lhe pergunto o que seria de mim
Se não fosse a ajuda da rapaziada

Aí eu lhe pergunto o que seria de nós...

CD Delírio carioca, *Guinga, 1993.*

a impunidade. Nelson (ou Nerso) da Capitinga, mencionado na canção, foi um personagem do programa humorístico "Escolinha do Professor Raimundo", comandado por Chico Anysio. Fazia as vezes de um matuto mineiro aparentemente ingênuo, mas muito esperto.

91. *Par ou ímpar* (1993).

Autores: Guinga e Aldir Blanc • Intérprete: Guinga • Gravadora: Velas • CD *Delírio carioca* (1993)

Numa pelada em Xerém, na Baixada Fluminense, alguém que havia sido torturado na ditadura encontrou por acaso quem o torturou. Jogando futebol, o bate-pau parecia gente fina: "Ele só chama adversário/ De meu anjo e neném". Mas fora das quatro linhas, o carrasco continuava o mesmo de sempre: "Conta que é torturador/ Não é nada pessoal/ Se convocado outra vez/ Volta e mete o pau, uai". Não se achava um criminoso, mas simplesmente um homem poderoso. É no que dá

Contar pra vocês
Do torturador
Que tem soco inglês
Mudar não mudou
Lá em Xerém,
Vilmar, o paramilitar, bate bem
Numa pelada fuderosa
Onde não tem pra ninguém
Ele só chama adversário
De meu anjo e neném
Mas quando baixa o santo ruim
É pé na cara
E, olha bem,
Lambe o bigode assim PC

Dá de madeira em você
Por tudo o que cê disse
E que não disse
No fim, pede uma pizza de aliche
Diz que tá lendo Frederico Nietzsche
(bis)

Conta que é torturador
Não é nada pessoal
Se convocado outra vez
Volta e me mete o pau, uai!
Aí, eu jogo pinga na língua
Que imita a ginga
Do Nelson da Capitinga
Que xinga
Mas a catinga
Diz que eu me sujei.

92. *Ah! Se o seu fusca votasse* (1993).

Autor e intérprete: Juca Chaves • Gravadora: Sdruws Records • CD triplo *O melhor de Juca Chaves, o menestrel do Brasil* (1995)

Juca Chaves traçou o perfil do novo presidente, Itamar Franco, que assumiu o lugar de Fernando Collor depois do *impeachment*. Apesar das gozações, o "Menestrel Maldito" não escondia certa simpatia por Itamar. Homem simples e comum, que usava terno de tergal e cujo sonho de consumo era um Volkswagen, o novo presidente tinha um perfil bem diferente do *Super Collor* (ver neste capítulo). Solteiro, Itamar tinha suas namoradas, mas procurava ser discreto nessa área — pelo menos até o carnaval de 1994 (ver também *O topete e a raspadinha*, neste capítulo, e *Pastelzinho de pelo*, no anexo "Outras canções" deste capítulo).

Na canção, Juquinha ironiza a longuíssima greve de 64 dias da Polícia Federal, que só terminou com a invasão do prédio da PF por tropas do Exército. Menciona a atriz Norma Bengell, que durante audiência pública deu um rápido beijo na boca do presidente. O refrão final reproduz uma piada do humorista Chico Anysio na televisão.

O título da canção tem a ver com a campanha de Itamar para que a Volkswagen voltasse a fabricar no Brasil o fusca, o modelo mais tradicional da empresa. O apelo do presidente foi atendido.

Anos antes, no final da década de 1960, havia feito sucesso nas telas de cinema a comédia americana *Se meu fusca falasse.*

Já foi um vice, agora presidente é
Muda ministro como a taxa da inflação
Bate com força a porta do seu Chevrolet
É um Mauricinho enfrentando um Maurição

Itamar Franco.

Um Volkswagen é o seu sonho de regresso
E o seu sucesso, o seu terninho de tergal
Só falta ordem na bandeira do progresso
E a greve é breve na Polícia Federal
(Que por sinal ganha bem mal)

Mora sozinho, assim não se compromete
Com a namorada não namora, apenas fica
Amor caipira que a imprensa reivindica
Mostra por que ainda está em pé o seu topete

É mineirice, seu desejo não tem pejo
Faz novo plano para manter a velha forma
Recebe um beijo enquanto come um pão de queijo
É coisa pouca, mas a boca era da Norma
(Como disse o Pavarotti: "No Planalto, nessun dorma")

Ah! Presidente Itamar
Como disse o Chico Anysio no ar
O povo só tem três problemas
Café, almoço e jantar.

93. *Itamar e Itapior* (sem data).

Autores e intérpretes: Paulo Caruso e Chico Caruso • Gravadora: Dabliú Discos • CD *Pra seu governo* (1998)

Os irmãos Paulo e Chico Caruso, renomados cartunistas, volta e meia faziam incursões na área musical, compondo canções que gozavam os costumes da política nacional e seus personagens mais famosos. Também se apresentavam ocasionalmente em shows, acompanhados pelo Conjunto Nacional, formado por vários amigos, entre os quais o escritor Luis Fernando Verissimo e o chargista Aroeira. Em 1998, os Carusos lançaram o CD *Pra seu governo*, reunindo canções recentes e antigas. Uma delas, *Itamar e Itapior*, tinha como mote o temperamento mercurial do presidente, que costumava mudar de humor com grande rapidez.

Eu sou Itamar
Eu, Itapior
Tudo o que eu faço
Eu desfaço na maior
Tudo o que eu penso
Eu dispenso logo
Tudo o que eu bolo
Eu embolo e deixo tenso

Sempre que eu paro
Eu disparo os preços
Tudo o que eu digo
Eu desdigo do começo
Cada vez que eu ando
Eu desando tudo
Toda vez que eu minto
Eu desminto e arremedo
Se eu fico mudo
Eu falo pra burro
Se eu finjo de morto
Eu me agito, eu grito, eu urro
Quando eu fico quieto
Penso agora a coisa vai
Aí que abro a boca
O dólar sobe e a bolsa cai

Eu sou Itamar...

Paulo e Chico Caruso.

DROGAS:
FORA DAQUI.

94. *O topete e a raspadinha* (1994).

Autores: Aldir Blanc e Maurício Tapajós • Intérpretes: Bloco do Saci • Gravadora: Saci • LP duplo *Aldir Blanc e Maurício Tapajós* (1994)

No carnaval de 1994, o último do seu curto mandato, Itamar Franco pagou um dos maiores micos da história da Marquês de Sapucaí. A modelo Lilian Ramos, que desfilara pouco antes pela Unidos do Viradouro, passou no camarote do presidente para cumprimentá-lo. Muito à vontade, vestindo apenas uma camiseta larga, sem nada por baixo — nem uma calcinha —, a modelo sambou de mãos dadas com Itamar. E fez a alegria dos fotógrafos. Da avenida, alguns metros abaixo do casal, eles tinham um ângulo privilegiado para registrar o encontro da raspadinha de Lilian com o topete de Itamar. No dia seguinte, a foto estava em todos os jornais. Em alguns, censurada por uma tarja preta; em outros, sem qualquer tapa-sexo.

Itamar Franco e Lilian Ramos na Marquês de Sapucaí durante o carnaval de 1994.

O país inteiro riu com a história, que deu samba com Maurício Tapajós e Aldir Blanc (ver também *Pastelzinho de pelo*, no anexo "Outras canções" deste capítulo).

No carnaval que passou
Botando o juiz de fora
Itamar sassaricou
Do General ao mexerico da Candinha
O assunto era
O topete e a raspadinha

Eu quis ver de camarote
O creme rinse na palha de aço,
Mas a raspadinha armou um trote
E Itamar descabelou o palhaço
Lula lá, Lula lá,
Lá, lá, lá, lá, lá, lá, lá

O topete e a raspadinha
O careca e a barbudinha
O topete e a raspadinha
Camiseta e camisinha
O topete e a raspadinha
O ceroulo e a sem calcinha
O topete e a raspadinha
O bacante e a bacurinha
O topete e a raspadinha
O caipira e a carapinha
O topete e a raspadinha
O pincel e a escovinha

O topete e a raspadinha
O avião e o fusquinha
O topete e a raspadinha
O condor e a passarinha
O topete e a raspadinha
O ancinho e a rocinha
O topete e a raspadinha...

95. *Plebiscito* (1993).

Autor e intérprete: Juca Chaves • Gravadora: Sdruws Records • CD triplo *O melhor de Juca Chaves, o menestrel do Brasil* (1995)

A Constituição de 1988 havia previsto a realização de um plebiscito em 1993 para que o povo escolhesse a forma e o sistema de governo do país. No primeiro caso, deveria decidir entre a República e a Monarquia; no segundo, entre o presidencialismo e o parlamentarismo. Assim, em 21 de abril de 1993, depois de várias semanas de um debate morno e sem grande empolgação, os eleitores foram às urnas. A república obteve 86,6% dos votos válidos, contra 13,4% da monarquia. Já o presidencialismo recebeu 69,2% dos votos válidos, contra 30,8% do parlamentarismo.

É bom lembrar que, em 1963, outro plebiscito já havia dado ao presidencialismo larga vitória sobre o parlamentarismo. Naquela época, a diferença havia sido mais ampla ainda: 82% a 18% (ver *Marcha do plebiscito*, *É pra lamentar* e *Diga não*, no Capítulo VI do Volume I, e vários *jingles* da campanha do plebiscito, no anexo "Outras canções" do Volume I).

Juca Chaves, que jamais teve simpatias pelo parlamentarismo (ver *Legalidade*, no Capítulo VI do Volume I), fulminou novamente o sistema de gabinete: "Mas no parlamentarismo/ O seu voto é indiferente/ Para escolher um presidente/ Você elege um deputado/ Um patriota esforçado/ Um filho não sei de quê".

Plebiscito, este é o modismo
Para se saber afinal
Qual é o regime ideal
O que é presidencialismo
A televisão conspira
A cultura duvidosa
O retrato é de mentira
Você põe e você tira
Apenas você não goza

Mas no parlamentarismo
O seu voto é indiferente
Para escolher um presidente
Você elege um deputado
Um patriota esforçado
Um filho não sei de quê
Democrata que se opõe
Ele tira e ele põe
Ele goza por você

Monarquia, monarquia
Pelo muito que estudei
Nunca soube que algum dia
Alguém votasse no rei
E se eleito é o rei quem ri
Nada será diferente
Enquanto a rainha sorrir
O rei tira só pra si
E ainda goza na gente.

Grupo teatral As Marias das Graças *e a banda* Inimigo do Rei *fazem performance contra o plebiscito.*

NÃO AO PLEBISCITO

96. *Candelária* (sem data).

Autores: Protásio Prates e Tuca • Intérprete: Protásio Prates • Gravadora: Discograf • CD *Arte em movimento – vários intérpretes* (2002)

Na madrugada de 23 de julho de 1993, em frente à Igreja da Candelária, no centro do Rio de Janeiro, vários homens armados saltaram de dois carros com as placas encobertas e dispararam indiscriminadamente contra cerca de cinquenta meninos e meninas de rua que dormiam na praça, enrolados em cobertores sobre camas improvisadas de papelão. Em pânico, a maioria das crianças e adolescentes conseguiu fugir. Mas seis menores e dois jovens morreram no local. Muitos sobreviventes foram feridos à bala.

O episódio, que ficou conhecido como "Chacina da Candelária", chocou o país e teve grande repercussão internacional. Retratava a barbárie que ameaçava tomar conta do Brasil, que, incapaz de resolver os problemas sociais com políticas de apoio e inclusão, assistiria nos anos seguintes a vários massacres cometidos contra a população mais pobre (ver *Candelária*, do Olodum, no Capítulo X).

As investigações conseguiram identificar os integrantes do grupo que fuzilou os meninos de rua — na maioria, policiais militares. Nunca se soube ao certo os motivos da carnificina. Há versões de que os PMs buscaram vingança porque na véspera uma viatura policial tinha sido apedrejada pelos menores nas redondezas. Outra hipótese é de que os assassinos tenham sido contratados por comerciantes da região para fazer uma limpeza na área.

Três soldados da PM foram condenados pelos assassinatos a penas de prisão que variaram de 72 a trezentos anos.

A canção *Candelária*, de Protásio Prates e Tuca, composta pouco depois da chacina, faz parte do CD *Arte em movimento*, lançado pelo MST em 2002.

Quando a bala bate o sino
Bate mais do que o metal
Quanta dor nesse menino
Que confiou na catedral
Recostou-se pra fugir
Da solidão do seu destino
Quem diria que seria
Teu sono eterno, menino

Candelária, Candelária
Por quem dobram teus badalos
Seria pelos que clamam
Ou talvez pelos que calam
Na miséria desse povo
Quem decide é o fuzil
Que vergonha, Candelária
És a estampa do Brasil
Que vergonha, Candelária
És a estampa do Brasil

Quando o chumbo pesa muito
Na consciência de quem tem
Vão ao mundo esses clamores
Que nos chegam do além
Dá-me gana devolver

Sobreviventes acompanham o enterro de uma das vítimas da Chacina da Candelária.

O mesmo chumbo também
Pois justiça só existe
Quando o caso lhe convém

Quem deixou a meninada
Pelas ruas solta ao léu
Trancou Cristo entre paredes
E fechou a porta do céu
O que eu faço, o que tu fazes
Com essa bestialidade
Se o modelo que corrompe
Vem da própria autoridade

Candelária, Candelária...

97. *Bandido com razão* (1994).

Autor: Zezé di Camargo • Intérpretes: Zezé di Camargo e Luciano • Gravadora: Sony Music • LP/ CD *Zezé di Camargo & Luciano* (1994)

LP/ CD Zezé di Camargo & Luciano, *1994.*

Chocado com a Chacina da Candelária, Zezé di Camargo compôs a belíssima canção *Bandido com razão*, onde denuncia o abandono a que estavam relegadas muitas crianças brasileiras, condenadas pela miséria e pela falta de oportunidades a perambular pelas ruas das principais cidades do país. O cantor sertanejo presta solidariedade ao menino de rua: "Ele não tem culpa, ele não deve nada/ Ele é uma planta, tão frágil, malcuidada/ Sua cabeça está a prêmio/ Anjo do mal, anjo pequeno/ Bandido com razão". E arremata: "Ele não tem culpa, ele só quer a vida/ Ele é a vergonha da pátria esquecida".

Ele não tem culpa, ele não deve nada
Ele é uma planta, tão frágil, malcuidada
Sua cabeça está a prêmio
Anjo do mal, anjo pequeno
Bandido com razão

Ele não tem culpa, ele só quer a vida
Ele é a vergonha da pátria esquecida
Tem que roubar, tem que ser homem
Sobreviver, matar a fome
Salvar seu coração

Menino de rua, eu te conheço
Dignidade não tem preço
Menino de rua quer ser gente
Menino pobre, tão carente
Pede uma chance pra viver

Menino de rua, eu te conheço
Dignidade não tem preço
Menino, manchete de jornal
Neste país de carnaval
Não tem comida pra você

Menino de rua, eu te conheço
Dignidade não tem preço
Menino de rua quer ser gente
Menino pobre, tão carente
Pede uma chance pra viver

Menino de rua, eu te conheço
Dignidade não tem preço
Menino, manchete de jornal
Neste país de carnaval
Falta comida pra você.

98. ***Luiz Inácio (300 picaretas)*, (1995).**

Autor: Herbert Vianna • Intérpretes: Os Paralamas do Sucesso com participação de Jairo Cliff • Gravadora: EMI-Odeon • CD duplo *Vamos batê lata* (1995)

CD duplo Vamo batê lata, *Os Paralamas do Sucesso, 1995.*

O Brasil ainda não estava refeito do trauma do *impeachment* do presidente Fernando Collor, quando novo escândalo abalou a República. Em outubro de 1993, o chefe da assessoria legislativa da Comissão de Orçamento do Congresso, José Carlos Alves dos Santos foi preso pelo assassinato da mulher. Ao ser interrogado, confessou não só o crime mas também sua participação num esquema milionário de desvio de recursos públicos. Segundo ele, dezenas de parlamentares estavam envolvidos na maracutaia. Como a maioria deles tinha baixa estatura, a Comissão Parlamentar de Inquérito que investigou as denúncias ficou conhecida como "CPI dos Anões do Orçamento".

Os recursos eram desviados mediante dois mecanismos fraudulentos. O primeiro destinava verbas a entidades filantrópicas controladas por laranjas ou protegidos dos parlamentares. O segundo reservava vultosos recursos para obras sob a responsabilidade de grandes empreiteiras, em troca de polpudas comissões.

Os trabalhos da CPI duraram três meses. Embora as denúncias envolvessem elevado número de deputados e senadores, apenas dezoito parlamentares foram acusados formalmente. Seis deles foram cassados, entre os quais o presidente da Câmara, Ibsen Pinheiro, o líder do PMDB, Genebaldo Corrêa, e o deputado baiano João Alves de Almeida, chefe do esquema. Oito parlamentares foram absolvidos e quatro renunciaram para fugir da cassação e da inelegibilidade dela decorrente.

Mais tarde, o deputado Ibsen Pinheiro seria inocentado das acusações na Justiça. Voltaria à vida pública pelo voto, elegendo-se vereador por Porto Alegre e depois deputado federal.

Os Paralamas do Sucesso.

O deputado João Alves depõe na CPI do Orçamento.

Durante os trabalhos da CPI, ficou famosa uma frase do presidente do PT, Luiz Inácio Lula da Silva: “Há no congresso uma minoria que se preocupa e trabalha pelo país, mas há uma maioria de uns trezentos picaretas que defendem apenas seus próprios interesses”. A declaração deu o mote para *Luiz Inácio (300 picaretas)*, da banda Os Paralamas do Sucesso.

Em 1995, por pressão da Câmara dos Deputados, a canção seria proibida num show da banda em Brasília, sob a alegação de que insultava os congressistas. Em protesto, o vocalista Herbert Vianna cantou *Proteção*, da Plebe Rude (ver Capítulo VIII, do Volume II), cujo refrão dizia: “Sou minoria, mas pelo menos falo o que quero apesar da repressão”.

Luiz Inácio (300 picaretas) fez um sucesso espetacular. De quebra, a canção, quase um rap, denuncia o fato de que muitos parlamentares detinham concessões de rádio e televisão, o que é proibido pela Constituição. Até hoje, por meio de vários artifícios, esse desrespeito à Constituição continua.

Luiz Inácio falou, Luiz Inácio avisou
São trezentos picaretas com anel de doutor
Luiz Inácio falou, Luiz Inácio avisou (bis)
Eles ficaram ofendidos com a afirmação
Que reflete na verdade o sentimento da nação
É lobby, *é conchavo, é propina e jeton*
Variações do mesmo tema sem sair do tom
Brasília é uma ilha, falo porque eu sei
Uma cidade que fabrica sua própria lei

Onde se vive mais ou menos como na
Disneylândia
Se essa palhaçada fosse na Cinelândia
Ia juntar muita gente pra pegar na saída
Pra fazer justiça uma vez na vida
Eu me vali deste discurso panfletário
Mas a minha burrice faz aniversário
Ao permitir que num país como o Brasil
Ainda se obrigue a votar por qualquer trocado
Por um par de sapatos, por um saco de
farinha
A nossa imensa massa de iletrados
Parabéns, coronéis, vocês venceram outra vez
O congresso continua a serviço de vocês
Papai, quando eu crescer, eu quero ser anão
Pra roubar, renunciar, voltar na próxima
eleição
Se eu fosse dizer nomes, a canção era pequena
João Alves, Genebaldo, Humberto Lucena
De exemplo em exemplo aprendemos a lição
Ladrão que ajuda ladrão ainda recebe
concessão
De rádio FM e de televisão.

99. *Mova-se (Prisão sem muro)*, (1993).

Autor e intérprete: DMN • Gravadora: Continental/ Warner • LP *Cada vez + preto* (1993)

Em *Mova-se*, os rappers do grupo DMN, de São Paulo, dão conselhos aos mais jovens. Quem quiser garantir seus direitos tem de lutar e se fazer respeitar, em vez de confiar na boa vontade do governo. Os versos advertem que é preciso agir mesmo quando as portas estão fechadas. Pois, por pior que seja a situação, sempre existe uma saída. Para en-

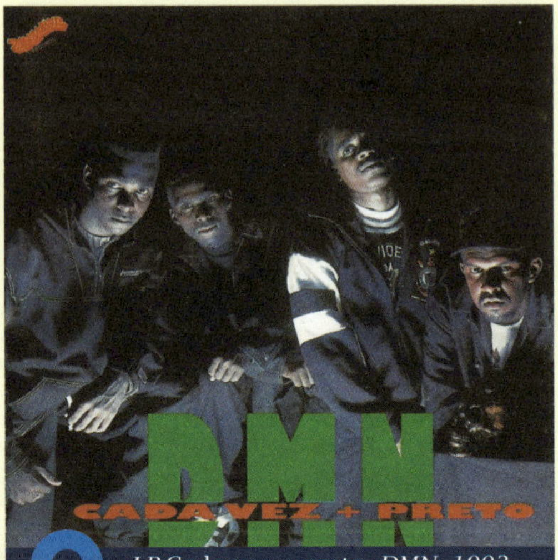

LP Cada vez + preto, *DMN, 1993.*

contrá-la basta "mover-se" — o raciocínio é a mais importante de todas as armas. Não existe muro de cadeia que segure o pensamento.

Não é brincadeira não
Estou falando sério
Que o circulo vicioso destrói nossa mente
E custa muito retornar ao raciocínio
Escute o que eu digo
A moeda da sorte subiu e não desceu
A esperança que tinha diminuiu, não cresceu
O apogeu do nada
Metralhadora sem bala
Um boneco que fala após ter dado corda
Não, não renasce mais a esperança
São muitas portas fechadas
Somente uma aberta
Muito discreta dizendo quem vai, quem fica
Eu não estou na lista
Acredite nisso, é uma prisão sem muro
Aonde o pão ainda é duro e nada é seguro

Se apoiar em quem, se estamos sozinhos
Eu não guardo segredo
Eu vou mais além
Mova-se
Tem que ser agora
Encare o que é certo de frente
E não se curve
Ou você anda mesmo doente
Conformado com nada que tem
Você tem capacidade de ir à frente
Do que imagina
Eu abandono a rima
Mas não deixe a sua inteligência embolorando
Pensamento no espaço flutuando
O necessário sempre pra depois
Então se liga, Zé
Levante e lave o rosto
Ou irá lamber o osso pro resto da vida
Se não plantar agora o que irá colher no futuro
Isso é prisão sem muro
Ei, mova-se
Ainda é tempo de correr atrás
Mas seja breve porque o tempo
O tempo não para
E a verdade te abraça enquanto vive na prisão
Mova-se, mova-se
Tem que ser agora (mova-se)
Ainda escuto aquela velha música
Que muitos vivem tentando não perder o pique
É sempre a mesma história
Página virada sem glória
Agora mora no total desterro
Usa o medo como ritual diário
Assinando sempre contrato pra ser otário
Assim é ruim pra mim e pra você
Que sempre corre do certo
Passa por perto e não vê
A sua lógica não tem sentido
Do óbvio que vive eu procuro o motivo
E só vou parar quando a minha mente falhar
E nunca mais funcionar
Eu não serei o mesmo, louco talvez
Um tempo a mais será o nosso fim
Não me escute parado
Então, mova-se
Como se dança um funk
Um soul, um rap
Um suingue, um jazz, um samba etc.
Faça um movimento esperto e com atitude
Tire mais do que dez para que as coisas mudem
Ou que tal viver como um animal
Se tem um raciocínio que bate legal
Olho por olho, dente por dente
Tente sempre a forma ideal
Para garantir respeito
Sinta o BPM, até a mente treme
Porque me olha parado
Mova-se
Tem que ser agora
Mova-se.

100. *Assassinato sem morte* (1993).

Autor e intérprete: GOG • Gravadora: Só Balanço • LP *Vamos apagá-los... com nosso raciocínio* (1993)

Contra a violência de um "sistema psicopata, que queima, que aniquila,

LP Vamos apagá-los... com nosso raciocínio, *GOG, 1993.*

que mata", o rapper GOG pregava a reação pacífica, a rejeição da política tradicional e a união do povo da periferia. Para ele, essa resposta deixaria desnorteado o sistema, que só conseguia ver os pobres como "símios, sub-raça, subalternos, eternos otários", incapazes de defender seus interesses: "Se liga, o clima agora é de tensão/ Vamos engavetar o mandachuva, o pistolão/ Traíras estão na mira/ E nossa ira não é só pressão/ Só que por sorte desses capachos/ Será assassinato sem morte/ Vamos apagá-los com nosso/ Raciocínio".

Trocando ideias
Já perdemos altas horas de sono
Tentando encontrar
Uma saída pacífica
Pra uma das maiores injustiças
O abandono
Vai e me diz como se pode exigir
Algo desses peregrinos
Verdadeiros inquilinos
Das ruas que pagam
Um preço muito alto
Por esse aluguel
Se conheceram ali
Confusos esses marujos
Se descobrem em
Um barco furado
Cansados de sofrer
Sem saber o porquê
Se perguntam
Me diz, me diz
O que foi que eu fiz?
Por que estou aqui?
Eu sei sou prisioneiro
Mas que crime
Que eu cometi?
Querem me eliminar
Por todos os lados
Vejo estampada
A indiferença, a compaixão
Por que será?

Essas perguntas
Seguem sem respostas
Descobrem com o tempo
Que as mesmas punhaladas
Que hoje recebem
Também foram dadas
Sem piedade em seus pais
É demais
Carregando a cruz
Sempre pesada

E mesmo sem cometer falhas
São considerados suspeitos
Suspeitos que nada
Culpados da pobreza
Da indigência
São carmas com os quais
O sistema psicopata
Que queima, que aniquila
Que mata
Não sabe conviver
Não nos peça calma
Ironia você jogou todos
Nessa sua mente fraca
Diabólica
Só não contava com
A nossa revolta
Nossa volta por cima
Não nos peça perdão
Não vamos ter
Pegou pesado meu caro
Pegou pesado (bis)

Se liga, o clima agora é tensão
Vamos engavetar o mandachuva, o pistolão
Traíras estão na mira
E nossa ira não é só pressão
Só que por sorte desses capachos
Será assassinato sem morte
Vamos apagá-los com nosso
Raciocínio
Quem diria
Tamanho atrevimento de
Uma raça que eles sempre
Consideraram de símios
Sub-raça
Subalternos eternos otários
Pode crer sempre foi
Um escracho a maneira
Pela qual nossos valores
Foram roubados, deturpados
Os livros raramente contam
Os verdadeiros fatos
A história é mapeada
E maldosamente criada para
Nos incriminar, denegrir
Nossa imagem
É assim que trabalha
O capitalismo selvagem
Direitos elementares, alimentares
Pasmem
Na cara dura negados
O pão de cada dia na sarjeta
Uma gorjeta dada
Com a pior das intenções
Não para matar a fome
Mas sim na dose exata
Para nos manter
Esfomeados
Dependentes dos barões
Dos poderosos chefões
Pelegos
Vamos devolver-lhes
O presente de grego
Se liga agora velho
Sai de baixo
Você não se tocou
Se ferrou
Seu campo tá todo minado
Francamente
Não somos fracos

Seu erro foi desprezar
O adversário
Somos francos-atiradores
Perturbando suas últimas horas
O ataque maciço prossegue
Uma página na história se escreve
Sobre o mau político
Por que você não some daqui?
Acho bom você abrir
Ninguém mais quer te ouvir
Vá, antes que alguém te apague
Evite seu próprio massacre
Você nunca foi a cura
Pelo contrário
Eterna doença
A causa de toda essa encrenca
Vá, nos deixe em paz
Falo em nome dos pobres, mendigos
Prostitutas do cais do porto
Onde prolifera o aborto
Não, meu Brasil não está morto
Se manda com a grana roubada
Eu falo de alma lavada
Você não é você
Você é simplesmente isso
É sujo, é podre, é lixo
E suas perguntas seguem sem resposta
É demais, é demais
Subalternos eternos otários
É demais, é demais
O pão de cada dia na sarjeta
Uma gorjeta com a pior das intenções
É demais, é demais
Se você ouviu, gostou, botou fé (bis)
Estamos juntos para o que der e vier.

101. *Haiti* (1993).

Autores e intérpretes: Caetano Veloso e Gilberto Gil • Gravadora: Polygram • LP *Tropicália 2 - Caetano Veloso e Gilberto Gil* (1993)

LP Tropicália 2, *Caetano Veloso e Gilberto Gil, 1993.*

Haiti foi o carro-chefe do álbum *Tropicália 2*, gravado por Gilberto Gil e Caetano Veloso em 1993. Colcha de retalhos que unia momentos do passado e *flashes* do presente, *Haiti* tinha a cara de um país marcado pela discriminação racial e pela exclusão social.

Nos primeiros versos, Caetano convidava o ouvinte a subir ao adro da Fundação Casa de Jorge Amado, com vista para o Pelourinho, no centro histórico de Salvador. Era aí que, na época da escravidão, os negros eram punidos com chibatadas — à vista de todos, para que seus sofrimentos servissem de exemplo.

Em 1992, o Pelourinho passava por um processo de revitalização, conduzido pelo governo do Estado, o que deu pretexto a algumas tentativas de limpeza social e racial da área.

Caetano Veloso e Gilberto Gil.

Caetano descreveu então como "a fila de soldados", formada principalmente por negros, batia nos ladrões e malandros negros, mulatos e "quase brancos", da mesma forma como, no passado, os feitores — também quase todos negros — agrediam os escravos.

Mas não foram apenas os soldados da PM da Bahia que em 1992 receberam carta branca para descer o sarrafo nos pretos, nos quase pretos e nos "quase brancos quase pretos de tão pobres". Em São Paulo, no mês de outubro, 111 presos — negros, mulatos e brancos pobres — foram mortos pela PM no chamado Massacre do Carandiru (ver *Diário de um detento*, neste capítulo).

O rap de Caetano e Gil denunciou o "silêncio sorridente de São Paulo diante da chacina". E lançou o refrão ambivalente: "O Haiti é aqui/ O Haiti não é aqui". Ou seja, o Haiti, país negro, pobre e discriminado não existia apenas no Caribe, mas também no Brasil.

Existia e não existia. Pois, no Haiti, os negros se levantaram contra seus senhores e aboliram a escravidão em 1794. As notícias sobre o levante, que correram as Américas e o mundo, estimularam os escravos em outros países a sonhar com a liberdade, semeando o pânico nas sociedades escravocratas.

Em 1798, inspirada pela revolta no Haiti, eclodiu em Salvador a Conjuração Baiana, também chamada de Revolução dos Alfaiates. Sua primeira exigência era o fim da escravidão. O movimento foi brutalmente reprimido pela Coroa Portuguesa, que mandou executar quatro dos seus líderes. Suas cabeças, separadas dos corpos, foram exibidas como troféus nas principais ruas de Salvador. Outros treze integrantes do movimento cumpririam penas de degredo. Antes do desterro, cada um recebeu quinhentas chibatadas. A pena foi aplicada no Largo do Pelourinho, exatamente no local onde o rap tem início.

No Pelourinho também fica a sede do grupo Olodum, onde "E hoje um batuque, um batuque/ Com a pureza de meninos uniformizados de escola secundária/ Em dia de parada/ E a grandeza épica de um povo em formação/ Nos atrai, nos deslumbra e estimula". Em 1990, o cantor americano Paul Simon gravou com o Olodum.

Haiti termina com a batida inconfundível dos tambores do grupo.

Só pra mostrar aos outros quase pretos
(E são quase todos pretos)
E aos quase brancos pobres como pretos
Como é que pretos, pobres e mulatos
E quase brancos quase pretos de tão pobres são tratados
E não importa se olhos do mundo inteiro
Possam estar por um momento voltados para o largo
Onde os escravos eram castigados
E hoje um batuque, um batuque
Com a pureza de meninos uniformizados de escola secundária
Em dia de parada
E a grandeza épica de um povo em formação
Nos atrai, nos deslumbra e estimula
Não importa nada:
Nem o traço do sobrado,
Nem a lente do Fantástico,
Nem o disco de Paul Simon
Ninguém, ninguém é cidadão
Se você for à festa do pelô, e se você não for
Pense no Haiti, reze pelo Haiti
O Haiti é aqui
O Haiti não é aqui

Quando você for convidado pra subir no adro
Da Fundação Casa de Jorge Amado
Pra ver do alto a fila de soldados, quase todos pretos
Dando porrada na nuca de malandros pretos
De ladrões mulatos e outros quase brancos
Tratados como pretos

E na TV se você vir um deputado em pânico
Mal dissimulado
Diante de qualquer, mas qualquer mesmo, qualquer, qualquer
Plano de educação que pareça fácil
Que pareça fácil e rápido
E vá representar uma ameaça de democratização

Do ensino de primeiro grau
E se esse mesmo deputado defender a adoção
da pena capital
E o venerável cardeal disser que vê tanto
espírito no feto
E nenhum no marginal
E se, ao furar o sinal, o velho sinal vermelho
habitual
Notar um homem mijando na esquina da
rua sobre um saco
Brilhante de lixo do Leblon
E quando ouvir o silêncio sorridente de São
Paulo
Diante da chacina
111 presos indefesos, mas presos são quase
todos pretos
Ou quase pretos, ou quase brancos quase
pretos de tão pobres
E pobres são como podres e todos sabem
como se tratam os pretos
E quando você for dar uma volta no Caribe
E quando for trepar sem camisinha
E apresentar sua participação inteligente no
bloqueio a Cuba
Pense no Haiti, reze pelo Haiti
O Haiti é aqui
O Haiti não é aqui.

LP Nordestino lutador,
Flávio José, 1994.

102. *O meu país* (1994).

Autores: Orlando Tejo, Livardo Alves e Gilvan Chaves • Intérprete: Flávio José • Gravadora: LBC Gravações • LP *Nordestino lutador* (1994)

No final de 1994, a autoestima do brasileiro estava no fundo do poço. Onde estava o "país do futuro" cantado em prosa e verso por tantos pensadores e escritores? Por que o país não podia dar perspectivas para os jovens e condenava muitos deles à marginalidade e à delinquência? Por que não podia oferecer apoio e vida decente para os idosos? Por que não conseguia gerar empregos para milhões de trabalhadores desocupados? Por que não lograva reduzir a brutal e crescente desigualdade social? Por que tanta injustiça e tamanha desesperança?

O meu país, canção composta por Orlando Tejo, Livardo Alves e Gilvan Chaves, interpretada por Flávio José, reuniu muitas perguntas sem resposta. Com força e poesia, sintetizou a bronca social e a revolta política que cresciam em todo o Brasil. E concluiu peremptoriamente: "Mas não é com certeza o meu país".

Não podíamos continuar a ser "Um país que crianças elimina/ Que não ouve o clamor dos esquecidos/ Onde nunca os humildes são ouvidos/ E uma elite sem Deus é quem domina".

Tô vendo tudo, tô vendo tudo
Mas, bico calado, faz de conta que sou mudo

Um país que crianças elimina
Que não ouve o clamor dos esquecidos
Onde nunca os humildes são ouvidos
E uma elite sem Deus é quem domina
Que permite um estupro em cada esquina
E a certeza da dúvida infeliz
Onde quem tem razão baixa a cerviz
E massacram-se o negro e a mulher
Pode ser o país de quem quiser
Mas não é com certeza o meu país

Tô vendo tudo, tô vendo tudo...

Um país onde as leis são descartáveis
Por ausência de códigos corretos
Com quarenta milhões de analfabetos
E maior multidão de miseráveis
Um país onde os homens confiáveis
Não têm voz, não têm vez, nem diretriz
Mas corruptos têm voz e vez e bis
E o respaldo de estímulo incomum
Pode ser o país de qualquer um
Mas não é com certeza o meu país

Tô vendo tudo, tô vendo tudo...

Um país que perdeu a identidade
Sepultou o idioma português
E aprendeu a falar pornofonês
Aderindo à total vulgaridade
Um país que não tem capacidade
De saber o que pensa e o que diz
Que não pode esconder a cicatriz
De um povo de bem que vive mal
Pode ser o país do carnaval
Mas não é com certeza o meu país

Tô vendo tudo, tô vendo tudo...

Um país que seus índios discrimina
E as ciências e as artes não respeita
Um país que ainda morre de maleita
Por atraso geral da medicina
Um país onde escola não ensina
E hospital não dispõe de raio X
Onde a gente dos morros é feliz
Se tem água de chuva e luz do sol
Pode ser o país do futebol
Mas não é com certeza o meu país

Tô vendo tudo, tô vendo tudo...

Um país que dizima sua flora
Ensejando o avanço do deserto
Pois não salva o riacho descoberto
Que no leito precário se estertora
Um país que cantou e hoje chora
Pelo bico do último contriz
Que florestas destrói pela raiz
E a grileiros de fora entrega o chão
Pode ser que ainda seja uma nação
Mas não é com certeza o meu país.

103. *Meu Deus, que país é este?* (1992--1993).

Autor: Téo Azevedo • Intérpretes: Galdino de Atalaia e Roque José • Gravadora: MD Music • CD *Os grandes repentistas do Nordeste - Galdino de Atalaia & Roque José - volume 2* (2002)

Indignado, o violeiro Téo Azevedo lista as mazelas que infelicitavam o país: miséria, injustiça social, preconceitos, politicagem, corrupção, impunidade, excesso de impostos, aumento da criminalidade, abandono das crianças, desprezo pelo meio ambiente, entrega de riquezas aos estrangeiros etc. Diante desse quadro, pergunta: "Que país é esse que o nome é Brasil". E responde: "O nosso Brasil é bom, a política é imoral/ Está faltando gente honesta e justiça social".

Que país é esse que o nome é Brasil
A política está mandando para a ponte que caiu
Que país é esse que o nome é Brasil
A política está mandando para a ponte que caiu
O nosso Brasil é bom, a política é imoral
Está faltando gente honesta e justiça social
Meu Deus, que país é esse
Ainda tenho esperança
E o que está acontecendo?
A podridão só avança
Preconceito, é drogas, é o tráfico de criança
Meu Deus, que país é esse que o imposto é um estorvo
Nunca vi se cobrar tanto e sugar o nosso povo
Que vive mais apertado do que um pinto no ovo
Mas o que está acontecendo que a coisa serpenteia
O ladrão pé de chinelo está preso na cadeia

Blitz *no Morro do Borel, Rio de Janeiro.*

O ladrão de colarinho está solto metendo a peia
O sistema carcerário, do jeito que ele ficou
Só se vê fuga e morte, não deu certo, fracassou
O preso sai da cadeia bem pior do que entrou
O bandido anda solto, livre como um cidadão
Em segurança total em casa ou na condução
O povo apavorado vivendo em uma prisão
O crime controla tudo, o cartel, barbaridade
Fazendo guerra na rua, mostrando capacidade
Que tem mais poder de fogo que qualquer autoridade
O ladrão de colarinho, que é mestre vigarista
Zombando das nossas leis, dando uma de artista
E aparece na TV debochando na entrevista
A criança abandonada, sem o lar e sem escola
Seu destino é os cruzamentos ou então pedir esmola
Ou virar um assaltante, matador que cheira cola
Extermínio de menores que vivem num mundo cão
Fruto da sociedade sem rumo e sem direção
É morto do mesmo jeito, igual a um boi no mourão
Em matéria de saúde o Brasil é um demente
A assistência está falida, não protege a nossa gente
O enfermo piora, o nosso Brasil doente
Para marcar uma consulta, o negócio é muito sério
Fica na fila de espera, que parece um mistério
Se o cliente estiver ruim, a consulta é o cemitério
A nossa nação indígena, um triste perfil retrato
O homem, com sua ganância, o nosso índio maltrata
Leva doença a esse povo, depois ainda lhe mata
Nosso povo da floresta, castanheiro e seringueiro
Dia a dia se acabando na arma de um pistoleiro
As riquezas naturais nos domínios de estrangeiros
O povo sem o que comer e a verdade nua e crua
Está surgindo nova raça, gente que mora na rua
Um povo sub-humano, o seu mundo é o da lua
Tem gente que come lixo pela falta de feijão
Quando tem sobra de feira é a única salvação
Ou tomar sopa de água cozida com papelão
Tem cara de espertalhão, com cara de fariseu
Afana nosso país, pegando o que não é seu
Dizendo "ganhei no jogo, foi sorte que Deus me deu"
Virou um baião de dois, não escapa nem doutor
No rolo tem presidente, senador, vereador
Prefeito e deputado, tem até governador
É um tal de inventa lei, vai e volta, volta e vem

Gasto de avião, hotel e o povo no xerém
Não sei para que tantas leis se não cumpriram as que tem
É fila para qualquer coisa, até água para beber
Tem fila para comprar pão, tem fila para nascer
Tem fila nos hospitais e tem fila para morrer
Só a tal politicagem ganha bem nessa nação
O pobre trabalhador não ganha nem pra seu pão
No emprego da miséria, no salário da ilusão
O futuro do Brasil para sair da podridão
Tem que ser sem a política — estraga nossa nação
A raça do nosso povo com coragem e união
O Brasil tira o chapéu a essa gente, o lobo
Vamos limpar o país e tirar fora o estorvo
Que o futuro desta terra depende do nosso povo
Que país é esse que o nome é Brasil
A política está mandando para a ponte que caiu
O nosso Brasil é bom, a política é imoral
Está faltando gente honesta e justiça social.

104. *Luta de classes* (1994).

Autores: Samuel Rosa e Chico Amaral • Intérprete: Cidade Negra • Gravadora: Epic/ Sony Music • LP *Sobre todas as forças* (1994)

Na década de 1990, as denúncias de discriminação racial invadiram os mais diversos gêneros da nossa música, indo do axé ao rap, passando pelo samba e pelo rock, mas sempre mantendo forte presença no reggae. Depois de

LP Sobre todas as forças, *Cidade Negra, 1994.*

fincar pé na Bahia na década anterior, o reggae de origem jamaicana popularizou-se largamente em todo o país, principalmente nas periferias das grandes cidades. A banda Cidade Negra formou-se em Belford Roxo, na Baixada Fluminense.

Em *Luta de classes*, ela interpretou uma composição dos mineiros Samuel Rosa e Chico Amaral, do Skank, que denunciava a opressão e a discriminação que pesavam sobre os negros, tanto no presente como no passado: "Daí toda essa história/ Daí a historia surgiu/ Escravo da Babilônia/ Trabalhador do Brasil". Babilônia é a designação genérica dada pelos rastafáris às sociedades que escravizam ou oprimem os negros.

A canção lembrou as promessas de liberdade e igualdade feitas pela revolução burguesa e pelo socialismo, que não se realizaram. Foram apenas "cometas cintilantes que se foram pela noite".

Tudo o que eu posso ver
(Essa neblina...)
Cobrindo o entardecer
Em cada esquina

Tudo o que eu posso ver
(Essa fumaça...)
Cobrindo o entardecer
Em cada vidraça

Mas eu quero te contar os fatos
Eu posso mostrar fatos pra você
É só ter um pouco mais de tato
Que fica claro pra você

Desde a Antiguidade
As coisas estão assim, assim
Os homens não são iguais, não são
Não são iguais, enfim

Daí toda essa história
Daí a história surgiu
Escravos da Babilônia
Trabalhador do Brasil

Tudo o que eu posso ver...

Mas veio o ideário
Da tal revolução burguesa
E veio o ideário, veio o sonho socialista
Veio a promessa
De igualdade e liberdade
Cometas cintilantes que se foram pela noite
Existirão enquanto houver um maior

Daí é que vem a história...

Do antigo Egito à Grécia e Roma
Da Europa feudal

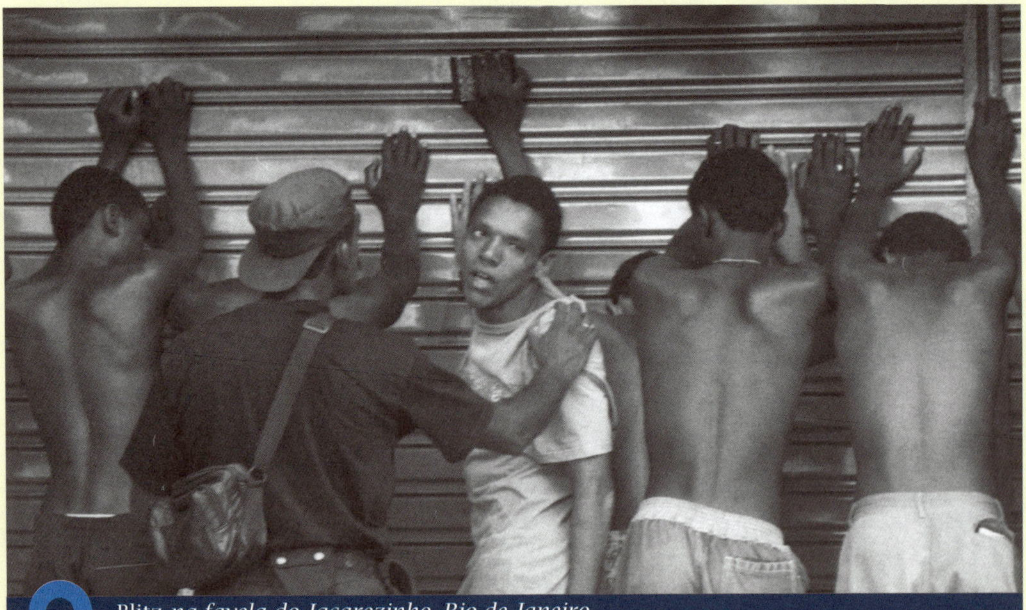

Blitz *na favela do Jacarezinho, Rio de Janeiro.*

Do mundo colonial
No mundo industrial
Na Rússia stalinista e Wall Street
Em Cuba comunista
E no Brasil?
E no Brasil, hein?

Daí é que vem a história
Daí o homem servil
Escravo para servo
Trabalhador do Brasil

Daí é que vem a história...

Baixada!!
(Essa neblina...)
Chega junto, baixada!!
(Essa fumaça...).

105. *A cidade* (1994).

Autor: Chico Science • Intérprete: Chico Science & Nação Zumbi • Gravadora: Chaos/ Sony Music • LP/ CD *Da lama ao caos* (1994)

Chico Science definiu o movimento musical *Manguebeat* como "uma antena parabólica fincada no mangue". Antena, porque sua produção estava conectada com o mundo e aberta para as influências externas, em especial para o poderoso som das guitarras, dos baixos e das baterias. Mangue, porque estava empapada da singularidade, da dor e da bronca que vinham das comunidades pobres. Chico "Ciência" — como certa vez o chamou o grande Ariano Suassuna — era um alquimista musical. Misturou o funk, o rap e o rock, capturados durante sua adolescência, com a embolada, o maracatu e a ciranda, vindos da rica tradição musical de Pernambuco.

LP/ CD Da lama ao caos, *Chico Science & Nação Zumbi, 1994.*

Em *A cidade*, Chico Science adverte que o Recife podia ser uma maravilha para a elite, mas era um ambiente hostil para a maioria da população pobre: "A cidade não para/ A cidade só cresce/ O de cima sobe/ E o de baixo desce". Para enfrentar a fedentina de todos os dias, a solução estava na resistência cultural: "Eu vou fazer uma embolada/ Um samba, um maracatu/ Tudo bem envenenado/ Bom pra mim e bom pra tu/ Pra gente sair da lama/ E enfrentar os urubus".

O sol nasce e ilumina
As pedras evoluídas
Que cresceram com a força
De pedreiros suicidas
Cavaleiros circulam
Vigiando as pessoas

Não importa se são ruins
Nem importa se são boas

E a cidade se apresenta
Centro das ambições
Para mendigos ou ricos
E outras armações
Coletivos, automóveis,
Motos e metrôs
Trabalhadores, patrões
Policiais, camelôs

A cidade não para
A cidade só cresce
O de cima sobe
E o de baixo desce (bis)

A cidade se encontra
Prostituída
Por aqueles que a usaram
Em busca de uma saída
Ilusora de pessoas
De outros lugares
A cidade e sua fama
Vai além dos mares

No meio da esperteza internacional
A cidade até que não está tão mal
E a situação sempre mais ou menos
Sempre uns com mais e outros com menos

A cidade não para
A cidade só cresce
O de cima sobe
E o de baixo desce (bis)

Eu vou fazer uma embolada
Um samba, um maracatu
Tudo bem envenenado
Bom pra mim e bom pra tu
Pra gente sair da lama
E enfrentar os urubus (bis)

Num dia de sol
Recife acordou
Com a mesma fedentina
Do dia anterior.

106. *Monólogo ao pé do ouvido/ Banditismo por uma questão de classe* (1994).

Autor: Chico Science • Intérprete: Chico Science & Nação Zumbi • Gravadora: Chaos/ Sony Music • LP/ CD *Da lama ao caos* (1994)

A primeira faixa do LP *Da lama ao caos* traz numa só gravação *Monólogo ao pé do ouvido* e *Banditismo por uma questão de classe*, um dos maiores sucessos de Chico Science & Nação Zumbi. No CD, as duas peças aparecem em faixas distintas.

Juntas, elas ganham mais força. No monólogo, Chico Science proclama que o "homem coletivo tem necessidade de lutar" contra o mal. Recorda importantes figuras e movimentos que se levantaram com armas na mão contra a opressão: Emiliano Zapata, líder da revolução mexicana, Augusto César Sandino, revolucionário nicaraguense, Zumbi, rei do Quilombo dos Palmares, Antônio Conselheiro, chefe de Canudos, e os Panteras Negras, organização negra americana. Como Lampião, todos eles apenas responderam com violência à violência que

Manifestação de estudantes no Dia da Consciência Negra.

enfrentaram desde o nascimento. Bandidos por maldade? Não, bandidos por necessidade.

O mesmo se passava com muitos jovens nas favelas, empurrados para a delinquência pela miséria, pela falta de oportunidades e pelo assédio da polícia: "Em cada morro uma história diferente/ E a polícia mata gente inocente/ E quem era inocente hoje já virou bandido/ Pra poder comer um pedaço de pão todo fodido". No fundo, os jovens eram movidos pelo mesmo lema de Lampião: "Coragem, dinheiro e bala". A pobreza e a exclusão social eram a pólvora que municiava as reações armadas, fossem elas movidas por aspirações revolucionárias ou motivações pessoais.

Chico Science menciona dois famosos criminosos do Recife dos anos 1970: Galeguinho do Coque e Biu do Olho Verde. O primeiro ficou famoso por seu sucesso entre as mulheres. O segundo, por torturar suas vítimas antes de estuprá-las: "Fazia sexo com seu alicate".

Modernizar o passado é uma evolução
musical
Cadê as notas que estavam aqui
Não preciso delas
Basta deixar tudo soando bem aos ouvidos
O medo dá origem ao mal
O homem coletivo sente a necessidade de
lutar
O orgulho, a arrogância, a glória
Enche a imaginação de domínio
São demônios os que destroem o poder bravio
da humanidade

Viva Zapata! Viva Sandino! Viva Zumbi!
Antônio Conselheiro!
Todos os Panteras Negras
Lampião, sua imagem e semelhança
Eu tenho certeza, eles também cantaram um dia

Há um tempo atrás se falava em bandidos
Há um tempo atrás se falava em solução
Há um tempo atrás se falava em progresso
Há um tempo atrás que eu via televisão

Galeguinho do Coque não tinha medo, não tinha
Não tinha medo da perna cabeluda
Biu do Olho Verde fazia sexo, fazia
Fazia sexo com seu alicate (bis)
Oi, sobe morro, ladeira, córrego, beco, favela
A polícia atrás deles e eles no rabo dela
Acontece hoje e acontecia no sertão
Quando um bando de macaco perseguia Lampião
E o que ele falava outros hoje ainda falam

"Eu carrego comigo: coragem, dinheiro e bala"
Em cada morro uma história diferente
E a polícia mata gente inocente
E quem era inocente hoje já virou bandido
Pra poder comer um pedaço de pão todo fodido

Galeguinho do Coque não tinha medo, não tinha...

Banditismo por pura maldade
Banditismo por necessidade
Banditismo por pura maldade
Banditismo por necessidade
Banditismo por uma questão de classe!
Banditismo por uma questão de classe!
Banditismo por uma questão de classe!
Banditismo por uma questão de classe!

107. *Todo camburão tem um pouco de navio negreiro* (1994).

Autores: Marcelo Yuka e O Rappa • Intérprete: O Rappa • Gravadora: Warner Music • CD *O Rappa* (1994)

CD O Rappa, *1994.*

O Rappa se formou quase por acaso. Convidado para acompanhar Papa Winnie, cantor jamaicano de reggae, Marcelo Yuka, que integrava então a banda KMD5 da Baixada Fluminense, reuniu-se com Nelson Meirelles, baixista e produtor do Cidade Negra, Marcelo Lobato e Xandão. Deu uma química tão boa entre eles que decidiram contratar um vocalista — o escolhido foi Marcelo Falcão — e montar um grupo.

Logo O Rappa conquistou espaço com canções que expressavam indignação com a violência, o crime e a injustiça nas favelas brasileiras. Para Marcelo Yuka, no entanto, a questão social não se confundia com a discriminação racial, que também precisava ser exposta e denunciada. O mito de que o Brasil é uma terra miscigenada, onde negros e brancos recebem tratamento igual, é só um mito: "É mole de ver/ Que em qualquer dura/ O tempo passa mais lento pro negão". Ninguém mais do que a polícia encarna o racismo difuso e permanente contra negros e mulatos, como tinha ficado evidente no Massacre do Carandiru e na Chacina da Candelária (ver *Diário de um detento, Haiti, Candelária* e *Bandido com razão*, neste capítulo).

Todo camburão tem um pouco de navio negreiro faz um paralelo entre a ação da polícia nos dias atuais e a violência do tempo da escravidão. Se um dia o feitor usou a chibata para reprimir os escravos, a polícia "Agora usa farda engatilha a macaca/ Escolhe sempre o primeiro negro/ Pra passar na revista". O resultado é o mesmo: humilhação, intimidação e opressão.

O Rappa também compara o silêncio da imprensa internacional em relação à epidemia da aids na África com o destaque dados aos casos da doença entre artistas e celebridades de Hollywood.

Tudo começou
Quando a gente conversava
Naquela esquina ali
De frente àquela praça
Veio os homens
E nos pararam
Documento por favor
Então a gente apresentou
Mas eles não paravam
Qual é negão? Qual é negão?
O que que tá pegando?

É mole de ver
Que em qualquer dura
O tempo passa mais lento pro negão
Quem segurava com força a chibata
Agora usa farda, engatilha a macaca
Escolhe sempre o primeiro negro
Pra passar na revista
Pra passar na revista

Todo camburão tem um pouco de navio
negreiro (África) (bis)

É mole de ver
Que para o negro
Mesmo a aids possui hierarquia
Na África a doença corre solta
E a imprensa mundial
Dispensa poucas linhas
Comparado, comparado
Ao que faz com qualquer
Figurinha do cinema
Comparado, comparado
Ao que faz com qualquer
Figurinha do cinema
Ou das colunas sociais
Todo camburão tem um pouco de navio
negreiro (África). (bis)

108. ***Tá na hora*** **(1994).**

Autores: W-Gee, Aplick e DJ Adriano • Intérprete: Consciência Humana • Gravadora: MA Records • LP *Enchergue seus próprios erros* (1994)

LP Enchergue seus próprios erros*, Consciência Humana, 1994.*

Tá na hora foi talvez o maior sucesso do primeiro LP do grupo Consciência Humana, da zona leste de São Paulo. O rap denunciou a ação dos grupos de extermínio, que matavam jovens nos bairros pobres da cidade: "Se correr o bicho pega, se ficar extermínio some/ Porque primeiro matam pra depois saber seu nome". O rap deu nome aos bois, apontando Pé de Pato, cabo Bruno e Conte Lopes como cabeças dos esquadrões da morte.

O policial militar Sílvio Pereira Coelho, mais conhecido como "Pé de Pato", acusado de integrar grupos de extermínio, foi condenado a catorze anos de prisão em 2012 pelo assassinato de um vendedor ambulante. Os integrantes dos esquadrões da morte em São Paulo costumavam usar chaveiros em formato de pé de pato como identificação. Daí o apelido.

O cabo Bruno, também da PM de São Paulo, foi acusado de cinquenta assassinatos nos anos 1980. Julgado e condenado a 113 anos de cadeia, admitiu ser o responsável pela morte de vinte pessoas. "Os outros botaram na minha conta", explicou. Libertado em agosto de 2012 após cumprir um sexto da pena, foi executado um mês mais tarde com dezoito tiros.

Apontado no premiado livro *Rota 66 — a história da polícia que mata*, do jornalista Caco Barcellos, como um dos maiores matadores da PM de São Paulo na década de 1980, o capitão Conte Lopes elegeu-se várias vezes vereador e deputado estadual com grandes votações, integrando a chamada "bancada da bala".

Tá na hora, tá na hora de parar para pensar
Somos Consciência Humana, porra
E não brincamos de cara e coroa
Por quê?
Somos da periferia da zona leste de São Paulo
E estamos acostumados a conviver com má notícia
Assassinatos causados por gangues de polícia
Na Avenida São Miguel três corpos foram encontrados, fuzilados
RDS, MOL e CGP
Que aparentavam menores de 18 anos, todos de cor parda
E foi mais um fato que com certeza
Por muitos foi esquecido, talvez menos por nós
Por termos sido criados no meio da maldade

Onde matar em honra de sua personalidade
E eu vou,
Vou citar alguns nomes pra vocês acreditarem
Pé de Pato, cabo Bruno, Conte Lopes passaram por lá
"Cheios de razões e calibres em punho"
Somente pra matar, somente pra matar

Apavoraram as ruas noturnas de São Mateus
Pequeno e pobre, humilde, mas um bairro meu
E lá não há conforto, sim
Existe fome, miséria, morte, muquifo
Somente sufoco e tristeza espalhados
Por todos os lados, por todos os lados
E as crianças não são mais crianças, são drogados
Não brincam mais de pega-pega
Correndo dia e noite pelos becos da favela, sim
Se misturaram com alguns tipos esquisitos
Que não são nada bons, só trazem maus incentivos
Usando eles como office-boys da malandragem
Por um papel eles fazem diversas viagens

Ensinados a viver de um modo totalmente errado
Não são mais obedientes, e sim malcriados
Não sonham mais com o futuro
Não andam no claro, flutuam no escuro
Brincam de tiro ao alvo com uma latinha no morro
E de repente o alarme: "Tem rato cinza na área"
A brincadeira já era
Todos apavorados saem no pinote
Escaparam mais uma vez, eles deram a sorte
Mas mesmo assim não escaparam do perigo
Tem rato pra todo lado pra cruzar nossos caminhos
Em cada canto da cidade tem uma favela
Assim dizia o ditado, mas
Em São Mateus tem favela espalhada pra todos os lados
Se correr o bicho pega, se ficar extermínio some
Porque primeiro matam pra depois saber seu nome
Sendo assim, paz nunca mais

Com a paz sempre sonhei, paz, paz nunca mais
Com a paz sempre sonhei, paz, paz nunca mais

Estamos sujeitos a tudo no mundo escuro
Afastados de todos, de tudo, e próximos da polícia
Nos tornando as vítimas de justiceiros
Na madrugada pra morrer basta apenas ser preto ou pobre suspeito
Tiram os nossos direitos de viver em paz, paz
Paz nunca mais
Olha a porra da polícia agindo novamente
Em cima de inocentes
Sempre arrumam pretexto para um tiroteio
Onde mataram um sujeito que não devia nada
Ou talvez quase nada

Tá certo que eu sabia que ele não era santo
Também sabia que não estava envolvido
Naquele que insultou
Dia 26 de março de 94 foi assassinado
Com dois tecos no peito, um na cabeça
Lá se foi o Renato
Cocorã outro assassinato, nada justificado
Ficou só nos comentários, mais um arquivo fechado.

109. *Papo furado* (1993).

Autores: Reni Veneno e Marquinhos • Intérprete: Olodum • Gravadora: Warner Music • LP/ CD *O Movimento* (1993)

LP/ CD O Movimento, *Olodum, 1993.*

A trajetória do bloco afro Olodum, abreviação de Olodumaré — para os iorubás, o Deus Supremo —, criado em 1979 no Pelourinho, em Salvador, está marcada pela luta contra o racismo e pelo desenvolvimento de projetos de educação de crianças carentes.

Em 1994, ano de eleições para presidente da República, governadores de estado, senadores, deputados federais e estaduais, o Olodum convocou o povo a não se iludir com o blá-blá-blá dos candidatos, que prometiam mundos e fundos na hora da caça ao voto e depois desapareciam sem deixar rastros. O fortíssimo refrão marcou época: "Eu não me iludo/ Eu não me iludo/ Eu não me iludo, esse sistema é imundo".

Se você pensa que com as suas palavras
Você já ganhou meu voto
Simplesmente se enganou
Olha que eu não como nada disso
Você não tem compromisso
Sai daqui seu traidor (bis)
Eu não me iludo
Eu não me iludo
Eu não me iludo, esse sistema é imundo
Falei, falei, falei
Falei, falei, falei
Eu não me iludo
Eu não me iludo
Eu não me iludo, esse sistema é imundo
Você foi na favela
Contando mil balelas
Provou da minha panela
Pensando em se eleger
Depois dos quatro anos
De pernas pro ar ficar
Estando aposentado
De mim não vai lembrar
Falei, falei, falei
Falei, falei, falei
Eu não me iludo
Eu não me iludo
Eu não me iludo, esse sistema é imundo

Você me enganou
E quer me enganar
Se pisou na bola, não vai mais pisar.

110. *Perfeição* (1993).

Autores: Renato Russo, Dado Villa-Lobos e Marcelo Bonfá • Intérprete: Legião Urbana • Gravadora: EMI-Odeon • LP *O descobrimento do Brasil* (1993)

LP O descobrimento do Brasil, *Legião Urbana, 1993.*

Os dez anos cobertos pelo Capítulo IX desta obra foram marcados pela crítica. Do início do governo Sarney até os últimos dias da presidência de Itamar Franco, falou-se mal da inflação, da corrupção, da falta de perspectivas, do desrespeito aos pobres, das artimanhas dos políticos. Falou-se mal de quase tudo.

Nessa década, a Legião Urbana esteve sempre atenta aos problemas e dramas do país. *Perfeição*, carro-chefe do sexto álbum da banda, poderia funcionar perfeitamente como um fecho para esse período da história política brasileira.

Renato Russo investe contra o circo de horrores da humanidade: "Vamos celebrar a estupidez humana/ A estupidez de todas as nações". Em seguida, aponta o dedo para o Brasil, um país, segundo ele, de "assassinos, covardes, estupradores e ladrões". Nada é poupado. São desancados o governo, a polícia, a educação, a saúde e a Justiça. Também entram na dança os impostos, as queimadas na Amazônia, o trabalho escravo e os preconceitos. Até o voto dos analfabetos, uma ampliação dos direitos políticos aprovada na nova Constituição, é criticado.

Do desalento e da desesperança não escapa nem o próprio compositor: "Está tudo morto e enterrado agora/ Já que também podemos celebrar/ A estupidez de quem cantou essa canção". Mas, na última hora, quando se espera que Renato Russo vá mergulhar definitivamente na melancolia e na derrota, ele surpreende. Muda a melodia e puxa do fundo do baú uma lufada de confiança no futuro e no amor: "Venha, meu coração está com pressa/ Quando a esperança está dispersa/ Só a verdade me liberta/ Chega de maldade e ilusão/ Venha, o amor tem sempre a porta aberta/ E vem chegando a primavera/ Nosso futuro recomeça/ Venha, que o que vem é perfeição".

Se não veio a perfeição, veio uma novidade. Com o Plano Real, o Brasil venceu a inflação. E logo depois elegeu Fernando Henrique Cardoso presidente.

Vamos celebrar a estupidez humana
A estupidez de todas as nações

O meu país e sua corja de assassinos
Covardes, estupradores e ladrões
Vamos celebrar a estupidez do povo
Nossa polícia e televisão
Vamos celebrar nosso governo
E nosso Estado, que não é nação
Celebrar a juventude sem escola
As crianças mortas
Celebrar nossa desunião
Vamos celebrar Eros e Tanatos
Perséfone e Hades
Vamos celebrar nossa tristeza
Vamos celebrar nossa vaidade

Vamos comemorar como idiotas
A cada fevereiro e feriado
Todos os mortos nas estradas
Os mortos por falta de hospitais
Vamos celebrar nossa justiça
A ganância e a difamação
Vamos celebrar os preconceitos
O voto dos analfabetos
Comemorar a água podre
E todos os impostos
Queimadas, mentiras e sequestros
Nosso castelo de cartas marcadas
O trabalho escravo
Nosso pequeno universo
Toda hipocrisia e toda afetação
Todo roubo e toda a indiferença
Vamos celebrar epidemias
É a festa da torcida campeã

Vamos celebrar a fome
Não ter a quem ouvir
Não se ter a quem amar
Vamos alimentar o que é maldade
Vamos machucar o coração
Vamos celebrar nossa bandeira
Nosso passado de absurdos gloriosos
Tudo o que é gratuito e feio
Tudo o que é normal
Vamos cantar juntos o Hino Nacional
(A lágrima é verdadeira)
Vamos celebrar nossa saudade
E comemorar a nossa solidão

Vamos festejar a inveja
A intolerância e a incompreensão
Vamos festejar a violência
E esquecer a nossa gente
Que trabalhou honestamente a vida inteira
E agora não tem mais direito a nada
Vamos celebrar a aberração
De toda a nossa falta de bom senso
Nosso descaso por educação
Vamos celebrar o horror
De tudo isso — com festa, velório e caixão
Está tudo morto e enterrado agora
Já que também podemos celebrar
A estupidez de quem cantou esta canção

Venha, meu coração está com pressa
Quando a esperança está dispersa
Só a verdade me liberta
Chega de maldade e ilusão
Venha, o amor tem sempre a porta aberta
E vem chegando a primavera
Nosso futuro recomeça
Venha, que o que vem é perfeição.

Renato Russo.

111. *O político* (1994).

Autores: Dicró e Pongá • Intérprete: Dicró • Gravadora: CID • LP/ CD *O bingo da sogra* (1994)

LP/ CD O bingo da sogra, *Dicró, 1994.*

O político, lançado em 1994, aproveitando o embalo das eleições parlamentares, retoma um tema recorrente na nossa música popular desde os tempos da República Velha: a corte feita pelo político ao eleitor na hora da caça ao voto. De uma hora para outra, os pobres, geralmente esquecidos pelas autoridades, passam a ser paparicados pelos candidatos. Recebem atenção, presentes e, muitas vezes, dinheiro. Vale tudo para ganhar um votinho.

No samba de Dicró, o candidato se dá mal: "Dei cimento e dei tijolo/ Dei areia e vergalhão/ Subi morro, fui em favela/ Carreguei nenê chorão/ Dei cachaça, tira-gosto/ E dinheiro de montão/ Pasmem!/ E mesmo assim perdi a eleição". A verdade é que o eleitor estava ficando mais esperto. Nem a mãe do candidato votou nele.

Nas eleições parlamentares de 1994, não houve alterações espetaculares na composição da Câmara. O PMDB manteve-se como a primeira bancada na casa, com 107 deputados (em 1990, 108), e o PFL conservou a segunda posição, com 89 deputados (83). O partido que mais cresceu foi o PSDB, de Fernando Henrique, que dobrou sua representação, passando de 31 para 62 cadeiras, tornando-se a terceira maior legenda na Câmara. O PPR, fruto da fusão do PDS com o PDC, elegeu a quarta bancada, com 52 deputados, e o PT ficou com a quinta colocação — cresceu de 35 para 49 cadeiras. Vieram a seguir o PDT com 34 deputados, o PTB com 31, o PSB com quinze e o PL com treze.

O PMDB e o PFL também conquistaram o maior número de vagas no Senado — catorze e onze, respectivamente. O PSDB, partido do presidente Fernando Henrique Cardoso, elegeu sete senadores. Vieram a seguir o PDT, com cinco vagas, e o PT e o PP, com quatro cada um.

— Povo da minha terra. Vocês puxaram meu tapete com cadeira e tudo. Até a minha família votou na oposição.

Dei cimento e dei tijolo
Dei areia e vergalhão
Subi morro, fui em favela
Carreguei nenê chorão
Dei cachaça, tira-gosto
E dinheiro de montão

Pasmem!
E mesmo assim perdi a eleição

Traidor, traidor
Se tem coisa que não presta é o tal do eleitor

Prometi a minha nega que ia ser primeira--dama
Porém quando eu perdi, ela vendeu até a cama
E achei o meu retrato no banheiro da Central
Vou dar um coro no meu cabo eleitoral

Traidor, traidor
Se tem coisa que não presta é um tal do eleitor

Hoje eu tenho meus motivos para estar injuriado
Porque eu só tive um voto e mesmo assim foi anulado
Só tem gente canalha, como tem gente ruim
Nem a minha mãe votou em mim

— Ô mamãe... olha, se meus inimigos não votaram em mim, tudo bem, mãe. Mas a senhora não votar é pilantragem.

— Eu hein... Se teus amigos que não te conhecem não votaram, eu que te conheço é que não voto mesmo. Tu não vale nada.

— A senhora também me traiu. Não tem nada, não. No ano que vem eu tou aí. Deus também vai me ajudar. Miserável!

Rasgaram a minha faixa, fizeram barraco no meu hospital. Eu vou arrancar o cano d'água que eu botei nessa rua aí. Quem quiser beber água, que vai beber no Ceará. Vou fazer uma CPI dessas eleições corruptas. Vocês me deixaram só, com uma mão na frente e outra atrás. Desgraçados!

112. *Melô dos cão didatos* (1994).

Autores: Marcelo Martins e Marcelle • Intérprete: Alípio Martins • Gravadora: Premier/ RGE • LP *No país das maravilhas* (1994)

Alípio Martins, que nas eleições de 1989 já havia se divertido imitando os discursos e os tiques dos potenciais candidatos a presidente, voltou a recorrer à mesma fórmula em 1994.

Apresentou seis possíveis nomes para o Palácio do Planalto. Pela ordem da aparição em cena, Paulo Maluf, Leonel Brizola, Luiz Inácio Lula da Silva, Antônio Carlos Magalhães, Orestes Quércia e Ciro Gomes. De quebra, ainda brincou com a hipótese de Fernando Collor e José Sarney disputarem um novo mandato na presidência da República.

Da lista apresentada pelo cantor paraense, apenas Lula, Quércia e Brizola disputaram efetivamente as eleições presidenciais. Antônio Carlos Magalhães elegeu-se para o Senado. Maluf seguiu à frente da prefeitura de São Paulo. Ciro não concorreu a nenhum cargo eletivo em 1994.

Curiosamente, não entrou no rol dos candidatos Fernando Henrique Cardoso, ministro da Fazenda do governo Itamar e líder da equipe econômica responsável pelo Plano

Real, que venceria as eleições presidenciais no primeiro turno.

Nessa eleição, minha gente,
Tem mais candidato do que eleitor
Alguns querem ser presidente
Outros deputado e governador
Ninguém quer perder essa boca
Todos só pensam em ganhar
Eu vou chamar o primeiro
Vamos ouvir o que ele vai falar

— No meu governo, eu vou colocar a Rota na rua. Já fui governador, prefeito e agora vou ser presidente. Vou dar casa, comida, roupa lavada pro trabalhador.

— Vocês vão votar nele?
— Não!

Eu vou chamar o segundo
Pra nos falar de antemão
Se é candidato de fato
E se teve culpa naquele arrastão

— Eu não tive culpa, isso é uma campanha contra a minha pessoa. Eu quero é ser arrastado mas é pra presidente desse país!

— Vocês vão votar nele?
— Não!

Eu vou chamar o terceiro,
Que anda com a barba de molho
Na pesquisa ele é o primeiro
Mas é bom saber que os homens estão de olho

— Meus companheiros e minhas companheiras, nosso trabalho é um trabalho de base. Data vênia, eu estive no ABC e as pesquisas estão aí para não me deixar mentir sozinho. Desta vez, eu levo. Desta vez, ninguém me tira.

— Vocês vão votar nele?
— Não!

Agora vou chamar o quarto
Que é cabra macho dos bons
É governador de um estado
E mandou recado para os sete anões

— Dá licença, dá licença, Toninho mandou avisar que não pode vir não, porque está tendo ensaio do bloco de axé music, mas ele mandou dizer que tá caçando tudo o que é anão, vocês podem ficar sossegado. Té logo. Dá licença...

— Vocês vão votar nele?
— Não!

Agora, vou chamar o quinto
Que foi presidente de um grande partido
Saiu porque foi pressionado
Está mais parado que olho de vidro

— Quem tem dinheiro não tem poder. Eles querem me tirar da jogada só porque eu vendi uns aviãozinho, isso é ingratidão, eu fiz muitas estradas pro povo lá em Campinas, perto das minhas rocinhas.

— Você vão votar nele?
— Não!

O sexto tá com a bola cheia
Para presidente ou senador
Só falta encher o canal
Pra matar a sede do trabalhador

— Sou porta-voz do governo e o governador não pode vir porque é tanta da água no estado que a cidade está submersa. E ele não embarca em canoa furada.

— Vocês vão votar nele?
— Não!

Será que eles voltam ou não voltam
Já pensou se essa dupla voltar
O de Alagoas para presidente
E para vice o do Amapá

— Minha gente, meu povo, não me deixem só. Disseram que eu era corrupto. Vou voltar para provar o contrário. Está aí o Bigode que não me deixa mentir.

— Vocês vão votar nele?
— Não!

— Brasileiros e brasileiras, meu bigode é todo feito de pelo social. E desta vez, eu não quero ser vice, eu quero ser é presidente.

— Cala a tua boca, Bigode. Tu é o último a falar e é o primeiro a apanhar.

Esse governo é meu. Cuidado que eu luto caratê. Esse governo é meu.

— Não, senhor, esse governo é meu, nem que eu tenha de vender o meu Maranhão inteiro.

113. *Fernando Henrique é o Brasil que vai vencer* (1994).

Autor: PC Bernardes • Intérprete: Dominguinhos • Gravadora: RB Produções (1994)

Em 1993, o senador Fernando Henrique Cardoso caminhava para uma difícil renovação do mandato de senador em São Paulo, quando foi nomeado pelo presidente Itamar Franco para ministro da Fazenda. Ao assumir o cargo, cercou-se de economistas que haviam participado da elaboração do Plano Cruzado — e, portanto, aprendido com seus erros e acertos. Encomendou-lhes um novo pacote para terminar com a inflação. Recomendou que evitassem medidas abruptas e dramáticas. A ideia era promover uma desindexação gradual e suave da economia.

Em março do ano seguinte, o plano foi posto em marcha com o lançamento da URV — Unidade Real de Valor — que, na prática, funcionaria como uma ponte entre a velha moeda podre, ainda em vigor, e a nova moeda forte, a ser lançada meses mais tarde. O objetivo da equipe econômica era que a URV, cujo valor foi fixado em paridade com o dólar, cumprisse o papel de um indexador geral da economia, eliminando assim os demais indicadores de correção que brigavam entre si e se realimentavam permanentemente.

Desse modo, seria possível uma aterrissagem controlada da espiral inflacionária. A estratégia deu certo e fez de Fernando Henrique candidato a presidente da República pelo PSDB, com o apoio do PFL, que indicou o vice da chapa, Guilherme Palmeira, depois substituído por Marco Maciel.

Em abril, quando deixou o Ministério da Fazenda para concorrer à presidência da República, Fernando Henrique ainda aparecia nas pesquisas de opinião bem atrás do candidato do PT, Luiz Inácio Lula da Silva. Lula tinha cerca de 42% das intenções de votos, mais do dobro de Fernando Henrique. Mas a diferença caiu à medida que a inflação começou a ceder. Além disso, Lula cometeu o erro de trombar com o Plano Real, classificando-o de eleitoreiro. Passou a ideia de que estava torcendo contra seu sucesso.

Quando foi lançada a nova moeda, o real, em 1º de julho, Fernando Henrique já estava praticamente empatado com Lula. No final do agosto, as pesquisas deram ao candidato tucano cerca de 40% das intenções de voto contra 25% para Lula. Essa tendência só se acentuou nas semanas seguintes.

Nas eleições de 3 de outubro, Fernando Henrique obteve uma votação espetacular, recebendo 54,28% dos votos válidos contra 27,04% atribuídos a Lula. Conquistou a presidência da República já no primeiro turno, com mais do dobro dos votos do segundo colocado. Em terceiro lugar, chegou o azarão Enéas Carneiro, do Prona, com 7,38% dos votos. Orestes Quércia (PMDB), com 4,38%, Leonel Brizola, com 3,18 %, e Espiridião Amin (PPR), com 2,75% dos votos, completaram o quadro dos candidatos com mais de um por cento dos sufrágios.

O *jingle* de Fernando Henrique, cantado por Dominguinhos, buscou atrair o voto do Nordeste, região onde os estrategistas do candidato tucano imaginavam que ele, um intelectual de São Paulo, teria dificuldades para decolar. Para conquistar o eleitor nordestino, Fernando Henrique fez de tudo. Chegou a andar de jegue no sertão e a lamber os beiços depois de uma boa buchada de bode. Disse que o prato era tão bom quanto *tripes à mode de Caen*, que havia comido na França.

O título da canção eleitoral é atribuído.

— É só você olhar pra cara que você vê logo que esse sujeito é um cabra do bem!

Tá na sua mão, na minha mão, na mão da gente
Fazer de Fernando Henrique nosso presidente
Tá na sua mão, na minha mão, na mão da gente
O Brasil precisa muito da força da gente

Levanta a mão, levanta a mão,
O Brasil precisa muito de você
Levanta a mão, levanta a mão
Fernando Henrique é o Brasil que vai vencer.

Fernando Henrique Cardoso em campanha em Passo Fundo, RS.

114. *Lula, Brasil* (1994).

Autor(es) e intérprete(s): desconhecido(s) • Gravação especial

Lula se preparou durante cinco anos para disputar as eleições presidenciais de 1994. Consolidou o PT nacionalmente, percorreu o país de ponta a ponta nas Caravanas da Cidadania, participou de seminários e debates e amadureceu como líder político. Além disso, o desastre político do governo Collor, o fantasma da inflação e as incertezas na economia prenunciavam o fortalecimento de uma candidatura de oposição na corrida presidencial. Para muitos, parecia ter chegado a hora e a vez de Lula subir a rampa do Palácio do Planalto.

Sua campanha em 1994 teve vários *jingles*, desde reedições e adaptações do *Lula lá* de 1989 até novas canções, como a que integra esta seleção. O título *Lula, Brasil* é atribuído. Os versos finais falam em "moeda forte, salário forte". São sintomáticos do desnorteamento da campanha do PT, que, ao final da disputa, se deu conta de que precisava se reaproximar de uma boa fatia do eleitorado que se afastara de Lula por causa do combate frontal ao Plano Real.

Aqui você ouve o que você não ouve por aí
Descobre o Brasil real, competente, decente que existe aqui
Esse Brasil transparente não gosta de maracutaia
Vai fundo e nunca foge da raia
Encara de frente a corrupção
Por isso esse Brasil não desiste, espera e tem confiança
Encontra soluções e tem esperança
Está chegando a hora de tudo mudar

Lula, Brasil,
É a chance do povo, Lula presidente
Lula conhece o Brasil da gente
Ninguém como ele andou por aqui
Lula, Brasil,
Moeda forte, salário forte,
Lula, Brasil para mudar a sorte
É Lula, é Lula
É isso aí.

Lula em campanha, Rio de Janeiro, 1994.

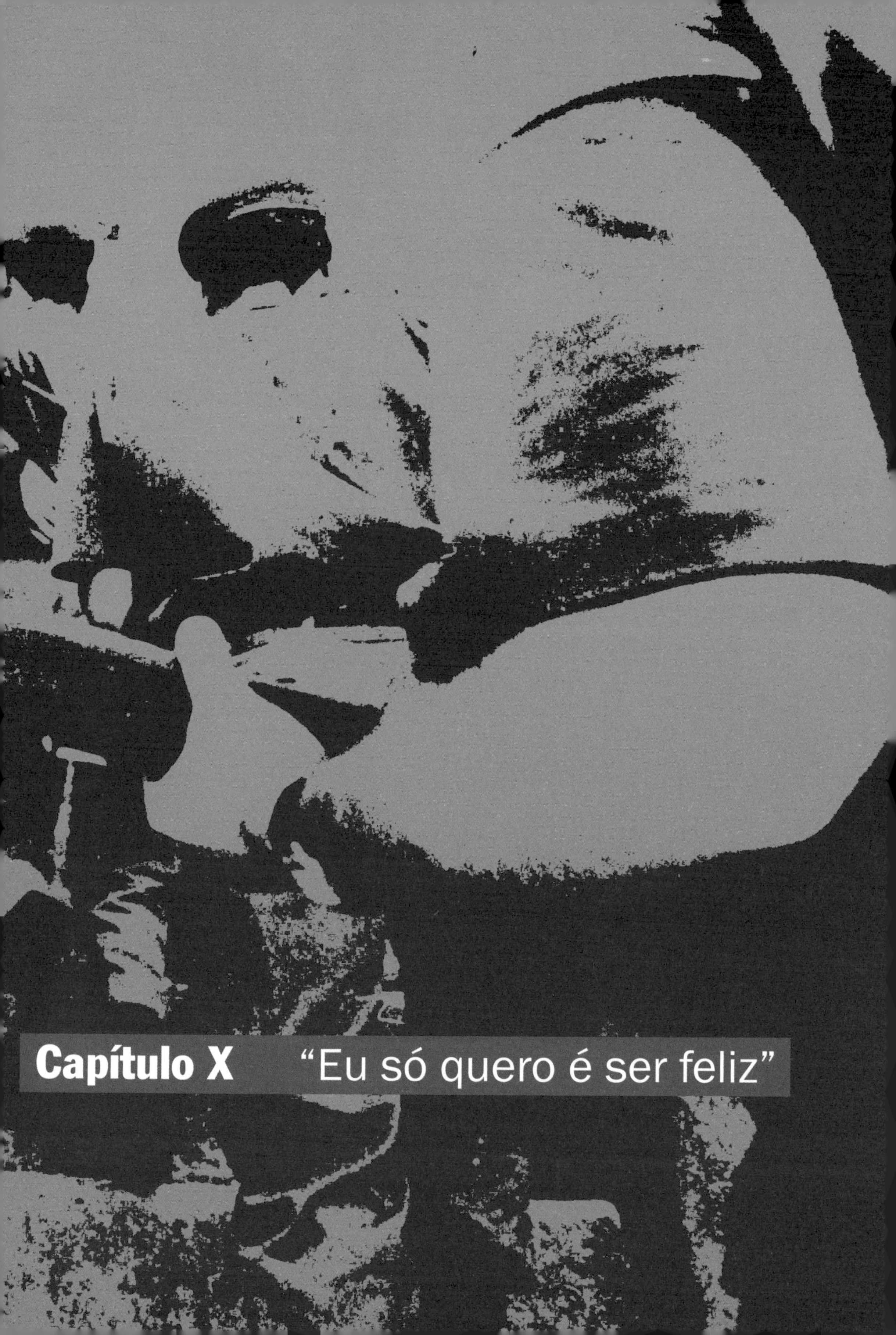

Capítulo X “Eu só quero é ser feliz”

Introdução

Os oito anos em que Fernando Henrique Cardoso (FHC) ocupou a presidência da República podem ser divididos em dois períodos distintos. No primeiro mandato, o presidente voou em céu de brigadeiro. No segundo, as turbulências foram tantas e tão fortes que, por três vezes, o país teve de fazer pousos de emergência em pistas improvisadas pelo Fundo Monetário Internacional (FMI).

O impressionante contraste entre os dois mandatos deveu-se às conquistas e aos fracassos do governo na condução da economia. Como ministro da Fazenda de Itamar Franco e, em seguida, como presidente da República, Fernando Henrique Cardoso logrou algo que nos anos anteriores parecia impossível: quebrar a espiral hiperinflacionária e, a partir daí, manter os preços sob controle. O Índice Nacional de Preços ao Consumidor (INPC), que em 1993 havia atingido astronômicos 2.489%, caiu em 1994, último ano do governo Itamar Franco, para 929%, graças ao Plano Real. A redução seria ainda mais acentuada daí para a frente: 22% em 1995, 9,12% em 1996, 4,34% em 1997 e 2,48% em 1998.

Fernando Henrique Cardoso, ministro da Fazenda de Itamar Franco, explica as medidas econômicas para conter a inflação.

O fim da inflação galopante teve um impacto extraordinário na vida de todos os brasileiros, em particular dos mais pobres. Com a estabilização da moeda, o poder aquisitivo dos salários passou por ligeira recuperação, as corridas aos supermercados cessaram e a economia passou a respirar ares de normalidade. O Brasil voltou a acreditar que era possível resolver seus problemas.

O sucesso de Fernando Henrique nessa questão decisiva levou-o a atingir recordes de popularidade e a reunir grande apoio na opinião pública. Além disso, o presidente contou com folgada maioria no Congresso e recebeu tratamento extremamente favorável dos órgãos de comunicação. Foram os tempos do chamado "pensamento único" — num caso singular em tempos de democracia, "pensamento único"

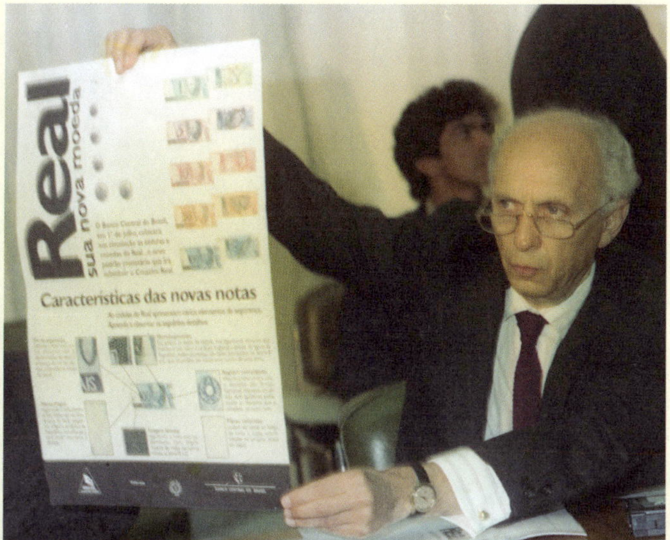

Ministro Rubens Ricúpero faz o lançamento do Plano Real em cadeia nacional de rádio e TV.

a favor do governo. Político de inequívoca trajetória democrática, intelectual respeitado, homem de trato fácil e sedutor, cidadão do mundo, o presidente acumulou em pouco tempo formidável capital político. Muitos diziam na época que era um luxo tê-lo na presidência da República.

Vitorioso na luta contra a inflação, o governo Fernando Henrique Cardoso, porém, empacou no passo seguinte. Não conseguiu promover a retomada do crescimento econômico e tampouco aumentar a oferta de empregos.

O crescimento do Produto Interno Bruto (PIB), que no último ano do mandato de Itamar Franco havia sido de 5,4%, declinou para 4,4% em 1995, 2,1% em 1996, 3,3% em 1997 e 0,03% em 1998. No segundo mandato do presidente, os índices seriam ainda mais fracos: 0,02% em 1999, 4,3% em 2000, 1,3% em 2001 e 2,6% em 2002. Tudo somado, nos oito anos da gestão de Fernando Henrique, o crescimento médio anual do PIB foi de apenas 2,3%.

Já a taxa de desemprego aumentou fortemente no mesmo período. Segundo o IBGE, nas principais regiões metropolitanas ela passou de 8,6% em 1994, último ano do governo Itamar, para 11,68% em 2002, ao apagar das luzes da administração Fernando Henrique — um crescimento de 35%. A renda média do trabalhador também declinou. Era de R$ 725 em 1995 e caiu para R$ 667 em 2002.

No entanto, enquanto a inflação esteve controlada e a moeda mostrou-se estável, a maioria da população deu forte respaldo ao governo. O crescimento acanhado, o aumento do desemprego e a contenção dos salários eram vistos como males menores ou como o preço a ser pago para evitar a volta do descontrole dos preços. Até 1998, tais problemas, que, no segundo mandato, ganhariam o centro da agenda nacional, mal arranhavam a popularidade do presidente.

Assim, Fernando Henrique pôde levar à prática um programa de governo baseado na diminuição do papel do Estado e na abertura da economia para os capitais

Metalúrgico desempregado procura trabalho no centro de São Paulo.

estrangeiros, acompanhando o neoliberalismo então largamente dominante no mundo. Importantes estatais, como a Companhia Vale do Rio Doce e as empresas dos setores de telefonia e elétrico, foram leiloadas, passando em muitos casos para o controle de grupos estrangeiros. A Petrobras perdeu o monopólio da exploração do petróleo, franqueada a grupos privados em regime de concessão. Além disso, boa parte das ações da estatal foi vendida a investidores privados. Por pouco a companhia não perdeu também o nome, passando a se chamar Petrobrax. A troca do "s" pelo "x" chegou até a ser anunciada, mas a grita geral obrigou o governo a recuar.

O objetivo de todas essas ações, segundo definiu o próprio presidente, era superar o legado da Era Vargas, que, na sua avaliação, impedia a modernização do Brasil. Tratava-se de alinhar o país aos novos ventos que sopravam no mundo, os ventos da globalização. "[Ela] sinaliza uma era de prosperidade sem igual na história do homem — um novo Renascimento", proclamou FHC, entusiasmado, num discurso proferido na Cidade do México.

Fortalecido pelos bons resultados na luta contra a inflação e contando com amplo apoio no Congresso e nos meios de comunicação, Fernando Henrique logrou

O ministro José Serra bate o martelo no leilão da privatização da Light, maio de 1996.

Manifestação contra a privatização da Vale do Rio Doce, Rio de Janeiro, maio de 1997.

A Petróleo Brasileiro S.A. – Petrobras apresenta sua nova marca corporativa.

PetroBrax

A marca tem que acompanhar a evolução de uma empresa.

Durante todos esses anos, a Petrobras evoluiu muito. Deixou de ser apenas uma empresa de petróleo nacional, com imagem vinculada a postos de combustíveis.

A nova marca da Petrobras traduz, com mais rapidez, em qualquer mercado, o que a Petrobras é hoje: uma corporação transnacional de energia, reconhecida como de alta tecnologia e extremamente preocupada com o meio ambiente e a qualidade de vida.

E nada melhor para começar um novo milênio do que um olhar para a frente, para o futuro.

PetroBrax passa a ser a marca corporativa da Petrobras. A identidade e a razão social continuam iguais: Petróleo Brasileiro S.A. – Petrobras.

Ao longo dos próximos meses, você vai ver a nova marca no Brasil e no mundo: nos postos, nas ruas, nas plataformas, nos materiais gráficos, nos anúncios.

E vai enxergar, por trás dela, uma empresa da qual você tem razão de se orgulhar.

PetroBrax
Petróleo Brasileiro S.A. - Petrobras

Anúncio publicado no Jornal do Brasil, *27 dez. 2000.*

aprovar, em meados de 1997, emenda constitucional instituindo a reeleição para presidente, governadores e prefeitos. Meses depois anunciou sua disposição de concorrer a um segundo mandato.

Ganhou a disputa já no primeiro turno, com 53% dos votos válidos. Lula chegou em segundo lugar, com 32%, e Ciro Gomes em terceiro, com 11%. Eleitoralmente, foi um passeio. Mas as semanas finais da campanha estiveram marcadas por crescente nervosismo, pois se avolumaram os sinais de que a estabilidade do real ancorada no câmbio fixo era insustentável. As reservas de divisas caíram fortemente, aumentando as chances de ataques especulativos contra a moeda brasileira.

O prestígio político de Fernando Henrique, porém, era tamanho que ele convenceu o eleitorado de que os problemas não tinham a gravidade apregoada pelos críticos, podendo ser enfrentados e debelados — desde que, é claro, não houvesse mudanças de rumo e ele fosse mantido no comando do país.

Lula em campanha presidencial no Rio de Janeiro, 1998.

Ciro Gomes em campanha presidencial, 1998.

Entretanto, os críticos do presidente tinham razão: a situação era dramática. Um mês depois de apurados os votos, o país fechou às pressas um acordo com o FMI, de modo a recompor o estoque de divisas, que minguava a olhos vistos devido ao irrealismo do câmbio. Em troca, aceitou as condições draconianas impostas pelos organismos internacionais.

O pior ainda estava por vir. Quinze dias depois do início do segundo mandato, o governo Fernando Henrique fez exatamente o que havia negado durante toda a campanha: sepultou o câmbio fixo e promoveu forte desvalorização do real. Voltou à cena a expressão

Posse do segundo mandato de Fernando Henrique Cardoso, 1º jan. 1999.

“estelionato eleitoral”, que havia carimbado o ex-presidente Sarney após as eleições de 1989, quando o governo segurara o Plano Cruzado até a abertura das urnas.

Atônito, o país se deu conta de que a estabilidade da moeda estava ameaçada e a situação da economia era bastante frágil. Houve ameaças de corrida aos bancos, o presidente do Banco Central (BC) caiu e o ministro da Fazenda foi obrigado a fazer pronunciamentos sucessivos, buscando tranquilizar a população. De qualquer forma, a confiança na equipe econômica e no presidente da República ficou seriamente abalada. Menos de três semanas depois, o recém-empossado presidente do BC pediu demissão. O clima deteriorou-se mais ainda.

Armínio Fraga, presidente do Banco Central, anuncia aumento de juros, 4 mar. 1999.

A população, sentindo-se enganada, virou as costas para Fernando Henrique. A aprovação do presidente despencou em três tempos. Um mês depois da desvalorização do real, pesquisa do Datafolha apontou que apenas 21% dos entrevistados consideravam o governo Fernando Henrique bom ou ótimo, contra 36% que o avaliavam como ruim ou péssimo. Um mês antes das eleições de outubro, esses índices haviam sido de 43% e 17%, respectivamente. Em setembro, nova pesquisa registraria queda ainda mais acentuada: apenas 13% de aprovação do presidente, contra 56% de rejeição.

Jader Barbalho, presidente do Senado.

O inferno astral de Fernando Henrique estava apenas começando.

A inflação voltou a crescer. Em 1999, o INPC saltou para 8,43%. Nos anos seguintes, se manteria num patamar elevado: 5,27% em 2000, 9,44% em 2001 e 14,74% em 2002. Embora esses índices estivessem muito distantes daqueles que marcaram a hiperinflação que precedeu o governo Fernando Henrique, foram suficientes para encerrar a lua de mel da maioria da sociedade com o presidente. O centro da agenda do país passou a ser ocupado por questões como baixo crescimento da economia, aumento do desemprego, perdas salariais, elevação dos juros, disparada da dívida pública e incremento da carga tributária.[1]

Os problemas do presidente, porém, não se limitariam à economia. Logo invadiriam também a cena política. No início de 2001, os partidos da base governista trombaram na disputa pelo comando das duas casas do Congresso. No Senado, o enfrentamento virou uma guerra de vida ou morte entre os caciques Jader Barbalho, do PMDB, e Antônio Carlos Magalhães (ACM), do PFL. Jader foi eleito presidente, mas teve de renunciar meses depois devido a denúncias de corrupção. Logo seria a vez de ACM jogar a toalha para escapar à cassação, inevitável quando ficou evidente sua participação na violação do painel eletrônico do Senado numa votação secreta. Juntamente com ele, renunciou ao mandato José Roberto Arruda, de Brasília, também envolvido na quebra de sigilo do painel.

[1] A relação entre a dívida pública e o PIB, que em 1994 era de 32,5%, alcançou 57,3% em 2002. No mesmo período, a dívida externa saltou de US$ 148 bilhões para US$ 210 bilhões. A carga tributária subiu de 29% para 35% do PIB.

Antônio Carlos Magalhães (ao centro) deixa o Senado após a renúncia.

E aí veio o apagão. No primeiro semestre de 2001, o governo anunciou que, devido à escassez de chuvas, os reservatórios das usinas hidrelétricas estavam abaixo de sua capacidade. Resultado: o país teria de enfrentar um severo racionamento de energia elétrica. A tentativa de responsabilizar São Pedro pela crise não colou. A maioria da população firmou a convicção — acertada — de que o desastre energético devia-se à falta de investimentos e à inexistência de planejamento nesse setor decisivo da economia.

Assim, em 2002, quando foi dada a largada para a corrida presidencial, Fernando Henrique estava tão desgastado que nem o candidato do PSDB, José Serra, defendeu o governo durante a campanha, preferindo passar ao largo de temas espinhosos como juros altos, privatizações, dívida pública e desemprego. Serra, o candidato do governo e portanto da continuidade, chegou a anunciar num *jingle* que era o homem da mudança. Aliás, aposentou até o tucano, símbolo do seu partido, o PSDB, substituindo-o por outro pássaro, o quero-quero, de perfil reivindicativo e levemente contestador.

Desde o início da disputa, ficou claro que havia chegado a hora e a vez de Luiz Inácio Lula da Silva, que liderou as pesquisas do início ao fim da campanha. Escolado por três derrotas nas corridas presidenciais anteriores, Lula amadureceu seu discurso. Comprometeu-se, em caso de vitória, a fazer as mudanças políticas e sociais respeitando os contratos e as regras do jogo, na famosa *Carta aos brasileiros*. Além disso, fez entrar em cena a figura conciliadora do "Lulinha Paz e Amor", abandonando a imagem anterior de arauto do confronto.

Abertas as urnas no primeiro turno, Lula obteve 46% dos votos válidos contra 23% de Serra. Anthony Garotinho e Ciro Gomes, que também participaram da disputa, receberam cerca de 18% e 12%, respectivamente. Ambos apoiaram Lula na rodada decisiva, vencida com facilidade pelo candidato do PT, que recebeu 61,27% dos votos válidos, contra 38,72% de Serra.

Pela primeira vez na história do Brasil, um operário era eleito presidente da República. A vitória de Lula agregaria pelo menos dois novos pontos — crescimento eco-

Posse de Luiz Inácio Lula da Silva na presidência da República, 1º jan. 2003.

nômico e inclusão social — à agenda nacional que começara a ser construída com o fim da ditadura e o controle da inflação, em torno das questões da democracia e da moeda confiável.

Lula governaria o país pelos quatro anos seguintes e seria reeleito para um novo mandato em 2006, levando o país a passar por grandes transformações. Mas isso já é assunto para outro livro e para outras canções.

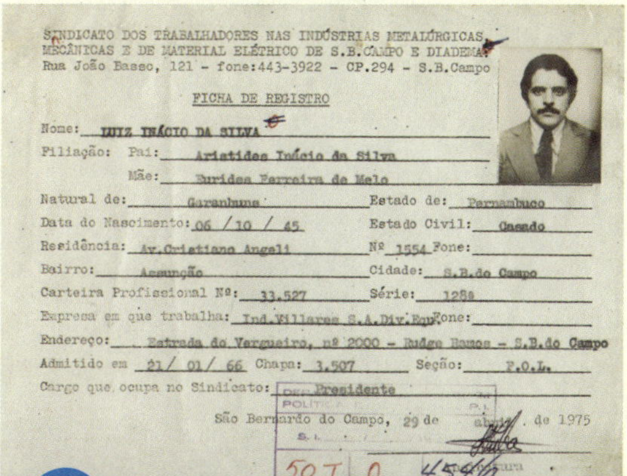

SINDICATO DOS TRABALHADORES NAS INDÚSTRIAS METALÚRGICAS, MECÂNICAS E DE MATERIAL ELÉTRICO DE S.B.CAMPO E DIADEMA
Rua João Basso, 121 - fone:443-3922 - CP.294 - S.B.Campo

FICHA DE REGISTRO

Nome: LUIZ INÁCIO DA SILVA
Filiação: Pai: Aristides Inácio da Silva
Mãe: Euridea Ferreira de Melo
Natural de: Garanhuns Estado de: Pernambuco
Data do Nascimento: 06 / 10 / 45 Estado Civil: Casado
Residência: Av.Cristiano Angeli Nº 1554 Fone:
Bairro: Assunção Cidade: S.B.do Campo
Carteira Profissional Nº: 33.527 Série: 128a
Empresa em que trabalha: Ind.Villares S.A.Div.Equ. Fone:
Endereço: Estrada do Vergueiro, nº 2000 - Rudge Ramos - S.B.do Campo
Admitido em 21/ 01/ 66 Chapa: 3.507 Seção: F.O.L.
Cargo que ocupa no Sindicato: Presidente
São Bernardo do Campo, 29 de abril de 1975

50J 0 4546

Lula: ficha de registro sindical.

***

No período abordado neste capítulo, as canções sobre política passaram por fortes mudanças, aprofundando a inflexão esboçada nos anos anteriores.

No *ranking* dos gêneros, a MPB praticamente saiu de cena. Também perdeu espaço de forma significativa o rock, que entre 1985 e 1994 havia ocupado o primeiro lugar na crônica e na crítica dos acontecimentos políticos. Ele sequer alcançou 4% do total das canções sobre política, contra 25% no capítulo precedente.

A liderança passou para os raps e os funks, responsáveis por mais de 40% das gravações desta seleção. Reggaes, sambas-reggaes e axés ocuparam a segunda colocação, com quase 15%, vindo a seguir os repentes e as emboladas, com 7%, as canções de humor, também com 7%, as músicas caipiras e sertanejas, com 7%, os xotes e os baiões, com 4%, e os sambas, também com 4%.

As mudanças, porém, foram muito além da renovação dos gêneros. Também incidiram sobre a atitude e o humor das canções sobre política. A maioria das composições do período não se limitou a criticar ou ridicularizar aspectos da situação política. Preferiu bater de frente com o sistema como um todo. Mesmo na crônica dos acontecimentos, o tom predominante não foi o da brincadeira ou da galhofa, mas o do desespero ou da raiva.

Palavrões e xingamentos estiveram presentes em muitos versos, às vezes escondidos atrás de ruídos ou trocadilhos, às vezes expressos de forma aberta e veemente.

O rapper MC Shaiene apresenta-se em espaço aberto na zona norte do Rio de Janeiro.

A violência que faz parte do dia a dia no Morro da Providência, Rio de Janeiro, 1995.

Os raps e os funks, especialmente, não queriam ser polidos, mas ouvidos e entendidos pelo seu público, o povo pobre da periferia, levando-o a se insurgir contra a injustiça e a opressão. Eram composições de confronto, marcadas pela bronca social e pela revolta política.

Denunciaram de forma contundente a violência policial, a parcialidade da Justiça, a falta de oportunidades para os pobres, a inexistência de políticas públicas, a falência do Estado. Mas, numa inovação importante, levantaram-se também contra a discriminação racial, mostrando sua estreita vinculação com a exclusão social e o esmagamento político. Chamaram a população negra a ter orgulho de si própria, a insurgir-se contra a opressão e a exigir tratamento igualitário do Estado e da sociedade.

Alguns raps foram mais longe, lançando a consigna do "4P" — "Poder Para o Povo Preto". Qualquer semelhança com o *slogan* do Black Power americano da década de 1960 não era mera coincidência. Os dois movimentos tiveram objetivos semelhantes: a afirmação racial e cultural de amplas parcelas da população, até então excluídas economicamente, brutalizadas socialmente e esquecidas politicamente.

É interessante notar que esse sentimento ganhou raízes e alastrou-se em sincronia com a falência do Estado em grande número de favelas e bairros da periferia, que em muitos casos passaram a ser controlados pelo crime organizado. Tal fenômeno teve impacto fortíssimo na juventude pobre. Não foram poucos os rapazes e moças recrutados pelo narcotráfico. Raps, funks, reggaes e sambas lidaram com essa situação nova e angustiante.

Algumas poucas composições, que não chegaram a ser gravadas comercialmente, exaltaram organizações criminosas, como os funks "proibidões" *Rap do Comando Vermelho* e *Rap do Terceiro*. Outras, também em número reduzido, tangenciaram o elogio ao Estado paralelo. Mas em geral prevaleceu um misto de compreensão e crítica aos jovens que se meteram nas "correrias". Compreensão: no fundamental, a opção decorria do *apartheid* social em que o país estava mergulhado.

Crítica: tal caminho levava apenas ao desastre pessoal e à perpetuação das injustiças. Para a maioria dos raps, funks, reggaes e sambas, a solução para a dramática situação não estava na adesão ao crime organizado, mas na conscientização, na ação política, na afirmação cultural e na resistência ao sistema.

De início, os protestos pareciam partir de vozes isoladas. Quem protestava denunciava a condição no seu bairro. De certa forma, falava para seu gueto. Mas logo, com o crescimento do movimento hip hop, os guetos passaram a conversar entre si. Descobriram que enfrentavam os mesmos problemas, a mesma discriminação, o mesmo abandono. Perceberam que compartilhavam sentimentos semelhantes de revolta, insubmissão e disposição de luta. Assim, os múltiplos guetos se reconheceram como um agente só: o povo da periferia.

Essa virada, é claro, teve suas raízes no aguçamento da crise social. Os anos 1990 estiveram marcados pelo forte crescimento do desemprego, pelos baixos salários e pela deterioração dos serviços públicos. Como as duas décadas anteriores já haviam sido caracterizadas por grande concentração de renda e pelo agravamento dos problemas sociais, ao todo acumularam-se cerca de trinta anos de perdas contínuas. A vida do brasileiro comum bateu no fundo do poço.

Mas a virada política e cultural nas camadas mais pobres da população — tímida num primeiro momento, ostensiva posteriormente — não se explicava apenas pelo aprofundamento das dificuldades econômicas e sociais. Tinha a ver também com o crescimento do sentimento democrático na sociedade depois do fim da ditadura militar. É verdade que houve tentativas de censura, a violência policial continuou existindo e inúmeros massacres e chacinas escandalizaram o país, mas o povo não se intimidou. Ao contrário, conquistou e alargou espaços, fazendo com que a marca registrada do período tenha sido a consolidação de um ambiente de ampla liberdade de expressão, de organização e de manifestação. Sindicatos, associações de moradores, movimentos sociais e entidades culturais se fortaleceram e se multiplicaram por todo o país. Partidos políticos de oposição, como o PT, aumentaram sua presença e influência na sociedade.

Registre-se também que os governos de José Sarney, Fernando Collor, Itamar Franco e Fernando Henrique Cardoso, apesar de suas contradições, estiveram em sintonia com o sentimento geral do país, que, depois de vencer a ditadura, desejava resolver problemas e escolher caminhos por meio da democracia. Assim, graças ao ambiente de liberdade existente no país, a bronca social nas favelas e periferias pôde se expressar, ganhar forma política e influir no debate nacional.

Grupo de DJs que animam os bailes em Madureira, Rio de Janeiro, dentro do projeto Soul Mix.

Por último, a irrupção da voz dos guetos na cena musical nacional deveu-se também às profundas transformações da indústria e do mercado fonográfico no período. O barateamento dos custos de produção estimulou a proliferação de um grande número de pequenas e médias gravadoras nas diversas regiões do país. Gravar CDs e lançá-los à margem do circuito tradicional, abrindo seu próprio mercado, deixou de ser uma tarefa impossível.

Os Racionais MC's, por exemplo, correndo por fora do *mainstream*, venderam 1,5 milhão de cópias do CD *Sobrevivendo no inferno*, lançado em 1997. Nem todos fizeram tanto sucesso como o conjunto formado por Mano Brown, Edi Rock, Ice Blue e KL Jay, mas o fato é que, graças às transformações no gosto do público e na configuração do mercado fonográfico, muitos novos talentos conseguiram conquistar espaço e mostrar seu trabalho. Foi uma mudança e tanto.

Assim, ao lado das grandes gravadoras, como Som Livre, Sony, EMI-Odeon, Polydor, RGE, CID, BMG Brasil, Polygram, Warner, Universal, surgiram ou se consolidaram na década de 1990 dezenas de gravadoras independentes ou alternativas. A lista é extensa: Plug, Indie, Ingazeira, Paradoxx, Dabliú, TNT Records, Só Balanço, Pentagrama, Trama, Velas, Brilho, Atração, Natasha, Zâmbia, Zimbabwe, Companhia Paulista de Hip Hop, Net Records, 4P, Cosa Nostra, Discoll Box, Face da Morte Produções, Porte Ilegal, Art Fonográfica, Sexo Puro, Gema, AB Records, MD Music, MZA Music, Gringo Records, RSF Records e Fantasy Music, entre outras. Paralelamente, movimentos sociais e entidades de classe, como o Movimento dos Trabalhadores Rurais Sem Terra (MST) e a Federação dos Trabalhadores Rurais de Pernambuco (Fetape), também passaram a gravar CDs com coletâneas das canções presentes em suas mobilizações.

Integrantes dos Racionais MC's.

É impressionante a quantidade de compositores, cantores, duplas e conjuntos que abordaram temas políticos no período: MC Cidinho, MC Doca, MC Júnior, MC Leonardo, Rafael Crespo, BNegão, Jackson, Marcelo D2, Planet Hemp, Athalyba e a Firma,

MC Marcelo, MC Padilha, Dr. Rocha, Mr. Catra, Edson Gomes, Fauzi Beydoun, Tribo de Jah, Zé Pinto, Zé Geraldo, Rappin' Hood, Posse Mente Zulu, Netinho de Paula, Wagninho, Negritude Júnior, Edgard Scandurra, Ira!, Marcelo Nova, Camisa de Vênus, Manos da Baixada de Grosso Calibre, Rafael Lima, Aracílio Araújo, Alcymar Monteiro, Samuel Rosa, Chico Amaral, Skank, Chico Science & Nação Zumbi, Bezerra da Silva, Comando DMC, Wilson das Neves, Paulo César Pinheiro, GOG, RZO, Paulo Caruso e Chico Caruso, Faces do Subúrbio, Formiga, Black Alien, José Luiz Carlos de Lima, Ivanildo Vilanova, Valdir Teles, André Gomes, Gabriel, o Pensador, Everardo Senna, Raio da Silibrina, Zé Ramalho, Itamar Assumpção, Gabriel Moura, Seu Jorge, Sérgio Granha, Farofa Carioca, Guiguio, Joccy Lee, Olodum, DMN, Câmbio Negro, Japão, Falcão, Tarcísio Matos, Zé Mulato e Cassiano, Da Guedes, MV Bill, Marcelo Yuka, O Rappa, Toni Garrido, Da Gama, Lazão, Bino Farias, Cidade Negra, Bráulio de Castro, Caju e Castanha, Tom Zé, Sérgio Molina, Alê Siqueira, Natiruts, Artigo 331, KL Jay, Xis, LF, Tiago Mocotó, Aninha Lima, Liminha, Itaal Shur, Aliado G, Mano Ed, DJ Viola, Face da Morte, Facção Central, Mathilda Kovak, Suely Mesquita, Giovani Papini, Targino Jardim, Jorge Portugal, Solange de César, Davison, Aline, SNJ, Fenelon Dantas e Geraldo Amâncio, Z'África Brasil, Clã Nordestino, A Família, Zezé di Camargo e Luciano, Tico Santa Cruz, Detonautas e Ndee Naldinho.

***

Uma centena de composições integra a seleção do décimo e último capítulo desta obra — seleção que, neste caso, pelas razões expostas anteriormente, não pretende ser exaustiva. Tem caráter de antologia.

Ela abre com *Rap da felicidade* e *Rap das armas* — na verdade, dois funks —, que fizeram muito sucesso em 1995. Contavam o que se passava nas favelas cariocas, submetidas à truculência da polícia, mas cada vez mais controladas pelo crime organizado.

O refrão da primeira canção, cantado em todo o país, sintetizava as aspirações de boa parte da população brasileira: "Eu só quero é ser feliz/ Andar tranquilamente na favela onde eu nasci/ É, e poder me orgulhar/ E ter a consciência que o pobre tem seu lugar". Ainda havia alguma esperança, mas o descrédito já batia às portas: "Trocaram a presidência, uma nova esperança/ Sofri na tempestade, agora eu quero a bonança/ O povo tem a força, só precisa descobrir/ Se eles lá não fazem nada, faremos tudo daqui". Os dois últimos versos, em tom de alerta, denotavam um estado de espírito que se consolidaria nos anos seguintes: a paciência estava terminando. Novos agentes políticos e sociais entravam em cena.

As onze composições seguintes — *Rap do curral*, *Favela também é arte*, *Futuro do país*, *Porcos fardados*, *Meus direitos* (MC Cidinho e MC Doca), *Política*, *Profissão ladrão*, *Sou negrão*, *Sociedade falida*, *Meus direitos* (Edson Gomes) e *Babilônia brasileira* —, todas de 1995, refletiam essa tendência. Foram unânimes na condenação da discriminação racial e da exclusão social, bem como na crítica ao sistema político e aos dirigentes do país. Em *Política*, o grupo Athalyba e a Firma fez o resumo da ópera: "Nossa vida mais e mais ficando crítica/ Basta olhar que você vê que a vida cívica/ Deteriora tanto quanto a coisa pública/ Quanto choro, quanta fome, quanta súplica/ Quanto nojo de saber que gente estúpida/ De mamatas vão vivendo na República".

No campo, a luta pela reforma agrária ganhou força. *Assim já ninguém chora mais* e *Não somos covardes*, embora só tenham sido gravadas em 2002, foram compostas em 1995, quando os acampamentos e as ocupações de terras improdutivas se multiplicaram por todo o país.

No samba *Senhor presidente*, o grupo Negritude Júnior chamou a atenção de Fernando Henrique para o agravamento dos problemas sociais. No rock *É assim que me querem*, o Ira! criticou a proposta da pena de morte e alertou para o fato de que muitos jovens, ao recorrerem a drogas e bebidas, perdiam a capacidade de se indignar com as injustiças. Na rumba *Presidente mulatinho*, os irmãos Paulo e Chico Caruso ironizaram as contradições de Fernando Henrique — "um ser paradoxal", que se considerava marxista mas era "chegadão num capital". As três canções são de 1996.

Em abril do mesmo ano, soldados da Polícia Militar do Pará dispararam contra trabalhadores sem-terra que haviam bloqueado uma rodovia no sul do estado. Dezenove pessoas foram mortas e outras 61 ficaram feridas no massacre, que chocou o país. A chacina foi contada em detalhes por *Eldorado dos Carajás* e *As pedras gritarão*. Já *Uma grande reforma* e *Sem-terra* se solidarizaram com as vítimas e denunciaram a escalada da violência no campo.

As seis canções seguintes, todas de 1996, caracterizam-se pela indignação diante do agravamento da crise social e pela condenação da insensibilidade das autoridades. O reggae *Globalização* e o reggae-baião *Canção nordestina*, ambos da Tribo de Jah, nasceram no Maranhão. *Manguetown*, de Chico Science & Nação Zumbi, brotou das favelas do Recife. *Bem-vindo ao Brasil*, dos rappers do Comando DMC, veio à luz na Grande São Paulo. Os sambas *Malandro consciente*, com Bezerra da Silva, e *O dia em que o morro descer e não for carnaval*, de Wilson das Neves e Paulo César Pinheiro, inspiraram-se nos dramas das favelas do Rio de Janeiro. O recado era o mesmo: a situação estava insuportável.

As eleições municipais de 1996 não trouxeram grandes novidades. Em São Paulo, maior cidade do país, o prefeito Paulo Maluf surpreendeu. Conseguiu eleger um poste como sucessor: Celso Pitta. Sua campanha foi animada pelo *jingle Fura-fila*. O poste, como se veria nos anos seguintes, não só não tinha luz, como estava bichado. Meteu-se em várias falcatruas e saiu da prefeitura pela porta dos fundos.

Aliás, os problemas começaram mal quando ele foi eleito. Em dezembro de 1996, estourou o escândalo dos precatórios. Em três tempos, foi instalada uma CPI para investigar a emissão fraudulenta de títulos públicos para pagamento de dívidas oriundas de sentenças judiciais. Entre os responsáveis pelas maracutaias estavam alguns governos estaduais e diversas prefeituras — entre elas, a de São Paulo, justamente no período em que Pitta havia sido o secretário de Finanças da cidade. O *Samba do precatório*, dos irmãos Caruso, brincou com o malfeito.

Em *Zerovinteum* (1997), a banda Planet Hemp denunciou o clima de violência que havia tomado conta da Cidade Maravilhosa. De um lado, o narcotráfico assumindo o poder nas favelas; de outro, a polícia submetendo a população pobre a todo tipo de esculacho e violência. No Recife, em *Homens fardados* (1997), o conjunto de rap Faces do Subúrbio levantou a voz contra as arbitrariedades da Polícia Militar, que insistia em barbarizar os jovens pretos e pobres nas favelas.

O repente *Não conheço esquerdista que não mude quando pega nas rédeas do poder* (1997), de Ivanildo Vilanova, registrou o espanto de muita gente com as transformações sofridas por Fernando Henrique ao longo de sua carreira política. Na academia, defendera ideias com tons de esquerda. Ao chegar ao governo, implementou o programa neoliberal. Também de autoria de Ivanildo Vilanova é o repente *Retratos do Brasil*, com críticas às mazelas do país e ao descaso das autoridades pelo povo.

Pátria que me pariu (1997), de Gabriel, o Pensador, levantou um tema que era tabu: a legalização do aborto. Uma criança indesejada veio ao mundo, sendo abandonada pelo pai e pela mãe. Sem família, acabou na rua e no crime. Morreu ao chegar à adolescência: "Boi, boi, boi da cara preta, pega essa criança com um tiro de escopeta/ Calibre 12 na cara do Brasil/ Idade 14, estado civil: morto/ Demorou, mas a sua pátria mãe gentil conseguiu realizar o aborto".

No início de 1997, por ocasião do primeiro aniversário do Massacre de Eldorado dos Carajás, o MST organizou uma grande marcha rumo a Brasília.

A manifestação teve grande repercussão, fazendo com que a bandeira da reforma agrária subisse para o topo da agenda nacional. *João Ninguém Sem-Terra*, *Floriô*, ambas de 1997, *Descobrimos lá na base*, *Sem-terra*, de Everardo Senna, e *Sem terra*, de Zé Ramalho, todas de 1998, refletiram esse momento.

Índio, do grupo Farofa Carioca, indignou-se com o assassinato do pataxó Galdino Jesus dos Santos, queimado vivo por jovens de classe média quando dormia num ponto de ônibus em Brasília, em abril de 1997. Os rapazes alegaram que estavam apenas brincando. E completaram: “Pensamos que ele era apenas um mendigo”. Em *Funk da PM*, os irmãos Caruso criticaram as seguidas arbitrariedades cometidas pela corporação. *Candelária* (1998), do Olodum, relembrou as inúmeras chacinas que chocaram o país na época.

Em meados de 1997, o Congresso aprovou a emenda constitucional da reeleição, que permitiu ao presidente da República, aos governadores e aos prefeitos concorrer a um segundo mandato. Houve denúncias de que parlamentares teriam recebido dinheiro para votar a favor da novidade, e alguns dos envolvidos renunciaram para não ter de responder às acusações. Em *Bom é ser presidente*, os irmãos Paulo e Chico Caruso, ao passar em revista as trapalhadas e acertos dos quatro presidentes civis pós-ditadura, debocharam do empenho de Fernando Henrique na aprovação da emenda: “Fazer a moeda forte com um governinho fraco/ Onde o fisiologismo é o maior barato/ Sorriso de paisagem, *check-up* no coração/ Uma ideia só na cabeça: a reeleição/ Levar uns oito anos para chegar no final/ E privatizar o assento presidencial”.

Três raps de 1998 dão sequência a esta seleção: *H. Aço*, *Esse é meu país* e *Matemática na prática*. O primeiro, do grupo DMN, dizia que o jovem da periferia precisava ser um homem de aço, um super-homem, para segurar a barra do cotidiano. Embora lançado em 1993, recebeu nova versão em 1998, com fortes críticas a Fernando Henrique. O rap seguinte, gravado pelo Câmbio Negro, pintou o quadro de um Brasil maravilhoso, sem injustiças, com oportunidades para todos. Tudo ia muito bem até que soou a campainha do despertador. O Brasil maravilhoso só existia nos sonhos. A realidade era um pesadelo. Em *Matemática na prática*, GOG apresenta os membros de uma família pobre de uma cidade-satélite de Brasília. Todos trabalham muito, todos ganham pouco. São sempre subtraídos: “A matemática na prática é sádica/ Reduziu meu povo a um zero à esquerda, mais nada/ Uma equação complicada onde a igualdade é desprezada”.

Em *Reengenharia* (1998), Itamar Assumpção partiu para a gozação em cima dos seguidores do Deus Mercado. No auge da globalização e do neoliberalismo, pareciam só ter olhos para o dinheiro, a competitividade, a economia de escala e a derrubada de fronteiras. O ser humano não fazia parte de suas preocupações.

1998 foi ano de eleições. O cantor e humorista cearense Falcão anarquizou com os políticos que tudo prometiam e nada cumpriam. Em *Quebrando o cabresto*, chamou os eleitores a enganar os "coronéis" e a romper com o voto de cabresto. Que se divertissem nos comícios e comessem nos churrascos oferecidos pelos candidatos, mas que não votassem "nesses nojentos". Quem eram eles? O Fernando, o Alencar, o Magalhães e o doutor Ribamar — provavelmente Fernando Henrique, Marcello Alencar, Antônio Carlos Magalhães e José Sarney. Já em *Vote em mim e não se preocupe*, o cantor cearense lançou uma plataforma escatológica: "Supondo ser você eleitor que se preze/ Tendo eu fé em você, você fé em mim/ É chegada a hora de unir nossas fezes".

Os *jingles Reeleger Fernando Henrique*, *Coração brasileiro* (Lula) e *Real e justo* (Ciro Gomes) — os títulos são atribuídos — pertencem à corrida presidencial de 1998.

A desvalorização do real foi tema da moda de viola *A face da moeda* (1999). A dupla caipira Zé Mulato e Cassiano previu que a crise logo levaria à criação de uma nova moeda, o nocaute. O fato é que a autoestima do brasileiro foi à lona — e a imagem do presidente também. Fernando Henrique, que havia passado o primeiro mandato acima do bem e do mal, entrou na linha de tiro. Seu segundo período no Palácio do Planalto seria marcado por muitas crises, uma depois da outra. A desesperança e a bronca se alastrariam pelo Brasil afora.

Os quatro raps seguintes, todos de 1999, são ilustrativos desse estado de espírito. *Mancada 2000*, do Face da Morte, *Que lei é essa?*, dos gaúchos do Da Guedes, *Soldado do morro*, de MV Bill, e *Tribunal de rua*, de O Rappa, bateram forte no governo, protestaram contra a violência policial e lamentaram o recrutamento de jovens pobres pelo narcotráfico. Em *Xibom bombom*, a banda As Meninas, da Bahia, com muito balanço e bom humor, criticou a falta de oportunidades e perspectivas para o povo mais pobre: "Analisando essa cadeia hereditária/ Quero me livrar dessa situação precária/ Onde o rico cada vez fica mais rico e o pobre cada vez fica mais pobre".

Com a aproximação das comemorações dos quinhentos anos da descoberta do Brasil, a banda Tribo de Jah perguntou em *500 anos de História*: o que o povo brasileiro deveria festejar? As matanças de índios? A escravidão e seu legado de injustiça? A péssima educação? A Justiça omissa? O trabalho mal pago?

Na esteira da desvalorização do real, o governo socorreu alguns bancos à beira da falência. Alegando que era necessário evitar o efeito cascata sobre o sistema financeiro como um todo, o Banco Central tapou com dinheiro público rombos privados. Os casos mais notórios foram os dos bancos Marka e FonteCindam. A grita foi geral.

Cassino da URV, dos irmãos Caruso, gozou as jogadas criativas da equipe econômica: "Venha conhecer nossa equipe/ O Armínio Fraga e o Fernando Henrique/ São excelentes crupiês/ Fazem seu salário desaparecer". *Nesse Brasil de Mãe Preta, de Caboclo e Pai João*, de Ivanildo Vilanova e Valdir Teles, foi pelo mesmo caminho: "Brasil do escândalo é fã/ Muitos desses são notórios/ Dos fiscais, dos precatórios/ De Marka e FonteCindam".

Seguem-se quatro raps, todos lançados em 2000. *Procedência C.D.*, do Planet Hemp, embarcou na denúncia jamais comprovada de um dirigente sindical da Polícia Federal sobre a existência de uma organização patronal clandestina chamada Comando Delta, que teria sido responsável pela eleição de Fernando Henrique. *Test-drive de camburão*, também do Planet Hemp, denunciou a selvageria da repressão policial contra os moradores de favelas no Rio de Janeiro. Em *A voz do excluído*, MV Bill e o grupo Cidade Negra insurgiram-se contra o preconceito social e racial da polícia e do Judiciário, com uma frase que marcou época: "Aqui cadeia é pra puta, preto e pobre". Em *Cidade partida*, o mesmo grupo deixou claro que não haveria solução para a violência enquanto as autoridades não resolvessem a questão social.

As duas canções seguintes, também de 2000, denunciaram a corrupção nas altas esferas do poder. A marchinha *Procura, procurador, procura*, dos irmãos Caruso, brincou com o escândalo do superfaturamento do prédio do Tribunal Regional do Trabalho de São Paulo, que levou o juiz Nicolau dos Santos Neto à prisão e o senador Luiz Estevão à perda do mandato. O repente *Purucutruco*, de Bráulio de Castro, passou em revista várias maracutaias.

É da lavra de Tom Zé *A chegada de Raul Seixas e Lampião ao FMI*, de 2000. O compositor e cantor baiano cantou a disposição de luta do Maluco Beleza e do Rei do Cangaço, que foram aos Estados Unidos e botaram o Tio Sam para correr. De quebra, ainda tomaram o dinheiro existente nos cofres do FMI.

Fecha o ano de 2000 o *jingle São Paulo vai dar a volta por cima* (título atribuído), de Marta Suplicy, que nas eleições municipais derrotou Paulo Maluf e Geraldo Alckmin, conquistando a prefeitura de São Paulo.

Em *Filhote da ditadura*, gravado em 2001, Suely Mesquita e Mathilda Kovak debocharam de um ex-militante que se vangloriava de seu passado para fazer pouco da namorada: "Eu não lutei contra a ditadura/ Não apoiei a guerrilha urbana/ Não uso essa armadura/ Não tenho essa desculpa para ser/ Sacana! sacana! sacana!".

Mas o clima da maioria das composições lançadas em 2001 e 2002 não foi o da brincadeira. Ao contrário, predominou o tom veemente, cheio de impaciência e bronca, como fica evidente nos dois reggaes e no rap que vêm a seguir.

O primeiro deles, *Homem do povo*, da banda brasiliense Natiruts, denunciou a violência policial contra os pobres e a impunidade dos criminosos de colarinho branco: "É complicado pra sua cabeça/ E tome chute na moleira do maluco, tapa na cara do trabalhador/ E pro velho corrupto: 'Bom dia, doutor'". *Abandonados pelo sistema*, da Tribo de Jah, chamou o povo a lutar contra as iniquidades sociais geradas pelo capitalismo selvagem. O rap *Zona norte*, do grupo Artigo 331, investiu contra as arbitrariedades da polícia no Rio de Janeiro: "Aqui direitos humanos é uma piada, meu irmão/ Mesmo sem ser um bandido te tratam como ladrão".

Em *Pega ladrão!* (2001), Gabriel, o Pensador tratou da guerra de vida ou morte entre os caciques Jader Barbalho e Antônio Carlos Magalhães e do escândalo da quebra do sigilo do painel eletrônico no Senado. Também é dele o rap *Até quando?* (2001), que criticou a passividade do brasileiro, que parecia acuado diante dos abusos, prepotências e humilhações. De Guarulhos, na Grande São Paulo, veio a resposta dos rappers do SNJ em *Se tu lutas, tu conquistas*: "Sai pra lá, sai pra lá, negativismo/ Que aqui o lado é ativo e positivo/ Se errou, volta do início/ Sem ansiedade e desta vez criativo/ E quando obter a prosperidade/ Não vá se esquecer da solidariedade/ Porque riqueza partilhada é abençoada".

O racionamento de energia de 2001 deu motivo para muitas canções. Com bom humor, *Xote do apagão*, de Targino Jardim e Jorge Portugal, espinafrou a lambança. "Eu quero é mesmo apagar esse apagão/ A falta de planejamento/ Que tormento/ É um sofrimento a mais". Já *Xô apagão*, de Aline, propôs diversas formas de economizar na conta de luz.

O racionamento de energia carimbou no governo a imagem da incompetência administrativa. O rap *Ei, presidente*, de GOG, fez duras críticas ao chefe do governo. Também em 2001, GOG lançou *Brasil com P*, um emocionado libelo contra a desigualdade social escrito apenas com palavras iniciadas com a letra "p". O rap fez — e até hoje faz — um sucesso extraordinário.

Outros dois raps, igualmente fortíssimos, mexeram com o ânimo dos jovens da periferia naquele ano. *Fazendo escola*, do grupo Face da Morte, chamou rapazes e moças a lutar como os estudantes em 1968 e a se espelhar nos exemplos de revolucionários como Marighella, Lamarca e Osvaldão. *Sei que os porcos querem o meu caixão*, do Facção Central, que tivera uma música censurada pela Justiça sob a alegação de que fazia apologia do crime, ironizou: "Implantaram a liberdade de expressão assistida". Em *Discurso ou revólver?*, o mesmo grupo de rap discutiu caminhos para resolver a situação do povo da periferia.

A temperatura continuou a subir. O tom dos raps, reggaes e repentes também. Em *Fábrica de pilantras*, o maranhense Giovani Papini mostrou-se enojado com o crescimento da corrupção: "Os pilantras proliferam/ Como alho em trança/ Os sem-teto, os sem-terra, os sem-nada/ Sem esperança, sofrem demais". O baiano Edson Gomes cantou bem alto sua decepção em *Democracia*: "Aqui tu existe, mas nunca saíste do papel/ Aqui tu existe, mas onde estás? Onde estás?/ E lá no papel tu és linda, és tão bonita". Os repentistas Fenelon Dantas e Geraldo Amâncio, em *Quem tem juízo não faz*, arrolaram besteiras a ser evitadas pelas pessoas sensatas. Votar em Fernando Henrique era uma delas: "Eleger um presidente/ Que tanto enganou a gente/ Votar nele novamente/ Quem tem juízo não faz".

Todo ódio à burguesia, do grupo de rap Clã Nordestino, pegou mais pesado ainda: "Desemprego, desespero, filhos com medo, não é segredo não! Dos pretos, pelos pretos, para os pretos, com os pretos/ Todo ódio à burguesia!/ Orgulho de ser da periferia!". O grupo seguiu na mesma linha em *Lokomotiva da figa*. O conjunto A Família, em *ALCAminhopradestruição*, convocou os brasileiros a repudiarem a proposta de criação da Área de Livre Comércio das Américas (Alca), feita pelos Estados Unidos. Já os rappers do Z'África foram encontrar no passado estímulo para seguir lutando no presente. Em *Antigamente quilombos, hoje periferia*, avisaram: "Cansamos de promessas, volta pro mato, capitão/ Pois já estamos em guerra". Os Racionais MC's alertaram em *Negro drama* que a ascensão social individual, embora positiva, não resolvia o problema de fundo: "O dinheiro tira um homem da miséria/ Mas não pode arrancar/ De dentro dele a favela".

Se o Clã Nordestino sonhava com uma revolução social e o Z'África com a volta de Zumbi, Ndee Naldinho, no belíssimo rap-reggae O *povo da periferia*, clamava pela intervenção divina: "Mas eu tenho fé, eu tenho fé, eu acredito em Deus/ Olhai por esses filhos teus/ Senhor, ó Pai Senhor, olhai o meu povo sofrido da periferia".

E assim, com a bronca social em ascensão e com o governo Fernando Henrique desnorteado e apenas cumprindo tabela, o país chegou às eleições de 2002. *Ladrão de gravata*, dos Detonautas, chamou os eleitores a não votar mais em políticos corruptos e a participar da hora da virada: "Mas se você percebeu/ Que ele roubou de você/ Então faça como eu/ Eu vou virar, vou vencer".

Meu país, da dupla sertaneja Zezé di Camargo e Luciano, embora gravada em 1998, ganhou grande projeção em 2002 ao se transformar numa das trilhas musicais da campanha de Lula. Com versos fortes, sintetizava a ideia de que o Brasil havia tomado um caminho errado nos anos anteriores e era chegada a hora da mudança: "Feito um trem desgovernado/ Quem trabalha tá ferrado/ Nas mãos de quem só engana/ Feito mal que não tem cura/ Estão levando à loucura/ O país que a gente ama".

Além de Lula, outros três candidatos concorreram para valer à presidência da República: José Serra, do PSDB, Anthony Garotinho, do PSB, e Ciro Gomes, do PPS. Os *jingles Bote fé e diga Lula*, *Quero-quero*, *Fé no Brasil* e *Vem, meu país* animaram a disputa do primeiro turno. Lula e Serra passaram para a rodada decisiva. Desde o primeiro momento, o candidato do PT abriu larga dianteira nas pesquisas, recebendo o apoio de Garotinho e Ciro. Seu *jingle* no segundo turno refletiu o clima de favoritismo: *Agora é Lula, falta pouco ou quase nada*. Abertas as urnas, ele teve pouco mais de 61% dos votos, contra quase 39% de Serra.

As canções

Policiais invadem o Morro dos Prazeres, Rio de Janeiro.

1. *Rap da felicidade* (1995).

Autores e intérpretes: MC Cidinho e MC Doca • Gravadora: Som Livre • LP/ CD *Rap Brasil* (1995)

CD Rap Brasil, *MC Cidinho e MC Doca, 1995.*

Poucas canções fizeram tanto sucesso em 1995 como o *Rap da felicidade.* Seu refrão direto, quase ingênuo, foi cantado por toda parte: "Eu só quero é ser feliz/ Andar tranquilamente na favela onde eu nasci/ É, e poder me orgulhar/ E ter a consciência que o pobre tem seu lugar".

O rap — na verdade, um funk — respondia ao recrudescimento da violência policial contra os moradores das favelas e bairros populares do Rio de Janeiro. A partir de 1994, nos marcos da Operação Rio, eles passaram a ser submetidos a constantes batidas policiais, achaques e esculachos. Invasões de domicílios, efetuadas arbitrariamente por agentes da lei sem respaldo de autorizações judiciais, se tornaram corriqueiras. As detenções e prisões, principalmente de jovens, se multiplicaram nas favelas.

Na verdade, o desrespeito às populações mais pobres não se limitava ao Rio de Janeiro. Havia se convertido num fenômeno nacional. Incapaz de oferecer estudo, emprego, proteção social e segurança aos jovens da periferia, o Estado brasileiro, sob pressão dos setores mais conservadores da sociedade, passou a tratá-los como bandidos potenciais, que deviam ser reprimidos e confinados em guetos.

Foi essa realidade que MC Cidinho e MC Doca denunciaram, ainda que mantendo a esperança de que as autoridades mudariam de comportamento, até porque um novo presidente da República, Fernando Henrique Cardoso, havia tomado posse meses antes. Mas, ao final, o tom era de advertência: "Sofri na tempestade, agora eu quero a bonança/ O povo tem a força, só precisa descobrir/ Se eles lá não fazem nada, faremos tudo daqui".

A panela de pressão da crise social apitaria cada vez mais forte nos anos seguintes.

Eu só quero é ser feliz
Andar tranquilamente na favela onde eu nasci
É, e poder me orgulhar
E ter a consciência que o pobre tem seu lugar
(bis)

Minha cara autoridade, eu já não sei o que fazer
Com tanta violência eu sinto medo de viver
Pois moro na favela e sou muito desrespeitado
A tristeza e a alegria aqui caminham lado a lado
Eu faço uma oração para uma santa protetora
Mas sou interrompido a tiros de metralhadora
Enquanto os ricos moram numa casa grande e bela
O pobre é humilhado, esculachado na favela
Já não aguento mais essa onda de violência
Só peço, autoridade, um pouco mais de competência

Eu só quero é ser feliz...

Diversão hoje em dia não podemos nem pensar
Pois até lá nos bailes eles vêm nos humilhar
Ficar lá na praça, que era tudo tão normal
Agora virou moda a violência no local
Pessoas inocentes que não têm nada a ver
Estão perdendo hoje o seu direito de viver
Nunca vi cartão-postal que se destaque uma favela
Só vejo paisagem muito linda e muito bela
Quem vai pro exterior da favela sente saudade
O gringo vem aqui e não conhece a realidade
Vai pra zona sul pra conhecer água de coco
E o pobre na favela vive passando sufoco
Trocaram a presidência, uma nova esperança
Sofri na tempestade, agora eu quero a bonança
O povo tem a força, só precisa descobrir
Se eles lá não fazem nada, faremos tudo daqui

Eu só quero é ser feliz...

2. *Rap das armas* (1995).

Autores e intérpretes: MC Júnior e MC Leonardo • Gravadora: Columbia/ Sony Music • LP/ CD *De baile em baile* (1995)

Em *Rap das armas*, MC Júnior e MC Leonardo descrevem o impressionante arsenal nas mãos do narcotráfico: revólveres, pistolas, escopetas, fuzis automáticos, granadas, submetralhadoras e metralhadoras pesadas. A letra termina com um apelo ao desarmamento: "Para todas as galeras que acabaram de escutar/ Diga não à violência e deixe a paz reinar".

O jornal *O Globo*, porém, encrencou com os versos do rap que diziam: "Estamos com um problema que é a realidade/ E é por isso que eu peço paz, justiça e liberdade".

Alegou que se tratava de propaganda subliminar do Comando Vermelho, organização criminosa muito atuante nos presídios e nas favelas, cujo lema era justamente "Paz, Justiça e Liberdade".

Os rappers MC Cidinho e MC Doca, que meses antes haviam feito grande sucesso com o *Rap da felicidade*, lançaram então nova versão para o *Rap das armas*, da qual expurgaram o lema do Comando Vermelho e na qual incluíram menções à Divisão de Repressão a Entorpecentes (DRE), ao Batalhão de Operações Policiais Especiais da Polícia Militar (Bope), ao Morro do Dendê, na Ilha do Governador, e aos "alemão" — gíria que, genericamente, significa "inimigos".[2]

[2] A letra da segunda versão de *Rap das armas* é a seguinte: "Morro do Dendê é ruim de invadir/ Nós, com os alemão, vamos se divertir/ Porque no Dendê eu vou dizer como é que é/ Aqui não tem mole nem pra DRE/ Pra subir aqui no morro até a Bope treme/ Não tem mole pro exército, civil, nem pra PM/ Eu dou o maior conceito para os amigos meus/ Mas Morro do Dendê também é terra de Deus/ Fé em Deus, DJ/ Vamos lá/ Parapapapapapapapapa/ Parapapapapapapapapa/ Paparapaparapapara clack bum/ Parapapapapapapapapa/ Vem um de AR-15 e outro de 12 na mão/ Vem mais um de pistola e outro com dois oitão/ Um vai de URU na frente, escoltando o camburão/ Tem mais dois na retaguarda, mas tão de Glock na mão/ Amigos que eu não esqueço, nem deixo pra depois/ Lá vem dois irmãozinho de 762/ Dando tiro pro alto só pra fazer teste/ De Ina-Ingratek, Pisto-Uzi ou de Winchester/ É que eles são bandido ruim e ninguém trabalha/ De AK-47, na outra mão a metralha/ Esse rap é maneiro, eu digo pra vocês,/ Quem é aqueles caras de M-16/ A vizinhança dessa massa já diz que não aguenta/ Nas entradas da favela já tem ponto 50/ E se tu tomá um pá, será que você grita/ Seja de ponto 50 ou então de ponto 30/ Mas se for alemão eu não deixo pra amanhã/ Acabo com o safado, dou-lhe um tiro de pazã/ Porque esses alemão são tudo safado/ Vem de garrucha velha, dá dois tiros e sai voado/ E se não for de revólver, eu quebro na porrada/ E finalizo o rap detonando de granada".

Faz parte desta seleção a primeira versão de MC Júnior e MC Leonardo.

O meu Brasil é um país tropical
A terra do funk, a terra do carnaval
O meu Rio de Janeiro é um cartão-postal
Mas eu vou falar de um problema nacional

Parapapapapapapapá
Parapapapapapapapá
Paparapaparapapará clack bum
Parapapapapapapapá (bis)

Metralhadora, AR-15 e muito oitão
A Intratek com disposição
Vem Super 12 de repetição
45 que é um pistolão
FMK-3, M-16
A pisto UZI eu vou dizer para vocês
Tem 765, 762 e o fuzil dá de 2 em 2

Parapapapapapapapá...

Nesse país todo mundo sabe falar
Que favela é perigosa, lugar ruim de se morar
É muito criticada por toda a sociedade
Mas existe violência em todo canto da cidade
Por falta de ensino, falta de informação
Pessoas compram armas, cartuchos de munição
Se metendo em qualquer briga ou em qualquer confusão
Se sentindo protegidas com uma arma na mão

Parapapapapapapapá...

Vem pistola Glock, a HK
Vem a Intratek, granada pra detonar
Vem a caça-androide e a famosa escopeta
Vem a pistola Magnum, a Uru e a Beretta
Colt 45, um tiro só arrebenta
E o fuzil automático com um pente de 90
Estamos com um problema que é a realidade
E é por isso que eu peço paz, justiça e liberdade

Parapapapapapapapá...

Eu sou o MC Júnior, eu sou MC Leonardo
Voltaremos com certeza pra deixar outro recado
Para todas as galeras que acabaram de escutar
Diga não à violência e deixe a paz reinar.

3. *Rap do curral* (1995).

Autores e intérpretes: MC Marcelo e MC Padilha • Gravadora: Som Livre • LP/ CD *Rap Brasil* (1995)

O *Rap do curral*, também conhecido como o *Rap do Betinho*, talvez tenha sido o maior sucesso da talentosa dupla MC Marcelo e MC Padilha, muito ativa na década de 1990 no Rio de Janeiro.

O funk homenageia o militante Herbert José de Sousa, fundador da Ação Popular (AP), organização da esquerda católica que mais tarde aderiu ao marxismo. Ao voltar do exílio em 1979 (ver *O Bêbado e a equilibrista*, no Capítulo VIII do Volume II), Betinho criou o Instituto Brasileiro de Análises Sociais e Econômicas (Ibase) e se tornou referência nacional nas lutas sociais.

Em 1993, ele lançou a Ação da Cidadania contra a Fome, a Miséria e pela Vida, que deu grande destaque à questão da fome na agenda nacional. A iniciativa foi comemorada por MC Marcelo e MC Padilha: “Já cansado de esperar e de nada adiantar/ Pelos nossos governantes, contra a fome eu vou lutar/ Sei que a luta é de morte, eu vou precisar de sorte/ Pra vencer essa guerra, e acabar com essas mortes”.

Betinho, portador do vírus da aids, contraído durante uma transfusão de sangue, morreu em 1997.

É do curral, cavalo ê ê
Rio da Prata ê ô, estou aqui para mostrar
Que o funk é paz e amor (bis)

Já cansado de esperar e de nada adiantar
Pelos nossos governantes, contra a fome eu vou lutar
Sei que a luta é de morte, eu vou precisar de sorte
Pra vencer essa guerra, e acabar com essas mortes
Nessa onda vou entrar com a miséria acabar
E a minha população quero sempre ajudar
Ele tem bom coração, é amigo dessa nação
Por isso eu vou chamar Betinho sangue bom
Há sete anos atrás quando tudo começou
Uma doença infecta o Betinho constatou
Mas esse homem é forte, ele tem sorte
Esse vírus é maldito, já o condenou à morte,

Não a morte instantânea, mas sim a morte lenta
E o Betinho ainda tem forças pra lutar com a consciência
Esse homem é capaz de lutar por algo a mais
Por isto foi indicado pro Prêmio Nobel da Paz

Mas eu parei, parei só pra pensar
Que contra a fome é que eu vou lutar
E só assim
A guerra vai ter fim
Se dermos as mãos
Junto com Betinho (bis)
Ô ô ô a fome terá fim

Mas numa triste domingueira um desastre aconteceu
O piloto brasileiro Ayrton Senna morreu
Todo mundo hoje chora, o piloto foi embora
Mais deixou pra gente muitos títulos e glórias

E eu gostei, valeu
Valeu, Senna campeão
O Brasil chora hoje de emoção
Você partiu, mas nos deixou uma simples lição
Que o Brasil pode ser campeão
Ô ô ô, valeu, Senna campeão

Mas o Betinho sociólogo na luta contra a fome
Apesar de ser franzino, ele é um grande homem
Empurra o movimento nacional contra a miséria
Sabendo que sua luta no Brasil ainda é séria
E eu parei, parei só pra pensar
Que contra a fome é que eu vou lutar
E só assim a guerra vai ter fim
Se dermos as mãos juntos com o Betinho
Ô ô ô, a fome terá fim.

4. *Favela também é arte* (1995).

Autores e intérpretes: Dr. Rocha e Mr. Catra • Gravadora: Som Livre • LP/ CD *Rap Brasil – volume 3* (1995)

LP/ CD Rap Brasil - volume 3, *Dr. Rocha e Mr. Catra, 1995.*

No funk *Favela também é arte*, Mr. Catra e Dr. Rocha, do Morro do Borel, na Tijuca, pedem o fim da violência, da fome e do desemprego e denunciam a desigualdade social existente no Brasil: "Enquanto se come bem na casa do bacana/ O pobre agradece a Deus quando tem pão com banana/A elite escuta isso e diz que é exagero/ Pois não vive o dia a dia à beira do desespero".

Não adianta embarreirar
A verdadeira arte agora vamos mostrar

Chegou a nossa vez
Explode, DJ!

Favela não é só crime, favela também é arte
Isso está provado ouvindo em toda parte
Por isso hoje eu digo com pureza no coração
Mister Catra, amigo, é paz, saúde e união
Favela, consciência e arte
Isso está provado ouvindo em toda parte
Por isso hoje eu digo, é com pureza de verdade
Dr. Rocha, amigo, é paz, justiça e liberdade

Diretamente do Borel para o país inteiro
Lutando contra a injustiça, covardia e o desespero
Estamos pedindo pra acabar com a violência
A fome, o desemprego e qualquer tipo de carência
Fé em Deus para todas as comunidades
E muitas forças aos irmãos que estão sem liberdade
Pois já chega de massacre, o pobre não aguenta mais
Só queremos liberdade, saúde, justiça e paz
Enquanto se come bem na casa do bacana
O pobre agradece a Deus quando tem pão com banana
A elite escuta isso e diz que é exagero
Pois não vive o dia a dia à beira do desespero
Aqui na favela, doutor, se tu não sabe
A grande maioria passa por necessidade
Nós só pedimos consciência para mudar a situação
O negócio, gente boa, é paz, saúde e união
Favela também é arte
Isso está provado ouvindo em toda parte.
Por isso hoje eu digo com pureza no coração
Mister Catra, amigo, é paz, saúde e união.
Favela, consciência e arte
Isso está provado ouvindo em toda parte
Por isso hoje eu digo é com pureza de verdade
Dr. Rocha, amigo, é paz, justiça, liberdade

Fé em Deus! (bis)
Paz, justiça, liberdade, fé em Deus!

5. *Futuro do país* (1995).

Autores: Marcelo D2 e Rafael Crespo • Intérprete: Planet Hemp • Gravadora: Sony Music • CD *Usuário* (1995)

CD Usuário, *Planet Hemp, 1995.*

Em *Futuro do país*, a banda Planet Hemp denunciou a política de higienização social praticada pelas autoridades, que condenava adolescentes e jovens pobres à discriminação, ao gueto e à falta de oportunidades: "Será que

Integrantes do Planet Hemp.

a solução é exterminar/ Herodes não morreu e hoje em dia está pior/ Esterilização em massa e chacina de menores/ Eu queria somente lembrar/ Que milhões de crianças sem lar/ São frutos do mal que floriu/ Num país que jamais repartiu/ (Pátria amada, Brasil)".

Para a banda, que misturava samba, rap, rock e outros gêneros, a raiz da violência estava na desigualdade social. Ela se acentuara brutalmente durante a ditadura e não havia sido reduzida em dez anos de regime democrático. A solução não estava na esterilização em massa das mulheres ou nas chacinas de menores, mas sim na inclusão social: "Eu queria somente lembrar/ Que milhões de crianças sem lar/ São frutos de um mal que floriu/ Num país que jamais repartiu".

Só cuidando do "futuro do país", o Brasil poderia ser "o país do futuro".

De dia à procura de comida
A noite um lugar pra dormir
Carrega no corpo feridas e ainda consegue sorrir
Dizem que o nosso país não vai mal
Porque o povo ainda faz carnaval
Mas os pequenos e mal amados
Não compartilham da mesma visão
Há tristeza no seu coração
Vivem à margem do nosso país
Assaltando e ferindo quem passa
Tentando entrar no seu jeito infeliz
Que o país os deixou na desgraça
São alvos de uma justiça que só sabe falar
Será que a solução é exterminar
Herodes não morreu e hoje em dia está pior
Esterilização em massa e chacina de menores
Eu queria somente lembrar
Que milhões de crianças sem lar
São frutos do mal que floriu
Num país que jamais repartiu
(Pátria amada, Brasil)

Esse é o futuro do país, futuro do país
Esse é o futuro do país, futuro do país (bis)

Pra poder comer eles te pedem dinheiro na rua
Você vira as costas e diz que a culpa não é sua
Esse é o futuro do país você pisa neles hoje
E amanhã é a sua vida que está por um triz
Mas dar uma esmola não é a solução
Eles precisam de cultura e boa alimentação
Porque um povo sem cultura me dá insônia
Qualquer dia desses voltaremos a ser colônia
Pelas esquinas e praças estão
Desleixados e até maltrapilhos
Filhos bastardos da mesma nação
São crianças, porém não são filhos
Mas eu queria somente lembrar
Que milhões de crianças sem lar
São frutos de um mal que floriu
Num país que jamais repartiu

Esse é o futuro do país, futuro do país...

6. *Porcos fardados* (1995).

Autores: Marcelo D2 e Rafael Crespo • Intérprete: Planet Hemp • Gravadora: Sony Music • CD *Usuário* (1995)

Porcos fardados é um manifesto contra a violência da polícia. A banda não critica os desvios de conduta de um ou outro agente da lei em casos isolados, mas coloca em xeque a própria instituição policial — segundo ela, despreparada e incompetente, treinada na academia para proteger a minoria rica e apavorar a população pobre: "Porcos da lei, são todos marginais/ Matam pessoas inocentes e continuam em paz".

Na canção, a banda carioca Planet Hemp paga um tributo explícito a Bezerra da Silva, uma das primeiras vozes a denunciar as arbitrariedades da polícia contra os habitantes dos morros do Rio de Janeiro. Cita os versos do samba *Bicho feroz*, lançado dez anos antes, que gozava os arroubos de valentia de um covarde que só se tornava agressivo quando estava armado: "Você, com o revólver na mão, é um bicho feroz,/ Sem ele, anda rebolando e até muda de voz".

X9 é sinônimo de alcaguete.

Porcos da lei, são todos marginais
Matam pessoas inocentes e continuam em paz
Despreparados, incompetentes, agem acima da razão
Ao invés de impor a segurança, apavoram a população
São ensinados a proteger uma minoria rica
Da maioria pobre que paga com a vida
E se você é um trabalhador, você tem o padrão ideal
Pra cair na malha do esquadrão da morte oficial
Porcos fardados pensam que são homens
Mas na verdade não honram nem o seu sobrenome
Bezerra, eu peço licença para falar em seu nome
"Você, com o revólver na mão, é um bicho feroz,
Sem ele, anda rebolando e até muda de voz"
Dizem que ela taí pra proteger, é
Cumprir a lei e os marginais prender
Mas na verdade ela só quer te foder
Botam um X9 pra você ser dedurado
Porcos fardados, seus dias estão contados (bis)
Porcos fardados, seus dias estão contados

Invadem sua casa sem um mandado oficial
Levam o pouco que você tem, te chamam de marginal
Faça um favor pra humanidade — pow, pow, policial
Os porcos fingem querer te ajudar
Mas se você ficar de costas, eles vão te matar
Não têm integridade, são uns covardes
Matam sem piedade (pow, pow, pow)
Se você anda na escuridão (sangue bom)
Forjam flagrantes e te levam para a prisão
Te mostram como é a lei, tomam teu último tostão
Na academia, os ensinam como é o marginal padrão
"É o favelado, é o paraíba, é o negão"
Fodem tua mente, te tratam como indigente
Pensam poder maltratar o povo abandonado
Porcos fardados, seus dias estão contados (bis)
Porcos fardados, seus dias estão contados

Eles se acham os tais, estão querendo é mais
(Filhos da puta!)

Abusam da lei e nos veem como marginais
E fantasma na favela não é um marginal
Ele tem código de honra, não é como policial
Ser subornado é comum
Vendem a sua honestidade para qualquer um
Vestem a farda para conseguir propina
Beijar os pés do superior essa será a sua sina
Isso se não encontrar com a morte na esquina
Pra terminar, eu queria falar:
Hoje você me caça, amanhã eu vou te caçar,
Porque com essa injustiça, eu não vou ficar calado
Porcos fardados, seus dias estão contados (bis)
Porcos fardados seus dias estão contados.

7. *Meus direitos* (sem data).

Autores e intérpretes: MC Cidinho e MC Doca • Gravadora: Riserec/ Vidisco • CD *Rap das armas* (2008)

A dupla Cidinho e Doca, da Cidade de Deus, no Rio de Janeiro, que havia estourado com o *Rap da felicidade*, voltou à carga pouco tempo depois com outro funk que se insurgia contra o desrespeito aos trabalhadores moradores das favelas: "É triste, amigo, a gente chegar do trabalho/ E ser esculachado por um motivo que eu não sei/ O rico sente pena, mas sentir pena é fácil/ Ninguém passou na pele a humilhação que passei".

Por que o Estado não era capaz de tratar os brasileiros humildes como cidadãos e os submetia a constantes abusos? "E aos poderosos eu lanço um desafio/ Viver um dia de pobre e o pobre um dia de rei/ Mas eu só peço àquele moço, por favor/ Antes de bater na cara, respeite o trabalhador".

A gravação de *Meus direitos* desta seleção é de uma coletânea da dupla lançada em 2008, embora o rap seja bem anterior.

Fé em Deus
Eu só quero entrar na minha casa, seu moço
Ter o direito de ir e vir
Dar um beijo nas crianças
Beijar minha patroa
Ter o pão de cada dia, eu só quero é ser feliz (bis)

Essa noite comeu solto o tiroteio
Favela tava cercada, não tinha como sair
E a criançada atrás da porta em desespero
Pelo amor de Deus, papai tira a gente daqui
Aí então, uma lágrima desceu
Eu vi que minhas forças vinham das forças de Deus
Só peço àquele moço antes de apertar o gatilho
Que pense em seus filhos antes de matar os meus

Eu só quero entrar na minha casa, seu moço...

É triste, amigo, a gente chegar do trabalho
E ser esculachado por um motivo que eu não sei
O rico sente pena, mas sentir pena é fácil
Ninguém passou na pele a humilhação que passei
E aos poderosos eu lanço um desafio

Viver um dia de pobre e o pobre um dia de rei
Mas eu só peço àquele moço, por favor
Antes de bater na cara, respeite o trabalhador

Eu só quero entrar na minha casa, seu moço...

E aquela praça onde a violência
Acabava com a festa na minha adolescência
Muita coisa mudou, mas eu posso te contar
Hoje são meus filhos quem não podem lá brincar
Pois a metralhadora ainda interrompe
Ameaça jovem, velho, criança, mulher e homens
O problema que era deles, passa a ser problema meu
Ter que aturar uns caras que nem sabem quem sou eu

Eu só quero entrar na minha casa, seu moço...

8. *Política* (1994).

Autores e intérpretes: Athalyba e a Firma • Gravadora: Plug • LP *De política em política* (1994)

Para o grupo de rap paulistano Athalyba e a Firma, que lançou seu primeiro disco em 1995, a política havia caído no mais completo descrédito. Aqueles que deveriam representar o povo só agiam em benefício próprio: "Política/ Nossa vida mais e mais ficando crítica/ Basta olhar que você vê que a vida cívica/ Deteriora tanto quanto a coisa pública/ Quanto choro, quanta fome, quanta súplica/ Quanto nojo de saber que gente estúpida/ De mamatas vão vivendo na República".

LP De política em política, *Athalyba e a Firma, 1994.*

O grupo não deixou pedra sobre pedra na crítica à política feita de costas para o povo e contra o povo: "Essa política sem lógica, sem nexo/ Essa política do próprio paradoxo/ Essa política larica mais que tóxico/ Essa política do *fight* bem no plexo/ Essa política que não respeita sexo/ Essa política perdida em circunflexo/ Essa política mentiras em anexo/ Essa política do choque heterodoxo".

Política
Nossa vida mais e mais ficando crítica
Basta olhar que você vê que a vida cívica
Deteriora tanto quanto a coisa pública
Quanto choro, quanta fome, quanta súplica
Quanto nojo de saber que gente estúpida
De mamatas vão vivendo na República
Chegou lá sem declarar riqueza pública
Joga o jogo de enganar postura física
De enganar figura lá postura cênica

Vem política estúpida e anêmica
Vem política raquítica, cínica
Choque vai, vem inflação de forma cíclica
Nem precisa consultar a estatística
Pois de fato a gente sente a vida rústica
Que não há como mudar o tom da música
Pois vai mudar, vai melhorar, vai ficar
nítida
Sua alegria de viver será explícita
Nos palanques bem montados, boa acústica
São patéticas as promessas de política
De política em política (bis)

Essa política gerando gente cínica
O povo mais cada vez ficando cético
Gabiru será um dia milimétrico
São escândalos, processos quilométricos
São sequestros, falcatruas sem inquéritos
Ser parente se promove pelo mérito
Superfaturada a compra, coisa lícita
Divulgado o resultado da balística
Só se tinha um tiro certo para o encéfalo
Deram dois na inflação, efeito ínfimo
Galopante volta a fera, segue o ritmo
Qual doença degradando o corpo aidético
Então o político declara ser o médico
Diagnostica que a cura é pelo empréstimo
Com certeza vai querer morder o dízimo
E ao problema ele receita um analgésico
E toda verba vai pro bolso dos corruptos
E todo o povo ajoelhado ante o púlpito
Ora a Deus, pede luz para o facínora
Encarnado na figura do publícola
De política em política
De política em política

De política em política
De política em política

Avanço no futuro, cibernética
Com videogame, disc laser, informática
Milidados vão na fita magnética
E essa política atrasando o sul da América
Demagogia se tornando vida prática
Recessão na economia mais estática
A gente não sabemos nem uma gramática
E na saúde como a coisa está dramática
Se ganho vinte: noves-fora, matemática
Lá vai imposto numa construção lunática
Teve debate na TV, caiu na sátira
Lobbies lobos lambem lá de forma sádica
Outros bobos querem resolver na mágica
Alguns acharam a solução compondo
máximas
Outros já preferem agir de forma tácita
E tudo vai se aprofundando na retórica
E de política o povo está com cólicas
E vai levando na sua vidinha módica
Quando o que dá risadas, sente cócegas
Do salário de miséria, coisa cômica
Parlamentarismo, monarquia ou república
Muda o nome e terão todos forma única
Se não se mudar a mentalidade lúdica
O modo de encarar a coisa pública
Enquanto isso a esperança mais um brícola
Secando a roupa no varal ainda úmida
Sol batendo numa gota d'água fúlgida
Que será de nós e de nosso hábitat
Sujando as mãos nós limparemos a política
A inflação é consequência desse cólera
E todo mal que nos assola é uma alíquota

Cujo montante principal é a política
Essa política sem lógica, sem nexo
Essa política do próprio paradoxo
Essa política larica mais que tóxico
Essa política do fight *bem no plexo*
Essa política que não respeita sexo
Essa política perdida em circunflexo
Essa política mentiras em anexo
Essa política do choque heterodoxo
De política em política. (bis)

9. *Profissão ladrão* (1994).

Autores e intérpretes: Athalyba e a Firma • Gravadora: Plug • LP *De política em política* (1994)

Em *Profissão ladrão*, o grupo de rap Athalyba e a Firma narra a trajetória de uma criança cujo "futuro já se previa cruel". Desde cedo, o menino aprendeu que tinha de ser forte para vencer na vida. Como muitas crianças criadas em áreas em que o Estado havia desaparecido, foi atraído pelo crime organizado. Algum tempo depois, já crescido, assumiu posição de comando na guerra pelos pontos de venda de drogas.

Acabou preso, mas a vida na cadeia, longe de afastá-lo do crime, mergulhou-o de cabeça no mundo da bandidagem. Saiu do presídio diplomado em criminalidade: "Tava solto e voltaria pra guerra/ Levando a essa sociedade sua educação".

Para o Athalyba e a Firma, a sociedade se mostrava simplesmente incapaz de oferecer oportunidades e perspectivas para as crianças carentes. Tanto que o personagem

Menor morador de rua é agredido por PM durante blitz *no centro de São Paulo.*

do rap não tinha vergonha de ser bandido. Ao contrário, orgulhava-se do que fazia: "Porque ladrão é a profissão que me dignifica/ No seio da malandragem levo a vida rica".

Apenas um menino
Tateando no escuro
Seu futuro já se previa cruel
A realidade sempre faz o seu papel
Um menino e sua vida abandonada, largada
Nada mais a dizer, página virada
(se liga na ideia então)
Ele já não mais um menino
Mas um jovem mau
(Marca na dele que ele senta o dedo)
Conhece os becos, bocas, guetos
Pontos de disputa e vai à luta
Já que não tem nada a perder
Pois o que tinha perdeu
Sua mãe sumiu
E nada aconteceu pra sua vida
Não ser marginalizada
E ficam discutindo sobre o que fazer
Pô, mas o menino que agora cresceu
Revoltado, o coração em chamas
Ódio, pensamento, vingança
Só se vê criança por aí
É só mais um outro
Bebê a bordo, mala sem alça
Saco de osso, fosso no poço
Mas que bonitinho
Como aconteceu?
Choraria lágrimas de sangue
Mas problema seu
Mas agora ele é o crime
Compaixão o caralho
Marca na minha, velho
Piolhagem é mato
Pago um sapo é ripa e pinote
Sem segredo, sento o dedo e vai
Com a sua sorte, sangue B
Levando a boa, um grito ainda ecoa
Tarde demais, já penetrou o canto escuro
Jaz

Drogas, crimes, trinta e oito à mão
Profissão ladrão (bis)

Lá no pote o bicho pega
E ele esteve lá
Caguetado, foi trancado
E teve mau comportamento
Mas saiu lá de dentro um H
Na confusão, na queima de colchão
Camarão que dorme a onda leva
Tava solto e voltaria pra guerra
Levando a essa sociedade sua educação
Seu canudo assinado pela vida nua
Seu boletim com média dez
De frequência na rua, ladrão
Porque ladrão é a profissão que me dignifica
No seio da malandragem levo a vida rica
Com pó, e de mulher nunca fico só
Às vezes na deprê fica triste e chora
Mas ali ninguém se atreve a lhe dizer o que fazer
O que é feio, o esgoto, o arroto, o aborto
O que é feio, pôr pra fora a sua emoção

A fim de aliviar a dor que traz a infância
no seu coração
Acompanhado está, mas brilha nos seus
olhos sua solidão
Sua escuridão, sua podridão, sua imensidão
O sistemão bota a sua matilha na vida
A presa foge carregando a ferida
A cicatriz a presa usa pra se revoltar
E desferir a mordida maluco
No pai (   )[3] se pá
Ele não tem escrúpulos
É um homem mau

A morte é amiga sua
Tem que sobreviver
Com um dedo ele a deixa nua
E se tornou até prazer
A revolta por ele atua
A vida lhe ensinou assim
Filho da rua... da puta
Um homem mau
Ah! Vai se foder, caralho
Segura a onda vai
Tivesse igual infância carente na mão
Não agiria diferente, você não?
Se você tivesse na minha, filho
Segura, queria ver se você tivesse na minha
Mas sua infância foi amada
Felizmente, man
Ou seria mais um?
E página virada
É o que você pensa, né

Drogas, crimes, trinta e oito à mão
Profissão ladrão (bis)

E ficam discutindo sobre o que fazer
Com mais um menino que agora cresceu
E ficam liquidando, ficam exterminando
Antes o menino mas agora cresceu (bis)

Ladrão, ladrão
Drogas, crimes, trinta e oito à mão
Profissão ladrão. (bis)

10. *Sou negrão* (1995).

Autor: Rappin' Hood • Intérprete: Posse Mente Zulu • Gravadora: PMZ/ independente • LP/ CD *Revolusom Parte 1* (1995)

LP/ CD Revolusom Parte 1, *Posse Mente Zulu, 1995.*

Sou negrão, composta por Antônio Luís Júnior, que adotou o nome artístico de Rappin' Hood, tornou-se conhecida do grande público em 1995, quando o rapper paulista se apresentou com o grupo Posse Mente Zulu

[3] Este trecho não pôde ser descrito.

num grande show no Vale do Anhangabaú, em homenagem aos trezentos anos de Zumbi dos Palmares.

O sucesso fez com que a canção ganhasse em seguida um clipe no canal MTV. Em 1998, o *single* de *Sou negrão* vendeu 18 mil cópias. Em 2001, já em carreira solo, Rappin' Hood fez nova versão para o rap, com a participação especial de Leci Brandão, Moisés da Rocha e o Sampagode.[4]

Manifestação durante o 300º aniversário da morte de Zumbi dos Palmeres, Brasília, 1995.

Na letra original, Rappin' Hood destaca a contribuição de dezenas de negros e negras na política, na cultura, nas artes, nos esportes e nas lutas sociais. Recorda líderes como Zumbi dos Palmares, Malcolm X, Mandela e Martin Luther King, e artistas como Jorge Ben Jor, Grande Otelo, Raul de Souza, Pixinguinha, Cartola, Luiz Melodia, Milton Nascimento, Jackson do Pandeiro, Candeia, Aniceto, Martinho da Vila, Clementina de Jesus, Luiz Gonzaga, Jair Rodrigues, Dandara, Leci Brandão, Jovelina, Djavan, Tim Maia, Gilberto Gil, Sandra de Sá, Jamelão, B. B. King, Jimi Hendrix, Bob Marley, Miles Davis e James Brown.

Também lembra atletas como João do Pulo, Pelé, Garrincha, Denner e Leônidas da Silva, e grupos como o Ilê Aiyê, o Olodum, o DMN, os Racionais MC's e o Fundo de Quintal. Da lista de homenageados, fazem parte ainda a senadora Benedita da Silva e Tia Anastácia, personagem das obras infantis de Monteiro Lobato.

Negros, nós somos negros!
Pode me chamar do que quiser que eu não ligo
Racista, revoltado, sei que não sou nada disso
Pertenço a um raça sofrida, vivida, que acredita
Que ainda há paz, que sorri pra vida
Que curte rap, samba, blues, reggae e outros mais
Cultura afro-brasileira se entregar jamais
Seja você mesmo um negro guerreiro
Posse Mente Zulu! Cem por cento preto
Vinte de novembro temos que repensar
A liberdade de um negro que tanto teve de lutar
O negro não é marginal, não é perigo
Negro é ser humano, só quer ter amigo

[4] Na versão de 2001, os versos iniciais são diferentes: " Subi o morro pra cantar (o rap ahh, o rap ahh)/ Que é pra malandro se ligar (o rap ahh, o rap ahh)/ Que malandragem é trabalhar (o rap ahh, o rap ahh)/ E a pivetada estudar/ Não tenho toda a malandragem de Bezerra da Silva/ Nem o canto refinado de Paulinho da Viola/ Sou só mais um neguinho pelas ruas da vida/ Que quer se divertir, fazer um som e jogar bola/ Rappin' Hood sou, hã, sujeito homem/ Se eu tô com o microfone é tudo no meu nome/ Sou Posse Mente Zulu, se liga no som/ Sou negrão, certo, sangue bom/ 20 de novembro temos que repensar". (Daí em diante, as letras das duas versões são iguais.)

Na antiga era o funk, agora é o rap
Vem puxando o movimento com o negro de talento
O negro é bonito quando está sorrindo
Como versou Jorge Ben, o negro é lindo
E é por causa disso tudo que estamos aqui
Se falam mal do negro, eu não tô nem aí
Pois já briguei muito, já falei demais
Mas o que o negro quer agora realmente é a paz
Andar na rua no maior sossego
Constituir família, ter o seu emprego
Como Grande Otelo, João do Pulo, B. B. King e o blues
Raul de Souza, Miles Davis, de improviso no jazz
Pixinguinha e Cartola, velha guarda do samba
Luiz Melodia e Milton Nascimento, dois bambas
Vieram os Metralhas com o Rap Abolição
Falando do negro e de sua opinião
Pois muitos negros já percorreram a trilha do sucesso
Jackson do Pandeiro, Candeia e Aniceto
Kizomba, Festa da Raça com Martinho e a Vila
No ano do centenário, grande maravilha
E a rainha do samba, Clementina de Jesus
Que já partiu pra melhor, mas Quelé divina luz
E no futebol, temos rei Pelé
Garrincha de pernas tortas num perfeito balé

Sou negrão, hei
Sou negrão, hou (bis)

Luiz Gonzaga era preto, era o rei do baião
Jair Rodrigues disparou no festival da canção
Denner com a bola, mais que um dom
Preto quer trabalhar, não quer ser um ladrão
Futuro, presente, passado, realmente jogados
Fizemos a história, perdemos a memória
Temos nosso valor, temos nosso valor
Bob Marley, podes crer, paz e amor
Diamante Negro do gol de bicicleta
Leônidas da Silva, craque da época
O Malcolm X daqui, Zumbi temos de exaltar
Em Palmares teve muito que lutar
Martin Luther King com a sua teoria
Estados Unidos, o movimento explodia
Apartheid, *um por todos e todos por um*
Nelson Mandela, sem problema nenhum

Sou negrão, hei...

Ilê Aiyê, Olodum, e aí, Mano Brown (e aí, Racionais)
Trio elétrico, Bahia, carnaval
Ivo Meirelles, Jamelão, e aí Mangueira
Luta marcial, jogar capoeira
Negra mulher, preta Dandara
Leci Brandão, Jovelina, Ivone Lara
Cabelo rasta (rasta), dança afoxé
Anastácia e Benedita, muito axé
Djavan e o seu som genial
O rei do balanço, mestre James Brown
Também falando de maninhos que não aceitam um revide
Aqui vai o nosso alô pra DJ Hum e Thaíde
E a reunião da grande massa black
Acontece aqui, nos versos do nosso rap

Na intenção de ver um dia o negro sorrindo
Gilberto Gil e Tim Maia, o síndico
Não esquecendo de falar de Sandra de Sá
Com os seus olhos coloridos fez a massa balançar

Sou negrão, hei...

DMN decretou o que todos têm medo
É 4P, Poder Para o Povo Preto
Não o poder do dinheiro, não a corrupção
Sim o poder do som, Revolusom
Como um solo de Hendrix faz você viajar
Coisa de preto, mano, pode chegar
Brother *vem dançar porque a dança começou*
Vindo do Fundo de Quintal, Mente Zulu chegou
E esse é o recado que acabamos de mandar
Pra toda a raça negra escutar e agitar
Portanto honre sua raça, honre sua cor
Não tenha medo de falar, fale com muito amor

Sou negrão, hei...

Negros, nós somos negros! Você ri da minha pele
Negros, nós somos negros! Negro lindo
Negros, nós somos negros!
Sei que isso meu irmão não te agrada um bocado
Negros, nós somos negros! Você sabe a cor de Deus
Negros, nós somos negros! Seja escuro, mas seja escuro e verdadeiro
Negros, nós somos negros! E a nós damos valor
Negros, nós somos negros! E aí, negão esperto
Negros, nós somos negros! Nós, negros, sabemos pensar
Negros, nós somos negros!
Reggae é movimento, é negro rasta
Negros, nós somos negros! Mano, mano, mano de fé
Negros, nós somos negros! A juventude negra agora tem a voz ativa
Negros, nós somos negros! Assuma sua mente, brother*!*

11. *Sociedade falida* (1995).

Autor e intérprete: Edson Gomes • Gravadora: EMI-Odeon • CD *Resgate fatal* (1995)

CD Resgate fatal, *Edson Gomes, 1995.*

Sociedade falida, de Edson Gomes, não se deixou levar pelo clima de otimismo do início do primeiro mandato do presidente Fernando Henrique, quando o brasileiro redescobriu a maravilha que era viver sem inflação. O reggae fez questão de chamar a atenção para as imensas dificuldades que continuavam a afligir a maioria dos brasileiros. Em 1995, 51 milhões de pessoas viviam abaixo da linha da pobreza no país e 22 milhões abaixo da linha de indigência.

Desafinando o coro dos contentes, Edson Gomes alertou: "São tantos gatos, tantos ratos corroendo os partidos/ Novamente em Brasília ninguém tem compromisso". O tom era de desalento e falta de esperança: "Ninguém sabe se está vivo na próxima parada/ É tanta lama, tanto vício, tanto oportunismo".

Nossas vidas nas ruas já não valem nada
Ninguém sabe se está vivo na próxima parada
É tanta lama, tanto vício, tanto oportunismo
Ninguém sabe se está vivo no próximo domingo
Essa vida aqui na Terra já não faz sentido
Em Brasília ninguém cumpre o compromisso
São tantos gatos, tantos ratos corroendo os partidos
Novamente em Brasília ninguém tem compromisso
Ninguém!
Sociedade falida!
Os bons costumes falidos
Os trabalhadores falidos
Aposentados falidos
Nossa segurança falida
Nossa segurança... a nossa
Educação falida
Os professores falidos
Salas de aulas falidas
A juventude falida
Nossa previdência falida
Significa que nossa saúde está toda ofendida
Ôoooo, as ruas
Andam cheias
De hipócritas.

12. *Meus direitos* (1995).

Autor e intérprete: Edson Gomes • Gravadora: EMI-Odeon • CD *Resgate fatal* (1995)

Em 1995, por ocasião dos trezentos anos da morte de Zumbi, o movimento negro promoveu em Brasília a marcha "Zumbi dos Palmares contra o Racismo, pela Igualdade e a Vida", que reuniu mais de 30 mil pessoas. Após o protesto, foi criado no Ministério da Justiça o Grupo de Trabalho Interministerial de Valorização da População Negra, com o objetivo de propor ações de combate à discriminação racial e sugerir políticas afirmativas.

No reggae, Edson Gomes perguntou onde estavam os direitos dos negros, que no Brasil não tinham acesso à educação e à inclusão social: "Somos alvo da incoerência/ Vítimas da prepotência/ Dos racistas, dos racistas, dos racistas/ Quero meu direito de crescer na vida/ Quero sim/ Oh, Mamãe África".

Oh, Mamãe África
Oh, Mamãe África (bis)

Tanto tempo que a gente está aqui
No Brasil

Tanto tempo que a gente está assim
No Brasil

Sem ter educação
Sem ter oportunidade
Sem ter habitação
Sem ser membro da sociedade

Somos alvo da incoerência
Vítimas da prepotência
Dos racistas, dos racistas, dos racistas

Quero meu direito de crescer na vida
Quero sim
Quero meu direito de vencer na vida (bis)

Oh, Mamãe África...

Quero ter o direito de ser
O que eu quiser ser
Quero ter o direito de ser
O que eu quiser (bis)

Somos alvo da incoerência...

13. *Babilônia brasileira* (1995).

Autor: Fauzi Beydoun • Intérprete: Tribo de Jah • Gravadora: Indie Records • LP/ CD *Roots reggae* (1995)

Em tempos ancestrais, a Babilônia tentou dominar a Etiópia e, por extensão, a África Negra, mas foi repelida. Por causa disso, para os rastafáris, o antigo reino de Nabucodonosor simboliza a opressão dos ricos sobre os pobres.

Babilônia brasileira, lançado em 1995 pela banda maranhense Tribo de Jah, denunciou a selvageria do sistema capitalista, que não dava oportunidades ao povo, condenando-o à desnutrição, à desesperança e à insegurança: "Brasil Babilônia/ Terra da pouca vergonha/ De que vale tamanha riqueza/ Terras boas, tão bela natureza/ Se o povo não pode almejar/ Ao menor bem-estar/ De ter o pão sobre a mesa".

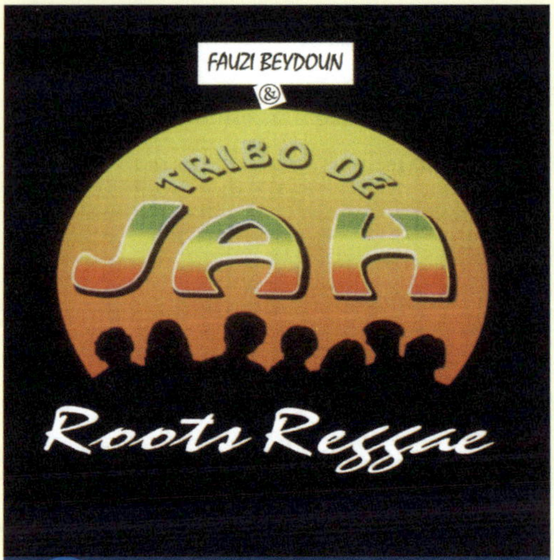

LP/ CD Roots reggae, *Tribo de Jah, 1995.*

O reggae proclamou ainda a certeza de que também no Brasil a vontade de Jah — contração de Javeh ou Jeová, Deus da Bíblia e dos rastafáris — prevaleceria sobre a opressão.

Como pode um país continente
De extensas terras, incontáveis riquezas
Dominado por uma elite tão inconsequente
Saqueando o povo, semeando a incerteza?
Empresários, políticos, corruptos, oportunistas
Constroem seus impérios manipulando a massa

Prepotentes senhores escravagistas
Tão hábeis em suas trapaças
A lei do mais forte é sua segurança
Tornando pessoas mais e mais oprimidas
Famílias inteiras sofridas, sem esperanças
Carentes e subnutridas crianças
Brasil Babilônia
Terra da pouca vergonha
De que vale tamanha riqueza
Terras boas, tão bela natureza
Se o povo não pode almejar
Ao menor bem-estar
De ter o pão sobre a mesa
Babilônia brasileira
Paraíso dos safados
Regime do demônio
Sugando a nação inteira
Capitalismo selvagem, sistema babilônio
Jamais irá suplantar
O sistema e os desígnios de Jah.

14. *Assim já ninguém chora mais* (1995).

Autor: Zé Pinto • Intérprete: Zé Geraldo • Gravadora: Discograf • CD *Arte em movimento – vários intérpretes* (2002)

Embora a canção *Assim já ninguém chora mais* somente tenha sido gravada em 2002, foi composta por Zé Pinto bem antes dessa data, sendo muito cantada nos acampamentos do Movimento dos Trabalhadores Rurais Sem Terra (MST), que se espalharam por diversos estados do Brasil a partir de 1995.

Fundado em 1984 (ver *Sem-terra*, no Capítulo VIII do Volume II), o MST ganhou notável impulso na primeira metade da década de 1990, quando passou a promover invasões de propriedades improdutivas, exigindo sua desapropriação para efeito da reforma agrária. É o que pregava Zé Pinto: "Seguimos ocupando terra/ Derrubando cercas/ Conquistando o chão/ Que chore o latifundiário/ Pra sorrir os filhos/ De quem colhe o pão".

A reação dos grandes proprietários rurais foi duríssima, o que elevou fortemente a temperatura política no campo.

Sabemos que o capitalista
Diz não ser preciso
Ter reforma agrária
Seu projeto traz miséria
Milhões de sem-terra
Jogados na estrada
Com medo de ir pra cidade
Enfrentar favela
Fome e desemprego
A saída nessa situação
É segurar as mãos
De outros companheiros

E assim já ninguém
Chora mais
Ninguém tira o pão
De ninguém
O chão onde pisava o boi
É feijão e arroz
Capim já não convém
(bis)

Compadre junte ao movimento
Convide a comadre e a criançada

Ocupação da fazenda São Bento, no Pontal do Paranapanema, São Paulo, por trabalhadores rurais sem-terra.

Porque a terra só pertence
A quem traz nas mãos
Os calos da enxada
Se somos contra o latifúndio
Da Mãe Natureza somos aliados
E viva a vitória no chão
Sem a concentração
Dos latifundiários

E assim ninguém chora mais...

Seguimos ocupando terra
Derrubando cercas
Conquistando o chão
Que chore o latifundiário
Pra sorrir os filhos
De quem colhe o pão
E a luta por reforma agrária
A gente até para, se tiver, enfim
Coragem a burguesia agrária
De ensinar seus filhos a comer capim

E assim já ninguém chora mais...

15. *Não somos covardes* (1995).

Autor e intérprete: Zé Pinto • Gravadora: Discograf • CD *Arte em movimento – vários intérpretes* (2002)

Não somos covardes foi composta por Zé Pinto mais ou menos na mesma época que *Assim já ninguém chora mais*, entre 1994 e 1995, quando se multiplicaram os acampamentos do MST nas margens das estradas e nas imediações das grandes fazendas.

Em 1990, houve 49 ocupações de terras no país, envolvendo pouco mais de 8 mil famílias. Em 1994, esse número quase triplicou: 119 invasões, com a participação de mais de 20 mil famílias. Nos quatro anos seguintes, o movimento se ampliaria mais ainda. Em 1998, auge do processo, houve 599 ocupações, reunindo um total de 76.482 famílias. Ou seja, em menos de dez anos o número de invasões anuais cresceu 1.200% e o total de famílias engajadas nas mobilizações aumentou 950%. Os dados são da Comissão Pastoral da Terra (CPT), da Igreja Católica.

Na canção, Zé Pinto convoca os trabalhadores a não se iludirem com promessas. Retoma também o lema das Ligas Camponesas — "Na lei ou na marra" —, que marcou a luta pela reforma agrária antes de 1964 (ver *Hino do camponês*, no Capítulo VI do Volume I).

Pegue os cereais e a lona, junte a criançada
Pois sem-terra organizados é terra ocupada
De mãos dadas vamos juntos, não somos covardes
Somos contra o latifúndio, só produz maldade

Existem dois projetos em jogo, isso já tá claro
Contradição entre sem-terra e latifundiário
Pois um projeto é liberdade, vida e produção
O outro injustiça, morte e especulação

Companheirada, pra burguesia não tire o chapéu
Mesma que ela nos prometa o céu
É falsidade, quer nos enganar
Grita sem-terra, unindo as forças, ocupando o chão

Mesmo debaixo dessa repressão
A nossa luta não pode parar

A terra é mãe do lavrador, é quem lavra
este chão
Pois ela sendo repartida aumenta esse pão
O pão que encherá a mesa do trabalhador
Por isso é bem justa essa luta contra o opressor

Fazer da luta imediata escola pro futuro
E derrubar o jogo duplo de cima do muro
Unidos campo e cidade vamos construindo
E um dia contra a burguesia vai ser jogo duro

Reforma agrária! Já que as direitas nunca
fazem nada
Trabalhadores das mãos calejadas
Organizados vão fazer na marra
Socialismo! Essa ideia não pode cair
Mesmo que alguém tente nos iludir
A liberdade será conquistada.

CD Nosso ninho, *Negritude Júnior, 1996.*

16. ***Sr. presidente*** **(1996).**

Autores: Netinho de Paula e Wagninho • Intérprete: Negritude Júnior • Gravadora: EMI-Odeon • CD *Nosso ninho* (1996)

O conjunto Negritude Júnior, formado por jovens moradores da Cohab de Carapicuíba, cidade da Grande São Paulo, fez sucesso retratando o cotidiano dos moradores da periferia. Nos sambas, bem-humorados e alegres, o grupo buscava valorizar o trabalho em oposição ao tráfico de drogas, que ganhava espaço nos bairros mais pobres de São Paulo.

Sr. presidente manda um recado para Fernando Henrique Cardoso. A situação nos grandes centros urbanos estava de amargar: trens superlotados, aposentados obrigados a vender pipoca e amendoim para ganhar uns trocados, bairros populares inundados, serviços de saúde precários, narcotráfico recrutando soldados entre os jovens e o *crack* fazendo estragos na juventude.

Sr. presidente começa e termina com trechos da ópera *O guarani*, de Carlos Gomes, usados como vinhetas do noticiário radiofônico *A Voz do Brasil*. Netinho de Paula seria eleito vereador da capital de São Paulo pelo PCdoB em 2008, com grande votação.

Senhor presidente, espero que se encontre
bem
Pois a nossa gente ainda anda esmagada no
trem
Idosos vendendo pipoca e amendoim
Que país é esse, meu Deus, o que será de mim?

Senhor presidente, a semana passada —
quem viu?
A nossa cidade de tanta água quase que sumiu
No posto de saúde não tinha ninguém pra
atender
A pobre da moça que estava pra ganhar
neném

Acabou nascendo um menino forte e bonitão
Que a gente faz votos pra que não vire ladrão
A mãe só tem quinze e o pai foi preso na boca
E nas faculdades o crack *é a nova onda*

Senhor presidente, eu me sinto contente
Porque pelo menos parou pra me ouvir
(Em Brasília, 19 horas).

17. *É assim que me querem* (1996).
Autor: Edgard Scandurra • Intérprete: Ira! • Gravadora: Paradoxx Music • CD 7 (1996)

CD 7, Ira!, 1996.

Em 1994, o deputado Amaral Netto, um dos principais parlamentares da direita, eleito sucessivamente pela UDN, Arena, PDS, PPR e PPB, apresentou projeto de lei que previa a convocação de um plebiscito sobre a adoção da pena de morte no país. Um bom número de jornalistas, radialistas e articulistas aderiu à campanha, mas religiosos, ativistas de direitos humanos e organizações da sociedade civil condenaram a iniciativa. O projeto foi derrotado, depois de intenso debate.

Foi nesse ambiente que a banda de rock paulista Ira! lançou *É assim que me querem*. Na canção, o jovem se dá conta de que, ao fugir da realidade através do álcool e da maconha, não conseguia ver o que estava errado no mundo, tornando-se alvo fácil para a manipulação: "É assim que me querem/ Sem que possa pensar/Sem que possa lutar/ Por um ideal/ É assim que me querem/ Ao ver na TV todo o sangue jorrar/ E ainda aprovar/ A pena capital".

Estou sonhando de olhos abertos
Estou fugindo da realidade
Todas as cervejas já bebi
Todos os baseados já fumei
E o que há de errado no mundo
Meus olhos já não podem ver
Eu estou do jeito certo
Pra qualquer compromisso assumir

É assim que me querem
Sem que possa pensar
Sem que possa lutar
Por um ideal
É assim que me querem

A ver na TV todo o sangue jorrar
E ainda aprovar
A pena capital
A pena capital
(bis)

É assim que me querem
É assim que me querem

E me vendem essa droga
E me proíbem essa droga
Para os desavisados poderem pensar que o governo combate
Invadindo a favela, empunhando fuzis
Juntando dinheiro corrupto para a platina no nariz

É assim que me querem
Sem que possa pensar
Sem que possa lutar
Por um ideal
É assim que me querem
Ao ver na TV todo o sangue jorrar
E ainda aprovar
A pena capital
A pena capital

É assim que me querem...

18. *Presidente mulatinho* (1996).

Autores e intérpretes: Paulo Caruso e Chico Caruso • Gravadora: Dabliú Discos • CD *Pra seu governo* (1998)

CD Pra seu governo, *Paulo Caruso e Chico Caruso, 1998.*

Durante a campanha eleitoral de 1994, o então candidato Fernando Henrique Cardoso disse em tom de blague que era mulato e tinha "um pé na cozinha". Como choveram críticas dos movimentos negros, ele negou as declarações no dia seguinte. Mas ninguém acreditou no desmentido. A história pegou.

Presidente mulatinho, bem-humorada rumba dos irmãos Paulo e Chico Caruso, passou em revista a trajetória de FHC, "um ser paradoxal". Havia sido um homem de esquerda, mas se convertera ao neoliberalismo. Era bom de garfo, mas não enjeitava uma buchada de bode — em campanhas eleitorais, é claro. Dera aulas em universidades francesas, mas nem por isso se esquivara de montar num jegue no interior do Nordeste na hora da caça ao voto.

Gravada em 1998, a música provavelmente foi composta antes de 1997, pois não menciona entre as contradições do presidente o seu empenho pela aprovação da emenda constitucional que permitiu a reeleição, aprovada em junho daquele ano (ver mais adiante, também dos irmãos Caruso, *Bom é ser presidente*).

Fui de esquerda, hoje eu sou um neoliberal
Marxista, chegadão num capital,
Mulatinho, tenho um pé na cozinha
(Francesa, sem dúvida)
Rive Gauche, Montparnasse etc. e tal
Sociólogo, filho de um general
Subo em jegue, mas sou intelectual
Um gourmet *degustando buchada de bode*
(Como é que pode!)
Sou assim um ser paradoxal

Bem que meu vice
Me disse que era tolice
Eu me preocupar
Minha saúde é de ferro
Naquela cadeira ele não vai sentar
Não sei se eu acredito
No que foi dito por Maciel
(Meu Deus do céu!)
Cruz-credo, que bruta medo
Doutor Tancredo virou tabu
(Huu!)

Max Weber discuti muito com Foucault
Em Nanterre cheguei a ser professor
Desbundei com o Caetano Veloso
(Chico Buarque é repetitivo?)
Esnobei Simone de Beauvoir
(Sai pra lá, perua!)
Jean-Paul Sartre dedicou-me "L'être et le néant"
Com palavras tipo: Eu sou você amanhã
Mão aberta de planos para o futuro
Mais pão-duro que o Fernando Gasparian
E o Ziraldo, com o bichinho da maçã
Mais sem graça do que o Pedro Malan.

19. *Eldorado dos Carajás* (sem data).
Autores e intérpretes: Manos da Baixada de Grosso Calibre • Gravação independente do MST-PA • CD *Um canto pela paz* (2002)

Em *Eldorado dos Carajás*, o grupo Manos da Baixada de Grosso Calibre, de Belém, narra com detalhes a chacina ocorrida no sul do Pará em 17 de abril de 1996.

No dia anterior, 1.500 trabalhadores sem-terra haviam bloqueado o trânsito na rodovia PA-150 para pressionar as autoridades a desapropriar a fazenda Macaxeira, no município de Curionópolis. O governador do Pará, Almir Gabriel, ordenou à Polícia Militar que desocupasse imediatamente a estrada. Às 4 horas da tarde, o major José de Oliveira, no comando de 68 policiais armados de metralhadoras, fuzis, escopetas e revólveres, vindo de Parauapebas, e o coronel Mário Colares de Pantoja, que chegara de Marabá com duzentos homens armados, fecharam o cerco sobre os manifestantes.

Recebidos com paus e pedras, os PMs responderam com uma barragem de tiros de revólver e fuzil e rajadas de metralhadoras. O massacre durou exatos catorze minutos. Sessenta e uma pessoas saíram feridas à bala. Dezenove trabalhadores rurais foram assassinados — entre eles, Lourival, Robson e Oziel, citados no rap. Duas horas depois, com os corpos empilhados às margens da rodovia, o tráfego estava liberado e a ordem restabelecida. O rap termina com uma advertência: "Sem justiça não existe paz/ Eldorado dos Carajás".

A selvageria da repressão, que mostrava uma vez mais o despreparo e a truculência das forças policiais, provocou uma comoção nacional. O julgamento dos oficiais e praças da PM se arrastou por dezesseis anos. Em 2012, o Supremo Tribunal de Justiça (STJ) condenou o major José de Oliveira a 158 anos de prisão. O coronel Mário Pantoja foi condenado à pena de 228 anos de prisão.

1996
Quarta-feira, dezessete de abril
Eldorado dos Carajás, sul do Pará, Brasil
Lá onde só Deus sabe o que acontece
PA-150, Curva do S
Por mais de um dia 1.200 sem-terra
Bloqueiam a rodovia, reivindicam à sua maneira
A desapropriação da fazenda Macaxeira
Quarenta mil hectares de um só dono
De uma terra entregue ao abandono
Grande propriedade, latifúndio improdutivo
Que só serve ao interesse especulativo
E o fazendeiro que não faz concessão
Não está disposto a abrir mão
A oitocentas famílias que só sonham com um pedaço de chão
E tentam a todo custo se manter de cabeça erguida
Mesmo famintos e lutando por comida

Enterro das vítimas do Massacre de Eldorado dos Carajás.

Gente simples, pobre sem muito recurso
Cansados de esperar reforma agrária sair do discurso
Tudo o que eles querem é a terra pra poder fazer uso
O Incra não dá crédito, não assenta, não cumpre prazo
O governo age com total descaso
Insensibilidade diante do drama
Em um profundo desprezo pela vida humana
Planejam o que ninguém imagina
Enquanto a hora da matança se aproxima

Sem justiça não existe paz
Não existe paz
Eldorado dos Carajás
Sem justiça não existe paz
Não existe paz
Eldorado dos Carajás

De Parauapebas, de Marabá
Vieram dois destacamentos da Polícia Militar
Coronel Mário Pantoja,
Com a sua corja,
Duzentos homens armados de forma ameaçadora
Com revólver, escopeta, fuzil, metralhadora
Chegaram na surdina, com sutileza
Prontos pra partir pra cima de gente indefesa
Sedentos de sangue e ao que tudo indica
Vão usar uma violência que não se justifica
São ossos do ofício, matar faz parte do serviço
A tensão aumenta, todo mundo se sente apreensivo
Cada segundo conta, cada minuto é decisivo
Mas dê no que der
Os sem-terra não vão arredar o pé
Estão dispostos a resistir enquanto puder
Enquanto o senhor Almir Gabriel
Só tá a fim de defender o latifúndio, o gado e o capim
A sua ordem tem tom de ameaça
Custe o que custar, de hoje não passa

Sem justiça não existe paz...

E do ímpeto a polícia agiu do seu jeito
Foi traiçoeira, sorrateira, covarde
Às quatro e meia da tarde
Tempo esgotado o cerco se fecha,
Os paus-mandados não deixaram brecha
Reagir, bem que os sem-terra tentaram
Mas aí, é claro,
Esse foi o pretexto usado
Para o primeiro disparo
Daí pra frente o que se viu
Foram execuções a sangue-frio
Cenas de uma guerra civil
A crueldade sem limite
Com todo o seu requinte,
Porque contra força
Não existe argumentos
Ainda mais quando se trata
De um esquadrão de fuzilamento
Foram quatorze minutos contados de fogo cerrado
Chumbo grosso, osso,
No meio daquele alvoroço se ouvia choro e grito
Das pessoas que tentavam fugir do conflito

Foi um corre-corre, um deus nos acuda
Pessoas desesperadas imploravam uma ajuda
E o pior é que existe indícios
Que tudo foi premeditado desde o início
Todas as balas tinham endereço certo
E os tiros foram todos dados de muito perto
Parecia coisa de grupo de extermínio, seu menino
Não importava quem estivesse no caminho
Homens, mulheres, crianças, dava tudo no mesmo
Porque os homens atiravam impunemente a esmo
À torta e à direita, sem dar a mínima,
Sem escolher a vítima,
Lourival não conseguiu correr
Ficou parado, confuso, levou um tiro de fuzil no peito
Caiu morto de bruços
Robson foi arrastado pelo cabelo e não foi culpado.
Mesmo depois de já ter sido dominado
Oziel tinha sido jurado de morte pelos coronéis
Foi algemado, espancado com socos e pontapés
Depois recebeu três tiros fatais
E teve o mesmo triste fim que os trabalhadores rurais
Naquela batalha campal cujo resultado final
Foram dezenove mortos e sessenta e um feridos no total
Todos vítimas da ação policial que foi brutal, violenta e sanguinária
Promoveu execuções sumárias, uma tragédia parecida
Com a da Candelária, Carandiru, Vigário Geral, Corumbiara
E Eldorado dos Carajás é um caso a mais
Que revela realmente do que ela é capaz
Julgou a opinião pública nacional
Causou repercussão internacional
Mas depois de um certo tempo
Caiu no esquecimento
Deve ser por isso que ninguém fica surpreso
Que até hoje nenhum dos acusados tenha sido preso

Sem justiça não existe paz...

20. *As pedras gritarão* (sem data).

Autor e intérprete: Rafael Lima • Gravação independente do MST-PA • CD *Um canto pela paz* (2002)

As pedras gritarão também denuncia o Massacre de Eldorado dos Carajás, no sul do Pará, em 17 de abril de 1996, quando soldados da Polícia Militar desse estado dispararam contra oitocentas famílias de sem-terra, matando dezenove trabalhadores.

As investigações posteriores provaram que muitos corpos estavam mutilados ou apresentavam marcas de pontapés. A maioria dos mortos recebeu tiros à queima-roupa. Sete apresentavam ferimentos com instrumentos cortantes como facões e enxadas.

A canção presta homenagem aos trabalhadores sem-terra assassinados na Curva do S: "Três Antônios, um Oziel, um Lourival, um Joaquim, um Amâncio, um Manoel, um Leonardo e um Altamiro, João Rodrigues e João Carneiro, um Abílio, um Raimundinho, dois Josés, um Graciano, um Robson e um Valdemir".

As pedras gritarão recorda também a Chacina da Candelária, ocorrida em 1993 no Rio de Janeiro, em que oito meninos e meninas de rua foram assassinados por soldados da PM (ver *Candelária* e *Bandido com razão*, no Capítulo VIII do Volume II).

Testemunhamos pra contar a nossos filhos e suas gerações
Governava o Brasil em 17 de abril, dia do massacre vão
Um tal Fernando Henrique que era o presidente, chefe da nação
Governava o meu Pará doutor Almir Gabriel, que determinou a operação
Mas foi um tal de coronel Mário Pantoja que deu a ordem de atiração
Dezenove brasileiros foram massacrados na PA-150
Dezenove lavradores foram assassinados na Curva do S, então
Eram Silvas, Pereiras, Almeidas, Santos, Dias e Nascimentos
Gente de breu e fibra como eles não se encontra atrás de pé no chão
A PA-150 foi manchada em sangue e o breu desses irmãos
A Curva do S para sempre envergonhada chora a morte desses cabra bão
Acreditamos que as pessoas que vivem é para as outras que um dia chegarão
A reconstruir o que os egoístas tentam destruir mas nunca conseguirão
Três Antônios, um Oziel, um Lourival, um Joaquim, um Amâncio, um Manoel, um Leonardo e um Altamiro, João Rodrigues, João Carneiro, um Abílio, um Raimundinho, dois Josés, um Graciano, um Robson e um Valdemir

Candelárias, Candelárias (bis)

Os Eldorados dos Carajás,
A pedagogia das ações
Golpeia no corpo esta atroz geografia
Se calarmos, as pedras gritarão
Candelárias, Candelárias.

21. *Uma grande reforma (Os sem-terra)*, (1996).

Autores: Aracílio Araújo e Alcymar Monteiro • Intérprete: Alcymar Monteiro • Gravadora: Ingazeira • CD *Vaquejadas brasileiras – 2º circuito* (1996)

Alcymar Monteiro resumiu bem o sentimento de muitos brasileiros diante da execução dos sem-terra pelos soldados da PM do Pará: "Não dá pra compreender/ Com tanta terra cercada sem cultivar/ Em vez de uma grande reforma/ Ver tanto irmão sem-terra na terra tombar".

A chacina desatou uma onda de indignação contra a violência policial, que logo se transformou em solidariedade aos sem-terra, fortalecendo o MST e a luta pela reforma agrária.

Seu doutor, foi grande a dor
Quando escutei, quando vi na televisão

A imagem me chocou
Mostrando a cena da cruel execução
Não dá pra compreender
Com tanta terra cercada sem cultivar
Em vez de uma grande reforma
Ver tanto irmão sem-terra na terra tombar

Doutor, só precisa boa vontade e decisão
O fazendeiro e os sem-terra são irmãos
E com certeza a um consenso vão chegar
E então será o fim dessa eterna escravidão
Terra, semente, moradia, paz e pão
Farão bandeira branca da paz tremular
Na cidade e no campo

Esta música é em memória daqueles que perderam suas vidas nas lutas do campo.

LP/ CD O samba poconé, *Skank, 1996.*

Integrantes da banda Skank, encarte do LP/ CD O samba poconé.

22. *Sem-terra* (1996).

Autores: Samuel Rosa e Chico Amaral • Intérprete: Skank • Gravadora: Sony Music • LP/ CD *O samba poconé* (1996)

O CD *O samba poconé*, do Skank, bateu recordes de vendas: 1,8 milhão de cópias. Três hits — *É uma partida de futebol*, *Garota nacional* e *Tão seu* — mantiveram o grupo mineiro por longo tempo no topo das paradas de sucesso. Quem também esteve em evidência durante todo o ano de 1996 foi o Movimento dos Trabalhadores Rurais Sem Terra (MST), especialmente depois do Massacre de Eldorado dos Carajás, no Pará, que deixou como saldo dezenove mortos e muitos feridos. No ano anterior, nove trabalhadores sem-terra haviam sido mortos pela PM na desocupação de uma fazenda improdutiva em Rondônia, episódio conhecido como Massacre de Corumbiara.

Foi nesse ambiente que o Skank gravou a canção *Sem-terra*, denunciando a violência contra os trabalhadores que lutavam pela reforma agrária: "Na terra dos sem-terra/ A barra vai pesar/ Quem ignorar erra/ Quem quer ignorar".

Aurili bon bonga a cobra vai pular
Aurili bon bonga permiso, êêêêê!

Tenente Gama estará na barra do Brooklin atento
Zé da Navalha na boca do rio Urutu
Quatro patrulhas vão cobrindo os quatro horizontes
Nego DJ Adílio leva o rádio
Eles pitimbam, negarfam, então hão de ter
Bate o bongô, drum machine, bate o xequerê
Batecumã nego véi de guerra
Colono branco e a lua estratagema

Aurilibilim bajé pajé pai chamou
No cabo do teletrônico mensageou

Na terra dos sem-terra
A barra vai pesar
Quem ignorar erra
Quem quer ignorar

Sofrer o baque todos eles já sofreram
No Paraná, no Pará, no Espírito Santo
Bate imigrante nego véio de guerra
Quebratabaque o atraso, o quebranto

Na terra dos sem-terra...

23. *Globalização (O delírio do dragão)*, (1998).

Autor: Fauzi Beydoun • Intérprete: Tribo de Jah • Gravadora: Indie Records • CD *Reggae na estrada* (1998)

Nesse reggae, a Tribo de Jah faz duras críticas ao processo de integração econômica, cultural e social ocorrido em escala global durante a década de 1990. Para a banda, a globalização, ao subordinar os países pobres aos ricos, gerava desemprego, crises financeiras e dependência econômica: "Nada de novo/ Senão o velho dragão e seu tenebroso véu/ De destruição e fogo/ Sugando sangue do povo/ De geração em geração/ Especulando pelo mundo todo".

Globalização é a nova onda
O império do capital em ação
Fazendo sua rotineira ronda

No gueto não há nada de novo
Além do sufoco que nunca é pouco
Além do medo, do desemprego, da violência e da impaciência
De quem partiu para o desespero numa ida sem volta
Além da revolta de quem vive às voltas
Com a exploração e a humilhação de um sistema impiedoso
Nada de novo
Além da pobreza e da tristeza de quem se sente traído e esquecido
Ao ver os filhos subnutridos sem educação
Crescendo ao lado de esgotos
Banidos a contragosto pela sociedade
Declarados bandidos sem identidade
Que serão reprimidos em sumária execução
Sem nenhuma apelação

Não há nada de novo entre a terra e o céu
Nada de novo

Senão o velho dragão e seu tenebroso véu
De destruição e fogo
Sugando sangue do povo
De geração em geração
Especulando pelo mundo todo
É só o velho sistema do dragão
Não, não há nenhuma ilusão, ilusão
Só haverá mais tribulação, tribulação

Os dirigentes do sistema impõem seu lema
Livre mercado, mundo educado para consumir e existir sem questionar
Não pensam em diminuir ou domar a voracidade
E a sacanagem do capitalismo selvagem
Com seus tentáculos multinacionais
Querem mais e mais e mais
Lucros abusivos
Grandes executivos são seus abastados serviçais
Não se importam com a fome, com os direitos do homem
Querem abocanhar o globo, dividindo em poucos o bolo
Deixando migalhas pro resto da gentalha, em seus muitos planos
Não vêm seres humanos e os seus valores, só milhões e milhões de consumidores
São tão otimistas em suas estatísticas e previsões
Falam em crescimento, em desenvolvimento por muitas e muitas gerações

Não há nada de novo entre a terra e o céu...
Não sentem o momento crítico, talvez apocalíptico
Os tigres asiáticos são um exemplo típico
Agora mais parecem gatinhos raquíticos e asmáticos
Se o sistema quebrar será questão de tempo
Até chegar o racionamento e o desabastecimento
Que sinistra situação!
O globo inchado e devastado com a superpopulação
Tempos de barbárie então virão
Tempos de êxodos e de dispersão
A água pode virar ouro
O rango um rico tesouro
Globalização é uma falsa noção do que seria a integração
Com todo o respeito à integridade e à dignidade de cada nação
É a lei infeliz do grande capital
O poder da grana internacional que faz de cada país apenas mais um seu quintal
É o poder do dinheiro regendo o mundo inteiro
Ricos cada vez mais ricos e metidos
Pobres cada vez mais pobres e falidos
Globalização, o delírio do dragão!

24. *Canção nordestina* (1996).

Autor: Fauzi Beydoun • Intérprete: Tribo de Jah • Gravadora: Indie Records • CD *Ruínas da Babilônia* (1996)

Mescla de reggae e baião, *Canção nordestina* criticou o histórico abandono do Nordeste pelo poder central. Defendeu a irrigação do sertão como solução para os pro-

CD Ruínas da Babilônia, *Tribos de Jah, 1996.*

blemas da região: "Se o sertão fosse irrigado/ Seria o novo Eldorado, o celeiro da Federação/ O nordestino não saía emigrado, retirante humilhado/ Pelo resto do país, sem destinação".

Já no Império, dom Pedro II havia defendido a ideia da transposição de águas do rio São Francisco, mas o projeto foi sempre adiado: "O governo só não fez por que não quis/ Até os incas irrigaram boa parte do seu império/ Quando o Brasil nem tinha sido descoberto/ E não havia carro, trem nem caminhão/ Até parece que querem manter o nordestino na miséria/ Pra facilitar ainda mais a exploração".

As obras de transposição de águas do São Francisco tiveram início em 2005, dez anos após o lançamento da canção pela banda maranhense Tribo de Jah.

Eh, todo o povo nordestino
Esse povo esquecido
Inda é tempo de lembrar
Toda essa gente brasileira
Essa gente hospitaleira
Que vive nesse lugar

Da chapada do Araripe, do belo Cariri
Às margens do Parnaíba, Picos e Piri-Piri
Do Raso da Catarina, Arapiraca, Itabaiana
Subindo o São Francisco nas terras pernambucanas
Caruaru, Serra Talhada, Juazeiro, Petrolina
Garanhuns, Campina Grande, Mossoró, Araripina
Toda a gente de valor oprimida no sertão
Povo bom, trabalhador, mas não parecem cidadãos

São anos de abandono e submissão
Descaso dos governantes, completa omissão
Tanta terra desprezada e a miséria acelerada
Corroendo o coração
A corrupção e a ganância
A incompetência, a inoperância
Praga que não se acaba e consome a cada um
Tanto dinheiro desviado em projetos inviáveis
Do interesse só de alguns
É preciso dar mais atenção à causa do nordestino
Que segue seu destino à margem da nação
À causa do nordestino
Que segue seu destino sempre à margem da nação
E por falar em projetos, se o sertão fosse irrigado

Seria o novo Eldorado, o celeiro da Federação
O nordestino não saía emigrado, retirante
humilhado
Pelo resto do país, sem destinação
Agora veja: Transamazônica, Ferrovia
do Aço
Usina nuclear, bilhões desperdiçados
Só ideia infeliz!
O governo só não fez por que não quis
Até os incas irrigaram boa parte do seu
império
Quando o Brasil nem tinha sido descoberto
E não havia carro, trem nem caminhão
Até parece que querem manter o nordestino
na miséria
Pra facilitar ainda mais a exploração
Grande foi o Capitão Virgulino Lampião
Verdadeiro rei, cangaceiro do sertão
Caiu no cangaço cedo, lutou contra os
desmazelos
Do clientelismo, assassino e opressor
E foi líder guerrilheiro
Robin Hood brasileiro
Homem de palavra, cabra bom e brigador
Tocava o fole e dançava como ninguém
Inda era compositor e cantava muito bem
Mulé rendeira, de sua autoria
Emplacou pelo sertão quando nem rádio
existia
Cantava o bom, cantou quem era mau
Essa é que foi um sucesso nacional
Olê, mulé rendeira
Olê, mulé rendá
Tu me ensina a fazê renda
Que eu te ensino a namorá.

25. *Manguetown* (1996).

Autores: Chico Science, Dengue e Lúcio Maia • Intérprete: Chico Science & Nação Zumbi • Gravadora: Sony Music • LP/ CD *Afrociberdelia* (1996)

LP/ CD Afrociberdelia,
Chico Science & Nação Zumbi, 1996.

O movimento Manguebeat, formado por jovens da periferia do Recife, mesclava gêneros tradicionais pernambucanos, como o coco, a embolada, o desafio, a ciranda, o repente e o maracatu, com gêneros internacionais, como o funk, o hip hop, o rock e o soul. A banda mais criativa e marcante do movimento foi sem dúvida a Chico Science & Nação Zumbi. Suas músicas deram uma grande sacudida no cenário da época, não só em Pernambuco mas em todo o país. As letras retratavam o abandono em que vivia a juventude pobre, mas também cantavam seus sonhos e esperanças.

A canção abre com uma imagem fortíssima. No mangue, os urubus parecem ter mais oportunidades do que os homens: "Estou enfiado na lama/ É um bairro sujo/ Onde os

Chico Science.

urubus têm casas/ E eu não tenho asas/ Mas estou aqui em minha casa/ Onde os urubus têm asas".

Os homens, porém, sempre podem ir além da realidade e conquistar outros mundos. À noite, bebendo com os amigos, os jovens ganhavam asas e voavam por toda a periferia. Às vezes, encontravam as mulheres com que sonhavam.

Estou enfiado na lama
É um bairro sujo
Onde os urubus têm casas
E eu não tenho asas
Mas estou aqui em minha casa
Onde os urubus têm asas
Vou pintando, segurando a parede do
mangue do meu quintal
Manguetown

Andando por entre os becos
Andando em coletivos
Ninguém foge ao cheiro sujo
Da lama da Manguetown
Andando por entre os becos
Andando em coletivos
Ninguém foge à vida suja
Dos dias da Manguetown

Esta noite sairei
Vou beber com meus amigos
E com as asas que os urubus me deram ao dia

Eu voarei por toda a periferia
Vou sonhando com a mulher
Que talvez eu possa encontrar
Ela também vai andar
Na lama do meu quintal
Manguetown

Andando por entre os becos...

Fui no mangue catar lixo
Pegar caranguejo
Conversar com urubu. (bis)

26. *Bem-vindo ao Brasil* (1996).

Autor: Turbo, Jair dos Santos e Eazy Jay • Intérpretes: Comando DMC • Gravadora: TNT Records • LP *São Paulo está se armando* (1996)

LP São Paulo está se armando, *Comando DMC, 1996.*

Bem-vindo ao Brasil convida um grupo de turistas estrangeiros a conhecer um Brasil diferente, que não aparece nos cartões-postais e cartazes de propaganda. Vai logo advertindo os gringos de que, para encarar o Brasil real, precisam ter sangue-frio. Tem início então um *tour* de horrores por lugares que haviam sido palcos de chacinas e violências. A primeira parada é no presídio do Carandiru, em São Paulo, onde 111 presos foram mortos pela polícia em 1992 (ver *Diário de um detento*, no Capítulo IX deste Volume).

Antes de pegar a via Dutra rumo ao Rio de Janeiro, a caravana passa em frente ao megatemplo da Igreja Pentecostal na Radial Leste, uma das principais avenidas de São Paulo: "Maior da América Latina, não só do Brasil/ Tem ouro, prata, luxo, ostentação/ De frente a ela uma favela embaixo do viaduto/ Com barracos malfeitos a ponto de desabar/ Crianças comendo lixo, sofrendo como os adultos/ Fiéis da igreja nem olham para quem está por lá".

No Rio de Janeiro, os turistas conhecem dois locais onde ocorreram chacinas: a Candelária (ver *Candelária*, no Capítulo IX deste volume) e Vigário Geral (ver *Eldorado dos Carajás* e *Até quando?*, neste capítulo). Seguindo para o Norte e o Nordeste do Brasil, eles recebem informação sobre os massacres de tribos indígenas e a degradação do meio ambiente.

Um esclarecimento: o Quilombo dos Palmares foi fundado na Serra da Barriga, em Alagoas, e não em Goiás.

Ei, gringo
Seja bem-vindo ao nosso país
Mas é melhor ter sangue-frio
Porque só assim

Vai aguentar ver de perto
O que vou lhe mostrar
Vai saber sobre a nossa verdadeira história
Que não consta nas fotos de cartões-postais
Muito menos nas agências de turismo
Segurança falida, polícia assassina
Campeão da matança, o país da chacina
Prepare o coração, vem comigo
A uma triste viagem iremos dar início
Para começar vamos passar em alguns distritos
Chega mais, registre tudo, veja só isso
Quanta sujeira na cela e superlotação
A qualquer hora pode haver uma rebelião
Olha lá, aquele é o Carandiru
A Casa de Detenção, não gosto nem de lembrar
Um verdadeiro genocídio aconteceu por lá
Vários presos foram mortos pela polícia
Pura covardia, tamanha injustiça
Soldados do demônio é o que eles são
Outra vez a imprensa omitiu a verdade
Para manter aos estrangeiros nossa falsa imagem
111 o caralho, morreram quase quinhentos
Não foi só uma cela, e sim o pavilhão inteiro
Pegue a câmera, vamos dar outro rolé
Nos barracos das favelas, nas periferias
Veja de perto o sofrimento de tantas famílias
Sem água, sem luz, dinheiro nem comida
Se perguntando pra que rir do quê
Vale essa vida entre viver ou morrer
Que diferença faria? Nenhuma, pode crer
A essa conclusão muitos chegaram, você vai ver
Que absurdo, já não contam mais com melhorias
Se mantêm como podem vivendo por teimosia
Estamos do lado esquerdo da Radial
A maior e mais rica pentecostal
Maior da América Latina, não só do Brasil
Tem ouro, prata, luxo, ostentação
De frente a ela uma favela embaixo do viaduto
Com barracos malfeitos a ponto de desabar
Crianças comendo lixo, sofrendo como os adultos
Fiéis da igreja nem olham para quem está por lá
Mais adiante em volta da catedral
Moleques cheirando cola
Mendigos deitados ao chão
Rindo da própria miséria, embriagados
Aqui é a Praça da Sé, o coração de São Paulo
Preste atenção, fique calmo, esteja à vontade
Nossa viagem é longa e nem chegou na metade

Este aqui, sim, é o verdadeiro Brasil
Ei, gringo, seja bem-vindo
Chega mais, veja só isso

Vamos pegar a estrada em direção ao Rio
Esburacada, escura, onde morreu tanta gente
Pilotos imprudentes, terríveis acidentes
Se Deus quiser chegaremos a salvo, o trânsito está calmo
Mas não vamos ao Cristo
Nem ao Pão de Açúcar, nem pro Maracanã
Vamos direto pro morro

Pra Rocinha, Tijuca, Morro do Juramento
Temos que ter cuidado, esteja preparado
Aqui garotos manejam um arsenal pesado
Escopeta, fuzis, metrancas importadas
Tiroteio no escadão, veja só que cena
São traficantes em guerra por mais um ponto de venda
Não tem boi pra polícia, o crime é linha de frente
Pois o comando fuzila qualquer oponente
Quem puder mais vive mais
Cagueta capota, o bicho pega e desossa
No shopping center da droga
E você acha que aqui não existe guerra
Mas o arrastão na praia, então o que é?
Agindo direitinho como o sistema quer
Que a nossa gente inteira se mate entre si
E fica nos assistindo pra depois aplaudir
Aquela igreja tão formosa é a Candelária
Onde lá fora crianças fizeram a sua morada
1993: sete crianças foram mortas, pobres coitadas
Talvez achavam que ali não haveria perigo
Por ser uma igreja estavam protegidos
Mas naquela noite ali virou um inferno
E o demônio estava lá atirando e matando
Em Vigário Geral não dá pra me esquecer
Tantos cadáveres expostos para o mundo ver
Que no Brasil a nossa lei é incompetente
Os assassinos à solta caminham livremente
Nossos índios são mortos na Amazônia
Bem-vindo ao Brasil, a verdadeira zona

Este aqui, sim, é o verdadeiro Brasil...

Vamos sair daqui, vamos pro Norte e Nordeste
Onde o país esqueceu em busca do progresso
Há muito tempo não chove aqui, veja só
O clima seco impede a terra de progredir
Animais, pessoas, rios e vegetais
Todos foram castigados pela mãe natureza
A paisagem por aqui é de traumatizar
Pessoas vão para a cidade grande fugindo da pobreza
Às vezes me pergunto: por que tanto sofrimento?
Será que Deus nosso pai também é brasileiro
Não posso esquecer de te levar a Goiás
Onde Zumbi fundou Quilombo dos Palmares
E na Bahia o dia a dia não é só alegria
O povo festivo também não vive contente
Constantemente pedindo a seus orixás
Que lhes dê força e coragem para que possam lutar
Brasília, a capital do nosso país
E o Palácio do Planalto é logo ali
Os três poderes que roubam uma nação inteira
Vários bandidos elegantes esnobando riqueza
E na Ceilândia o povo até passa fome
Praticamente vizinhos dos nossos governantes
Aquelas letras na bandeira dizem: "Ordem e Progresso"
Ordem não existe aqui, se existe eu não vejo
Eu sei que você veio aqui só pra conhecer
O Brasil que muitos brasileiros morrem sem ver
Não vai encontrar a beleza que veio procurar

Porque eu não a conheço, não posso lhe mostrar
Você tem muito dinheiro então pode seguir
Nossa viagem agora termina por aqui
Nossos índios são mortos na Amazônia
Bem-vindo ao Brasil, a verdadeira zona

Este aqui sim é o verdadeiro Brasil...

27. *Malandro consciente* (1996).

Autores: Carlinhos do Jorge Turco, Manoelzinho Poeta, Geraldão e Pedro Butina • Intérprete: Bezerra da Silva • Gravadora: RGE • LP/ CD *Meu samba é duro na queda* (1996)

LP/ CD Meu samba é duro na queda, *Bezerra da Silva, 1996.*

Na década de 1990, o narcotráfico construiu verdadeiros Estados paralelos em muitos morros do Rio de Janeiro. Com barricadas e armamento pesado, passou a barrar a entrada da polícia nas favelas, dando as cartas nas comunidades. Ao mesmo tempo, reprimia pequenos crimes e buscava atender a algumas demandas da população. Dessa forma, atraiu a

Favela Duque.

simpatia de parcela dos moradores e legitimou seu domínio.

O samba *Malandro consciente*, gravado em 1996 por Bezerra da Silva, refletiu esse momento. Falando como um morador agradecido, o sambista tecia loas ao malandro consciente, visto como um benfeitor: "Você dá leite pras crianças/ Remédio pra quem está doente/ E comida pros mais carentes/ Ainda dá uma segurança total/ Aquilo que a favela nunca teve/ Que é assistência social". Não era a primeira vez que Bezerra da Silva agradecia aos "malandros conscientes" (ver *Se não fosse a ajuda da rapaziada*, no Capítulo IX deste volume).

O país estava chegando ao fundo do poço.

Malandro, você toma conta da favela
É você que espanta a fera

Que vive assombrando a gente
É que você é o malandro consciente
Porque você é o malandro consciente

Você ajuda a nossa comunidade
Não deixa que o salário de miséria
Mate de fome os filhos da gente
Você dá leite pras crianças
Remédio pra quem está doente
E comida pros mais carentes
Ainda dá uma segurança total
Aquilo que a favela nunca teve
Que é assistência social
Ainda dá segurança total
O que a favela nunca teve
Que é assistência social
(Parabéns, bom malandro!)

Malandro, você toma conta da favela...

A comunidade pede a Deus,
Que ilumine os teus caminhos
Não deixe o inimigo te alcançar
E você fique esperto,
Com os olhos bem abertos
Pra quando o traíra chegar
Porque o safado só sabe fazer covardia
Ele come no prato contigo,
Vê o seu contato e depois denuncia
Porque o safado só sabe fazer covardia
Ele come no prato contigo,
Vê o seu contato e depois denuncia
(Cuidado, malandro!)

Malandro, você toma conta da favela...

28. *O dia em que o morro descer e não for carnaval* (1996).

Autores: Wilson das Neves e Paulo César Pinheiro • Intérprete: Wilson das Neves • Gravadora: CID • CD *O som sagrado de Wilson das Neves* (1996)

CD O som sagrado de Wilson das Neves, *1996.*

Não eram apenas as vozes dos guetos, através dos raps, funks, reggaes e axés, que denunciavam a situação de crescente *apartheid* social no Brasil. Paulo César Pinheiro, um dos mais talentosos letristas da MPB e um dos responsáveis pela renovação do samba nas décadas de 1970 e 1980, botou a boca no trombone em *O dia em que o morro descer e não for carnaval.* Quem avisa amigo é: se as autoridades continuassem a desrespeitar os moradores das favelas, os moradores dos alagados e as populações da periferia, acabariam mergulhando o país numa guerra civil.

Com outras palavras, o fecho do samba praticamente reproduz a advertência dos MCs Cidinho e Doca (ver *Rap da felicidade,* primeiro verbete deste capítulo), que haviam dito que "o povo tem a força, só precisa descobrir/ Se eles lá não fazem nada, faremos tudo daqui". Na voz de Wilson das Neves, o samba conclui: "Ninguém sabe a força desse pessoal/ Melhor é o poder devolver a esse povo a alegria/ Senão todo mundo vai sambar no dia/ Em que o morro descer e não for carnaval".

O dia em que o morro descer e não for carnaval
Ninguém vai ficar pra assistir o desfile final
Na entrada, rajada de fogos pra quem nunca viu
Vai ser de escopeta, metralha, granada e fuzil
(É a guerra civil)

O dia em que o morro descer e não for carnaval
Não vai nem dar tempo de ter o ensaio-geral
E cada uma ala da escola será uma quadrilha
A evolução já vai ser de guerrilha
E a alegoria é um tremendo arsenal
O tema do enredo vai ser a cidade partida
No dia em que o couro comer na avenida
Se o morro descer e não for carnaval

O povo virá de cortiço, alagado e favela
Mostrando a miséria sobre a passarela
Sem a fantasia que sai no jornal
Vai ser uma única escola, uma só bateria
Quem vai ser jurado? Ninguém gostaria
Que desfile assim não vai ter nada igual
Não tem órgão oficial, nem governo, nem liga
Nem autoridade que compre essa briga
Ninguém sabe a força desse pessoal
Melhor é o poder devolver a esse povo a alegria
Senão todo mundo vai sambar no dia
Em que o morro descer e não for carnaval.

29. *Fura-fila!* (1996).

Autor(e/s) e intérprete(s): desconhecido(s) • Gravação especial (1996)

O PSDB e o PMDB elegeram o maior número de prefeitos de capitais nas eleições municipais de 1996: cinco cada um. Em seguida vieram o PPB, com quatro prefeitos, o PSB, o PDT e o PFL, com três cada, o PT com dois e o PTB com um.

A grande surpresa do pleito foi a folgada vitória de Celso Pitta, do PPB, na disputa pela prefeitura de São Paulo. Graças ao apoio do prefeito Paulo Maluf, que apadrinhou sua candidatura, o novato Pitta atropelou políticos experientes, como a ex-prefeita Luiza Erundina e o ex-ministro José Serra. No primeiro turno, obteve quase 45% dos votos válidos, contra cerca de 23% de Erundina e 14,5% de Serra. No segundo turno, recebeu praticamente o dobro de votos de Erundina: 66,31% a 33,69%.

Uma das principais promessas de campanha de Pitta foi a criação do "fura-fila", veículo leve sobre pneus que percorreria vias especiais. O projeto não deslanchou no governo de Pitta. "PAS" era a sigla do "Plano de Assistência à Saúde", criado na administração de Maluf. Chamava-se "Projeto Cingapura" uma inciativa do prefeito na área habitacional.

É um pássaro? É um avião? Não!
É o fura-fila!
Depois do PAS,
Depois do Cingapura
A grande novidade de São Paulo é uma loucura
Fura-fila!
Ele anda ligeiro
Fura-fila!
Ele passa na frente
Fura-fila!
Ele é mais confortável
Fura-fila!
Ele leva mais gente
Chega de sofrimento
De tanta demora
Ele passa na frente
Você chega na hora
Pega, vai e volta
Chega logo, não demora
Fura-fila!

— O fura-fila faz parte do plano de governo de Celso Pitta. Ele já existe na Alemanha e na Austrália e em breve vai estar circulando pelas ruas de São Paulo. Se Deus quiser...
Fura-fila!
Vote 11, Vote Pitta!

30. *Samba do precatório* (sem data).

Autores e intérpretes: Paulo Caruso e Chico Caruso • Gravadora: Dabliú Discos • CD *Pra seu governo* (1998)

No *Samba do precatório*, os irmãos Caruso brincam com o escândalo que estourou em 1997 envolvendo a emissão de títulos públicos para pagamentos de dívidas estabelecidas pelo Poder Judiciário, os chamados precatórios. Uma Comissão Parlamentar de Inquérito (CPI) do Senado chegou à conclusão de que, nos anos de 1995 e 1996, as prefeituras de São Paulo, Guarulhos, Osasco e Campinas e os governos de Alagoas, Pernambuco e Santa Catarina tinham lançado títulos no valor de R$ 3 bilhões de reais para pagamento de precatórios, dos quais apenas uma pequena parte fora efetivamente aplicada na quitação das dívidas.

No caso da prefeitura de São Paulo, onde a maracutaia foi engendrada, somente R$ 300 milhões dos R$ 1,5 bilhão apurados tinham sido usados na quitação de precatórios. O restante foi desviado para o pagamento de outras despesas, bancou polpudas comissões a bancos e corretoras ou foi parar no caixa dois.

A CPI, cujo relator foi o senador Roberto Requião (PMDB-PR), teve em Vilson Kleinubing (PFL-SC) um de seus membros mais atuantes. Ao final dos trabalhos, a comissão denunciou 131 instituições financeiras e dezessete pessoas por participação no esquema fraudulento.

A canção faz referências a algumas delas, como o governador de Santa Catarina, Paulo Afonso Evangelista Vieira, o secretário da Fazenda de Pernambuco, Eduardo Campos, neto do governador Miguel Arraes, e o secretário de Finanças da prefeitura de São Paulo, Celso Pitta, que sucedeu Paulo Maluf no início de 1997.

O governador Paulo Afonso por pouco não foi afastado do cargo pela Assembleia

Legislativa do seu estado. Em Pernambuco, o escândalo custou a reeleição de Arraes. O governador de Alagoas, Divaldo Suruagy, renunciou ao mandato.

A descoberta das fraudes se deu pouco tempo depois de Maluf ter conseguido eleger sem dificuldades o afilhado Celso Pitta para prefeito de São Paulo. A campanha de Pitta apostou em projetos de moradia popular, como o Cingapura, e de transportes, como o "fura-fila". Mas sua gestão foi um desastre, marcada por denúncias de corrupção do começo ao fim.

No refrão, os irmãos Caruso atualizaram trecho da famosa marchinha cantada por Carmen Miranda: "Yes, nós temos laranjas/ Temos bananas também/ Banana é quem trabalha/ Laranja é quem se dá bem".

Olha o precatório aí, minha gente!
O prefeito Celso Pitta pirou
Quando viu que o fura-fila furou
E o Cingapura afundou
Com a CPI que apurou

Por quê? Yes, nós temos laranjas
Temos bananas também
Banana é quem trabalha
Laranja é quem se dá bem

O doutor Miguel Arraes se arrasou
Quando viu que o neto dele pagou
O precatório bem mais caro
Que o cartório comprou

Por quê? Yes, nós temos laranjas...

Minha Santa Catarina jogou
Na cachoeira
Paulo Afonso, molhou
A economia em estado lastimável ficou

Por quê? Yes, nós temos laranjas...

E depois que a CPI acabou
Requião para Kleinubing
Disse assim: "Não sei você,
Mas a próxima eleição tá pra mim".

Por quê? Yes, nós temos laranjas...

31. *Zerovinteum* (1997).

Autores: Marcelo D2, BNegão, Formiga e Black Alien • Intérprete: Planet Hemp e Fernanda Abreu • Gravadora: Sony Music • LP/ CD *Os cães ladram mas a caravana não para* (1997)

LP/ CD Os cães ladram mas a caravana não para, *Planet Hemp, 1997.*

021 é o código telefônico do Rio de Janeiro. *Zerovinteum*, portanto, é uma forma de se referir à Cidade Maravilhosa.

Exército vigia as proximidades da favela da Rocinha, Rio de Janeiro, durante a realização da ECO 92.

Para muitos, o Rio de Janeiro é um cartão-postal. Mas, segundo a banda Planet Hemp, o Rio de meados da década de 1990 havia se convertido numa "cidade desespero" para os moradores das favelas: "É muito fácil falar de coisas tão belas/ De frente pro mar, mas de costas pra favela/ De lá de cima o que se vê é um enorme mar de sangue/ Chacinas brutais, uma porrada de gangue/ O Pão de Açúcar de lá o diabo amassou/ Esse é o Rio que você não conhece, bacana/ Tome cuidado, as aparências enganam".

Zerovinteum alertou para a banalização da violência que tomava conta da cidade. Citou os constantes arrastões — ondas de furto coletivo praticadas por jovens moradores de favelas nas praias da zona sul do Rio —, as chacinas de menores, os desmandos da polícia e a ação ostensiva do Comando Vermelho (CV) nos morros e bairros da periferia. Nem na capital da Bósnia, que enfrentou uma guerra civil entre 1992 e 1995, a violência era tamanha: "Sarajevo é brincadeira, aqui é o Rio de Janeiro".

Rio, cidade desespero
A vida é boa mas só vive quem não tem medo
Olho aberto, malandragem não tem dó
Rio de Janeiro, cidade hardcore
Arrastão na praia, não tem problema algum
Chacina de menores é aqui, zerovinteum
Polícia, cocaína, Comando Vermelho
Sarajevo é brincadeira, aqui é o Rio de
Janeiro
Rio de Janeiro, demorô, é agora

Pra se virar tem que aprender na rua
O que não se aprende na escola
Segurança é subjetiva
Melhor é ficar com um olho no padre e outro na missa
Situações acontecem sob um calor inominável
Beleza convive lado a lado com um dia a dia miserável
Mesmo assim, não troco por lugar algum
Já disse: este é o meu lar
Aqui, zerovinteum

"Cuidado pra não se queimar na praia do arrastão"
Rio de Janeiro
"Aqui fazem sua segurança assassinando menor"
Rio de Janeiro
"A cidade é maravilhosa mas se liga, mermão"
Rio de Janeiro
"Então fica de olho aberto, malandragem não tem dó"
Rio de Janeiro

É muito fácil falar de coisas tão belas
De frente pro mar, mas de costas pra favela
De lá de cima o que se vê é um enorme mar de sangue
Chacinas brutais, uma porrada de gangue
O Pão de Açúcar de lá o diabo amassou
Esse é o Rio que você não conhece, bacana
Tome cuidado, as aparências enganam
Aqui a lei do silêncio fala mais alto
Te calam por bem ou vai pro mato
Mas de repente invadem a minha área, todos fardados
Eu tô ficando loco ou tem alguma coisa errada?
Brincando com a vida do povo, então se liga na parada
Porque hoje ninguém sabe, ninguém viu
Um dia alguns se cansam e "pow!", guerra civil
Porque como diz o ditado, quando um não quer dois não brigam
Mas já que cê tá pedindo, segura a ira
Porque a cabeça é fria, mas o sangue não é de barata
Esse é o Rio, mermão, o veneno da lata
How, how, how, faz o Papai Noel
Pow, pow, pow, e nego não vai pro céu
Digo V de veneta, lírica bereta
Black Alien e família, soem as trombetas
Tomando de assalto a cidade que brilha
Mãos ao alto, vamos dançar a quadrilha
288 é formação de quadrilha
Nome: Gustavo Ribeiro, a descrição do elemento
Primeiro é o olho vermelho, na mente, no momento
Como diz o Bispo, eu sou artista, esse é meu lixo
Acesso ao som restrito aos peritos
O dialeto se dito é um perigo, amigo
Para o consumo da alma sem abrigo
O ritmo e a raiva, a raiva e o ritmo

"Cuidado pra não se queimar na praia do arrastão"...

32. *Homens fardados* (1997).

Autores: Zé Brown, Tiger, Garnizé, Oni e Massacre • Intérprete: Faces do Subúrbio • Gravadora: independente • CD *Faces do Subúrbio* (1997)

CD Faces do Subúrbio, *1997.*

Depois de *Marginais fardados* (1992), do Comando DMC, e *Porcos fardados*, do Planet Hemp (1995), que criticaram duramente as PMs de São Paulo e do Rio de Janeiro, chegou a vez de o conjunto Faces do Subúrbio, do Recife, investir contra os abusos da PM de Pernambuco, em *Homens fardados.*

Num show dos rappers em 1997, veio o troco. Cerca de cem soldados da PM invadiram o parque onde se realizava o espetáculo. Em seguida, prenderam, algemaram e levaram vários integrantes do conjunto para a delegacia. Só seriam liberados de madrugada, depois de levar tapas, cacetadas e pontapés, o que confirmava o refrão: "Homens fardados, eu não sei não,/ Se julgam os tais, os donos da razão".

De novo a justiça é feita, cinco homens armados com fuzil e escopeta
Cercam o negro na calada da noite, que o mataram assim que acabou o açoite
Esse é o sistema usado mesmo sendo errado, não importa se você é inocente ou culpado
Militares ou civis não importa quem são, são homens de sangue-frio sem perdão
Morros e favelas é sua diversão, pois é lá que eles pregam sua lei do cão
Acham que a morte é o seu ideal, ideal esses que os tornaram marginais
E quem era do bem agora é do mal por culpa de um sistema cruel e infernal
Digo isso porque sei não é mentira porque mesmo sem querer eu sou mais uma mira
De uma arma que está em mão não confiável, porque se eu vacilar serei mais um miserável
Que morreu sem saber nem como nem porquê, pois assim a lei é feita e assim vai proceder
Nada podemos fazer pra se tomar providência, o único jeito é fazer parte dessa violência
E sem saber qual será a consequência
(Não confio na polícia, raça do caralho)
Polícia, unidade feita para proteger, não confio nela e nem pretendo ser mais um
Que faz justiça com uma arma na mão, com uma farda no corpo e outro corpo no chão

Faço minha segurança pra me proteger não
é pra matar ninguém assim como
faz você
Homens fardados, encapuzados, procurando
mais um corpo para ser fuzilado

Homens fardados, eu não sei não,
Se julgam os tais, os donos da razão
Homens fardados, eu não sei não,
Insistem em fazer justiça com as suas
próprias mãos
Homens fardados, eu não sei não,
Se julgam os tais, os donos da razão
Homens fardados, eu não sei não,
Insistem em fazer justiça com as suas
próprias mãos

Se julgam os tais, os donos da razão,
Pois acabar com vidas é seu lema então
Seu principal alvo é um marginal sem
dinheiro, mas o traficante rico ele
protege o tempo inteiro
E a discriminação eles levam onde for, seu
prato preferido é um cidadão de cor
Ser negro pra polícia é ser um marginal,
ignoram os negros, seu valor
cultural
Pois as leis eles não cumprem direito, seu
trabalho é nojento e não tem jeito
Onde eles chegam chamam sempre atenção,
assustam em vez de proteger a
população
Se eles te pegam por aí dando vacilo, te
matam pois esse é o seu castigo

Agora amigo, preste muita atenção, lute pelo
seus direitos, direitos de cidadão
Que funciona no papel mas na pratica não
Mas mesmo assim não baixe a cabeça, lute
para que você nunca desapareça
Nas mãos desses covardes bandidos que
tiram vidas de pobres e oprimidos
Por isso eu não me calo, eu sempre falo, pois
o rap é minha arma, o meu calibre
pesado
Te passo toda e qualquer informação, pois
eu uso e abuso da minha liberdade
de expressão
E eu não canto para agradar safado, se você
não gostou que vá tomar no rabo
Pois esse é o recado, recado cantado, pra
vocês aí, homens fardados

Homens fardados, eu não sei não,
Se julgam os tais, os donos da razão...

33. *Não conheço esquerdista que não mude quando pega nas rédeas do poder* (sem data).

Autor e intérprete: Ivanildo Vilanova • Gravadora: Pentagrama • CD *Improvisos do Brasil* (1997)

No decassílabo *Não conheço esquerdista que não mude quando pega nas rédeas do poder*, também conhecido como *Radical se transforma em moderado*, Ivanildo Vilanova, um dos maiores nomes do repente do país, registra a perplexidade de boa parte da opinião pública com o fato de Fernando Henrique Cardoso, intelectual com trajetória de esquerda, ter adotado o neoliberalismo como cartilha do seu governo.

Na época correu a história de que o presidente, ao ser cobrado pela mudança de posição, teria dito: "Esqueçam o que eu escrevi".

O repentista lamenta que muitos políticos, progressistas na juventude, mudem de lado ao pisar nos macios tapetes de Brasília, virando as costas para os trabalhadores, os moradores de favelas, os boias-frias e os sem-terra. Esquecem-se não só de seus antigos companheiros como de seus próprios discursos. Parecem só se preocupar com a permanência no poder, o progresso da família e as viagens ao exterior.

Fazendo um contraponto, Ivanildo Vilanova reverencia os revolucionários que morreram por seus ideais, como Sandino, Che Guevara, Carlos Marighella e Carlos Lamarca, ou lutaram por suas convicções até o fim da vida, como Luís Carlos Prestes e Gregório Bezerra.

Alguns esclarecimentos:

1. Benjamin Netanyahu foi primeiro-ministro de Israel de 1996 até 1999; Ehud Barak era então líder da oposição no Knesset;

2. Xanana Gusmão liderou a resistência do povo do Timor-Leste contra a invasão das tropas da Indonésia nos anos 1990; ficou preso por sete anos;

3. O egípcio Boutros-Ghali, secretário-geral da ONU, deixou de ser reconduzido para um segundo mandato à frente da organização devido a um veto dos Estados Unidos.

Radical se transforma em moderado
Se quiser jogar bem no outro time
Ou acopla-se aos moldes do regime
Ou por outro é deposto ou é cassado
Quando não, ele fica deslumbrado
Com mulheres, passeios e prazer
Mordomia, jeton, luxo e lazer
Tudo isso é efêmero, mas ilude
Não conheço esquerdista que não mude
Quando pega nas rédeas do poder

Um ministro, um prefeito, um deputado
Com direito a chofer e secretária
Segurança, assessor, estagiária,
Gabinete com ar-condicionado
Vai lembrar-se do proletariado
Com favela e cortiço pra viver
Ou será que não vai se aborrecer
Com esgoto, favela, morro e grude
Não conheço esquerdista que não mude
Quando pega nas rédeas do poder

É o mártir que tem convicção
De arriscar sua vida e seu emprego
A família, o futuro e o sossego
Por um povo, um projeto, uma nação
Um Sandino tentou, mas foi em vão
Um Guevara esforçou-se por fazer
Hoje em dia é difícil aparecer
Marighella, Lamarca ou Robin Hood
Não conheço esquerdista que não mude
Quando pega nas rédeas do poder

Que fará um sujeito agitador
Boia-fria, sem-terra, piqueteiro
Camarada, comuna, companheiro
Se um dia tornar-se senador
Vindo até a se eleger governador
Qual será o seu novo proceder

Vai mudar, vai mentir ou vai manter
As promessas que fez de forma rude?
Não conheço esquerdista que não mude
Quando pega nas rédeas do poder

Quem tem honra da mesma não se aparta
É querer liberdade para o Nordeste
É Xanana Gusmão do Timor-Leste
Enfrentando os exércitos de Jacarta
Boutros-Ghali primando pela Carta
Que o Pentágono queria prescrever
É qualquer Palestina combater
Um Netanyahu ou um Ehud
Não conheço esquerdista que não mude
Quando pega nas rédeas do poder

No período que o adolescente
Quer mudar o planeta e o país
Através dos arroubos juvenis
Vira líder e orador e dirigente
Mas se um dia ele sendo presidente
O que foi nunca mais poderá ser
Aí diz que o remédio é esquecer
As loucuras que fez na juventude
Não conheço esquerdista que não mude
Quando pega nas rédeas do poder

Todo jovem a princípio é sectário
Atuante, grevista, condutor
Exaltado, anti-ianque, pregador
Um perfeito revolucionário
Cresce, casa-se, se torna secretário
E aí o que trata de fazer:
Leva logo a família a conhecer
A Disneylândia, Washington e Hollywood
Não conheço esquerdista que não mude
Quando pega nas rédeas do poder

Quem vivia de luta e de vigília
Invasão, pichamento e barricada
Através disso aí fez uma escada
Pra chegar aos tapetes de Brasília
Vai pensar no progresso da família
E o que faz para do posto não descer
Nunca falta quem queira se vender
E sempre acha um covarde que lhe ajude
Não conheço esquerdista que não mude
Quando pega nas rédeas do poder

Dirigido não é o dirigente
Dominante não é o dominado
Se quem vive debaixo é revoltado
Quando sobe ele fica diferente
Compreendo a fraqueza dessa gente
Submissa ao desejo de vencer
Eu também poderei me corromper
Quem sou eu para ser dono da virtude?
Não conheço esquerdista que não mude
Quando pega nas rédeas do poder

Eu já vi muita gente amarelar
Por pressão, covardia ou por dinheiro
Jornalista, cantor e violeiro
Metalúrgico, político e militar
Só Luís Carlos Prestes foi sem par
Defendeu sua tese até morrer
E Gregório Bezerra sem temer
Levou seus ideais ao ataúde
Não conheço esquerdista que não mude
Quando pega nas rédeas do poder.

34. *Retratos do Brasil* (sem data).

Autor: José Luiz Carlos de Lima • Intérpretes: Ivanildo Vilanova e Valdir Teles • Gravadora: Pentagrama • CD *Improvisos do Brasil* (1997)

O "galope à beira do mar" é uma variante do decassílabo, apresentando estrofes de dez versos com onze sílabas em cada um. Rimam entre si o primeiro, o quarto e o quinto versos; o segundo e o terceiro; o sexto, o sétimo e o décimo; o oitavo e o nono. O décimo verso sempre traz o refrão "na beira do mar". O ritmo lembra o galope de um corcel — daí o seu nome.

Retratos do Brasil fez uma denúncia vigorosa do descaso com que o povo estava sendo tratado: "É hoje o Brasil um lar de desgraça/ Cinema de farsa, teatro de embustes/ Porão de famintos, vassalos e trustes/ Cassino de jogos fedendo a trapaça/ Os jornais enganam, a Globo não passa/ De um laboratório de alienar". Depois de criticar sem meias palavras os juros extorsivos, a dívida externa, as leis obsoletas, a concentração fundiária, a violência no campo, a discriminação racial, as agressões ao meio ambiente e o desrespeito aos direitos dos indígenas, o repente lembrou as figuras de Carlos Lamarca e Pedro Pomar, mortos na luta contra a ditadura.

Ivanildo Vilanova e Valdir Teles deixaram no ar uma esperança teimosa: "Brasil das mentiras, dos Planos Cruzados/ De escolas

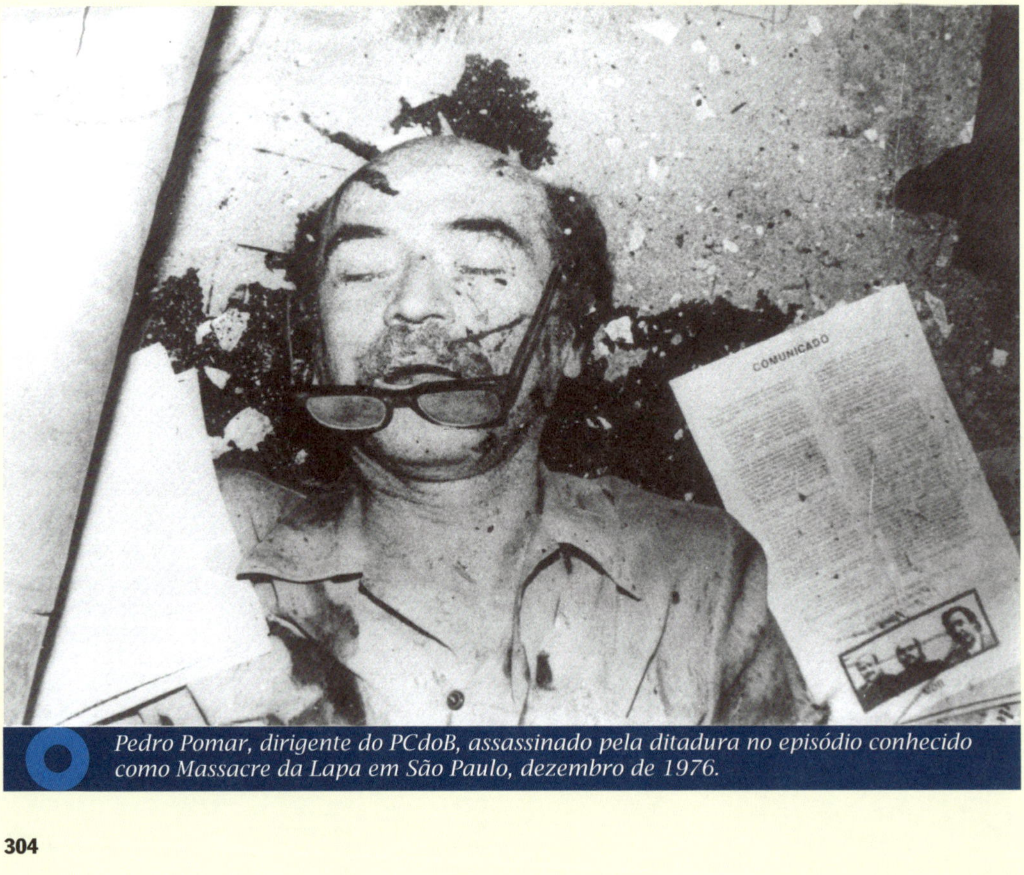

Pedro Pomar, dirigente do PCdoB, assassinado pela ditadura no episódio conhecido como Massacre da Lapa em São Paulo, dezembro de 1976.

sem quase nenhum conteúdo/ De cinco milhões de donos de tudo/ E noventa e cinco de assalariados/ De crimes impunes, de chãos violados/ Com as veias abertas que estão a sangrar/ De um povo que dorme, mas quando acordar/ Irá transformá-lo num templo de paz/ Num éden terrestre de homens iguais/ Nos dez de galope da beira do mar".

É hoje o Brasil um lar de desgraça,
Cinema de farsa, teatro de embustes
Porão de famintos, vassalos e trustes
Cassino de jogos fedendo a trapaça
Os jornais enganam, a Globo não passa
De um laboratório de alienar
Tornou-se o Congresso um trono vulgar
De olhos que não veem e almas que não sentem
De corpos que luxam, de bocas que mentem
Dos dez de galope da beira do mar

Brasil que hoje em dia seus cidadãos sentem
Juros extorsivos, pesados impostos
De mentiras claras, de escândalos expostos
Que os grupos não cobrem por muito que tentem
E seus governantes calados consentem
Que dráculas de fora venham lhe sugar
E uma dívida externa quase secular
Que é paga com notas que são carimbadas
Com tinta do sangue das mãos exploradas
Dos dez de galope da beira do mar

As leis que nos regem são leis superadas
E obsoletas, repletas de emendas
E as nossas fazendas parecem fazendas
Mas são verdadeiras quadrilhas armadas
As terras existem, mas não nos são dadas
E os que lutaram pra nelas plantar
As armas do crime vieram calar
E hoje já não lutam, apenas esfriam
Debaixo da terra que tanto queriam
Dos dez de galope da beira do mar

Brasil de florestas que alguns negociam
De mães faveladas que estão nas sarjetas
Sem riso nos lábios, sem leite nas tetas
Pras bocas famintas dos filhos que criam
Que as nossas crianças sem pães se viciam
Nas sujas lições que o crime ensinar
São trinta milhões de filhos sem lar
Que a mãe é a noite, que a luz é a lua
Que o mestre é o mundo, que a casa é a rua
Dos dez de galope da beira do mar

Brasil de uma música que não é a sua
De alguns literatos apenas pseudo
De um rico Nordeste partido entre feudos
Mas que é proibido que o povo usufrua
De falsos políticos que o povo cultua
Porque foi castrado e não sabe pensar
De uma carta magna que era bom mudar
Que oprime o campônio, que esquece a mulher
Que lê quem tem tempo, que cumpre quem quer
Nos dez de galope da beira do mar

Brasil de heróis mortos que o povo ainda quer
E apesar de tudo homenageá-los
Que os livros da história hão de relembrá-los

Enquanto um resquício de honra ainda houver
Divina heroína, guerreira, mulher
Meiga como as flores e pura como ar
De Carlos Lamarca, de Pedro Pomar
Que acharam melhor morrer como bravos
Do que como a gente viver sendo escravos
Nos dez de galope da beira do mar

Brasil de três raças, de negros tão bravos
Guindastes humanos nos dias primeiros
Que foram nos sujos porões de cargueiros
Vendidos, comprados por míseros centavos
Plantaram, colheram, foram e são escravos
Que o negro não pode as algemas tirar
Argola ainda existe sem eles enxergar
E ainda é apátrida nas ruas, nas hortas
Uma gigantesca senzala sem portas
Nos dez de galope da beira do mar

Meu Brasil cafuzo por que não confortas
Teus índios que as matas foram para eles
Teto para o sono, mãe dos filhos deles
Na longa corrida do ouro estão mortas
Quem foi no passado senhor dessas hortas
É mero retrato de um livro escolar
Tomaram as reservas e deixaram o cocar
Quem foi dessas herdes senhor, dono e pai
Mendigam um pedaço de terra à Funai,
Nos dez de galope da beira do mar

Brasil de florestas que aos poucos se esvai
Por finos machados cortadas padece
E o seio da mata ferido estremece
E a cada pedaço de galho que cai
Que o seu solo sente que seu ouro vai
Para os que a devastam sem reflorestar
Daqui trinta anos sem árvore e sem ar
E em que nossos filhos serão transformados?
Se os nossos pulmões estão sendo arrancados
Nos dez de galope da beira do mar

Brasil das mentiras, dos Planos Cruzados
De escolas sem quase nenhum conteúdo
De cinco milhões de donos de tudo
E noventa e cinco de assalariados
De crimes impunes, de chãos violados
Com as veias abertas que estão a sangrar
De um povo que dorme, mas quando acordar
Irá transformá-lo num templo de paz
Num éden terrestre de homens iguais
Nos dez de galope da beira do mar.

35. *Pátria que me pariu* (1997).

Autores: Gabriel, o Pensador e André Gomes • Intérprete: Gabriel, o Pensador • Gravadora: Sony Music • CD *Quebra-cabeça* (1997)

CD Quebra-cabeça, *Gabriel, o Pensador, 1997.*

Outdoor *em frente à Catedral de Brasília contra o projeto de lei que obriga o SUS a atender casos de aborto legal.*

Gabriel, o Pensador, em *Pátria que me pariu*, defendeu a legalização do aborto, tema que em 1997 ganhou as primeiras páginas dos jornais depois que a Comissão Intersetorial de Saúde da Mulher (Cisme) aprovou resolução regulamentando o aborto nos casos de gravidez por violência sexual. Embora o Código Penal reconhecesse desde 1940 o direito das mulheres ao aborto em situações de estupro ou risco de vida para a gestante, o dispositivo jamais havia saído do papel. A discussão produziu resultados. Apesar da oposição de setores religiosos, o Sistema Único de Saúde (SUS) passou a obedecer à determinação da comissão.

Segundo estimativas da época, 1 milhão de mulheres realizavam anualmente abortos clandestinos no Brasil, das quais 300 mil eram internadas posteriormente com complicações decorrentes dos procedimentos caseiros ou clandestinos. Pelo menos 10 mil acabavam perdendo a vida.

No Brasil, até hoje só são legalmente permitidos abortos em casos de estupro, risco de vida para a gestante e fetos anencefálicos. Na maioria dos países, porém, o aborto é permitido em inúmeras outras situações. Em mais de cinquenta nações — entre elas a Rússia, os Estados Unidos, a França, a Alemanha, a Itália e outros países europeus — não há restrições ao aborto.

Pátria que me pariu relata a trajetória de uma prostituta de 17 anos que tentou fazer um aborto caseiro, sem sucesso. O bebê não desejado foi abandonado depois do nascimento. Sem mãe, sem família, sem oportunidades, virou moleque de rua. Aos 14 anos, foi morto pela polícia: "Boi, boi, boi da cara preta, pega essa criança com um tiro de escopeta/ Calibre 12 na cara do Brasil/ Idade 14, estado civil: morto/ Demorou, mas a sua pátria mãe gentil conseguiu realizar o aborto".

Uma prostituta chamada Brasil
Se esqueceu de tomar a pílula e a barriga cresceu
Um bebê não estava nos planos dessa pobre meretriz de 17 anos
Um aborto era uma fortuna e ela sem dinheiro
Teve que tentar fazer um aborto caseiro
Tomou remédio, tomou cachaça, tomou purgante
Mas a gravidez era cada vez mais flagrante
Aquele filho era pior que uma lombriga
E ela pediu prum mendigo esmurrar sua barriga
E a cada chute que levava o moleque revidava lá de dentro
Aprendeu a ser um feto violento
Um feto forte escapou da morte
Não se sabe se foi muito azar ou muita sorte
Mas nove meses depois foi encontrado, com fome e com frio
Abandonado num terreno baldio

Pátria que me pariu!
Quem foi a pátria que me pariu!? (bis)

A criança é a cara dos pais, mas não tem pai nem mãe
Então qual é a cara da criança?
A cara do perdão ou da vingança?
Será a cara do desespero ou da esperança
Num futuro melhor, um emprego, um lar?
Sinal vermelho, não dá tempo pra sonhar
Vendendo bala, chiclete
"Num fecha o vidro que eu num sou pivete
Eu não vou virar ladrão se você me der um leite, um pão
Um videogame e uma televisão, uma chuteira e uma camisa do Mengão
Pra eu jogar na seleção, que nem o Ronaldinho
Vou pra Copa, vou pra Europa"
Coitadinho!
Acorda moleque! Cê num tem futuro!
Seu time não tem nada a perder
E o jogo é duro! Você não tem defesa, então ataca
Pra não sair de maca
Chega de bancar o babaca
Eu não aguento mais dar murro em ponta de faca
E tudo o que eu tenho é uma faca na mão
Agora eu quero o queijo. Cadê?
Tô cansado de apanhar, tá na hora de bater

Pátria que me pariu!...

Mostra tua cara, moleque! Devia tá na escola
Mas tá cheirando cola, fumando um béque
Vendendo brizola e crack
Nunca joga bola mas tá sempre no ataque
Pistola na mão, moleque sangue bão
É melhor correr porque lá vem o camburão
É matar ou morrer! São quatro contra um!

Eu me rendo! Bum! Clá! Clá! Bum! Bum! Bum!
Boi, boi, boi da cara preta, pega essa criança
com um tiro de escopeta
Calibre 12 na cara do Brasil
Idade 14, estado civil: morto
Demorou, mas a sua pátria mãe gentil
conseguiu realizar o aborto

Pátria que me pariu!...

36. *João Ninguém Sem-Terra* (1997).

Autores e intérpretes: Zé Mulato e Cassiano • Gravadora: Velas • CD *Meu céu* (1997)

CD *Meu céu, Zé Mulato e Cassiano, 1997.*

Em fevereiro de 1997, três colunas de trabalhadores sem-terra começaram a se deslocar de diferentes regiões do país rumo à capital federal, com o objetivo de alcançar Brasília antes de 17 de abril, quando se completaria um ano do Massacre de Eldorado dos Carajás (ver *Eldorado dos Carajás* e *As pedras gritarão*, neste capítulo). Além de chamar a atenção para a impunidade do crime, a marcha pretendia exigir do governo a intensificação da reforma agrária.

Cerca de 2 mil trabalhadores participaram dos sessenta dias da marcha, que foi engrossando à medida que as colunas se aproximaram do Distrito Federal. Na semana final, o movimento passou a ser acompanhado pela imprensa e ganhou grande repercussão. No dia 17 de abril, 40 mil pessoas, entre sem-terra, trabalhadores, índios, estudantes, funcionários públicos, religiosos e ativistas, desfilaram pela Esplanada dos Ministérios. O presidente Fernando Henrique Cardoso recebeu em seu gabinete uma comissão comandada pelo líder do MST, João Pedro Stédile.

Pesquisa de opinião feita em março daquele ano pelo Instituto Brasileiro de Opinião Pública e Estatística (Ibope) mostrou que a avaliação do MST na sociedade era muito positiva. Mais de 80% dos entrevistados consideravam as invasões de terra uma forma de luta válida. Para 77%, os integrantes do movimento não eram agitadores, mas sim trabalhadores que lutavam por seus direitos. Apesar de anos de satanização, o MST contava com grande apoio na opinião pública.

João Ninguém Sem-Terra, gravada pela dupla sertaneja Zé Mulato e Cassiano em 1997, espelha esse momento. O cantador apresenta-se como um brasileiro que aguarda a distribuição de terras. Em carta ao presidente da República, conta a história de sua vida e expõe argumentos a favor da reforma agrária. Sempre em tom humilde, fecha a canção com um "parpite de matuto", que todo governante deveria levar a sério: "A minha classe, sei, é chamada de baixa/ Mas é nela que engaja a base desse país/ O senhor sabe e muito mais do que eu/ Nunca se desenvolveu sem ter um povo feliz".

Em caipirês, "estar na imbira" significa atravessar dificuldades.

Sou João Ninguém brasileiro
Casado, pai de três filhos
Quero um pedaço de terra, meu senhor
Pra plantar feijão e milho

Sua Excelência, trago esse requerimento
Não repare o meu jeitão porque eu sou bem caipira
Por muitos anos eu ouvi tanta promessa
Mas só me pregaram peça, o que houve foi mentira
Saí da roça não pela minha vontade
Porque estou nessa cidade cada vez mais na imbira
Mas o senhor nos inspira confiança
Que já nasce a esperança num povo que mal respira

Sem egoísmo eu não peço só pra mim
Sou a boca da pobreza, falo por quem não tem sorte
O senhor sabe a nossa vida é precária
Falo da classe operária do Brasil de sul a norte
Eu, por exemplo, espero a reforma agrária
E por vir aquela área que eu perdi para o mais forte
Sei que o pedido do sem-terra não influi
Mas veja se nos inclui no seu próximo pacote

Sei que o senhor já tem problemas demais
Mas peço prioridade no pedido que lhe fiz
A minha classe, sei, é chamada de baixa
Mas é nela que engaja a base desse país
O senhor sabe e muito mais do que eu
Nunca se desenvolveu sem ter um povo feliz
Preste atenção no parpite do matuto,
Árvore não dá bom fruto se não tem boa raiz

Sou João Ninguém brasileiro
Casado, pai de três filhos
Quero um pedaço de terra, meu senhor
Vou plantar feijão e milho.

37. *Floriô* (1997).

Autor: Zé Pinto • Intérprete: Chico César • Gravadora: Discograf • CD *Arte em movimento – vários intérpretes* (2002)

Floriô fez muito sucesso nos acampamentos e assentamentos do MST. Lembrava que "a luta não para quando se conquista o chão". Começa então um tempo novo — de estudo, trabalho, união e organização de cooperativas.

Arroz deu cacho e o feijão floriô
Milho na palha, coração cheio de amor (bis)

Povo sem terra fez a guerra por justiça
Visto que não tem preguiça este povo de pegar
Cabo de foice, também cabo de enxada
Pra poder fazer roçado e o Brasil se alimentar

Com sacrifício debaixo da lona preta
O inimigo fez careta, mas o povo atravessou
Rompeu as cercas que cercam a filosofia
De ter paz e harmonia para quem plantar o amor

Arroz deu cacho e o feijão floriô...

Erguendo a fala, gritando "reforma agrária"
Porque a luta não para quando se conquista o chão
Fazendo estudo, juntando a companheirada
Criando cooperativa pra avançar a produção

Arroz sem cacho e o feijão floriô...

38. *Descobrimos lá na base* (1998).

Autor: Zé Pinto • Intérprete: Nil Bernardes • Gravadora: Discograf • CD *Arte em movimento – vários intérpretes* (2002)

Descobrimos lá na base, de José Pinto, foi composta em 1998, ano que marcou o auge das ocupações promovidas pelo MST. Segundo dados da Comissão Pastoral da Terra (CPT), muito influente no MST, em 1998 houve no país 599 ocupações de propriedades improdutivas, envolvendo mais de 76 mil famílias (ver *Não somos covardes*, neste capítulo).

A canção resgatou dois lemas históricos da luta pela terra no Brasil: "Reforma agrária na lei ou na marra" e "A terra não se ganha, se conquista". Mas o momento mais forte da canção é o do refrão com a palavra de ordem adotada pelo MST desde 1985: "E vamos entrar naquela terra e não vamos sair/ Nosso lema é ocupar, resistir e produzir".

Descobrimos lá na base
Que a tal da reforma agrária
Do papel não vai sair
Pelo pedaço de chão
Pra colher o nosso pão
Vamos ter que nos unir
Companheiro e companheira
Vitória vai ser ligeira
Se todos se organizarem
A gente faz acampamento
Tira pão para o sustento
E reforma agrária é pra já

E vamos entrar naquela terra e não vamos sair
Nosso lema é ocupar, resistir e produzir (bis)

A gente faz caravana
Arrisca entrar em cana
Mas tem que ser por aí
Sindicatos combativos
Isso tudo é preciso
Para a luta prosseguir
A classe trabalhadora
Que é a mais sofredora
Já começa a perceber
Que nós somos maioria
E que vai chegar o dia
Com um novo amanhecer

Pelo fim do latifúndio
Chega João, chega Raimundo
Isso vai ter que mudar

Manifestação do MST em frente ao Congresso Nacional, Brasília,1998.

TRABALHADORES RURAIS SEM TERRA
BRASIL
TRABALHADORES RURAIS
MST

Nessa América Latina
Será que a nossa sina
Vai ser sofrer sem parar
Mas eu nisso não acredito
Por isso eu tenho dito
Vamos todos dar as mãos
É a força popular
Levantando essa bandeira
Reforma agrária é no chão

E vamos entrar naquela terra e não vamos sair...

Se for dura essa parada
A gente pega na marra
Não dá pra ser diferente
Pois os homens têm dinheiro
Compram armas no estrangeiro
Pra poder matar a gente
Contra esse capitalismo
Vamos firmes, decididos
Não deixar pra outra hora
É a classe organizada
Passo a passo nesta estrada
Construindo a sua história

E vamos entrar naquela terra e não vamos sair...

39. *Sem-terra* (1998).

Autor: Everardo Senna • Intérprete: Raio da Silibrina • Gravadora: Brilho • CD *Onde?* (1998)

A mensagem da banda Raio da Silibrina não poderia ser mais simples e direta. O povo queria terra para plantar, casa para morar, escola para estudar e emprego para trabalhar. Estava farto de promessas: "A hora é de mudança/ Vamos dividir o pão/ Chega de tanta lambança/ Irmão enganando irmão".

Eu só quero terra pra plantar
Eu só quero casa pra morar
Eu só quero escola pra estudar
Eu só quero é trabalhar (bis)

Chega de tanta promessa
É hora de solução
Não dá pra ficar mais nessa
Seguindo na procissão
A hora é de mudança
Vamos dividir o pão
Chega de tanta lambança
Irmão enganando irmão

Eu só quero terra pra plantar...

40. *Sem terra* (1998).

Autor e intérprete: Zé Ramalho • Gravadora: BMG Brasil • CD *Eu sou todos nós* (1998)

Zé Ramalho também saudou o crescimento das mobilizações dos sem-terra pela reforma agrária: "A bandeira vermelha se moveu/ É um povo tomando posição". Ele apostava que o movimento, conjugando determinação e serenidade, sairia vitorioso: "Fique muito tranquilo pra lutar/ Desamarre a linha da invasão/ A reforma está vindo devagar/ Desembocar no rio da razão".

A canção começa com uma citação musical de *Berimbau*, de Vinicius de Moraes

CD Eu sou todos nós,
Zé Ramalho, 1998.

e Baden Powell. Termina lembrando versos de outra composição do próprio Zé Ramalho, *Admirável gado novo*, quando se refere à "vida de gado". Como já foi dito, é frequente na nossa música popular a metáfora de que o povo lembra o boi — geralmente dócil e comportado, sob o jugo dos donos da riqueza e do poder (ver *Bateram no boi*, no Capítulo VI do Volume I, *Disparada*, no Capítulo VII do Volume II, e *Admirável gado novo*, no Capítulo VIII, também do Volume II).

A bandeira vermelha se moveu
É um povo tomando posição
Deixe o medo de tudo pra depois
Puxe a faca, desarme sua mão
Fique muito tranquilo pra lutar
Desamarre a linha da invasão
A reforma está vindo devagar
Desembocar no rio da razão

Disparada de vacas e de bois
É o povo tomando posição
É o povo tomando direção

Eh boi, ô vaca mansa,
Ô vaca mansa, vida de gado.

41. *Índio* (1998).

Autores: Gabriel Moura, Seu Jorge e Sérgio Granha • Intérprete: Farofa Carioca • Gravadora: Polygram • CD *Moro no Brasil* (1998)

CD Moro no Brasil,
Farofa Carioca, 1998.

Índio, lançada em 1998, passa-se numa sala de aula. Faz uma reflexão sobre a degradação das condições de vida dos indígenas depois da chegada do homem branco à América do Sul, em geral, e ao Brasil, em particular. A canção, que começa com os primeiros acordes da ópera *O guarani*, de Carlos Gomes, descreve como os indígenas viviam em harmonia com a natureza. Eram então 5 milhões. Mas ao longo de quinhentos anos foram vítimas de um sistemático processo

Comunidades indígenas e sem-terra protestam no local onde o índio Galdino Jesus dos Santos foi queimado, Brasília, abril de 1997.

de extermínio: "Hoje são 250 mil, mataram milhões de tristeza e solidão/ Na bala, no chicote, na humilhação/ Índio foi queimado vivo quando dormiu/ Índio comeu peixe poluído do rio/ Índio quer saber se chega ao ano 2000/ Índio veio morar numa favela do Rio".

O grupo Farofa Carioca dedicou a canção ao índio pataxó Galdino Jesus dos Santos, queimado vivo num ponto de ônibus por cinco jovens da classe média alta de Brasília, em 20 de abril de 1997. Galdino estava na capital para participar das comemorações do Dia do Índio, 19 de abril, e da Marcha Nacional do MST (ver *João Ninguém Sem-Terra*, neste capítulo). Um dos assassinos declarou à imprensa que ele e seus amigos pensaram que Galdino era "apenas um mendigo". O crime chocou o país.

Há quinhentos anos eram 5 milhões de
índios felizes no Brasil
Cada um em sua oca, cada oca em sua taba,
cada taba em sua mata
Cada rio, cada peixe, cada bicho, bicho
Um por todos, todo mundo nu
Cada um na sua (viviam todos muito bem)
Cada um na sua (ninguém falava mal de
ninguém)
Cada um na sua (todo mundo nu)
Cada um na sua (tudo bem)
Boto, tamanduá, cocar, sucuri-cucu
Jacarandá, anta, cajá, curumim, arara
Jaguatirica, mandioca, de boi, jacaré, vitória-
-régia (Tim Maia!)
Cada um na sua (sem roubo)
Cada um na sua (sem falcatrua)

Cada um na sua (ninguém passava a mão
na bunda de ninguém)
Cada um na sua (pode crer)
Hoje são 250 mil, mataram milhões de
tristeza e solidão
Na bala, no chicote, na humilhação
Índio foi queimado vivo quando dormiu
Índio comeu peixe poluído do rio
Índio quer saber se chega ao ano 2000
Índio veio morar numa favela do Rio
Caiapó, Tupi, Xingu,
Guarani, Txucarramãe
Acolhei ó Tupã Pataxó

— Dedicamos essa música ao índio Pataxó Galdino, que morreu pelas mãos de uns meninos mimados no Distrito Federal. Só Deus sabe o motivo pelo qual eles não foram condenados!

Cada um na sua (eles não foram condenados)
Cada um na sua (ninguém tocou no assunto)
Cada um na sua (no final ficou todo mundo nu)
Cada um na sua...

42. *Funk da PM* (sem data).

Autores e intérpretes: Paulo Caruso e Chico Caruso • Gravadora: Dabliú Discos • CD *Pra seu governo* (1998)

Não foi apenas nas favelas ou nas quebradas da periferia que vozes se levantaram para denunciar a violência policial. Do asfalto também vieram protestos, como nesta composição dos irmãos Caruso que lembra as seguidas arbitrariedades cometidas pela Polícia Militar, como no Massacre do Carandiru (ver *Diário de um detento*, no Capítulo IX deste volume) e nas chacinas da Candelária (ver *Candelária*, também no Capítulo IX) e de Vigário Geral (ver *Até quando?* e *Bem-vindo ao Brasil*, neste capítulo).

O funk recupera a história de Otávio Lourenço Gambra, soldado da PM de São Paulo, mais conhecido como Rambo. Durante uma batida policial na favela Naval, em Diadema, no dia 7 de março de 1997, ele matou a tiros o mecânico Mário José Josino, que estava ao volante de um carro já liberado da *blitz*. Rambo também espancou selvagemente diversas pessoas. As atrocidades foram gravadas por um cinegrafista amador. As imagens, exibidas no *Jornal Nacional*, da Rede Globo, chocaram o país.

No verso final do funk, Rambo reconhece em tom de gozação que a militarização da polícia é um legado da ditadura: "Sou o que sobrou do entulho autoritário".

Sou funk da PM, I fuck, fuck you
Diadema é pinto perto do Carandiru
Seja na Candelária ou Vigário Geral
Cidade de Deus, onde o Diabo é que é o tal

Eu prendo e arrebento, entro sem bater
Meto o pé na porta, não espero acontecer
Faço lobby *no Congresso, derrubo a oposição*
Pra mostrar com quantos Rambos se constrói
uma nação

Meu nome é Rambo, sou funk da PM
Meu nome é Rambo, sou funk da PM
Meu nome é Rambo, sou funk da PM

Dou porrada a três por quatro sem dar satisfação
Tenho costas quentes dentro da corporação
Já ganhei medalhas com meu três-oitão
Mas ultimamente eu não tô dando sorte não

Eu atirei pra baixo, mirando no dedão
Saiu pela culatra, deu na televisão
Traficante agora anda só por provocação
Com mil ideias na cabeça e uma câmera na mão

Meu nome é Rambo, sou funk da PM...

Sou um pacato pai de família
No desacato é que eu fico uma pilha
Fico estúpido, reacionário
Sou o que sobrou do entulho autoritário

Meu nome é Rambo, sou funk da PM...

CD A música do Olodum - 20 anos, *1999.*

43. *Candelária* (sem data).

Autores: Lazinho, Guiguio e Joccy Lee • Intérprete: Olodum • Gravadora: Sony Music • CD *A música do Olodum - 20 anos* (1999)

Em 1999, o Olodum comemorou duas décadas de existência com o CD *A música do Olodum — 20 anos*. Numa das faixas, *Candelária*, o grupo lembrou vários episódios de violência das forças policiais contra as populações pobres e os movimentos sociais: "Aonde a lei não vigora/ Impera uma chacina/ Quem nasce neste país/ Pobre vive a triste sina".

A canção recordou a invasão da favela de Vigário Geral, no Rio de Janeiro, em 29 de agosto de 1993, por um grupo de extermínio composto por 36 policiais que executou a sangue-frio 21 moradores. Em seguida, lembrou a Chacina da Candelária, em que oito pessoas, entre elas seis menores, foram assassinadas a tiros por soldados da Polícia Militar no centro do Rio em 1993 (ver *Candelária*, no Capítulo IX deste volume). Sem citar o nome do índio Galdino Pataxó, o Olodum registrou também sua morte nas mãos de cinco jovens de classe média de Brasília, em 20 de abril de 1997. Galdino foi queimado vivo pelos rapazes quando dormia num ponto de ônibus (ver *Índio*, neste capítulo). Por fim, o grupo baiano rememorou o assassinato em 1993 de dezesseis índios ianomâmis em Roraima, no episódio que ficou conhecido como Massacre de Haximu.

Aonde a lei não vigora
Impera uma chacina
Quem nasce neste país

Manifestação na Cinelândia, Rio de Janeiro, lembra o Massacre da Candelária.

Pobre vive a triste sina
Morar no morro não tem conforto
Só brinca em carnaval
Na quarta-feira que desconforto
No Vigário Geral
Tá na sinaleira pra ganhar o pão
Vai na Candelária, morre sem razão
Ó não, ó não
Por que mataram o catador de papelão
Por que queimaram um índio sem dó sem compaixão
Tenho pena desses homens
Que mataram ianomâmi
Piedade ao nosso povo
Que está morrendo de fome
Se cessar o morticínio o Lobato é opção
Educar nossos meninos
Que o país tem solução.

44. *Bom é ser presidente* (1998).

Autores e intérpretes: Paulo Caruso e Chico Caruso • Gravadora: Dabliú Discos • CD *Pra seu governo* (1998)

Treze anos após o fim da ditadura, depois de quatro presidentes civis, muitas certezas haviam evaporado. Menos uma: "Bom é ser presidente desse imenso país". De brincadeira, os irmãos Caruso passaram a palavra para José Sarney, Fernando Collor de Mello, Itamar Franco e Fernando Henrique Cardoso, que confirmaram, cada um por suas próprias razões, que governar o Brasil era uma tarefa deliciosa.

Sarney publicou seus romances na China, fez poemas serem traduzidos para o russo e manteve longos papos com Gorbachev. Collor "[fez] da vida pública uma extensão da privada", atropelou meio mundo de *jet ski* e cobriu a primeira-dama de porrada. Quanto

Fernando Collor de Mello corre nas proximidades da Casa da Dinda.

a Itamar, teve o prazer de relançar o Fusca, comer pão de queijo no Palácio do Planalto e trocar ministros a três por dois.

Já Fernando Henrique foi mais longe: conseguiu fazer uma moeda forte com um governo fraco, implantou o "fisiologismo chique", comandou um vasto processo de privatizações de empresas públicas e realizou a obsessão de ficar oito anos na presidência: "Sorriso de paisagem, *check-up* no coração/ Uma ideia só na cabeça: a reeleição/ Levar uns oito anos para chegar no final/ E privatizar o assento presidencial".

Bom é ser presidente desse imenso país
Fazer um montão de coisas que eu nunca fiz
Lançar livros na China, amanhecer em
Pequim
O outro lado do mundo gosta de mim
Ir ver a Perestroika, assistir ao Bolshoi
Levando longos papos com Gorbachev
Traduzir meus poemas pro russo e pro chinês
Aprimorando mais o meu português

Eu digo
Bom é ser presidente desse imenso país
Atropelar minha gente de jet ski
A grana da LBA mandar para Canapi
Comprar os deputados da CPI
Fazer da vida pública uma extensão da
privada
Mergulhar num mar de lama, cara lavada
Bater na primeira-dama, cobrir-lhe de
porrada
Cornear o irmão com a própria cunhada

Eu digo
Bom é ser presidente desse imenso país
Comer do pão de queijo que eu mesmo fiz

Queijo com goiabada, feijoada com epatoviz
Refabricar o Fusca é que é ser feliz
Pôr o Krause pra fora, o Paulo Haddad no centro
Depois o Paulo fora e o Eliseu dentro
Daqui uma meia hora fazer tudo de novo
Só dá pra governar confundindo o povo

Eu digo
Bom é ser presidente desse imenso país
Pedindo para esquecer os livros que eu fiz
Fazer a moeda forte com um governinho fraco
Onde o fisiologismo é o maior barato
Sorriso de paisagem, check-up *no coração*
Uma ideia só na cabeça: a reeleição
Levar uns oito anos para chegar no final
E privatizar o assento presidencial

Bom é ser presidente desse imenso país
— Brasileiras e brasileiros
Bom é ser presidente desse imenso país
— Não me deixem só, não me deixem só
Bom é ser presidente desse imenso país
— Ê, trem bão, sô!
Bom é ser presidente desse imenso país
— Sociólogas e sociólogos.

45. *H. Aço* (1998).

Autor e intérprete: DMN • Gravadora: Companhia Paulista de Hip Hop • LP/ CD *H. Aço* (1998)

H. Aço é uma abreviatura de "Homem de Aço", o Super-Homem das histórias em quadrinhos, personagem criado na década de 1930 nos Estados Unidos.

CD H. Aço, *DMN, 1998.*

Para o DMN, grupo de rap de São Paulo, o morador da favela tinha de ser um super-herói para sobreviver ao inferno da violência, à prepotência das autoridades e ao preconceito social e racial. O país estava à deriva e o responsável era o presidente da República: "Fernando Henrique fez o Brasil virar um puteiro/ No mundo inteiro é a mesma patifaria/ Não é fácil ser Homem de Aço no dia a dia".

A gravação teve a participação especial de Edi Rock, integrante dos Racionais MC's.

LF, o que acontece na zona leste
Me diz aí, quero ouvir, DMN
Aumente o som e se ligue nessa aqui
Eu não vou mentir
Falo sério pra quem quiser ouvir
Escorreguei, mas não vacilei, pra não cair
Da malandragem destrutiva sobrevivi
E dela aprendi a parte boa
O respeito fundamental à minha pessoa

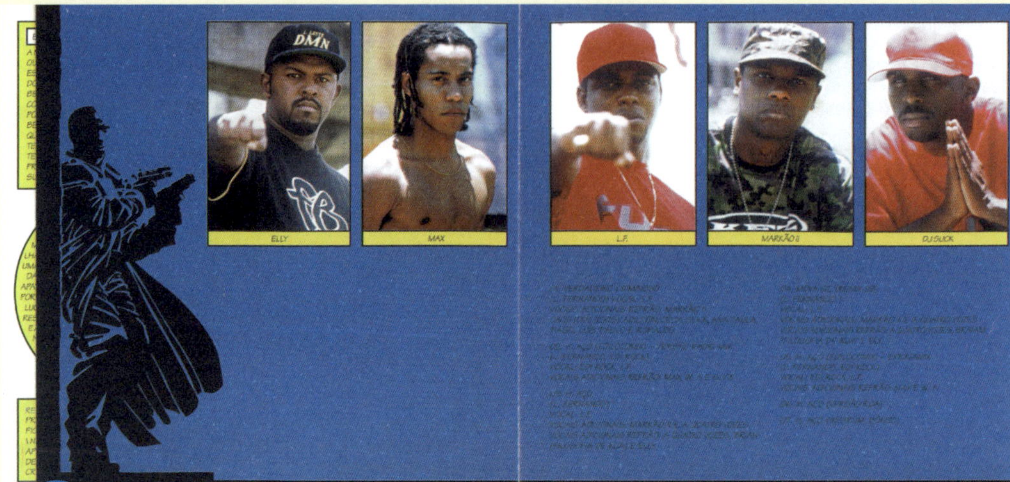

Integrantes do grupo DMN, encarte do CD H. Aço, *1998.*

Não quero viver à toa, de cara ou coroa
A minha sorte é ter saúde
Maluco é ter saúde
Pra me esquivar de todo o mal
Refletir nesse inferno e tal
Fazer a minha parte bem
Ser um espelho também
Pra quem está chegando
Poder contar com alguém
O caminho da verdade é difícil, eu sei
Quem não sabe levou, por escolher um atalho
Onde a trairagem insiste
O amor-próprio não existe
Feliz o preto que chega até os vinte
O mesmo que destrói a sua base
E quando está na pior diz que é uma fase
Está sempre de olho no quintal do vizinho
Se tiver que trampar, lutar não é seu caminho
Culpa os pais por ser assim
E diz vocês fizeram muito pouco por mim
Só queria ter de tudo pra não dar valor
E ver o mais pobre te chamar de senhor
Igual a todo playboy *que está no poder*
Não sabe o quanto custa o pão pra sobreviver
Não sabe o que é difícil nem dificuldade
Não sabe o que é viver distante da cidade
Eu sei o quanto é difícil suportar
Derramo o meu suor e sei valorizar
No limite da humildade
Faço o meu espaço
Me considero um H. Aço

Sei que não é fácil, sei que não é fácil, sei que não é fácil
Ser Homem de Aço (bis)

Andar na rua vendo o povo em desespero
Brigando pelo melhor lugar
Quem chega primeiro
Vivendo um pesadelo acordado
Correndo assustado, cabreiro

Com quem está do seu lado
Ver o moleque viciado na televisão
O baixo nível da escola e da educação
A preta linda que não olha no espelho
Tem vergonha do nariz, da boca e do cabelo
O super-herói com apenas doze anos
Feliz da vida porque conseguiu um cano
A piveta que já tem um pivete
Que até da mamadeira, ei, mano, ela se esquece
Ambição alto grau, apocalipse final
Eu não consigo ficar na moral
Famílias inteiras estão caindo na vala
Perdendo a resistência e o pesadelo não para
Ser Homem de Aço é resistir
Não posso dar as costas se o problema mora aqui
Não vou fugir nem fingir que não vi nem me distrair
Nenhum playboy *paga pau, vai rir de mim*
Tenho uma meta a seguir sou fruto daqui
Se for pra somar
Ei mano, chega aí
Pra ser mais um braço
Um guerreiro, arregaço
Contra o poder ser a pedra no sapato
Sem marra, a mentira, a incerteza, sem falha
Um centroavante nessa grande batalha
E no limite da humildade faça o seu espaço
Pra ser também um H. Aço

Sei que não é fácil, sei que não é fácil, sei que não é fácil
Ser Homem de Aço (bis)

Se liga aí, tô aqui, Racionais MC's
Eu vou dizer que nasci e cresci na zona norte
Periferia extrema, problema, Edi
Não me entrego ao sistema, igual dizem por aí
Eu também falei sério e vim pra conferir
Para os manos do outro lado do muro
E para os manos daqui
Ao contrário, sem motivo pra rir
Aí, não sou otário, sei pra onde ir
Vou seguir na minha rima, irmão
Na consciência, então
Nessa palavra de paz
Sem violência
Não gasto o meu tempo
Eu não jogo fora
Aí ladrão, eu digo vem comigo na trilha sonora
Edi Rock e tal, me chamam de marginal
Não sou o mal, tomo geral, neguinho normal,
Não pago pau pra playboy *de canal*
De olho azul, Mitsubishi azul, vai tomar no cu
Playboy, *tira sua roupa e tenta copiar*
Marginal tem estilo
Ninguém consegue imitar
Fala mal da favela, dos manos que vive nela
No farol a sequela, o boy *fecha a janela*
Fala mal de você que assiste a TV
Te entrega a droga pra você vender e morrer
Na sequência, na violência
Nos empurra a maldade
Nos empurra a imprudência
Na cara dura só cego não vê

Meu povo é pobre, revista não lê
Não entende não tem informação
Não estuda, nada muda
O governo nega educação
Controla o povo pelo dinheiro
Cadê o dinheiro?
Fernando Henrique fez o Brasil virar um puteiro
No mundo inteiro é a mesma patifaria

Não é fácil ser Homem de Aço no dia a dia.

46. *Esse é o meu país* (1998).

Autor: X • Intérprete: Câmbio Negro • Gravadora: Trama • CD *Círculo vicioso* (1998)

CD Círculo vicioso, Câmbio Negro, 1998.

No Brasil dos sonhos do Câmbio Negro, grupo de rap de Ceilândia, no Distrito Federal, negros e brancos são tratados de forma igual, não há analfabetismo e a saúde está em alta. A mortalidade infantil foi reduzida, a pobreza erradicada e todos têm moradia. Os policiais recebem educação e salários dignos, tratando a população com respeito. Há negros no Senado e mulheres no governo. É o país das maravilhas.

Nisso, soa o despertador. O rapper acorda e solta um palavrão. Está na hora de encarar a realidade.

Igualdade racial, social
Negro e branco tratados de igual pra igual
Boas escolas, analfabetismo inexistente
Saúde em alta, bons hospitais, atendimento eficiente
Mortalidade infantil há muito eliminada
Pobreza não se vê, foi erradicada
Criminalidade cai 90%
Todos têm moradia, ninguém ao relento
Policiais educados, segundo grau completo
Recebem salário digno, equipamento moderno
Não abusam do poder, não há brutalidade
Admirados por todos da comunidade
Honestidade na política, admirável
Mulheres no governo, com certeza invejável
Tratadas como se deve com o respeito devido
Não mais como cadelas e sim como um indivíduo
Vários negros no Senado, trabalho reconhecido
Anos de faculdade, lugar ao sol merecido
Vendemos tecnologia para o mundo todo
Cientistas brasileiros sempre sempre no topo
Recebem prêmios e prêmios no exterior
Criam o mais moderno computador

Aqui é nosso país
Brasil, Primeiro Mundo, todo mundo feliz
Esse é o meu país

Primeiro Mundo, Brasil, todo mundo feliz (bis)

Segurança no trânsito, crianças sempre sorrindo
Prêmio Nobel dado a um físico nordestino
Atletas inigualáveis, apoio total do governo
Escolas de atletismo pelo país inteiro
Idosos têm os seus direitos assegurados
Aposentadoria nunca atrasa, bem remunerados
Na Universal ninguém é enganado
Pastores não roubam ninguém, são uns pobres coitados
Voz do Brasil, *programa de boa qualidade*
No Brasil todo uma unanimidade
Sempre atual, diversificado, eficiente
Anos e anos na ativa, sempre competente
Rap nacional bastante difundido
Letras inteligentes, trampo decente bem produzido
Não se confunde liberdade de expressão com desacato
Espaço garantido, artistas de fato
Vários discos de ouro, reconhecimento
População bem informada respeita o movimento
Levados a sério, objetivos alcançados
Povo da periferia não é mais humilhado

Aqui é nosso país
Brasil, Primeiro Mundo, todo mundo feliz
Esse é o meu país
Primeiro Mundo, Brasil, todo mundo feliz (bis)

(Soa o despertador)
— Puta que pariu!

47. *Matemática na prática* (1998).

Autor: GOG • Intérpretes: GOG e Japão • Gravadora: Só Balanço • CD *Das trevas à luz* (1998)

CD Das trevas à luz, *GOG, 1998.*

GOG e Japão, rappers de Brasília, encontram-se em *Matemática na prática.* GOG vem do Riacho Fundo e Japão da Ceilândia — mais precisamente da Expansão do Setor O —, duas cidades-satélites da capital da República. Eles falam sobre a vida difícil de uma família comum, formada por gente que batalha o tempo todo para sobreviver e andar de cabeça erguida: "Seu pai, faxineiro, lava banheiros/ Salário mais gorjeta de terceiros/ De quebra, faz um bico revendendo jogos/ Feitos numa lotérica/ Sua mãe, com mais de sessenta/ Ainda trabalha de doméstica/ E assim se completa a renda da família/ Dois salários, mais gorjeta, bico, aposentadoria/ Somando tudo dá a certeza de lutar por melhores dias". Apesar de tanto esforço, as perspectivas não são boas. Afinal, um dos filhos está na correria do crime organizado, enquanto a filha é prostituta.

Tudo somado, os rappers denunciam: "A matemática na prática é sádica/ Reduziu meu povo a um zero à esquerda, mais nada/ Uma equação complicada onde a igualdade é desprezada".

Do fundão da Ceilândia
Mais precisamente da Expansão do Setor O
Onde tiros, tiras, pó
Misturados dão um problema só
É de onde veio seu irmão Japão
Acreditando que a mente é a mais farta munição
Reféns da miséria, não
Essa sina pro meu povo, não (então)
Injustiças, ira, meu sangue sobe
Dia a dia esse jogo não há quem não jogue
Dino Black Mano Mix toca discos
Completando o time meu chegado GOG
Haha, acionaram de novo o gatilho
E o barulho ouvido deixou um pai sem seu filho
Ou um filho sem pai
A ordem dos fatores aqui tanto faz
Matemática na prática
Subtração feita de forma trágica
Onde a divisão é o resultado
E a adição são os problemas multiplicados
Conduzindo um ao cemitério, outro ao submundo
Minha voz é forte, sincera
Minha casa minha quebra considerada Riacho Fundo
GOG, chega aí, sou da Ceí
E eu Riacho Fundo enfim
Todos da periferia juntos
Moleque, eu disse juntos
É sério
Todas as noite quando acordo olho o telhado do barraco
E junto as orações que faço
Imagino se o futuro fosse hoje
Seria complicado
Muito complicado
Minha mulher na beira do fogão, só cansaço
Meu filho, um moleque sem espaço
Eu a um passo do fracasso
Com um salário que se colocado no papel (ladrão)
Mal daria a cesta básica e o aluguel
Causa arrepios
Tudo isto é uma cadeia, uma grande teia, prepara a fuga
Sou meu próprio carcereiro e a chave, minha conduta
Caneta e papel na mão sai o rascunho
O raciocínio comanda meu punho
Cenas fortes, sem cortes, sou testemunho
A matemática na prática é sádica
Reduziu meu povo a um zero à esquerda, mais nada
Uma equação complicada onde a igualdade é desprezada
(A seguir, cenas que nada têm a ver com conto de fadas)
Seu pai, faxineiro, lava banheiros
Salário mais gorjeta de terceiros
De quebra, faz um bico revendendo jogos
Feitos numa lotérica
Sua mãe, com mais de sessenta

Ainda trabalha de doméstica
E assim se completa a renda da família
Dois salários, mais gorjeta, bico, aposentadoria
Somando tudo dá a certeza de lutar por melhores dias
É, sua velha anda cansada
A perna inchada cheia de varizes
Que dificultam a circulação sanguínea
Um braço forte lava, passa
Há mais de quinze anos sem carteira assinada
Alegria da criançada
Cozinha que é uma maravilha
Na casa do patrão, ela é a dona Maria
Até hoje esquecem o nome dela
E Maria é como eles chamam a maioria
Uma velha que traz no coração duas feridas
Um filho aprontando e uma filha trabalhando
Em um puteiro de quinta categoria
Periferia é periferia
Relatos dramáticos, desejos trágicos
Meios violentos os mais usados
E o tão sonhado cem por cento longe de se atingido
Traduzindo, eu disse traduzindo
Ontem pipocaram seu vizinho, roubaram sua mãe
Cena digna de cinema, desafio a lógica
O corpo ali, ham, sua velha sem poder reagir
Parecia querer desistir, mas filhos, netos
A fizeram prosseguir, já disse, vou repetir
Cara, acorda, olha nosso povo aqui
Nessa UTI
Louco pra sobreviver precisando de você, hein
Cadê você
Só bebe, fuma, injeta, não conversa
Qualquer ingrisia aperta
Apertou jogou deixou pra você tudo certo
A vida do outro na sua mão um objeto, e aí?
Mude seu conceito do que é ser esperto

Eram três pretos de favela nessa porra
Agora quatro
Se liga malandro no som pesado
Eram três pretos de favela, meu cumpádi
Agora quatro

Eram três pretos, meu cumpádi de favela
Agora, quatro
Se liga malandro no som pesado
Eram três pretos de favela nessa porra
Agora, quatro. (bis)

48. *Reengenharia* (1998).

Autor e intérprete: Itamar Assumpção • Gravadora: Atração Fonográfica • CD *Pretobrás - Por que eu não pensei nisso antes?* (1998)

Em *Reengenharia*, Itamar Assumpção incursionou pelas trilhas do rap para fazer uma gozação bem-humorada ao neoliberalismo e à globalização — celebrados então por muitos intelectuais e políticos como movimentos civilizatórios invencíveis e indiscutíveis. Na época, a adoração ao Deus Mercado estava no auge. Palavras e expressões como reengenharia, terceirização, globalização, economia de escala, competitividade, otimização, desativação e enxugamento surgiam a três por dois nas orações entoadas pelos sacerdotes e adeptos do novo credo.

Itamar fez questão de esclarecer que, embora não fosse o rapper Gabriel, o Pensa-

CD Pretobrás,
Itamar Assumpção, 1998.

dor, também era capaz de refletir criticamente sobre os rumos que o mundo estava tomando.

Meu amor, não sou o Gabriel
Mas sou pensador
Eu tive uma ideia genial
Que tal inserir nosso lar na economia global?
É muito simples não tem nem filosofia
É só trazer a tal reengenharia
No mundo inteiro vai que é uma beleza
Por que não fazer igualzinho lá em casa, hein, princesa?
É só jogar no lixo o que não precisa
A tua mãe, por exemplo, a gente terceiriza
Não se preocupe com a culinária
Agora ficou chique comer porcaria, ter urticária
O que é que há de mal?
Afinal, é só um bocadinho de mesquinharia
Ah, meu bem, nem vejo a hora de fazer economia de escala
Os malas dos nossos vizinhos pegamos e botamos fora
A mulher dele, a mulher dele, a gente incorpora
Vamos acabar com todo desperdício
Afinal, qual é o mal? É só a beira do precipício
Os amigos a gente elimina
E traz algum brinquedinho baratinho lá da China
Vamos criar um lar bem competitivo
Um lar que seja voltado só para um objetivo
Entre o ativo e o passivo vamos ver qual de nós dois ainda continua vivo
Vamos cair de boca no pragmatismo
Afinal, qual é o mal? É só a beira do abismo
Querida, vamos acabar com todo o sossego
Dar um basta nos sentimentos
E nos momentos de aconchego
Pulmão otimizado, coração desativado
No seguro-desemprego
Nosso lar vai virar uma operação enxuta
Com muito mais inveja, com muito mais disputa
Afinal qual é o mal em ser só um tiquinho filho da puta
Vamos concentrar na nossa vocação, meu bem
Ficar querendo o que a gente não tem
Oh! Meu amor, eu quero detonar o quarteirão o mundo o bairro
Só pra comprar o nosso segundo carro
Oh! Meu amor, depois, quando tudo der certo
Ficaremos só nós dois num lindo deserto
Vai ser tão legal ser moderno aqui no meio do inferno

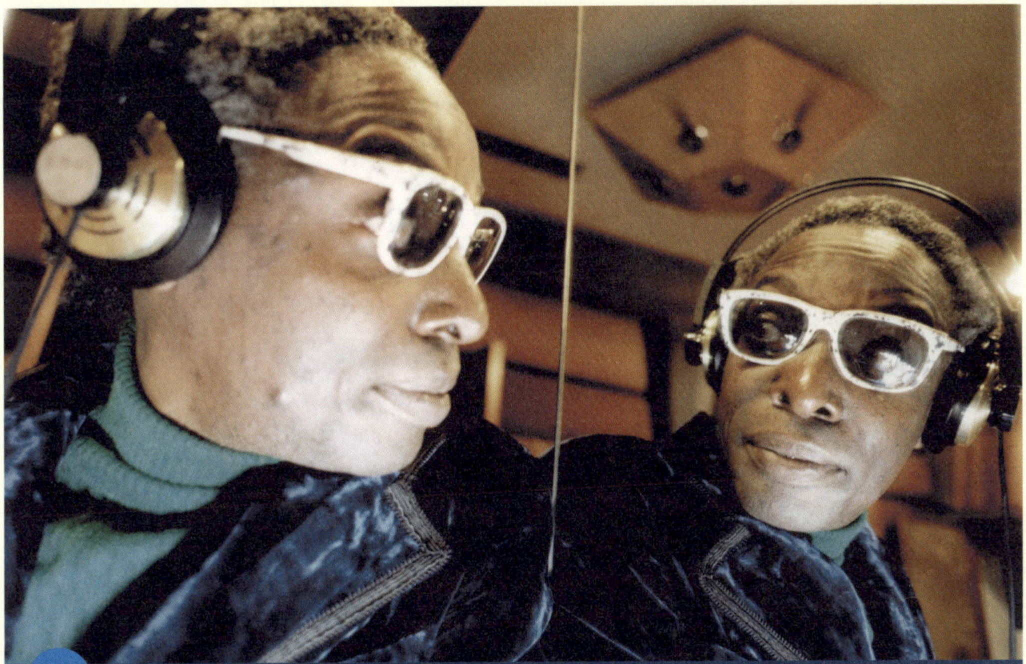

Itamar Assumpção.

Poderemos gravar tudo isso em vídeo
Afinal qual é o mal, é só um pouquinho de suicídio
Teu irmão eu aniquilo, teu pai jogamos no asilo
É, só vamos comer por quilo
Meu amor, meu amor, meu amor
Não sou o Gabriel
Mas sou pensador.

49. *Quebrando o cabresto* (1998).

Autor: domínio público; Falcão (adaptação) • Intérprete: Falcão • Gravadora: BMG Brasil • CD *Quanto pior, melhor* (1998)

No "voto de cabresto", o chefe político local ou "coronel" controla os votos do "curral eleitoral" através de ameaças, intimidações, uso da máquina pública e distribuição de favores.

Quase no final do século XX, o cantor cearense Falcão espantava-se com o fato de o coronelismo continuar mandando na política nacional. Convocava o eleitor a "quebrar o cabresto" de Fernando, Alencar, Magalhães e doutor Ribamar — ou seja, o presidente Fernando Henrique Cardoso (FHC), o então governador do Rio de Janeiro Marcello Alencar, o ex-governador da Bahia Antônio Carlos Magalhães (ACM) e o ex-presidente José Sarney, que recebeu na pia de batismo o nome de José Ribamar Ferreira Araújo da Costa.

Falcão recomendava ao eleitor que não batesse de frente com os donos da política. Melhor era dar uma volta neles. O cidadão poderia ir aos comícios, ouvir discursos,

Antônio Carlos Magalhães e Fernando Henrique Cardoso.

aplaudir os candidatos e comer churrasco à vontade. Mas, na hora de votar, que fizesse como ele, Falcão. Que se lembrasse das pessoas comuns e do seu jumento — e não votasse nesses "nojentos".

Eu vi na capa de uma revista
Os nomes e as fotos dos meus candidatos
Era Fernando, Alencar, Magalhães
E o doutor Ribamar
Quanto mais eles sorria
Mais a gente se iludia
Quanto mais eles posava
Mais a gente se enganava

Fui a uma festa a convite
Da chapa dos meus candidatos
Era Fernando, Alencar, Magalhães
E o doutor Ribamar
Quanto mais eles pedia
Mais churrasco nós comia
Quanto mais eles mandava
Mais churrasco nós traçava

Fui ao comício armado de noite
Na praça por meus candidatos
Era Fernando, Alencar, Magalhães
E o doutor Ribamar
Quanto mais eles mentia
Mais a gente aplaudia
Quanto mais eles falava
Mais a gente acreditava

Mas na hora de votar
Me lembrei de seu Dedé
Lembrei de dona Maria
Me lembrei de seu Raimundo
Me lembrei do meu jumento
Resolvi não perder tempo
Votando nesses nojentos.

50. *Vote em mim e não se preocupe* (1998).

Autores: Falcão e Tarcísio Matos • Intérprete: Falcão • Gravadora: BMG Brasil • CD *Quanto pior, melhor* (1998)

Em *Vote em mim e não se preocupe*, gravada em 1998, ano eleitoral, o cantor Falcão ironizou os discursos dos candidatos, marcados por rapapés e promessas vazias, como "povo bom da minha terra", "não jogue o seu voto fora", "prometo ajudar o pobre" ou "sou comprometido com as reformas". Na canção, o candidato, na ânsia de seduzir o eleitor, deixou-se embriagar pelas próprias palavras. Acabou metendo os pés pelas mãos: "Supondo ser você eleitor que se preze/ Tendo eu fé em você, você fé em mim/ É chegada a hora de unir nossas fezes".

Nas eleições de 1998, em que Fernando Henrique foi reeleito presidente da República, os dois principais partidos da coalizão governista elegeram as maiores bancadas na Câmara dos Deputados. O PFL fez 105 deputados (contra 89 em 1994) e o PSDB, 99 (62 em 1994). A seguir, vieram o PMDB, com 83 assentos, o PP com 60 e o PT com 58 — o primeiro experimentando forte declínio e o último melhorando moderadamente suas posições.

Já no Senado o PMDB conquistou doze das 26 cadeiras em disputa. O PFL ficou com cinco, o PSDB com quatro, o PT com três, o PPB com dois e o PSB com uma. Nas eleições para os governos estaduais, o PSDB obteve os melhores resultados, elegendo sete governadores, contra seis do PFL, seis do PMDB, três do PT, dois do PSB, dois do PPB e um do PDT.

Povo bom da minha terra, povo besta e sofredor
Povo que vive cansado de ser explorado
Sem nenhum pudor
Supondo ser você eleitor que se preze
Tendo eu fé em você, você fé em mim
É chegada a hora de unir nossas fezes

Prometo ajudar o pobre, o valente e o mofino
A rapariga, o rico, o velhinho e o menino
A classe trabalhadora e a minha pessoa
Não jogue o seu voto fora
Vote em mim nem que seja agora
Pois eu sou comprometido com as reformas
Nem que seja da piscina da casa da minha sogra.

51. *Reeleger Fernando Henrique presidente* (1998).

Autor: PC Bernardes • Intérprete: Dominguinhos • Gravadora: MCR - Gravação especial (1998)

O *jingle* de Fernando Henrique Cardoso na campanha eleitoral para a presidência da República, em 1998, apresentou uma novidade: o verbo "reeleger". Pela primeira vez em nossa história política, um político no exercício da presidência da República pediu ao eleitor que lhe concedesse mais um mandato no cargo.

A novidade, aprovada pelo Congresso Nacional no início de 1997, deu muito que falar. O jornal *Folha de S.Paulo* divulgou transcrições de gravações que provavam que pelo menos quatro deputados federais haviam recebido dinheiro de dois governadores para votar a favor da emenda constitucional. Dois deles renunciaram a seus mandatos. Apesar dos protestos da oposição, as investigações não avançaram. A base de apoio de Fernando Henrique, amplamente majoritária nas duas casas do Congresso, não permitiu a instalação de uma CPI. Além disso, na época, o presidente, chefe de um governo vitorioso na luta contra a inflação, contava com grande apoio popular e o apoio quase unânime da imprensa.

Na campanha eleitoral de 1998, Fernando Henrique enfatizou a ideia da continuidade. Argumentou que, se seu primeiro mandato tinha sido marcado pela vitória contra a inflação e pela reorganização do país, o segundo se caracterizaria por novos e grandes avanços. Bastava manter o rumo. Por isso mesmo, seu *jingle* manteve o mesmo intérprete Dominguinhos — e o *slogan* — "Levanta a mão!" — da campanha de quatro anos antes. Ao mesmo tempo, buscou lançar pontes para o futuro: "O Brasil está caminhando, ele não pode parar/ Quero avançar, seguir em frente/ Reeleger Fernando Henrique presidente/ Ele plantou a semente do futuro/ É pulso firme nesse tempo turbulento/ Está fazendo um Brasil para todo mundo/ Mas felicidade é construção que leva tempo".

Ao longo da campanha, Fernando Henrique praticamente não deixou o Palácio do Planalto para correr atrás de votos. Recusou-se a participar dos debates com os demais candidatos. Evitou até dar entrevistas no período. Sua estratégia foi a de se comportar mais como presidente do que como candidato. Deu certo.

Fernando Henrique, apoiado pelo PSDB e pelo PFL, tendo mais uma vez Marco Maciel como vice, venceu as eleições no primeiro turno, com 53% dos votos válidos. Luiz Inácio Lula da Silva, candidato pelo PT, com Leonel Brizola do PDT como vice, obteve quase 32% dos votos. Ciro Gomes (PPS), que rompera com o PSDB, recebeu cerca de 11% dos votos. Outros nove candidatos, juntos, totalizaram 4% dos sufrágios.

Levanta a mão e vem com a gente
Vamos lá!
Vamos seguir nosso caminho
Vamos lá!
Para avançar, seguir em frente,
Fernando Henrique presidente

Levanta a mão e vamos lá
Que o Brasil está caminhando, ele não pode parar
Quero avançar, seguir em frente
Reeleger Fernando Henrique presidente

Ele plantou a semente do futuro
É o pulso firme nesse tempo turbulento
Está fazendo um Brasil para todo mundo
Mas felicidade é construção que leva tempo
Levanta a mão e vamos lá
Que o Brasil está caminhando, ele não pode parar
Quero avançar, seguir em frente
Reeleger Fernando Henrique presidente.

52. *Coração brasileiro* (1998).

Autor: Hilton Acioli • Intérprete(s): desconhecido(s) • Gravação especial (1998)

Em 1998, Lula sofreu sua terceira derrota eleitoral consecutiva para presidente da República. Teve boa votação — quase 32% dos votos válidos, bem mais que os 27% do pleito anterior —, mas novamente foi batido no primeiro turno por Fernando Henrique Cardoso, eleito com 53% dos votos.

Embora derrotado eleitoralmente, o candidato do PT logrou alguns avanços políticos relevantes durante a campanha. Levantou críticas pertinentes à política econômica do governo, apontando sua incapacidade de gerar crescimento econômico. Mesmo o controle da inflação, área em que Fernando Henrique obtivera resultados muito positivos, apresentava fragilidades. Apoiava-se em boa medida no câmbio fixo, que equiparava artificialmente o valor do real ao dólar, mecanismo que não poderia ser sustentado por muito tempo.

Como Fernando Henrique adotou a estratégia de recusar o debate com a oposição, tais críticas e observações ficaram sem resposta. Não dominaram a campanha, mas semearam dúvidas sobre a consistência do modelo adotado pelo governo. Quando, no início do segundo mandato de Fernando Henrique, o presidente promoveu a desvalorização do real, algo que havia descartado peremptoriamente durante a campanha, a casa veio abaixo.

Boa parte do país, recordando-se da experiência do Plano Cruzado, se sentiu lograda. A expressão "estelionato eleitoral", que em 1985 havia carimbado o PMDB e o presidente José Sarney, voltou à baila, acertando em cheio desta vez Fernando Henrique e a coalizão PSDB-PFL. Em fevereiro de 1999, de acordo com o Datafolha, apenas 21% dos entrevistados na pesquisa consideravam o governo Fernando Henrique bom ou ótimo, contra 43% às vésperas das eleições. Julgavam-no ruim ou péssimo, 36%, contra 17% em setembro do ano anterior.

Em setembro de 1999, ainda segundo o Datafolha, Fernando Henrique conheceria sua pior avaliação: apenas 13% avaliaram o governo como ótimo ou bom, enquanto para 56% ele era ruim ou péssimo.

Só mesmo um coração brasileiro
Tem razão pra seguir em frente
Meu país é gente primeiro
E a alegria pode vir num repente
Na vida tão desigual
O bem tem que vencer o mal
Coração brasileiro
Quem sabe é quem sente
Lula sou eu, Lula é a gente,
Coração brasileiro
Quem sabe é quem sente.

53. *Real e justo* (1998).

Autor(e/s) e intérprete(s): desconhecido(s) • Gravação especial (1998)

Ciro Gomes, primeiro governador eleito pelo PSDB, fez uma administração bem avaliada no Ceará. Depois de trombar com os

Lula em campanha no Rio de Janeiro, com Garotinho e Brizola, 1998.

tucanos paulistas, deixou o partido em 1996. Em 1998, lançou-se candidato a presidente da República pelo Partido Popular Socialista (PPS), agremiação criada por membros dissidentes do Partido Comunista Brasileiro (PCB).

Ao sair candidato, Ciro pretendia construir uma alternativa à polarização entre o PSDB e o PT. Nesse sentido, foi bem-sucedido. Embora Fernando Henrique tenha sido reeleito no primeiro turno e Lula tenha obtido grande votação, Ciro surpreendeu, obtendo cerca de 11% dos votos válidos. Com isso, tornou seu nome nacionalmente conhecido e se afirmou como importante referência no cenário político.

Voltaria a se candidatar a presidente em 2002 e novamente receberia votação significativa.

No coração do Brasil
Acende uma nova luz
Clara, brilhante e viva
É a nossa alternativa
Vida que irradia
Dignidade e alegria
O objetivo real
De um povo que tem mil motivos
E exige cidadania
É o Brasil que amamos pra viver
É o Brasil que sonhamos pra crescer
E o Brasil já pagou um alto custo
Tá na hora da gente progredir
No caminho que temos pra seguir
É o Brasil que queremos
Real e justo.

54. *A face da moeda* (1999).

Autores e intérpretes: Zé Mulato e Cassiano • Gravadora: Velas/ Universal • CD *Navegante das Gerais* (1999)

CD Navegante das Gerais, *Zé Mulato e Cassiano, 1999.*

Com a desvalorização do real em janeiro de 1999, a inflação voltou a preocupar os brasileiros. Nos meses seguintes, eles sentiram no bolso a aceleração dos reajustes de preços. A taxa anual de inflação, que havia sido de 1,65% em 1998, subiu para 8,9% em 1999. Embora a situação nem de longe tenha se aproximado do descalabro do período anterior ao Plano Real, a população ficou assustada. A imagem de Fernando Henrique e da equipe econômica saiu fortemente arranhada do atabalhoado processo de extinção do câmbio fixo, que provocou fuga de dólares do país e corrida aos bancos.

Foi o bastante para a dupla caipira ou sertaneja (denominação que se tornou mais comum nessa época) Zé Mulato e Cassiano lançar *A face da moeda*, passando em revista as

Lotérica carioca faz promoção e vende apostas da Mega Sena em dólares, janeiro de 1999.

desventuras dos brasileiros com os diferentes planos econômicos dos doze anos anteriores. Logo nos primeiros versos, a moda de viola deixou claro que os pobres eram os mais prejudicados com a instabilidade da moeda: "No ringue da economia/ Brasileiro perde feio/ O pobre vai aprumando/ Vem o rico e desce o reio".

Com a URV e o real, havia surgido a esperança de que a moeda se aprumasse. Entretanto, com a desvalorização cambial e o recrudescimento dos reajustes de preços, a dupla passou a esperar pelo pior: "Eu vou dar o xeque-mate/ Nossa próxima moeda/ Irá se chamar nocaute".

Vou matar essa jogada
Eu vou dar o xeque-mate
Nossa próxima moeda
Irá se chamar nocaute

No ringue da economia
Brasileiro perde feio
O pobre vai aprumando
Vem o rico e desce o reio
O remédio que nos dão
É pior que o veneno
Apanhar e passar fome
Pra nós é café-pequeno
Mudando nossa moeda
Só vai perdendo terreno

Nós entramos numa luta
Inimigo a inflação
O Brasil subiu no ringue
Mobilizou a nação
Mas já no primeiro round
Nós levamos um Cruzado
O Brasil tremeu na base
Quase cai estatelado
Levantou a duras penas
Quase foi nocauteado

Cada um que chega
Muda o regimento da luta
Muda a face da moeda
E o povo fica biruta
O Brasil ainda zonzo
Levou um Cruzado Novo
Dessa vez sentiu o golpe
Disse agora eu resolvo
Levantou mais uma vez
Com o sacrifício do povo

Só estou registrando a história
Não quero ofender ninguém
Nosso povo é soberano
Igual no mundo não tem
Veio de novo o Cruzeiro
URV e coisa e tal
Até que me pareciam
Que acertavam afinal
Nós vamos vencer a luta
Já caímos na Real

Vou matar essa jogada...

55. *Mancada 2000* (1999).

Autor e intérprete: Face da Morte • Gravadora: independente • LP duplo/ CD *O crime do raciocínio* (1999)

O grupo Face da Morte surgiu em Hortolândia, município da região de Campinas,

CD O crime do raciocínio, *Face da Morte, 1999.*

uma das mais prósperas do interior de São Paulo. Seus raps, desde o primeiro momento, falaram sobre política. Em *Mancada 2000*, o grupo procurou mostrar que problemas existentes em Hortolândia, como a exclusão social, a corrupção policial e a perseguição à juventude da periferia, tinham raízes nacionais. Mas, por outro lado, não era apenas em Brasília que havia políticos insensíveis aos dramas da população pobre. Exemplo disso era o prefeito da cidade na época. Segundo o Face da Morte, Jair Padovani governava de costas para o povo.

Mas quem disse que fora de Hortolândia a situação era melhor? Para o Face da Morte, em todo o país as pessoas eram julgadas não por seu caráter, mas pelo dinheiro no bolso. Nem tudo, porém, estava perdido. Os deserdados poderiam conquistar um futuro melhor, se soubessem trilhar o caminho certo: "A informação é a chave de tudo, passem isso aos irmãos/ Vamos pensar no futuro/ Vamos reforçar o verde da nossa esperança/ Construir um Brasil cada vez mais belo/ Cada vez mais branco, azul e amarelo".

O rap aqui é baseado na base de ideias pesadas
Mancadas registradas são transformadas em pancadas sonoras
Pois o que temos pra falar a gente fala na tora
Tô pronto pra disparar, a mente está engatilhada
Vamos ver o que é que dá, pois a polícia civil é paga para proteger o povo
Em 24 horas diárias no plantão da corrupção
Então, o ciclo vicioso nunca vai se quebrar
Polícia prende o ladrão, telefonema é dado, advogado é chamado
Aliás, nem poderia ser chamado de advogado
Mais parece um vampiro porta de cadeia
Vergonha da profissão
Seu pagamento é toca-fitas, droga, tela, vídeo
Eles completam o ciclo
O acerto com a polícia já foi combinado
O mano foi liberado, o artigo era pesado
157 na lei um crime inafiançável
Mas não é nada que 10 mil reais não possam resolver
Talvez explique a origem daqueles carros zero sem placa
Que os investigadores desfilam na quebrada
Mas tudo bem, tá valendo, o mano tá na rua, tá na correria

Precisa levantar o dinheiro, está chegando o dia
O mano volta a exercer a sua profissão
Meter o cano é a saída, é a solução
O pagamento da polícia é sagrado
Eu observo esse ciclo e chego a uma conclusão
Que a polícia é o patrão que existe pra garantir o emprego do ladrão
Se liga mano, muda de trampo
Principalmente você que está desempregado
Não venha pra esse lado, não venha ser escravo
Desse ciclo vicioso e odioso
Eu sei que é foda
Eu peço a Deus que ilumine o seu caminho
Te ajude a educar aquele seu pivetinho
Longe do crime, longe das drogas
Ensine ao seu filho que ele tem valor
Independente de raça ou cor
Não espere por ninguém a mudança começa a partir de você
Quem planta amor só colhe amor
Quem planta ódio só colhe ódio
Cultive a paz no campo da vida e com certeza
Maluco, vamos encontrar uma saída

Aqui em Hortolândia fonte de renda é escassa
Escassa como a água que falta todo dia
Mas a piscina do Padovani não, ela nunca está vazia
Crianças passando sede, ele descansa na rede
Depois de um belo mergulho
E ainda diz que as crianças são a esperança e o futuro
Escolas por aqui eu não vejo construir
25% do orçamento
Na teoria é destinado para a educação
Mas no fim desaparecem entre as nuvens da corrupção
É domingão e aquele mano vai lá
Adquirir seu exemplar do Correio Popular
Precisa ler os classificados, faz um tempo que tá parado
Precisando trampar, com três pivetes pra criar
Não consegue se encaixar abre o jornal pra ler
Não há vaga, o que fazer?
O aluguel tá pra vencer, foi despejado, não pode ser
O direito de morar é sagrado
Cadê as casas populares prometidas na campanha?
Ir pra favela foi a solução
Não que morar em barracos seja vergonha não
Vergonhosa mesmo é a pirâmide social
10% com a riqueza, 40% na pobreza, 50% na miséria
A elite critica o rap nacional, música de marginal
Que excita a violência, mas essa ideia é errada
Com o rap ou sem o rap vai existir violência
Enquanto não houver decência na política
Talvez um pouco de autocrítica ajudasse
O nível de corrupção é extremamente elevado

A começar pelos vereadores
Trampam uma hora por semana e ganham mais de 3 mil, direito a três assessores
Numa cidade como Hortolândia é uma vergonha
Agora eleva essa merda a nível estadual
Se for pensar a nível federal é uma loucura
E toda essa violência é aceita com veemência
E ainda são chamados por pronomes exagerados
Como nobre e excelência
Fica perdida a pergunta: quem gera a violência?

A sociedade tem a imagem distorcida da verdade
Valores discutíveis
Vivemos num capitalismo totalmente selvagem
Se mede o homem pelo bolso
E não pela sinceridade e caráter
E não é só nos grandes centros, veja o caso do MST
Na luta pela terra quantos ainda vão morrer, eu não sei
Deus fez o homem e deu a honra pra ele
Mas o demônio fez o dinheiro
E a cobiça pra foder com ele
Casamentos são desfeitos por falta de grana
Se o mano está de gravata, ele é respeitado
Se usa uma calça larga, ele vai ser zoado
Se trombar com a polícia, com certeza é enquadrado
Quem curte o nosso movimento é sempre discriminado
Taxado como marginal padrão
Eu pergunto por que a polícia não embaça
Com os caras que usam terno e gravata e roubam toda a nação
Infelizmente esse é o nosso país o tetracampeão
A alegria da elite é ver o pobre matando pobre
Se drogando enchendo a cara e agindo dessa forma
Fica fácil pra eles manipularem nossa classe
Se utilizam da mídia pra foder com você
É hora de rezar, trabalhar, estudar pra melhorar
A informação é a chave de tudo, passem isso aos irmãos
Vamos pensar no futuro
Vamos reforçar o verde da nossa esperança
Construir um Brasil cada vez mais belo
Cada vez mais branco, azul e amarelo.

56. *Que lei é essa?* (1999).

Autor e intérprete: Da Guedes • Gravadora: Trama Records • CD *Cinco elementos* (1999)

CD Cinco elementos, *Da Guedes, 1999.*

Encarte do CD Cinco elementos, *Da Guedes, 1999.*

Encarte do CD Cinco elementos, *Da Guedes, 1999.*

Em 1999, o Da Guedes, grupo de rap de Porto Alegre, constatou que tinha muita gente se agigantando — ou seja, querendo se dar bem a qualquer preço. Uns, nas classes mais ricas, através da corrupção; outros, nos bairros pobres da periferia, vinculando-se ao crime organizado: "Vai se agigantando, tu tá no teu direito/ Infelizmente é conquistado de maneira errada/ Estúpida, mal-encarada/ Mas é a lei sentir-se embaixo, isso dói e é humilhante/ Nada relevante/ Pois é assim que eu entendo certos atos podres/ Sociedade muito louca, distorcida e claramente desnivelada".

O resumo da ópera vinha no forte refrão: "Parei, não entendi, raciocinei, não acreditei/ Tem lei nessa cidade, mas não é lei".

Cidade grande, vários investimentos no
lugar certo não estão
Mas entendemos, já que todo mundo quer
sair ganhando
Chega mais, vamos se agigantando
Se você quer ser mais notado, vai não pensa
muito
Amigos tu tem poucos, mas todos querem se
colar
Você, parceiro, logo não vai se agigantar

Quebrando vários lados você não pensa em si mesmo
Bota sua vida em risco sem qualquer conselho
Mas não é sempre que tu sai ganhando
É o seu lado humano que vai te levando
Meu camarada, pensa bem no que tu tá fazendo
Inimigos do seu lado, eu já vou te avisando
Quando tu menos espera ele vai te superando
Fazendo coisas que te deixam de cara
Você é cauteloso, vai, mete bala nessa cara
Que tentou passar por cima e tu te ligou
É a lei dessa vidinha, uma pena mas é bem assim
Independente do meio em que você está
Seja na alta, na pobreza
Eh, periferia, caras recalcados, só pensam em sua vidinha
Acabam levantando a cabeça e passando por cima
Mas se não pensar assim numa cidade grande desse jeito
Sei que não é apenas esse seu defeito
Vai se agigantando, tu tá no teu direito
Infelizmente é conquistado de maneira errada
Estúpida, mal-encarada
Mas é a lei sentir-se embaixo, isso dói e é humilhante
Nada relevante
Pois é assim que eu entendo uns certos atos podres
Sociedade muito louca, distorcida e claramente desnivelada
Parei, não entendi, raciocinei, não acreditei
Tem lei nessa cidade, mas não é lei (bis)

Qualquer um em situação de abandono é manipulado maliciosamente
É absurdo mas tudo tem sua direção
Rumo e sentido completamente errado ou não
Isso seria a merda em que vive um ser humano
Que por políticos ainda é chamado de cidadão
Um três-oitão na cintura e pensamentos distorcidos
Infelizmente pra crescer não há um incentivo
Apenas a sociedade o estimula a ser mais violento
Completamente cego, apaga e sai de canto ao relento
Por trás de toda essa angústia que se passou
Um ser que não tem nada a ver, pagou e está no meio agora
Não adianta rezar
— Pai Nosso, Nossa Senhora
O tempo tá difícil, orgulho não se tem e muito menos glória
O que vigora é a fé e mesmo assim estoura:
— Parte policial estou, destaque no Jornal da Hora
Indignado pelo jeito que a sociedade lhe encara
Menos consideração então chamado de ladrão
Solução não tem. Tu tá fudido, meu irmão
É o jeito que você achou pra subir na vida

História tu já tem e a moral já foi perdida
Foi construído um monstro e muitos outros vão surgir
Terceiro Mundo, mas não é só no meu país

Parei, não entendi, raciocinei, não acreditei
Tem lei nessa cidade, mas não é lei

Que lei é essa que te obriga a ser marginal
Do jeito que tá, meu caro, nem me leve a mal
Mas tudo isso nós mesmos construímos
Nos omitimos e metemos (pô, pô!)
Pra um país que tem princípios muito diferentes
Nação mal-estruturada e você não se ligou
Mas tem muita gente marginalizada
É verdade, inconsciente, inconsequente, somos todos assim
Não se acha outra saída a não ser dar sua vida enfim
— Que lei é essa? Me diz se tem que ser assim?

Parei, não entendi, raciocinei, não acreditei...
Tem lei nessa cidade, mas não é lei

Uma cidade sem lei, uma cidade sem regras
É cada um por si, tá ligado
Tá ligado, mano
Se não tá, então fica

— Tô cansado dessa história de treta, vingança, tiro, violência, sangue, polícia e ladrão.

57. ***Soldado do morro*** **(1999).**
Autor e intérprete: MV Bill • Gravadora: Natasha Records/ BMG • CD *Traficando informação* (1999)

CD Traficando informação, *MV Bill, 1999.*

Em *Soldado do morro*, MV Bill conta a história de um jovem da favela que, sem emprego e oportunidades, passa a trabalhar para o crime organizado: "Não consigo me olhar no espelho/ Sou combatente, o coração vermelho/ Minha mina de fé tá em casa com o meu menor/ Agora posso dar do bom e melhor/ Várias vezes me senti menos homem/ Desempregado, meu moleque com fome/ É muito fácil vir aqui me criticar/ A sociedade me criou, agora manda me matar".

O jovem sabe que seus dias estão contados. Não tem perspectivas na sociedade, que lhe recusou oportunidades, mas tampouco tem futuro no mundo do crime, que lhe pôs uma arma na mão: "Na próxima batida quem sabe levam minha vida/ Eu vou deixar o meu moleque sozinho/ Com tendência a trilhar meu caminho/ Se eu cair, só minha mãe vai chorar/ Na fila tem um monte querendo entrar no meu lugar".

Minha condição é sinistra, não posso dar rolé
Não posso ficar de bobeira na pista
Na vida que eu levo eu não posso brincar
Eu carrego uma nove e uma HK
Pra minha segurança e tranquilidade do morro
Se pá, se pam, eu sou mais um soldado morto
Vinte e quatro horas de tensão
Ligado na polícia, bolado com os alemão
Disposição cem por cento até o osso
Tem mais um pente lotado no meu bolso
Qualquer roupa agora eu posso comprar
Tem um monte de cachorra querendo me dar
De olho grande no dinheiro, esquecem do perigo
A moda por aqui é ser mulher de bandido
Sem sucesso, mantenho o olho aberto
Quebraram mais um otário querendo ser esperto
Essa porra me persegue até o fim
Nesse momento minha coroa tá orando por mim
É assim, demorou, já é
Roubaram minha alma mas não levaram minha fé
Não consigo me olhar no espelho
Sou combatente, o coração vermelho
Minha mina de fé tá em casa com o meu menor
Agora posso dar do bom e melhor
Várias vezes me senti menos homem
Desempregado, meu moleque com fome
É muito fácil vir aqui me criticar
A sociedade me criou, agora manda me matar
Me condenar e morrer na prisão
Virar notícia de televisão
Seria diferente se eu fosse mauricinho
Criado a Sustagen e Leite Ninho
Colégio particular, depois faculdade
Não, não é essa a minha realidade
Sou caboquinho comum com sangue no olho
Com ódio na veia, soldado do morro

Feio e esperto com uma cara de mau
A sociedade me criou, mais um marginal
Eu tenho uma nove e uma HK
Com ódio na veia, pronto para atirar (bis)

Um pelo poder, dois pela grana
Tem muito cara que entrou pela fama
Plantou na boca tendo outra opção
Não durou quase nada, amanheceu no valão
Porque o papo não faz curva, aqui o papo é reto
Ouvi isso de um bandido mais velho
Plantado aqui eu não tenho irmão
Só o cospe chumbo que tá na minha mão
Como pássaro que defende seu ninho
Arrebento o primeiro que cruzar meu caminho
Fora da lei, chamado de elemento
Agora o crime que dá o meu sustento
Já pedi esmola, já me humilhei
Fui pisoteado, só eu sei o que eu passei
Eu tô ligado, não vai justificar

Meu tempo é pequeno, não sei o quanto vai
durar
É pior do que pedir favor
Arruma um emprego, tenho um filho pequeno,
seu doutor
Fila grande, eu e mais trezentos
Depois de muito tempo, sem vaga no
momento
A mesma história todo dia é foda
É isso tudo que gera revolta
Me deixou desnorteado, mais um maluco
armado
Tô ligado, bolado, quem é o culpado?
O que fabrica a guerra e nunca morre por
ela
Distribui a droga que destrói a favela
Fazendo dinheiro com a nossa realidade
Me deixaram entre o crime e a necessidade

Feio e esperto com uma cara de mau...

A violência da favela começou a descer pro
asfalto
Homicídio, sequestro, assalto
Quem deveria dar a proteção
Invade a favela de fuzil na mão
Eu sei que o mundo que eu vivo é errado
Mas quando eu precisei ninguém tava do
meu lado
Errado por errado, quem nunca errou?
Aquele que pede voto também já matou
Me colocou no lado podre da sociedade
Com muita droga, muita arma, muita
maldade
Vida do crime é suicídio lento
Bangu 1, 2, 3, meus amigos lá dentro
Eu tô ligado qual é, sei qual é o final
Um saldo negativo, menos um marginal
Pra sociedade contar um a menos na lista
E engordar a triste estatística
De jovens como eu que desconhecem o medo
Seduzidos pelo crime desde muito cedo
Mesmo sabendo que não há futuro
Eu não queria tá nesse bagulho
Já tô no prejuízo, um tiro na barriga
Na próxima batida quem sabe levam minha
vida
E vou deixar o meu moleque sozinho
Com tendência a trilhar meu caminho
Se eu cair, só minha mãe vai chorar
Na fila tem um monte querendo entrar no
meu lugar
Não sei se é pior virar bandido
Ou se matar por um salário mínimo
Eu no crime ironia do destino
Minha mãe tá preocupada, seu filho está
perdido
Enquanto não chegar a hora da partida
A gente se cruza nas favelas da vida

Feio e esperto com uma cara de mau...

58. *Tribunal de rua* (1999).

Autores: Marcelo Yuka e O Rappa • Intérprete: O Rappa • Gravadora: Warner Music • CD *Lado B, lado A* (1999)

O Rappa, que em 1994 já havia denunciado a violência policial contra os jovens da favela em *Todo camburão tem um pouco de navio negreiro* (ver Capítulo IX deste Volume), voltou ao tema em 1999 com *Tribunal de rua.*

CD Lado B, lado A, *O Rappa, 1999.*

Um grupo de policiais para o carro de um cidadão, forjando um flagrante de posse de drogas, com o objetivo de levantar uma grana e mostrar autoridade. A vítima conta como foi: "E eu ainda tentei argumentar/ Mas tapa na cara pra me desmoralizar/ Tapa, tapa na cara pra mostrar quem é que manda/ Porque os cavalos corredores ainda estão na banca".

Agindo como se fossem o próprio Poder Judiciário, os todo-poderosos policiais se achavam no direito de processar, julgar e condenar qualquer jovem que cruzasse seu caminho — uma cena corriqueira nas grandes cidades brasileiras da época: "Era só mais uma dura/ Resquício de ditadura/ Mostrando a mentalidade/ De quem se sente autoridade/ Nesse tribunal de rua".

A viatura foi chegando devagar
E de repente, de repente resolveu me parar
Um dos caras saiu de lá de dentro
Já dizendo, aí compadre, cê perdeu
Se eu tiver que procurar cê tá fodido
Acho melhor cê ir deixando esse flagrante comigo
No início eram três, depois vieram mais quatro
Agora eram sete os samurais da extorsão
Vasculhando meu carro, metendo a mão no meu bolso
Cheirando a minha mão

De geração em geração
Todos no bairro já conhecem essa lição (bis)

E eu ainda tentei argumentar
Mas tapa na cara pra me desmoralizar
Tapa, tapa na cara pra mostrar quem é que manda
Porque os cavalos corredores ainda estão na banca
Nesta cruzada de noite, encruzilhada
Arriscando a palavra democrata
Como um santo graal
Na mão errada dos homi
Carregada em devoção

De geração em geração...

O cano do fuzil
Refletiu o lado ruim do Brasil
Nos olhos de quem quer
E quem me viu, único civil
Rodeado de soldados
Como se eu fosse o culpado
No fundo querendo estar
À margem do seu pesadelo

Ação artística contra a violência na Cidade de Deus, Rio de Janeiro, abril de 1997.

Estar acima do biotipo suspeito
Nem que seja dentro de um carro importado
Com um salário suspeito
Endossando a impunidade
À procura de respeito
(Mas nessa hora) só tem (sangue quente)
Quem tem (costa quente, quente, quente)
Só costa quente, pois nem sempre é inteligente
(Peitar) peitar, peitar (um fardado alucinado)
Que te agride e ofende (pra te levar, levar, levar)
Pra te levar alguns trocados (diz aí)
Pra te levar, levar, levar
Pra te levar alguns trocados
Era só mais uma dura
Resquício de ditadura
Mostrando a mentalidade
De quem se sente autoridade
Nesse tribunal de rua
Nesse tribunal
Nesse tribunal de rua.

59. *Xibom bombom* (1999).

Autores: Rogério Gaspar e Wesley Rangel • Intérprete: As Meninas • Gravadora: Universal Music • CD *Xibom bombom* (1999)

A banda As Meninas, da Bahia, não cantava com bronca como os rappers das quebradas da periferia. Era mais chegada ao axé com muito balanço, como em *Xibom bombom*, um dos seus grandes sucessos. Mas nem por isso as garotas deixavam de denunciar a falta de oportunidades e a desigualdade social que marcavam o país no final da década de 1990. Com uma ingenuidade que lembrava o *Rap da felicidade*, que abre este capítulo, a banda

CD Xibom bombom,
As Meninas, 1999.

elencou um conjunto de reivindicações bem simples, mas ao mesmo tempo tão distantes: "Mas eu só quero/ Educar meus filhos/ Tornar um cidadão/ Com muita dignidade/ Eu quero viver bem/ Quero me alimentar/ Com a grana que eu ganho/ Não dá nem pra melar/ E o motivo todo mundo já conhece/ É que o de cima sobe e o de baixo desce".

As Meninas só queriam um país que não fosse "uma cadeia hereditária" para o povo pobre. Embora não pedissem muito, aos olhos da maioria da população parecia algo impossível de alcançar.

Bom xibom, xibom, bombom (bis)

Analisando essa cadeia hereditária
Quero me livrar dessa situação precária (bis)
Onde o rico cada vez fica mais rico e o pobre
cada vez fica mais pobre
E o motivo todo mundo já conhece
É que o de cima sobe e o de baixo desce (bis)

Bom xibom, xibom, bombom...

Mas eu só quero
Educar meus filhos
Tornar um cidadão
Com muita dignidade
Eu quero viver bem
Quero me alimentar
Com a grana que eu ganho
Não dá nem pra melar
E o motivo todo mundo já conhece
É que o de cima sobe e o de baixo desce (bis)

Bom xibom, xibom, bombom...

60. *Quinhentos anos de história* (1998).

Autor: Fauzi Beydoun • Intérprete: Tribo de Jah • Gravadora: Indie Records • CD *Reggae na estrada* (1998)

CD Reggae na estrada,
Tribo de Jah, 1998.

Com a aproximação dos festejos dos quinhentos anos da descoberta do Brasil, a

Índio terena protesta durante manifestação contra a comemoração dos 500 anos da descoberta do Brasil, Porto Seguro, 22 abr. 2000.

banda Tribo de Jah perguntou: o que o país deveria comemorar? O extermínio de nações indígenas? A escravidão? A péssima educação, "uma das piores do Terceiro Mundo"? Os serviços de saúde, que são "um poço profundo"? O salário mínimo, na verdade um "salário mísero"? A Justiça "omissa e submissa"?

Quinhentos anos de história
Se não me falha a memória
Não há muito o que comemorar
Melhor que se investir de glórias ilusórias
É se pôr em seu devido lugar
Os anos e danos da colonização
Índios dizimados, a escravidão
Ainda hoje se fazem lembrar
De que vale ter riquezas em demasia
No mundo ser a oitava economia
Se poucos podem desfrutar
A educação entre as piores do Terceiro Mundo
A saúde é um poço profundo
(Que humilhação!)
Onde se lança a sorte da população
A dignidade não se irá conquistar
Nem com dez copas mundiais
Se a injustiça é a premissa da ordem a nos desgovernar
Com a ditadura sem compostura de quem pode mais

O salário mínimo é um salário mísero
O máximo da hipocrisia
(Tente, senhor presidente, passar ao menos um dia com um salário tão indecente)
É uma afronta à cidadania
Aos direitos do cidadão
Do trabalhador, da família
Uma verdadeira agressão
A justiça omissa e submissa
Poderosos imunes à punição
(A impunidade é uma crônica enfermidade
Que corrói o corpo da sociedade
Assim como a corrupção
Sem falar no fisiologismo
Na politicagem e no banditismo
De um capitalismo selvagem
Sem lei e sem restrição).

61. *O cassino da URV* (2000).

Autores e intérpretes: Paulo Caruso e Chico Caruso • Gravadora: Som Livre • CD *E la nave và* (2000)

CD E la nave và, *Paulo Caruso e Chico Caruso, 2000.*

Quando *O cassino da URV* foi lançada pelos irmãos Caruso em 2000, a Unidade Real de Valor, indexador econômico criado durante a implantação do Plano Real em 1994 para corrigir preços e salários, já não existia havia muito tempo.

Mas o domínio do mercado financeiro sobre a economia estava no auge: "Bem-vindo ao cassino da URV/ Onde a economia é um truque/ Vem apostar nessa roleta/ Aqui é o paraíso fiscal da mutreta". Para os humoristas, até o pagamento da CPMF, contribuição que incidia sobre toda movimentação financeira, era um blefe. A única certeza no cassino da URV era o sumiço do salário do trabalhador nas mãos de dois excelentes crupiês: o presidente do Banco Central, Armínio Fraga, e o presidente da República, Fernando Henrique Cardoso.

No show em que apresentaram a canção, a plateia veio abaixo quando um dos irmãos Caruso fingiu reconhecer entre os presentes ninguém menos do que o banqueiro Salvatore Cacciola. Durante a desvalorização do real, o Banco Marka, de propriedade de Cacciola, quebrou. Socorreu-o o Banco Central, então presidido pelo economista Francisco Lopes, com fortes prejuízos para a instituição. Quando a operação veio a público, o escândalo foi monumental. Em 2000, Cacciola foi preso, mas permaneceu apenas 37 dias atrás das grades. Libertado graças a um *habeas corpus* concedido pelo Supremo Tribunal Federal (STF), deixou o Brasil rapidamente. Mudou-se para a Itália.

Em 2005, o banqueiro seria condenado a treze anos de prisão por gestão fraudulenta de instituição financeira e cumplicidade em peculato. Mas, como era cidadão italiano, permaneceu em liberdade no seu país natal. Em 2007, ao passear em Mônaco, foi detido pela Interpol e extraditado para o Brasil. Ficou preso até 2011.

Bem-vindo ao cassino da URV
Onde a economia é um truque
Vem apostar nessa roleta
Aqui é o paraíso fiscal da mutreta
Salários, baralhos, trambiques
Banqueiros esbanjam cacifes
Pode pagar CPMF
Pois tudo não passa de um blefe
Dólar no paralelo é URV
Todo mundo sabe, mas não quer dizer
Daqui a um ano meio como é que vai ser
Bem-vindo ao distinto cassino da URV
(Ó Cacciola!)
Aposte no oligopólio
Especule com o preço do óleo
Venha faturando nessas cifras
Tabelas, tablitas, planilhas, tarifas
Venha conhecer nossa equipe
O Armínio Fraga e o Fernando Henrique
São excelentes crupiês
Fazem seu salário desaparecer
Bingo!

62. *Nesse Brasil de Mãe Preta, de Caboclo e Pai João* (sem data).

Autor: Ivanildo Vilanova • Intérpretes: Ivanildo Vilanova e Valdir Teles • Gravadora: Pentagrama • CD *Improvisos do Brasil* (2000)

Ivanildo Vilanova e Valdir Teles passeiam por várias dimensões do Brasil, como a violência, o futebol, a flora, a fauna e a música. Ao mesmo tempo, botam o dedo em feridas políticas, econômicas e sociais do país — o clientelismo, a indústria da seca, a proliferação de moedas e o desvio de dinheiro público.

Entre as agrupações políticas e sociais citadas no repente estão a Central Única dos Trabalhadores (CUT), o Partido dos Trabalhadores (PT), o Partido Comunista do Brasil (PCdoB), a Convergência Socialista, a União Democrática Ruralista (UDR), o Partido Comunista Brasileiro (Partidão), a Tradição, Família e Propriedade (TFP), o Centrão (bloco de parlamentares conservadores na Constituinte) e o Comando Geral dos Trabalhadores (CGT).

O repente lembra vários escândalos ocorridos nos anos anteriores, como os dos precatórios (ver *Samba do precatório*, neste capítulo), dos bancos Marka e FonteCindam (ver *O cassino da URV*, também neste capítulo), do melaço, do Sivam, da mandioca, da previdência, da caderneta e da privatização.

O caso Sivam estourou no início do governo Fernando Henrique depois que vieram à tona denúncias de corrupção e tráfico de influência na compra de equipamentos eletrônicos para a criação do Sistema de Vigilância da Amazônia. A empresa americana Raytheon recebeu sem licitação um contrato de US$ 1,4 bilhão. O escândalo derrubou o ministro da Aeronáutica, Mauro Gandra, e o chefe do cerimonial do Palácio do Planalto, Júlio César Gomes dos Santos, acusados de favorecer a Raytheon, e o presidente do Incra, Xico Graziano, suspeito de ter vazado para a imprensa a investigação da Polícia Federal.

Já o escândalo da mandioca deu-se em Pernambuco, em 1981. Com a cumplicidade de funcionários do Banco do Brasil, foram concedidos cerca de trezentos empréstimos fraudulentos para o plantio de produtos agrícolas, que não foram pagos sob os mais variados pretextos. Entre os envolvidos na bandalheira havia vários oficiais da PM de Pernambuco. O procurador Pedro Jorge de Melo e Silva, que ofereceu a denúncia contra a gangue, foi morto a tiros em Olinda, no dia 3 de março de 1982.

Meu Brasil dos cangaceiros
Andando por toda parte
Com punhal e bacamarte
Nos quentões em granadeiros
Hoje, os novos pistoleiros
Têm poder e munição
Carro novo e avião,
Metralhadora e Beretta
Nesse Brasil de Mãe Preta,
De Caboclo e Pai João (bis)

O Brasil de Rivelino,
Pelé, o rei sem limite
De Roberto Dinamite
E Zico, o Galinho de Quintino
Garrincha, Ademir Divino,
Canhão da Ilha, Alemão
Jairzinho Furacão,
Tostão, Romário e Vampeta
Nesse Brasil de Mãe Preta
De Caboclo e Pai João (bis)

Brasil da interferência
De interesses partidários

De um lado e outro tem vários
CUT, PT, resistência
PCdoB, Convergência,
UDR, Partidão
TFP e Centrão,
CGT, UNE e (   )
Nesse Brasil de Mãe Preta
De Caboclo e Pai João (bis)

Brasil do sertão sujeito
A seca e politicagem
Cesta básica e pilantragem
De deputado e prefeito
Só se aparecer um jeito
Depois da transposição
Por hora é no cacimbão
Carro-pipa e ancoreta
Nesse Brasil de Mãe Preta
De Caboclo e Pai João (bis)

Brasil de uma flora rica
Erva cidreira calmante
Catuaba estimulante
Oleosa a oiticica
Analgésico é a arnica
Para dar cor é o açafrão
Arbustiva é cansanção
E picante é a malagueta
Nesse Brasil de Mãe Preta
De Caboclo e Pai João (bis)

Nós temos, desde o Reinado
Um vai e vem financeiro
Real, pataca, cruzeiro
Vintém, quando era trocado
Cruzeiro Novo e Cruzado
URV e dobrão
Teve mil-réis e tostão
Só faltou mesmo peseta
Nesse Brasil de Mãe Preta
De Caboclo e Pai João (bis)

Brasil que maior não há
Sua fauna tem tatu
Onça, tapir, caititu
Guariba e tamanduá
Mocó, jacaré, guará,
Mutucu, tiê, pavão
No mar, xaréu e cação,
E albacora é pilombeta
Nesse Brasil de Mãe Preta
De Caboclo e Pai João (bis)

Brasil de xula e xaxado,
Carimbó e cururu
Sirimbó, maracatu
De calango e rasqueado
Maracatu e reisado,
Panda, ciranda e rojão
Boi-bumbá, renovação
Cantoria e micareta
Nesse Brasil de Mãe Preta
De Caboclo e Pai João (bis)

Brasil do escândalo é fã
Muitos desses são notórios
Dos fiscais, dos precatórios
De Marka e FonteCindam
Do melaço e do Sivam
Da mandioca no sertão

O da privatização
Previdência e caderneta
Nesse Brasil de Mãe Preta
De Caboclo e Pai João. (bis)

Embora a denúncia não se apoiasse em prova alguma consistente, impressionou a turma do Planet Hemp, que botou a boca no trombone.

63. *Procedência C.D.* (2000).

Autores: Rafael Crespo, BNegão e Jackson • Intérprete: Planet Hemp • Gravadora: Sony Music • CD *A invasão do sagaz homem fumaça* (2000)

CD A invasão do sagaz homem fumaça, *Planet Hemp, 2000.*

Procedência C.D. foi composta e gravada depois de os integrantes da banda Planet Hemp terem lido uma entrevista do presidente da Federação Nacional dos Policiais Federais, Francisco Carlos Garisto, denunciando uma suposta organização clandestina chamada "Comando Delta", que reuniria banqueiros, empresários, donos de empresas de comunicação e pessoas com muito poder e dinheiro. Essa organização teria sido responsável pela indicação e eleição de Fernando Henrique.

Venha ver um novo parque de diversão
Andar em brinquedos que aumentam a percepção
Visão privilegiada, aumento da consciência,
E o nome disso aqui é: "Pergunte a procedência"
Dinheiro do patrão
Armas, munição
Tortura da programação
Concessão de rádio e televisão
Pergunte a procedência do aumento da condução
Pergunte a procedência do aumento do mercado
Pergunte a procedência dos juros extorsivos
Pergunte a procedência das séries de inflação
Certeza de uma punição
Filho da puta que comprou a eleição
Tá abusado, minha nação!
Imobilidade nacional!

— De acordo com o presidente da Associação Brasileira dos Agentes da Polícia Federal, uma entidade não oficial denominada de Comando Delta, definida por ele próprio como fábrica de presidentes, atua no controle total do sistema brasileiro. Eles inclusive realizaram uma reunião para a escolha de Fernando Henrique Cardoso. Esta entidade é formada

pelos homens mais poderosos do país, como donos de grandes redes de televisão, donos de jornais, instituições financeiras, indústria farmacêutica, entre outras áreas de influência, que, se perguntados sobre o assunto, negarão até o fim a sua existência.

64. *Test-drive de freio de camburão* (2000).

Autores: Marcelo D2, BNegão, Gustavo Black Alien (letra), Zé Gonçalves (música) • Intérprete: Planet Hemp • Gravadora: Sony Music • CD *A invasão do sagaz homem fumaça* (2000)

Em *Test-drive de freio de camburão*, o Planet Hemp voltou a criticar a violência policial contra a população. Para a banda, a falência do sistema de segurança pública no Brasil era resultado direto da concepção militarizada de polícia consolidada durante a ditadura. Os agentes da lei não tinham preparo algum para exercer sua missão, sendo movidos apenas pelo preconceito social e racial contra pobres e negros.

A banda referiu-se à "banda podre" da polícia — denominação que carimbou boa parte das forças de segurança no Rio de Janeiro, depois de denúncia feita ao Ministério Público por Luís Eduardo Soares, coordenador da área de segurança do governo Anthony Garotinho. Segundo ele, muitos policiais estavam envolvidos em ações ilegais, como recebimento de propinas para liberação de traficantes, extorsão e desmanche de carros roubados.

Para o Planet Hemp, a polícia do Rio de Janeiro se assemelhava aos *tonton macoutes*, milícia paramilitar existente no Haiti durante as ditaduras de Papa Doc e Baby Doc (ver também *Porcos fardados*, neste capítulo).

A expressão "Polícia Babilônia" é sinônimo de polícia dos brancos. Para os rastafáris, a Babilônia simboliza o Mal que tenta se sobrepor ao Bem. Representa o Mundo Branco que oprime a África Negra.

Se querem uma grana e você não tem nada (já era)
Te pegam com bagulho na parada (já era)
Mesmo se não forem com a tua cara (já era, já era, amigo, perdeu)
Acendo um e penso na polícia: servir e proteger
Servir a quem? Proteger de quem?
Esquadrão da morte oficial dobrou a esquina
Camburão, urubu, pobre carniça, se estou na lista
Afro-brasileiro, não sou Garotinho, mas represento o Rio de Janeiro
Seu coroné mandou bater no neguinho que falou demais
A banda podre me faz sempre olhar pra trás
Mas sou cascudo, não tenho medo de capanga
Você blefa, blefa, e eu tiro o ás da minha manga
Chega em cima só pra dar geral
Mas na moral a intenção é apagar geral
São soldados do rei prontos pra jogar o povo no chão
Planet Hemp, test-drive *de freio de camburão*
Quando me rendem não sei mais quem é polícia e quem é ladrão
Planet Hemp, test-drive *de freio de camburão*
É levando a lei pra provar que a banda podre

Não é a própria instituição por inteiro
Vocês vão ter que suar, mostrar serviço e não há alma, rapaz
Andar na linha pra mim é o inverso do que é pra você
Não ver que a maioria é suja
É o mesmo que acreditar na mula sem cabeça e no saci-pererê
Ameaças anônimas ou caras de prepotência
Seu lifestyle *não combina com a minha rima*
Em cima do ato, vocês me acusam de desacato
Mas um soldado do funk só relata os fatos
Tento achar com uma lupa onde está sua moral
Top de linha da sujeira nacional
Última sempre nas ruas, de vez em quando nos jornais
Oficiais, verdadeiros marginais tropicais
Sinistros como Tonton Macoute, *não querem que nada mude*
Querem deixar o povo eternamente no mute
Quem são aqueles caras com a mão no paredão?
Planet Hemp, test-drive *de freio de camburão*
Que nunca se rendem e tão preparados pra missão
Planet Hemp, test-drive *de freio de camburão*
Batidas e rimas são a nossa munição
Planet Hemp, test-drive *de freio de camburão*
Black Alien, Marcelo D2 e BNegão
Planet Hemp, test-drive *de freio de camburão.*
(O que esse tira estava fazendo aqui?
Como é que sabe?
Bem, ele anda como um pato e cheira como um porco)
Brasil ano 2000, me chamam Gustavo Black
Os homi querem me tirar de lóc *porque eu uso* dread
Eu rimo na honesta pra ganhar meu pão
Mas quando passa um camburão
Um puto tem que pisar no breque
Ou se é pro povo lida com os homi
Deixar o black *na ideia, na manha, na fala ou no cheque*
Um béque pode sair mais caro que qualquer fiança
Eu tive esperança, corri o risco, assinei depois sustei
Tudo o que eu tenho são meus livros e discos e a fé no Rio
Deus nos proteja da Polícia Babilônia
Estado falido dos Estados Unidos e até na Polônia
Vão me perseguir, mas eu não vou me entregar
(porcos fardados, fardados, fardados, fardados)
Vão me perseguir, mas eu não vou me entregar
(porcos fardados, fardados, raça do caralho!)
Vão me perseguir, mas eu não vou me entregar
(porcos fardados, fardados, fardados, fardados)
Vão me perseguir, mas eu não vou me entregar
(porcos fardados, fardados, raça do caralho!)
Eu não confio na polícia

Tome cuidado
Não confio
Tome cuidado.

65. *A voz do excluído* (2000).

Autores: MV Bill, Toni Garrido, Da Gama, Lazão e Bino Farias • Intérpretes: Cidade Negra com a participação de MV Bill • Gravadora: Sony Music • CD *Enquanto o mundo gira* (2000)

CD Enquanto o mundo gira, *Cidade Negra, 2000.*

A voz do excluído reuniu o rapper MV Bill, da Cidade de Deus, e a banda de reggae Cidade Negra, da Baixada Fluminense, para denunciar o preconceito racial e social entranhado na polícia brasileira: "Aqui, cadeia é pra puta, pobre e preto".

MV Bill entrou em cena se apresentando como "um traficante da informação", que queria bater de frente com o noticiário preconceituoso difundido pelos grandes grupos de comunicação: "Não represento o hip hop/ Só falo pelo pobre/ Que sempre se fode, guiado pelo ibope/ Televisão, ilusão, tudo igual/ Faz você gastar o seu dinheiro no carnaval/ Faz o meu povo ser ridicularizado, inferiorizado/ Engraçado, hostilizado, tá tudo errado/ O orgulho foi roubado/ As marcas de um passado que não foi cicatrizado".

Para o jovem da favela, a sociedade não oferecia apoio ou perspectivas, apenas repressão e preconceito: "Nascido e criado na CDD/ Nascido preto, perseguido até morrer/ Me ver na prisão é o desejo da madame/ Mas eu não tenho apê de 1 milhão em Miami/ Comprado e mobiliado com o dinheiro do povo/ Eu olho pra TV e me sinto mais um bobo". CDD é abreviatura de Cidade de Deus, uma das maiores favelas do Rio.

MV Bill e o Cidade Negra criticaram diretamente o comportamento do presidente da República, FHC, e as interferências do FMI na vida brasileira: "Meu amigo, então pare e pense/ FHC não dá nada pra favela/ Só dá carnaval, miséria, polícia e novela/ Que coisa linda, cheia de graça/ Família disputando seu almoço na praça/ FMI vai achar sensacional/ Quem gosta de miséria é intelectual".

A frase "pobre gosta de luxo; quem gosta de miséria é intelectual" é atribuída ao carnavalesco Joãosinho Trinta.

MV Bill tá em casa, pode acreditar
Terrorismo, a voz do excluído tá no ar
(tá no ar)
Mais um guerreiro do Rio de Janeiro
Buscando alternativa pra sair do coma brasileiro
Considerado louco por ser realista

Maluco, eu não me iludo com vidinha de artista
Guiado por Jesus, tenho minha missão
Guerreiro do inferno, traficante de informação
Chapa quente, favelado é o nome
Falo pelo menor que nunca teve Danone como você
Sei que é difícil de entender, você nunca sofreu como eu lá na CDD
Não acredito que o povo é contente
Quem ri da própria miséria não é feliz, está doente
Que nem sente que está sendo massacrado
Drogado e sempre embriagado
Não represento o hip hop
Só falo pelo pobre
Que sempre se fode, guiado pelo ibope
Televisão, ilusão, tudo igual
Faz você gastar o seu dinheiro no carnaval
Faz o meu povo ser ridicularizado, inferiorizado
Engraçado, hostilizado, tá tudo errado
O orgulho foi roubado
As marcas de um passado que não foi cicatrizado

O que você vai fazer agora pra mudar a regra?
O que você vai fazer agora pra mudar a real?

Nascido e criado na CDD
Nascido preto, perseguido até morrer
Me ver na prisão é o desejo da madame
Mas eu não tenho apê de 1 milhão em Miami
Comprado e mobiliado com o dinheiro do povo
Eu olho pra TV e me sinto mais um bobo
Contaminado e dominado pelo medo
Aqui, cadeia é pra puta, pobre e preto
Sujeito homem, não sou homem sujeitado
Nem tô condicionado a ser manipulado por ninguém
Minha atitude vai além,
Falo por milhões
Compreendido por menos de cem
Da CDD à Baixada Fluminense
Se gerou conflito, meu amigo, então pare e pense
FHC não dá nada pra favela
Só dá carnaval, miséria, polícia e novela
Que coisa linda, cheia de graça
Família disputando seu almoço na praça
FMI vai achar sensacional
Quem gosta de miséria é intelectual
M, V, B, I, L, L, preto na mente, na roupa e na pele
Cidade Negra, CDD tá no ar
Na hora de cobrar a chapa pode esquentar

O que você vai fazer agora pra mudar a regra?
O que você vai fazer agora pra mudar a real?

66. *Meus inimigos estão no poder* (2000)

Autor: Apocalipse 16 • Intérpretes: Apocalipse 16 com participação de Eduardo (Facção Cental) • Gravadora: 7 Taças • CD *2ª vinda, a cura* (2000)

O Apocalipse 16 gravou seu primeiro CD em 1998, destacando-se como um dos mais populares conjuntos do chamado rap cristão. Voltou à carga em 2000 com o CD *2ª vinda, a cura*, vencedor do Prêmio Hutúz, talvez o principal festival do hip hop brasileiro da época, organizado pela Central Única de Favelas (Cufa).

Em *Meus inimigos estão no poder*, os rappers paulistas recorreram a figuras e a imagens do Novo Testamento para bater de frente com os políticos que se aproveitavam da miséria do povo: "Traidores, patrocinadores do circo de horrores/ Vendidos, manipuladores, homens caluniadores/ Carrascos do seu próprio povo/ Vocês me dão nojo, vocês me dão ânsia/ São ladrões que furtam desde a infância/ Cínicos, demônios, filhos de Satanás/ Vocês trocam Cristo por Barrabás/ São como Judas, criatura ingrata/ Que vendeu Jesus por trinta moedas de prata".

E avisaram que a hora do acerto de contas estava chegando: "O sangue dos justos será vingado/ No Dia do Juízo nenhum de vocês será poupado/ Seus dias estão contados/ Assim como Judas, todos vocês serão enforcados/ A revolta do povo está pra acontecer/ Acredite: será o ódio de um país contra você".

O Apocalipse 16 previa os piores castigos para Celso Pitta, então prefeito de São Paulo, Paulo Maluf, seu padrinho político, e Hildebrando Pascoal, ex-coronel da PM do Acre e deputado federal do PFL, cassado no ano anterior. Pascoal, ligado ao narcotráfico, chefiava um grupo de extermínio. O país ficou chocado quando se provou que ele havia matado várias de suas vítimas com uma motosserra: "Dane-se o Maluf, dane-se o Pitta/ Dane-se o Hildebrando Pascoal/ Mesmo que queimem no fogo do inferno/ Não pagariam pelo seu mal/ Justiça não existe no seu vocabulário/ E a prova disso é o sistema penitenciário/ A prova é a favela, a prova é o Movimento Sem Terra/ A prova é a sua grana suja, é a sua casa, sua família/ A faculdade cara da sua filha, suas férias no exterior/ Vocês são como a praga do Egito, o gafanhoto devorador/ Que Deus nos ajude a viver/ Num país sem plano de assistência a saúde/ Para cada criança que morre por descuido desses ignorantes/ Mil chicotadas deveriam ser dadas em cada um dos governantes/ Sumam daqui com seus palanques, microfones, alto-falantes/ Chega de mentir pros meus semelhantes".

O rapper Eduardo, do grupo Facção Central, participou da gravação.

Em suas cabeças eles imaginam ser autoridades
Mas são insanos no poder, cometendo atrocidades
Promovendo o genocídio e a corrupção
Celebrando a desgraça com o apoio da televisão
O final do país que vocês governam será idêntico
Ao daquele filme A Revolução dos Bichos
Assistiram? Não? Então assistam.
Roedores, comedores de lixo,
Ham comedores de lixo, lixo, ham, ha ha ha
Ha ha ha ha, eu rio da sua cara
Ha ha ha ha, eu tenho nojo da sua cara
Você é o pior pesadelo brasileiro

Desde o último ao primeiro, invertendo
a ordem
Trocaram a frase da bandeira para regresso
e desordem
Traidores, patrocinadores do circo de horrores
Vendidos, manipuladores, homens
caluniadores
Carrascos do seu próprio povo
Vocês me dão nojo, vocês me dão ânsia
São ladrões que furtam desde a infância
Cínicos, demônios, filhos de Satanás
Vocês trocam Cristo por Barrabás
São como Judas, criatura ingrata
Que vendeu Jesus por trinta moedas de prata
O poder está nas mãos erradas
Mão de ladrão tem que ser cortada
Aí você ia ver como ia ter
Uma pá de porco do poder maneta
Tudo que falo aqui pode publicar na Veja
O sangue dos justos será vingado
No Dia do Juízo nenhum de vocês será
poupado
Seus dias estão contados
Assim como Judas, todos vocês serão
enforcados
A revolta do povo está pra acontecer
Acredite: será o ódio de um país contra você

Meus inimigos estão no poder, no poder,
no poder
Meus inimigos estão no poder
Querem meu sangue, mas não vão ter (bis)

Não existe glória em nossa história
Não tem vez o povo, pois é visto como escória
Aqui não tem distribuição de renda
O povo passa fome
Mas o prefeito de não sei aonde
Tem fazenda a custo do desvio de renda
Vamos, me prenda, porque pronuncio a
verdade
Tortura é o que eu espero da polícia covarde
Saiba que não me amedronta o cão que late
Dane-se o Maluf, dane-se o Pitta
Dane-se o Hildebrando Pascoal
Mesmo que queimem no fogo do inferno
Não pagariam pelo seu mal
Justiça não existe no seu vocabulário
E a prova disso é o sistema penitenciário
A prova é a favela, a prova é o Movimento
Sem Terra
A prova é a sua grana suja, é a sua casa,
sua família
A faculdade cara da sua filha, suas férias no
exterior
Vocês são como a praga do Egito, o gafanhoto
devorador
Que Deus nos ajude a viver
Num país sem plano de assistência a saúde
Para cada criança que morre por descuido
desses ignorantes
Mil chicotadas deveriam ser dadas em cada
um dos governantes
Sumam daqui com seus palanques,
microfones, alto-falantes
Chega de mentir pros meus semelhantes
Volto a dizer: mão de ladrão deve ser cortada
Porcos pra mim, vocês não valem nada
Ha ha ha ha, eu rio da sua cara
Ha ha ha ha, eu tenho nojo da sua cara

Ha ha ha ha, eu rio da sua cara
Ha ha ha ha, eu tenho nojo da sua cara

Meus inimigos estão no poder, no poder,
no poder...

Meu inimigo tá a mil de BMW
Com mansão confortável, prostituta do lado
Horário reservado na TV, no rádio
Pra reverter meu voto em caixão lacrado
Quem come lixo é presa fácil, é um-dois
Vai pra urna por um quilo de arroz
Pega fila no sol com título de eleitor
Pra por ladrão na limusine com batedor
O país privatizado do Plano Real
Só me dá indulto de Natal, uma condicional
Tá com fome, vota em mim que tem comida
Problema é água? Eu trago carro-pipa
Fura-fila, o país do Cingapura
Destruo o seu barraco, te dou uma cobertura
Promessa de campanha do demônio
engravatado
Que tem a avenida de orçamento
superfaturado
Tem o povo com frio, com fome, morô
Sonhando com um trampo no Palácio do
Trabalhador
Um boteco com carne humana até no teto
O tiro no inocente, na grávida que aborta o
feto
O aposentado de cabelo branco
Saindo na mão com vira-lata pelo osso de
frango
Eu não preciso de internet, biblioteca
Pra entender a política moderna
Pra mim é tiro de 12, ódio, dor
Pra quem roubou meu voto é conta no exterior
Filho na Disneylândia com Mickey, com Pluto
Torrando a propina do camelô no Primeiro
Mundo
Salário mínimo aprovado no Senado
É apologia ao empresário torturado,
esquartejado
A Câmara dos Deputados cheira a carnificina
Tem a feição de Hitler nazista
Verbo terrorista, Facção até morrer
Usando a mente como um tiro de PT
Só a justiça de Jesus pode absolver
Os inimigos que estão no poder

Meus inimigos estão no poder, no poder,
no poder...

67. *Cidade partida* (2000).

Autores: Toni Garrido, Da Gama, Lazão, Bino Farias e Dulce Quental • Intérprete: Cidade Negra • Gravadora: Sony Music • CD *Enquanto o mundo gira* (2000)

Em *Cidade partida*, o grupo de reggae Cidade Negra, da Baixada Fluminense, pediu o fim da violência no Rio de Janeiro. Todos sofriam com a falta de segurança e com o ambiente de guerra civil não declarada: "O mundo é um quintal/ Sou artista, sou pobre, sou negro, sou pai/ Sou patrão, operário, criança/ Sou vítima da cidade partida/ Eu não vou ficar a esperar a minha vez/ Eu quero andar pelas ruas livre/ Tenho direito à justiça, liberdade, proteção".

Qual a saída? Mais repressão ou pena de morte, como exigiam os setores conservadores?

O juiz Lalau, ex-presidente do Tribunal Regional do Trabalho (TRT-SP).

Nada disso, retrucou o Cidade Negra. A única solução efetiva seria dar apoio e oportunidades para a população pobre: "As cidades tratam de suas misérias/ Como quem trata uma praga/ Que não para de crescer/ Enquanto os ricos/ Não olharem para ela/ Será sempre uma panela/ Que a pressão faz explodir".

Cidade partida é também o título de um livro do jornalista Zuenir Ventura, que retratou a profunda divisão social do Rio de Janeiro.

Na cidade todo mundo fala
A violência é uma roleta russa
Não escolhe a vítima
Em toda parte é igual
Na hora errada, em qualquer lugar
O mundo é um quintal
Sou artista, sou pobre, sou negro, sou pai
Sou patrão, operário, criança
Sou vítima da cidade partida
Eu não vou ficar a esperar a minha vez
Eu quero andar pelas ruas livre
Tenho direito à justiça, liberdade, proteção
Não quero mais, amor
Viver exilado, sem consciência
Meu coração é de paz
Mas não aguenta mais violência
Basta, minha palavra diz: basta!
Meu corpo inteiro diz não
Não há lugar para mais violência
Basta, quanto silêncio, esse frio
O sangue mancha a encosta verde do Rio
As cidades tratam de suas misérias
Como quem trata uma praga
Que não para de crescer
Enquanto os ricos
Não olharem para ela
Será sempre uma panela
Que a pressão faz explodir.

68. *Procura, procurador, procura* (2000).

Autores e intérpretes: Paulo Caruso e Chico Caruso • Gravadora: Som Livre • CD *E la nave và* (2000)

Em 1999 estourou o escândalo do superfaturamento das obras do faraônico prédio do Tribunal Regional do Trabalho de São Paulo (TRT-SP). Investigações conduzidas pela Polícia Federal e pela CPI do Judiciário chegaram à conclusão de que, dos R$ 231 milhões destinados à obra, cerca de R$ 169 milhões haviam sido desviados, graças a um esquema montado entre o ex-presidente do tribunal, Nicolau dos Santos Neto, logo batizado de "Lalau", e construtoras controladas pelo senador Luiz Estevão (PMDB-DF), imediatamente apelidado de "Lulu".

Durante a fase inicial das investigações, houve suspeitas de que o secretário-geral da presidência da República, Eduardo Jorge Caldas Pereira, chamado jocosamente de "Dudu" pela imprensa, estivesse envolvido na operação. O telefone de seu gabinete recebera um grande número de chamadas do juiz. Eduardo Jorge alegou que as ligações, em sua maioria, não haviam sido completadas. Quanto às conversas existentes, teriam a ver com nomeações na Justiça do Trabalho. Nada foi provado contra o secretário-geral da presidência, que moveu ações por danos morais contra procuradores da República e órgãos de imprensa.

Em 2006, o juiz Nicolau foi condenado a 26 anos de prisão por peculato, estelionato e corrupção passiva. O senador Luiz Estevão teve seu mandato cassado pelo Senado Federal.

Procura, procurador, procura.
Lançamento dos irmãos Caruso para o carnaval de 2001!

Achou, achou!
Foi o que Eduardo Jorge
Falou pro procurador (bis)

Quem procura acha
Investigar está virando uma cachaça
Cada figuraça
Com rabo preso e metendo a mão na massa
O Eduardo Jorge é o Dudu
O juiz Nicolau é o Lalau
O Luiz Estevão é o Lulu
Pegaram nosso dinheiro e crau!

Achou, achou!...

Na selva de pedra
Um monumento foi erguido que celebra
O desvio de verba
Essa doença que se alastra feito lepra
Do mais baixo serviçal
Ao Superior Tribunal
É mais um saco de dinheiro
Que olha para gente e diz "tchau"!

Achou, achou!...

69. *Purucutruco* (2000).

Autor: Bráulio de Castro • Intérpretes: Caju e Castanha • Gravadora: Trama • CD *Vindo lá da lagoa* (2000)

CD Vindo lá da lagoa, *Caju e Castanha, 2000.*

Purucutruco, de Bráulio de Castro, um dos maiores nomes do repente do Nordeste, passou em revista as mazelas, marmeladas e safadezas dos anos anteriores. Rebateu também declaração de Fernando Henrique, que havia chamado de vagabundo quem se aposentava com menos de 50 anos: "Purucutruco, nessa terra de maluco/ Pobre só se aposenta quando morre ou tá gagá/ Purucutruco, mas a turma de Brasília/ Já com oito de moleza consegue se aposentar".

Em seguida, a dupla recordou o assassinato em 1997 do índio Galdino Jesus dos Santos, queimado vivo por "filhinhos de papai" (ver *Índio*, neste capítulo). Criticou os bancos Marka e FonteCindam, que perderam milhões durante a desvalorização cambial de 1999, mas driblaram o prejuízo graças à cobertura financeira dada pelo Banco Central (ver *O cassino da URV*, neste capítulo).

De Brasília, a embolada se deslocou para o Rio de Janeiro, registrando o escândalo do edifício Palace II, que desabou em 1998, causando a morte de oito pessoas e deixando 150 desabrigadas. A empresa responsável pela obra, de propriedade do deputado Sérgio Naya, foi acusada de utilizar material de baixa qualidade na construção. Outra marmelada citada na canção foi o superfaturamento das obras do TRT de São Paulo (ver *Procura, procurador, procura*, neste capítulo).

Diante de tantos escândalos, a conclusão foi curta e grossa: "Purucutruco, nessa terra de maluco/ Continua como sempre o trambique e o jeitinho/ Purucutruco, vai o velho e entra o novo/ E o coitadinho do povo levando no buraquinho".

Purucutuco, pá, pá, pá com meu trabuco
Vocês podem não gostar, mas eu vou falar de novo
Purucutruco, pá, pá, pá com meu trabuco
Eles comem caviar e quem paga é o povo

Purucutruco, nessa terra de maluco
Pobre só se aposenta quando morre ou tá gagá
Purucutruco, mas a turma de Brasília
Já com oito de moleza consegue se aposentar

Purucutuco, pá, pá, pá com meu trabuco

Purucutruco, nessa terra de maluco
O filhinho de papai mata gente, toca fogo
Purucutruco, mas não acontece nada
Porque a rapaziada no fundo conhece o jogo

Purucutuco, pá, pá, pá com meu trabuco

Purucutruco, nessa terra de maluco
O banco vai à falência e o banqueiro dá risada
Purucutruco, mas o pobre da bodega
Coitadinho quando ele quebra, vai preso e leva porrada

Purucutuco, pá, pá, pá com meu trabuco

Purucutruco, nessa terra de maluco
O negócio do momento é viver de construção
Purucutruco, nunca vi dar tanto lucro
Não se usa mais cimento, a moda agora é papelão

Purucutuco, pá, pá, pá com meu trabuco

Purucutruco, nessa terra de maluco
Tem roubo, tem safadeza, corrupção e marmelada
Purucutruco, tenho vontade de sorrir
Com essa tal de CPI que no fim não dá em nada
Purucutruco, nessa terra de maluco
Continua como sempre o trambique e o jeitinho
Purucutruco, vai o velho e entra o novo
E o coitadinho do povo levando no buraquinho.

70. *A chegada de Raul Seixas e Lampião no FMI* (2000).

Autor e intérprete: Tom Zé • Gravadora: Trama • CD *Jogos de armar - Faça você mesmo* (2000)

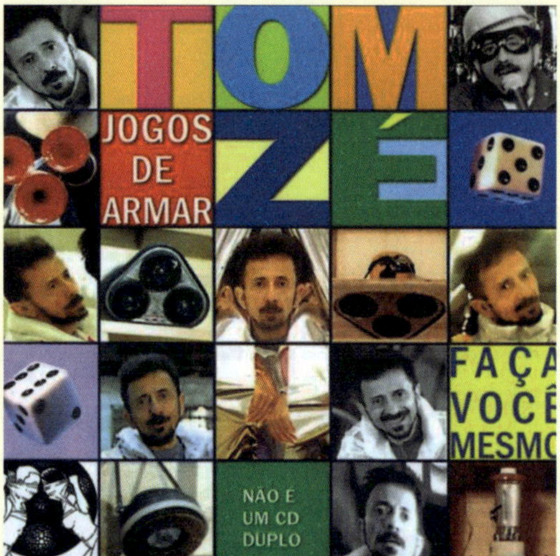

CD Jogos de armar - Faça você mesmo, *Tom Zé, 2000.*

Logo depois da reeleição de Fernando Henrique, o Brasil fechou a toque de caixa um acordo com o Fundo Monetário Internacional. Recebeu US$ 41 bilhões de empréstimo, se comprometendo em contrapartida a cumprir uma série de metas fiscais impostas pela instituição. A partir daí, a cada três meses, uma equipe técnica do FMI desembarcava no Brasil para avaliar se as metas estavam sendo cumpridas. As parcelas do empréstimo eram liberadas só depois do sinal verde da equipe.

Evidentemente, as cenas de monitoramento explícito foram um prato feito para a oposição, que carimbou a intervenção do FMI na gestão da nossa economia como uma diminuição da soberania nacional.

Antes do fim do mandato de Fernando Henrique, em 2001 e 2002, o Brasil ainda firmaria dois novos acordos com o FMI. Mas quando Tom Zé gravou *A chegada de Raul Seixas e Lampião no FMI*, apenas o primeiro acordo havia sido assinado.

O tom nacionalista da canção era um sintoma do incômodo que os acordos com o Fundo causaram na opinião pública nacional. Para contar a história, Tom Zé recorreu a dois símbolos da insubmissão: o roqueiro baiano Raul Seixas e o cangaceiro nordestino Lampião.

Juntos, os dois chegaram de carro de boi à Casa Branca e fizeram o presidente americano fugir de tamanca. Apavorado, o FMI colocou grana à disposição do Brasil sem exigir nenhuma contrapartida: "Viu que não tinha mais jeito/ E entregou todo o dinheiro/ Para o pobre dividir/ E o mundo se viu diante/ De grande felicidade/ Trabalhando todo o dia/ E comendo toda a tarde".

Para culminar, segundo Tom Zé, o Brasil seguiu o conselho do rapper Mano Brown (ver *Carta de um detento*, no Capítulo IX deste volume) e decidiu aplicar o dinheiro no Banco Carandiru, no Xingu, nas favelas e na região Nordeste.

A canção bebe na tradição nordestina, a começar pelo título, que lembra o famoso cordel *A chegada de Lampião ao inferno*. O refrão "Raul, Raul, Raul" é uma citação da embolada "É Lampa, é Lampa, é Lampa", de Manezinho Araújo (ver Capítulo III, no Volume I).

É Raul, Raul, Raul,
É Raul Seixas, é Lampião

Chegaram no FMI
Que nem tentou resistir
É Raul, Raul, Raul,
Lampião não anda só
Trouxe Deus e o Diabo
Raul, a Terra do Sol
Lampião com o clavinote
Raul trouxe o Ilê Aiyê
Tiraram os culhões do rock
Enrabaram o iê-iê-iê
Chegaram na Casa Branca
Os dois de carro de boi
Tio Sam fugiu de tamanca
Ninguém viu para onde foi
(Tio Sam, meu cumpadre, venha cá,
pra que correr tanto?)
Wall Street fechou
E a ONU não deixou pista
O presidente jurou
Que sempre foi comunista
É Raul, Raul, Raul,
Lampião não anda só
Trouxe Deus e o Diabo
Raul trouxe a Terra do Sol
Mano Brown disse a Raul
O dinheiro a gente investe
No Banco Carandiru
Xingu, favela e Nordeste
Todo-poderoso e rico
O grande senhor dali
Cagou-se, pediu pinico
Aflito, fora de si
(Ó, doutor FMI, venha cá, meu senhor,
pra que tanto desespero, vem cá,
meu efemezinho)
Pois o FMI
Viu que não tinha mais jeito
E entregou todo o dinheiro
Para o pobre dividir
E o mundo se viu diante
De grande felicidade
Trabalhando todo o dia
E comendo toda a tarde
Mas entre os países pobres
Não houve fazer acordo
Para dividir os cobres
E a guerra pegou fogo.

71. *São Paulo vai dar a volta por cima* (2000).

Autores: Maurício Gaetani e João Andrade • Intérprete(s): desconhecido(s) • Gravação especial (2000)

A atuação de Celso Pitta à frente da prefeitura de São Paulo foi um desastre tão completo que ele sequer se apresentou como candidato à reeleição em 2000. Segundo pesquisas da época, mais de 80% dos paulistanos consideravam sua gestão ruim ou péssima. Diante desse quadro, o ex-prefeito Paulo Maluf se lançou candidato, com o objetivo de reagrupar os votos que quatro anos antes quase haviam dado a Pitta a vitória no primeiro turno. Mas o desgaste também tinha produzido efeitos devastadores na imagem de Maluf.

Resultado: no primeiro turno, Marta Suplicy (PT) obteve 38,13% dos votos, contra 17,40% de Maluf (PP), 17,26% de Geraldo Alckmin (PSDB), 11,46% de Romeu Tuma (PFL) e 9,90% de Luiza Erundina (PSB). No segundo turno, Marta, que recebeu o apoio do PSDB e do PSB, obteve uma vitória folgada, conquistando 58,51% dos votos válidos, contra 41,49% dados a Maluf.

O título do *jingle* é atribuído. A expressão "volta por cima" remete ao famoso samba homônimo do compositor paulista Paulo Vanzolini, um dos maiores nomes da música popular brasileira.

Nacionalmente, o PT foi o partido que teve o melhor desempenho na capitais de estado em 2000, elegendo seis prefeitos. Em seguida, vieram o PSDB, o PMDB e o PSB com quatro prefeitos, o PFL com três, o PDT com dois, e o PPB, o PL e o PTB com um cada.

Abre os olhos, vamos, São Paulo, recomeçar
Fazer o certo, botar em ordem nosso lugar
Mostrar capacidade, fazer com honestidade
É só assim que o orgulho vai voltar
Agir com a verdade, buscar felicidade
Vai ser assim, São Paulo vai ganhar
— Olha a volta por cima!
Se segura, São Paulo, que a gente vai virar
— Lá vem a Marta!
É hora do jogo, da gente se unir pra mudar
— Mudar São Paulo!
São Paulo vai dar a volta por cima
Com a Marta a cidade se ilumina
E nossa estrela vai brilhar
— Marta Suplicy
São Paulo vai dar a volta por cima
Com a Marta a cidade se ilumina
E nossa estrela vai brilhar
— Marta! Prefeita!

72. *Filhote da ditadura* (2001).

Autores e intérpretes: Suely Mesquita e Mathilda Kovak • Gravadora: independente • CD *Sexo puro* (2001)

Em 1989, durante um debate entre os candidatos a presidente da República, Leonel Brizola, que ficara quinze anos no exílio, chamou Paulo Maluf, que fizera sua carreira política à sombra do regime militar, de "filhote da ditadura". A expressão pegou. A partir daí, como um estigma, ela passou a designar aqueles que haviam apoiado a ditadura e se projetado na vida pública durante o período do arbítrio.

Mas houve casos em que a expressão não se limitou ao mundo político, invadindo também o delicado terreno das relações amorosas. Suely Mesquita, em *Filhote da ditadura*, cantou as desventuras de uma jovem cujo namorado, posando de grande combatente da luta contra o regime militar, a todo momento culpava a moça por não ter participado de ações clandestinas e enfrentado a linha-dura. Num primeiro momento, ela ainda procurou se defender: "Eu era apenas uma menina/ Eu não sabia de nada/ Eu era quase retardada".

Depois, ao perceber que o namorado não valia grande coisa, a jovem passou para a ofensiva: "Eu não lutei contra a ditadura/ Não apoiei a guerrilha urbana/ Não uso essa armadura/ Não tenho essa desculpa para ser/ Sacana! sacana! sacana!".

E estamos conversados.

Eu não lutei contra a ditadura
Eu não lutei

Não tenho essa desculpa
E se sou pura
Só eu sei
Eu não vivi clandestina
Eu era apenas uma menina
Eu não sabia de nada
Eu era quase retardada
Oooooh! Oooooh!

Eu não lutei contra a ditadura
Se eu não for pura
Um progressista me janta
Eu não lutei contra a ditadura
Não tenho outra desculpa para ser
Pilantra, pilantra, pilantra
Eu não lutei contra a ditadura
Eu não lutei
Eu não fui contra a linha-dura
Eu não dancei
Eu sou filhote da ditadura
Classe média alienada
Não tenho essa desculpa furada
Pra falar e não fazer
Nada, nada, nada
Eu não lutei contra a ditadura
Não apoiei a guerrilha urbana
Não uso essa armadura
Não tenho essa desculpa para ser
Sacana! Sacana! Sacana!

73. *Homem do povo* (2001).

Autores: Alexandre Carlo e Rodolfo • Intérprete: Natiruts • Gravadora: EMI Music • CD *Verbalize* (2001)

Homem do povo foi uma das muitas canções da grande safra de 2001, colhida de

CD Verbalize, *Natiruts, 2001.*

norte a sul e de leste a oeste do Brasil, com denúncias sobre a violência policial contra a população pobre.

No reggae, o grupo Natiruts, formado em 1996 por ex-estudantes da Universidade de Brasília (UnB), perguntava por que os soldados da Polícia Militar não conseguiam perceber que eram homens do povo, iguais àqueles a quem frequentemente agrediam nas batidas policiais: "[...] é complicado pra sua cabeça/ E tome chute na moleira do maluco, tapa na cara do trabalhador/ E pro velho corrupto: Bom dia, doutor".

Tirou a farda e não viu que era um homem do povo
Não consegue perceber, é complicado pra sua cabeça
E tome chute na moleira do maluco, tapa na cara do trabalhador
E pro velho corrupto: "Bom dia, doutor" (bis)

Na falta de crença, decrete a falência total
Do mundo real que segue por má influência
se apega no mal
Ponha a janta na mesa e convide os homens
da defesa
E tire um retrato da sua pobreza espiritual,
que tal
Pintura borrada a óleo diesel
Como vou saber se ninguém me avisou
Percepção, segundo me diz o falso rei
Que detém a lei, que a arma na mão
assegura o bem
Mas rouba o que há no seu coração
They're crushing the people
With helmets and boots
But God blessed the people
With Natiruts.

CD Essencial, *Tribo de Jah, 2001.*

74. *Abandonados pelo sistema (Babylon system)*, (2001).

Autor: Fauzi Beydoun • Intérprete: Tribo de Jah • Gravadora: Indie Records • CD *Essencial* (2001)

Em *Abandonados pelo sistema*, a Tribo de Jah voltou a denunciar o Brasil como uma imensa Babilônia, ou seja, como uma terra onde os humildes são oprimidos pelos poderosos (ver *Babilônia brasileira*, neste capítulo). Para a banda, a globalização e o capitalismo selvagem não eram capazes de oferecer perspectivas para as crianças pobres. Tratava-se de um sistema injusto, omisso, corrupto e bandido.

O reggae pedia a todos para não aceitar passivamente a injustiça: "Nestes dias confusos/ É tão difícil encontrar a verdadeira razão para viver/ Não confunda sua mente com as coisas que você ouve e vê pela TV/ Veja Jah acima de todas as coisas, em primeiro lugar/ E não se esqueça de lutar por seus irmãos e irmãs/ Abandonados pelo sistema".

Jah, como se disse antes, é o nome de Deus na fé rastafári, cantada em muitos reggaes.

Nestes dias confusos,
Vibrações negativas rolando pelo mundo
afora
Como sentir-se feliz, sentir-se seguro
Se a realidade a cada dia piora

Todos os dias notícias explodem
Revelam um novo problema
Enquanto crianças padecem e morrem
*Abandonadas pelo sistema (*Babylon system*)*
*Vitimadas pelo sistema (*Babylon system*)*
*Omisso sistema (*Babylon system*)*
*Babilônio sistema (*Babylon system*)*

Todos os dias novas notícias revolvem
Raízes de um mesmo e velho dilema
Mundo globalizado com tantas conquistas do homem
Crianças à mingua padecem com fome
*Abandonadas pelo sistema (*Babylon system*)*
*Esquecidas pelo sistema (*Babylon system*)*
*Órfãos do sistema (*Babylon system*)*
*Corrupto sistema (*Babylon system*)*

Nestes dias confusos,
É tão difícil encontrar a verdadeira razão para viver
Não confunda sua mente com as coisas que você ouve e vê pela TV
Veja Jah acima de todas as coisas, em primeiro lugar
E não se esqueça de lutar por seus irmãos e irmãs

*Abandonados pelo sistema (*Babylon system*)*
*Abandonados pelo sistema (*Babylon system*)*
*Corrupto sistema (*Babylon system*)*
*Bandido sistema (*Babylon system*)*
*Injusto sistema (*Babylon system*)*
*Omisso sistema (*Babylon system*)*
*Babilônio (*Babylon system*)*
Capitalismo selvagem.

75. *Zona norte* (2001).

Autor: NJ Sallez • Intérprete: Artigo 331 • Gravadora: Net Records • CD *Hip Hop Rio* (2001)

Zona norte, gravada pelo conjunto Artigo 331 para a coletânea *Hip Hop Rio*, organizada por Marcelo D2, proclamou a falência do Estado brasileiro. Pelo menos na zona norte do Rio de Janeiro, o Estado simplesmente havia deixado de existir: "Seja bem-vindo, meu cumpádi, te apresento a zona norte/ Não tem rua urbanizada, a parede é descascada/ O governo caga e anda, aqui criança anda armada/ Aqui o tráfico de drogas rola solto, meu irmão/ Aqui garota de quinze anos entra na prostituição".

Coletânea Hip Hop Rio, *Artigo 331, 2001.*

Governo? Serviços públicos? Inclusão social? Nada disso: "Aqui o governo só aparece em época de eleição/ Aqui não há investimento no lazer, educação/ Eu já falei pra você, RJ parceiro/ Aqui a lei é do silêncio, aqui não existe governo".

O artigo 331 do Código Penal, que dá nome à banda, tipifica o crime de desacato à autoridade.

A zona norte é minha área digo e repito pra você

Aqui a lei é do silêncio, lei do mais forte, pode crer
Lado B do RJ, verso do cartão-postal
E que fique na moral, aqui não tem pra pagar pau
Tiroteio, traficante rico, puta, ladrão
Aqui quem manda é bandido, aqui é ZN, meu irmão
E se você tá de bobeira, tu vai de cara com a morte
Seja bem-vindo, meu compádi, te apresento a zona norte
Não tem rua urbanizada, a parede é descascada
O governo caga e anda, aqui criança anda armada
Aqui o tráfico de drogas rola solto, meu irmão
Aqui garota de quinze anos entra na prostituição
Não deixe brecha, cumpádi, com os doido da minha área
Se não neguinho te capota com um tiro na tua cara
Aqui você vai ter conceito se você não vacilar
Do contrário, pela-saco, sua hora vai chegar
É ZN, meu irmão, e vou dizer de novo
Aqui a lei é baseada na lei do pipoco
Todos sabem que aqui se segura quem pode
Então chega mais, aqui é zona norte

Caminhando pela rua é muito fácil de se ver
A realidade na ZN é nua e crua pode crer
Sou discípulo de Deus, a ele peço proteção
Pra escapar da violência e ter paz no coração

A polícia vem aqui sempre pra arregaçar
Aqui é ZN, meu irmão, tu tem que se ligar
Aqui direitos humanos é uma piada, meu irmão
Mesmo sem ser um bandido te tratam como ladrão
Aqui não tem pra a PM nem pra esquadrão de elite
Aqui quem manda é a bandidagem, malandragem acredite
Aqui se você abre o bico te carimbam de X9
Aqui se os homem te pegar é certo tu levar um sacode
Aqui o governo só aparece em época de eleição
Aqui não há investimento no lazer, educação
Eu já falei pra você, RJ parceiro
Aqui a lei é do silêncio, aqui não existe governo
Se não tem o que dizer é bem melhor ficar calado
Essa é minha área meu irmão, então não banque o otário
Se essa parada é sinistra, eu gosto dela assim
Conheço todo o RJ, mas minha área é aqui
Jogo na cara, meu irmão, sou o NJ Sallez,
Aqui não tem pros 71 minha lei é verdade
Todos sabem que aqui se segura quem pode então chega mais, aqui é zona norte...

Caminhando pela rua é muito fácil de se ver...

No RJ só tem fodido, em SP é bairro de rico na Norte aqui e lá é parecido o destino

E nas duas se você anda nas ruas não está
seguro
Seja dia seja noite, seja claro ou escuro
Sou ZN, cumpádi, sei que já falei
Hip hop na minha área rola sempre, é de lei
Rola samba, hardcore, funk, miami bass
Cada um tem seu espaço todo mundo tem
vez
Quando chega o verão o céu se enche de
pipa
Todo mundo tá ligado, todo mundo na fita
Geral enche o campinho pra jogar futebol
E na quadra o que rola é só basquetebol
Outro dia apareceu um corpo no escadão
E a ZN ganhou fama em rádio e televisão
É RJ, cumpádi, Rio de Janeiro
Aqui o tráfico de drogas rola o tempo inteiro
Minha área é esta mesmo e não quero mudar
Conheço todo o RJ, aqui é meu lugar
Todos sabem que aqui se segura quem pode,
então chega mais, aqui é zona norte...

Caminhando pela rua é muito fácil de se
ver...

76. *Pega ladrão!* (2001).

Autores: Gabriel, o Pensador, Tiago Mocotó, Aninha Lima e Liminha • Intérprete: Gabriel, o Pensador • Gravadora: Sony Music • CD *Seja você mesmo, mas não seja sempre o mesmo* (2001)

Uma sucessão interminável de crises marcou o segundo mandato de Fernando Henrique Cardoso. Nos últimos meses de 2000, os partidos da base aliada se engalfinharam na disputa pelo comando das duas casas do Congresso. O tucano Aécio Neves, com o apoio

CD Seja você mesmo, mas não seja sempre o mesmo, *Gabriel, o Pensador, 2001.*

do PMDB, foi eleito presidente da Câmara, derrotando o pefelista Inocêncio Oliveira. Já no Senado, o peemedebista Jader Barbalho conquistou a presidência, atropelando Antônio Carlos Magalhães (ACM), cacique do PFL, que havia movido uma cruzada infrutífera contra a eleição do senador do PMDB.

Irritado com a derrota, ACM levou ao Ministério Público uma série de denúncias de corrupção contra Jader. Na reunião com os procuradores, afirmou que tinha em seu poder a lista dos senadores que, no ano anterior, haviam votado a favor e contra a cassação de Luiz Estevão (ver *Procura, procurador, procura*, neste capítulo). Quando a informação vazou, o mundo veio abaixo. Afinal, a votação havia sido secreta. Só a violação do sigilo do painel poderia explicar a existência da lista. ACM imediatamente desmentiu a história, mas a conversa havia sido gravada por um dos procuradores. Estourou então o "escândalo do painel eletrônico".

Dias depois, a diretora do Centro de Processamento de Dados do Senado, Regina Célia Peres Borges, e um técnico de informática do órgão admitiram que haviam violado o sigilo do painel atendendo a solicitações do líder do governo no Senado, José Roberto Arruda, e do presidente da Casa. Em maio de 2001, ACM e Arruda renunciaram aos mandatos para escapar da cassação.

Tudo isso forneceu matéria-prima para Gabriel, o Pensador. Em *Pega ladrão!*, ele abordou o episódio da lista de votação secreta no Senado. Num primeiro momento, o líder do governo, José Roberto Arruda, em discurso no qual chegou a chorar na tribuna do Senado, jurou que não tinha visto a relação dos votos. Dias depois, quando os depoimentos dos funcionários da Casa derrubaram sua versão, Arruda admitiu que tinha participado da quebra do sigilo. A canção refere-se aos dois momentos, simulando as falas do senador.

O primeiro: "Eu afirmo com a mais absoluta certeza e sinceridade/ Que eu nunca vi essa lista!/ Não sei dessa lista, não quero saber e tenho raiva de quem sabe/ Quem disser que eu vi essa lista é um mentiroso/ E vai ter que provar! E se provar, vai se ver comigo!".

O segundo: "Como vocês suspeitavam, eu realmente vi essa lista/ Eu vi, mas não li. E digo mais, eu engoli/ Pra que ninguém lesse também/ E foi com a melhor das intenções/ Burlei a lei, mas com toda a honestidade".

— Vossa Excelência, agora explique, mas não complique!

— Vossa Excelência, eu já expliquei! Eu não vi essa lista. Eu afirmo com a mais absoluta certeza e sinceridade. Que eu nunca vi essa lista! Não sei dessa lista, não quero saber e tenho raiva de quem sabe! Quem disser que eu vi essa lista é um mentiroso, e vai ter que provar! E se provar, vai se ver comigo!

Pega ladrão! No governo!
Pega ladrão! No Congresso!
Pega ladrão! No Senado!
Pega lá na Câmara dos Deputados!
Pega ladrão! No palanque!
Pega ladrão! No tribunal!
É por causa desses caras
Que tem gente com fome
Que tem gente matando
Etc. e tal

Pega, pega! Pega, pega ladrão!
A miséria só existe porque tem corrupção!
Pega, pega! Pega, pega ladrão!
Tira do poder, bota na prisão!

E você que é um simples mortal
Levando uma vidinha legal
Alguém já te pediu um real?
Alguém já te assaltou no sinal?
Você acha que as coisas vão mal?
Ou você tá satisfeito?
Você acha que isso é tudo normal?
Você acha que o país não tem jeito?
Aqui não tem terremoto, aqui não tem vulcão

Aqui tem tempo bom, aqui tem muito chão
Aqui tem gente boa, aqui tem gente honesta
Mas no poder é que tem gente que não presta

"Eu fui eleito e represento o povo brasileiro.
Confie em mim que eu tomo conta do
dinheiro."

Pega, pega! Pega, pega ladrão!...

Tira esse malandro do Poder Executivo!
Tira esse malandro do Poder Judiciário!
Tira esse malandro do Legislativo!
Tira do poder que eu já cansei de ser otário!
Tira esse malandro do poder municipal!
Tira esse malandro do governo estadual!
Tira esse malandro do governo federal!
Tira a grana deles e aumenta o meu salário!

" Tá vendo essa mansão sensacional? Comprei
com o dinheiro desviado do hospital."
"Ah! E o meu cofre cheio de dólar? É o
dinheiro que seria pra fazer mais
uma escola."
"Precisa ver minha fazenda! Comprei só com
o dinheiro da merenda!"
"E o meu filhão? Um milhão só de mesada!
E tudo com o dinheiro das crianças
abandonadas."
"E a minha esposa não me leva à falências,
porque eu tapo esse buraco com o
rombo da Previdência."
"Vossa Excelência, cê não viu meu avião?
Comprei com uma verba que era
pra construir prisão!"
"E a superlotação? Problema do povão!
Não temos imunidade? Pra nós
não pega não..."

Pega, pega! Pega, pega ladrão!...

A miséria só existe porque tem corrupção
Desemprego só aumenta porque tem corrupção
Violência só explode porque tem tanta
miséria e desemprego
Porque tem tanta corrupção
"Todos que me conhecem sabem muito bem
que eu não admito
O enriquecimento do pobre e o
empobrecimento do rico"
E você, que nasceu nesse país
E que sonha e que sua pra ser feliz
Você presta atenção no que o candidato diz?
Ou cê vota em qualquer um, seu babaca?
E depois da eleição você cobra resultado?
Ou fica aí parado de braço cruzado?
Cê lembra em quem votou pra deputado?
E quem você botou lá no Senado?

Pega, pega! Pega, pega ladrão!...

— Como vocês suspeitavam, eu realmente vi
essa lista. Eu vi, mas não li. E digo
mais, eu engoli.
Pra que ninguém lesse também. E foi com a
melhor das intenções. Burlei a lei,
mas com toda a honestidade.
— Vossa Excelência engoliu a lista?
— Bem, eu a coloquei para dentro do meu
organismo, num lugar seguro e

escuro. De modo que pra todos os efeitos, sendo assim desta maneira, eu me reservo ao direito de não dizer nada mais. Tá tudo publicado nos anais.

— Mas ontem o senhor falou que não viu a lista. Hoje o senhor já fala que viu a lista. E amanhã o senhor...

— Ah! Amanhã ninguém lembra mais. E o caso da lista vai entrar pra lista dos casos, os casos que ficaram pra trás.

77. *Até quando?* (2001).

Autores: Gabriel, o Pensador, Tiago Mocotó e Itaal Shur • Intérprete: Gabriel, o Pensador • Gravadora: Sony • CD *Seja você mesmo, mas não seja sempre o mesmo* (2001)

Até quando? é pura bronca — mas não apenas contra as injustiças, as arbitrariedades e os preconceitos. É pura bronca também contra a falta de reação do povo brasileiro. O refrão da canção — uma mistura de rap e rock — é fortíssimo: "Até quando você vai levando?/ (Porrada! Porrada!)/ Até quando vai ficar sem fazer nada?/ Até quando você vai levando?/ (Porrada! Porrada!)/ Até quando vai ser saco de pancada?".

Gabriel, o Pensador criticou a televisão, que contribuía para manter as pessoas resignadas diante dos abusos e das prepotências. Lembrou a impunidade dos responsáveis pela Chacina de Vigário Geral, ocorrida em 1993, quando 21 moradores da favela foram executados por um grupo de extermínio formado por PMs. E convocou a população a se levantar contra o desrespeito: "Muda que quando a gente muda o mundo muda com a gente/ A gente muda o mundo na mudança da mente/ E quando a mente muda a gente anda pra frente/ E quando a gente manda ninguém manda na gente!".

Não adianta olhar pro céu
Com muita fé e pouca luta
Levanta aí que você tem muito protesto pra fazer
E muita greve, você pode, você deve, pode crer
Não adianta olhar pro chão
Virar a cara pra não ver
Se liga aí que te botaram numa cruz e só porque Jesus sofreu
Não quer dizer que você tenha que sofrer
Até quando você vai ficar usando rédea?
Rindo da própria tragédia
Até quando você vai ficar usando rédea?
Pobre, rico ou classe média
Até quando você vai levar cascudo mudo?
Muda, muda essa postura
Até quando você vai ficando mudo?
Muda que o medo é um modo de fazer censura

Até quando você vai levando?
(Porrada! Porrada!)
Até quando vai ficar sem fazer nada?
Até quando você vai levando?
(Porrada! Porrada!)
Até quando vai ser saco de pancada? (bis)

Você tenta ser feliz, não vê que é deprimente
O seu filho sem escola, seu velho tá sem dente

Cê tenta ser contente e não vê que é revoltante
Você está sem emprego, sua filha tá gestante
Você se faz de surdo, não vê que é absurdo
Você que é inocente foi preso em flagrante
É tudo flagrante! É tudo flagrante!

Até quando você vai levando?
(Porrada! Porrada!)...

A polícia matou um estudante
Falou que era bandido
Chamou de traficante
A Justiça prendeu o pé-rapado
Soltou o deputado
E absolveu os PMs de Vigário

Até quando você vai levando?
(Porrada! Porrada!)...

A polícia só existe pra manter você na lei
Lei do silêncio, lei do mais fraco
Ou aceita ser um saco de pancada ou vai pro saco
A programação existe pra manter você na frente
Na frente da TV, que é pra te entreter
Que é pra você não ver que o programado é você
Acordo, não tenho trabalho, procuro trabalho, quero trabalhar
O cara me pede o diploma, não tenho diploma, não pude estudar
E querem que eu seja educado, que eu ande arrumado, que eu saiba falar
Aquilo que o mundo me pede não é o que o mundo me dá
Consigo um emprego, começa o emprego, me mato de tanto ralar
Acordo bem cedo, não tenho sossego nem tempo pra raciocinar
Não peço arrego, mas onde que eu chego se eu fico no mesmo lugar?
Brinquedo que o filho me pede, não tenho dinheiro pra dar
Escola! Esmola!
Favela, cadeia!
Sem-terra, enterra!
Sem-renda, se renda! Não! Não!

Até quando você vai levando?
(Porrada! Porrada!)...

Muda que quando a gente muda o mundo muda com a gente
A gente muda o mundo na mudança da mente
E quando a mente muda a gente anda pra frente
E quando a gente manda ninguém manda na gente
Na mudança de atitude não há mal que não se mude nem doença sem cura
Na mudança de postura a gente fica mais seguro
Na mudança do presente a gente molda o futuro
Até quando você vai levando porrada
Até quando vai ficar sem fazer nada
Até quando você vai ficar de saco de pancada
Até quando você vai levando

78. *Se tu lutas, tu conquistas* (2000).

Autores: Bastardo, Sombra 2 e Cris • Intérprete: SNJ (Somos Nós a Justiça) • Gravadora: Atração Fonográfica • CD *Se tu lutas, tu conquistas* (2000)

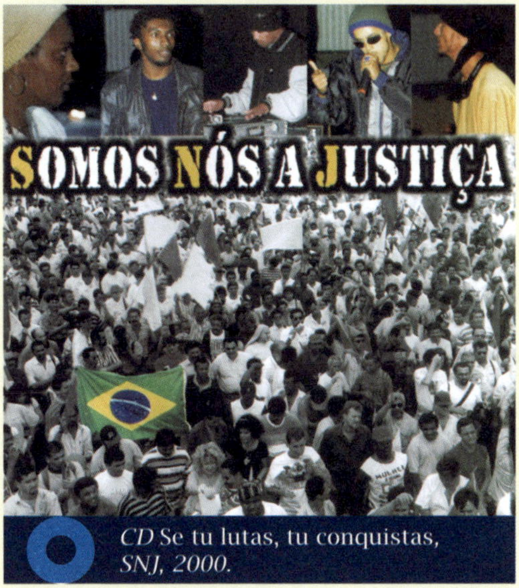

CD Se tu lutas, tu conquistas, *SNJ, 2000.*

Na virada do milênio, o grupo de rap SNJ (Somos Nós a Justiça), nascido na década de 1990 na cidade de Guarulhos, na Grande São Paulo, lançou um de seus maiores sucessos: *Se tu lutas, tu conquistas.*

Na periferia, a barra estava pesada: desemprego, desrespeito, violência, decadência e ódio. Mas de nada adiantava se entregar ao desespero. Esbanjando confiança e fé, os rappers convidam os manos e as minas a buscar os sentimentos mais puros e nobres existentes dentro deles. Só assim conquistariam e construiriam uma nova sociedade: "Se tu lutas, tu conquistas/ A caminhada é difícil/ Obtendo humildade e não desânimo/ Ganhando coragem/ Porque o medo é uma bobagem/ Sai pra lá, sai pra lá, negativismo/ Que aqui o lado é ativo e positivo/ Se errou, volta do início/ Sem ansiedade e desta vez criativo/ E quando obter a prosperidade/ Não vá se esquecer da solidariedade/ Porque riqueza partilhada é abençoada".

Nas circunstâncias as quais vivemos
Sobrevivemos
Problemas que afetam o povo da periferia
O que se passa pela sua cabeça quando se está desempregado
Seus filhos passando fome, uma grande família
E a necessidade pede, você põe na mira pessoas
Que não têm nada a ver com seu cotidiano de vida normal
Lá se foi um dia, nasce o outro então
SNJ como sempre visa tudo
Um homem decadente, parado em meio ao tempo
Sem nenhum propósito de progresso consigo mesmo
Está só, está só, você está só
Odiado pela maioria das pessoas
Vindo de má conduta, sem nenhum objetivo
A sua mente pequena queimando por dentro
Queima, queima
Eu lamento, há, só que não te entendo
Você anda tomando várias atitudes que não convêm
E desde então o seu cotidiano de vida é anormal

Se tu lutas, tu conquistas, é tipo assim
(Fé em Deus)

Se tu lutas, tu conquistas, é tipo essas
(Vai, vai, vai)
Se tu lutas, tu conquistas, vai vendo
O povo brasileiro sofredor, bom exemplo

Não há limites para aquele que quer conquista
Com pessimismo não achará saída
Liberto e livre, ninguém aqui é incapaz
Livre e bem com a consciência
Plantando a semente da paz
Ajudar ao próximo mais do que você pode
Sei que és forte, corajoso, não mede esforços
A força divina não vai lhe abandonar
O despertar do amanhecer é uma nova conquista
De quem não se entregou e para aquele que acredita
Injustiça não há nas mãos de Deus
Se apegue a Ele pra que não seja mais um homem
Pelo contrário, mostre ao próprio que é idôneo
Não queira nada na palma da sua mão
Buscar no pé dá mais trabalho
Entretanto valoriza o seu ato, dignidade
Nem sempre assim pude viver
Uma negrinha aos olhos da sociedade
Piedade, Senhor, tende piedade
De todos aqueles espelhos de um herói com atitude
Daqueles meus irmãos desacreditados da vida
Eu digo a eles

Se tu lutas, tu conquistas, é tipo assim
(Fé em Deus)...
Enquanto haver a vida haverá esperança
Carregue esta frase contigo desde sua infância
Sem cessar, sem parar, sem vacilar
Não se deixe afogar em mares de lágrimas
Na dor, na saudade, na solidão
E não é, e não é, constituição
O mais puro sentimento, tipo ser humano
Alma limpa purifica o espírito
Oh, meu Deus, me ajude neste intuito
De levar a esperança ao desiludido
É difícil mas não desisto
Com os pés no chão passo a passo e conquisto
Na garra, na luta, com braveza, simples
Humilde, um guerreiro, uma palavra
Que te alimenta mais que a refeição diária
No leito do hospital se escuta aquele frase
Dentro da cadeia de sentença o martelo bate
Do orfanato ao asilo, velho solitário
Na escuridão, sem a audição
O corpo não se mexe, tipo vegetação
Se tu lutas, tu conquistas
A caminhada é difícil
Obtendo humildade e não desânimo
Ganhando coragem
Porque o medo é uma bobagem
Sai pra lá, sai pra lá, negativismo
Que aqui o lado é ativo e positivo
Se errou, volta do início
Sem ansiedade e desta vez criativo
E quando obter a prosperidade
Não vá se esquecer da solidariedade
Porque riqueza partilhada é abençoada
Segue, segue a vida
Vai, vai, vai

Prossiga, prossiga
Um sujeito logo mais

Se tu lutas, tu conquistas, é tipo assim (fé em Deus)...

— A verdade, o amor, a luz, o afeto, a coragem e a fé têm que partir de cada um de nós.
— Viver, crescer, desempenhar-se.
— Trabalhar, produzir, prosperar, vencer, devem ser suas metas, pois tu és útil.
— Graças a Deus!

79. *Xote do apagão* (2001).

Autores: Targino Gondim e Jorge Portugal • Intérprete: Targino Gondim • Gravadora: independente • CD *Toca pra nós dois* (2001)

No seu segundo mandato como presidente da República, Fernando Henrique Cardoso enfrentou seguidos problemas que minaram fortemente sua popularidade: desvalorização cambial, estagnação da economia, crescimento do desemprego, sucessivas quedas de ministros e brigas intermináveis entre os caciques da base do governo.

A situação estava tão ruim que parecia que não poderia piorar mais. Aí o mundo desabou com a crise do apagão. No primeiro semestre de 2001, o governo anunciou um severo racionamento de energia, alegando que as chuvas do verão precedente não haviam sido suficientes para encher os reservatórios das usinas hidrelétricas. Num primeiro momento, a previsão foi de que seriam necessários cortes diários de até seis horas.

Foi um deus nos acuda. Pressionado pela crítica generalizada, o governo arquivou o desastroso plano inicial e elaborou às pressas uma nova estratégia de enfrentamento da crise, baseada em cortes mais curtos no fornecimento de energia, estímulos à redução do consumo, medidas de combate ao desperdício e investimentos em termoelétricas.

A adesão da população permitiu evitar medidas mais drásticas, mas mesmo assim o racionamento reduziu significativamente a atividade econômica e provocou grande mal-estar no país. É óbvio que a imagem do governo foi seriamente atingida. Afinal, a crise tinha sido fruto da falta de planejamento e dos baixos investimentos no setor elétrico nos anos anteriores. A escassez de chuvas apenas agravara o problema.

É o que diz sem rodeios Targino Gondim no *Xote do apagão*, gravado poucos meses depois do início do racionamento. O culpado não era São Pedro, mas o governo federal: "A falta de planejamento/ Que tormento/ É um sofrimento a mais/ Se tava ruim, ficou pior ligeiro/ Apagaram o candeeiro/ E derramaram o nosso gás".

O xote faz duas interessantes citações musicais: a) *Derramaro o gai*, de Luiz Gonzaga e Zé Dantas, que cantava: "Nesse coco não vadeio mais/ Apagaro o candeeiro, derramaro o gai"; e b) *Peixe vivo*, canção tradicional do nosso folclore, que perguntava: "Como pode um peixe vivo/ Viver fora da água fria?".

Acenda a luz, seu dotô, acenda a luz
Que eu não quero viver nessa escuridão

Acenda a luz, seu dotô, acenda a luz
Eu quero mesmo é apagar esse apagão (bis)

O nordestino é um povo aceso
Não tem medo
E tem garra e devoção
Por isso mesmo a luz nos irradia
E nos dá mais energia
Pra ligar essa nação

Acenda a luz, seu dotô, acenda a luz...

A falta de planejamento
Que tormento
É um sofrimento a mais
Se tava ruim, ficou pior ligeiro
Apagaram o candeeiro
E derramaram o nosso gás

Acenda a luz, seu dotô, acenda a luz...

Corisco já não corta mais o céu
Lampião ao léu
Sem o luar do sertão
O Velho Chico pobre chora sem alívio
Como pode um povo vivo
Viver nessa escuridão

Acenda a luz, seu dotô, acenda a luz...

80. *Xô apagão* (2002).

Autores: Solange de César e Davison • Intérprete: Aline Barros • Gravadora: AB Records • CD *Bom é ser criança – volume 2* (2002)

Aline Barros, cantora de música gospel e cantigas infantis, também entrou na campanha

CD Bom é ser criança *— volume 2, Aline Barros, 2002.*

para reduzir o consumo de energia. Passou a usar com mais moderação o chuveiro elétrico e desligou o aparelho de som por uns tempos. Pensou até em tomar banho de chuva com seu amor. Para evitar o racionamento, valia tudo, até apelar para a fé: "Xô, xô, xô, apagão/ Eu vou brilhar com a luz de Deus no coração".

É um tal de apaga-apaga
É um tal de apagão
Rapidinho no chuveiro
Desliguei até o som

É um tal de apaga-apaga
É um tal de apagão
Eu também tô ajudando
A iluminar esta nação

Se o céu chorar e se chover
Eu vou tomar banho de chuva com você
Se o céu chorar e se chover
A gente dança um tirulirulirulê

Manifestação de trabalhadores da Light contra as demissões pós-apagão.

APAGÃ
M DEMISSÕE

Xô, xô, xô, apagão
Tem lua cheia salpicada de emoção
Xô, xô, xô, apagão
Eu vou brilhar com a luz de Deus no coração.

81. *Ei, presidente* (2000).

Autor e intérprete: GOG • Gravadora: Zâmbia Fonográfico/ Só Balanço • CD *CPI da favela* (2000)

Em *Ei, presidente*, o rapper brasiliense Genival de Oliveira Gonçalves, o GOG, interpelou diretamente o presidente Fernando Henrique Cardoso. Por que, ao chegar ao poder, ele tinha abandonado as posições de esquerda que havia defendido em sua vida acadêmica? Estranhou: "Um defensor da foice e do martelo, ham/ Parecia, só parecia/ Deixou pra trás a rebeldia/ Pra assumir de vez a bandeira da covardia".

Criticou também o presidente por não ter mandado apurar os crimes cometidos pela ditadura militar: "Mal faz trinta anos que nos afastam da farda/ Dos soldados, dos companheiros mortos, dos exilados/ Dos exumados, queimados vivos/ Queima de arquivo/ Dos cemitérios clandestinos/ De um cidadão de nome Honestino/ Dos atos institucionais/ Do Brasil Nunca Mais/ Tortura e você se faz de esquecido".

Honestino Guimarães, dirigente estudantil de Brasília e presidente da UNE, preso em 1973, foi morto sob torturas por agentes do Centro de Informações da Marinha (Cenimar). Seu corpo está desaparecido até hoje.

O rapper também se mostrou indignado com o fato de o presidente não ter demonstrado solidariedade às vítimas do incêndio da favela de Heliópolis, a maior da capital de São Paulo, em 1996: "Não se comoveu com os prantos/ E socorreu os bancos/ FHC ou THC/ Pro meu povo o que é pior?".

THC é a sigla do tetraidrocanabinol, substância ativa existente na maconha.

Ei, presidente, li um dos seus livros
Um best-seller *do socialismo*
Confissões, relatos sinceros
Um defensor da foice e do martelo, ham
Parecia, só parecia
Deixou pra trás a rebeldia
Pra assumir de vez a bandeira da covardia
Não? Então vejamos
Mal faz trinta anos que nos afastam da farda
Dos soldados, dos companheiros mortos, dos exilados
Dos exumados, queimados vivos
Queima de arquivo
Dos cemitérios clandestinos
De um cidadão de nome Honestino
Dos atos institucionais
Do Brasil Nunca Mais
Tortura e você se faz de esquecido
Nega a autoria dos seus livros
Se alia aos antigos inimigos por comodidade
Ato cometido na quebrada só
Pelos caguetas mais covardes
Agora é tarde pra você
O povo não quer mais te ver
Caiu na real
Depois do conto do real
Tem até alta patente querendo antecipar seu funeral

Reagir
É proibido proibir, então ouve aí
Terra seca, falta d'água
Talvez por isso guardo tanta mágoa
Dia de missa, Deus nos ajude
E na fazenda dos seus amigos do Congresso tem açude
Construída com a verba ao município destinada
A dor, o sofrimento juntos são uma porrada
Civis, já foram três, do jet-ski
Ao vinho francês
Nossa diferença vai dar cor ao pensamento
Sociólogo nojento

Isso acontece porque o presidente
Não é gente, não é gente da gente (bis)

Um senhor pediu um troco, convidei-o pra sentar à mesa
Disse pago tudo, menos álcool, cigarro, assim seja
Sentou, contou como ingressou no vício, se emocionou
Deixou mulher, filhos, venho em busca de emprego digno
Levantando cedo e nada, bateu de frente com a cachaça
Tem mais de ano que não manda carta, dinheiro nem se fala
Horário eleitoral anuncia trabalho, cidadania, crescimento
Mortalidade em baixa, eu não tô vendo
Tem alto escalão e alta escala se vendendo
Ei, presidente, sua popularidade não para de cair
Sua assessoria diz que é fase
Inverte a situação com publicidade
Cria alternativas, monta um disfarce
Será que dá, seu João, conhece o Faustão
Nunca ouviu falar de rap
Pegou a fila do Ratinho pra produção
Sua estória era leve
Não comovia, volte outro dia
Perto de casa tem o que o programa queria
Um velho com oitenta anos
Vivendo fora de seus planos
Sonhava com aposentadoria
O fundo de garantia
Governo Collor, tudo retido
Menos da metade devolvido
Vive o pesadelo
Plaquinha compra ouro, plaquinha de emprego
Ele é um dos que você em frente a todo mundo
Chamou de vagabundo, me explica
Na inauguração da Globo em São Paulo
Você na primeira fila
Heliópolis queimou de ponta a ponta
Não consolou nenhuma família
Não se comoveu com os prantos
E socorreu os bancos
FHC ou THC
Pro meu povo o que é pior?
Sem você ano 2000 melhor
Entregou o que com o suor
Se construiu aqui
Aos grupos internacionais, ao FMI

Não vou mentir, omitir que
Você não é você
Você é simplesmente isso
É sujo, é podre, é lixo
E continua o bombardeio bela gravata
Várias viagens com dinheiro alheio
Terno engomado pra agradar aos estrangeiros
Esposa ao lado, filhos, família
Esquema essencial à sua quadrilha
Caviar, champanhe, jantar de negócios
Os traidores da nação são quem são seus sócios
Aviso aos desavisados
Estamos bem organizados

Isso acontece porque o presidente...

82. *Brasil com "P"* (2000).
Autor e intérprete: GOG • Gravadora: Zâmbia Fonográfico/ Só Balanço • CD *CPI da favela* (2000)

CD CPI da favela, *GOG, 2000.*

Depois da redemocratização do país, nossa música popular abordou constantemente o tema da discriminação racial e social da polícia, do Judiciário e do sistema carcerário. Dezenas de canções se debruçaram sobre o assunto. "Aqui cadeia é pra puta, pobre e preto", resumiu MV Bill em *A voz do excluído.*

Esse mote foi levado ao paroxismo em *Brasil com "P"*, do brasiliense GOG, um dos mais importantes nomes do hip hop nacional. Num rap com 110 palavras, todas começando com a letra *"p"*, ele denuncia o pau puro que pesa sobre pretos, pobres e prostitutas — o povo pobre do país. Nos shows, *Brasil com "P"* costuma pôr de pé as plateias.

No rap, GOG compara o tratamento diferente dado pela polícia, pelo Judiciário e pelo sistema penitenciário a Pedro Paulo, profissão pedreiro, preso portando pó, que passou pelos piores pesadelos nos presídios, e PC (Farias), político privilegiado, que, preso, parecia piada, pagou propina para policial e passou pela porta principal do presídio.

O sucesso de *Brasil com "P"* foi tamanho que ele se desdobrou numa trilogia. O segundo rap da série, chamado *Próxima parte*, é de 2004. O terceiro, *Ponto phinal*, é de 2010.

Pesquisa publicada prova:
Preferencialmente preto, pobre, prostituta
Pra polícia prender
Pare, pense, por quê?
Prossigo
Pelas periferias praticam perversidades, PMs
Pelos palanques políticos prometem, prometem
Pura palhaçada. Proveito próprio?
Praias, programas, piscinas, palmas

Pra periferia? Pânico, pólvora, pá-pá-pá!
Primeira página
Preço pago?
Pescoço, peito, pulmões perfurados
Parece pouco?
Pedro Paulo
Profissão: pedreiro,
Passatempo predileto: pandeiro
Preso portando pó, passou pelos piores pesadelos
Presídios, porões, problemas pessoais, psicológicos
Perdeu parceiros, passado, presente
Pais, parentes, principais pertences
PC: político privilegiado
Preso, parecia piada
Pagou propina pro plantão policial
Passou pela porta principal
Posso parecer psicopata
Pivô pra perseguição
Prevejo populares portanto pistolas
Pronunciando palavrões
Promotores públicos pedindo prisões
Pecados, pena
Prisão perpétua!

Palavras pronunciadas pelo poeta, irmão.

83. *Fazendo escola* (2001).

Autores: Aliado G, Mano Ed e DJ Viola • Intérpretes: Face da Morte e GOG • Gravadora: Face da Morte Produções • CD *Manifesto popular brasileiro* (2001)

Fazendo escola, gravado por GOG no CD *Manifesto popular brasileiro* do Face da Morte, grupo de Hortolândia, no interior de São Paulo, começa com uma melodia que evoca os tempos de ouro da MPB. Em seguida, entra com tudo no ritmo marcado e nos versos fortes característicos do rap. Faz uma ponte entre o passado e o presente — e não apenas na música, mas na política também.

Recorda os que morreram lutando contra os donos do poder e enfrentaram "choques, saques, torturas/ levando ao caixão lacrado ou à tortura". Homenageia os que "morreram enxergando o futuro/ mesmo trancafiados em solitárias, cercados pelos mais altos muros". Cita nominalmente Lampião, o rei do cangaço, e Antônio Conselheiro, que resistiu até a morte na Guerra de Canudos. Relembra heróis da luta contra a ditadura militar, como Carlos Marighella, líder da organização guerrilheira Ação Libertadora Nacional (ALN), o capitão Carlos Lamarca, que deixou o Exército para se unir à resistência armada, e Osvaldo Orlando da Costa, o Osvaldão, um dos comandantes da Guerrilha do Araguaia (ver *Alfômega*, *Tocaia* e *Araguaia*, no Capítulo VII do Volume II).

Em seguida, GOG manda um recado para os jovens da periferia: "A chama da liberdade está acesa em você, moleque/ É você que aí de esquina carrega a PT/ Está na hora de ir ao banheiro/ E dar descarga nos maus pensamentos, parceiro/ O barraco é a trincheira, a inveja é a besteira". PT, no caso, não é a sigla do partido político, mas a abreviatura da metralhadora semipesada 0.30 (ponto trinta).

Para o rapper, os jovens deveriam estar sempre com os olhos abertos para enxergar e denunciar as injustiças, como fizeram os estudantes durante a ditadura militar: "A liberdade não pode ser algemada/ Deve sempre sim estar de mãos dadas com os homens de bem/ Veja as fotos da felicidade, está estampada na Passeata dos Cem Mil/ Sinta a força do rap nacional invadindo o Brasil/ GOG, Aliado G, Mano Ed, Viola/ Face da Morte, ideia forte fazendo escola".

A chama da liberdade se renova
Face da Morte, um CD MPB, som a toda prova
Traz passo a passo, data a data, a necessidade
De se conhecer e amar o Brasil de verdade
Crimes contra a humanidade, crimes de guerra
Cabeças expostas nas praças, o povo acoitado nas janelas
Choques, saques, torturas
Levando ao caixão lacrado ou à loucura
Muitos morreram enxergando o futuro
Mesmo trancafiados em solitárias, cercados pelos mais altos muros
É a chama da liberdade que está acesa, não no pavio
E sim no coração de cada camarada revolucionário do Brasil
Não só em Lampião, Marighella, Lamarca, Osvaldão, Antônio Conselheiro
Inspirações de GOG, esse rapper guerrilheiro
A chama da liberdade está acesa em você, moleque
É você que aí de esquina carrega a PT
Está na hora de ir ao banheiro
E dar descarga nos maus pensamentos, parceiro
O barraco é a trincheira, a inveja é a besteira
Olhe ao seu lado, a senhora chega ensanguentada
O médico diz não tem mais jeito, não tem mais leito
Olha a criança catando lixo
Olha o abismo que separa o pobre e o rico
A liberdade não pode ser algemada
Deve sempre sim estar de mãos dadas com os homens de bem
Veja as fotos da felicidade, está estampada na Passeata dos Cem Mil
Sinta a força do rap nacional invadindo o Brasil
GOG, Aliado G, Mano Ed, Viola
Face da Morte, ideia forte fazendo escola.

84. *Sei que os porcos querem meu caixão* (2001).

Autor e intérprete: Facção Central • Gravadora: Discoll Box • CD *A marcha fúnebre prossegue* (2001)

O Facção Central, grupo de rap da capital paulista, sempre denunciou o cotidiano de exclusão, preconceito, miséria e violência em que vivia a população da periferia. Também criticou os abusos da polícia, a inoperância do Estado e a corrupção. Nas suas canções, a realidade das ruas era cantada de forma simples, direta e crua.

Em 2000, uma decisão judicial proibiu a exibição na TV do clipe de *Isso aqui é uma guerra*, um dos maiores sucessos do grupo. A justificativa foi de que o rap fazia apologia do crime. Os rappers negaram veementemente a acusação, alegando que apenas retratavam a

CD A marcha fúnebre prossegue, *Facção Central, 2001.*

realidade. Lembraram que seus versos, inclusive, advertiam que o crime não compensa.

No CD seguinte, na faixa *Sei que os porcos querem meu caixão*, o Facção Central ironizou a volta da censura: "Implantaram a liberdade de expressão assistida/ Pra rima agressiva do rapper homicida". E avisou que seguiria na batalha: "Oficial de justiça não apreendeu meu cérebro/ Dentro e fora da cadeia, locutor do inferno/ Sou periferia em cada célula do corpo/ Por isso uma pá de porco tá me querendo morto".

"Porco", no jargão de muitos raps, é sinônimo de policial.

O boy *queria que eu tivesse traficando*
Gritando assalto com uma nove pro caixa do banco
Queimando a cara de um refém com cigarro
Dá a senha, filho da puta, anda, desgraçado
O Brasil não aceita pobre revolucionário
Ou marginalizado defensor do favelado
Fugi do controle, quebrei a algema
Expandi meu veneno, meu ódio, minha crença
Contaminei o povo, revolta incurável
Terrorista verbal, discurso implacável
Pega seu dinheiro e enfia no cu
É caráter lapidado no sangue da zona sul
Implantaram a liberdade de expressão assistida
Pra rima agressiva do rapper homicida
Desprendido de mídia, público do shopping
Cuspo na sua TV, na sua porra de ibope
Ativista, aqui estou o próximo da lista
Foda-se a censura, represália da polícia
Se tiver que morrer, aí fazer o quê?
Ameaça não intimida, Eduardo não faz tremer
Fala mal de mim, rimador da alegria
Pelo menos não sou puta, não vendi minha ideologia
Não traí a minha história, minha raiz no cortiço
Prossigo na missão, pra muitos sou nocivo
Invadi a mansão igual um rolo compressor
O playboy *se borrou com a verdade no televisor*
Denunciei sem medo a guerra civil brasileira,
Obrigado, favela, pelo FC na camiseta
Oficial de justiça não apreendeu meu cérebro
Dentro e fora da cadeia, locutor do inferno
Sou periferia em cada célula do corpo
Por isso uma pá de porco tá me querendo morto

Sei que os porcos querem meu caixão
"Era a brecha que o sistema queria"
Sei que os porcos querem meu caixão
"Avisa o IML chegou o grande dia"

O preto favelado aterrorizou
Chocou, apavorou, escandalizou
O verso sanguinário conseguiu abalar
Vem pagar um pau, mídia, vem me entrevistar
Vou enfiar no teu rabo meu estereótipo de ladrão
Um careca de jaqueta aqui é rapper Facção
Não vai te dar notícia com o sangue da vaca rica
Filma o maloqueiro pedindo paz na periferia
Surgiu uma pá de herói querendo meu sangue, minha caveira
Querendo flash *na minha aba se tornar estrela*
Cuzão não entendeu, rap não é campeonato
Pra vender CD não precisa do meu fracasso
Faço meu papel, honro meu compromisso
Semeio o ódio contra quem me faz roubar o executivo
Aqui é só outro mano sem boné, sem estudo
Sem currículo, curso, talvez sem futuro
Entendeu, dono do iate, o apoio da favela
Faço parte dela, sou fruto da cela
Não deram faculdade pra eu me formar doutor
Então a rua me transformou no demônio rimador
Enquanto o meu corpo não virar carniça
Eu tô no rádio, no vídeo, lançando minha ofensiva
Nem Cherokee, nem piscina, nem modelo vadia
Compram a atitude do mano do quarto e cozinha
A traça verbal é um dois pra acionar
É só o menino faminto chorar pro dum dum descarregar
Programado pra rimar, buscar a igualdade
Pra ser a ameaça pra sociedade
Oficial de justiça não apreendeu meu cérebro
Dentro e fora da cadeia locutor do inferno
Sou periferia em cada célula do corpo
Por isso uma pá de porco tá me querendo morto
Sei que os porcos querem meu caixão
"Era a brecha que o sistema queria"
Sei que os porcos querem meu caixão,
"Avisa o IML chegou o grande dia"
A boca só se cala quando o tiro acerta
Se é isso que eles querem, então vem, me mata
"E pros filhos da puta que querem jogar minha cabeça pros porco, aí, tenta a sorte, mano".

85. *Discurso ou revólver* (2001).

Autor: Gilson da Silva • Intérprete: Facção Central • Gravadora: Discoll Box • CD *A marcha fúnebre prossegue* (2001)

Em *Discurso ou revólver*, o grupo Facção Central volta a denunciar a falta de oportunidades nos bairros pobres e a violência policial contra os jovens da periferia.

O rap passa enorme indignação, deixando claro que a situação havia chegado ao limite. "A cruz da Klan tá queimando na sua frente/ A SS agora veste o cinza da PM/ De braço cruzado é só miolo espalhado no chão". O que fazer? "Discurso ou revólver? Tá na hora da Revolução".

A denúncia é contundente: "Exilaram na favela o cidadão na teoria/ Oprimido e censurado no país da democracia/ Te dão crack, fuzil, cachaça no boteco/ Esse é o campo de concentração moderno/ Hitler, FHC, capitão do mato/ Bacharéis em carnificina, mestrado em holocausto".

Klan é uma referência à Ku Klux Klan, organização racista muito atuante no Sul dos Estados Unidos durante o século XX. As tropas de assalto do partido nazista da Alemanha, as Schutzstaffel, eram conhecidas como SS. "Gambé", corruptela de Graham Bell, inventor do telefone, é sinônimo de polícia na periferia de São Paulo, numa alusão aos grampos telefônicos feitos pelos agentes dos órgãos de segurança.

A igualdade social é só em conto de fadas
Felicidade é só em sonho, só em mágica
Acredito na palavra ou na metralhadora?
Revolução verbal ou aterrorizadora?
Vamos queimar a Constituição com coquetel molotov
Carro-bomba no Congresso, tique-taque explode
Ou suplicar pro gambé derrubando sua porta
Não bater na sua mulher, não atirar nas suas costas
Até quando comer resto, lavar banheiro
Abrir o boy *no meio na ilusão de um dinheiro*
Ser exterminado como judeus em Auschwitz
Mostrar pra Globo o que é viver no limite
A cruz da Klan tá queimando na sua frente
A SS agora veste o cinza da PM
De braço cruzado é só miolo espalhado no chão
Discurso ou revólver? Tá na hora da Revolução!

Tá na hora de parar de mofar no presídio
Evitar o necrotério com uma pá de tiros
De ser um analfabeto comendo resto
Um viciado que o Denarc manda pro inferno

Fizeram da sua rua filial do Vietnã,
Deram rifles pras crianças, estupraram sua irmã
Exilaram na favela o cidadão na teoria
Oprimido e censurado no país da democracia
Te dão crack, fuzil, cachaça no boteco
Esse é o campo de concentração moderno
Hitler, FHC, capitão do mato
Bacharéis em carnificina, mestrado em holocausto
Chega de bater palma tomando tiro, facada
De prato vazio, vendo o boy *suar na sauna*
O sistema te quer no viaduto com água na boca
Com a garrafa cortada na mão esperando a Kombi trazer sopa
Ou no chiqueiro do navio negreiro com seta na porta

Morto pelo senhor do engenho com farda e pistola
Que só em cabeça de pobre descarrega sua munição
Discurso ou revólver? Tá na hora da Revolução!

Tá na hora de parar de mofar no presídio...

Prevejo o mercado saqueado bala de borracha
Escudo do choque tomando pedrada
Guerra civil em praça pública socorro
O professor com sangue no rosto, mordida de cachorro
Sem teto, sem terra, sem perspectiva
Sem estudo, sem emprego e sem comida
O pavio da dinamite tá aceso
Qual será o preço pra eu ter os meus direitos?
Sequestrar, atirar, queimar pneu na avenida
Invadir a fazenda improdutiva
Só jogamos ovo por isso nada mudou
Quem sabe o presidente na mira do atirador
Em São Paulo, 35 por dia, chega!
Tolerância zero, vou cavar trincheira
O serial killer *do Planalto continua em ação*
Discurso ou revólver? Tá na hora da Revolução!

Tá na hora de parar de mofar no presídio...

A favor do inimigo repressão, desinformação
O domínio dos dois caminhos pra Revolução
Caminho um: a voz do povo aqui não é a voz de Deus
Se tua casa é de caixote de feira, problema seu
Tanto faz sua filha no motel ganhando um trocado
Tanto faz seu filho com a 12, matando vigia no assalto
Se vier pro asfalto fazer passeata
Aí o PM te mata, te faz engolir bandeira e faixa
Caminho dois: desconhecendo o cenário político
Onde jogar granada? Quem é nosso inimigo?
Entendeu por que não tem escola pra você
Toma a Uzi e me diz quem tem que morrer
Não adianta ser milhões se não somos um
Ação coletiva, objetivo comum
Discurso ou revólver não interessa a opção,
Sem união é impossível a Revolução!

Tá na hora de parar de mofar no presídio...

Pro inferno!

86. *Fábrica de pilantras* (2001).

Autor e intérprete: Giovani Papini • Gravadora: Som Tropical • CD *Reggae tropical — volume 2*

Ao criticar a corrupção na política brasileira, Giovani Papini contrapõe o país dos magnatas ao país dos "sem-teto, sem-terra, sem-nada". Enquanto os primeiros roubam milhões, o povo não vê soluções para seus problemas. Por isso, perde as esperanças. A canção cita o juiz "Lalau", como ficou conhecido Nicolau dos Santos Neto, um dos principais responsáveis pelas falcatruas na construção do prédio do Tribunal Regional do Trabalho de São Paulo, escândalo que veio à tona em 1999 (ver *Procura, procurador, procura*, neste capítulo).

Aqui no Brasil
Os pilantras proliferam
Como alho em trança
Os sem-teto, os sem-terra, os sem-nada
Sem esperança
Sofrem demais
No meu Brasil
Ser honesto, ser correto
É passar vergonha
Só se rouba de bilhões
E se contar apanha
Ou morremos mais
Eu vi uma carreta naquele sinal
Eu vi o magnata, o dono do mundo
Tomar o cafezinho que roubou de mim
Vi aquele avião sem ter nota fiscal
E aquele juiz que é muito lalau
Tem prefeito com o pino solto por aí.

87. *Linda (Democracia)*, (2001).

Autor e intérprete: Edson Gomes • Gravadora: independente • CD *Acorde, levante e lute* (2001)

Edson Gomes, talvez o maior nome do reggae da Bahia, cantou as maravilhas da democracia, mas lamentou que, no Brasil, ela ainda fosse formal e não real, sempre distante do cotidiano das pessoas: "Aqui tu existe, mas nunca saíste do papel/ Aqui tu existe, porém ninguém nunca te viu/ Aqui tu existe, mas nunca saíste do papel/ Aqui tu existe, mas onde estás? Onde estás?/ E lá no papel tu és linda, és tão bonita".

CD Acorde, levante e lute, *Edson Gomes, 2001.*

Quem vai tirá-la do papel? O próprio povo, sonhando, reivindicando, se rebelando, contestando. A solução para as limitações da democracia, ainda prisioneira da elite, não está na negação da democracia, mas na sua ampliação através da participação popular: "Democracia, vem libertar esse povo brasileiro".

Democracia, vem libertar esse povo brasileiro
Democracia, vem libertar, vem libertar
Aqui tu existe, mas nunca saíste do papel
Aqui tu existe, porém ninguém nunca te viu
Aqui tu existe, mas nunca saíste do papel
Aqui tu existe, mas...
Onde estás? Onde estás? Prisioneira
Quero fazer greve e não posso
Quero sonhar e não posso sonhar
Quero gritar e não posso

Reivindicar, eu não posso
Me rebelar, eu não posso me rebelar
Eu quero contestar e não posso
Aqui tu existe, mas nunca saíste do papel
Aqui tu existe, porém ninguém nunca te viu
Aqui tu existe, mas nunca saíste do papel
Aqui tu existe, mas onde estás? Onde estás?
E lá no papel tu és linda, és tão bonita
Lá no papel tu és linda, és tão bonita
E lá no papel és linda, és linda, linda.

88. *Quem tem juízo não faz* (2002).

Autores e intérpretes: Fenelon Dantas e Geraldo Amâncio • Gravadora: MD Music • CD *Os grandes repentistas do Nordeste – volume* 6 (2002)

Partindo do mote "quem tem juízo não faz", Fenelon Dantas e Geraldo Amâncio falaram sobre algumas besteiras que todos devemos evitar no cotidiano, como pisar em buraco, brigar com vizinho, insultar no botequim, pagar fiança de velhaco, só ouvir música importada, prender passarinho na gaiola ou se envolver com gente falsa.

Mas a dupla não ficou nisso. Alertou também para práticas que deveriam ser evitadas na política e na economia. Deixou clara a decepção com Fernando Henrique Cardoso, por causa da desvalorização do real, da volta da inflação e da privatização de companhias estatais: "Eleger um presidente/ Que tanto enganou a gente/ Votar nele novamente/ Quem tem juízo não faz". No final do segundo mandato, a popularidade de Fernando Henrique estava no fundo do poço.

Em vários estados do Nordeste, "pantim" é o mesmo que frescura ou mania.

Torcer que o dólar malvado,
Desvalorize os reais
O Brasil endividado,
Os pobres sofrendo mais
É querer sem precisão
Ver a indexação
A volta da inflação
Quem tem juízo não faz

Querer que a nossa nação
Venda todas as estatais
Sem saber pra onde vão
Essas verbas principais
Andar com quem faz pantim
Insultando em botequim
Votar com político ruim
Quem tem juízo não faz

Discutir com gente ruim
Nenhum benefício traz
Ganhar e perder no fim
Teimar por coisas banais
Com quem tem juízo fraco
Pisar em falso ou em buraco
A fiança por velhaco
Quem tem juízo não faz

Transformar casa ou barraco
Num covil de marginais
Conversar enchendo o saco
De quem bebe e não tem paz
Deixar de ouvir vaquejada,
Sextilha, mote e toada
Só ouvir música importada
Quem tem juízo não faz

Andar com arma empestada
Em farras e bacanais
Viver dizendo piada
Com candidatos rivais
Caçar de noite sozinho
Sujeito a cobra e a espinho
Ter intriga com vizinhos
Quem tem juízo não faz

Sequestrar um passarinho
Dos seus campos naturais
Mantê-lo longe do ninho
Para ouvir seus musicais
Prender a ave indefesa
É tortura e malvadeza
Ofendendo a natureza
Quem tem juízo não faz

Colocar a mão na presa
De uma serpente voraz
Pedir apoio à empresa
Para questões sindicais
Eleger um presidente
Que tanto enganou a gente
Votar nele novamente
Quem tem juízo não faz

Ser sócio de delinquente
Pensando em lucros iguais
Pegar questão com parente
De fuxico, andar atrás
Laçar com corda de salsa
Passar enchente sem balsa
Confiar em mulher falsa
Quem tem juízo não faz.

89. *Todo ódio à burguesia* (sem data).

Autor e intérprete: Clã Nordestino • Gravadora: Face da Morte Produções • CD *A peste negra do Nordeste* (2003)

Embora o CD *A peste negra do Nordeste* somente tenha sido lançado em 2003, a canção *Todo ódio à burguesia* foi composta anos antes. O Clã Nordestino, grupo de rap do Maranhão, mistura a linguagem do hip hop com as tradições culturais características do estado, como o tambor de crioula e o bumba meu boi.

A gravação denuncia a concentração de riqueza e a desigualdade social. Avisa: "Um dia desse o transatlântico naufraga/ Se a sua vida é doce, a minha fome é amarga". E conclui: "Todo ódio à burguesia/ Orgulho de ser da periferia".

Sai, sai, sai, sai da frente!
A peste negra do Nordeste troca os pentes
Engatilha as rimas africanas, por um mundo diferente
Não improvisa, a miséria é uma ferida que nunca cicatriza
Avisa as tias que reciclam a vida, num quilo de latinha
Na quebrada a burguesia financia a chacina
Na esquina a pretinha roda a bolsa e completa a renda mínima
Entenda a armadilha e saiba que a ferida na perna do pretinho é quem paga
O cruzeiro, o transatlântico romântico do casal de canalhas
Pragas são como ricos e os ricos são como pragas
Um dia desse o transatlântico naufraga

Se a sua vida é doce, a minha fome é amarga
Nem o seu cheque ouro custeia as minhas mágoas
Ver você burguês sofrer, sangrar, pra mim é dádiva
Odeio o teu jeito de ser, já não suporto mais vocês no poder
E pros cristãos que juntam ouro e têm casas de aluguel:
“Mais fácil um camelo passar no buraco da agulha
Do que um rico entrar no reino dos céus”

Dos pretos, pelos pretos, para os pretos, com os pretos
Todo ódio à burguesia
Orgulho de ser da periferia
Dos pobres, pelos pobres, para os pobres, com os pobres
Todo ódio à burguesia
Orgulho de ser da periferia
Dos pretos, pelos pretos, para os pretos, com os pretos
Todo ódio à burguesia
Orgulho de ser da periferia
Dos pobres, pelos pobres, para os pobres, com os pobres
Todo ódio à burguesia
Orgulho de ser da periferia

Vai, chama o padre pra me exorcizar
Faz uma demanda, manda o tambor rufar
Chama os crentes, faz uma corrente
Fecha o condomínio, esconde os filhos e parentes
Guarda os carros, esconde as joias
Troca o alarme das mansões luxuosas
Gasta grana, reforça a segurança
Blinda o seu carro, refugia as crianças
Esconde o rolex, *cancela o caviar*
Tem medo de morrer? Parou de ostentar
Mais-valia: a palavra mágica pra uma noite trágica
É terror, é terror, na casa da madame
Cena sádica, vamos comemorar
No braço, no saque, na quadrada automática
Na greve, no piquete, na porta de uma fábrica
Um drinque do inferno aos canalhas da capa
No gatilho do meu ferro o flash *da revista Caras*
Cê vai ter que engolir minha carteira de trabalho
Cê vai lembrar de mim da redução de quadro
Logo eu que não fazia parte do sindicato
Sempre obedeci, sempre cheguei no horário
Agora eu sou o terror de canhão politizado
Então segura a infinita matilha de desempregados
Desemprego, desespero, filhos com medo, não é segredo não!

Dos pretos, pelos pretos, para os pretos, com os pretos...

Cinquenta famílias dominando o Brasil
Me liga, me avisa, que eu troco a minha rima por um fuzil
Ei, dizem que é azul o sangue da nobreza

Então vamos sangrá-los e encher nossas canetas
Vambora, então não demora, essa é a hora de rimar
Foi a falta de escola que mandou matar
Vambora, então não demora, essa é a hora de rimar
Foi a falta d'água que mandou matar
Vambora, então não demora, essa é a hora de rimar
Foi a falta de pão que mandou matar
Então, deixa o meu som bater forte no teu carro
Deixa o meu som ecoar no teu barraco
Deixa o meu som viajar pelo teu rádio
Afinal, eu e você estamos do mesmo lado
Sem direito a brinquedo, sem direito a um hobby
Maioridade na grade garante os pontos pro seu ibope
Não é papo de louco, não é papo de lóc
No puro-sangue da minha gangue a vingança vem a galope
Nos versos lokomunistas, dos pretos mais loucos do norte
Palavras feitas das lágrimas de quem não para de sorrir
Palavras feitas de sangue de quem não tem pra onde ir
Ressuscita Negro Cosme, ressuscita rei Zumbi
Por vocês meu rap é mantra contra o FMI!

Dos pretos, pelos pretos, para os pretos, com os pretos...
No compasso dos soluços de quem morreu de bruços
Nos braços dos abraços de quem conhece o luto
No rito dos sorrisos de quem visita o filho
Nos olhos, bem nos olhos de quem ouviu o grito
Nos dedos já sem medo de quem aperta o gatilho
Nos versos controversos de quem quer mudar o mundo
Revolução na periferia!

90. *Lokomotiva da figa* (sem data).

Autor e intérprete: Clã Nordestino • Gravadora: Face da Morte Produções • CD *A peste negra do Nordeste* (2003)

O grupo Clã Nordestino, do Maranhão, começa fazendo uma chamada com os nomes de revolucionários que morreram na luta por seus ideais: Che Guevara, Emiliano Zapata, Rosa Luxemburgo, Malcolm X, o estudante sul-africano Steve Biko e Zumbi dos Palmares. Também são lembrados dois brasileiros, Rosa e José Luís Sundermann, militantes do Partido Socialista dos Trabalhadores Unificado (PSTU), assassinados em São Carlos, no interior de São Paulo, em 1994, onde organizavam movimentos grevistas. Até hoje o crime não foi solucionado.

Lokomotiva da figa recorda chacinas ocorridas no Brasil nos anos anteriores, como as de Eldorado dos Carajás, da Candelária e do Presídio do Carandiru. Também critica a proposta dos Estados Unidos de criação da Área de Livre Comércio das Américas (Alca).

Depois de reverenciar o líder seringueiro Chico Mendes e citar o lema dos Sem Terra — "ocupar, resistir e produzir" —, o rap saúda a IV Internacional, organização fundada por Leon Trótski à qual o PSTU é filiado: "Coragem, IV Internacional/ Na América Latina é a última trombeta/ Pro animal capitalista". De passagem, menciona os *black blocks*, que ficariam famosos no Brasil durante as manifestações de 2013.

A locomotiva, ou "lokomotiva", que transporta os "lokomunistas", é uma metáfora para a revolução socialista. Na visão otimista dos rappers, ela estaria avançando a todo o vapor.

Embora somente tenha sido gravado em 2003, no primeiro CD do grupo, o rap é do final da década de 1990.

Alguns esclarecimentos:

1. As tranças usadas pelos rastafáris são chamadas de *dreads*;

2. *Caros Amigos* é uma revista de esquerda.

Preto Ghoez, talvez o principal nome do Clã Nordestino, morreu num acidente de carro em Santa Catarina, em 2004, aos 31 anos.

Che Guevara? Presente!
Emiliano Zapata? Presente!
Rosa Luxemburgo? Presente!
Rei Zumbi de Palmares? Presente!
Malcolm X? Presente!
Steve Biko? Presente!
Rosa e José Luís Sundermann? Presente!

Façamos a chamada dos guerreiros camaradas
Dos que sobreviveram ou tombaram na jornada
De todos aqueles que se ergueram em armas
De todos aqueles que mantiveram a calma
De todos aqueles que foram torturados
A todos o respeito de todas as quebradas
A Peste Negra se alimenta das mentes revolucionárias
Das almas de Eldorado, de inocentes, Candelária
111 já se foram e a eles minhas flores
Sentimentos de pesares que mastigam minhas dores
Ainda resistimos, nos mantivemos de pé
Nem por um segundo reduziram nossa fé
Em cada mãe que vê seu filho no crime
Em cada aliado que reforça o nosso time
No poder invencível da força da mulher
No pelotão dos zapatistas que não dá marcha a ré
Na menina palestina que combate os tanques
Ou no PM preto que fez sangue no seu sangue
Os ianques vão sorrir até a derradeira hora
Também quero voar e morrer na glória

A Peste Negra do Nordeste continua sua marcha
Os inimigos que caíram são mais que nossas baixas
Você que é portador desse vírus libertário
Pode rimar agora, se prepare pro embarque
Somos lokomunistas na lokomotiva da figa, ê

Clã Nordestino
Somos lokomunistas na lokomotiva da figa, ê
Clã Nordestino
Somos lokomunistas na lokomotiva da figa, ê
Clã Nordestino

Eu sei que eu sou mais eu, se você for mais você
Só depende de nós a tomada do poder
Nas mansões eu quero ouvir os gritos de pânico
Expropriando, retomando a riqueza dos bancos
Chama os punks pra falar sobre o mundo diferente
Onde cada um de nós seja tratado como gente
Resgatar a humanidade das garras da covardia
Um só planeta, uma só família
Vamos versar a controvérsia de um outro mundo possível
Que prevaleça a amizade e o sorriso, e não o míssil
Vamos lembrar de Chico Mendes, que é um pouco de Zapata
Vamos reverenciar os dreads *dos rastas*
Já basta, já basta, contra as formas de opressão
A fita é cantada na minha canção
Fazer a minha parte, arte pela arte
Nunca não, nunca não
Engajado desde o berço, não esqueço de onde vim
Minha rima não tem preço
Tem começo, meio e fim
No tropeço do inimigo eu escondo o meu sorriso
Revolucionário roteiro dos meus versos de improviso
Minha família, meus amigos, pro burguês, eu sei, sou lixo
Mas são minhas amizades que enriquecem o meu espírito
Meu rito, minha estrada, meu grito, minha morada
Tomei banho nos rios, a Amazônia é a minha casa
Sagrada Peste sobrevoa no labirinto
Dos meus versos contra a Alca
Os States e os ladrões de terno
Eterno é o batuque no terreiro da minha vida
E depois que eu tombar pode chamar a minha filha

A Peste Negra do Nordeste continua sua marcha...

Sou um mais um, sou um da Peste
Conhecedor rimador de norte a sul, de leste a oeste
Da minha boca saem rimas afiadas como espadas
Tal qual pranto e lamento da criança esfomeada
Se vem o sol, há seca
Se vem a fome, aceita
Se vem a chuva, há lama
Se vem a rima, inflama

Quer me ver, vem me ver na TV, fica ligado
A palavra de ordem que baila nos meus lábios
A tropa de choque pronta pro confronto
A burguesia, vadia, perdida, em escombros
Aos mesmos de sempre hoje somamos
Pretos e brancos, mulheres, homens, humanos
Hermanas, hermanos, *de tão pretos vermelhos*
A foice e o martelo reflexo no espelho
Caros Amigos, *o abrigo da dignidade*
A resistência por escrito na reportagem
Ocupar, resistir, produzir a verdade
Recuem, (   ) black block
Coragem, IV Internacional
Na América Latina é a última trombeta
Pro animal capitalista
E nessas horas eu não oro, eu juro
Que o revide dessa treta ainda gera um outro lucro
Nos quartéis a minha ficha vai de mão em mão
Minha foto, o meu nome, a minha missão
Preto Ghoez, soldado raso da revolução
A Peste é o espectro que ronda a mansão
Só o fim da mais-valia alivia a tensão
Versando a amizade, poesia e resistência
A Peste é mutação, desafia a ciência
Sou estudante em Pequim confrontando o tanque

Manifestação contra a Alca, São Paulo, 20 jul. 2001.

Sou a criança vomitando com nojo do ianque

A Peste Negra do Nordeste continua sua
marcha...

91. ***ALCAminhopradestruição*** **(sem data).**
Autor e intérprete: A Família • Gravadora: Pata de Monstro • CD *Mais romântico* (2008)

CD *Mais romântico*, *A Família*, 2008.

Na canção *ALCAminhopradestruição*, o grupo de rap A Família condena a proposta de criação da Área de Livre Comércio das Américas (Alca), feita pelo presidente dos Estados Unidos, Bill Clinton, em 1994. Seu objetivo era formar um bloco econômico de livre-comércio reunindo todos os países das Américas, com exceção de Cuba. O projeto previa a extinção das barreiras alfandegárias entre os países signatários do acordo.

A proposta sofreu duras críticas dos partidos de esquerda e das organizações sociais em toda a América Latina, para quem a Alca interessava apenas aos Estados Unidos. Como país mais rico das Américas, os EUA não teriam dificuldades em tomar todos os mercados latino-americanos e submetê-los a seus interesses. Apesar do empenho americano, a Alca não conseguiu prosperar. Foi arquivada em 2005.

Na canção, os rappers se colocam sob as ordens do subcomandante Marcos, do Exército Zapatista de Libertação Nacional (EZLN), organizado em 1994 no estado mexicano de Chiapas, para lutar por democracia, liberdade, terra, pão e justiça para os indígenas.

Embora tenha sido composta e cantada nos últimos anos da década de 1990, *ALCAminhopradestruição* só foi gravada em 2008, no CD *Mais romântico*.

Ao fundo, pode-se escutar, do início ao fim do rap, a melodia de *Amada amante*, de Roberto e Erasmo Carlos.

No deserto da miséria solitária
Tá sendo condenada a plenitude da vitória
Num mar de lama derrotas na travessia
Tudo destruído o quanto mais distante eu ia
Tem o mal na vida real dando tiro na rua,
atropelando criança
A opressão devastando e tirando das mães
a esperança
De verem seus filhos nas quebradas de
cabeça erguida
Perdidos sem saber que a escola é uma saída
Vivemos o apartheid *na nossa amada terra*
latina
Nos dentes do primeiro mundo ouro e platina
Nos nossos as resinas das benzetacil
No terceiro mundo no resumo do Brasil,

Vai! Chama todo mundo numa R pra somar,
Porque o subcomandante insurgente vai falar:
"Mi nombre es Marcos, subcomandante insurgente Marcos, soy el jefe militar do Ejercito Zapatista de Liberación Nacional"
ALCAminhopradestruição, ALCAminhopradestruição,
ALCAminhopradestruição, que porra é essa, meu povo não merece!
ALCAminhopradestruição, ALCAminhopradestruição,
ALCAminhopradestruição, que porra é essa, meu povo não merece!
Reis da opressão, da exploração, da ofensa, da humilhação
Da exclusão, da ciência, da discriminação
Calculando numa R do G8 nossos corpos
Nos fazendo coleção de fatos mortos
Que o Tio Sam mostra com orgulho a suas crianças
Dizendo que aqui foi tomado e que nossa mão de obra ganharam de herança
O inimigo tem mil faces e dança conforme a dança
É diferente da nossa cartilha o estilo deles na militância
Porque podemos ser muito mais do que já somos
Nós sabemos que felicidade não compramos
Desprezam a simplicidade nas rugas do rosto de um José
Cada dente podre mais leal assim que é
Navios, aviões, tanques, consagram o homem
E transformam o outro em monstro quando está com fome
Área de Livre Comércio das Américas
Será reduto de famintos e pessoas histéricas

ALCAminhopradestruição, ALCAminhopra-destruição...

Encarte do CD Mais romântico, *A Família, 2008.*

"Nosotros somos una organización de indígenas, de indígenas de Chiapas, indígenas de raíz maya, que son de los pueblos indios tzotil, tzeltal, chol, tojolabal, mame y zoque".

Alegra meu senhor o cantador das mazelas
Traz paz e amor pra nós e um canhão se for na guerra
Daqui lá no Iraque os talibã é só os fortes
Nas missões lealdade, fidelidade até a morte
Não podemos deixar os ianques aqui plantar semente
Colhendo nas cadeias quem pra nós é inocente
Cuspindo no pé do Zé que veio de a pé lá do sertão
Humilhando mães de família na porta da prisão
Trouxeram uns troféus, aplaudiram nosso esporte
Não investiram na cultura, são milhões de carros-fortes
Não podemos nos sujeitar a esse tipo de situação
Soberania sim, Alca não!

ALCAminhopradestruição, ALCAminhopradestruição...

92. *Antigamente quilombos, hoje periferia* (2002).

Autor e intérprete: Z'África Brasil • Gravadora: RSF Records • CD *Antigamente quilombos, hoje periferia* (2002)

No seu primeiro álbum lançado no país, *Antigamente quilombos, hoje periferia*, o grupo de rap Z'África Brasil recorreu ao exem-

CD Antigamente quilombos, hoje periferia, *Z'África Brasil, 2002.*

plo de Zumbi dos Palmares para convocar os moradores dos bairros populares a lutar por seus direitos.

Ao apagar das luzes do governo Fernando Henrique Cardoso, os rappers criticam a passagem do tucano pelo comando do país, acusando-o de ter se preocupado apenas em proteger o sistema capitalista. Dizendo-se cansado de promessas, o Z'África proclama que estava na hora de a periferia acordar: "Biografia, Plano Real, agora nos encontramos mal/ Excelentíssimo senhor presidente do território nacional/ Do sistema escudo, guerrilheiros do mundo, duque 13 blefou/ Zumbi, o redentor, agora o jogo virou/ Quilombos guerreou, periferia acordou/ Cansamos de promessas, volta pro mato, capitão/ Pois já estamos em guerra".

No Código Penal, o artigo 213 tipifica o crime de estupro. Daí que, no jargão policial, "duque 13" seja sinônimo de estuprador.

Aqui sentindo flores prometeram um mundo novo
Favela, viela, morro tem de tudo um pouco
Tentam alterar o DNA da maioria, rei Zumbi
Antigamente quilombos, hoje periferia
Levante as caravelas
Aqui não daremos trégua não, não
Então que venha a guerra
Zulu, Z'África, Zumbi
Aqui não daremos tréguas não, não
Então que venha a guerra

Sempre a mil, aqui Z'África Brasil
Pra quem fingiu que não viu a cultura resistiu
Num faroeste de caboclos revolucionários
É o Z, Zumbi que Zumbizine Zumbado do Zumbizado
A lei da rua quem faz é você no proceder
Querer é poder, atitude é viver
Hoje centuplicarei o meu valor
Eliminando a dor que afeta o meu interior
Querem nos destruir, mas não vão conseguir
Se aumentam a dosagem, mais iremos resistir
Evoluir, não se iludir com o inimigo
Que transforma cidadão em bandido, perito em latrocínio
Os hereditários sempre tiveram seus planos
Ao lado de uma pá de dólar furado e falso e se encantam
É cadeira de balanço ou é cadeira elétrica
Gatilhos, tiros na favela e o sangue escorre na viela
Um dia sonhei que um campinho da quebrada era uma fábrica da Taurus
Ainda bem que era um sonho e aí fiquei um pouco aliviado
Mas algo em meu pensamento dizia pra mim
Porra, se na periferia ninguém fabrica arma
Quem abastece isso aqui?
O sistema não está do lado da maioria
Já estive por aqui sei lá quantas vidas e continua a covardia
Esquenta não, somos madeira que cupim não rói
A gente supera todas as drogas e as armas que estão aqui
Devolveremos em guerra

Aqui sentindo flores prometeram um mundo novo...

Mundo abominado, desorientado, não seja um minigame manipulado
Ignore a ação do sistema, mas por outro lado
Faça sua taboca, levante sua paliçada
Prepare-se, não acredite em contos de fadas
A fumaça é o veneno que destrói as flores
A visão do mundo em diversos fatores, subjugado a valores
Consomem a essência, em troca a sobrevivência
Assim espalham a doença, a fé, a crença
E o povo lamenta tantos destroços, tanta perda
Fio de 500 volts em muitas consciências, vejam
Úlcera de ozônio, pânico da atmosfera
As coisas não estão nada bela, S.O.S. Planeta Terra
Acredite, há milhões de anos o poder impera

O oprimido resiste e o opressor insiste na guerra
Refúgio, ver nuvem negra brilhar, sistema o alvo certeiro
O mal aplicado diante de princípios morais
Lamentos, levantamentos, históricos monumentos
Carne e osso, meu corpo não é blindado, só peito
Biografia, Plano Real, agora nos encontramos mal
Excelentíssimo senhor presidente do território nacional
Do sistema escudo, guerrilheiros do mundo, duque 13 blefou
Zumbi, o redentor, agora o jogo virou
Quilombos guerreou, periferia acordou
Cansamos de promessas, volta pro mato, capitão
Pois já estamos em guerra

Aqui sentindo flores prometeram um mundo novo...

Medito a ação, hino da redenção
Os deuses encorajaram as almas
Os fortes já não se prendem à ilusão, hé
Na sombra do otário é que se esconde o mané, né
Na hora que o bicho pega que a gente vê qual é que é
Evite atrasa lado, tem pangaré que não vale um prato
Aqui é lobo do mato, tem xerife assustado com o cavaleiro solitário
Abre-te sésamo, mim não gosta de cara-pálida
Acham que sabem tudo, mas na verdade não sabem nada
Controlam as doenças, controlam dinheiro
Controlam os cartéis, controlam os puteiros
Modificam o ar, criam cérebros atômicos
É o pai de família no bar, enquanto o filho está matando
Sugam da terra, injetam no próprio homem
Alteram a natureza, óleo no mar, fogo no monge
Jardins do éden, as flores têm cheiro de morte
Olhe o seu próprio coquetel molotov

Aqui sentindo flores prometeram um mundo novo...

93. *Negro drama* (2002).

Autores: Mano Brown e Edi Rock • Intérprete: Racionais MC's • Gravadora: Zâmbia • CD duplo *Nada como um dia após o outro dia*

Negro drama, de Mano Brown e Edi Rock, talvez seja um dos mais belos raps do hip hop brasileiro. Descreve a vida sem perspectiva dos jovens da periferia, em sua maioria negros. Alguns, bem poucos, conseguem abrir caminho em meio à selva, contrariando as leis do *apartheid* racial e social. Mas e daí? Respondem os versos dos rappers: "O dinheiro tira um homem da miséria/ Mas não pode arrancar/ De dentro dele a favela/ São poucos/ Que entram em campo pra vencer/ A alma guarda/ O que a mente tenta esquecer".

Mano Brown apresenta-se no Show das Quebradas na zona leste de São Paulo.

PAULISTANO
Jd. IGUATEMI
10

CD duplo Nada como um dia após o outro dia, *Racionais MC's, 2002.*

Contracapa do CD Nada como um dia após o outro dia, *2002.*

Mas o gueto não será sempre gueto se os homens se insurgirem contra a segregação. Resistindo ao massacre, lutando cotidianamente, produzindo cultura, eles poderão invadir outras praias, derrotar o *apartheid* e construir um novo país. É este o caminho:

"Demorou, eu quero é mais/ Eu quero é ter sua alma/ Aí, o rap fez eu ser o que sou/ Ice Blue, Edi Rock e KL Jay, e toda a família/ E toda a geração que faz o rap/ A geração que revolucionou/ A geração que vai revolucionar/ Anos 90, século XXI/ É desse jeito/ Aí, você sai do gueto/ Mas o gueto nunca saí de você, morou, irmão?".

Negro drama
Entre o sucesso e a lama
Dinheiro, problemas
Inveja, luxo, fama
Negro drama
Cabelo crespo
E a pele escura
A ferida, a chaga
A procura da cura
Negro drama
Tenta ver
E não vê nada
A não ser uma estrela
Longe meio ofuscada
Sente o drama
O preço, a cobrança
No amor, no ódio
A insana vingança
Negro drama
Eu sei quem trama
E quem tá comigo
O trauma que eu carrego
Pra não ser mais um preto fodido
O drama
Da cadeia e favela
Túmulo, sangue

Sirenes, choros e velas
Passageiro do Brasil
São Paulo
Agonia que sobrevivem
Em meio a zorra e covardias
Periferias, vielas e cortiços
Você deve tá pensando
O que você tem a ver com isso?
Desde o início
Por ouro e prata
Olha quem morre
Então veja você quem mata
Recebe o mérito a farda
Que pratica o mal
Me ver pobre, preso ou morto
Já é cultural
Histórias, registros
Escritos
Não é conto
Nem fábula
Lenda ou mito
Não foi sempre dito
Que preto não tem vez
Então olha o castelo, irmão
Foi você quem fez, cuzão
Eu sou irmão
Dos meus truta de batalha,
Eu era a carne
Agora sou a própria navalha
Tim...Tim..
Um brinde pra mim
Sou exemplo de vitórias
Trajetos e glórias
O dinheiro tira um homem da miséria
Mas não pode arrancar
De dentro dele a favela
São poucos
Que entram em campo pra vencer
A alma guarda
O que a mente tem que esquecer
Olho pra trás
Vejo a estrada que eu trilhei
Mocó
Quem teve lado a lado
E quem só ficou na bosta
Entre as frases
Fases e várias etapas
Do quem é quem
Dos mano e das mina fraca
Negro drama de estilo
Pra ser e se for
Tem que ser
Se tremer é milho
Entre o gatilho e a tempestade
Sempre a provar
Que sou homem e não um covarde
Que Deus me guarde
Pois eu sei
Que ele não é neutro
Vigia os rico
Mais ama os que vêm do gueto
Eu visto preto
Por dentro e por fora
Guerreiro
Poeta entre o tempo e a memória, ora
Nessa história
Vejo o dólar
E vários quilates
Falo pro mano
Que não morra e também não mate

O tic-tac
Não espera, veja o ponteiro
Essa estrada é venenosa
E cheia de morteiro
Pesadelo, hum
É um elogio
Pra quem vive na guerra
A paz nunca existiu
No clima quente
A minha gente sua frio
Vi um pretinho
Seu caderno era um fuzil
Um fuzil
Negro drama
Crime, futebol, música, caralho
Eu também não vou consegui fugir disso aí
Eu sou mais um
Forrest Gump é mago
Eu prefiro contar uma história real
Vou contar a minha....
Daria um filme
Uma negra
E uma criança nos braços
Solitária na floresta
De concreto e aço
Veja, olha outra vez
O rosto na multidão,
A multidão é um monstro
Sem rosto e coração
Hey, São Paulo
Terra de arranha-céu
A garoa rasga a carne
É a torre de babel
Família brasileira
Dois contra o mundo
Mãe solteira
De um promissor vagabundo
Luz, câmera e ação
Gravando a cena vai
O bastardo
Mais um filho pardo
Sem pai
Senhor de engenho, eu sei
Bem quem você é
Sozinho, cê num guenta
Sozinho
Cê num guenta a pé
Cê disse que era bom
E as favela ouviu
Lá também tem uísque e Red Bull
Tênis Nike, fuzil
Admito
Seu carro é bonito
E eu não sei fazer
Internet, videocassete
Os carro loko
Atrasado
Eu tô um pouco
Se tô, eu acho sim
Só que tem que
Seu jogo é sujo
E eu não me encaixo
Eu sou problema de montão
De carnaval a carnaval
Eu vim da selva, sou leão
Sou demais pro seu quintal
Problema com escola
Eu tenho mil, mil fita
Inacreditável, mas seu filho me imita
No meio de vocês

Ele é o mais esperto
Ginga e fala gíria
Gíria não, dialeto
Esse não é mais seu
Hó, subiu
Entrei pelo seu rádio
Tomei, cê nem viu
Mas é isso, aquilo
O que, cê não dizia
Seu filho quer ser preto
Há, que ironia,
Cola o pôster do Tupac aí
Que tal, que se diz
Sente o negro drama
Vai, tenta ser feliz
Ei bacana
Quem te fez tão bom assim
O que cê deu
O que cê faz
O que cê fez por mim
Eu recebi seu ticket
Quer dizer kit
De esgoto a céu aberto
E parede madeirite
De vergonha eu não morri
To firmão
Eis-me aqui
Você não
Cê não passa
Quando o Mar Vermelho abrir
Eu sou o mano
Homem duro
Do gueto, Brown
Oba
Aquele louco
Que não pode errar
Aquele que você odeia
Ama nesse instante
Pele parda, ouço funk
E de onde vem
Os diamante
Da lama
Valeu mãe
Negro drama
Drama, drama

Aí, na época dos barraco de pau lá na pedreira
Onde cês tavam?
O que que cês deram por mim?
O que que cês fizeram por mim?
Agora tá de olho no dinheiro que eu ganho
Agora tá de olho no carro que eu dirijo
Demorou, eu quero é mais
Eu quero é ter sua alma
Aí, o rap fez eu ser o que sou
Ice Blue, Edi Rock e KL Jay,
E toda a família
E toda geração que faz o rap
A geração que revolucionou
A geração que vai revolucionar
Anos 90, século XXI
É desse jeito
Aí, você sai do gueto
Mas o gueto nunca saí de você, morou, irmão?
Você tá dirigindo um carro
O mundo todo tá de olho ni você, morou
Sabe por quê?
Pela sua origem, morou, irmão?
É desse jeito que você vive

É o negro drama
Eu não li, eu não assisti
Eu vivo o negro drama, eu sou o negro drama
Eu sou o fruto do negro drama
Aí, dona Ana, sem palavra, a senhora é uma rainha, rainha
Mas aí, se tiver que voltar pra favela
Eu vou voltar de cabeça erguida
Porque assim é que é
Renascendo das cinzas
Firme e forte, guerreiro de fé
Vagabundo nada!

94. *O povo da periferia* (2002).

Autor: Ndee Naldinho • Intérpretes: Ndee Naldinho com participação de MP (Expressão Ativa) • Gravadora: Fantasy Music • CD *O povo da periferia* (2002)

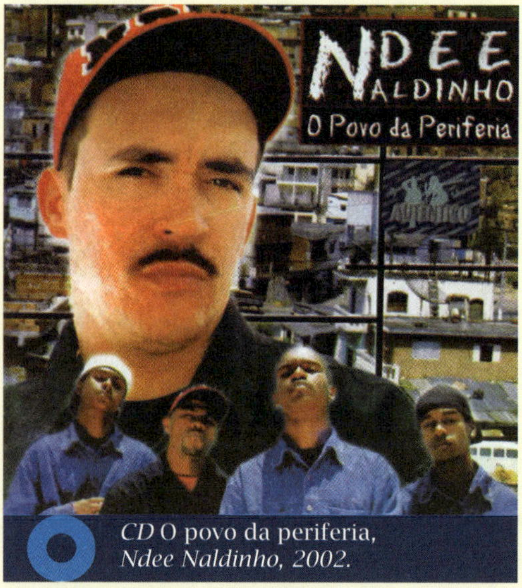

CD O povo da periferia, Ndee Naldinho, 2002.

Em 1988, quando tinha 18 anos, Ndee Naldinho já se destacava como uma referência no hip hop de São Paulo. Daí para a frente, compôs e interpretou muitos raps de sucesso, geralmente denunciando as injustiças e as violências cometidas contra os pobres nas grandes cidades.

Sua obra-prima é *O povo da periferia*, mescla de rap, reggae e gospel, gravada em 2002 — uma denúncia emocionada sobre o absoluto abandono em que viviam os jovens dos bairros humildes, o que muitas vezes os empurrava para o mundo do crime: "Eu vejo o povo no veneno, entrando em desespero/ Irmão na ira, sem paz espiritual, se armando/ Roubando, se arriscando, porque tá precisando/ Apanhando na vida, passando fome, que injustiça".

Ele chora a falta de alegria e de esperança nos rostos das mães e pais que não vislumbram um futuro melhor para os filhos: "Olhando pro meu povo, vejo a tristeza/ Estampada em cada rosto que perdeu a beleza/ A vida é embaçada pra quem tá no veneno/ Uma mãe vendo os seus filhos com fome, sofrendo".

Descrente da justiça dos homens, só resta a Ndee Naldinho pedir socorro a Deus. É com enorme tristeza na voz que ele clama ao Senhor: "É tanta gente triste nessa cidade/ É tanta desigualdade desse outro lado da cidade/ Mas eu tenho fé, eu tenho fé, eu acredito em Deus/ Olhai por esses filhos teus/ Senhor, ó Pai Senhor, olhai o meu povo sofrido da periferia".

— O povo da periferia há muito tempo tá abandonado, né, irmão. Enquanto o povo da classe alta tá enchendo o rabo de dinheiro, o povo daqui tá no veneno, sem emprego, na

fome. A única saída que os irmão encontra aqui na periferia é o mundo do crime. Os irmão sabe que o crime não compensa, mas é obrigado a viver no crime porque não tem outra saída, né, mano. Então que Deus proteja os irmão que agora tão na correria, que Deus proteja o povo da periferia.

Deus, olhai meu povo da periferia
Deus, olhai meu povo da periferia
É tanta gente triste nessa cidade
É tanta desigualdade desse outro lado da cidade
Mas eu tenho fé, eu tenho fé, eu acredito em Deus
Olhai por esses filhos teus
Senhor, ó Pai Senhor, olhai o meu povo sofrido da periferia
Periferia

Ham! Olhando pro meu povo vejo a tristeza
Estampada em cada rosto que perdeu a beleza
A vida é embaçada pra quem tá no veneno
Uma mãe vendo os seus filhos com fome, sofrendo
Os mais ricos do mundo só fazem investimentos
Em diversão pra boyzinho, pra coisa ruim e armamento, ham!
Quanto ao meu povo investimento é zero
O dia a dia não é fácil, o dia a dia não é belo
Vários moleque na rua sem endereço, drogado
Mendigo, gente sofredora, também largado
Se arrastando e com vontade de viver
Muita gente dá de frente, finge que não vê
De que adianta vida boa e ter tudo da hora
Se o povo tá no veneno, ham, meu Deus, e agora?
Eu peço ao Senhor que dê paz e alegria
Cuida de nós, o povo da periferia

Deus, olhai meu povo da periferia...

Ham! O povo é malcuidado, ignorado, esquecido
Os ricos querem mais é ver meu povo fodido
Exploram nossa vida, roubam nosso dinheiro
Eu vejo o povo no veneno, entrando em desespero
Irmão na ira, sem paz espiritual, se armando
Roubando, se arriscando, porque tá precisando
Apanhando na vida, passando fome, que injustiça
E quando roda, toma couro todo dia da polícia
Que a cada dia o crime vai crescendo
Essa vida deixa o povo revoltado e violento
A pobreza, a miséria todo dia cresce
Que porra é essa, meu povo não merece
Um dia quem só fode a gente vai se foder
Eles obrigam o meu povo a não ter paz pra viver
Que Deus proteja os irmão que agora tão na correria
Que Deus proteja o povo da periferia

Deus, olhai meu povo da periferia...

Ó Pai Senhor, olhai meu povo sofrido da periferia
Periferia.

95. *Ladrão de gravata* (2002).

Autores: Tico Santa Cruz e Tiago Mocotó • Intérprete: Detonautas Roque Clube • Gravadora: Warner Music • CD *Detonautas Roque Clube (2002)*

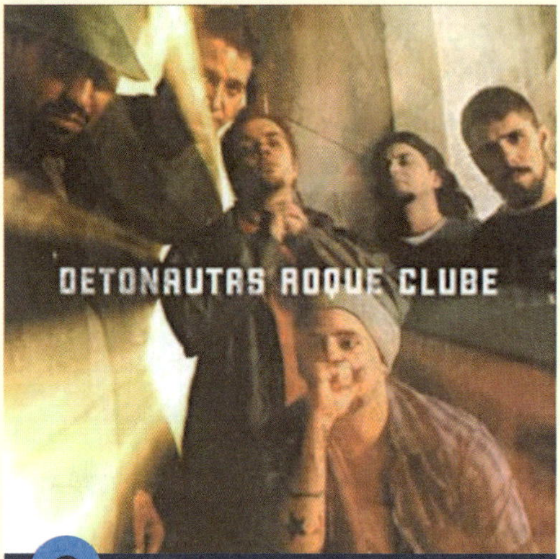

CD Detonautas Roque Clube, *2002.*

Em 2002, ano de eleições, os Detonautas convocaram o eleitor a ficar esperto para não eleger políticos corruptos: "O cara é ladrão de gravata/ Só vive atrás de mamata/ Achando que aqui tem babaca". O essencial era não se deixar levar pelos discursos, mas analisar a atuação anterior do candidato: "Mas se você percebeu/ Que ele roubou de você/ Então faça como eu/ Eu vou virar, vou vencer".

Nas eleições para a Câmara dos Deputados, o PT conquistou 91 cadeiras, a maior bancada da Casa. O PFL elegeu 84 deputados; o PMDB, 75; o PSDB, 70; o PP, 49; o PTB, 26; o PSB, 22; e o PDT, 21. No Senado, o PFL elegeu catorze senadores, contra dez do PT, nove do PMDB, oito do PSDB, quatro do PDT, três do PSB, dois do PTB, dois do PL, um do PPS e um do PSD.

O PSDB foi o partido que elegeu o maior número de governadores, um total de sete, seguido pelo PMDB com cinco, o PFL e o PSB com quatro, o PT com três, o PPS com dois e o PDT e o PSL com um.

Vou rimando na velocidade alucinante
Num caminho mais distante
Onde a luz não vai me pegar
A ciência ainda não explica
Por que é que a gente fica
Aqui parado apanhando sem revidar
Vou rimando afobado
Mas não vou ficar parado
É melhor tomar cuidado
Eu também quero bater
E quem não está do meu lado
É melhor ficar ligado
É que esse jogo está errado
Eu vou virar, vou vencer
Eu quero ver, eu quero ver
Eu vou virar, vou virar

Cata, o cara é ladrão de gravata
Só vive atrás de mamata
Achando que aqui tem babaca

Intriga, caô, armação,
Troca de favor, mentira, corrupção
Depois aparece na televisão
Com a cara lavada dizendo que não
A culpa é sua, mané,
Que colocou ele lá,
Agora sabe qual é?
Você vai ter que aturar

Mas se você percebeu
Que ele roubou de você
Então faça como eu
Eu vou virar, vou vencer
Eu quero ver, eu quero ver
Eu vou virar, vou virar

Cata, o cara é ladrão de gravata...

96. *Meu país* (1998).

Autor: Zezé di Camargo • Intérpretes: Zezé di Camargo e Luciano • Gravadora: Sony Music • CD *Zezé di Camargo & Luciano* (1998)

CD Zezé di Camargo & Luciano, *1998.*

Em 1998, os irmãos Zezé di Camargo e Luciano abriram espaço em seu repertório romântico para uma canção com fortes críticas sociais e claras preocupações políticas: *Meu país*. Não era a primeira vez que a dupla surpreendia nessa área. Em 1994, depois da Chacina da Candelária, ela havia lançado *Bandido com razão* (ver Capítulo IX deste volume), um dramático apelo à sociedade para que cuidasse das crianças de rua.

Por que num país tão rico, em que se plantando tudo dá — como disse Pero Vaz de Caminha e repetiu Zezé di Camargo —, faltava pão para a maioria? "Que é que há, meu país/ Que é que há?", perguntou indignado o compositor e cantor. A resposta estava na concentração da propriedade da terra: "Tem alguém levando lucro/ Tem alguém colhendo o fruto/ Sem saber o que é plantar/ Tá faltando consciência/ Tá sobrando paciência/ Tá faltando alguém gritar".

Algo precisava ser feito urgentemente. Caso contrário, o Brasil não evitaria um desastre de grandes proporções: "Feito um trem desgovernado/ Quem trabalha tá ferrado/ Nas mãos de quem só engana/ Feito mal que não tem cura/ Estão levando à loucura/ O país que a gente ama".

Meu país foi gravada pela primeira vez em 1998, mas fez grande sucesso nas eleições de 2002. Depois de uma conversa de quatro horas com Lula na casa da então prefeita de São Paulo Marta Suplicy, Zezé di Camargo decidiu ceder a música para a propaganda da campanha presidencial do PT.

Aqui não falta sol
Aqui não falta chuva
A terra faz brotar qualquer semente
Se a mão de Deus
Protege e molha o nosso chão
Por que será que tá faltando pão?

Se a natureza nunca reclamou da gente
Do corte do machado, a foice, o fogo ardente

Se nessa terra tudo o que se planta dá
Que é que há, meu país? Que é que há?

Tem alguém levando lucro
Tem alguém colhendo o fruto
Sem saber o que é plantar
Tá faltando consciência
Tá sobrando paciência
Tá faltando alguém gritar

Feito um trem desgovernado
Quem trabalha tá ferrado
Nas mãos de quem só engana
Feito mal que não tem cura
Estão levando à loucura
O país que a gente ama
Feito mal que não tem cura
Estão levando à loucura
O Brasil que a gente ama.

97. *Bote fé e diga Lula* (2002).

Autores: Péri e Duda Mendonça • Intérprete(s): desconhecido(s) • Gravação especial (2002)

Em 2002, Lula concorreu pela quarta vez seguida a presidente da República. Desde o início da campanha, as pesquisas de opinião apontaram o candidato do PT como franco favorito.

O governo Fernando Henrique se encerrou de maneira melancólica, com a popularidade do presidente se arrastando em patamares baixíssimos. A economia estava estagnada, incapaz de gerar empregos e oportunidades, agravando de forma dramática os problemas sociais. Por três vezes em menos de quatro anos, o Brasil havia quebrado e batido às portas do FMI, assinando acordos que repercutiram muito mal junto à opinião pública. As denúncias de corrupção se sucediam e as disputas na base aliada pareciam não ter fim. Por último, o racionamento de energia — o desastroso "apagão" — carimbou a imagem de despreparo e incompetência num governo que se pretendia um modelo de boa gestão pública. A autoestima do país havia chegado à lona.

Some-se a esse quadro a inflexão feita por Lula na disputa em 2002, quando buscou atrair o eleitor de centro, que desejava mudanças no país mas temia o radicalismo do PT. Em julho, no início da campanha eleitoral, Lula divulgou a *Carta aos brasileiros*, documento em que reafirmava a determinação de promover a mudança do modelo econômico, com a retomada do crescimento, a geração de empregos e a ênfase na inclusão social, mas se comprometia também a não promover rupturas drásticas na economia, mantendo a inflação e as contas públicas sob controle e respeitando os contratos existentes. Simbolizando essa inflexão, Lula escolheu para vice um dos mais respeitados empresários do país, o senador José Alencar, então no Partido Liberal (PL). A chapa formada por um líder trabalhador e um empresário bem-sucedido propunha-se a recolocar o país no caminho da produção e do crescimento.

Lula passou a se apresentar com ternos bem cortados e barba aparada, ao mesmo tempo que moderou o tom de voz nos discursos.

Seu objetivo era o convencimento e não a agitação. Numa entrevista à imprensa, ele próprio definiu o novo estilo: "Lulinha Paz e Amor". Aposentou assim a imagem do "Sapo Barbudo", que o acompanhava desde 1989, quando Leonel Brizola cunhou a expressão.

Além de Lula, mais cinco candidatos disputaram as eleições — dois deles, somados, alcançaram apenas 0,5% dos votos válidos. José Serra, do PSDB, ex-ministro do Planejamento e da Saúde do governo Fernando Henrique, Anthony Garotinho, do PSB, ex--governador do Rio de Janeiro, e Ciro Gomes, do PPS, ex-governador do Ceará, receberam expressivas votações, levando a disputa para o segundo turno.

Lula obteve 46,44% dos votos válidos, contra 23,19% de Serra, passando os dois para a rodada decisiva. Garotinho conquistou 17,86% dos votos, e Ciro, 11,97% .

O título do *jingle* é atribuído.

Não dá pra apagar o sol
Não dá pra parar o tempo
Não dá pra contar estrelas
Que brilham no firmamento
Não dá para parar um rio
Quando ele corre pro mar
Não dá pra calar um Brasil
Quando ele quer cantar

Lula lá, brilha uma estrela

Bote essa estrela no peito,
Não tenha medo ou pudor
Agora eu quero você
Te ver torcendo a favor
A favor do que é direito
Da decência que restou
A favor de um povo pobre
Mas nobre e trabalhador
É o desejo dessa gente
Querer um Brasil mais decente
Ter direito a esperança
E uma vida diferente

É só você querer
É só você querer
Que amanhã assim será
Bote fé e diga Lula
Bote fé e diga Lula
Eu quero Lula. (bis)

98. *Quero-quero* (2002).

Autor: PC Bernardes • Intérprete(s): desconhecido(s) • Gravação especial (2002)

Seria de se esperar que, na campanha eleitoral, o candidato do PSDB, José Serra, defendesse o governo Fernando Henrique, que completava oito anos à frente do país. Mas, diante da baixa popularidade do presidente, Serra optou por uma linha de propaganda que evitasse o choque frontal com Lula e, principalmente, a discussão de modelos para o país. Em muitos momentos, chegou a se apresentar como o candidato das mudanças.

Até o símbolo tradicional do PSDB, o tucano, foi afastado de cena, sendo substituído por um pássaro novo, mais reivindicativo — o quero-quero: "Eu quero, quero José Serra/

Lula e José Alencar durante convenção do PT.

FHC e José Serra em convenção do PSDB.

SERRA
ACESSO LIVRE
CONVENCIONAL

É José Serra pra mudar/ Com ele não tem lero--lero/ Vou ouvir o quero-quero/ José Serra, eu quero já/ Quero mudança, eu quero emprego/ Quero saúde e uma casa para morar/ Segurança pra gente viver sem medo/ Dormir tranquilo pra gente poder sonhar".

Ao mesmo tempo, Serra buscou carimbar em Lula, um torneiro mecânico sem diploma universitário, a imagem de despreparo e inexperiente, se apresentando em contrapartida como "o mais preparado" dos candidatos: "O quero-quero cantou na minha janela/ Brasil, pense direito, que é melhor pra gente/ Se José Serra já fez tanto na Saúde/ É o mais preparado para ser nosso presidente".

O quero-quero cantou na minha janela
Brasil pense direito o que é melhor pra gente
Se José Serra já fez tanto na Saúde
É o mais preparado para ser nosso presidente

Eu quero-quero José Serra
É José Serra pra mudar
Com ele não tem lero-lero
Vou ouvir o quero-quero
José Serra, eu quero já (bis)

Quero mudança, eu quero emprego
Quero saúde e uma casa pra morar
Segurança pra gente viver sem medo
Dormir tranquilo pra gente poder sonhar
O quero-quero cantou na minha janela
José Serra, eu quero já!

99. *Fé no Brasil* (2002).

Autor(es) e intérprete(s): desconhecido(s) • Gravação especial (2002)

Anthony Garotinho iniciou sua carreira política no Partido dos Trabalhadores (PT), mas logo se transferiu para o Partido Democrático Trabalhista (PDT), pelo qual foi eleito deputado estadual, prefeito de Campos dos Goytacazes e governador do Rio de Janeiro em 1998.

Em 2000, após divergências com Leonel Brizola, Garotinho trocou novamente de legenda. Em 2002, disputou as eleições presidenciais pelo Partido Socialista Brasileiro (PSB). Obteve expressiva votação — quase 18% dos votos válidos —, sendo o terceiro candidato mais votado no primeiro turno.

Seu bom desempenho nas urnas foi resultado de dois fatores: a forte votação que arrancou no Rio de Janeiro — chegou em primeiro no estado, com mais de 42% dos sufrágios — e sua grande penetração no eleitorado evangélico, que crescera fortemente nas décadas anteriores. Segundo o censo, os evangélicos, que constituíam 2,6% da população em 1940, já eram 15,4% dos brasileiros em 2000, percentual que alcançaria 22,2% em 2010.

Em boa medida, o *jingle* de Garotinho em 2002, ressaltando a força da fé, dirigiu-se ao eleitorado evangélico. O nome do *jingle* é atribuído.

Fé no Brasil
Fé na vitória
Fé no Brasil

Pra mudar nossa história
Fé no Brasil
Fé na vitória
Fé no Brasil
Pra mudar nossa história
Garotinho
Garotinho.

100. *Vem, meu país* (2002).

Autor(e/s) e intérprete(s): desconhecido(s) • Gravação especial (2002)

Na largada das eleições de 2002, o ex-governador do Ceará Ciro Gomes, que tivera bom desempenho na corrida presidencial de 1998, logrou reunir apoios importantes. Além do PPS, partido ao qual se filiara ao romper com o PSDB, contou com o apoio do Partido Democrático Trabalhista (PDT) e do Partido Trabalhista Brasileiro (PTB). Importantes personalidades políticas, com diferentes perfis ideológicos, somaram-se à sua campanha, como Tasso Jereissati, do PSDB, Antônio Carlos Magalhães, do PFL, e Leonel Brizola, do PDT.

Até meados de agosto, as pesquisas de opinião atribuíam-lhe o segundo lugar na disputa, bem à frente de José Serra. No entanto, com o início da propaganda eleitoral gratuita e a intensificação da campanha, Ciro perdeu terreno, enquanto cresciam as intenções de voto no candidato tucano e também em Anthony Garotinho. Chegou em quarto lugar no primeiro turno, recebendo quase 12% dos votos válidos, um ponto percentual a mais do que no pleito de 1998.

O título do *jingle* é atribuído.

Somos todos um Brasil
Quinhentos anos de história
De cores verde-anil
De espantos e de glórias

Somos todos um país
De esperança que não cansa
Negro, branco, índio, mulato,
Diz o destino é ser feliz

Vem meu país, meu Brasil,
Vem, meu gigante
Posso ouvir tua voz vibrante
Vem com Ciro acreditar
Vamos em frente, meu Brasil

Vem meu povo, minha gente
Quem é honesto e competente
Vem com Ciro, vem mudar

É pra alegrar o coração
Que deixou de acreditar
Tem que saber o que faz
Tem que mostrar que é capaz

Se misturar a alegria
E jogar fora a hipocrisia
Vem com saúde e segurança
E trabalho todo dia

Vem meu país, meu Brasil
Vem, meu gigante
Posso ouvir tua voz vibrante

Vem com Ciro acreditar
Vamos em frente, meu Brasil

Vem meu povo, minha gente
Quem é honesto e competente
Vem com Ciro, vem mudar.

101. *Agora é Lula, falta pouco ou quase nada* (2002).

Autores: Péri e Duda Mendonça • Intérprete(s): desconhecido(s) • Gravação especial (2002)

Desde o início do segundo turno das eleições de 2002, ficou claro o favoritismo de Lula. As pesquisas atribuíam-lhe mais de 20 pontos percentuais de vantagem sobre o candidato do PSDB, José Serra. Lula recebeu imediatamente o apoio de Anthony Garotinho e Ciro Gomes.

Na rodada decisiva, o candidato do PT adotou um novo *jingle*, cujo título atribuído é *Agora é Lula, falta pouco ou quase nada*, que buscava reforçar a ideia de que o Brasil estava prestes a viver um ciclo de mudanças, marcado pelo crescimento econômico e pela geração de empregos, mas sem rupturas dramáticas: "Nossa pátria tão amada/ Já não quer mais esperar/ Agora é Lula/ Por um Brasil diferente/ Venha entrar nessa corrente/ Aqui é o seu lugar".

O PSDB ainda tentou apelar para velhos fantasmas, veiculando no programa eleitoral um depoimento assustado da atriz Regina Duarte, com ênfase na frase "eu tenho medo". Na propaganda, ela advertia para a possibilidade da volta da inflação e da perda da estabilidade macroeconômica: "Não dá para ir tudo para a lata do lixo".

O eleitor, porém, estava em outro clima. Mesmo que alimentasse dúvidas sobre Lula, tinha chegado à conclusão de que estava na hora de virar a página. No segundo turno, Lula recebeu 61,27% dos votos válidos, contra 38,72% dados a Serra. Em números absolutos, o candidato do PT obteve 52.793.364 sufrágios, quase 20 milhões a mais do que Serra, que recebeu 33.370.739 votos.

Pela primeira vez na história do Brasil, um operário foi eleito presidente da República. Nos anos seguintes, o Brasil passaria por grandes transformações. Temas como crescimento econômico, inclusão social e redução das desigualdades regionais entrariam definitivamente para a agenda nacional.

Chegou a hora, Brasil
Que você tanto esperou
Mande a tristeza embora
Que a mudança começou

Agora, vem
Vem mudar a sua sorte
Nada pode ser mais forte
Que a vontade de mudar

Vem, vem
Ser feliz é seu direito
Solte esse grito do peito
Ninguém vai te segurar

Vem
O Brasil está unido
E jamais será vencido
Nossa estrela vai brilhar

Vem
Que a estrela da esperança
Do emprego e da mudança
Mora do lado de cá

Agora é Lula
Falta pouco, quase nada
Nossa pátria tão amada
Já não quer mais esperar

Agora é Lula
Por um Brasil diferente
Venha entrar nessa corrente
Aqui é o seu lugar
Lula, Lula!

Outras canções

Capítulo IX

1. *No jardim da política* (1985).

Autor: Tom Zé • Intérpretes: Tom Zé e Charles Furlan • Gravadora: independente • CD *No jardim da política* (1998)

No jardim da política é o nome não só desta canção, mas também do show encenado em 1985, no Teatro Lira Paulistana, em que Tom Zé cantou várias músicas sobre política, a maior parte de sua autoria. A gravação foi feita ao vivo durante o espetáculo, mas o disco só veio a ser lançado mais de uma década depois, em 1998.

Na canção, Tom Zé convida a namorada para passear no jardim da política. Lá, ela se recusa a lhe dar um beijo, alegando que seria uma liberdade excessiva. Ele pondera que namoro sem beijo é o mesmo que democracia sem liberdade. Simplesmente não existe. Na tentativa de apimentar o romance, oferece à namorada "[...] a rosa comemorativa/ Desta tua democracia relativa", conceito inventado pelo general Ernesto Geisel. Na verdade, são duas flores, e não uma: "[...] a rosinha/ Vermelhinha do PC/ E a rosinha/ Mais vermelhinha do PCdoB". O Partido Comunista Brasileiro, o PC, era considerado mais moderado do que o Partido Comunista do Brasil, o PCdoB.

No jardim da política, meu bem
Vamos passear
Chega nega morena, vem
Vamos passear
No jardinzinho bonitinho
Cheirosinho formosinho da política
Ô meu bem
Vamos passear
Chega neguinha morena, vem
Vamos passear
Eu te dou um beijo esquerdista
Na ponta do pé
Você se irrita
E diz que essa servidão capitalista
Não lhe conquista
Eu te peço
A boquinha molhada de saliva
Minha diva
Você diz que essa liberdade
É excessiva
E diante desta contradição ideológica
Te ofereço a rosa comemorativa
Desta tua democracia relativa
Te ofereço a rosa comemorativa
Desta tua democracia relativa
(Quem inventou foi o Geisel)
E eu pego o ipê-roxo e o ipê-cor-de-rosa
Pego todo o jardim para te dar
E também a rosinha
Vermelhinha do PC
E a rosinha
Mais vermelhinha do PCdoB
E eu pego todo o jardim para te dar.

2. *Chega de mágoa* (1985).

Criação coletiva • Interpretação coletiva • Gravadora: Continental • Compacto simples *Nordeste já* (1985)

Em 1985, muitos artistas engajaram-se em campanhas de solidariedade ao Nordeste, que, desde o início da década, sofria prolongada seca (ver também *Nordeste independente* e *Caatingatur*, no Capítulo VIII do Volume II desta obra, e *Monólogo das grandezas do Brasil* e *Mutirão da vida*, no anexo "Outras canções" do mesmo capítulo e volume). O Sindicato dos Músicos Profissionais do Rio de Janeiro produziu o compacto *Nordeste já*, com o objetivo de angariar fundos para apoiar os flagelados.

Participaram da gravação 155 músicos — entre eles, Milton Nascimento, Tom Jobim, Roberto Carlos, Chico Buarque, Paulinho da Viola, Caetano Veloso, Gilberto Gil, Gal Costa, Maria Bethânia, Tim Maia, Gonzaguinha, Fagner, João do Vale, Luiz Gonzaga, Alcione, Roberto Ribeiro, João Nogueira, Elba Ramalho, MPB-4, Ednardo e Beth Carvalho. De um lado, o disco trazia a composição coletiva *Chega de mágoa* e, do outro, o poema musicado *Seca d'água*, de Patativa do Assaré.

Em pelo menos dois momentos, a canção faz referências diretas ao momento político vivido pelo Brasil na época. O título do compacto, *Nordeste já*, remetia às Diretas-Já, enquanto o primeiro verso da canção — "Nós não vamos nos dispersar" — reproduzia a conclamação feita por Tancredo Neves no discurso que pronunciou ao ser eleito presidente da República pelo Colégio Eleitoral, no dia 15 de janeiro de 1985.

Nós não vamos nos dispersar
Juntos é tão bom saber
Que passado o tormento
Será nosso esse chão
Água, dona da vida
Ouve essa prece tão comovida
Chega
Brinca na fonte
Desce do monte
Vem como amiga
Te quero água de beber
Um copo d'água
Marola mansa da maré
Mulher amada
Te quero orvalho toda manhã
Terra, olha essa terra
Raça valente, gente sofrida
Chama,
Tem que ter feira
Tem que ter festa
Vamos pra vida
Te quero terra pra plantar
Te quero verde
Te quero casa pra morar
Te quero rede
Depois da chuva o sol da manhã
Chega de mágoa
Chega de tanto penar
Canto e o nosso canto
Joga no vento
Uma semente

Gente
Olha essa gente
Olha pra gente
Olha pra gente
Te quero água de beber
Um copo d'água
Marola mansa da maré
Mulher amada
Te quero terra pra plantar
Te quero verde
Te quero casa pra morar
Te quero rede
Depois da chuva o sol da manhã
Canto e o nosso canto
Joga no tempo uma semente
Gente
Quero te ver crescer bonita
Olha pra gente
Quero te ver crescer feliz
Olha pra gente
Olha essa terra, olha essa gente
Olha pra gente
Gente pra ser feliz, feliz
Te quero água de beber
Um copo d'água
Marola mansa da maré
Mulher amada
Te quero terra pra plantar
Te quero verde
Te quero casa pra morar
Te quero rede
Depois da chuva o sol da manhã
Chega de mágoa
Chega de tanto penar.

3. *O sindicato dá* (1985).

Autor: Amarina • Intérpretes: Trabalhadores Rurais de Pernambuco • Gravadora: Museu Nacional/ UFRJ • CD *Lutando e cantando – Música e política dos trabalhadores rurais de Pernambuco* (2007)

Composta provavelmente em 1985, a canção *O sindicato dá* foi gravada somente em 2007, numa iniciativa conjunta do Museu Nacional da Universidade Federal do Rio de Janeiro (UFRJ) e da Federação dos Trabalhadores Rurais de Pernambuco (Fetape). Cantada em coro nas reuniões e manifestações promovidas pelos sindicatos da Zona da Mata pernambucana, ela buscava estimular os assalariados rurais a se filiar às entidades: "Dá, dá, dá, se você for buscar/ A lei está dizendo que o sindicato dá".

Dá, dá, dá, se você for buscar
A lei está dizendo que o sindicato dá (bis)

A lei está dizendo que este órgão tem valor
Que é pra dar direito a todo trabalhador

Dá, dá, dá, se você for buscar
A lei está dizendo que o sindicato dá (bis)

A lei falou bonito, no papel se assinou
A lei falou bem alto e o povo se levantou

Dá, dá, dá, se você for buscar
A lei está dizendo que o sindicato dá (bis)

Se a gente quer melhor, se queremos mundo novo
Através do sindicato a gente conquista o povo

Dá, dá, dá, se você for buscar
A lei está dizendo que o sindicato dá (bis)

Olhando em geral, o sindicato está amarrado
Mas nós lutamos muito pra ser bem participado

Dá, dá, dá, se você for buscar
A lei está dizendo que o sindicato dá. (bis)

4. *Mamãe sangra* (1991).

Autores: Ras Bernardo, Bino Farias, Da Gama e Lazão • Intérprete: Cidade Negra • Gravadora: Sony Music • LP *Lute para viver* (1991)

Em 1991, quando Nelson Mandela, já em liberdade, negociava com Frederik de Klerk a transição para a democracia na África do Sul, o Cidade Negra lançou *Mamãe sangra.* No reggae, proclamava que a luta contra o racismo era a mesma no Brasil ou na Mãe África: "Olhando dentro dos seus olhos/ Eu vejo a minha própria imagem/ Que iguala nossos sentimentos/ Vontade de ter liberdade".

Olhando dentro dos seus olhos
Eu vejo a minha própria imagem
Que iguala nossos sentimentos
Vontade de ter liberdade
Procuro com meus próprios meios
Chegar no fundo dos seus sentimentos
Seus filhos todos separados
Apartheid *não tem fundamento*
Piquete, distúrbio e a polícia
Chega armada até os dentes
Massacra quem quer liberdade
Em teu seio sangra
Mãe África, Mãe África, Mãe África.

5. *Uma história de Ifá (Elegibô)*, (1987).

Autores: Ythamar Tropicália e Rey Zulu • Intérprete: Margareth Menezes • Gravadora: Polydor • LP *Margareth Menezes* (1988)

Uma história de Ifá (Elegibô) foi gravada pela primeira vez em 1987 pelo bloco afro carnavalesco Ara Ketu. No ano seguinte, seria a vez de Margareth Menezes, cantora de grande sucesso no Brasil e no exterior, interpretá-la. A canção, que evoca a cidade encantada de Ejibô e seus mitos, é mais um exemplo do trabalho de recuperação e promoção da identidade negra desenvolvido pelos blocos afros surgidos no final da década de 1970 e no início dos anos 1980 em Salvador.

Elegibô ou Elejibô significa rei de Ejibô no idioma iorubá. O inhame (*yam*) é a comida sagrada de Oxalá. Na tradição de Ejibô, o inhame novo só devia ser comido depois de oferecido a Oxalá na festa de Ogiyan, orixá conhecido no Brasil como Oxaguiã.

Ele, Ele, Elegibô
Elegibô, Elegibô, Ele, Ele
Ele, Ele, Elegibô
Elegibô, Elegibô
Cidade florescente (Elegibô)
Cidade reluzente (Elegibô)

Elegibô, cidade encantada
Elegibô, sua majestade real
Ara Ketu, ritual do candomblé
Exalta as cidades de Ketu e Sabé

Ferido ficou-se o homem
Utilizando seus poderes
Passaram-se anos difíceis
Sofreram muitos seres

Os vassalos ficaram sem pasto
A fauna e a flora não brotavam mais
Suas mulheres ficaram estéreis
A flor do seu sexo não se abrirá jamais

Ele, Ele
Ele, Ele, Elegibô...

Os guerreiros lutaram entre si
Com golpes de vara, era o ritual
Durante várias horas
Travou-se a batalha entre o bem e o mal

Depois retornaram com o rei
Para a floresta sagrada
Onde comeram a massa
De inhame bem passada

Onde será comida por todos os seus
Negros homens em comunhão com Deus
Ele, Ele

Ele, Ele, Elegibô...

6. *Serpente negra* (1988).

Autores: Ythamar Tropicália, Valmir Brito e Roque Carvalho • Intérprete: Banda Reflexu's • Gravadora: EMI-Odeon • LP *Serpente negra* (1988)

Em *Serpente negra*, o bloco afro carnavalesco Ara Ketu resgatou as raízes brasileiras no antigo reino de Daomé, atual República do Benim, onde foram capturados numerosos contingentes de homens e mulheres do povo *ketu* — *ara ketu* — e enviados ao nosso país para serem escravizados. A gravação é da Banda Reflexu's.

Odé é um apelido de Oxóssi, orixá padroeiro da casa real de Ketu, e significa caçador. Odé obá orixá, portanto, é uma saudação respeitosa que vincula Oxóssi com a cidade-Estado de Ketu.

Os *fons* viviam no reino de Daomé. Seu principal culto era o da Serpente Negra, algumas vezes simbolizada pelo arco-íris. Daí também a saudação a Oxumaré, orixá do arco-íris. Orayê é um fragmento da saudação Orayeyê, muito usada para chamar Oxum, orixá dos rios e do amor.

Ara, Ara, eu sou Ara Ketu
Ketu, Ketu, odé obá orixá (bis)

Kê, Kê, Kê, leva eu
Kê, Kê, Kê, Ara Ketu sou eu
Daomé, nação de uma Serpente Negra,
O rei manda lhe falar
O arco-íris ao se dissipar
Orixá maior é a força da natureza
Que representa Ketu nação
De um rei Olofim
Da atual República Benim
No reino de Daomé
Serpente Negra era um babalaô
O arco-íris que vem lá do alto
Traz a força do Superior
Ora, ora, ora
Ora, orayê

Ora, ora, ora
Oxumarê, ora
Ara, Ara, eu sou Ara Ketu
Ketu, Ketu, odé obá orixá
Kê, Kê, Kê, leva eu
Kê, Kê, Kê, Ara Ketu sou eu
O quadro negro
Representa na face da Terra
Hoje não existem mais guerras
A escravidão acabou, ô ô
Ara Ketu, retrato da tal mocidade
Representando o passado
E tudo o que aqui ficou
Derramando nossos prantos de felicidade
Por ser essa tal entidade
Nomeada a Odé caçador
Ara Ketu, força divina, força maior
Ô ô ô ô, ó ó ó ó ó
Pois o sangue desses negros
Derramado na Terra
Para que os senhores passassem
Um tipo de vida melhor

Ora, ora, ora
Ora, ora, yiê,
Ora, ora, ora
Ketu Oxumarê.

7. *Canto à Nigéria* (1993).

Autor: Júlio Leite • Intérprete: Banda Reflexu's • Gravadora: Som Livre • LP *Atlântida* (1993)

Fiel a seu objetivo de resgatar as raízes africanas do Brasil, o bloco afro carnavalesco Ilê Aiyê exaltou as culturas, as crenças e os feitos de povos como os ketus, os ibos, os hauçás, os fulanis e os iorubás, que habitam os territórios que hoje formam a Nigéria e o Benim. Akuré, Ibadan, Sokoto e Ifé são cidades nigerianas. A civilização Nok floresceu no centro da atual Nigéria entre os anos 500 a.C. e 200 d.C. "Kolofé" é uma saudação de origem provavelmente iorubá, hoje em desuso, que significa "Deus atenda seus desejos".

A gravação é da Banda Reflexu's.

Kolofé, ailê, o nanaiê, nação de Ketu, Angola
Ananaiê, Zimbábue, Mali, Gana,
Guiné, Guiné, Guiné
O nanaiê, ibos, hauçás, fulanis, iorubás
Ilê Aiyê, Lagos, capital que sempre brilhará (bis)

Emergindo veio ao mundo este canto profundo de muita emoção
Exaltando esta raça neste grande gesto manifestação
Religiosamente o muçulmanismo se predominou
E a partir do Ocidente, Akuré, Ibadan, Ikejá, Sokoto
Sua cultura Nok que floresceu ao redor de Ifé
Tendo vários rios fazendo limites ao golfo da Guiné
Ê ê ê, ê ê a, ê ê ê, ó grande Nigéria venho lhe saudar, agô
Ê ê ê, ê ê a, ê ê ê, ó grande Nigéria venho lhe saudar

No quinto continente a nossa raiz lá se unificou
As histórias lendárias ficaram gravadas, tempo que passou

Os seus trajes lindos refletem a riqueza
mineral
E o Ilê Aiyê hoje traz à Bahia o seu potencial
Os seus lindos trajes refletem a riqueza
mineral
E o Ilê Aiyê hoje traz à Bahia o seu potencial
(Solo)

Kolofé, ailê, o nanaiê, nação de Ketu, Angola...

8. *Madagascar Olodum* (1987).

Autor: Rey Zulu • Intérprete: Banda Reflexu's • Gravadora: EMI-Odeon • LP *Reflexu's da Mãe África* (1987)

Outra canção do bloco Olodum que procura resgatar as raízes africanas do Brasil e combater a discriminação racial. No caso, valoriza-se a importância de Madagascar, grande ilha no oceano Índico, para onde confluíram etnias, culturas e tradições africanas, asiáticas, polinésias e árabes.

Ayêêê Madagascar Olodum
Ayêêê, eu sou o arco-íris de Madagascar
Criaram-se vários reinados
O porto de Merinas ficou consagrado
Rambosalama o vetor saudável
Ivato cidade sagrada
A rainha Ranavalona
Destaca-se na vida e na mocidade
Majestosa negra
Soberana da sociedade
Alienado pelos seus poderes rei Radama
Foi considerado um verdadeiro Meiji
Que levava seu reino a bailar
Bantos, indonésios, árabes
Se integram à cultura malgaxe
Raça varonil alastrando-se pelo Brasil
Sankara Vatolay faz deslumbrar toda nação
Merinas povos tradição
E os Mazimbas foram vencidos pela
invenção
Hê, Hê, Hê, sakalavas onaê
Ha, Ha, Ha sakalavas onaá (bis)

Madagascar, ilha, ilha do amor (bis)

E viva Pelô, Pelourinho
Patrimônio da humanidade
Pelourinho, Pelourinho
Palco da vida e negras verdades
E protestos, manifestações
Faz o Olodum contra o apartheid
Juntamente com Madagascar
Evocando igualdade e liberdade a reinar

Hê, Hê, Hê, sakalavas onaê...

Aiêêê, Madagascar Olodum
Aiêêê, eu sou o arco-íris de Madagascar
Aiêêê, Madagascar Olodum
Aiêêê, eu sou o arco-íris de Madagascar.

9. *Prisioneiro* (1987).

Autores: Maurício de Fendi e Roger Moreira • Intérprete: Ultraje a Rigor • Gravadora: WEA • LP *Sexo!!* (1987)

As denúncias sobre desvios de recursos públicos, obras superfaturadas e lavagem de dinheiro no exterior tornaram-se cada vez mais comuns com a redemocratização do país. Em *Prisioneiro*, a banda Ultraje a Rigor carimbou a ideia de que o narcotráfico e os crimes de colarinho branco eram farinha do mesmo saco: "Vivo bem com o tráfico e a corrupção/ Se o negócio sujar, é só tomar um avião".

Nunca soube o que era Constituição
Cresci sem mãe, sem pai e sem patrão
Comecei desde cedo a roubar o meu pão
E o café e o licor pra ajudar a digestão

Prisioneiro, prisioneiro, prisioneiro não
Se você me pegar eu vou chamar meu irmão
(bis)

Com tanta gente roubando ninguém vai me dedar
Sigo tranquilo no meio, ninguém vai me pegar
Vivo bem com o tráfico e com a corrupção
Se o negócio sujar é só tomar um avião

Prisioneiro, prisioneiro, prisioneiro não...

Duvido que um dia isso possa mudar
Tem pra todos, ninguém irá tentar
Me tirar o apoio e a posição
Me colocar enfim numa prisão

Prisioneiro, prisioneiro, prisioneiro não...

10. *Autoridades* (1987).

Autores: Fê Lemos, Flávio Lemos, Loro Jones, Bozzo Barretti e Dinho Ouro Preto • Intérprete: Capital Inicial • Gravadora: Polydor • LP *Independência* (1987)

Durante o governo Sarney, os brasileiros se acostumaram com dois tipos de fila bastante diferentes, mas igualmente irritantes: a que surgiu com o desabastecimento provocado pelo congelamento dos preços em 1986 e a que nasceu com a hiperinflação que se seguiu ao fim do congelamento. Como o salário dos trabalhadores se depreciava em poucos dias, no início de cada mês as pessoas acorriam em grande número aos supermercados.

Vou denunciar autoridades incompetentes
Eu vou denunciar autoridades incompetentes

Eu quero antes te dizer
Ninguém sabe o que pode te acontecer

Vou denunciar...

Ameaça aos privilégios
Você será detido
E encostado na parede
É a ordem no progresso
Um jogo imoral
Que não mede consequências

Autoridades incompetentes
Acham que vocês não passam de fantoches
Bonecos para brincar
Bonecos para brincar
Autoridades incompetentes
Sabem que vocês estão em fila
E a fila não incomoda
A fila não incomoda
A fila não incomoda.

11. *Violência, não* (1987).

Autores: Marcelo Hayena, Cal Galvão e Nilo Nunes • Intérpretes: Uns e Outros • Gravadora: Polygram • LP *Nós normais* (1987)

A banda Uns e Outros protestou contra a violência da miséria e também contra a violência da repressão policial: "Sindicato e povo protestam/ Mas azuis estão de prontidão/ Camburões, coturnos que marcham/ Controlando a manifestação".

Um menino perdido nas ruas
Cada passo leva a enfrentar
Uma luta pra sobreviver
Nesse inferno sempre há lugar
E o governo lamenta e alerta essa situação
Frases feitas, jogadas em vídeo
O seu futuro está em nossas mãos!
Violência, não!

Sindicato e povo protestam
Mas azuis estão de prontidão
Camburões, coturnos que marcham
Controlando a manifestação
E o governo lamenta e alerta essa situação
Frases feitas, jogadas em vídeo
Fazemos isso pro bem da nação!
Violência, não!

12. *Yankees, go home!* (1988).

Autor: Mau • Intérprete: Garotos Podres • Gravadora: Continental • LP *Pior que antes* (1988)

A tradição de gritar "oi" no início das canções vem dos grupos punk dos subúrbios pobres de Londres, no final da década de 1970. Faziam questão de berrar bem alto para chamar a atenção para os problemas sociais e políticos da juventude operária. A banda punk Garotos Podres, formada no ABC paulista em 1982, também utilizava o grito de guerra.

Após uma saraivada de "ois", o vocalista Mau investiu contra as "nações imperialistas", que "dominam o mundo e promovem miséria". A sigla FMI ganhou outra conotação: "Fome e Miséria Internacional". O refrão pedia que os "piratas do século XX" voltassem para a casa: "Yankees, Go Home!".

Registre-se a referência às águias e aos ursos que brigavam pela posse do mundo. A águia é o símbolo dos Estados Unidos. O urso simbolizava a então União Soviética. Os Garotos Podres podiam ser de esquerda, mas não tinham nenhuma simpatia por Moscou.

Oi, Oi, Oi, Oi, Oi, Oi, Oi, Oi, Oi, Oi, Oi!
Nações imperialistas
Dominam o mundo
Promovem a miséria
Pois dela se sustentam
Piratas do século XX
Parem de nos saquear

Yankees, go home! Yankees, go home!
Yankees, go home! Yankees, go home!
Go home, go home, go home, go home!
Go home, go home, go home, go home!

Através das armas
Ou da usura
Nos impõe a submissão
FMI

Fome e Miséria Internacional
Sai fora daqui

Yankees, go home! Yankees, go home!...

Águias e ursos brigam
Pela posse do mundo
Como abutres
Pela posse da carniça

Yankees, go home!...

Oi, Oi, Oi, Oi, Oi, Oi, Oi, Oi, Oi, Oi, Oi!

13. *Eu vi* (1988).

Autores: Maurício Pereira e André Abujamra • Intérprete: Os Mulheres Negras • Gravadora: Warner Music • LP *Música e ciência* (1988)

Quase um quarto de século depois do lançamento de *Rua Augusta*, grande sucesso do iê-iê-iê, a banda de rock Os Mulheres Negras revisitou o lugar. Não viu mais garotos de classe média trafegando a 120 km por hora em carrões envenenados, fazendo curvas em duas rodas e azarando os pedestres, mas sim cenas explícitas de racismo, com a polícia dando uma dura em jovens negros num Passat. "É duro ser preto", resumiu o motoqueiro branco que assistiu à cena.

— Existem mil histórias de carro e racismo, e essa é apenas uma delas.

Eu vi! Socorro! Eu vi!

Era um sábado à noite (era um sábado à noite)
Rua Augusta, um Passat (Rua Augusta,
um Passat)
No Passat dos negros (no Passat dos negros)
Eu vi! Eu vi!
O som rolar de dentro do Passat

E a polícia vem descendo (e a polícia vem
descendo)
Camburão mandou o Passat, ele parar
Mão no pescoço, todo mundo fora do Passat
Revistando os negros, parece que eles tavam
limpos
E eu vi, eles tavam limpos, eu vi
Um motoqueiro parou bem do meu lado,
e ele disse assim:
"É duro ser preto! É duro ser preto!
É duro ser preto! É duro ser preto!
É duro ser preto!"
Disse o motoqueiro branco pra mim
"É duro ser preto!"
Disse o motoqueiro branco pra mim

Era um sábado à noite (era um sábado à noite),
Rua Augusta, um Passat (Rua Augusta,
um Passat),
No Passat dos negros (no Passat dos negros),
Eu vi! Eu vi!
Juro que eu vi! Eu nunca me esqueci!
Era um sábado à noite.

14. *Sistema do vampiro* (1988).

Autor e intérprete: Edson Gomes • Gravadora: EMI-Odeon • LP *Reggae e resistência* (1988)

Em 1988, comemorou-se o centenário da Abolição da Escravatura. Como viviam os brasileiros cem anos depois da assinatura da Lei Áurea pela princesa Isabel? Para Edson Gomes, autor do reggae *Sistema do vampiro*, não havia motivos para festejar: "Um centenário de falsa libertação/ Cativeiro mental/ Estamos metidos nos buracos/ Estamos jogados nas favelas da vida/ Pendurados lá no morro/ Velho Pai, só nos resta teu socorro".

Esse sistema é um vampiro ôôôô
Ah! O sistema é um vampiro ôôôô
Esse sistema é um vampiro ôôôô
Todo povo ficou aflito ôôôô
Esse sistema é um vampiro ôôôô
Ah! O sistema é um vampiro

Eh! Vive sugando todo povo
Vem cá, meu Deus, desça de novo
Ouça meu grito de socorro
Pai, escuta a voz desse teu povo
Que clama
Um centenário de falsa libertação
Cativeiro mental
Estamos metidos nos buracos
Estamos jogados nas favelas da vida
Pendurados lá no morro
Velho pai, só nos resta teu socorro
Ah, sim!
Estamos largados nas calçadas
Nós não temos nem morada
Não temos nada!

Esse sistema é um vampiro ôôôô...

15. *Reforma agrária* (1988).

Autores: Lourdinha e J. Batista • Intérprete: Os Fazendeiros • Gravadora: Aleson • LP *O retorno da rosa branca* (1988)

A retomada da luta pela reforma agrária na região Sul (ver *Hino do MST* e *Sem-terra*, na seleção principal deste capítulo) provocou reações dos proprietários de terra, gerando forte tensão. O conjunto gaúcho Os Fazendeiros, muito popular na época, resolveu explorar o tema, mas com tanto cuidado que a canção *Reforma agrária* ficou em cima do muro. Deu razão para os sem-terra e também para os fazendeiros.

Como alguém tinha de ser culpado pela confusão, sobrou para o governo: "Meu amigo, é verdade, a situação está precária/ E o governo não resolve a tal da reforma agrária". Não deixava de ser verdade.

A tal de reforma agrária é uma barra-pesada
Todo mundo faz reunião, mas ninguém resolve nada
Se eu fosse um lavrador, não ia nessa jogada
Se continuar lutando, no fim acaba ficando
Com a família na estrada

Meu amigo, é verdade, a situação tá precária
E o governo não resolve a tal de reforma agrária

Não sou contra o fazendeiro, tampouco contra o colono
Por não possuírem terra nem viver no abandono

E pensar na situação perdendo noites de sono
O lavrador tem razão, não é justo pôr a mão
Na terra que já tem dono

Meu amigo, é verdade, a situação está precária...

Quem tem não quer repartir, é isso é que eu acho estranho
Eu quero ver quando Deus vier apartar seu rebanho
Eu preciso, mas não peço porque já sei que não ganho
Só sei que depois da morte cada um vai ter um lote
Todos do mesmo tamanho

Meu amigo, é verdade, a situação está precária...

16. *Milagre brasileiro* (1988).

Autores: Noca da Portela e Toninho Nascimento • Intérprete: Beth Carvalho • Gravadora: Polygram • LP *Alma do Brasil* (1988)

Em 1988, a taxa anual de inflação chegou a 980%, com efeitos devastadores sobre a economia nacional e a vida das pessoas. A troca de moedas — do cruzeiro para o cruzado — tinha sido um fracasso, como ressaltaram Noca da Portela e Toninho Nascimento no samba *Milagre brasileiro*: "Me ajoelhei no cruzeiro/ E rezei para melhorar/ Acendi velas, confessei os meus pecados/ Andei com os dedos cruzados/ Para exorcizar todo esse mal". Mas os esforços do sambista foram infrutíferos.

Será que a reza não funcionaria se os santos europeus fossem substituídos por um santo nacional? Também não deu certo. Talvez fosse melhor mudar de comportamento e de padroeiro, substituindo o pacífico São Francisco pelo guerreiro São Jorge: "Estou cansado de nego chegar baixando o pau/ E eu calado bancando o cordial".

Valei-me, meu Nosso Senhor, brasileiro
Me ajoelhei no cruzeiro
E rezei pra melhorar
Acendi velas, confessei os meus pecados
Andei com os dedos cruzados
Para exorcizar todo esse mal
E daí, não deu
E daí, não deu, não
E pelo jeito
Não vai dar para me segurar
Como não tenho outra opção
Pra essa situação
Eu continuo a rezar

Rezei com fé pra São Pedro e São Paulo e São José
São Cristóvão, São Lucas
E até para um santo chamado Nicolau
Hoje eu creio que pra mim só vale a pena
Entregar os meus problemas
Para um santo nacional
Pois eu só me dei mal

Valei-me, meu Nosso Senhor Brasileiro...

Estou cansado de nego chegar baixando o pau
E eu calado bancando o cordial
Vou mudar meu gongá pra outro terreiro
Pra mim agora até o bondoso São Francisco
Vai ter que mudar o disco
E virar São Jorge Guerreiro gritando primeiro
Valei-me, meu Nosso Senhor Brasileiro.

17. *Plano Furado II* (1989).

Autores: João Gordo, Jão e Jabá • Intérprete: Ratos de Porão • Gravadora: Eldorado • LP *Brasil* (1989)

O ano de 1989 começou quente na economia com o lançamento do Plano Verão e o corte de três zeros no cruzado, instituindo-se o cruzado novo — a terceira moeda brasileira em menos de três anos. O plano, que previa nova rodada de congelamento de preços e salários, freios à correção monetária, cortes nos gastos públicos e privatização de algumas estatais, também fracassou.

Os Ratos de Porão lançaram então *Plano Furado II*, nova versão de *Plano Furado*. A banda abriu a pauleira com os já conhecidos versos "Deu tudo errado/ Plano Furado". Em seguida, botou na roda o Ribamar — ou melhor, José Ribamar Ferreira Araújo da Costa Sarney: "Ei Ribamar/ Olhe só o que você fez/ Sua cabeça vai rolar/ Se der errado outra vez".

Um esclarecimento: *Plano Furado II* não versa sobre o Plano Cruzado II, mas sobre o Plano Verão.

Deu tudo errado!
Plano Furado!
Deu tudo errado!
Ei Ribamar
Olhe só o que você fez
Sua cabeça vai rolar
Se der errado outra vez

Não adianta congelar
Os produtos vão sumir
A fábrica do Ribamar
É a primeira a falir

Não dá certo, não
Não dá certo, não
Você não se arrependeu
Daquela última vez
O Brasil quase faliu
E você quase morreu

O sistema monetário
Sempre muda pra pior
O pobre fica bem mais pobre
E o rico vai pra melhor.
Não dá certo, não
Não dá certo, não

Não adianta pedir para Deus
Ele não vai ajudar
Plano Furado II
Só pintou pra piorar nossa situação.

18. *Bugio 88* (1988).

Autores: Lourdinha e Zé Maria • Intérprete: Os Fazendeiros • Gravadora: Aleson • LP *O retorno da rosa branca* (1988)

A pretexto de saudar a chegada de 1988, o conjunto gaúcho Os Fazendeiros faz uma resenha da situação do Brasil: inflação, baixos salários, desemprego e falta de oportunidades. O diagnóstico sobre a Constituinte é demolidor: "A tal Constituinte é um ninho de cobras/ Quando se espalhar quero ver onde vai/ Se o que vai na frente tem a ideia ruim/ Todos os que não prestam vão correndo atrás".

O bugio é uma dança típica gaúcha do fim do século XIX, cujos passos lembram o andar do macaco bugio — daí seu nome. Nos anos 1950, o gênero passou a receber arranjos de gaitas. Mais tarde, ganhou letra.

Nesse ano novo que logo começa
Em forma de prece eu peço ao Senhor
Derrame sua bênção sobre a humanidade
Em toda cidade e no interior
Do preto ao branco, o rico e o pobre
Do analfabeto até o doutor
O homem do campo e o pecuarista
A classe de artista e o lavrador
Vamos preservar a nossa natureza
Porque não adianta ter tanta riqueza
Onde não existe a paz e o amor

A todos os amigos que estão me ouvindo
A minha mensagem eu quero mandar
Pra que Deus vos livre da guerra e a violência
Como recompensa temos que lutar
Vamos nos unir com fé e esperança
Que o ano que vem tudo vai melhorar
Lutamos com raça e patriotismo
Mas o egoísmo tem que acabar
E também a quadrilha de exploradores
Que vivem às custas dos trabalhadores
São os que não deixam o país levantar
Para os grandes homens que estão no poder
Qual é o benefício que eles nos traz
Que só dão trabalho para os jornalistas
Mas o resultado que é bom não sai
A tal Constituinte é um ninho de cobras
Quando se espalhar quero ver onde vai
Se o que vai na frente tem a ideia ruim
Todos os que não prestam vão correndo atrás
O custo de vida em nosso país
Com roubo e assalto ninguém é feliz
Senhor presidente, tá sendo demais

Senhor presidente, esse é o nosso protesto
O nosso país não tem proprietário
Quanto mais lutamos para melhorar
Os que não trabalham fazem o contrário
Nós não temos chance, não temos emprego
Só tem o direito quem tá no plenário
Aumenta o petróleo e o custo de vida
Só o que não aumenta é o nosso salário
Sobe luz e a água e aumenta a inflação
Assim eles tiram o resto do pão
Que falta na mesa do pobre operário.

19. *Disputa de poder* (1988).

Autores: Almir de Araújo, Marquinhos Lessa, Hércules Correia e Balinha • Intérprete: Simone • Gravadora: CBS • LP *Sedução* (1988)

O samba *Disputa de poder*, gravado por Simone em 1988, deveria ter um viés de esperança. Afinal, no dia 5 de outubro daquele ano foi promulgada a "Constituição Cidadã", uma carta moderna que consolidou a democracia no país e ampliou os direitos individuais e sociais. Mas 1988 esteve dominado pela irritação e pela desilusão, já que os "brasileiros e brasileiras" — saudação adotada pelo presidente José Sarney na abertura de seus discursos à nação — sofriam os efeitos devastadores de uma inflação galopante.

A canção seria usada mais tarde na abertura da novela *Brasileiros e brasileiras*, exibida pelo SBT entre novembro de 1990 e maio de 1991.

É ruim de segurar
Assim não dá, é padecer
Do jeito que está
Vamos pagando pra sobreviver
Se trocou não mudou nada
Jogo de carta marcada
É só perder
A panelinha armada
Tem muita brasa
E ninguém bota pra ferver

Isso aqui tá brincadeira
Ou será que não está
Brasileiro, brasileira
Tá na hora de gritar (bis)

Chega
De levar tanta porrada
Vamos ver se a papelada
Dessa vez é pra valer
Chega
Tá virando sacanagem
As promessas são bobagens
Que só faz aborrecer
Cansado
Rasgo a fantasia
Dessa anarquia
Na disputa do poder
Piuí, piuí, puá, puá
Eu quero ver onde essa zorra
Vai parar.

20. *Eu não gosto do governo* (1988).

Autor: Mau • Intérprete: Garotos Podres • Gravadora: Continental • LP *Pior que antes* (1988)

Em geral, bandas punks não gostam do governo — de qualquer governo. Mas nesse caso a bronca dos Garotos Podres tinha um alvo bem específico: José Sarney. A primeira estrofe entrou de sola: "Eu não gosto do governo/ Não confio no presidente/ Eu não acredito na Ordem e Progresso".

Na verdade, não era apenas a banda punk do ABC paulista que estava contra o governo. O país inteiro havia mergulhado na desesperança. A marca registrada de 1988 foi a hiperinflação — cerca de 1.000% em doze meses. O Brasil conquistou o primeiro lugar no *ranking* mundial da disparada dos preços, bem à frente da segunda colocada, a Eslovênia.

Anos mais tarde, os Garotos Podres fariam uma nova versão para *Eu não gosto do governo*, centrando as críticas no presidente Fernando Henrique Cardoso.

Lá, lá, lá, lá, lá, hei!
Lá, lá, lá, lá, lá, hei!
Lá, lá, lá, lá, lá, lá!

Eu não gosto do governo
Não confio no presidente
Eu não acredito na Ordem e Progresso

Lá, lá, lá, lá, lá, hei!...

Mas ninguém pode me censurar
Pois não sou obrigado a gostar
Confiar e acreditar em nada deste mundo

Lá, lá, lá, lá, lá, hei...

Eu não gosto do governo
Não confio no presidente
Eu não acredito na Ordem e Progresso

Lá, lá, lá, lá, lá, hei...

Oi! Oi! Oi! Oi!
Oi! Oi! Oi! Oi!

21. *Pânico na zona sul* (1990).

Autor: Mano Brown • Intérpretes: Racionais MC's • Gravadora: Zimbabwe Records • LP *Holocausto urbano* (1990)

Em *Pânico na zona sul*, os Racionais MC's chamaram a atenção para a violência, as humilhações e os escrachos sofridos pelo povo da periferia em seu cotidiano. Em particular, denunciaram as milícias e os esquadrões da morte que, se arvorando em justiça sumária, semeavam o pânico nos bairros pobres. Também chamaram a população negra a se unir, a elevar sua consciência e a se fazer respeitar: "A mudança estará em nossa consciência/ Praticando nossos atos com coerência/ E a consequência será o fim do próprio medo".

"Aqui é Racionais MC's, Ice Blue, Mano Brown, KL Jay e eu, Edi Rock."
— E aí, Mano Brown, certo?
— Certo não está, né mano, e os inocentes quem os trará de volta?
— É, a nossa vida continua. E aí quem se importa?
— A sociedade sempre fecha as portas mesmo.
— E aí, Ice Blue?
— Pânico!

Então quando o dia escurece
Só quem é de lá sabe o que acontece
Ao que me parece prevalece a ignorância
E nós estamos sós
Ninguém quer ouvir a nossa voz
Cheia de razões calibres em punho
Dificilmente um testemunho vai aparecer
E pode crer a verdade se omite
Pois quem garante o meu dia seguinte
Justiceiros são chamados por eles mesmos
Matam, humilham e dão tiros a esmo
E a polícia não demonstra sequer vontade
De resolver ou apurar a verdade
Pois simplesmente é conveniente
E por que ajudariam se nos julgam delinquentes
E as ocorrências prosseguem sem problema nenhum
Continua-se o pânico na zona sul.
Pânico na zona sul
Pânico!

Eu não sei se eles
Estão ou não autorizados
De decidir quem é certo ou errado
Inocente ou culpado, retrato falado
Não existe mais justiça ou estou enganado?
Se eu fosse citar o nome de todos que se foram
O meu tempo não daria pra falar, mas
Eu vou lembrar que ficou por isso mesmo
E então que segurança se tem em tal situação
Quantos terão que sofrer pra se tomar providência
Ou vão dar mais algum tempo e assistir à sequência
E com certeza ignorar a procedência
O sensacionalismo pra eles é o máximo
Acabar com delinquentes eles acham ótimo
Desde que nenhum parente ou então é lógico
Seus próprios filhos sejam os próximos
E é por isso que nós estamos aqui
E aí mano Ice Blue
Pânico na zona sul
Pânico!

Racionais vão contar
A realidade das ruas
Se eu não medi outras vidas
A minha e a sua viemos falar
Que pra mudar
Temos que parar de se acomodar
E atacar o que nos prejudica
O medo
Sentimento em comum num lugar
Que parece sempre estar esquecido
Desconfiança, insegurança, mano
Pois já se tem a consciência do perigo
Olha aí!
Mal te conhecem e consideram um inimigo
E se você der o azar de apenas ser parecido
Eu te garanto que não vai ser divertido
Se julgam homens da lei
Mas a respeito eu não sei
Muito cuidado eu terei
Desperte, KL Jay
Eu não serei mais um porque estou esperto
Do que acontece, Ice Blue
Pânico na zona sul
Pânico!

Ei, Brown
E aí, cara?
Você acha que o problema acabou?
Pelo contrário ele apenas começou
Não perceberam que agora se tornaram iguais
Se inverteram e também são marginais
Mas terão que ser perseguidos e esclarecidos
Tudo e todos até o último indivíduo
Porém, se nós queremos que as coisas mudem
Ei, Brown, qual será a nossa atitude?
A mudança estará em nossa consciência
Praticando nossos atos com coerência
E a consequência será o fim do próprio medo
Pois quem gosta de nós somos nós mesmos
Tipo porque ninguém cuidará de você
Não entre nessa à toa
Não dê motivo pra morrer
Honestidade nunca será demais
Sua moral não se ganha, se faz
Não somos donos da verdade, porém não mentimos

Sentimos a necessidade de uma melhoria
A nossa filosofia é sempre transmitir
A realidade em si
Racionais MC's
Pânico na zona sul
Pânico!
Certo, certo, então, irmão
Volte a atenção pra você mesmo
E pense como você tem vivido até hoje, certo?
Quem gosta de você é você mesmo
Nós somos Racionais MC's
DJ KL Jay, Ice Blue, Edi Rock e eu, Brown.
Paz
Pânico.

22. *Candidato caô caô* (1988).

Autores: Walter Meninão e Pedro Butina • Intérprete: Bezerra da Silva • Gravadora: RCA Victor • LP *Violência gera violência* (1988)

Com a redemocratização, os políticos voltaram a correr atrás do voto do eleitor. Passaram a fazer de tudo: subir morro, entrar em favela, comer angu em subúrbio, tomar uma branquinha, até puxar fumo.

Em *Candidato caô caô*, Pedro Butina e Walter Meninão gozaram os políticos que, na época das eleições, descobriam as delícias da vida do povo simples. "Caô" é sinônimo de mentira, engodo, enrolação. "Jantou no meu barracão e lá usou/ Lata de goiabada como prato/ Eu logo percebi, é mais um candidato/ Para a próxima eleição", cantou Bezerra da Silva.

Aí meu irmão, vocês não tomam vergonha
Ainda não aprenderam a votar
Só reparam na pose, malandro?

Ele subiu o morro sem gravata
Dizendo que gostava da raça
Foi lá na tendinha e bebeu cachaça
Até bagulho fumou

Jantou no meu barracão e lá usou
Lata de goiabada como prato
Eu logo percebi, é mais um candidato
Para a próxima eleição

Ele fez questão
De beber água da chuva
Foi lá no terreiro pedir ajuda
Bateu cabeça no gongá

Mas ele não se deu bem
Porque o guia que estava incorporado
Disse esse político é safado
Cuidado na hora de votar

Também disse:
Meu irmão
Se liga no que eu vou lhe dizer
Hoje ele pede seu voto
Amanhã manda a polícia lhe bater
Podes crer!

23. *O teu futuro espelha essa grandeza* (1988).

Autores: Paulo Ricardo, Luiz Schiavon, Paulo P.A. Pagni e Fernando Deluqui • Intérpretes: RPM e Bezerra da Silva • Gravadora: Epic/ Sony Music • LP *Os quatro coiotes* (1988)

Após o sucesso espetacular do LP *Revoluções por minuto*, o RPM rachou. Mas a gravadora convenceu os roqueiros a lançar mais um disco juntos. *Os quatro coiotes*, para os padrões da banda, vendeu pouco. Apenas 170 mil cópias. Uma das faixas, *O teu futuro espelha essa grandeza*, tentava misturar rock com samba. Para ajudar na mistura, os integrantes do RPM convidaram Bezerra da Silva, símbolo da crítica social e política no samba, a cantar com eles.

O clima é de franca desesperança, típico de uma época em que o país mergulhava na hiperinflação e na confusão política.

Nossas praias
Tem mais latas
Mais mulatas, matas virgens
Nossos desertos cada vez mais perto
Nosso destino menino a viver de chicletes
Mentex, quentlex

Aquarelas o tempo amarela
Fontes secam em silêncio
Emudecem todos os pandeiros
Paciente adeus

E um garoto pobre o que é que pode?
Banda de rock cair no pagode
Quando rola o ronco da barriga
É um três-oitão na mão

Aids, apartheid *nas cidades*
Putrefatas, malcheirosas
Tão sestrosa outrora a vida passa
Já senhora decadente

Nas Brasílias da miséria, roda
Sua bolsa, como pode
Hedonistas do país, uni-vos
Ai meu Brasil, que se perdeu
Sem conhecer um apogeu
Esses solos tão férteis
Esses campos tão meus
Quem abençoou foi Deus
Foi Deus, foi Deus.

24. *Baião agrário* (1989).

Autores: Cecéu e Maranguape • Intérprete: Luiz Gonzaga • Gravadora: Copacabana • LP *Vou te matar de cheiro* (1989)

Em *Baião agrário*, é a vez de Luiz Gonzaga defender a reforma agrária. Fala em nome "De um bom cidadão/ Que está querendo/ Um pedaço de terra/ Pra ganhar o pão".

Um pedaço de terra
Uma casinha de taipa
É o bastante
Com a enxada na mão
A gente ganha o pão
E vai avante
Essa mão calejada, danada
Que ainda não cansou
Essa pele morena
Que o sol queimou
É a identidade
De um bom cidadão
Que está querendo
Um pedaço de terra
Pra ganhar o pão

Se isso acontecer
Maria vai gostar
A meninada enche o bucho
Para de chorar

Toda semana lá em casa
Vai ter um forró
Quero ver rapaziada
Levantando o pó
A galinha corcoreja
Meu cabrito berra
Meu pedacinho de terra
Vai ser meu xodó.

25. *Xote ecológico* (1989).

Autores: Aguinaldo Batista e Luiz Gonzaga • Intérprete: Luiz Gonzaga • Gravadora: Copacabana • LP/ CD *Vou te matar de cheiro* (1989)

Gonzagão saiu em defesa do meio ambiente em *Xote ecológico*. Depois de denunciar que a poluição estava acabando com as flores, os peixes e o verde, lembrou o assassinato de Chico Mendes.

Não posso respirar, não posso mais nadar
A terra está morrendo, não dá mais pra plantar
Se plantar não nasce, se nascer não dá
Até pinga da boa é difícil de encontrar
Cadê a flor que estava ali?
Poluição comeu
E o peixe que é do mar?
Poluição comeu
E o verde onde que está?
Poluição comeu
Nem o Chico Mendes sobreviveu.

26. *Chico Mendes* (1989).

Autores: Alberto Cabañas e Enrique Bergen • Intérprete: Jessé • Gravadora: RGE • LP *In Nashville* (1989)

O cantor Jessé também rendeu homenagem a Chico Mendes. Explicou que todo homem é uma árvore — "Se uma árvore cai/ Mil outras estão nascendo".

Sobre Chico Mendes, completou: "Esse homem a quem outro sentenciou/ Sempre árvore será de sombra e amor/ Sempre árvore será tocha de luz/ Espinho e cruz".

Um homem é uma árvore
É milagre que se repete eternamente
Na multiplicação dos frutos
O exemplo da solidariedade
Que dá e recebe a seiva permanentemente
Se uma árvore cai
Mil outras estão nascendo

Cruza um presságio triste
A floresta emaranhada
Cheira incenso de queimada
Numa verde catedral
Folhas qual carpideiras
Vão choramingando ao vento
Espalhando seus lamentos
Anunciando morte está
Prantos por uma vida
Fatalmente sentenciada
Sinos de morte matada
Redobram num matagal

Uma árvore será berço e caixão
Uma árvore será sombra e amor
Uma árvore será tocha de luz
Espinho e cruz
Esse homem a quem outro sentenciou
Sempre árvore será de sombra e amor
Sempre árvore será tocha de luz
Espinho e cruz

Uma espingarda espera
Entre as sombras assustada
Sua alma de árvore espantada
Deve a outra árvore matar
Destino miserável
Foi madeira quando criança
Hoje chumbo de vingança
Guarda entranha vegetal
A história está esperando
Chovem balas qual machados
Vida e tronco derrubados
Adubo de seringais

Uma arvore será berço e caixão...

27. *Chico Mendes* (1990).

Autores: José Fernando Gonzalez e Talo Pereira • Intérprete: João Almeida Neto • Gravadora: RGE • LP *João de Almeida Neto* (1990)

Quase um tango, a canção de José Fernando Gonzalez e Talo Pereira, que em 1990 venceu a 10ª Ciranda Musical Teuto-Riograndense — tradicional festival de música gaúcha—, prestou homenagem a Chico Mendes. Denunciou seu assassinato: "Foi morte matada, pecado de gente/ Maleva cobiça na mão dos ateus/ E a força da bala plantou de silêncio/ O caminho da vida no rumo de Deus".

"Maleva" é corruptela de "malévola".

Por onde é que anda quem antes cruzava
A paz do meu mundo sem armas na mão
Por onde é que anda quem antes sonhava
Parar derrubadas chamando à razão?

Terá desistido da luz do seu sonho
Por ver na cidade seu ronco vazio?
Terá sucumbido na luta perdida
Deixando as coivaras, macaco e bugio?
Roncaram na trilha que o Chico morreu

Foi morte matada, pecado de gente
Maleva cobiça na mão dos ateus
E a força da bala plantou de silêncio
O caminho da vida no rumo de Deus

A serra que serra no alto da serra
É a mesma que mata por todo o país
Floresta arrasada e a vida findando
E os homens olhando morrer a raiz

O Chico rondava com sonhos de bicho
Parando a queimada com voz de bugio
Será que por isso se ergueram os fortes
Com mão de poder e o Chico sumiu?
Roncaram na trilha que o Chico morreu.

28. *Chico Mendes, o arauto da natureza* (1991).

Autores: João Banana, Serjão, Jorge Paulo, Paulinho e Tuca • Intérprete: Celino Dias • Gravadora: BMG/ Ariola • LP duplo *Sambas de enredo das escolas de samba do grupo especial – Carnaval de 1991* (1991)

No carnaval de 1991, a Lins Imperial desfilou na Marquês de Sapucaí com uma samba em homenagem a Chico Mendes, assassinado no Acre em dezembro de 1988. A escola de samba chamou o país à luta em defesa da floresta: "Kararaô!/ O grito forte do índio ecoou/ Kararaô! A natureza inteira despertou/ Voa pássaro da paz/ Voa livre e vai mostrar/ Que essa área verde existe/ Para o mundo respirar".

"Kararaô" é um grito de guerra dos caiapós.

Em 1990, em São Paulo, a Escola de Samba Flor da Penha já havia cantado no carnaval o samba *O sonho bom de Chico Mendes.*

Quanta maldade é ver
O homem destruir
O que hoje encanta
A Sapucaí (bis)

Amazônia,
Que verde encantador
Fauna tão linda
Um verdadeiro festival de cor
Terra rica em frutos e pesca
Chico foi o mensageiro
Em defesa da floresta (bis)
Os invasores, por ambição
Calaram Chico
Dando sequência à destruição
Kararaô!
O grito forte do índio ecoou
Kararaô!
A natureza inteira despertou
Voa pássaro da paz
Voa livre e vai mostrar (mostrar, mostrar)
Que essa área verde existe
Para o mundo respirar, lá, lá, laiá
Para o mundo respirar.

29. *Chico Mendes, pau-Brasil* (1992).

Autores: Eron Vianna, Cláudio Ribeiro e Rosa Maria Mineiro Dias • Intérpretes: Eron Vianna e Tutuca • Gravadora: Chororó • LP *Pepino roxo* (1992)

O cantor paranaense Eron Vianna e o comediante Tutuca (ver a marchinha *A minha renúncia*, no Capítulo VI, do Volume I) também se somaram às homenagens a Chico Mendes.

Êh, Chico Mendes
A luta vai continuar
Pois você plantou a semente onde ninguém pode arrancar
Você plantou a semente para o mundo cultivar
Chico Mendes foi um bravo seringueiro
Defensor dos companheiros e também dos seringais
Defensor do meio ambiente, nossa gente com seus "ais"
Tinha o verde por bandeira, porque o verde agora é paz
Êh, Chico Mendes...

A Amazônia é sempre festa entre fauna e floresta
Com cantigas desiguais, mas foi um tiro traiçoeiro
Que levou o seringueiro Chico Mendes, nunca mais
Mas seu projeto não morreu, estando aqui seus ideais
Pelo pouco que viveu, ele até plantou demais
Êh, Chico Mendes...
Xapuri virou notícia e manchete nos jornais
A justiça não falhou mas provou que é veraz
Quem machucar o verde, este ao verde se desfaz
Obrigado, Chico Mendes, já são meus teus ideais
Êh, Chico Mendes...

30. *Ditadores (Como diria Raulzito)*, (1989).

Autor e intérprete: Zé Geraldo • Gravadora: Eldorado • LP *Viagens & versos* (1989)

Em *Ditadores (Como diria Raulzito)*, Zé Geraldo rendeu homenagem a Raul Seixas, que havia morrido meses antes. O refrão "Quanto mais conheço os ditadores/ Mais eu amo meu cachorro" — simples, forte e surpreendente — é a cara do Maluco Beleza.

Depois de criticar a corrupção e os aumentos nos pedágios, Zé Geraldo investiu contra os decretos aprovados por decurso de prazo — expediente autoritário do tempo da ditadura que continuava em vigor na Nova República — e contra as filas de aposentados nos postos do INSS. Também falou sobre a concentração da propriedade rural — que deixava sem terra os índios, os negros e os lavradores pobres —, sobre as queimadas na floresta e as mortes dos animais selvagens. Para arrematar, lembrou que no Brasil se jogava lixo atômico no quintal — uma referência ao episódio ocorrido em Goiânia em 1987, quando três pessoas morreram contaminadas por material radioativo do lixo de um hospital.

Quanto mais conheço os ditadores
Mais eu amo meu cachorro (bis)

Confinei os cabeças pensantes em campos gelados
A corrupção é cria do homem, está por todo lado
Aumentam pedágios, escolas, TRU
Trocentos por cento de aumento no IPTU
Tamo nu

Quanto mais conheço os ditadores...

Aprovam decretos por decurso de prazo
Botam os velhos nas filas, isso não vem ao caso
Os negros, os índios, os demais sem-terra, deixa pra depois
Uma boa ajuda aos contras pra equilibrar as baixas
Evita isso tudo no caixa dois, ora pois
Mete fogo na mata, mata o bicho
Joga o lixo atômico no fundo de qualquer quintal
Não faz mal

Quanto mais conheço os ditadores...

31. *Filha da puta* (1989).

Autor: Roger Moreira • Intérprete: Ultraje a Rigor • Gravadora: Warner Music • LP *Crescendo* (1989)

A censura havia ficado para trás. Se ainda havia dúvidas a respeito disso, elas foram dissipadas com a gravação de *Filha da puta*, de Roger Moreira, com direito a palavrão no título. A canção, lançada em 1989, falava sobre as mazelas brasileiras e o amor à pátria: "Morar nesse país/ É como ter a mãe na zona/ Você sabe que ela não presta/ E ainda assim adora essa gatona".

Morar nesse país
É como ter a mãe na zona
Você sabe que ela não presta
E ainda assim adora essa gatona
Não que eu tenha nada contra
Profissionais da cama

Mas são os filhos dessa dama
Que você sabe como é que chama

Filha da puta
É tudo filho da puta

É uma coisa muito feia
E é o que mais tem por aqui
E sendo nós da pátria filhos
Não tem nem como fugir
E eu não vi nenhum tostão
Da grana toda que ela arrecadou
Na certa foi parar na mão
De algum maldito gigolô

Filha da puta...

Cês me desculpem o palavrão
Eu bem que tentei evitar
Mas não achei outra definição
Que pudesse explicar
Com tanta clareza
Aquilo tudo que a gente sente
A terra é uma beleza
O que estraga é essa gente

Filha da puta...

32. *Cabo eleitoral* (1989).

Autor: Ivan Lins e Vitor Martins • Intérprete: Ivan Lins • Gravadora: Polygram • LP *Amar assim* (1989)

O cabo eleitoral, decepcionado com o político para quem tinha trabalhado em outras épocas, mandou-lhe uma carta avisando que não participaria mais de sua campanha. Alegou que o candidato tinha o rabo preso no escândalo da Capemi (Caixa de Pecúlios, Pensões e Montepios Beneficentes), instituição sob intervenção por desvio de recursos públicos. Além disso, teria subornado funcionários da Sudene (Superintendência do Desenvolvimento do Nordeste).

Recebi seu telegrama
Com detalhes do programa
A campanha e sua meta
As promessas adiadas
E as verbas canceladas
Colocaram o meu na reta
Os capachos e os pelegos
Já largaram seus empregos
Esperando pelo seu
As viúvas tão viúvas
Esperando pela chuva
Que o Senhor nos prometeu

Todo dia os rapazes
Coladores de cartazes
Vão lá em casa receber
O dinheiro que me veio
Deu um tanque pelo meio
E não deu preu me mexer
Não tem fogos de artifício
Nem palanque para comício
E nem pano prumas faixas
Como pode perceber
Está difícil se eleger
Com a caixa assim tão baixa

Me bateram ao pé do ouvido
Que o senhor tá envolvido

Num montão de aconchavo
Levou grana da Capemi
Para um suborno na Sudene
E o povo aqui tá bravo
Nunca fui de cair fora
Mas agora tá na hora
Pois não traio os eleitores
Já que é a mesma marmelada
E, no fim, não levo nada
Vou tirar meu cobertor

Mas se Deus quiser pro ano
Estarei em um outro ramo
Esquecendo do senhor
Numa profissão decente
Numa profissão de gente
Tipo atravessador
Vou tirar meu pé do lodo
Faturar o ano todo
Para mostrar o meu valor
Assinado: um ex-cabo eleitoral,
Competente e leal,
Antenô Souza Amaral
Um ex-cabo eleitoral,
Competente e leal,
Antenô Souza Amaral.

33. *Panamericana (Sob o sol de Parador)*, (1989)[1].

Autores: Lobão, Tavinho Paes e Arnaldo Brandão • Intérprete: Lobão • Gravadora: BMG/ Ariola • LP *Sob o sol de Parador – Lobão e os presidentes* (1989)

Em *Panamericana*, Lobão denunciou a repressão na América Latina, referindo-se à ação dos ditadores, dos militares, dos paramilitares e das milícias dos *tonton macoutes* no Haiti. Também citou vários protagonistas das lutas do continente nas décadas de 1970 e 1980, como as Mães da Praça de Maio (Argentina), e saudou os guerrilheiros Tupamaros (Uruguai), Montoneros (Argentina), do M-19 (Colômbia), da Frente Sandinista de Libertação Nacional (Nicarágua), da Frente Farabundo Martí de Libertação Nacional (El Salvador) e do Sendero Luminoso (Peru).

O refrão repete uma famosa frase de Che Guevara: "Hay que endurecer pero sin perder la ternura". O subtítulo da canção é uma referencia irônica à comédia americana *Sob o luar de Parador*, de 1988, ambientada em um país latino-americano submetido a uma ditadura.

34. *Com Afif, juntos chegaremos lá* (1989).

Autor(es) e intérprete(s): desconhecido(s) • Gravação especial

Lançado candidato pelo Partido Liberal (PL), partido sem implantação nacional, Guilherme Afif Domingos até que teve um desempenho razoável na corrida presidencial de 1989. No meio da campanha, chegou a ter mais de 10% nas pesquisas. Mas perdeu terreno quando a disputa esquentou. Mesmo assim, obteve 4,53%, ficando na sexta posição. No segundo turno, seus eleitores voltaram-se majoritariamente para Fernando Collor.

Vamos, juntos chegaremos
Vamos levantar esse gigante

1 Infelizmente, não foi possível reproduzir a íntegra da letra de *Panamericana (Sob o sol do Parador)*, porque o pedido de liberação dos versos foi negado pelos detentores dos direitos autorais.

Juntos chegaremos lá
À sombra das palmeiras
Onde canta o sabiá
Vamos, grande é nossa sede
Do tamanho de um país
Juntos chegaremos
Num Brasil brasileiro
Aonde a gente possa ser feliz
Juntos chegaremos lá
Fé no Brasil
Com Afif, juntos
Chegaremos lá.

35. *Bote fé no velhinho* (1989).

Autor: PC Bernardes • Intérprete(s): desconhecido(s) • Gravadora: RB Produções (1989)

Presidente do PMDB e comandante da campanha das Diretas-Já, Ulysses Guimarães era, ao final da luta contra a ditadura, o político mais respeitado do país. Mas, nos anos seguintes, especialmente depois do fracasso do Plano Cruzado, desgastou-se juntamente com o presidente Sarney, por ser visto como a eminência parda do governo.

Nem seu trabalho à frente da Constituinte levou-o a recuperar a popularidade. Desesperada com a hiperinflação, a população queria punir os políticos associados à Nova República. Por isso mesmo, desde o início da campanha, as pesquisas mostraram a candidatura de Ulysses patinando, sem conseguir decolar.

O *jingle* do "Senhor Diretas" surpreendeu. O *slogan* "Bote fé no velhinho, ele sabe o que faz", alegre e fácil de reter, ressaltava sua experiência política. Mas, com uma inflação anual de 1973% em 1989, os eleitores estavam querendo mesmo era novidade. Passaram para o segundo turno dois políticos jovens, Fernando Collor e Lula.

Ulysses chegou em sétimo lugar, com 4,23% dos votos válidos.

Bote fé no Velhinho
O Velhinho é demais
Bote fé no Velhinho
Que ele sabe o que faz
Vai limpar o Brasil
Do Oiapoque ao Chuí
E acabar com a molecagem
Que tem por aí

Ulysses, guerreiro coragem
Com ele vamos construir
Um novo país de verdade
Desta vez o Brasil vai sorrir

Essa é a marcha do povo
Cante junto pra mostrar
Que sabe o que quer
Só quem sabe faz o novo
O povo não é bobo
Ulysses é o Brasil de pé.

36. *Vai ter que mudar* (1990).

Autores: Alípio Martins e Marcelle • Intérprete: Alípio Martins • Gravadora: Continental • LP *Que delícia* (1990)

Vai ter que mudar refletiu o clima de desencanto da população com os políticos e o desespero com os problemas do cotidiano que levou à vitória de Fernando Collor nas eleições de 1989. Inflação galopante, perda de poder aquisitivo dos salários, escândalos de corrupção, autoestima do país na lona, desesperança generalizada — caldos de cultura desse tipo geralmente levam ao poder demagogos travestidos de salvadores da Pátria. Foi assim com o cabo Hitler na Alemanha no início da década de 1930. Foi assim com Jânio Quadros em 1960. Foi assim com Collor em 1989.

Eu não posso concordar com certas coisas
Que acontecem no País das Maravilhas
É uma grande falta de respeito a gente trabalhar
E não ganhar o necessário pra sustentar nossas famílias
Enquanto os tubarões tranquilamente mandam dólar pra Suíça
Não sobram no meu bolso alguns trocados pra comprar uma salsicha
Essa desigualdade é uma crueldade,
Minha gente, e isso vai ter que mudar

(Vai, vai ter que mudar, ooo
Vai, vai ter que mudar)
Pra renascer de novo
A esperança do povo

É aumento a toda hora
Dizem que a culpa é do dólar
E do ouro que agora é moeda americana
Mas eu sei que esse ouro é brasileiro
E é levado de avião para o estrangeiro
Derretido e vendido a preço de banana
Enquanto meia dúzia de safados
Tarados
Vivem como marajás
E a gente que trabalha o ano inteiro
Não vê a cor do dinheiro
Mas isso vai ter que mudar...

37. *Os presidenciáveis (As lamentações)*, (1990).
Autor e intérprete: Alípio Martins • Gravadora: Continental • LP *Que delícia* (1990)

Passadas as eleições presidenciais de 1989, vencidas por Fernando Collor, Alípio Martins lançou nova versão de *Os presidenciáveis* (ver na seleção principal deste capítulo). Recorrendo aos *jingles* dos candidatos e imitando seus discursos, ele brincou com Lula, Brizola, Aureliano Chaves — que se meteu num bate-boca com Silvio Santos — e Afif Domingos. Fechou o cortejo o ex-presidente José Sarney.

A referência aos patinhos na lagoa, no caso de Afif, lembrava a imagem usada pelo candidato na reta final da campanha para fixar seu número, o 22, junto ao eleitorado. No bingo, é assim que o 22 é cantado.

Vamos agora escutar
Esse pot-pourri
Para você recordar
E morrer de rir

Lula lá, a loteca saiu
Lula lá, mas você não viu
Lula lá, e a grana sumiu
Lula lá, foi para as estrelas (bis)

— Eu acho que nós tem que fazer uma oposição sistemática. Eu penso honestamente que tem que fazer um governo paralelo. E digo mais: eu só não ganhei essa eleição porque se o outro tivesse a minha barba e eu os terno dele, eu papava essa eleição.

La, lá, lá, lá, lá, não chora
Lá, lá, lá, lá, lá, que fora (bis)
— Conseguiram te enganar, conseguiram me enganar. Eu nadei, nadei e morri na rua. E o que é pior, com o sapo barbudo, não é verdade?

Lá no horizonte, uma mão acenando
É uma cena triste de se ver
É a presidência que vai se afastando
E vai ficando longe de você
Meu camarada você foi fominha
Tirou a chance do animador
Cê tá querendo fazer a caminha
Pra no futuro ser governador

— É claro que com toda a minha dignidade e austeridade, não poderia renunciar à minha candidatura.

— Vai, vai, vai pra lá, francamente. Se você tivesse deixado essa boca pra mim, eu já tava eleito. Agora, eu vou continuar com os meus programas e você vai ficar em casa de pijama. Ahahai, ihihih, ele perdeu!

Os patinhos da lagoa
Que sonhavam em chegar lá
Os patinhos da lagoa
Desaprenderam a nadar (bis)
— Pois é, minha gente, eu fui acreditar na palavra dessa vidente, Leila Alckmin, que me garantiu que a minha vitória já estava garantida, sim. E pra homenagear os patinhos da minha campanha, eu caí que nem um pato. Mas, quem sabe, minha gente, na próxima juntos chegaremos lá.

Louvo, louvo, louvo, louvo, louvo
A esperança renasceu de novo (bis)
— Brasileiros e brasileiras, ah, se eu tivesse mais cinco anos, eu juro que endireitava esse país. Agora só me resta pegar esse trem e torcer pra que esse menino continue ajudando o Maranhão. Vamos embora, mulher. Para de comer, mulher, que agora quem paga as contas somos nós.

38. *Éramos felizes e não sabíamos* (1990).

Autores: Gaúcho da Fronteira e Beto Caetano • Intérprete: Gaúcho da Fronteira • Gravadora: Alvorada/ Chantecler • LP *Gaitaço* (1990)

Com canções bem-humoradas, muito populares nos bailes no Rio Grande do Sul, Gaúcho da Fronteira fez muito sucesso nas décadas de 1980 e 1990. Em *Éramos felizes e não sabíamos*, ele se divertiu com o arrependimento que bateu em muitos eleitores de Fernando Collor. Ao subir ao poder, o caçador de marajás havia se revelado um político igual aos outros. Pior até: "Não vai faltar alguém que diga/ Que saudade do Sarney!/ Político é sempre assim/ Eu falei, eu não falei".

O Dutra mencionado numa das falas provavelmente é Olívio Dutra, eleito prefeito de Porto Alegre pelo PT em 1988.

— Há, há, essa vidinha vai acabar...

Essa vidinha tão boa
Agora vai terminar
Oi, que tá chegando o homem
Caçador de marajá
Essa vidinha tão boa
Agora vai terminar
— Moleza à parte, quem quiser moleza pegue uma sombra de minhoca.

O povo que se prepare
No pacote tem presente
Se a Zélia disse e falou
Não é como antigamente
O povo que se prepare
No pacote tem presente
— Olha que vem coisa dura no pacote, hein?

Já é hora de trabalho
Vamos deixar de blá-blá-blá
Os da esquerda se arremangam
Diz que vão fiscalizar
Já é hora de trabalho
Vamos deixar de blá-blá-blá
— É, vamos botar o peito n'água, gurizada, vamos mostrar serviço pros companheiros...

Isso já foi anunciado
Através da Rede Globo
Faço isso e faço aquilo
E acabo com esse roubo
Isso já foi anunciado
Através da rede Globo
— Falou e não leu, o pau comeu, irmão!

Parece que a noiva é a mesma
Só mudaram o penteado
Entra Juca e sai Manduca
E o baile sempre formado
Parece que a noiva é a mesma
Só mudaram o penteado
— Há, há, há, trocaram as alianças principalmente, não é isso? Há, há, há.

Há pouco tempo lá em casa
Tinha boia à revelia
Nós éramos tão felizes
Pena que ninguém sabia
Há pouco tempo lá em casa
Tinha boia à revelia
— Pode ser que chova na minha horta desta vez, né?

Ferrovia Norte-Sul
Quase mudou o destino
Ameaçaram com gaúcho
E me empurraram um nordestino
Ferrovia Norte-Sul
Quase mudou o destino
— É, ameaçaram pela frente e entraram pelos fundos, rapaz...

Não vai faltar alguém que diga
Que saudade do Sarney!
Político é sempre assim
Eu falei, eu não falei
Não vai faltar alguém que te diga
Que saudade do Sarney!
— Tão bonzinho que ele era, mas agora já viajou o Dutra, não adianta nada.

Essa vidinha tão boa
Agora vai terminar
Porque tá chegando o homem
Caçador de marajá
Essa vidinha tão boa
Agora vai terminar
— Não adianta, chora com os nariz cheio de renda. Ah, essa vidinha que eu gosto.
Boa noite, amor, feche a porta e apague a luz...

39. *Guerreiro do Terceiro Mundo* (1990).

Autor e intérprete: Edson Gomes • Gravadora: EMI-Odeon • LP *Recôncavo* (1990)

O termo "Terceiro Mundo" surgiu na década de 1950, durante a Guerra Fria, para designar os países que não se filiavam a nenhum dos dois grandes blocos da política internacional: o capitalista, comandado pelos Estados Unidos, e o socialista, chefiado pela União Soviética. De modo geral, faziam parte do Terceiro Mundo países da América Latina, África e Ásia.

Na canção *Guerreiro do Terceiro Mundo*, Edson Gomes denunciou as péssimas condições de vida do povo em nosso país: "Estamos enchendo as calçadas/ Superlotando as prisões/ As favelas não suportam mais/ Tanta gente em aflição". Mas, apesar de tudo, ele ainda mantinha a esperança: "Sei que vai chegar o dia/ Em que tudo mudará/ O alimento não faltará jamais/ E a moradia sobrará".

Surge mais um guerreiro do Terceiro Mundo
Levantando suas armas com seu grito de alerta
Pondo sua vida em jogo lutando pelo povo
Levantando suas armas com seu grito de alerta
Quando chove tem jogo lutando pelo povo

Que vive tão desesperado
Sem ter o que comer
De manhã, à tarde, à noite
Sem saber o que fazer

Surge mais um guerreiro do Terceiro Mundo...

Estamos enchendo as calçadas
Superlotando as prisões
As favelas não suportam mais
Tanta gente em aflição
Oh, não!

Surge mais um guerreiro do Terceiro Mundo...

Sei que vai chegar o dia
Em que tudo mudará
O alimento não faltará jamais
E a moradia sobrará

Estamos enchendo as calçadas...

40. *Beco sem saída* (1990).

Autores: Edi Rock e KL Jay • Intérprete: Racionais MC's • Gravadora: Zimbabwe Records • LP *Holocausto urbano* (1990)

Em *Beco sem saída*, os Racionais MC's voltaram a denunciar a violência, o racismo e a injustiça social nos bairros de periferia. Também conclamaram os jovens negros e pobres a superar a acomodação, a omissão e a inação.

Para provar que nenhuma opressão é eterna e que o que parece sólido desmancha no ar, os rappers lembraram a queda do Muro de Berlim, ocorrida no ano anterior: "Atravesse essa muralha imaginária/ Em sua cabeça, sem ter medo de falhas/ Se conseguiram derrubar uma muralha real, de pedra/ Você pode conseguir derrubar esta".

Às vezes eu paro e reparo, fico a pensar
Qual seria meu destino senão cantar
Um rejeitado, perdido no mundo, é um bom exemplo
Irei fundo no assunto, fique atento
A sarjeta é o lar não muito confortável
O cheiro é ruim, insuportável
O viaduto é o reduto nas noites de frio
Onde muitos dormem e outros morrem, ouviu?
São chamados de indigentes pela sociedade
A maioria negros, já não é segredo, nem novidade
Vivem como ratos jogados
Homens, mulheres, crianças,
Vítimas de uma ingrata herança
A esperança é a primeira que morre
E sobrevive a cada dia a certeza da eterna miséria
O que se espera de um país decadente
Onde o sistema é duro, cruel, intransigente

Beco sem saída!
Beco sem saída!
Beco sem saída!
Beco sem saída!

Mas muitos não progridem na verdade porque assim querem
Ficam inertes, não se movem, não se mexem
Sabe por que se sujeitaram a essa situação?
Não pergunte pra mim, tire você a conclusão
Talvez a base disso tudo esteja em vocês mesmos
E a consequência é o descrédito de nós, negros
Por culpa de você, que não se valoriza
Eu digo a verdade, você me ironiza
A conclusão da sociedade é a mesma
Que, com frieza, não analisa, generaliza
E só critica, o quadro não se altera e você
Ainda espera que o dia de amanhã será bem melhor
Você é manipulado, se finge de cego
Agir desse modo, acha que é o mais certo
Fica perdida a pergunta, de quem é a culpa
Do poder, da mídia, minha ou sua?
As ruas refletem a face oculta
De um poema falso, que sobrevive às nossas custas
A burguesia, conhecida como classe nobre
Tem nojo e odeia a todos nós, negros pobres
Por outro lado, adoram nossa pobreza
Pois é dela que é feita sua maldita riqueza

Beco sem saída! Beco sem saída!...

(— É, meu mano KL Jay. O poder mente, ilude e domina a maioria da população, carente da educação e cultura.

E é dessa forma que eles querem que se proceda. Não é verdade?

— É, pode crê!)

Nascem, crescem, morrem, passam
desapercebidos
E a saída é esta vida bandida que levam
roubando
Matando, morrendo, entre si se acabando
Ei, mano, dê-nos ouvidos!
Os poderosos ignoram os direitos iguais
Desprezam e dizem que vivam como
mendigos a mais
Não sou um mártir que um dia irá te salvar
No momento certo, você pode se condenar
Não jogamos a culpa em quem não tem
culpa
Só falamos a verdade e a nossa parte você
sabe de cor
Atravesse essa muralha imaginária
Em sua cabeça, sem ter medo de falhas
Se conseguiram derrubar uma muralha real,
de pedra
Você pode conseguir derrubar esta
Leia, ouça, escute, ache certo ou errado
Mas, meu amigo, não fique parado
Isso tudo vai ser apenas um grito solitário
Em um porão fechado, tome cuidado
Não esqueça o grande ditado
Cada um por si!

Siga concordando com tudo o que eu digo
(normal)
Pois pra você parece mais um artigo
(jornal)
Esse é o meu ponto de vista, não sou um
moralista
Deixe de ser egoísta, meu camarada,
persista!
É só uma questão: será que você é capaz de
lutar?
É difícil, mas não custa nada tentar
(— Ei cara, o sentido disto tudo está em você
mesmo.
Pare, pense e acorde, antes que seja tarde
demais
O dia de amanhã te espera, morô?
Edi Rock, KL Jay, Racionais!)

Beco sem saída! (Podicrê, né não?)
Beco sem saída! (Aí, mano!)
Beco sem saída! (Certo!)
Beco sem saída!
Beco sem saída!
Beco sem saída!
Beco, beco, beco sem saída, beco sem saída,
beco sem saída!

41. *Nada mudou* (1991).

Autores: Winston Foster (música); Ras Bernardo, Bino Farias, Da Gama e Lazão (versão) • Intérprete: Cidade Negra • Gravadora: Sony Music • LP *Lute para viver* (1991)

Na versão brasileira do reggae *Jah Jah made us for a purpose*, o Cidade Negra não desancou apenas os políticos que metiam os pés pelas mãos, a começar pelo presidente Fernando Collor. Criticou também os eleitores que o escolheram, acreditando que ele seria o salvador da pátria: "Não venha me dizer que você não cooperou/ É só você lembrar em quem você votou".

O que você botou pra alimentar as
ratazanas?
Só tinha caviar, foi um banquete de bacana

Champanhe francês na festa do burguês
Tudo isto pago com a grana de vocês
Não venha me dizer que você não cooperou
É só você lembrar em quem você votou
Que eu vou te relembrar o que ele falou
Ele dizia
Glória, Glória, Aleluia
Se eleito irei vos dar uma ajuda
Mas me diga o que você pensou
Bicho corrupto não é o salvador
Deixou de ser humano para ser um roedor
Manipula a TV e usa até computador
Pois está no poder e pois então nada mudou
Nada mudou, ô ô
Nada mudou.

42. *Nos jardins desta nação* (1991).

Autores: Ras Bernardo, Bino Farias, Da Gama e Lazão • Intérprete: Cidade Negra • Gravadora: Sony Music • LP *Lute para viver* (1991)

Outro reggae do grupo Cidade Negra que critica a falsidade dos políticos. Os discursos cheios de palavras bonitas seriam apenas sementes de ilusão plantadas nos jardins da nação. Na hora da colheita, o povo comeria o fruto amargo da decepção.

Calamidade neste dia veio acontecer
No discurso de um político que ia se eleger
Tentaram nos enganar mais uma vez
Com palavras bonitas, de improviso decoradas
Egoísta alienado, querendo ser coroado
Plantaram em nossas vidas semente de ilusão
Pra depois comer o fruto da decepção
Nos jardins desta nação. (bis)

43. *Honestidade* (1991).

Autor e intérprete: Juca Chaves • Gravadora: Sdruws Records • CD triplo *O melhor de Juca Chaves, o menestrel do Brasil* (1995)

Mais uma sátira de Juca Chaves, que critica a corrupção no governo de Fernando Collor e denuncia a existência de uma caixinha formada com a contribuição de empresários. A menção à LBA (Legião Brasileira de Assistência) lembrava a denúncia que derrubou da direção do órgão a primeira-dama Rosane Collor. Verbas que deveriam ter sido aplicadas na assistência social tinham ido parar nas mãos de seus irmãos, os Maltas — chefes políticos da cidade de Canapi, em Alagoas.

A honestidade há muito já sumiu
E as consequências vêm sempre depois
Por isso todo dia pra alegria do Brasil
Morre um ladrão e nascem dois
Morre um ladrão e nascem dois

Sai um ministro, entra outro que promete
E o aposentado, coitado, se comove
À espera do 147 se decrete
Mas na horta do pobre nunca chove
Collor deu um bom 69

Enquanto os empresários, operários da cobiça
Investem lá no Norte, no norte da Suíça
Democracia é isso, é trabalhar contente
Pro caviar do nosso presidente
E pro meu, afinal também sou gente

Enquanto o pacto não fica social
E a moral valendo mais do que dinheiro

Importa se o cunhado é alagoano, não faz mal
Ou se o meu carro a álcool é brasileiro
Ou se o meu carro a álcool é brasileiro

Nossos valores estão na contramão
Sequestrador vive melhor que marajá
E sem licitação, só para ajudar cunhado ou irmão
Vou ser um diretor da LBA
(Se a imprensa descobrir, eu vou pra Canapi chorar).

44. *Sou mais no tempo do Figueiredo* (1991).

Autores: Falcão, Tarcísio Matos e Flávio D'Independência • Intérprete: Falcão • Gravadora: Continental • LP/ CD *Bonito, lindo e joiado* (1991)

O governo Collor foi tão decepcionante que o cantor e humorista Falcão sentiu saudades do governo Figueiredo. Em tom de brincadeira, comparou as receitas neoliberais que chegavam dos Estados Unidos a um saboroso inseticida: "Pois eu adoro essas comidas/ Que vêm pra gente, lá dos EUA/ Ora, mas se o que é bom pros Estados Unidos/ Não vai ser bom pro povo esgalambido/ Esfraquecido que nem nós?".

"Esgalambido" é corruptela de "esgalamido", que significa esfomeado, comilão, glutão.

Sim, eu já tomei um inseticida
Pois eu adoro essas comida
Que vêm pra gente lá dos EUA
Ora, mas se o que é bom pros Estados Unidos
Não vai ser bom pro povo esgalambido
Esfraquecido que nem nós?

Nós devia agradecer era a boa vontade
Deste povo amigo que, com caridade
Só querem ver é o nosso bem-estar
Quero deixar registrada minha gratidão
A essa grande organização, denominada FMI
Composta de homens íntegros e justiceiros
Que em matéria de dinheiro, é só quem sabe administrar

Vou-me embora desta terra, let's go, *negrada*
Se um dia eu me der bem, é mesmo que nada
Don't go, don't go away
Please don't go, don't go.

45. *Quem mandou votar no "home"* (1991).

Autores: Alípio Martins e Marcelle • Intérprete: Alípio Martins • Gravadora: Continental • LP/ CD *Alípio Martins* (1991)

Depois do confisco da poupança e do fracasso do Plano Collor, a popularidade do presidente Fernando Collor despencou. Em 1991, o governo parecia à deriva, sem rumo e sem alma. Começaram a estourar os escândalos de corrupção. Tudo isso deu motivo para Alípio Martins gozar os eleitores: "Quem mandou votar no homem?".

Quem mandou votar no homem?
Quem mandou votar no homem?
Se correr o bicho pega
Se ficar o bicho come

O meu salário é uma piada
Não dá para nada, o que será de mim?
Se continua essa maré braba
Vou morar na rua e comer capim

Pegou mal, pegou mal
Eu te falei que ele não dava pé
Pegou mal, pegou mal
Agora seja o que Deus quiser

— Eu te falei, malandro, falta de conselho não foi.

Eu não devia ter acreditado
Na promessa feita antes da eleição
Agora é tarde, já não tem mais jeito
Ele já foi eleito e eu fiquei na mão

Pegou mal, pegou mal...

— É isso aí malandro, ajoelhou tem que rezar.

Eu não entendo de economia
Mas tá na cara a causa da inflação
É só parar com tanta mordomia
E pôr na cadeia tudo o que é ladrão

Pegou mal, pegou mal...

46. *O imexível* (1992).

Autores: Alípio Martins e Amanda • Intérprete: Alípio Martins • Gravadora: Continental • LP *Alípio King Martins* (1992)

Alípio Martins, cantor e compositor brega paraense, voltou à carga com *O imexível* (ver *O imexível bode respiratório*, na seleção principal deste capítulo), divertindo-se com a demissão de Antônio Rogério Magri do Ministério do Trabalho, afastado depois que uma gravação flagrou-o comemorando o recebimento de uma gorda propina: "O cara veio aqui e me deu 30 mil dólares. Me deu! Caiu do céu!".

— Não quero mais falar nisso, eu quero mamãe!
— Vai trabalhar, seu vagabundo!

Mamãe, tô tão chateado
Porque meu reinado
Teve um triste fim
Mamãe, a gravação era um teste
Mas aquela peste
Virou contra mim
Mamãe, mas como é possível
Eu era imexível
Agora sou réu
Mamãe, que sorte que eu tinha
Com tantas verdinhas caindo do céu
Meu sonho tão colorido
Virou pesadelo feio
Mamãe, eu tô mais perdido
Que cego em tiroteio
Ai, que situação
Me tira do colo
Me ponha no chão.

47. *O culpado* (1992).

Autores e intérpretes: Valdir Teles e Severino Feitosa • Gravadora: MD Music • LP *Viva o repente* (1992)

Valdir Teles e Severino Feitosa listaram vários problemas do país: reforma agrária, discriminação social, corrupção, violência e dívida externa. Denunciaram também a profunda desigualdade social que dividia o Brasil.

Nos versos finais, o repente relembra o assassinato do padre Josimo Morais Tavares, da Comissão Pastoral da Terra (CPT), que atuava na defesa dos trabalhadores rurais na região do Bico do Papagaio, na divisa entre os estados do Tocantins, Pará e Maranhão. Josimo foi morto com dois tiros pelas costas, no dia 10 de maio de 1986, na cidade de Imperatriz (MA).

Uma parte é submissa
A outra é a mandatária
Quem tentou reforma agrária
Foi vítima da injustiça
Uns têm conta na Suíça
Em Nova Iorque ou Paris
Nas escolas faltam giz
Merenda, roupa e calçado
Ninguém quer ser o culpado
Das misérias do país

Desde o tempo do império
Que barão tem privilégio
Pra pobre falta o colégio
Pra rico tem magistério
Quem recebe um ministério
Mexe nos códigos civis
Descobre as fraudes, não diz
Prefere ficar calado
Ninguém quer ser o culpado
Das misérias do país

Nossa pátria hoje é carente
A decadência é visível
Ensino de baixo nível
Chefe subserviente
A saúde está doente
Sem médico, sem bisturis
Se instauram CPIs
Mas não surtem resultado
Ninguém quer ser o culpado
Das misérias do país

Além da pátria falida
O eleitor foi traído
Ao invés de um povo unido
Resta a nação dividida
Poucos tem direito à vida
Da Bahia a São Luís
Quem é político é feliz
O pobre é discriminado
Ninguém quer ser o culpado
Das misérias do país

Não há quem diga até quando
Se somam tantos deslizes
Os que viviam felizes
Muito caro estão pagando
A crise vem massacrando
Militares e civis
Uma conta que eu não fiz
Pago, mas sou revoltado
Ninguém quer ser o culpado
Das misérias do país

Dos países devedores
O Brasil está no meio

A dívida externa sem freio
Juro de altos valores
Reunião dos credores
Cobrando a dívida infeliz
Que essa dívida é a raiz
Do mal que aqui foi gerado
Ninguém quer ser o culpado
Das misérias do país

Cresce mais a violência
Que a tanta gente incomoda
O sequestro virou moda
Na rua e na residência
Empresas vão à falência
Com tantos juros hostis
Não há quem conte os guris
Que a fome já tem matado
Ninguém quer ser o culpado
Das misérias do país

Nesse país brasileiro
Tem medidas provisórias
Liminares, moratórias
Passeios para o estrangeiro
Até padre, por dinheiro
Foi morto em Imperatriz
E, até aqui, ninguém quis
Assumir que está errado
Ninguém quer ser o culpado
Das misérias do país.

48. *Galope caboclo* (1992-1993).

Autores e intérpretes: Andorinha e Sebastião Marinho • Gravadora: CTN/ BMG/ Ariola • LP *Andorinha e Sebastião Marinho* (1992)

O galope, uma das modalidades mais apreciadas do repente, denuncia o abandono do Nordeste. Deixados ao deus-dará, os pequenos proprietários do sertão acabavam tangidos para fora de suas terras pela seca, engrossando a periferia das grandes cidades. Diante da omissão e do descaso das autoridades, a dupla de repentistas sonha com a volta daqueles que no passado haviam lutado contra a opressão: "Assim Deus ouvisse os nossos gemidos/ Mandasse de volta ao sertão nordestino/ Jesuíno Brilhante, Antônio Silvino/ Conselheiro e seus jagunços temidos/ Zumbi e Corisco eram recebidos/ Como salvadores do nosso povão/ Lucas da Feira e o Rei Lampião/ Formavam a frente extraordinária/ Pra combaterem dentro desta área/ Essas injustiças que assolam o sertão".

Lampião, Corisco, Antônio Silvino, Jesuíno Brilhante e Lucas da Feira foram cangaceiros famosos. O beato Antônio Conselheiro dirigiu a resistência contra as tropas do Exército no Arraial de Canudos. Zumbi chefiou o Quilombo dos Palmares.

Nasci no Nordeste onde o sertão rude
Sofre as consequências do triste abandono
Frutos da política de um país sem dono
Que rouba do povo a paz, a virtude
A seca da inércia, seca no açude
O pó da vergonha fica no porão
O fogo maldito da negra omissão
Lança suas chamas do jugo nefando
Matando esperança, gerando desmando
Castrando o progresso do nosso sertão

Sertão que as lavouras estão se acabando
Lavrador sem terra não pode plantar

O povo é ingênuo, não sabe cobrar
Dos representantes que estão no comando
As cidades grandes cada vez inchando
As casas vazias nos campos estão
E dos latifúndios cresce a proporção
Tirando os colonos das propriedades
E são empurradas para as grandes cidades
Famílias inteiras do nosso sertão

Onde é que estão as autoridades
Governamentais do nosso país
Eclesiástica, militar e civis?
Por que não enxergam as dificuldades
Que assolam nos campos, vilas e cidades
As camadas pobres da nossa nação?
Sofrem sem saúde, sem educação
Não têm assistência, não têm moradias
Lotam viadutos e periferias
Famílias que a fome expulsou do sertão

Sertão que o asfalto corta as serranias
Terras produtivas que foram roçadas
Estão transformadas em grandes cercados
Dos bois, da luxúria e das mil fantasias
Restam por lembrança as casas vazias
Daqueles que foram donos deste chão
Um dia se viram na obrigação
De passarem as terras que foram nascidos
Para as mãos dominantes dos desconhecidos
Que hoje imperam as leis do sertão

Assim Deus ouvisse os nossos gemidos
Mandasse de volta ao sertão nordestino
Jesuíno Brilhante, Antônio Silvino
Conselheiro e seus jagunços temidos
Zumbi e Corisco eram recebidos
Como salvadores do nosso povão
Lucas da Feira e o Rei Lampião
Formavam a frente extraordinária
Para combaterem dentro desta área
Essas injustiças que assolam o sertão

Zumbi era o chefe da reforma agrária
Conselheiro era o mediador
Antônio Silvino pacificador
Corisco era o líder da classe operária
Combatendo a classe latifundiária
O Lucas da Feira seria o chefão
Jesuíno Brilhante, o Rei Lampião
Queimavam as criptas, matavam os vampiros
Os semeadores de secas e vírus
Seriam extintos do nosso sertão

49. *Vida operária* (1992).

Autores: Sérgio Andrade e Waltinho • Intérpretes: Banda de Pau e Corda • Gravadora: Polydisc • LP *Cristalina* (1992)

A canção da Banda de Pau e Corda, de Pernambuco, chama a atenção para as péssimas condições de vida dos trabalhadores brasileiros — os verdadeiros responsáveis pela riqueza da nação, produzindo automóveis, tratores, tecidos, televisões. O cantador pede aos políticos para dar mais atenção às necessidades dos operários.

Sob as pontes, sobre os rios
Morada dos esquecidos
Quem habita é cão sem dono
Resto de vida vadia
Que rasteja sobre os mangues

Que come sobras do dia
Que veste trapos de pano
Viventes sem serventia

Quando a fábrica apitar
Dez mil homens vão comer
Farinha, feijão e carne seca
Para força ter
Vão fabricar automóveis
Tecido, televisão
E cem dúzias de tratores
Pra grandeza da nação
Tem calo, corte e ferida
Na mão do trabalhador
Pra fazer mais farta a ceia
Na mesa do agricultor
Tem calo, corte e ferida
Na mão do trabalhador
Pra fazer mais farta a ceia
Na mesa do agricultor

Por isso peço licença
Porque agora eu vou falar
Pros homens que se elegeram
Com o voto popular
Pra prestarem atenção
No homem trabalhador
Que manda esse recado
Na voz desse cantador.

50. ***Coisas de Brasil*** **(1994).**

Autores e intérpretes: Duck Jam & Nação Hip Hop • Gravadora: TNT • LP *Metamorfose* (1994)

Gravada em 1994, quando o Brasil conquistou o tetracampeonato mundial de futebol, *Coisas do Brasil* cantou as excelências de várias marcas registradas do nosso país: craques habilidosos, sol forte, cerveja gelada, praias lindas e belas mulatas. Mas chamou a atenção também para problemas gravíssimos, como a educação de baixa qualidade, a inflação desenfreada, a desigualdade social e a impunidade dos corruptos.

Como a esperança é a última que morre, os rappers mantinham o otimismo, temperado com uma boa dose de ironia: "Bola pra frente, o Brasil ainda é nosso, não se assustem/ Assinado: George Bush (e Bill Clinton)".

Um puta de um sol forte a semana inteira
Sábado e domingo dias de cerveja
Chove, chove pra cacete no país inteiro, chove
Chove canivete no nosso terreiro, chove
O morro desce costa abaixo pra cair no samba
É fevereiro, é carnaval o ano inteiro
Estrangeiro paga um pó pra bateria e pra mulata
Paga e bate foto na avenida e a alegria estampada no rosto da passista
Faz estrangeiro se ligar que aqui sexo e suor
Samba e cerveja são coisas que não faltam a semana inteira
A vida aqui tá foda, bota foda nisso
Só um milagre pra acabar com tudo isso
A esperança brasileira o ponto forte é nossa crença
Faz o nosso povo aguentar com muita decência

As palhaçadas de políticos com boa aparência
E no currículo Ph.D. em persistência, mas...
Bola pra frente, o Brasil ainda é nosso, não se assustem
Assinado: George Bush (e Bill Clinton)
Tem de levar na brincadeira
A gente gasta nosso dinheiro todo dia com novas besteiras
Toda semana a gente aposta em loteria
Fazer o que se essa é nossa vida e não existe um brasileiro
Que não tenha a mania de ter uma nova mania todo santo dia
Se não não é brasileiro, então tá fazendo o que aqui?
Vai encher o saco lá no estrangeiro
Vai e bate asas do nosso terreiro, vai

Coisas de Brasil
(Só são!)
Carnaval a mil

O futebol é alegria da nossa raça
A bola rola o mundo, seleção levanta a taça
O povo aqui chora, xinga, sofre e grita
(Goooooooooool!)
Brasil é uma emoção, puta que o pariu, é foda
Deixaram o trampo de lado por causa de uma bola
A pátria de chuteira? Tomar cerveja a semana inteira?
O cacete que não! Eu amo a minha seleção!
Eu quero é mais é carnaval! Eu sou povão!

Na praia tem bunda de fora, sim senhor
E bunda é a preferência nacional, meu irmão
Tem a morena queimada, tem pimentão à milanesa
Tem gente para todos os gostos
E de sobremesa caipirinha e camarão
Quebra tudo! Faz a gente se esquecer do mundo!
Terremoto aqui não tem, não
E nem vulcão pra queimar a gente, não
Ô terra abençoada pátria idolatrada salve, salve
Salve, salve o nosso povo da favela, salve, salve
Salve, salve o nosso povo da miséria, salve, salve
Salve, salve quem tem fome, salve quem carrega o seu nome
E todo ano é ano, é ano novo de novo
É aí você morre, é a última criança
Na esperança da bonança
Que algum dia ainda há de chegar
Se Deus quiser e ele há de querer
Tem vela acesa e oferenda na esquina
Seja pra santo, pra orixá ou pra rainha
O criador de muitos nomes é lembrado
Com louvor e devoção sempre
Amor e fé são coisas fortes nessa gente
João gira mundo de joelhos ou de pé
Faz oração, recebe a graça, acredita pois tem fé
Nossa Senhora Aparecida, padroeira do nosso país
Olhai por nós pecadores
E fazei com que esse povo seja mais feliz

E que essa graça seja alcançada por nós
também
Em nome do Pai, do Filho, do Espírito Santo,
Amém

Coisas de Brasil
(Só são!)
Carnaval a mil
A inflação é um problema seríssimo
A educação é outro problema seríssimo
Um coração que na maioria das vezes
Fala mais alto do que a razão
Veria nisso mais um grande problema
seríssimo
Quando se almoça não se janta
E o contrário também vice-versa
Enquanto isso tem uma pá de maluquinho
Andando de Merça e de outros importados
De cima pra baixo, de baixo pra cima
De um lado pro outro, do outro pro lado
Fazer o que se eles têm o que comer
Pobre nessa terra nasce só pra se foder
Esquece e cai na vida ganha o mundo ou vai
morrer
Corpo enrolado no jornal pra aparecer
Close bonitinho no noticiário de TV
Mas do Leme ao Pontal o Brasil ainda é praia
Corre e chama o síndico por causa dessa
escada
Tim Maia, Tim Maia
Verde, amarelo, branco, azul, anil
Puta que pariu, coisas de Brasil
E na Bahia tem água de coco à revelia
Tropicália, sombra e água fresca todo santo dia
No interior tem festa, índio e Saci-Pererê
É só você querer
O feijão é muito pouco, mas é santo
Deus é brasileiro e ilumina o nosso canto
Que canta pra subir, que canta pra aguentar
Pra segurar a bronca e ver aonde dá
Estar aí para o que der e vier
Se o que vier der, é lógico
Em nosso peito eu tenho certeza que vai dar
Se Deus quiser
E ele vai querer
Coisas de Brasil
(Só são!)
Carnaval a mil.

51. *Marginais fardados* (1992).

Autor e intérprete: Comando DMC • Gravadora: Black Mad Records • LP *Vamos dar a volta por cima* (1992)

Em *Marginais fardados*, o Comando DMC denunciou a violência, a corrupção e o abuso de autoridade da polícia. O rap chamou a atenção para as ilegalidades praticadas pelos "homens da lei" contra a população pobre, principalmente os negros, nas favelas e bairros de periferia.

Para o Comando DMC, os policiais agiam como "um bando de racistas marginais fardados", ao intimidar e prender pessoas inocentes por causa de sua condição social e cor.

Esses soldados fardados disfarçados de
heróis
Talvez sejam para os ricos, mas nunca serão
para nós
Mero sistema que age em benefício próprio
Inútil com os ricos e implacável com os pobres

Prendendo gente inocente, atrapalhando as suas vidas
E eu sendo honesto tendo a moral atingida
Sem dever nada a nenhum desses filhos da...
Se julgam donos da razão em uma viatura
Talvez por falar isso eu vá parar numa prisão
E o argumento da lei: calúnia e difamação
Nos estatutos da nossa Constituição
Está o nosso direito de liberdade de expressão
Por eles esquecido e considerado banal
O povo não tem voz diante de um policial

Bando de racistas marginais
Bando de racistas marginais fardados

Olha lá, as cabeças vão rolar
Exatamente como rolam vai fazer já muitos anos
Um homicídio a ocultar tudo por baixo dos panos
Te param nas ruas com um frase bem conhecida:
"Mãos na cabeça, cara! Documentos! Que faz da vida?"
Sua explicação de nada vai adiantar
E se você discutir, é claro, vai apanhar
Olha, os caras que são donos de potencial
Que são imunes, impunes, cometem erro banal
Mães escondem seus filhos que dos tiros são alvo
Nessa terra de ninguém não há quem esteja a salvo

Calibre pesado na mão dentro de um camburão
Ela pode te parar e pode te prender
Cabeças vão rolar e nada podemos fazer, por quê?
A RP está de volta e então cuide-se
Aqui e agora vamos ver
Mais um caso de sangue na tela da TV
Crime sem solução uma questão de rotina
E os soldados engomados com a ordem cumprida
Que deveriam ser do povo simples proteção
Mas alguns deles são carrascos e executam chacinas

Bando de racistas marginais...

Eles não se importam se você é inocente
Eles não querem saber
E querem ser os donos de toda a razão
Mas se são homens da lei
Como se explica então
Uma prisão malfeita como tantas outras
Um inocente na cadeia e um culpado à solta?
Nos perseguem a todo tempo e não nos dão sossego
Porque para a polícia o negro é sempre suspeito
Aonde estão nossos direitos constitucionais
Que dizem que perante a lei somos todos iguais?
O desrespeito a eles cresce a cada dia mais
Tornando o negro vítima desses policiais
Bando de racistas, covardes otários

Dizem nos dar segurança, mas mostram ao contrário
Mesmo sendo inocente te consideram culpados
Pois a lei aqui já segue mal interpretada
Se julgam homens da lei... pode crer
Será que são policiais ou marginais fardados?

52. *Vem, presidente* (1992).

Autor e intérprete: Comando DMC • Gravadora: Black Mad Records • LP *Vamos dar a volta por cima* (1992)

Em *Vem, presidente*, o Comando DMC apresentou o presidente Fernando Collor como um político insensível e corrupto, preocupado apenas com seu sucesso pessoal. De quebra, criticou as medidas centrais do programa econômico do governo: "Você mostrou desde o início ser um traidor/ Nos enganou e os nossos votos ganhou/ O seu governo é um antro de corrupção/ Onde você é o líder, o maioral ladrão".

Vem que nós vamos te ensinar a viver
Essa vida que só quem vive sabe dizer
Você pensa que é fácil viver assim
Sendo pisado por pessoas que como você
Só pensam em si, não estão nem aí
Não se importam e não querem saber do que acontece
Você comete seus erros e a nossa gente padece
Olha, presidente, agora você se esquece
E quem te elegeu foi a nossa pobre gente
Acreditando que você nos ajudaria
Nem perceberam que você nos prejudicaria
Fazendo gestos que representam a paz e a vitória
Agora faz o contrário nos pisa e nos explora
Você vivia falando sobre a escola da vida
Sendo que nessa escola você não estudou ainda
Enquanto nós pobres somos diplomatizados
O sofrimento em nossos rostos está estampado
A sua esperteza merece as nossas palmas
A sua atitude é de um covarde forte
Seus erros que são muitos merecem a nossa calma
Por enganar o povo, nós queremos sua morte

Vem comer o pão que o diabo amassou
Nessa miséria das favelas que nos colocou
Vem sentir o quanto é triste catar papelão
Vender a troco de nada para comprar o pão
Vai ser jogado na sarjeta pra que nunca esqueça
Que a nossa vida, presidente, não é moleza
Como menor abandonado você vai sentir
O quanto dói não ter o que comer nem onde dormir
O cidadão honesto sendo marginalizado
Sendo abordado e espancado por marginais fardados
Este é o trabalho da lei que você mesmo impõe
Transforma gente de bem em perigosos ladrões
Com cinismo aparece na televisão
Apresentando problemas e nunca solução
Com ministério desonesto você não se importa
E para roubos e fraudes sempre vira as costas

Fala, fala, fala, mas falar todo mundo sabe
Você é nosso presidente, atitudes que lhe cabe
Com berros ou a ferros vamos nós te destruir
Vem, presidente, nós estamos te esperando, vem

Pode crer que um dia será provado
Seus atos de corrupção, negligência e ( )
Você mostrou desde o início ser um traidor
Nos enganou e os nossos votos ganhou
O seu governo é um antro de corrupção
Onde você é o líder, o maioral ladrão
Fazendo tudo por dinheiro nos deixou na merda
Mantém nosso país sob dependência externa
Privatização, modernização da economia
Onde os prejudicados somos nós no dia a dia
É a revolta nacional na tela da TV
O rap é minha arma e o meu alvo é você
Eu quero que você se..., pois você não presta
Pode crer, eu estou podendo levar essas
E se você não gostou me procure, me chame
Easy J, esse é o meu nome.

53. ***Hora do Brasil*** **(1993).**

Autores: Paulo Ricardo, Fernando Deluqui e Franco Júnior • Intérprete: Paulo Ricardo • Gravadora: Polygram • LP *Surfista prateado – Paulo Ricardo & RPM* (1993)

O noticiário radiofônico público *A Hora do Brasil* foi criado em 1935, quando o Brasil começava a viver a Era do Rádio. Na época, governava o país o presidente Getúlio Vargas. Com o golpe de 1964, mudou de nome, passando a se chamar *A Voz do Brasil*. Ao longo de sua existência, o programa sempre recebeu muitas críticas, seja por sua veiculação obrigatória, seja por seu tom solene.

Hora do Brasil
Hora de acertar
Nosso relógios, hora de se ligar
E a hora de desligar o rádio que nos diz
Discursos absurdos como esse país
Em toda Hora do Brasil
Na Hora do Brasil

Hora do Brasil
Da radiodifusão
Desse sistema essa extrema confusão
Desse Brasil que não quer e nem sabe escutar
Certos problemas que nunca vão passar
Passar na Hora do Brasil
Na Hora do Brasil

Moeda podre, pobreza, recessão
Projetos faraônicos, inflação
Decreto-lei, ato institucional,
Medidas provisórias, coisa tão normal
Em toda Hora do Brasil

Hora do Brasil
Do velho Brasil Novo
Cruzeiro não há dinheiro para cuidar desse povo
É tão distante de quem tem imunidade parlamentar
E tão perto que ninguém parece me enxergar
Que agora é Hora do Brasil
Agora é Hora do Brasil
Agora é Hora do Brasil.

54. ***Metida provisória* (sem data).**

Autores e intérpretes: Paulo Caruso e Chico Caruso • Gravadora: Dabliú Discos • CD *Pra seu governo* (1998)

O romance do ministro da Justiça, Bernardo Cabral, casado, com a ministra da Fazenda, Zélia Cardoso de Mello, solteira, deu o mote para *Metida provisória*, em que os irmãos Caruso contam como o casal surpreendeu o mundo político ao dançar de rosto colado numa festa em Brasília. Cabral deixou o cargo um mês depois. Zélia ainda durou quase um ano no ministério. Derrubou-a o fracasso do Plano Collor.

O título da canção faz trocadilho com "medida provisória" — ato do governo que entra em vigor, com força de lei, desde o momento de sua edição, antes mesmo de ser aprovado pelo Congresso.

O bolero traz duas citações musicais: *Carinhoso*, de João de Barro e Pixinguinha, e *Bésame mucho*, da mexicana Consuelo Velázquez. Também cita o filme *O pecado mora ao lado*, de 1955, em que o personagem de Tom Ewell, casado, fica deslumbrado com o *sex appeal* de sua nova vizinha, interpretada pela provocante Marilyn Monroe. Entre Zélia e Marilyn há uma longa distância, mas o amor é cego.

O Bernardo Cabral
Achando que era o tal
Meteu-se numa encrenca federal
Para um homem casado
O pecado mora ao lado
No outro apartamento funcional
E via a Donzélia
Com um ar magistral
E um corpo tão bonito
Um corpo de delito conjugal
Trocaram olhares
Sorrisos protocolares
Até que pintou o maior tesão
A doce donzela
Pegou-o pela goela
E arrastou-o até o meio do salão
E ali entre garçons
Mil patês, mil champignons
Altos caviares
Coquetéis de camarão
Pegou-o pela mão
Fez ares de piranha
Entre goles de champanha
Abriu enfim a sedução
Bésame, bésame mucho
A moral dessa história
Se faz algum sentido
É que nada está perdido
Enquanto ainda houver tesão
Se o casal perdeu o emprego
Encontrou o coração

Meu coração, não sei por quê
Meu coração, não sei por quê
Amor, amor, amoral
Amor, amor, amoral.

55. ***Presidente mauricinho* (1991)[2].**

Autores: Lobão e Tavinho Paes • Intérprete: Lobão • Gravadora: BMG/ Ariola • LP *O inferno é fogo* (1991)

2 Infelizmente, não foi possível reproduzir a íntegra da letra de *Presidente mauricinho*, porque o pedido de liberação dos versos foi negado pelos detentores dos direitos autorais.

Em *Presidente mauricinho*, Lobão seguiu a trilha aberta por Juca Chaves. Debochou do comportamento de Fernando Collor, que jogava para a plateia o tempo todo, produzindo situações que rendessem boas imagens na televisão. Tirou fotos com índios, viajou para o polo Sul, foi a Roma ver o papa, pilotou aviões, andou de *jet-ski*, bateu bola com a seleção — ou seja, deu "mais bandeira que doidão", no resumo curto e grosso de Lobão.

Fernando Collor, antes de esposar Rosane Malta, foi casado com Lilibeth Monteiro de Carvalho, filha de Joaquim Monteiro de Carvalho e herdeira do grupo empresarial Monteiro Aranha.

56. *Fernandinho veadinho* (1993).

Autores: Mau e Mauro • Intérprete: Garotos Podres • Gravadora: Radical Records • LP *Canções para ninar* (1993)

Após a queda de Fernando Collor, o Brasil ainda remoeu por um bom tempo o enorme equívoco que havia sido sua eleição para presidente da República. Afinal, ele tinha chegado ao Palácio do Planalto pelo voto, com apoio da maioria dos meios de comunicação, dos partidos conservadores e do empresariado. Para esconjurar o sentimento de culpa, valia tudo o que pudesse queimar o filme do presidente defenestrado.

Nesse quesito, poucos foram tão longe quanto seu irmão Pedro Collor, que, em entrevistas à imprensa, disse que Fernando era viciado em cocaína, espancara sua primeira mulher e manteria relações homossexuais com colegas de juventude. Em meio à catarse nacional que se seguiu ao *impeachment*, os Garotos Podres lançaram *Fernandinho veadinho*.

Na fala final, há várias expressões usadas por Collor em discursos, como "não me deixem só" e "eu tenho aquilo roxo".

Quando ele era pequeno
Era o maior bicha do colégio interno
Mas quando ele cresceu
Resolveu tomar a linha
Aprendendo caratê
Pra bater nas menininhas

Fernandinho veadinho
Fernandinho veadinho
Fernandinho veadinho
Fernandinho veadinho

Das festas de embalo
Do Baixo Leblon
Às orgias de Brasília
Agora só passa a mão
Na poupança das velhinhas

Fernandinho veadinho...

Eu ando a pé
Ele de jet-ski
Ele se diz
Um cidadão respeitável
Até se casou
Com uma boneca inflável

Fernandinho veadinho...

Esta é uma história
Fictícia
Qualquer semelhança
Com pessoas vivas ou mortas
É mera coincidência
Espero que ninguém
Vista a carapuça

Fernandinho veadinho...

— Minha gente, não me deixem só, eu sei que vocês me amam, eu tenho aquilo roxo! Minha gente, não chafurdem na lama, não sejam impatrióticos. Minha gente, não me deixem só!

57. *Suposicollor* (1993).

Autores: João Gordo e Jão • Intérprete: Ratos de Porão • Gravadora: Roadrunner • LP/ CD *Just another crime... In Massacreland* (1994)

A senha é dada no primeiro verso da canção: "É baixaria no Congresso Nacional". E não é só no Congresso Nacional, não. *Suposicollor* é uma baixaria do princípio ao fim, com muitos palavrões e referências a algumas histórias escabrosas que circularam no final do governo Collor. A mais famosa delas é a que entra no título do rock. Pedro Collor, em guerra aberta com o irmão presidente, declarou em entrevista ao *Jornal do Brasil* que Fernando se drogava com supositórios de cocaína. A bronca contra Collor era tanta que a história colou, embora sem qualquer comprovação.

Suposicollor é a única música cantada em português no CD *Just another crime... in Massacreland*, gravado pelos Ratos de Porão em 1994 na Holanda. Seria lançada comercialmente no Brasil somente em 1998, numa coletânea chamada *Traidô — 20 bandas tocando Ratos de Porão.*

É baixaria no Congresso Nacional
Liberou geral, vamos foder
Pau no cu do povo que sofre
Sofre, sofre sem reclamar
Vamos roubar, vamos enriquecer
Muita farinha
Ninguém cheira pelo cu
Fantasma é mato
Grana suja de montão
Suposicollor
Vamos lavar dinheiro
Dinheiro sujo e ilegal
Vamos gastar, vamos gastar a valer
E o povo que se foda, queremos é mais
Vamos cheirar, vamos enriquecer
Dois milhões de dólares
Na minha conta apareceu
A minha sorte é divina
Um milagre aconteceu
Não tenho nada a ver com isso
Esse dinheiro nem é meu
Pois é...
Vão se foder
É macumba da braba pra se garantir
Pra não dar bandeira e ninguém descobrir
E o povo vai comer merda, tem que se danar
Vamos cheirar, vamos nos divertir.

58. *Cara pintada* (1993).

Autores: Toinho Alves e Dudu Alves • Intérpretes: Quinteto Violado e Patrícia França • Gravadora: RGE • LP *Algaroba – Quinteto Violado e Patrícia França*

Cara pintada, interpretada por Patrícia França e pelo Quinteto Violado, saudou o Brasil que foi às ruas nas manifestações contra o então presidente Fernando Collor.

Cara pintada, ahá
É o Brasil que acordou
Sou cara pintada, ahá
É um país que emergiu
Sou cara pintada, ahá,
Da moçada, a força
Cara pintada, ahá

Eh, paciência,
Não reclame da minha
Cara pintada
Se preciso, vou à luta
Cara pintada
É o meu jeito de ser.

59. *Mordomia* (1993).

Autores: Mau, Sukata e Mauro • Intérprete: Garotos Podres • Gravadora: Radical Records • LP *Canções para ninar* (1993)

Os Garotos Podres queriam ir para Brasília conhecer essa tal de Mordomia — segundo a banda, uma mundana com incontáveis tetas onde os políticos mamavam à vontade.

Mordomia, mordomia, mordomia!

Também quero ir pra Brasília
Conhecer essa tal de Mordomia
Mordomia é uma mundana
Que tem incontáveis tetas
Distribui jetons *aos palhaços*
Sem precisar de ir ao circo
Ao circo, ôô
Ao circo, ôô

Também quero ir pra Brasília
Conhecer essa tal de Mordomia
Vou fazer aliança
Com a grande tentação
Pra dizer por aí
Que vou acabar com a inflação
Pra poder bater na sua porta
E mendigar o seu voto
Pois também quero ir pra Brasília
Conhecer essa tal de Mordomia

Mordomia, Mordomia, Mordomia!

60. *Somos gênios despertando o resto da humanidade* (1994).

Autor: Sebastião Marinho • Intérpretes: Andorinha e Sebastião Marinho • Gravadora: Disco Kid/ independente • CD *1º Congresso de Repentistas do CTN* (1994)

Para chamar a atenção para a grave situação do pais, Sebastião Marinho e Andorinha recorreram a sábios como Cícero, Sêneca, Péricles e Platão, e a líderes espirituais como Cristo, Buda e Maomé. Evocaram também episódios em que os brasileiros se insurgiram contra a opressão, como a Inconfidência Mineira, o Quilombo dos Palmares, a Revolução Praieira, a Sabinada, a Balaiada e Canudos.

A sigla CTN, que aparece no título do CD, significa Centro de Tradições Nordestinas de São Paulo.

Como poeta e serrano
Somos para os camponeses
Quem Byron foi para os ingleses
Cícero e Sêneca para os romanos
Camões para os lusitanos
Homero pra a Antiguidade
Para Atenas a cidade
Péricles e Platão orando
Somos gênios despertando
O resto da humanidade

Somos nos nossos perfis
Zoroastro, Lao Tsé,
Buda, Cristo, Maomé
Confúcio e Ramatis
De São Francisco de Assis
Herdamos a humildade
E a continuidade
Desse time venerando
Somos gênios despertando
O resto da humanidade

Nosso canto inspirador
Já atinge por completo
Desde o leigo analfabeto
Ao sábio professor
Político, artista e pastor
Freira, rabino e abade
Papa, cardeal e frade
E general de comando
Somos gênios despertando
O resto da humanidade

No Brasil estamos vendo
Políticos acomodados
Todos desacreditados
E o povão se maldizendo
Porque nada estão fazendo
Em prol da comunidade
E nesta calamidade
O país se afundando
Somos gênios despertando
O resto da humanidade

Nós somos remanescentes
Da Revolução Praieira
Da Inconfidência Mineira
Fomos fortes componentes
Assistimos Tiradentes
Morrer pela liberdade
Os carrascos da maldade
Continuam massacrando
Somos gênios despertando
O resto da humanidade

Da professora rural
Vemos a vida tacanha
O salário que ela ganha
Não dá para comprar sal
A criança é a principal
Vítima dessa crueldade
Do descaso e má vontade
De quem está governando
Somos gênios despertando
O resto da humanidade

Vemos no meio opulento
Fortunas incalculáveis
E milhões de miseráveis
Expostos ao sofrimento
Quase oitenta por cento
Da nossa sociedade
Padece dificuldade
E vinte por cento é explorando
Somos gênios despertando
O resto da humanidade

Ainda somos a voz
Que vibrou na Sabinada
Guararapes, Balaiada
Canudos e Tapajós
Com Zumbi e seus heróis
Lutamos por igualdade
Por terra e propriedade
Pra quem quer viver plantando
Somos gênios despertando
O resto da humanidade.

61. *Capitães de areia × meninos de rua* (1993).
Autores: Adailton Poesia e Valter Farias • Intérprete: Banda Mel • Gravadora: Continental • LP/ CD *Mãe preta* (1993)

Pivete, trombadinha, menino de rua, menor abandonado. Os nomes mudavam, mas a tragédia social era a mesma em todas as grandes cidades do país: milhares de crianças sem teto, sem escola, sem oportunidades e muita vezes sem família, perambulando pelas ruas.

A canção lembra que antigamente os meninos de rua de Salvador eram conhecidos como "capitães de areia", numa referência ao célebre romance *Capitães da areia*, de Jorge Amado, de 1937, que narra as aventuras de um grupo de crianças que desafiava as autoridades baianas.

Ei, doutor, o senhor me ensina a ler
Ei, doutor, eu lhe ensino a jogar capoeira
Tocar berimbau e agogô

Neste mundo tão ingrato
Esta é a vida nua e crua
Hoje, agora, aqui e ali
Me chamam menino de rua
Nos tempos passados
Que eu jogava capoeira
Os mais velhos assim chamavam:
Este menino é um capitão de areia

Ei, doutor, o senhor me ensina a ler...

A alta sociedade
Que não liga para a gente
Quando um de nós tomba morto
Nos enterra como indigente
Eu, menino de rua
Não tenho casa pra morar
Moro aqui, ali e acolá
A marquise da avenida é o nosso lar

Ei, doutor, o senhor me ensina a ler...

É, pivete, é trombadinha
É um menino de rua
É criança abandonada
É um menino de rua

De uma coisa eu tenho certeza
Um nome eu tenho que ter
Mas se eu não sei o meu nome
É porque não aprendi a ler

Ei, doutor, o senhor me ensina a ler...

62. *Palafitas* (1993).

Autor: Davi Salles • Intérprete: Banda Mel • Gravadora: Continental • LP *Mãe preta* (1993)

A Banda Mel denuncia a falta de iniciativas das autoridades para a melhoria das péssimas condições de vida nas favelas de Salvador, em especial nas favelas de palafitas: "Tem gente que tá no poder/ Mas finge que não vê/ A fome comendo tudo/ E eles não dão solução/ Chega de tanta conversa/ Que o povo quer ser feliz/ Vamos logo, temos pressa de arrumar esse país".

Ô, ô, ô, ô
O povo quer ser
A, a, a, a
Feliz!
Pra morrer basta estar vivo
Pra viver morrendo aos poucos
Debaixo do céu de anil
Em cima de mil esgotos
Alagados não morre afogado, não
Sem saúde, sem dinheiro
Sem dente, sem teto, sem chão
Só tens a preocupação
Com a carne, com leite, com pão
Sua casa não tem lareira
Sua casa não tem fogão
Pra secar sua tristeza
E aquecer seu coração
Olha lá
Os meninos nadando ali
Pensando que aquilo é mar
Tentando se divertir
Tem gente que tá no poder
Mas finge que não vê
A fome comendo tudo
E eles não dão solução
Chega de tanta conversa
Que o povo quer ser feliz
Vamos logo, temos pressa de arrumar esse país.
Ô, ô, ô, ô
Povo quer ser
A, a, a, a
Feliz!
Palafitas
Segura essa onda
Senão a casa cai.
Ai, ai, ai, aiai.

63. *Quando chegar na terra* (sem data).

Autor: Ademar Bogo • Intérprete: Fábio Paes • Gravadora: Discograf • CD *Arte em movimento – vários intérpretes* (2002)

Este baião composto no início da década de 1990 por Ademar Bogo, dirigente do MST, explica aos integrantes do movimento que a conquista da terra é apenas o primeiro passo numa caminhada maior: a revolução. Para tanto, seria necessário ganhar a cidade, um dia "chegando com o chapéu na mão/ Na Esplanada do Planalto/ Bandeiras bem alto/ Cantando a canção".

Quando chegar na terra
Lembre de quem quer chegar
Quando chegar na terra
Lembre que tem outros passos pra dar

Quando chegar na terra
Lembre que tem outros passos pra dar
Vire o olhar para a frente
Porque tem mais gente querendo lutar

Neste caminho obscuro
Está o futuro para preparar
Não desanime, caminhe
Trabalhe, se alinhe no passo de andar

Quando chegar na terra
Lembre que ainda não tem liberdade
Este é o primeiro passo
Que estamos dando nesta sociedade
Só a terra não liberta
Este é o alerta, aumenta ansiedade
Isso virá no dia que com ousadia ganhar a cidade

Quando chegar na terra
É preciso fazer a produção
Este é o primeiro passo que damos na revolução
Com certeza estaremos alegres
Chegando com o chapéu na mão
Na Esplanada do Planalto
Bandeiras bem alto
Cantando a canção.

64. *Brasil CPI* (1994).

Autor e intérprete: Pinto do Acordeon • Gravadora: Nova Produções • LP *O rei do forró sou eu* (1994)

O forrozeiro Pinto do Acordeon depositou muitas esperanças no trabalho da Comissão Parlamentar de Inquérito que investigou os desvios de verbas públicas na Comissão de Orçamento do Congresso. A CPI dos Anões do Orçamento, como ficou conhecida devido à baixa estatura da maioria dos envolvidos na roubalheira, levou à cassação do mandato de seis deputados.

"Escadinha " era o apelido de um dos chefes do Comando Vermelho, José Carlos dos Reis Encina.

São Jorge saiu da Lua pra morar nesse planeta
Chegando aqui na Terra ele viu que a coisa é preta
Passou lá em Brasília e demorou pouquinho ali
Fugiu pra não depor numa tal de CPI

Esse é um país de homem sério
Aonde muito nego põe a mão
Aonde o dólar cega todo mundo
Se PC pagar o fundo
Está livre da prisão
Esse é um país de homem sério
Que fez impeachment *contra o chefe da nação*
Aqui todo mundo é honesto
Muito embora eu contesto
Ladrão julga cidadão

São Jorge saiu da Lua pra morar nesse
planeta...

Esse é um país de homem sério
Aonde Escadinha é cidadão
Aonde metalúrgico tem jatinho
E nunca bateu um prego numa barra de sabão
Mais ainda resta uma esperança
Nas mãos honestas dessa comissão
Aqui é o país da alegria
Viva a democracia
E nunca mais a repressão.

65. *Vote presidencialismo* (1993).
Autor e intérprete: Reginaldo Bessa • Gravação especial

Por encomenda de Leonel Brizola, Reginaldo Bessa compôs um samba curto pedindo votos para a república e o presidencialismo. Já começou ironizando: o povo não queria mudar o regime de governo, mas sim o regime alimentar, que matava as pessoas de fome. Depois de deixar claro que não abriria mão do direito de votar para presidente, o cantor carimbou o refrão: "Diga não à monarquia e ao parlamentarismo", evocando o *slogan* "Diga não", amplamente vitorioso no plebiscito de 1963.

O que o povo quer mudar
É o regime alimentar
Que mata a gente de fome
E a crise do Brasil
Pelo que a gente viu
Só querem mudar de nome
Chega de papo furado
Meu ouvido está cansado
De ouvir explicação
Isso até já é deboche
Meu voto não é fantoche
Dele não vou abrir mão
Diga não à monarquia
E ao parlamentarismo
Vote República
Presidencialismo.

66. *Vote no rei* (1993).
Autor(es) e intérprete(s): desconhecido(s) • Gravação especial

No plebiscito de 21 de abril de 1993 (ver também *Plebiscito*, na seleção principal deste capítulo, e *Vote presidencialismo*, neste anexo), o povo foi chamado a escolher entre a monarquia e a República e entre o presidencialismo e o parlamentarismo. O *jingle Vote no rei* (título atribuído) fez campanha para que voltássemos aos tempos do império. Em vão — 86,6% dos brasileiros decidiram nas urnas que o Brasil continuaria a ser uma República.

Fique atento que chegou o dia
De coroar a democracia
Com modernidade a melhor tradição
É sua vontade dizer sim ou não

O plebiscito, palavra difícil,
Torna mais fácil encontrar a verdade
Nosso passado é o pai do futuro
Quem foi rei nunca perde a majestade

Por isso, vem, brasileiro, entrar na real
Pro nosso Brasil sair dessa afinal

A luz de uma ideia mudar o país
Justiça se faz dentro da lei
Vote no rei.

67. *O fusquinha do Itamar (Uns gostam do olho, outros da ramela)*, (1993).

Autor: Roger Moreira • Intérprete: Ultraje a Rigor • Gravadora: Warner Music • LP *Ó!* (1993)

Muita gente aplaudiu a campanha de Itamar Franco junto à Volkswagen para que a montadora voltasse a fabricar no Brasil o velho fusca. Mas também houve quem criticasse a ideia, como a banda Ultraje a Rigor.

A fala inicial de Roger brinca com Roberto Carlos, que em *O calhambeque*, de 1964, também jogou conversa fora antes de começar a cantar.

— Essa é uma das muitas histórias que acontecem comigo. Primeiro, foi o fusca do Juscelino. Depois veio o DKW, o Simca Chambord, tudo isso sem falar no tremendo tapa que eu levei com a história da carroça do Collor e agora isso...

Não vai dar pra compensar
Com o fusquinha do Itamar
O carrão último tipo
Que era o que eu ia comprar

Eu pensei que dando um trato
Pondo nele uns vidro-bolha
Uns pneus de tala larga
Ia ser uma boa escolha

Mas o fusca se eu equipo
Inda assim não chega aos pés
Do modelo último tipo
Que no fusca dá de dez

Vrruum, um, um, um, um
Vrruum, um, um, um, um

E agora o que fazer?
(E agora o que fazer?)
Foi uma escolha suicida
(Foi sim, foi sim)
Não vou conseguir vender
(Bem feito, bem feito)
É um carro pra toda vida
(Se fodeu, se fodeu)
É seguro, mas é feio
É mais simples, mas é lento
Não é nem bela viola
Inda é pão bolorento
E o carro que eu queria
Ainda é o topo da linha
Dá vontade de matar
Só de olhar pro meu fusquinha

Bye bye fusca
Bye bye fusca.

68. *Pastelzinho de pelo* (sem data).

Autores e intérpretes: Paulo Caruso e Chico Caruso • Gravadora: Dabliú Discos • CD *Pra seu governo* (1998)

Os humoristas Paulo e Chico Caruso divertiram-se muito com o episódio da modelo sem calcinha fotografada de mãos dadas com o presidente da República na Marquês de Sapucaí. Em homenagem ao encontro, compuseram *Pastelzinho de pelo*, título que dispensa explicações (ver *O topete e a raspadinha*, na seleção principal deste capítulo).

Estavam também no camarote o secretário do presidente, Mauro Durante, o embaixador do Brasil em Lisboa, José Aparecido de Oliveira, e o ministro da Justiça, Maurício Corrêa, que bebeu mais do que devia e deu vexame. Os três faziam parte da chamada "República do Pão de Queijo", formada pelos amigos mineiros do presidente.

A letra brinca com a versão para o português da guarânia *Índia*, dos paraguaios José Asunción Flores e Manuel Ortiz Guerrero, feita por José Fortuna.

— Quem foi que deixou ela entrar?
— Sei lá, meu.
— Tava sem crachá, meu.

Índia, seus cabelos sob a camiseta
Lá no camarote da Sapucaí
Só eu que não via aquela coisa preta
Que ia do Oiapoque ao arroio do Chuí

Índia, a tua imagem
É a própria sacanagem
Pra além das paragens do nosso país
Todo mundo ria da fotografia
Estavas sem calça só eu que não vi

Ai que dor de cotovelo
A linda modelo da Sapucaí
Tem perfume nos cabelos
Pastelzim de pelo
Só eu que não vi

O Mauro Durante me avisou depois
Pra tomar cuidado
Dando nome aos bois
Se o empadão de frango te deu piriri
Pensa na empadinha da Sapucaí

Só recuperei daquela bebedeira
Quando olhei pra trás e o Maurício Corrêa
Dava cambalhota até quase cair
Saí do camarote, resolvi fugir

Ai que dor de cotovelo...

Hoje meditando sobre o assucedido
Muito eu agradeço ao Zé Aparecido
Que tem experiência, pois é bacharel
Fez o doutorado dentro de um bordel

Segui seus conselhos chegando no hotel
Me livrei da moça, fiz o meu papel
Tava sem calcinha, pra não pegar mal
Mandei-a pra casa de carro oficial

Ai que dor de cotovelo
A linda modelo na Sapucaí
Tem perfume nos cabelos
Pastelzim de pelo
Que eu quase comi.

69. *Extermínio* (1992).

Autores: Alípio Martins e Marcelle • Intérprete: Alípio Martins • Gravadora: Continental • LP *Alípio King Martins* (1992)

Em *Extermínio*, Alípio Martins, cantor paraense de sucesso nas décadas de 1980 e 1990, denunciou o tratamento dado aos meninos e meninas de ruas: "Baixinhos sem rumo, sem raça/ Vegetam dormindo na praça/ Sozinhos e desamparados pelo desamor/ Perdidos em seus pesadelos/ Quem passa parece não vê-los".

O refrão pediu o essencial e lembrou o óbvio: "Nós queremos escola, moradia e pão/ A criança de agora é a futura nação" (ver *Candelária* e *Bandido com razão*, na seleção principal deste capítulo).

Crianças morrendo de fome
Sem casa, sem roupa, sem nome
Fumando, bebendo
Ou então cheirando cola
Se humilham pedindo esmola
Nas ruas fazendo baliza
Vendendo jornais
E limpando para-brisas
Baixinhos sem rumo, sem raça
Vegetam dormindo na praça
Sozinhos e desamparados pelo desamor
Perdidos em seus pesadelos
Quem passa parece não vê-los
O frio da noite escura é seu cobertor
Os grandes debates prometem um dia
Que esse problema vai se acabar
Tomara que não seja demagogia
E que o extermínio possa terminar

Nós queremos escolas, moradia e pão
A criança de agora é a futura nação.

70. *Lavagem cerebral* (1993).

Autor e intérprete: Gabriel, o Pensador • Gravadora: Chaos/ Sony Music • LP *Gabriel, o Pensador* (1993)

Não foi só no reggae, no axé music da Bahia, no Manguebeat de Pernambuco ou no samba dos morros cariocas que a denúncia contra o racismo ganhou corpo na primeira metade da década de 1990. O rap *Lavagem cerebral*, vindo do asfalto do Rio de Janeiro, também se insurgiu contra a discriminação e o preconceito.

Racismo, preconceito e discriminação em geral
É uma burrice coletiva sem explicação
Afinal que justificativa você me dá para um povo que precisa de união
Mas demonstra claramente
Infelizmente
Preconceitos mil
De naturezas diferentes
Mostrando que essa gente
Essa gente do Brasil é muito burra
E não enxerga um palmo à sua frente
Porque se fosse inteligente esse povo já teria agido de forma mais consciente
Eliminando da mente todo o preconceito
E não agindo com a burrice estampada no peito
A elite que devia dar um bom exemplo
É a primeira a demonstrar esse tipo de sentimento
Num complexo de superioridade infantil
Ou justificando um sistema de relação servil
E o povão vai como um bundão na onda do racismo e da discriminação
Não tem a união e não vê a solução da questão
Que por incrível que pareça está em nossas mãos
Só precisamos de uma reformulação geral
Uma espécie de lavagem cerebral

Não seja um imbecil, não seja um Paulo Francis
Não se importe com a origem ou a cor do seu semelhante
O quê que importa se ele é nordestino e você não?
O quê que importa se ele é preto e você é branco?
Aliás branco no Brasil é difícil porque no Brasil somos todos mestiços
Se você discorda então olhe pra trás
Olhe a nossa história os nossos ancestrais
O Brasil colonial não era igual a Portugal
A raiz do meu país era multirracial
Tinha índio, branco, amarelo, preto
Nascemos da mistura, então por que o preconceito?
Barrigas cresceram, o tempo passou
Nasceram os brasileiros cada um com a sua cor
Uns com a pele clara outros mais escura
Mas todos viemos da mesma mistura
Então presta atenção nessa sua babaquice
Pois como eu já disse racismo é burrice
Dê à ignorância um ponto final
Faça uma lavagem cerebral

Negro e nordestino constroem seu chão
Trabalhador da construção civil conhecido como peão
No Brasil o mesmo negro que constrói o seu apartamento
Ou que lava o chão de uma delegacia
É revistado e humilhado por um guarda nojento
Que ainda recebe o salário e o pão de cada dia
Graças ao negro ao nordestino e todos nós
Pagamos homens que pensam que ser humilhado não dói
O preconceito é uma coisa sem sentido
Tire a burrice do peito e me dê ouvidos
Me responda se você discriminaria
Um sujeito com a cara do PC Farias
Não você não faria isso não
Você aprendeu que o preto é ladrão
Muitos negros roubam mas muitos são roubados
E cuidado com esse branco aí parado do seu lado
Porque se ele passa fome, sabe como é
Ele rouba e mata um homem, seja você ou seja o Pelé
Você e o Pelé morreriam igual
Então que morra o preconceito e viva a união racial
Quero ver essa musica você aprender e fazer
A lavagem cerebral

O racismo é burrice, mas o mais burro não é o racista
É o que pensa que o racismo não existe
O pior cego é o que não quer ver
E o racismo está dentro de você
Porque o racista é na verdade um tremendo babaca
Que assimila os preconceitos porque tem cabeça fraca
E desde sempre não para pra pensar
Nos conceitos que a sociedade insiste em lhe ensinar

E de pai pra filho o racismo passa
Em forma de piadas que teriam bem mais graça
Se não fossem o retrato da nossa ignorância
Transmitindo a discriminação desde a infância
E o que as crianças aprendem brincando
É nada mais nada menos do que a estupidez se propagando
Qualquer tipo de racismo não se justifica
Ninguém explica
Precisamos da lavagem cerebral pra acabar com esse lixo que é uma herança cultural
Todo mundo é racista mas não sabe a razão
Então eu digo, meu irmão
Seja do povão ou da elite
Não participe
Pois como eu já disse racismo é burrice
Como eu já disse racismo é burrice (bis)
E se você é mais um burro não me leve a mal
É hora de fazer uma lavagem cerebral
Mas isso é compromisso seu
Eu nem vou me meter
Quem vai lavar a sua mente não sou eu
É você.

71. *Assassinos sociais* (1994).

Autor e intérprete: GOG • Gravadora: Só Balanço • CD *Dia a dia da periferia* (1993)

Os políticos que enganam os eleitores, se locupletam em cargos públicos e não fazem nada pelo povo não passam de "assassinos sociais", na avaliação do rapper brasiliense GOG. Ele chamou o povo a ficar mais esperto e a não votar nos parlamentares que trabalhavam pouco e metiam a mão no dinheiro público.

A lição, meu irmão, está aí
Nos ataques a bomba
No genocídio em Ruanda
Na pobreza do Haiti
É triste, mas eu vi
O clamor materno
Rogando logo o céu ou o inferno
Ao seu filho subnutrido
Que aos dezoito não pesava mais que vinte e poucos quilos
Mas de nada adiantava isso
Do outro lado do mundo seu futuro era decidido
Num café matinal entre políticos malditos
Parasitas cívicos, assassinos sociais
Os poderosos são demais
Derramam pela boca seus venenos mortais
Poluindo a mente dos que são de paz
A gente segura, atura estas criaturas
Como pode, mas um dia explode
E a ideia sai (então vai)
Eu vou, eu vou de vez
Vejam só vocês
No meu Brasil em ano de eleição
O que se vê pela periferia são
Palanques, panfletos, carros de som
Promessas em alto e bom tom
De que as coisas vão melhorar
Mas como acreditar
Se os que prometem sempre estiveram lá
Prontos para nos trucidar
E pra complicar

Não são humildes, morrem de preguiça
Só rogam o próprio bem-estar pra Deus na missa
E mesmo assim não fazem jus
Não fazem o sinal da cruz
Desses, eu, GOG, sempre quero estar a anos-luz
Acreditando no que creio
E o que é mais feio
Pra eles no caminho do sucesso não importa os meios
Desses caras já estou cheio (então vai)

Assassinos sociais
Os poderosos são demais (bis)

Você tem todo o direito de não acreditar
No que estou dizendo
Mas tem o dever de conferir
Pra ver a zona que está aí no parlamento
Metem a mão na cara dura no orçamento
Interferindo na vida de milhões
E não são dois nem três, são mais de cem ladrões
Vou repetir quero mais adesões
Nos palanques seguem antigos padrões
Dizendo que são ricos
Que poderiam estar cuidando da família, dos próprios negócios
E que por amor à nação
Adotaram a política como opção
Que ajudar os pobres é a missão
Mas quem são eles pra falar de amor
É preciso antes de mais nada ter noção do horror
Que é ver velhos vagando na madrugada das ruas
Com frio nas rugas
É preciso ver crianças
Pezinhos pequenos desde cedo na estrada
Esse é o preço pago vendendo dim-dim, picolé, amendoim, cocada
Pra sobreviver toda iniciativa é válida
Mas é essencial, sim, ter escrúpulos, honrar a palavra dada
E o que dói mais é ver muitos de meu povo caindo na cilada
Trabalhando em campanhas bilionárias por migalhas
Empunhando bandeira no sol a sol
O corpo suado coração está do outro lado
Mas infelizmente a necessidade fala alto
A ideia é trabalhando contra nós mesmo sempre sairemos derrotados
E enquanto isso o que eles fazem
Começam em Brasília a semana na quarta e encerram na quinta
Matam a segunda, a terça, a sexta
Mau político em qualquer canto do planeta
É um anticristo, um cisto, a besta
A atração principal do telejornal
À procura de status, *investe no visual*
Realmente eu sou um marginal
E quero ver sua cabeça, seu oco, seu mal
Bicho mesquinho
Vejo nos seus olhos tochas de fogo luzindo
Nas suas costas asas vermelhas se abrindo
É só olhar pra eles e verá que não estou mentindo
Que não é vacilo, delírio, nem sonho

Mau político pra mim o pior dos demônios
Junta logo suas falas e vai

Assassinos sociais
Os poderosos são demais. (bis)

72. *É hora de Quércia* (1994).

Autor(es) e intérprete(s): desconhecidos • Gravação especial

O ex-governador de São Paulo Orestes Quércia, candidato do PMDB, obteve apenas 4,38% dos votos na eleições presidenciais de 1994, vencidas por Fernando Henrique Cardoso no primeiro turno. Ficou atrás não apenas do candidato do PT, Lula, que conquistou o apoio de 27,04% dos eleitores, mas também do franco atirador Enéas, que, sem qualquer máquina partidária, surpreendeu e teve 7,38% dos votos.

O título do *jingle* é atribuído.

É hora, é hora, é hora de Quércia
Decidido, competente
É hora, é hora, é hora de Quércia
Pra ser nosso presidente!
— Quércia presidente!

73. *Amin do meu país* (1994).

Autor: Ronaldo Pelicano • Intérprete(s): desconhecido(s) • Gravadora: RB Produções (1994)

Espiridião Amin, governador de Santa Catarina por duas vezes, disputou a presidência da República em 1994 pelo Partido Progressista Reformador (PPR), fruto da fusão do PDS — herdeiro da Arena, a legenda da ditadura — com o Partido Democrata Cristão (PDC).

Numa eleição com oito candidatos a presidente, Amin foi o sexto colocado, com 2,75% dos votos. Chegou atrás de Fernando Henrique (PSDB), Lula (PT), Enéas (Prona), Orestes Quércia (PMDB) e Leonel Brizola (PDT).

O título do *jingle* é atribuído.

Lá de onde eu vim tem progresso
Muita gente te diz com firmeza
Que eu lutei com garra e coragem
Pra trazer pro meu povo a riqueza
Pra que então os filhos daquela terra
Tivessem orgulho de lá viver
E de tudo do que sei fazer

Por isso eu vim pra esse luta
Eu vim
De peito aberto
Vim pra mostrar o caminho
Que vai certo
Pra mudar esse país
Pra essa gente ser feliz
Amin pro meu país.

1. *O verdadeiro canalha* (1995).

Autores: Jorge Mirim, Rodrigo e Sérgio Fernandes • Intérpretes: Bezerra da Silva com a participação de Genaro • Gravadora: RGE • CD *Contra o verdadeiro canalha!* (1995)

Em *O verdadeiro canalha*, Bezerra da Silva denuncia o político que, passadas as eleições, vira as costas para o povo e usa o cargo para conquistar posições e se meter em negócios escusos. "Canalha, tu é um verdadeiro canalha/ Viver de moleza é muito bom/ Quero ver você/ Encarar uma batalha/ Vai trabalhar, canalha!".

Canalha, tu é um verdadeiro canalha
Canalha, tu é um verdadeiro canalha
Você vive de trambique
Deita na sopa e se atrapalha
Olha aí, seu canalha

Canalha, tu é um verdadeiro canalha
Canalha, tu é um verdadeiro canalha
Se elegeu com votos da favela
Depois mandou nela meter bala
Isso é que é ser canalha

Canalha, tu é um verdadeiro canalha
Canalha, tu é um verdadeiro canalha
Rapinou o dinheiro do povo
Saiu esbanjando e fazendo bandalha,
Veja bem, seu canalha

Canalha, tu é um verdadeiro canalha
Canalha, tu é um tremendo canalha
Comprou carrão, fazenda e mansão
E o povo na miséria comendo migalha
Veja bem, seu canalha

Canalha, tu é um verdadeiro canalha
Canalha, tu é um verdadeiro canalha
Quem judia de um povo sofrido
É um tremendo patife, um estorvo, uma tralha

Canalha, tu é um verdadeiro canalha
Canalha, tu é um verdadeiro canalha
Está livre a poder de propina
Porém a justiça divina
Não falha,
Veja bem, seu canalha

Canalha, tu é um verdadeiro canalha
Canalha, tu é um verdadeiro canalha
O truco se acaba, vem o retrocesso,
Verás o reverso da medalha

Canalha, tu é um verdadeiro canalha
Canalha, tu é um verdadeiro canalha
Viver de moleza é muito bom,
Quero ver você encarar uma batalha,
Vai trabalhar, canalha!

Canalha, tu é um verdadeiro canalha
Canalha, tu é um verdadeiro canalha

E no dia do judas tu fica na tua
Se tu for pra rua a galera te malha
Fica em casa, canalha!

Canalha, tu é um verdadeiro canalha
Canalha, tu é um verdadeiro canalha
Comeu, bebeu, fumou e cheirou
Depois caguetou o cabeça de área
Olha a bala, canalha!

Canalha, tu é um verdadeiro canalha
Canalha, tu é um verdadeiro canalha
Nunca vi ninguém dá dois em nada
E também se ver, cadeado não fala
Aprendi isso, canalha

Canalha, tu é um verdadeiro canalha
Canalha, tu é um verdadeiro canalha
E depois daquele par de chifres
Em que altura está o meu chapéu de palha
Já viu isso, canalha?

Canalha, tu é um verdadeiro canalha
Canalha, tu é um verdadeiro canalha
O calado tá errado e falando nem se fala
Cala a boca, canalha!!!

Canalha, tu é um verdadeiro canalha
Canalha, tu é um verdadeiro canalha
De repente o bicho pegou
Tu se pirulitou e jogou a toalha
Sai correndo, canalha!
Canalha, tu é um verdadeiro canalha
Canalha, tu é um verdadeiro canalha.

2. *É a lei, é a lei* (1995).

Autores: Leci Brandão e Zé Maurício • Intérprete: Leci Brandão • Gravadora: RGE • CD *Anjos da guarda* (1995)

Na canção, gravada em 1995, Leci Brandão aconselhou os candidatos a cargos públicos a se ligar na comunidade. Os políticos deveriam falar menos e ouvir mais, ficando atentos às necessidades dos mais pobres. Depois de eleitos, precisariam cumprir as promessas da campanha e dar muita atenção para as prioridades do povo, ou seja: educação, cultura, saúde e segurança.

Aí
Você que quer se eleger
Se liga na comunidade, hein!

Eu disse que é melhor
É melhor não falar
Bem melhor me ouvir
É melhor não olhar
Bem melhor refletir
Já li no diário, no noticiário
Da nossa cidade
Tem gente morando na rua
Mostrando pro povo a crua verdade

É a lei, é a lei,
É a lei, é a lei
A quem nem sabe o que é lei
Já tô legal dessa lei
Porque a lei vacilou
Agora seu moço
Você desconversa

Na televisão
Se liga que a comunidade
Que espera a promessa
Da sua eleição

Me dê uma escola
Quem sabe melhora
Essa minha cultura
E um bom hospital
Pois eu sei que esse mal
De repente tem cura
E um anjo de guarda
Que não vista farda
Pra me proteger
Com medo da situação
Eu só faço oração
Para sobreviver

É a lei, é a lei...

3. *Não me bate, doutor* (sem data).

Autores e intérpretes: MC Cidinho e MC Doca • Gravadora: sem dados • LP sem dados

No funk *Não me bate, doutor*, a dupla Cidinho e Doca voltou a protestar contra a violência a que estavam submetidos os jovens das favelas: "Apanhei do meu pai, apanhei da vida/ Apanhei da polícia, apanhei da mídia/ Quem bate se acha certo, quem apanha tá errado/ Mas nem sempre, meu senhor, as coisas vão por esse lado".

Mas não me bate, doutor, porque eu sou de batalha
Eu acho que o senhor tá cometendo uma falha
Se dançamos funk é porque somos funkeiros
Da favela carioca, flamenguistas brasileiros
(bis)

Apanhei do meu pai, apanhei da vida
Apanhei da polícia, apanhei da mídia
Quem bate se acha certo, quem apanha tá errado
Mas nem sempre, meu senhor, as coisas vão por esse lado

Violência só gera violência, irmão
Quero paz, quero festa, o funk é do povão
Já cansei de ser visto com discriminação
Lá na comunidade, funk é diversão
Hoje tô na parede ganhando uma geral
Se eu cantasse outro estilo isso não seria igual

Mas não me bate, doutor, porque eu sou de batalha...

Hoje eu tenho um pedido a fazer para Deus
Pai, olhai os irmãos, filhas e filhos teus
Prejuízo, desemprego, diferença social
Classe alta bem, classe baixa mal
Porque tudo o que acontece no Rio de Janeiro
A culpa cai todinha na conta dos funkeiros
E se um mar de rosas virar um mar de sangue
Tu pode ter certeza vão botar a culpa no funk

Mas não me bate, doutor, porque eu sou de batalha...

4. *Quem é você?* (1996).

Autor: Marcelo Nova • Intérprete: Camisa de Vênus • Gravadora: Polydor • CD *Quem é você?* (1996)

Marcelo Nova listou personalidades famosas, seja pela relevância de suas obras, seja pelas dúvidas sobre suas condutas. No primeiro caso, o roqueiro citou Bob Dylan, Raul Seixas, Carlos Drummond de Andrade e Van Gogh. No segundo, o bispo Edir Macedo, da Igreja Universal do Reino de Deus, acusado de sonegação de impostos e evasão de divisas, e o presidente dos Estados Unidos, Bill Clinton, que admitiu a intimidade com a maconha quando jovem. "Fumei, mas não traguei", justificou-se.

Em 1996, o tesoureiro da campanha de Fernando Collor, Paulo César Farias, foi encontrado morto. Para os roqueiros, era evidente que se tratava de queima de arquivo (ver *Melô da CPI* e *Tô feliz*, no Capítulo IX deste volume).

Edir Macedo tem conta na Suíça
Conta conjunta com o dono do céu
Maradona só gosta do jogo se a bola for de papel
O Super-homem quebrou a espinha
Hebe Camargo é uma gracinha
E eu tô de olho na minha vizinha

Ôoooo, quem é você?
Em frente do espelho, não deu pra ver
Ôoooo, quem é você?

Bill Clinton fumava maconha
Mas ele não sabia tragar
PC Farias pagou com a vida
Enquanto Collor foi esquiar
Bob Dylan provocou a centelha
Van Gogh cortou a orelha
E a sua bochecha tá toda vermelha

Ôooo, quem é você?...

Graham Bell inventou o telefone
Mas não tinha ninguém pra conversar
Pôncio Pilatos era um democrata
Lavou as mãos e deixou o povo julgar
Carlos Drummond morreu de tristeza
Raulzito era maluco beleza
E eu joguei fora as certezas

Ôooo, ôoooo, quem é você?...

5. *Brasil sem educação* (1999).

Autores: Aliado G, Mano Ed e DJ Viola • Intérprete: Face da Morte • Gravadora: independente • LP duplo/ CD *O crime do raciocínio* (1999)

No rap *Brasil sem educação*, o grupo paulista Face da Morte interpela o ministro Paulo Renato Souza, que comandou a pasta da Educação durante os oito anos do governo Fernando Henrique. Para os rappers, as péssimas condições de ensino nas escolas públicas aprofundavam o abismo social no Brasil, pois os filhos de ricos podiam estudar em escolas particulares, com bons laboratórios, professores bem pagos, modernos recursos audiovisuais e aulas de arte e ginástica. Resultado: sem condições de competir com os jovens das famílias abastadas, os estudantes pobres não logravam entrar nas universidades mantidas pelo governo: "Faculdade pública devia ser pública/ Na verdade é frequentada por *playboys* sem necessidade/ A vantagem é de quem vem de escola particular/ Com dinheiro pra pagar curso do pré-vestibular".

Aí, ministro da Educação
O futuro da nação vai à escola só pela refeição
Que às vezes não tem o suficiente pra repetir o prato
Que às vezes não tem um arroz com feijão pra comer no barraco
Aí bate o sinal da merenda
Aquele moleque com fome agradece ao Estado, nem tá ligado
Sonegação no imposto de renda
Aí eu pergunto quem defenderá essas crianças a esperança
Que não foi à escola por causa do frio ou da chuva
Que não tem caderno, sapato nem blusa
Dificilmente você entende o nosso lado
O lado forte, o lado pobre, ao mesmo tempo fraco
Seu filho agasalhado, bem nutrido
Com chofer até a porta do colégio particular
Será que você consegue avaliar a situação dessa criança
Carente, faminta, machucada por dentro
Por fora desiludida e às vezes até sem família
E não são poucas as crianças marginalizadas
E o pior, usadas para manter seu conforto
Luxo, esbanjamento, eu não aguento
As crianças dos seus direitos são privadas
Por vocês seus burocratas
Aí, ministro, Brasil sem educação ano 2000, que nada
É hora da virada

Aí, ministro, sou porta-voz desse povo faminto
Meu povo sofre, sofre, se lembre bem disso
Aí, ministro, sou porta-voz desse povo faminto
Se é que sou bandido, de educação eu preciso

Filhos de ricos têm professores particulares
Laboratório de línguas, aulas de arte
Natação, ginástica e outros mais
Aquela porra toda, recursos audiovisuais
Frequentam essas escolas-modelos
E o pobre três dias na fila não acha vaga pro seu filho
Que desespero, o moleque pobre de baixa renda
Não tem professor, incentivo, merenda
Que dó, é preciso investir melhor
O recurso do imposto de renda, entenda
Quem não tem dinheiro não tem ensino digno então
E você ainda diz que investe muito na educação
Quem sonega a educação nega o direito de viver
Pode crer, não sou bobo
Cadê as faculdades para o povo
Onde estão as promessas mostradas pela Globo
Faculdade pública devia ser pública
Na verdade é frequentada por playboys *sem necessidade*

A vantagem é quem vem de escola particular
Com dinheiro pra pagar curso do pré-vestibular
E morrer de overdose de tanto cheirar
Pro pobre o estudo é tudo
Pros ricos desgraçados é um processo sofisticado
De recursos, frutos da sociedade desigual
Origem de todo o mal
Aí, ministro, Brasil ano 2000, puta que pariu
Eu não entendo mais nada,
É hora da virada

Aí, ministro sou porta-voz desse povo faminto...

A escola é caduca, mal ensina, deseduca, essa é a sina
Estamos sem eira nem beira, à beira do ano 2000
Profissão de pobre é pegar em fuzil
Nove milímetro, oitão ou então ser lixeiro
Gari, servente de pedreiro
Um qualquer sem opção da linha de produção
Quando envelhece estraga, não serve mais pra nada
Não funciona como antes
Te mandam pro conserto no posto do Inamps
Com cento e trinta e seis reais de salário
Idoso, aposentado, inválido, ferrado
Ou mais um desempregado desgraçado como eu
Negar a educação é continuar a escravidão
No Brasil sou mais um que fui oprimido
Com aquele salário de fome iludido
Preciso me alimentar pra poder estudar
Ou será que o senhor ministro da Fazenda
Arriscaria sobreviver um dia à base de merenda
Na sexta série do primeiro grau só aprendi o básico
Moleques que estudaram comigo poucos estão formados
A maioria desempregados, outros drogados
Alguns morreram, e outros angustiados se entregaram pro álcool
Não aprendi na faculdade, sou formado à base da verdade
Não inclua o meu diploma que consegui na escola da rua
Sou rapper de ideologia forte lutando pelo pobre
Enquanto minha voz não for calada
Aí, ministro, Brasil ano 2000 que nada,
É hora da virada

Aí, ministro, sou porta-voz desse povo faminto...

6. *Este homem é inocente* (1996).

Autores: Zalém e Zé do Galo • Intérprete: Bezerra da Silva • Gravadora: RGE • LP/ CD *Meu samba é duro na queda* (1996)

Em *Este homem é inocente*, Bezerra da Silva, que em inúmeros sambas havia criticado a violência policial contra os moradores da favela, chama a atenção para a parcialidade do Poder Judiciário, extremamente rigoroso com os pobres, mas leniente com os ricos. Fingindo conversar com um juiz, o sambista denuncia: "Nós, discriminados da favela/ Sabemos quem é o culpado/ Só os poderosos fingem não saber/

É uma lei severa pro trabalhador/ E outra de colher de chá e de caô caô/ Se liga, doutor".

Doutor, este homem é inocente
Procure saber a verdade
Não deixe que o pobre coitado perca a liberdade (bis)

O senhor aplica a lei, faz cumprir e condena
A quem de direito merecer
Mas não faça injustiça com quem não tem nada a ver
Nós, discriminados da favela
Sabemos quem é o culpado
Só os poderosos fingem não saber
É uma lei severa pro trabalhador
E outra de colher de chá e de caô caô
Se liga, doutor

O que o favelado diz não se escreve
Sabemos disso, doutor
Não tente tapar o sol com a peneira
O senhor sabe bem quem é o vapor
Solte o pobre inocente
Prenda o filho do governador
Tá me ouvindo, doutor?
É uma lei severa pro trabalhador
E outra de colher de chá e de caô caô
Se liga, doutor!

7. *Vírus da corrupção* (1996).

Autores: Zaba e Nilo Bahia • Intérprete: Bezerra da Silva • Gravadora: RGE • LP/ CD *Meu samba é duro na queda* (1996)

Em 1996, ano de eleições para prefeitos e vereadores, Bezerra da Silva gravou *Vírus da corrupção*, de Zaba e Nilo Bahia, retomando um de seus temas prediletos: a hipocrisia dos políticos. Na hora da caça aos votos, eles subiam o morro e tratavam bem o eleitor. Mas, passado o período eleitoral, davam "uma banana para o meu povão". A favela só sabia deles pelos jornais, quando se envolviam em alguma falcatrua. Indignado, o sambista constatava: "De norte a sul/ De leste a oeste, meu irmão/ Como tem político contaminado/ Com o vírus da corrupção".

Ele vai subir novamente lá no morro
Apertando mão em mão, pedindo voto de novo
A rapaziada já sabe que é o ladrão do dinheiro do povo
Toda favela já sabe que é o ladrão do dinheiro do povo

Quando ele está em campanha
Diz que vai resolver toda situação
Depois de tá eleito adianta o seu lado
E dá uma banana para o meu povão
Perde a credibilidade, a moral e o pudor
Tira o pão da boca das crianças
Do aposentado e do trabalhador

Ele vai subir novamente lá no morro...

Na eleição passada, através do morro ele se elegeu
Nada fez pelo pobre favelado e num Boeing de luxo desapareceu
Foi comemorar a vitória em sua mansão no Distrito Federal

Eu só fui saber que ele estava vivo porque
saiu como corrupto no jornal
De norte a sul, de leste a oeste, meu irmão
Como tem político contaminado com o vírus
da corrupção

Ele vai subir novamente lá no morro...

8. *Ordem e progresso* (1996).

Autor: Zé Pinto • Intérprete: Beth Carvalho • Gravadora: Discograf • CD *Arte em movimento – vários intérpretes* (2002)

Na canção *Ordem e progresso*, o lema da bandeira nacional recebeu nova leitura, bem mais social do que a mensagem positivista de Augusto Comte que tanto havia impressionado os jovens oficiais do Exército brasileiro que proclamaram a República (ver *Positivismo*, de Noel Rosa e Orestes Barbosa, no Capítulo III do Volume I): "A ordem é ninguém passar fome/ Progresso é o povo feliz/ A reforma agrária é a volta/ Do agricultor à raiz".

Esse é o nosso país
Essa é a nossa bandeira
É por amor a essa pátria Brasil
Que a gente segue em fileira

Queremos mais felicidade
No céu deste olhar cor de anil
No verde esperança sem fogo
Bandeira que o povo assumiu
Amarelo são os campos floridos
As faces agora rosadas
Se o branco da paz se irradia
Vitória das mãos calejadas

Esse é o nosso país...

Queremos que abrace esta terra
Por ela quem sente paixão
Quem põe com carinho a semente
Pra alimentar a nação
A ordem é ninguém passar fome
Progresso é o povo feliz
A reforma agrária é a volta
Do agricultor à raiz

Esse é o nosso país...

9. *Procissão dos retirantes* (1996).

Autores: Martim César e Pedro Munhoz • Intérprete: Pedro Munhoz • Gravação independente do MST-PA • CD *Um canto pela paz* (2002)

Para Martim César e Pedro Munhoz, autores de *Procissão dos retirantes*, o Massacre de Eldorado dos Carajás não foi um fato isolado, mas o resultado da concentração da propriedade da terra: "Pátria-mãe da minha gente/ Hoje eu quero perguntar:/ Se tão grandes são teus braços/ Por que negas um espaço/ Aos que querem ter um lar?/ Eu não consigo entender/ Que nesta imensa nação/ Ainda é matar ou morrer/ Por um pedaço de chão".

A canção conquistou o primeiro lugar no I Festival das Canções da Reforma Agrária, realizado em Palmeira das Missões (RS), em 1999.

Terra Brasilis, continente
Pátria-mãe da minha gente
Hoje eu quero perguntar:

Se tão grandes são teus braços
Por que negas um espaço
Aos que querem ter um lar?

Eu não consigo entender
Que nesta imensa nação
Ainda é matar ou morrer
Por um pedaço de chão
Lavradores nas estradas
Vendo a terra abandonada
Sem ninguém para plantar
Entre cercas e alambrados
Vão milhões de condenados
A morrer ou mendigar

Eu não consigo entender
Achar a clara razão
De quem só vive pra ter
E ainda se diz bom cristão
No Eldorado do Pará
Nome índio: Carajás
Um massacre aconteceu
Nesta terra de chacinas
Essas balas assassinas
Todos sabem de onde vêm
É preciso que a justiça
E a igualdade sejam mais
Que palavras de ocasião
É preciso um novo tempo
Em que não seja só promessa
Repartir a terra e o pão
(A hora é essa, de fazer a divisão!)

Eu não consigo entender,
Que em vez de herdar um quinhão
Teu povo mereça ter
Só sete palmos de chão
Nova leva de migrantes
Procissão dos retirantes
Só há terra em cada olhar
Brasileiros feito nós
Vão gritando, mas sem voz
Norte a sul, não tem lugar

Eu não consigo entender
Que nesta imensa nação
Ainda é matar ou morrer
Por um pedaço de chão!
Pátria amada do Brasil,
De quem és mãe gentil?
Eu insisto em perguntar:
Dos famintos das favelas
Ou dos que desviam verbas
Pra champanhe e caviar?

Eu não consigo entender
Achar a clara razão
De quem só vive pra ter
E ainda se diz bom cristão.

10. *Chacina cyber* (sem data).

Autores: Dimitri Maracajá e Milton Rocha • Intérprete: Arcano XIX • Gravação independente do MST-PA • CD *Um canto pela paz* (2002)

Chacina cyber associou o Massacre de Eldorado de Carajás, em abril de 1996, aos horrores sofridos por Guernica, cidade bombardeada pela Luftwaffe de Adolf Hitler durante a Guerra Civil Espanhola (1936-1939). A tragédia da cidade basca foi imortalizada numa das mais importantes obras do pintor Pablo Picasso.

A canção também lembrou momentos de repressão às lutas sociais no Brasil, como ocorreu na revolta da Cabanagem, no Pará, e na Guerra de Canudos.

Viu, Picasso pintou Guernica que vai pintar Eldorado
Uma lei que não se aplica mais, quinhentos anos contados
O que que Canudos vai dizer dos Cabanos
Chacina do pai a cada dia do ano

Se levantaram Chacina Cyber mas o tempo e o globo sabem
Já fecharam o seu mundo e humilharam
Subindo o morro, subindo o morro, hah, hah
Se levantaram Chacina Cyber mas o tempo e o globo sabem
Já fecharam o seu mundo e humilharam
Subindo o morro, subindo o morro, hah, hah
Cinema velho, hah, hah, e Eldorado, eh
São dezenove na Curva
— Altamiro, Raimundo, Antônio, Leonardo, Graciano, José Ribamar, João, Manoel, Lourival, Antônio, Abílio, João Carneiro, Antônio, José Alves, Robson, Amâncio, Valdemir, Joaquim, Oziel, 19 cruzes na Curva do S.

11. *Dezenove* (sem data).

Autores: Ricardo Dias • Intérprete: Mário Morais • Gravação independente do MST-PA • CD *Um canto pela paz* (2002)

A canção homenageou os dezenove trabalhadores assassinados em Eldorado dos Carajás, no Pará, em 1996, denunciando a selvageria policial contra os movimentos sociais em pleno estado democrático: "Todo mundo sabe que a polícia mata". E lançou a pergunta: "Quem deu o comando de atirar?"

Quase ao cair da tarde a morte
Andava veloz de ônibus
E antes mesmo de Irene rir
Percebia-se o silêncio das foices
Foi-se embora meu rebento
Já nem sei por quanto tempo
Vamos ver tal desgoverno (bis)

Todo mundo sabe que a polícia mata
Sempre que a ordem vem da corte
E um batalhão de sem-sorte
Tomba ao chão
E quem foi que disse que sem-terra é gente
Pra quem deu comando de atirar?
Vamos passar a limpo essa história.

12. *Pra soletrar a liberdade* (sem data).

Autor: Zé Pinto • Intérprete: Leci Brandão • Gravadora: Discograf • CD *Arte em movimento – vários intérpretes* (2002)

"Ocupar, resistir, produzir" — esse é o lema do Movimento dos Sem Terra. O MST sempre alertou seus militantes de que não bastava ocupar as terras improdutivas. Era necessário também semear, colher e produzir. Mais ainda: era indispensável estudar para conquistar a cidadania. Por isso mesmo, o movimento sempre organizou escolas nos assentamentos.

No belo samba de Zé Pinto, cantado por Leci Brandão, a educação é vista como o passaporte para o futuro: "Se o aprendizado for além do bê-á-bá/ Todo menino vai poder ser um cidadão".

— Alô, alô, meus companheiros do Movimento Sem Terra. Que prazer poder participar de um projeto de tanta dignidade!

Tem que estar fora de moda
Criança fora da escola
Pois há tempo não vigora
O direito de aprender
Criança e adolescente
Numa educação decente
Pra um novo jeito de ser
Pra soletrar a liberdade
Na cartilha do ABC
Pra soletrar a liberdade
Na cartilha do ABC

Ter uma escola em cada canto do Brasil
Um novo jeito de educar pra ser feliz
Tem tanta gente sem direito de estudar
É o que nos mostra a realidade do país

Tem que estar fora de moda...

Juntar as forças, segurar de mão em mão
Numa corrente em prol da educação
Se o aprendizado for além do bê-á-bá
Todo menino vai poder ser cidadão

Tem que estar fora de moda...

Alternativa pra empregar conhecimento
O movimento já mostrou para a nação
Desafiando dentro dos assentamentos
Reforma agrária também na educação

Tem que estar fora de moda...

13. *O anjo esquerdo da história* (1997).

Autores: Haroldo de Campos e Gilberto Mendes • Intérpretes: Madrigal Ars Viva com regência de Roberto Martins • Gravadora: EMI Music • CD *Música nova para vozes* (2000)

Chocado com o Massacre de Eldorado dos Carajás, o poeta Haroldo de Campos, um dos fundadores do concretismo no Brasil, escreveu este fortíssimo poema. Emocionado pelos versos, Gilberto Mendes, sempre atento às questões sociais, compôs a belíssima música de *O anjo esquerdo da história.*

A disposição dos versos e as quebras de linha são do próprio Haroldo de Campos.

os sem-terra afinal
estão assentados na
pleniposse da terra:
de sem-terra passaram a
com-terra: ei-los
enterrados
desterrados de seu sopro
de vida
aterrados
terrorizados
terra que à terra
torna pleniposseiros terra-
tenentes de uma
vala (bala) comum:

pelo avesso afinal
entranhados no
lato ventre do
latifúndio
que de im-
produtivo re-
velou-se assim u-
bérrimo: gerando pingue
messe de
sangue vermelhoso
lavradores sem
lavra ei-
-los: afinal con-
vertidos em larvas
em mortuá-
rios despojos:
ataúdes lavrados
na escassa madeira
(matéria)
de si mesmos: a bala assassina
atocaiou-os
mortiassentados
sitibundos
decúbito-abatidos pré-
-destinatários de uma
agra (magra)
re (dis) (forme) forma
-fome- a-
grária: ei-
-los gregária
comunidade de meeiros
do nada:
enver-
gonhada a-
goniada
avexada
-envergoncorroída de
imo-abrasivo re-
morso-
a pátria
(como ufanar-se da?)
apátrida
pranteia os seus des-
possuídos párias-
-pátria parricida:
que talvez só afinal a
espada flamejante
do anjo torto da his-
tória cha-
mejando a contravento e
afogueando os
agrossicários sócios desse
fúnebre sodalício onde a
morte-marechala comanda uma
torva milícia de janízaros-ja-
gunços:
somente o anjo esquerdo
da história escovada a
contrapelo com sua
multigirante espada po-
derá (quem dera!) um dia
convocar do ror
nebuloso dos dias vin-
douros o dia
afinal sobreveniente do
justo
ajuste de
contas.

14. *Assentamento* (1997).

Autor e intérprete: Chico Buarque • Gravadora: Companhia das Letras • CD *Terra* (1997)

A canção *Assentamento* foi gravada por Chico Buarque para o disco *Terra*, que acompanhou o livro homônimo do fotógrafo Sebastião Salgado, lançado em 1997, no primeiro aniversário do Massacre de Eldorado dos Carajás. A obra teve prefácio do escritor português José Saramago.

Em *Assentamento*, Chico canta o desejo de volta ao campo de milhões de lavradores que, por razões de sobrevivência, tiveram de partir rumo às cidades. A canção traz como epígrafe uma frase de Guimarães Rosa que resume essa tensão nunca resolvida: "Quando eu morrer, que me enterrem/ Na beira do chapadão/ — contente com minha terra/ cansado de tanta guerra/ crescido de coração". Manuelzão e Miguilim, personagens de Rosa, também entraram na dança, ao lado de Francisco, Serafim, Binho, Bia, Bel e Quim.

Quando eu morrer, que me enterrem
Na beira do chapadão
— contente com minha terra
cansado de tanta guerra
crescido de coração
Tôo
(apud *Guimarães Rosa)*

Zanza daqui
Zanza pra acolá
Fim de feira, periferia afora
A cidade não mora mais em mim
Francisco, Serafim
Vamos embora

Ver o capim
Ver o baobá
Vamos ver a campina quando flora
A piracema, rios contravim
Binho, Bel, Bia, Quim
Vamos embora

Quando eu morrer
Cansado de guerra
Morro de bem
Com a minha terra:
Cana, caqui
Inhame, abóbora
Onde só vento se semeava outrora
Amplidão, nação, sertão sem fim
Ó Manuel, Miguilim
Vamos embora.

15. *Tawaraná* (1996).

Autor: Josino Medina • Intérprete: Pereira da Viola • Gravadora: Lapa Discos • CD *Tawanará* (1996)

Em *Tawaraná*, Pereira da Viola e Josino Medina cantam a luta dos povos da floresta para deter a derrubada da mata: "Vi o empate na derrubada/ A motosserra ficou calada/ Salvar a mata, salvar a pátria/ Eu vi, eu vi, eu vi". Nos empates, forma de luta impulsionada por Chico Mendes, seringueiros, posseiros e indígenas colocavam-se à frente das árvores para impedir a ação das motosserras e tratores (ver *Louvor a Chico Mendes*, no Capítulo IX deste volume).

Para os dois artistas, ligados à Comissão Pastoral da Terra, o progresso baseado na destruição da natureza não passa de uma arapuca contra a vida: "Quem comer desse feitiço/ Desconhece o seu lugar/ É isso que se tem pra dar/ Ó, menino, o tal do civilizado".

Alguns esclarecimentos: *curimã* é um peixe; *poronga*, uma lamparina; e *pan*, uma flauta de madeira de origem boliviana.

Laço de índio eu vi, menino
Virando lenda, picando limbo
Pintando corpo com alma e festa
Eu vi, eu vi, eu vi
Vi curumim *comer* curimã
Correr na manhã, esconder do fim
Tocando uma pan *para os passarinhos*
Eu vi, eu vi, eu vi
Pois passarinho é pra cantar
Ó menino
Passarinho é pra voar
Pois passarinho é pra voar
Ó menino
Passarinho é pra cantar
Vi armar uma arapuca
Com a isca do progresso
Quem comer desse feitiço
Desconhece o seu lugar
É isso que se tem pra dar
Ó menino
O tal do civilizado

Na madrugada pega a poronga
Sai na picada riscando o tronco
Da seringueira, mãe da floresta
Eu vi, eu vi, eu vi
Vi o empate na derrubada
A motosserra ficou calada
Salvar a mata, salvar a pátria
Eu vi, eu vi, eu vi
A morte defendendo a vida
Ó menino
A morte de quem quer a vida
A morte de quem quer a vida
Ó menino
A morte defendendo a vida
Um soldado que virou
Seringueiro sem valor
Hoje a pátria que conhece
É a mata que restou
A guerra não acabou por lá
Ó menino
Pra quem vive e defende a terra.

16. *Mão na cabeça* (1997).

Autores: Marcelo D2 e Ulisses Capelletti • Intérprete: Planet Hemp • Gravadora: Sony Music • CD *Os cães ladram mas a caravana não para* (1997)

Outra canção do Planet Hemp denunciando a violência da polícia contra os jovens das favelas: "São pagos para proteger, mas te tratam como ladrão". A banda defendeu mais uma vez a legalização da maconha: "Se o traficante é o problema, por que não legaliza?/ Na minha mente a solução, na sua só capitaliza/ O safado aqui é quem fuma maconha/ Vigário Geral, Candelária que te envergonha". A banda referia-se às duas chacinas cometidas por soldados da PM do Rio de Janeiro. Na primeira, 21 jovens da favela de Vigário Geral foram assassinados por um grupo de extermínio. Na segunda, foram executados oito moradores de rua, dos quais seis menores de idade.

Mão na cabeça, assalto? Não, é a polícia
Mas dá no mesmo se você não tem um pingo de malícia
São pagos pra proteger, mas te tratam como ladrão
Quem é que vão proteger, então
Bala perdida pra você não é nada
Só mais uma mancha de sangue no meio da calçada
Se acham donos da lei, mas essa lei tá errada
Enquanto não modificarem, tô na parada
Porque na minha cabeça essa carapuça não cabe
Então DJ Zé Gonzales, balança as pickups
Eu sei e todo mundo sabe o que eles pretendem
Querem tirar a fumaça e botar uma bala na mente
Vou te falar qualé da parada errada
Eu ouço bang-bang e não vou fazer nada?
Porque se tá bom pra tu, tem alguma coisa errada
Pra mim não tá bom, e a mente não fica parada
Se o traficante é o problema, por que não legaliza?
Na minha mente a solução, na sua só capitaliza
O safado aqui é quem fuma maconha
Vigário Geral, Candelária que te envergonha
A cidade é maravilhosa, só precisa de proteção
Chega de semente podre na minha plantação
O 12 é o 16, o 16 são vocês
Fica a pergunta mermão, quem é que trafica as leis?
Mermo sem nada em cima, te tiram pra mané
Não foram com a tua cara vão querer um qualquer
190 é telefone na agenda de X9
Então preste atenção e vê com quem se envolve.

17. *O trem* (1997).

Autor e intérprete: RZO • Gravadora: Porte Ilegal • LP *O trem* (1997)

RZO é a sigla de Rapaziada da Zona Oeste, nome de um grupo de rap do bairro de Pirituba, na zona oeste da capital paulista. Em *O trem*, os rappers falam sobre a violência ostensiva e velada que atinge os trabalhadores no sistema ferroviário da Grande São Paulo: vagões superlotados, mau cheiro, acidentes frequentes, portas abertas, marmitas amassadas, borrachadas da polícia, humilhações. Resumo da ópera: "Subúrbio pra morrer, vou dizer: é mole".

Assim que é
Sem proceder não para em pé

Realidade é muito triste
Mas é no subúrbio sujismundo
Submundo que persiste o crime
Pegar o trem é arriscado
Trabalhador não tem escolha
Então enfrenta aquele trem lotado

Não se sabe quem é quem, é assim
Pode ser ladrão ou não
Tudo bem se for pra mim
Se for polícia fique esperto, Zé
Pois a lei dá cobertura pra ele
Te socar, se quiser
O cheiro é mau de ponta a ponta
Mas assim mesmo normalmente
O que predomina é a maconha
E aos milhares de todos os tipos
De manhã, na neurose
Como que pode ter um dia lindo
Portas abertas mesmo correndo
Lotado até o teto sempre está
Meu irmão vai vendo
Não dá pra aguentar, sim
É o trem que é assim, já estive, eu sei, já estive
Muita atenção, essa é a verdade
Subúrbio pra morrer, vou dizer: é mole

Subúrbio para morrer, vou dizer (é mole)
E agora se liga, você pode crer (é pra gravar, tá?)
Todo cuidado não basta porque (é só um toque)
Subúrbio para morrer, vou dizer (é mole)
Confira de perto, é bom conhecer (é pra gravar, tá?)
E agora se liga, você pode crer (é só um toque)
Todo cuidado não basta porque (é mole)
Subúrbio para morrer, vou dizer

Todos os dias mesma gente
É sempre andando, viajando
Surfando, mais a mais não teme
Vários malucos, movimento quente
Vários moleques pra vender
Vem comprar, é aqui que vende
Quem diz que é surfista é
Então fica de pé, boto mó fé, assim que é
Se cair, vai pro saco
Me lembro de um irmão, troço chato
Subia, descia por sobre o trem, sorria
Vinha da Barra Funda há dois anos todo dia
Em cima do trem com os manos surfistas
Assim chamados são popularmente
Se levantou e encostou naquele fio,
Tomou um choque
Mas tão forte que nem sentiu, foi às nuvens
Tá com Deus, mano Biro, sabe
Subúrbio pra morrer, vou dizer: é mole

Subúrbio para morrer, vou dizer (é mole)...

E eu peço a Oxalá e então
Sempre vai nos guardar
Dai-nos forças pra lutar, sei que vai precisar
No trem, meu bom, é assim, é o que é
Então centenas vão sentados e
Milhares vão em pé
E em todas as estações
Ali preste atenção nos PFs
O trem para, o povo entra e sai
Depois disso, o trem já se vai
Mas o que é isso? Esquisito
E várias vezes assisti
Trabalhador na porta tomando borrachadas
Marmitas amassadas, fardas, isso é lei?
Vejam vocês: são cães, só querem humilhar toda vez
Aconteceu o ano passado em Perus

Um maluco estava na paz, sem dever
Caminhava na linha sim, a uns cem metros
Dessa estação, preste atenção, repressão
Segundo testemunhas dali, ouvi
Foi na cara dura assassinado, pum, mas não foi divulgado
E ninguém está, não está, ninguém viu
As mortes na Estrada de Ferro Santos-Jundiaí
E ninguém tá nem aí, Osasco ou Itapevi,
Do Brás a Mogi ou Tamanduateí
É o trem que é assim, já estive, eu sei, já estive
Subúrbio pra morrer, vou dizer: é mole

Subúrbio para morrer, vou dizer...

Quando começo a pensar parece que vem o barulho na cabeça
Eu lembro dos manos que ficaram grudados nos fio
Que até hoje a indenização da ferroviária a família nunca viu
Ou senão dos mano que têm uma correria pra fazer
Precisa levar uma lata de leite todo dia de manhã
Cataram tudo sua mercadoria
E ainda se "passa", tomaram um "salve" desses filhos da puta dos PF, moro, mano?
Mas e aí! Ninguém tem peito de aço, não, mano.

18. ***Prepare-se*** **(1996).**

Autor e intérprete: GOG • Gravadora: Só Balanço/ New Generation • CD *Prepare-se* (1996)

Em *Prepare-se*, GOG denuncia novamente como "assassinato social" a falta de oportunidades para o povo pobre (ver *Assassinos sociais*, no anexo "Outras canções" do Capítulo IX). Para o rapper, as autoridades que caçavam delinquentes entre os jovens da periferia eram as mesmas que não eram capazes de lhes oferecer emprego e educação, empurrando muitos deles para o mundo do crime.

GOG dirige-se a um hipotético parlamentar. Diz que ele pode até ter as mãos limpas de sangue, mas seu cérebro é sujo: "Assassino em potencial, não usa cano ou punhal/ Nunca deu coronhadas/ Matou, matou, mas nunca esteve no local do crime/ Usou a mão de vários irmãos manipulados, desinformados/ Prejudicados por seu cérebro maníaco/ Marginal diplomado, muito bem, deputado/ Seu passaporte para o inferno está carimbado".

No final do rap, GOG argumenta com Japão, seu parceiro de muitas jornadas no hip hop, que a solução passa pela conscientização do povo da periferia: "Cabeça fria, Japão, essa luta com atitude a gente ganha/ Já conseguimos nosso espaço/ Só nós sabemos como foram difíceis os primeiros passos/ Por nossos traços, por nossos laços/ Por nossas frases, denúncias graves/ Da periferia vem a força que dará fim a esses trastes".

Você não é você, você é simplesmente isso
É sujo, é podre, é lixo

Tem mais, tem mais
Muito mais pra ouvir
Muita coisa louca pra sua cabeça oca
Que por omissão merece a forca

O nosso bate-boca é mesmo inevitável
É, "assassinos sociais"
Assassinatos sem morte mostram a imundície dos seus atos
Brasileiros verdadeiros estão do lado contrário
Eu também te declaro adversário,
Falo, falo sério
Mas prepare-se

Se quem tem tem
Mas quem não tem quer ter também (bis)

Ou você pensou que iria ser tão fácil assim
Se livrar de mim, das promessas feitas ao meu povo enfim
Viver às custas da nossa grana
Mandar os descontentes em cana
Eu não fiz nada disso
Ora, cala sua boca profana
Sua moral não resiste a uma fita gravada
Seu forte: verbas desviadas
Contas fantasmas, acordos na calada
Paga alto por acusações abafadas
Sua única intenção: aumentar seu império
Acesso a privilégios
Matricular seus filhos nos melhores colégios
Ponte aérea com o Primeiro Mundo, conferências, reuniões
Muito papo, muito agito, não se vê soluções
Assassino em potencial, não usa cano ou punhal
Nunca deu coronhadas
Matou, matou, mas nunca esteve no local do crime
Usou a mão de vários irmãos manipulados, desinformados
Prejudicados por seu cérebro maníaco
Marginal diplomado, muito bem, deputado
Seu passaporte pro inferno está carimbado
Aprovado por aquele que no céu é rejeitado
E cujo nome não será citado

Se quem tem tem...

E o povo está sempre distante
Das discussões mais importantes
Essa poderia ser uma das conversas que sempre rolam por aí:

— Doutor! Doutor! Um minutinho da sua atenção. Eu poderia falar com o senhor?

— Ah, sinto muito, tô muito ocupado agora, viu, tô indo pro Congresso, não dá não...

— Tô entendendo, papo com o povo você não quer, né, meu irmão.

— GOG, vamos logo com isso! Apaga logo esse bacana!

Cabeça fria, Japão, essa luta com atitude a gente ganha
Já conseguimos nosso espaço
Só nós sabemos como foram difíceis os primeiros passos
Por nossos traços, por nossos laços
Por nossas frases, denúncias graves
Da periferia vem a força que dará fim a esses trastes
Falo, falo sério, cumpádi! Prepare-se! Prepare-se!

Se quem tem tem...

19. *G. R. E. S. Eu e meu cachorro* (1997).

Autores: Falcão, Tarcísio Matos e Beto de Areia Branca • Intérprete: Falcão • Gravadora: BMG Brasil • CD *A um passo da MPB* (1997)

O cantor e humorista cearense Falcão levou seu cachorro para brincar o carnaval em Brasília. O animal se assustou com a confusão, o bate-boca e o baixo nível das discussões no plenário do Congresso Nacional. A história é divertida, mas inteiramente sem pé nem cabeça, até porque a Câmara de Deputados e o Senado Federal nunca se reuniram durante os três dias do Reinado de Momo.

Convidei o meu cachorro pra brincar o carnaval
Au au au, au au au
Fomos nós dois, eu e ele, para o Planalto Central
Au au au, au au au
Saímos perambulando pelo Eixo Principal
Au au au, au au au
Ouvimos uma algazarra no Congresso Nacional
Au au au, au au au
Meu cachorro então me disse: "Tem alguém passando mal"
Au au au, au au au
Adentramos ao plenário para ver se era normal
Au au au, au au au
Era hora de votar uma emenda federal
Au au au, au au au
Deputados, senadores num bate-boca verbal
Au au au, au au au
A liderança propôs uma votação oral
Au au au, au au au
O relator deu o contra, querendo sair no pau
Au au au, au au au
Um deputado careca acordou e achou legal
Au au au, au au au
Pediu: "Comece essa porra logo, senão o papai, tchau!"
Au au au, au au au
Votada, pois, a matéria, terminou tudo igual
Au au au, au au au
E no fim todos cantaram o velho Hino Nacional
Au au au, au au au
Au au au, au au au.

20. *Presidente cara de pau* (1998).

Autores: Galhardo e Toninho Geraes • Intérprete: Bezerra da Silva • Gravadora: Universal Music • CD *Eu tô de pé* (1998)

Presidente cara de pau, samba gravado por Bezerra da Silva em 1998, ano da reeleição de Fernando Henrique Cardoso para presidente da República, já não dava um tostão furado pelo Plano Real, que começava a enfrentar sérios problemas. Durante a campanha eleitoral, Fernando Henrique garantiu que o real não seria desvalorizado. Mas, em novembro, um mês depois das eleições, o Brasil assinou às pressas um acordo com o Fundo Monetário Internacional (FMI). Em janeiro, menos de quinze dias após o início do segundo mandato do presidente, o câmbio passou a flutuar. O real sofreu forte desvalorização.

Quando a galinha criar dente
E o sol nascer quadrado

Vamos ter um presidente
No seu lugar adequado
Foi assim que ele disse
(quem não lembra?)
O real vai ser valorizado
No Brasil, meu doce amado
O inocente acreditou
Eu que sou cobra criada
Não fui no caô caô
Não fui no caô caô
O inocente acreditou
Eu que sou cabeça-feita
Não fui no caô caô
Todas as vezes que tem eleição
No meu Brasil doente
Eles contam a mesma estória
Porém em sentido diferente
E meu povo com fome, na beira da praia
Num banco sentado
Na esperança do mar pegar fogo
Pra ver se come peixe assado
E na cara de pau ele diz
Que as coisas vão melhorar
Mas na tremenda miséria
Meu povo está
E esse plano de H
Engrupiu de novo o povão
No dia primeiro de abril
Vai acabar a inflação.

21. *Sou um fracassomaníaco* (sem data).

Autores e intérpretes: Garotos Podres • Gravadora: independente • CD *Garotozil de Podrezepam* (2003)

O rock coleciona derrapadas e tropeços do presidente Fernando Henrique Cardoso. Lembra alguns escândalos ocorridos durante seu governo. Os primeiros versos referem-se a uma declaração de FHC, de maio de 1998, de que "as pessoas que se aposentam com menos de 50 anos são vagabundos, que se locupletam de um país de pobres e miseráveis".

Os Garotos Podres também disparam contra as sucessivas viagens internacionais do presidente, que chegaram a lhe valer o apelido de "Viajando Henrique Cardoso" num programa humorístico na televisão. Recordam ainda as denúncias sobre a compra de votos para a aprovação da emenda constitucional que instituiu a reeleição para presidente (ver *Bom é ser presidente*, neste capítulo). E dão crédito a um suposto dossiê com documentos falsos sobre contas secretas de vários políticos do PSDB no paraíso fiscal das ilhas Cayman.

O título do rock se reporta a uma expressão cunhada por Fernando Henrique em 1995, quando acusou a oposição de "fracassomania" por não reconhecer os avanços do país sob sua direção.

Embora tenha sido lançado comercialmente em 2003, *Sou um fracassomaníaco* foi composto nos últimos anos da década de 1990.

Devo trabalhar até morrer
Aposentado é vagabundo
Devo trabalhar para dom Fernando
Passear pelo mundo
Não consigo ser desonesto
Me eleger para o Congresso
Não consigo enganar muita gente
Me eleger presidente

Ele fala dez línguas vivas
E onze línguas mortas
Ele é o reizinho poliglota
E eu apenas idiota
Ele comprou sua reeleição
Não teve medo de ser cassado
E ainda quer restituição
Pois comprou deputado estragado

Onde está o meu rico dinheirinho?
Essa é uma pergunta vã
Foi socorrer banqueiro coitadinho
Ou está nas ilhas Cayman?

Ele é o príncipe
Dos sociólogos
Ele estudou na Sorbonne
E comeu e se cagou (escargot)
Ele é muito bacana
E eu caipira e provinciano
Até quando ele caga assobiando
O cocô sai dançando
Até quando ele caga assobiando
O cocô sai dançando
E eu num consigo.

22. *É ladrão que não acaba mais* (1998).

Autores: Otacílio da Mangueira e Ari do Cavaco • Intérprete: Bezerra da Silva • Gravadora: Universal Music • CD *Eu tô de pé* (1998)

Bezerra da Silva descobriu que a corrupção no Brasil vinha desde a época do "Descobrimento": "Quando Cabral aqui chegou/ E semeou sua semente/ Naturalmente começou/ A lapidação do ambiente/ Roubaram o ouro/ Roubaram o pau/ Pra ficar legal/ Ainda tiraram o couro/ Do povo desta terra original". Para o sambista, o mais grave é que de lá para cá o problema tinha piorado.

Quando Cabral aqui chegou
E semeou sua semente
Naturalmente começou
A lapidação do ambiente
Roubaram o ouro
Roubaram o pau
Pra ficar legal
Ainda tiraram o couro
Do povo desta terra original
E só deixaram
A má semente
Presente de grego
Que logo se proliferou
E originou a nossa gente
É ladrão que não acaba mais
Tem ladrão que não acaba mais
Você vê ladrão
Quando olha pra frente
Você vê ladrão
Quando olha pra trás

A terra é boa, mas o povo
Continua escravizado
Os direitos são os mesmos
Desde os séculos passados
O marajá, ele só anda engravatado
Não trabalha, não faz nada
Mas tá sempre endinheirado
E se entrar no supermercado
Você é roubado!
E se andar despreocupado

Você é roubado!
E se pegar o bonde errado
Você é roubado!
E também se votar pra deputado
Você é roubado!

Tem sempre 171 armando fria
Tem ladrão lá no Congresso
Na quitanda e padaria
Ladrão que rouba de noite
Ladrão que rouba de dia
Dentro da delegacia
Ninguém entendia
A maior confusão
O doutor delegado
Grampeou todo mundo
Porque o ladrão
Roubou outro ladrão
É ladrão que não acaba mais
Tem ladrão que não acaba mais
Você vê ladrão
Quando olha pra frente
Você vê ladrão
Quando olha pra trás.

23. *Negócio do Brasil* (1998).

Autor: Fred 04 • Intérprete: Mundo Livre S/A • Gravadora: Abril Music • CD *Carnaval na obra* (1998)

A banda de rock pernambucana Mundo Livre S/A simula uma negociação entre um empresário e um político. Se Sua Excelência, então no governo, autorizasse um negócio com dinheiro público em favor do empresário, seria recompensado com o financiamento de suas futuras campanhas eleitorais.

Uma mão lava a outra e as duas, juntas, sujam a política, porque dão poder aos grupos econômicos e fraudam a vontade do eleitor.

Pode ser às claras
Ninguém vai notar
Mesmo que algo vaze, vai evaporar
Sua Excelência autoriza aquela venda
E terá parte na sociedade,
Sua campanha estará garantida e nos registros
Como de praxe nada vai constar
No Congresso eu passo
Tá quase na mão
A imprensa eu calo
Desvio a atenção
Quem vai ter coragem de pôr em
Xeque meu prestígio e notoriedade,
Por mais que me achem um boçal,
*Quem vai enfrentar um imortal?**

** Tradição brasileira, paixão nacional.*

24. *País da fantasia* (1998).

Autores: Da Gama, Lazão, Toni Garrido e Bino Farias • Intérprete: Cidade Negra • Gravadora: Sony Music • CD *Quanto mais curtido melhor* (1998)

Em *País da fantasia*, o Cidade Negra ironizou a programação das emissoras de televisão e a cobertura dos jornais. Nos meios de comunicação, o Brasil era apresentado como uma terra de maravilhas, mas a maioria do povo vivia em meio a enormes dificuldades. Segundo o conjunto, as elites gostam de fantasiar a realidade, escondendo as truculências e os crimes cometidos. Todo mundo sabe quem descobriu o Brasil. Mas quem acorrentou os negros? Quem massacrou os índios? Nos livros de história, onde estão figuras que lutaram contra a opressão, como Zumbi, Dandara, Manoel Congo, João Cândido e Luísa Mahin?

No país da fantasia
Impera a alegria
E amanhã é um novo dia
No país da fantasia
Impera a utopia
E amanhã é um outro dia
Feriado nacional
Se estou bem, se estou mal
Com meu time na final
Do campeonato estadual
Já tá legal
Se como bem, se como mal
Só não pode faltar sal
Pra me enterrar, pra me proteger
Me afastar dos urubus
Pra me enterrar, pra me proteger
Me afastar dos urubus
No reino da fantasia
Um carnaval de hipocrisia
Prum cidadão que agoniza
Na porta do hospital
Eu passo mal, eu passo mal
Quando vejo no jornal
Antas e pequenos roedores
Na coluna social
Se exibindo na TV
Falando dos antepassados
Que vieram pro Brasil
Trazendo negro acorrentado
Nossos índios massacrados
E diz que descobriu o Brasil
Cadê Zumbi, cadê Dandara
Cadê Manoel Congo, João Cândido, Luísa Mahin?
Personagens da nossa história.

25. *Moro no Brasil* (1998).

Autores: Seu Jorge, Wallace Jefferson, Jovi Joviniano e Gabriel Moura • Intérprete: Farofa Carioca • Gravadora: Polygram • CD *Moro no Brasil* (1998)

O Farofa Carioca listou algumas dificuldades enfrentadas pelo povo no cotidiano, como baixos salários, corrupção, violência, inflação e péssimas condições de moradia. Apesar do sufoco, o grupo conclamava o brasileiro a continuar batalhando: “Mas eu acredito/ Que há uma solução/ Alcançando o objetivo/ Com o nosso coração/ Então vai lá, cidadão/ Faça por você/ Não se sinta um derrotado/ E lute pra sobreviver”.

— Por isso, quero deixar claro ao povo brasileiro que o governo, junto ao Congresso, vem trabalhando, num prazo a ser estipulado, para que possamos recuperar as alíquotas do Produto Interno Bruto. Sendo assim, a partir do mês que vem, o salário mínimo sofrerá um aumento de 3,04.7%

— Alô, povão, agora é sério, chora, cavaco, vai!

Bam! Bam! Bam!
Brasil 2000

Deixa comigo, há muito tempo
Venho pensando no povo brasileiro
No sufoco que passamos cada ano que passa
Promessas nos fazem mas ninguém acha graça
Mas eu acredito que há uma solução
Alcançando o objetivo com o nosso coração
Então vai lá, cidadão, faça por você
Não se sinta um derrotado e lute pra sobreviver
Uh! Iê!
Lute pra sobreviver!

Moro no Brasil
Não sei se moro
Muito bem ou muito mal
Só sei que agora
Faço parte do país
A inteligência é fundamental

Agora eu tenho aqui a causa do nosso problema
Miséria e fome derrotam, derrotam nossa nação
Pra completar, tem, tem, violência ao cidadão
Precisamos sim fazer por nossos irmãos
Com a ajuda de Deus
Deus! E por que não?
Então vai lá, vai lá cidadão, faça por você
Não se sinta um derrotado e lute pra sobreviver
Uh! Iê!...

Moro no Brasil...

O povo brasileiro continua rindo
Resistindo à violência que alguém planejou
Vivendo na favela morrendo na viela
Coitado do banguela sua hora já chegou
É só plim, plim, dá dois, dá dois
Tirim, tirim
Bangue, Bangue
Babau!

Moro no Brasil...

Brasil!

26. *Jacaré* (1998).

Autores: Seu Jorge e Sérgio Granha • Intérprete: Farofa Carioca • Gravadora: Polygram • CD *Moro no Brasil* (1998)

Para a banda Farofa Carioca, o povo precisava se unir para conquistar uma vida melhor: "Não é mais possível aturar esse comportamento de desunião".

— Que merda, todo dia a mesma coisa. E assim a gente vai. Sai do serviço cansada, acorda as quatro hora da manhã pra trabalhar, não tem hora pra chegar em casa. É mal administrado mesmo.

Presta atenção, povo brasileiro,
Não é mais possível aturar esse comportamento de desunião
Meu pensamento se confunde de janeiro a janeiro
Eu não consigo nem ser dono da minha razão
Só tem vacilo no beco escuro, eu te confesso
Eu não dou mole, mas tá jogo duro de se esquivar

Principalmente se a parada vem de cima
desse cara que só sabe mandar
Ele não está nem aí se você tá com fome,
se você tá com sede
Tira onda com o seu dinheiro de contribuinte
o ano inteiro
Deitado numa bela de uma rede, na sua casa
de praia,
Matando jacaré no Pantanal, olha aí, ó mané,
A sua sorte pode estar no final
Na sua casa de praia, matando jacaré no
Pantanal.
Olha aí, ó mané, a sua sorte pode estar no
final

— Tá entendendo, qual é a situação?
A situação é essa, tá tudo ruim, tudo caído,
não tem saúde, não tem nada. Pô, o cara
comendo o teu dinheiro. Toma uma atitude,
alô povão, agora é sério. Presta atenção!

Presta atenção, povo brasileiro...

— Aí mané, se liga! Tá todo mundo de olho
em você, tô na sua captura, presta atenção,
o povo não é pequeno, não, meu irmão.
Pra falar sério, foi legal...

27. *Um país se faz com homens, mulheres e meninos* (1998).

Autores: Falcão e Tarcísio Matos • Intérprete: Falcão • Gravadora: BMG Brasil • CD *Quanto pior, melhor* (1998)

O cantor cearense Falcão arrolou diversas desonestidades associadas no imaginário popular à atividade parlamentar: "Desvio de verba, comissão por fora/ Venda de precatórios e superfaturamento/ Falsidade ideológica, sobras de campanha/ Sonegação de imposto, comissão do orçamento" (ver *Luiz Inácio*, no Capítulo IX, e *Samba do precatório*, neste capítulo).

De forma sutil, contrariando seu estilo usualmente pouco delicado, Falcão lembrou no título do baião que *Um país se faz com homens, mulheres e meninos* — e não com espertezas e malandragens.

As meninas estão sorrindo da carreira do tatu
Eu queria que elas vissem a carreira do tiú

Quem trabalha não tem tempo pra ganhar
dinheiro
O mundo é dos espertos e ri melhor quem ri
primeiro
Eu falo: "Preste atenção!", mas você não presta
Pois de graça, a gente toma até injeção na
testa
Pra viver na mordomia e fazer seu pé-de-meia
Por cima da carne-seca que nem Judas na
ceia
Seguem algumas sugestões bastante eficientes
Pra lhe fazer podre de rico e autossuficiente

As meninas estão sorrindo da carreira do
tatu...

Desvio de verba, comissão por fora
Venda de precatórios e superfaturamento
Falsidade ideológica, sobras de campanha
Sonegação de imposto e comissão do
orçamento

Seguindo esses preceitos com fuleiragem e cinismo
Fraudando com competência, roubando sem pessimismo
Corrompendo no grosso, no varejo e no atacado
Você será muito ilustre, querido e elogiado.

28. *Meu sangue é Brasil* (1999).

Autores: Almir Guineto e Luverci Ernesto • Intérpretes: Beth Carvalho com a participação de Almir Guineto • Gravadora: Universal Music • CD *Pagode de mesa ao vivo* (1999)

Em *Meu sangue é Brasil*, gravada por Beth Carvalho e Almir Guineto em 1999, a corrupção é vista como uma doença que envenena o país. Para recuperar a saúde, só fazendo uma transfusão de patriotismo: "Trago no sangue/ O verde, amarelo e o anil/ Meu sangue é Brasil".

Trago no sangue
O verde, amarelo e o anil
Meu sangue é Brasil
É preciso achar
Doutor pra curar
Doença valente
A corrupção
Lesa a nação
Em todas as frentes
Até pé no chão ô ô
Já tem avião ô ô
Com a grana da gente
A lei da propina
Anda na surdina
E joga pesado
Vamos batalhar ô ô
Pra modificar ô ô
Todo esse quadro
Sem reforço novo
O time do povo
Será goleado (será goleado)
Como não bastasse
Defender a classe
Sempre cavalheiro
Serei perseguido
Porque meu partido
Não é o dinheiro
A quem padeceu
Tanto como eu
Cantarei primeiro
O meu canto é forte
Vai de sul a norte
É mais brasileiro
É mais brasileiro
Trago no sangue
O verde, amarelo e o anil
Meu sangue é Brasil.

29. *Reféns da violência* (2000).

Autores: Albert Griffiths (música); Fauzi Beydoun (versão) • Intérprete: Tribo de Jah • Gravadora: Indie Records • CD *Além do véu de Maya* (2000)

No reggae *Reféns da violência*, versão de *Know yourself, mankind*, sucesso do grupo jamaicano The Gladiators, a banda Tribo de Jah retratou um Brasil dominado pelo medo e pelos conflitos. A saída estava em terminar com a desigualdade e os privilégios: "Não haverá paz/ Não haverá jamais/ Ordem e progresso algum/ Sem justiças e políticas sociais/ Sem leis iguais/ Pra qualquer um".

Como dito anteriormente, Jah é a contração de Javé ou Jeová — Deus para os rastafáris.

Nosso belo país
Nunca foi tão infeliz
Todo dia é a mesma agonia
Rumores de crise e turbulências
A cidade é um campo minado
Em meio ao medo e à violência
Não haverá paz
Não haverá jamais
Ordem e progresso algum
Sem justiças
E políticas sociais
Sem leis iguais
Pra qualquer um
S.O.S. norte, sul
Leste e oeste
Essa é a hora crucial
De evitar o caos
O ódio não nos trará
Melhor fim
Jah não nos fez
Pra viver assim
Acuados
Cidadãos sitiados
Nas ruas e residências
Reféns da violência.

30. *Forró do apagão* (2002).

Autor: Maciel Melo • Intérprete: Mestre Zinho • Gravadora: independente • CD *Forró do apagão* (2002)

O forrozeiro alagoano Mestre Zinho também se somou à campanha para reduzir o consumo de energia durante a crise de 2001: "Depois que inventaram a luz elétrica/ Agora inventaram o apagão/ Pode desligar essa moléstia/ Que forró só presta/ Na base do lampião".

Vamos acender o candeeiro
Clarear esse terreiro
E alegrar o coração
Compadre, vá chamar o sanfoneiro
Que casa de forrozeiro
Tem que ter animação
Pegue o telefone das menina
Bote gás na lamparina
Quero ver o poeirão
Depois que inventaram a luz elétrica
Agora inventaram o apagão
Pode desligar essa moléstia
Que forró só presta
Na base do lampião

Bota gás no lampião
Meu benzim, pra clarear
Meu benzim, pra alumiar
Meu benzim, teu coração.

31. *O PIB da PIB (Prostituir)*, (2000).

Autores: Tom Zé, Sérgio Molina e Alê Siqueira • Intérprete: Tom Zé • Gravadora: Trama • CD *Jogos de armar – Faça você mesmo* (2000)

Em *O PIB da PIB*, Tom Zé, indignado, protestou contra o descaso das autoridades, que não conseguiam impedir a prostituição infantil no país. Estimativas realizadas na época constataram casos de exploração sexual de crianças em 930 municípios brasileiros, em sua maioria na região Nordeste. "Que dor, que dor/ Que suja a bandeira/ Oi, essa quebradeira", envergonhava-se o cantador.

Pibe, no espanhol falado em Buenos Aires, significa criança.

Que dor, que dor
Que suja a bandeira
Oi, essa quebradeira
Oi isquindô, lalá (bis)

Catorze, catorze anos
Doze anos, doze anos
Catorze, catorze anos
Doze anos, doze anos
Catorze, catorze anos
Doze anos, doze anos (bis)

A prostituição infantil barata
É a criança coitadinha do Nordeste
Colaborando com o Produto Interno Bruto
E esse produto enterra bruto

Que dor, que dor...

32. *É pra rir ou pra chorar?* (2001).

Autores: Gabriel, o Pensador e Liminha • Intérprete: Gabriel, o Pensador • Gravadora: Sony Music • CD *Seja você mesmo, mas não seja sempre o mesmo* (2001)

Em *É pra rir ou pra chorar*, Gabriel, o Pensador passou em revista alguns dos eventos mais importantes da história do Brasil, mostrando que ela sempre se caracterizou mais pela continuidade do que pela ruptura. Exemplo disso é que, ao se tornar independente, o país escolheu como primeiro imperador o herdeiro da coroa portuguesa.

A proclamação da República pôs fim à monarquia, mas o regime elitista permaneceu intacto. Com a Abolição, os escravos se tornaram homens livres. Livres, mas miseráveis: "O Brasil aboliu a escravidão, mas o negro da senzala foi direto pra favela/ Virou um homem livre e foi pra prisão/ Só que a tal da liberdade não entrou lá na cela/ (E a discriminação ainda é verde e amarela)".

O rap também menciona os inúmeros crimes contra os direitos humanos cometidos pela ditadura militar. Ninguém foi julgado e punido pelas torturas, assassinatos e desaparecimentos. Embora o Brasil seja um país rico, o povo pobre não tem vez: "O Brasil tem mais terra do que a China tem chinês, mas a terra tá na mão dos grandes latifundiários/ A reforma agrária, ninguém ainda fez/ Ainda bem que os sem-terra não são otários/ (E tudo o que eles querem é direito a ter trabalho)".

A cada mazela descrita, Gabriel, o Pensador pergunta: "É pra rir ou pra chorar?". Ao final, ele mesmo responde à indagação, apostando que um dia o povo brasileiro dará a volta por cima e enfrentará os grandes problemas nacionais.

O Brasil proclamou sua independência, mas o filho do rei é que assumiu a gerência
O povo sem estudo não dá muito palpite, e a nossa República é só pra elite

(E quem faz greve o patrão ainda demite)
É pra rir ou pra chorar?
O Brasil aboliu a escravidão, mas o negro da senzala foi direto pra favela
Virou um homem livre e foi pra prisão
Só que a tal da liberdade não entrou lá na cela
(E a discriminação ainda é verde e amarela)
É pra rir ou pra chorar?

O Brasil foi parar na mão dos militares, que calaram o povo no tempo da ditadura
Torturaram e prenderam e mataram milhares, mas ninguém foi condenado pelos crimes de tortura
(E tem até torturador lançando candidatura)
É pra rir ou pra chorar?

O Brasil conseguiu as eleições diretas, mas a gente que vota ainda é semianalfabeta
O Collor foi eleito e roubou até cansar
O povo deu um jeito de cassar o marajá
Mas ele não foi preso e falou que vai voltar!
É pra rir ou pra chorar?

O Brasil tem mais terra do que a China tem chinês, mas a terra tá na mão dos grandes latifundiários
A reforma agrária, ninguém ainda fez
Ainda bem que os sem-terra não são otários
(E tudo o que eles querem é direito a ter trabalho)
É pra rir ou pra chorar?

O Brasil tem miséria mas tem muito dinheiro, na mão de meia dúzia, no banco suíço
O rico sobe na vida feito estrangeiro, e o pobre só sobe no elevador de serviço
(E você aí fingindo que não tem nada com isso?)
É pra rir ou pra chorar?

O Brasil tem um povo gigante por natureza que às vezes não percebe o tamanho dessa grandeza
Sempre solidário no azar ou na sorte, um povo generoso, criativo e risonho
Poderoso, e tem um coração batendo forte que põe fé no futuro do mesmo jeito que eu ponho
E vai ter que ser independência ou morte
Um por todos, e todos por um sonho

É pra rir ou pra chorar?
É pra rir ou pra voltar?
Pra seguir ou pra parar?
Pra cair ou levantar?
É pra rir ou pra chorar?
Pra sair ou pra ficar?
Pra ouvir ou pra falar?
Pra dormir ou pra sonhar?
É pra ver ou pra mostrar?
Aplaudir ou protestar?
Construir ou derrubar?
Repetir ou transformar?
É pra rir ou pra chorar?
Pra se unir ou separar?
Agredir ou agradar?

Pra torcer ou pra jogar?
Pra fazer ou pra comprar?
Pra vender ou pra alugar?
Pra jogar pra perder ou pra ganhar?
Dividir ou endividar?
Dividir ou individualizar?
É pra rir ou pra chorar?!

33. *Filhos da pátria* (2001).

Autor e intérprete: Q.I. • Gravadora: Só Balanço • CD *Família GOG – Fábrica da vida – vários intérpretes* (2001)

No CD *Família GOG — Fábrica da vida*, o rapper GOG abriu espaço para diversos grupos do Distrito Federal mostrarem seu trabalho. *Filhos da pátria*, do QI, critica o abismo social existente no Brasil: "De um lado, as mansões/ O latifúndio, a renda/ Do outro, o trabalho infantil/ nas fazendas".

Brasileiros, filhos da pátria amada
A balança da justiça está desequilibrada
A bandeira rasgada, o manto da impunidade
Eu pergunto o que seria a sociedade?
De um lado as mansões, o latifúndio, a renda
Do outro o trabalho infantil nas fazendas
Triste favela versus *sistema feliz*
E em meio ao tiroteio o Brasil segue infeliz
Terno, gravata, anel de formatura
Entra ano e sai ano mantendo a estrutura
Nossa vida reduzida a nada
Depois da rajada o corpo de dezoito na calçada
O ciclo vicioso da ambição
Gira a engrenagem da autodestruição
Liga o botão acionando a violência
É o homem usando e abusando da indecência
O sistema é sanguinário e trabalha noite e dia
Como roda de morte impedindo a alegria
Promovendo as drogas adiando a vida
Deturpando o pensamento, mentes poluídas
Desde o início gerou feridas, açoites, mazelas
Criou senzalas, becos, vielas, favelas
O culpado comprovado não admite o crime
E friamente segue seu regime
Imagem distorcida na tela
Tragédias transformadas nas cenas mais belas
A lei já não sei pra que se fez
É ela ali atropelada mais uma vez
Brasileiros filhos da pátria amada
Retribuídos com porradas e mais porradas
É hora de tomar o controle e ser feliz
Separar a filial da matriz

Brasil, país infeliz
Quem sonha em ser feliz
Acorda e desacorda
Do que o sistema diz
Pare e analise
Raciocine friamente

Brasileiros, filhos da pátria amada,
A balança da justiça está desequilibrada
A bandeira rasgada o manto da impunidade
Eu pergunto: o que seria a sociedade?
O que seria a sociedade?
Em meio a mísseis, bombas, ogivas nucleares

Periferia segue com seus males
Mas apesar dos pesares nunca pensou
Em mandar o mundo pelos ares
Apesar do dia a dia sufocante em seus lares
Das mágoas, tragédias, dos bares
É, é o pesar entre os pesares
É preciso ser sensível e ter ideia de rua
Saber a hora de atacar ou ficar na sua
Separar colegas, amigos e sócios
Proceder sempre será um grande negócio
A cada segundo que passa
Mais vidas perdidas
Há dez minutos atrás
Um corpo caído era uma vida
Calma
O trauma te pega de assalto
Supere o lado mais fraco
Pra ficar a salvo quem é feliz?
Quem é feliz me diz
Por que não passa adiante
A fórmula pra ser feliz
Gaguejou, se atrapalhou
Se enganou, confundiu o egoísmo e o amor
Eu não sou professor nem sou formado
Entre o certo e o errado, escolha o seu lado
E lembre-se que bem pior que ficar sozinho
É estar na companhia dos espinhos
Meu grupo, meu resgate uma ideia,
uma letra
Oposição ao regime que só alimenta treta
Vai na fé, eu fico aqui
Vai na fé, te encontro por aí
Quadrilha de informação

Brasil, país infeliz...

34. *Fogo no pavio* (2001).

Autor e intérprete: GOG • Gravadora: Só Balanço • CD *Família GOG – Fábrica da vida – vários intérpretes* (2001)

Na opinião do rapper GOG, que pegou pesado com o presidente Fernando Henrique Cardoso, então no final de seu segundo mandato, o Brasil era um barril de pólvora prestes a explodir, tamanha a gravidade de seus problemas sociais. O presidente seria uma reedição de Joaquim Silvério dos Reis, o traidor da Inconfidência Mineira. “Como maltratam o Brasil, ACM e FHC”. O senador Antônio Carlos Magalhães, um dos principais caciques do PFL, era conhecido como ACM. Fernando Henrique Cardoso, como FHC.

O rapper homenageia os integrantes do grupo DMN, os escritores Ferréz e Sérgio Vaz e as publicações alternativas *Caros Amigos*, *Princípios* e *O Pasquim*, que, como ele, tinham “nas artérias, o sangue da indignação”.

O rap começa com trechos de dois discursos do senador José Roberto Arruda. No primeiro, ele nega que tenha tido acesso à lista da votação secreta que cassou o mandato do também senador Luiz Estevão. No segundo, ele admite que leu a lista.

Amanheceu e as paradas lotadas, o mesmo
gado já não tão
Novo e suas marcas, o calor, a multidão,
a fila pra
Pegar a condução. A escravidão,
as chibatadas
Levadas na senzala se mantêm vivas todo
dia

No quarto-sala: amordaçados por horas em frente à
Televisão! Efeito bem pior que o da radiação... "País
Infeliz, bombardeado pela alegria" Tom Zé define assim
Expressando sabedoria! Vou lhe fazer uma confissão um
Desabafo: às vezes sinto vontade de jogar tudo pro
Alto! Mas que nada! Não vou me entregar às armas ou à
Guerra, quem sabe faz a hora não espera. FHC Joaquim Silvério dos Reis dos dias atuais, traidor da nação,
Um dólar a mais! Caixa dois até a boca! Dignidade é
Pouca! Impune, à solta, merece a forca! Vendeu a
Própria alma sem trauma! Dificilmente esse, o salmo
Salva! Poesia, verso, rima, prosa! Envenenado pelos
Livros, Em Nome da Rosa! Infância proibida! País
Infanticida! 57 mil se vão na primeira semana de vida!
Fábrica de anjos. A marmita do pai ao lado, somado ao
Saneamento básico confira o saldo: Brasil pecado,
Realidade trágica, estômagos vazios à espera de cestas
Básicas... Salário mínimo: atentado, incentivo ao crime
Maluco! Congresso, Planalto assalto de vida em um
Lucro! Xadrez! De vez! Para esses canalhas! Ou que
Ardam nas fornalhas, pagando por suas falhas!
Revolucionários do Brasil! Fogo no pavio! Fogo no
Pavio! Fogo no pavio!

O pé inchado, mãos calejadas, já pegou pesado na
Enxada! A prostituta odiada sonha ver a filha formada!
Povo nas ruas é dinamite, campo minado, exigindo 20 de
Novembro feriado! Zumbi o herói dos libertários
Guerreiro daqui! DMN "H. Aço" é necessário ouvir, ler
Ferréz, Sérgio Vaz, e quem sabe se libertar das algemas
Da carne! Fábrica da Vida motor que trabalha 24 horas
Por dia! Nó na garganta, lembranças, álbuns, fotos,
Fotografias: combustíveis altamente inflamáveis pra
Mim! Caros Amigos, Princípios, Pasquim! *Eu vi a*
Célula-mãe se multiplicar, eu vejo o câncer, querendo
Se instalar. Nas artérias tenho o sangue da
Indignação, GOG (GOG! GOG! Guerreiro da

Revolução!) Querem fazer do Brasil
e América Latina
Uma latrina! Segue assim a diária chacina!
De espancamentos, processos lentos sem
punição, um
Seriado sem fim, uma ficção. Capitalismo
puro é isso!
O feto dejeto no lixo! Negociação com o
patrão por um
Salário fixo... Fio condutor, o torturador
é o gravata,
Que no dia da eleição te transporta de graça!
Embalsamados pelo manto da desordem!
Se dizem líderes
De uma geração! Até no travesseiro recebem
ordens
Chega! Basta! Não! Surge o embrião! O trem
Da vida prepara a partida está bem vazio,
a burguesia
Que valoriza a carne perderá o espírito!
Xadrez! De
Vez! Para esses canalhas! Ou que ardam
nas fornalhas,
Pagando por suas falhas!

Revolucionários do Brasil! Fogo no pavio!
Fogo no
Pavio! Fogo no pavio!

Família GOG pode crer...
Paz então irmã, então irmão.
Como maltratam o Brasil: ACM, FHC,
O Sistema é a bomba e o pavio: só que o
Preto aqui é o
Estopim em vinil!

Revolucionários do Brasil! Fogo no pavio!
Fogo no
Pavio! Fogo no pavio!

35. *Julgamento* (2001).

Autor e intérprete: Face da Morte • Gravadora: Gringos Records • CD *Manifesto Popular Brasileiro* (2001)

O grupo de rap Face da Morte, de Hortolândia, no interior de São Paulo, sonha com o dia em que o povo levaria a julgamento o presidente da República, os senadores e deputados, para que eles respondessem pelo crime de ter submetido o povo à miséria. O julgamento seria transmitido pela Rede Povo e assistido em todo o país.

Para compor o júri, seriam convocados rappers de todo o país, como Thaíde, Racionais MC's, GOG, Johnny MC, Casca, Facção Central, SNJ, Clã Nordestino, MV Bill, Da Guedes, Faces do Subúrbio, Mestre Jorjão, Davi Black, Visão da Rua, Quatro Bases e DRR.

Rá-tá-tá-tá pra cá e pra lá
Tô de volta no ar, já detonei a Bomba H
E tô de novo em ação sob o efeito contínuo
da radiação
Mais arrasador que qualquer furacão
Estraçalho a muralha da desinformação
Fuzileiro da rima, jogando pra cima
Rajada de rima que abala o sistema
Que rompe as algemas da ignorância
Que exige a mudança, que faz a cobrança
da indenização
Pela exploração durante quinhentos anos

Mas já bolamos nosso plano e eu não tô
sozinho não
Se liga sangue bom porque a rima segue
Então vai Mano Ed, vai Mano Ed, vai
Pode crer Aliado G conferindo o meu
proceder
Faço parte desse quadro pintado
Nesse pano azul e branco com verde e
amarelo
Sou guerreiro em favor da foice e o martelo
Os ladrões no paralelo, cada pobre é um elo
Na corrente dessa gente da gente
Agora o povo tá unido, o sistema tá abalado
A fita dominada, começou a revolução do
proletariado
Até os militares cansaram de serem explorados
Jogaram fora as fardas, passaram pro nosso
lado
Coisa igual nunca se viu, o barato explodiu
O povo revoltado invadiu o Senado
A Câmara dos Deputados, o palácio do governo
Não tem mais jeito não, não tem mais freio
então
O povo pobre não tem nada a perder
a não ser suas cadeias
O imperialismo mandou a teia e acabou
preso por ela
Não acreditou na reação do povo da favela
Censurou o rap, desprezou o MST, agora vai
se foder
As notícias na TV dizem que o clima vai ferver
A essa altura o plantão já havia anunciado
Que foram sequestrados o chefe do Estado
E o famigerado presidente do Senado
E o povo nas ruas continua organizado
Para acabar com a desordem
Gritando em coro as palavras de ordem.

Vai ser julgado, vai ser julgado vai
Vai ser julgado, vai ser julgado vai (bis)

Agora vão ser julgados todos os atos
O júri popular vai ser nomeado
Sem dinheiro, sem horário gratuito
Bem diferente ao seu esquema bandido
Saiu da barra e da fisiologia
Thaíde, Racionais e GOG de Brasília;
Comando Johnny MC que também é daqui
Sim Tio BV sangue bom do Piauí
Tem o Casca lá em Santa Catarina
Nunca cantou, mas sempre apoiou a rima
Aqui do nosso lado Facção Central que até já
foi censurado
O rap é sério
Por isso também foram eleitos meus manos
do Império
Ainda falando daqui o SNJ que diz
Que pra ganhar dinheiro só lá em Hollywood
Em Cuiabá também tem gente eleita lá
Grupo C4 que também tem o dom
Clã Nordestino representa o Maranhão
Zezé sangue bom que não dá moleza
Representando o Ceará precisamente
Fortaleza
É pro nosso júri não ficar caduco
Faces do Subúrbio representam o Pernambuco
É pra não deixar nenhuma cadeira vazia
Vem o Mestre Jorjão da capoeira da Bahia
E acredite tem gente de Sergipe
Então, do Tocantins, de Manaus e Alagoas

Pode crer por lá só tem gente boa
Posso esquecer, mas o povo não esquece
Também tem o Da Guedes que representa Porto Alegre
Curitiba veio Davi Black
Pra não dizer que este júri é machista
Visão de Rua e Quatro Bases de Campinas
O nosso júri representa o idoso e o moleque
E não ficou de fora a banca DRR
Da seca, do choro, dos prantos
Veio o representante do Espírito Santo
Do Amapá também tem gente de lá
MV Bill representando o Rio
Minas Gerais quem te conhece não esquece
Vem meu truta o Dani representando UJS
Das quebras, dos becos, vielus, então
Tem os malucos da Rádio Favela, pode crer
Do Pará, do Brasil inteiro, então
Representantes fiéis do povo brasileiro
Face da Morte foi eleito advogado de acusação
Então se liga sangue bom
Pois o povo na rua continua organizado
Para acabar com a desordem
Gritando em coro as palavras de ordem

Vai ser julgado, vai ser julgado vai
Vai ser julgado, vai ser julgado vai (bis)

Invadiram os principais canais
Botaram telões em todas as capitais
Nas cidades principais do interior
A transmissão ao vivo
O Congresso e o Senado estão ambos cercados
Os maus senadores e maus deputados
Lá dentro trancados
Esperando a vez pra também serem julgados
Agora o colarinho branco tá com o (   ) na mão
Atenção emissoras da Rede Povo ao toque de três segundos
AR 15, HK e as quadradas pra firmar
O armamento pesado está todo apontado pros réus
Entre o Inferno e o Céu
Quem tá na vigilância é o Realidade Cruel
E começa a sessão
Com a palavra o advogado de acusação
Vocês são acusados de estraçalhar a vida
De milhões e milhões de famílias
Fazendo com que as crianças se humilhem nas esquinas
Que as velhas vivam na madrugada
Catando lata nas latas de lixo, o que é isso
Veja vocês aplaudiram a lei
Desvinculando a receita, é muita treta
Sem dar satisfação, podem tirar um caminhão
De milhão até 20% do orçamento da União
20 bi da educação, 14 da saúde me escute
1,3 da reforma agrária
Estão curtindo com a nossa cara
Não investiram no campo, inchando as favelas
Proliferando os cinturões da miséria
Provocando essa guerra
Que vocês não declaram, mas é clara
E agora estourou, culminou com o julgamento
Me desculpe a franqueza
Se é que é possível diga algo em sua defesa

Nós precisamos do capital estrangeiro
Eu me comprometi com o FMI e os banqueiros;
Quem tem suas dívidas tem que pagar
Ah é então tente me explicar
Se quanto mais pagamos mais devemos
Queimamos patrimônio e cada vez empobrecendo
É notório, em Nova Iorque, Londres em seus belos escritórios
Meia dúzia de banqueiros
Enriquecendo às custas da miséria de milhões de brasileiros
Assassinos sociais
Vocês são realmente demais
Chegou o papel com a sentença dos réus
Declarados por unanimidade culpados
Então chama o carrasco e executa a sentença
Na próxima audiência o Congresso e o Senado é que serão julgados
Dessa maneira acabamos com a desordem
E o povo continua gritando as palavras de ordem.

36. *Impunidade* (2000).

Autor: Fauzi Beydoun • Intérprete: Tribo de Jah • Gravadora: Indie Records • CD *Além do véu de Maya* (2000)

Por que os pobres são punidos com severidade quando transgridem a lei e os ricos permanecem impunes? Na opinião da banda Tribo de Jah é porque o Poder Judiciário frequentemente se curva ao poder do dinheiro, usando dois pesos e duas medidas nos julgamentos: "A justiça só é cega/ Quando não quer ver/ Quando a lei se nega/ A se fazer valer/ Para uns, implacável/ Para outros, maleável/ Ou até negociável".

Geralmente, quem tem dinheiro não responde pelo que fez de errado. Daí a sensação de impunidade existente no país: "Bandido rico é rei, até quando eu não sei/ Eu quero ver quando é que vai se fazer/ Uma verdadeira nação/ Com direitos e deveres iguais pra todo e qualquer cidadão/ Eu quero ver punição enfim/ Eu digo: não, não, não/ Justiça sim, impunidade não!".

Dispõe o artigo 5º da Constituição da República Federativa do Brasil: "Todos os brasileiros são iguais perante a lei, sem distinção de qualquer natureza".

Dispor é uma coisa, cumprir é outra.

A justiça só é cega
Quando não quer ver
Quando a lei se nega
A se fazer valer
Para uns, implacável
Para outros, maleável
Ou até negociável
Ter leis em questão
É o mesmo que não
Leis sem efeito que abrem exceção
Abrem precedentes à dúbia aplicação
Nunca propiciarão
Um estado de direito
Assim nunca se terá verdadeira nação
A impunidade
É um grave problema
É a face mais falha da sociedade
É o lado mais sujo do sistema

Como é que se sente
Um simples cidadão
Brasileiro descontente
Com a situação
Eu amo o meu país
E amo a minha gente
Mas me sinto infeliz
Eu acho deprimente
Esse estado de impunidade
E improbidade, uma vergonha nacional
Estado de injustiça, imundície e calamidade social
Eu digo não, como cidadão
Eu peço justiça, peço punição
Punição exemplar, justiça enfim

Eu digo: Não, não, não
Justiça sim, impunidade não (bis)

Punição exemplar a todos os culpados
Sem nenhuma exceção
Aos poderosos, abastados
Ou até mesmo ao mais nobre barão
Famigerados doutores, ricos ou bacanas
Sendo culpados, estejam todos em cana
Parlamentares pilantras, políticos interesseiros
Deputados descarados, banqueiros trapaceiros
Vereadores, prefeitos, governadores e empreiteiros
Corruptos, corruptores e seus fiéis escudeiros
Magistrados safados, empresários salafrários
Traidores da pátria, fazendo o povo de otário
Punição exemplar aos bandidos escondidos na imunidade parlamentar
Fazendo falcatruas, às escuras fazendo fortuna
Com o seu voto que colhem na urna
E saem às ruas como se nada houvesse
Ninguém lhes importuna
Mesmo quando enriquecem
Às custas de favores escusos do clientelismo
Do uso e abuso do fisiologismo
E das benesses do cobiçado poder
Eu digo não, não pode ser
Quanto descaso, quanta omissão
Quem pode se safa
O pobre é quem paga
Eu peço punição, punição exemplar

Eu digo: Não, não, não...

A legião dos excluídos vai muito mal
Banidos que estão do convívio social
Debaixo de barracos, pontes e sinais
Não desejam mais que uma vida meramente normal
Na televisão, em todos os canais
Aparentemente tudo tudo vai bem demais
Logo vem outro carnaval
E fica tudo bem tudo bem no país do futebol
Se rouba, se extorque, se frauda, se mata
Se burla, corrompe, sonega e se escapa
Sem punição, nessa terra sem lei
Quem tem muita grana nunca vai em cana
Bandido rico é rei, até quando eu não sei
Eu quero ver quando é que vai se fazer
Uma verdadeira nação

Com direitos e deveres iguais para todo e qualquer cidadão
Eu quero ver punição enfim

Eu digo: não, não, não...

37. *CPI* (2002).

Autores: Arlindo Cruz, Babi e Jorge David • Intérpretes: Arlindo Cruz e Sombrinha • Gravadora: Indie Records • CD *Hoje tem samba* (2002)

Com tantos escândalos pipocando no Congresso, o jargão parlamentar passou a fazer parte do cotidiano das pessoas. O sambista, que chegou tarde em casa depois de uma noite de azaração, passou a temer pelo pior: a cassação do seu mandato pela mulher. Apelou para os amigos. Queria que montassem uma boa história que o livrasse da acusação de prevaricação.

O senador Zeca, citado no samba, é Zeca Pagodinho. Fundo de Quintal é um dos mais importantes grupos de samba do Rio. Leci Brandão, Décio Carvalho e Jamelão são sambistas do primeiro time, todos da Mangueira. Leci mudou-se para São Paulo mais tarde, onde se elegeu deputada estadual pelo PCdoB em 2010, sendo reeleita em 2014.

O resultado dessa CPI, já sei,
Vai dar cassação (bis)

Quando ela souber que eu estava no samba
A noite inteirinha, até o sol raiar
Ela vai dizer, com a cara de choro,
Que falta decoro, que vai me deixar
Quando ela souber que a noite foi boa
Cheia de gatinha e azaração
Ela vai no ato cassar meu mandato
E vai me acusar de prevaricação (meu irmão!)

O resultado dessa CPI, já sei,
Vai dar cassação (bis)

O nosso Congresso já anda em recesso
Eu peço um apoio a você, meu irmão,
Meu grande aliado do mesmo partido
Por isso não pode me deixar na mão

Explica pra ela que eu tô inocente
Que é tudo intriga da oposição
E faz um relato bastante eloquente
Seja convincente na acareação (senão...)

O resultado dessa CPI, já sei,
Vai dar cassação (bis)

Diz que eu tava com o senador Zeca comendo picanha e tomando limão
E o resultado dessa CPI, já sei, vai dar cassação!
E chegou do Planalto Central o Fundo de Quintal com a Leci Brandão
O resultado dessa CPI, já sei, vai dar cassação!
Foi aí que o Décio Carvalho chegou da Mangueira com o Jamelão
E o resultado dessa CPI, já sei, vai dar cassação!
De repente eu peguei no meu banjo e o compadre Sombrinha pegou o violão
E o resultado dessa CPI, já sei, vai dar cassação!

38. *Melô da democracia* (sem data).

Autor e intérprete: Giovani Papini • Gravadora: Gema • CD *20 anos ao vivo*

Melô da democracia protesta contra o voto obrigatório, em vigor no Brasil desde 1934. Para Giovani Papini, cantor de reggae do Maranhão, a corrupção havia desmoralizado a democracia no Brasil. Como os políticos só usavam o poder em beneficio próprio, a população tendia a se afastar do debate dos verdadeiros problemas nacionais.

É fácil
Totalmente falso
Teu sorriso irônico
É constrangedor
É troncho
Seu ponto de vista
Quero que te afogues
No teu veneno
Eu sou mesmo ralé
Vou me acostumar
Com sua filosofia
Esdrúxula
Tudo o que tem pra mim
É sempre o resto
E só pra me ofender
Me obriga a votar
E fértil, totalmente fértil
Sua cabeça suja
De um grande ladrão
Tolos ainda fazem festa
E reverenciam sua riqueza.

39. *Eu protesto* (sem data).

Autor e intérprete: Giovani Papini • Gravadora: Gema • CD *20 anos ao vivo*

Giovani Papini solta o verbo contra a roubalheira na política nacional. Chama a atenção para a falsidade dos homens públicos que se apoderam do dinheiro do contribuinte e, para manter as aparências, "ainda vão à missa pela manhã".

Esqueceram seus princípios
Querem só levar vantagem
Coisa séria há muito tempo
Virou tudo sacanagem
E ainda vão à missa pela manhã
Eu protesto, meus senhores
Eu já não aguento mais
De ver tanta safadeza e as falcatruas
Que essa turma faz
Veio à luz democracia
E a desordem foi gerada
Tanto roubo e a pobreza
Ficou mais descamisada
Só tem inocente na cadeia

Isso aqui virou bagunça
E acabou-se a mesa farta
Quem for mole que se dobre
Quem for fraco é que se parta
Antes da eleição não era assim
Eu protesto, meus senhores
Eu já não aguento mais
De ver tanta safadeza e as falcatruas
Que essa turma faz

Tanta fraude, tanto furo
Vagabundo tá em alta
Gente honesta já tem pouca
Mas safado é o que não falta
Brasil decadente
Babilônia.

40. *Meteram a mão* (2002).

Autores: Franklin, Jucian Carlos, Zeh Wilclei e Reges Bolo • Intérprete: O Surto • Gravadora: Virgin • CD *Equalizando as ideias* (2002)

Às vésperas das eleições gerais de 2002, a banda O Surto lançou *Meteram a mão*, protestando contra a falta de reação do povo diante das denúncias de corrupção. No início da gravação, um candidato faz promessas: mais cultura e mais saúde, muito trabalho, desenvolvimento, seriedade e competência. A arenga termina com um *slogan* irônico: "Juntos chegaremos na Suíça". Segundo a crença geral, as contas secretas na Suíça eram o destino final do dinheiro desviado nas maracutaias.

Em resposta ao palavrório do candidato, entram as guitarras pesadas do hard rock. Na letra, a banda critica o fato de a corrupção ter se banalizado, dando como exemplo o caso dos "anões do orçamento" (ver *Luiz Inácio*, no Capítulo IX). E conclui: "O povo está infeliz/ Porque é normal/ Meter a mão nesse país".

Já gritaram
Já filmaram
Noticiaram e daí
É só olhar pra essa farsa
Quem paga essa desgraça que tá aí
Meteram a mão, cê quer saber
Meteram a mão e ninguém vê
Meteram a mão
No que é do povo
Mas quem se importa já é normal
Onde eleição é carnaval
Onde anão tem orçamento
E o que sumiu vão esquecer
Meteram a mão, cê quer saber
Meteram a mão e ninguém vê
Eu sou um cara normal
E todo dia é o mesmo dia
Tudo é igual
Ei, o povo tá infeliz
Porque é normal
Meter a mão nesse país
Meteram a mão
Meteram a mão
Meteram a mão
Graças a Deus dá pra viver
Naquele aperto de foder
Cê quer saber
Eu sou feliz
Eu amo muito esse país
Meteram a mão, cê quer saber
Meteram a mão e ninguém vê
Eu sou um cara normal
E todo dia é o mesmo dia
Tudo é igual
Ei, o povo tá infeliz
Porque é normal
Meter a mão nesse país.

41. *Ação social* (2002).

Autor: Lawrence • Intérprete: Comedores de lixo • Gravadora: Elephantiasis Discos • CD *A velha seca* (2002)

Para que serve o Estado? Para pouquíssima coisa, na opinião da banda Comedores de Lixo, da Paraíba. Enquanto o povo enfrenta dificuldades, as autoridades se perdem em meio a decretos e leis. Ajuda, que é bom, nada. "Esperar pelo governo é esperar para morrer", resumem os roqueiros.

A gravação tem início com o registro de algumas promessas de campanha feitas por José Serra e Lula, candidatos à presidência da República nas eleições de 2002.

Ação social, incentivos do Estado
Esquecidas nos decretos
Registradas no Senado
Distúrbio social em toda hora em toda parte
Nas delegacias, nas praças da cidade
Decretos se acumulam
Ajuda não se vê
Esperar pelo governo é esperar para morrer.

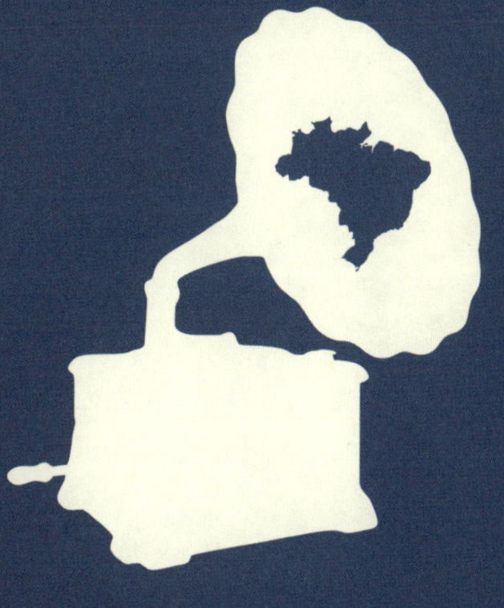

Índice de canções

Capítulo IX

"Que país é este?"

Faixa	Título	Ano	Autor(es)	Intérprete(s)	Gravadora/ Ano	Número do disco	Lado/ Faixa do disco	Mídia/ Nome do Álbum
1	*Nova República*	1985	Juca Chaves	Juca Chaves	Arca Som - 1985	803 1004	Lado A - Faixa 1	LP *O menestrel do Brasil - Enfim (quase) livre*
2	*Votar, votar*	1985	Juca Chaves	Juca Chaves	Arca Som - 1985	803 1004	Lado A - Faixa 5	LP *O menestrel do Brasil - Enfim (quase) livre*
3	*Democracia*	1985	Tom Zé e Vicente Barreto	Tom Zé e Charles Furlan	Gravadora independente - 1998	TZ-1073	Faixa 2	CD *No jardim da política*
4	*Solange (So lonely)*	1985	Sting (música); Léo Jaime e Leoni (versão)	Léo Jaime	Epic/ CBS - 1985	144.481	Lado B - Faixa 3	LP *Sessão da tarde*
5	*Abaixo a depressão*	1985	Léo Jaime	Léo Jaime	Epic/ CBS - 1985	144.481	Lado B - Faixa 5	*LP Sessão da tarde*
6	*Até quando esperar*	1985	Philippe Seabra, André X e Gutje	Plebe Rude	Coronado/ EMI-Odeon - 1985	052 422.175	Lado A - Faixa 1	LP *O concreto já rachou*
7	*Desafio do boia-fria*	1985	domínio público	Tom Zé e Charles Furlan	Gravadora independente - 1998	TZ-1073	Faixa 6	*CD No jardim da política*
8	*Classe operária*	1985	Tom Zé	Tom Zé e Charles Furlan	Gravadora independente - 1998	TZ-1073	Faixa 5	*CD No jardim da política*
9	*Não vamos pagar*	1985	Wilson Moreira e Carlos Cachaça	Wilson Moreira e Zenir Magalhães	Gravadora independente - 1985	CM-001	Lado A - Faixa única	Compacto simples *Não vamos pagar*

10	*Balão trágico*	1985	Mário Manga e Dioni Moreno	Premeditando o Breque com participação de Cristina Correia	EMI-Odeon - 1985	062 421267	Lado B - Faixa 6	LP *O melhor dos iguais*
11	*O homem do colarinho branco*	1985	Edson Show e Wilsinho Saravá	Neguinho da Beija-Flor	CBS - 1985	138.282	Lado B - Faixa 4	*LP Ofício de puxador*
12	*Vítimas da sociedade*	1985	Bezerra da Silva e Crioulo Doido	Bezerra da Silva	RCA Vik - 1985	109 0133	Lado B - Faixa 2	LP *Malandro rife*
13	*Fi-lo porque qui-lo*	1986	Claus Petersen, Marcelo Galbetti, Mário Manga, Osvaldo Luis, Wandi Doratiotto	Premeditando o Breque	EMI-Odeon - 1986	062 421.277	Lado B - Faixa 3	*LP Grande coisa*
14	*Rubens*	1986	Mário Manga	Premeditando o Breque	EMI-Odeon - 1986	062 421.277	Lado A - Faixa 4	*LP Grande coisa*
15	*Romance da Bela Inês*	1987	Alceu Valença	Alceu Valença	BMG/ Ariola - 1987	130 0012	Lado A - Faixa 3	*LP Leque moleque*
16	*Oração pela libertação da África do Sul*	1985	Gilberto Gil	Gilberto Gil	WEA - 1985	BR-36.207	Lado B - Faixa 2	*LP Dia Dorim noite neon*
17	*Lágrima do Sul*	1985	Milton Nascimento e Marco Antônio Guimarães	Milton Nascimento e o Grupo Uakti	Barclay/ Ariola - 1985	827.638-1	Lado A - Faixa 5	*LP Encontros e despedidas*
18	*Libertem Mandela*	1987	Ythamar Tropicália e Rey Zulu	Banda Reflexu's	EMI-Odeon - 1987	062 748.544-1	Lado A - Faixa 3	*LP Reflexu's da Mãe África*
19	*África do Sul*	1987	Walter Farias Braga e Boock	Banda Mel	Continental - 1987	1 01 404.317	Lado A - Faixa 2	LP *Força interior*
20	*Meu homem (Carta a Nelson Mandela)*	1988	Martinho da Vila	Beth Carvalho	Polygram - 1988	836.695-1	Lado B - Faixa 2	*LP Alma do Brasil*
21	*Protesto do Olodum*	1988	Tatau	Banda Mel	Continental - 1988	1 01 404.338	Lado A - Faixa 1	*LP E lá vou eu*
22	*Canto para o Senegal*	1987	Ythamar Tropicália e Valmir Brito	Banda Reflexu's	EMI-Odeon - 1987	062 748.544-1	Lado B - Faixa 1	LP *Reflexu's da Mãe África*
23	*Estado violência*	1986	Charles Gavin	Titãs	WEA - 1986	BR-38.064	Lado A - Faixa 5	LP *Cabeça dinossauro*
24	*Homem público*	1986	autor(es) desconhecido(s)	Escola de Escândalos	Gravadora independente - 1986	sem dados	sem dados	Álbum *Lavagem cerebral*
25	*Selvagem*	1986	Herbert Vianna, Bi Ribeiro e João Barone	Os Paralamas do Sucesso	EMI-Odeon - 1986	062 421.273	Lado B - Faixa 1	*LP Selvagem*
26	*Alagados*	1986	Herbert Vianna, Bi Ribeiro e João Barone	Os Paralamas do Sucesso	EMI-Odeon - 1986	062 421.273	Lado A - Faixa 1	*LP Selvagem*
27	*Homem primata*	1986	Sérgio Britto, Marcelo Fromer, Nando Reis e Ciro Pessoa	Titãs	WEA - 1986	BR-38.064	Lado B - Faixa 3	*LP Cabeça dinossauro*

28	*Hino do MST*	1985	Ademar Bogo e Willy C. de Oliveira	Coral da USP	Discograf - 2002	MSTCD-01	Faixa 20	CD *Arte em movimento - vários intérpretes*
29	*Sem-Terra*	1986	Raul Ellwanger	Raul Ellwanger	Continental - 1986	1 04 406.554	Lado B - Faixa 3	LP *6ª Seara da Canção Gaúcha*
30	*A rasteira do presidente*	1986	Bicalho e Sílvio Modesto	Bezerra da Silva	RCA Vik - 1986	109 0145	Lado A - Faixa 6	LP *Alô malandragem, maloca o flagrante!*
31	*O adventista*	1986	Buzzcocks (música); Marcelo Nova e Karl Hummel (versão)	Camisa de Vênus	RGE - 1986	303 6047	Lado B - Faixa 5	LP *Viva*
32	*Fricote do pacote*	1987	Juca Chaves	Juca Chaves	Sdruws Records - 1995	sem dados	Faixa 14 do CD nº 1	CD triplo *O melhor de Juca Chaves, o menestrel do Brasil*
33	*Volta Arraes ao Palácio das Princesas, vai entrar pela porta que saiu*	1986	Lourival Batista Patriota (Louro do Pajeú)	José Antônio do Nascimento Filho (Zeto do Pajeú)	Gravação especial	sem dados	sem dados	Gravação especial
34	*Plano Furado*	1987	Gordo, Jão e Jabá	Ratos de Porão	Cogumelo Records - 1987	COG-010	Lado B - Faixa 2	LP *Cada dia mais sujo e agressivo*
35	*Pátria amada*	1987	Clemente	Inocentes	WEA - 1987	BR-38.090	Lado A - Faixa 1	LP *Adeus carne*
36	*Desordem*	1987	Marcelo Fromer, Sérgio Britto e Charles Gavin	Titãs	Warner Music - 1987	670 4033	Lado A - Faixa 3	LP *Jesus não tem dentes no país dos banguelas*
37	*P da vida*	1987	Lucio Dalla (música); Edgard Barbosa Poças (versão)	Dominó	Epic/ CBS - 1987	144.508	Lado A - Faixa 2	LP *Dominó*
38	*O país do futuro*	1987	Marcelo Nova e Robério Santana	Camisa de Vênus	WEA - 1987	BR-38.093-4	Lado A - Faixa 2	LP *Duplo sentido*
39	*Melô do cruzaids*	1987	Carlos Magrão e Sidnei Machado	Carlos Magrão	Polygram - 1987	2494 629	Lado B - Faixa 1	LP *7ª Seara da Canção Gaúcha*
40	*Carta à República*	1987	Milton Nascimento e Fernando Brant	Milton Nascimento com participação do grupo Uakti	CBS - 1987	231.023	Lado B - Faixa 2	LP *Yauaretê*
41	*Ajoelhou, tem que rezar*	1987	Evandro Boia, Naldo do Cavaco e Toninho 70	Carlinhos de Pilares	Top Tape - 1986	TT-501010	Lado B - Faixa 1	LP *Sambas de enredo das escolas de samba do grupo 1 - Carnaval de 1987*
42	*Tá com nada*	1987	André X	Detrito Federal com participação da Plebe Rude	Polygram - 1987	833.200-1	Lado B - Faixa 4	LP *Vítimas do milagre*
43	*Comida*	1987	Arnaldo Antunes, Marcelo Fromer e Sérgio Britto	Titãs	Warner Music - 1987	670 4033	Lado B - Faixa 2	LP *Jesus não tem dentes no país dos banguelas*

44	*Conta outra que essa foi boa*	1988	Zé Catimba, Gabi, David Correia e Guga	Alexandre da Imperatriz	BMG/ Ariola - 1987	122 0001	Lado A - Faixa 4 do LP nº 1	LP *Sambas de enredo das Escolas de Samba do Grupo 1A - Carnaval de 1988*
45	*O eleito*	1988	Lobão e Bernardo Vilhena	Lobão	BMG/ Ariola - 1988	140 0005	Lado A - Faixa 2	LP *Cuidado!*
46	*100 anos de liberdade, realidade ou ilusão?*	1987	Hélio Turco, Jurandir da Mangueira e Alvinho	Jamelão	BMG/ Ariola - 1987	1.220.001	Lado B - Faixa 4 do LP nº 2	LP *Sambas de enredo das Escolas de Samba do Grupo 1A - Carnaval de 1988*
47	*Aos fuzilados da CSN*	1993	Mao, Ciro e Darwin	Garotos Podres	Radical Records - 1993	427.800-1	Lado B - Faixa 4	LP *Canções para ninar*
48	*São Paulo tem você, Luiza*	1988	Hilton Acioli	intérprete(s) desconhecido(s)	Gravação especial	sem dados	sem dados	Gravação especial
49	*Louvor a Chico Mendes*	1989	Almir de Araújo e Marquinhos Lessa	Simone	Sony Music - 1989	850.097 - 2-464127	Lado B - Faixa 2	LP *Simone*
50	*Subúrbio operário*	1988	Mau	Garotos Podres	Continental - 1988	1 01 404.349	Lado A - Faixa 5	LP *Pior que antes*
51	*S.O.S. país falido*	1989	João Gordo e Ratos de Porão	Ratos de Porão	Eldorado - 1989	168 89 0548	Lado A - Faixa 5	LP Brasil
52	*Ideologia*	1988	Roberto Frejat e Cazuza	Cazuza	Polygram - 1988	834.722-1	Lado A - Faixa 1	LP *Ideologia*
53	*Brasil*	1988	Cazuza, George Israel e Nilo Romero	Cazuza	Polygram - 1988	834.722-1	Lado A - Faixa 6	LP *Ideologia*
54	*Perplexo*	1989	Herbert Vianna, Bi Ribeiro e João Barone	Os Paralamas do Sucesso	EMI-Odeon - 1989	066 793.548-1	Lado A - Faixa 1	LP *Big Bang*
55	*Burguesia*	1989	George Israel, Cazuza e Ezequiel Neves	Cazuza	Polygram - 1989	838.447-1	Lado A - Faixa 1	LP *Burguesia*
56	*Os presidenciá-veis*	1989	Alípio Martins	Alípio Martins	Chantecler - 1989	2 73 405.157	Lado A - Faixa 5	LP *Eu chego lá*
57	*Vai colorir, o Brasil vai*	1989	autor(es) desconhecido(s)	intérprete(s) desconhecido(s)	Gravação especial	sem dados	sem dados	Gravação especial
58	*Lula lá (Sem medo de ser feliz)*	1989	Hilton Acioli	interpretação coletiva	Gravação especial	sem dados	sem dados	Gravação especial
59	*Lá, lá, lá, lá, lá, Brizola*	1989	autor(es) desconhecido(s)	intérprete(s) desconhecido(s)	Gravação especial	sem dados	sem dados	Gravação especial
60	*Muda Brasil, que eu quero ver*	1989	autor(es) desconhecido(s)	interpretação coletiva	Gravação especial	sem dados	sem dados	Gravação especial
61	*Quem quer votar - O sofisma*	1989	Arnaldo Brandão, Tavinho Paes e Lobão	Lobão	sem dados	sem dados	sem dados	Gravação especial
62	*Pacote de amor*	1991	Alípio Martins e Marcelle	Alípio Martins	Continental - 1991	1 07 405.485	Lado B - Faixa 2	LP *Alípio Martins*

63	*O Col de Mel (O Collor de Mello)*	sem data	Pinaco	Pinaco	Sons do Brasil Discos - 2007	sem dados	Faixa 12	CD *Pinaco - um trovador de Rubim, música do Jequitinhonha*
64	*Super Collor*	1990	Juca Chaves	Juca Chaves	Sdruws Record - 1995	sem dados	Faixa 15 do CD nº 1	CD triplo *O melhor de Juca Chaves, o menestrel do Brasil*
65	*Zélia, uma canção*	1991	Alípio Martins e Marcelle	Alípio Martins	Musicolor/ Continental - 1991	1 04 405.614	Lado A - Faixa 1	LP *Carnaval do chifre - Alípio Martins e Banda Cabeça Enfeitada*
66	*ACM, meu amor*	1990	Gerônimo Santana e Vevé Calazans	Gerônimo Santana	Gravação especial	sem dados	sem dados	Gravação especial
67	*Pobre revoltado*	1992/ 1993	Caximbinho e Geraldo Mouzinho	Caximbinho e Geraldo Mouzinho	Disco Kid - 1993	DK-10.007	Lado A - Faixa 3	LP *Caximbinho e Geraldo Mouzinho de volta à embolada e ao coco*
68	*Racistas otários*	1990	Mano Brown e Ice Blue	Racionais MC's	Zimbabwe Records - 1990	ZB-0002	Lado B - Faixa 2	LP *Holocausto urbano*
69	*Porcos no poder*	1990	Thaíde e DJ Hum	Thaíde e DJ Hum	Eldorado - 1990	204 90 0614	Lado A - Faixa 2	LP *Hip hop na veia*
70	*President*	1991	Ndee Naldinho	Ndee Naldinho	TNT Records - 1991	sem dados	Lado B - Faixa 3	LP *Menos um irmão, chega disso*
71	*Negro no poder*	1992	Ras Bernardo, Bino Farias, Da Gama e Lazão	Cidade Negra	Epic/ Sony Music - 1992	850.158 / 2-464.276	Lado A - Faixa 1	LP *Negro no poder*
72	*Colarinho branco*	1992	Duck Jam & Nação Hip Hop	Duck Jam & Nação Hip Hop	TNT Records - 1992	123	Lado B - Faixa 2	LP *A Nação quer a verdade*
73	*Não é conselho*	1992	Dario Augusto e Nilciléa Gomes	Bezerra da Silva	BMG/ Ariola - 1992	130 0153	Lado B - Faixa 6	LP *Presidente caô caô*
74	*A marcha da perestroika*	1991	Paulo Caruso e Chico Caruso	Paulo Caruso e Chico Caruso	Dabliú Discos - 1998	DB-0051	Faixa 3	CD *Pra seu governo*
75	*O imexível bode respiratório*	1992	Juca Chaves	Juca Chaves	Sdruws Record - 1995	sem dados	Faixa 16 do CD nº 1	CD triplo *O melhor de Juca Chaves, o menestrel do Brasil*
76	*Brasil perdido*	1992/ 1993	Galdino de Atalaia	Galdino de Atalaia e Roque José	MD Music - 2002 (relançamento)	sem dados	Lado A - Faixa 6	LP *Os grandes repentistas do Nordeste - Galdino de Atalaia & Roque José - v. 2*
77	*Tributo ao presidente*	1992	Comando DMC	Comando DMC	Black Mad Records - 1992	BM-03	Lado B - Faixa 2	LP *Vamos dar a volta por cima*
78	*Melô da CPI*	1993	Caju e Castanha	Caju e Castanha	Polydisc - 1993	sem dados	Lado A - Faixa 1	LP *Solidão de um caminhoneiro*

79	*In(dig)nação*	1992	Samuel Rosa e Chico Amaral	Skank	Gravadora independente - 1993	CDSK-001	Lado A - Faixa 2	LP Skank
80	*Tô feliz (Matei o presidente)*	1993	Gabriel, o Pensador	Gabriel, o Pensador	Chaos/ Sony Music - 1993	850.202 / 2-464.423	Lado A - Faixa 2	LP *Gabriel, o Pensador*
81	*Cara pintada*	1993	Leci Brandão	Leci Brandão	Globo/ Columbia - 1993	421.056	Lado A - Faixa 1	LP *Um ombro amigo*
82	*Assombração de barraco (Presidente caô caô)*	1992	José Carlos e Élson Gente Boa	Bezerra da Silva	BMG/ Ariola - 1992	130 0153	Lado A - Faixa 1	LP *Presidente caô caô*
83	*Patifarias*	1994	Gaúcho da Fronteira e Vaine Darde	Gaúcho da Fronteira	Warner Music - 1994	995.285-1	Lado B - Faixa 3	LP *Tão pedindo um vanerão*
84	*Diário de um detento*	1998	Mano Brown e Jocenir	Racionais MC's	Cosa Nostra - 1998	RA-001	Faixa 7	CD *Sobrevivendo no inferno*
85	*Eu quero Maluf, eu quero já*	1992	PC Bernardes	intérprete(s) desconhecido(s)	RB Produções - 1992	sem dados	sem dados	sem dados
86	*Só se for D*	1992	Vítima Fatal	Vítima Fatal	Chic Show Fivestar - 1992	FS-1.005	Lado A - Faixa 1	LP *Nem A nem B, só se for D*
87	*Verde e amarelo*	1992	Vítima Fatal	Vítima Fatal	Chic Show Fivestar - 1992	FS-1.005	Lado A - Faixa 2	LP *Nem A nem B, só se for D*
88	*Somos nós*	1992	Edson Gomes	Edson Gomes	EMI-Odeon - 1992	sem dados	Lado A - Faixa 3	LP *Campo de batalha*
89	*Bica na boca*	1993	Edvaldo Santana e Glauco Mattoso	Edvaldo Santana	Camerati - 1993	TLP-1009	Lado A - Faixa 5	LP *Lobo solitário*
90	*Se não fosse a ajuda da rapaziada*	1992	Rabanada e Bolão "Sax Tenor"	Bezerra da Silva	BMG/ Ariola - 1992	130 0153	Lado B - Faixa 1	LP *Presidente caô caô*
91	*Par ou ímpar*	1993	Guinga e Aldir Blanc	Guinga	Velas - 1993	11-V008	Faixa 3	CD *Delírio carioca*
92	*Ah! Se o seu fusca votasse*	1993	Juca Chaves	Juca Chaves	Sdruws Records - 1995	sem dados	Faixa 18 do CD nº 1	CD triplo *O melhor de Juca Chaves, o menestrel do Brasil*
93	*Itamar e Itapior*	sem data	Paulo Caruso e Chico Caruso	Paulo Caruso e Chico Caruso	Dabliú Discos - 1998	DB-0051	Faixa 11	CD *Pra seu governo*
94	*O topete e a raspadinha*	1994	Aldir Blanc e Maurício Tapajós	Bloco do Saci	Saci - 1994	sem dados	Faixa 2	LP duplo *Aldir Blanc e Maurício Tapajós*
95	*Plebiscito*	1993	Juca Chaves	Juca Chaves	Sdruws Records - 1995	sem dados	Faixa 19 do CD nº 1	CD triplo *O melhor de Juca Chaves, o menestrel do Brasil*
96	*Candelária*	sem data	Protásio Prates e Tuca	Protásio Prates	Discograf - 2002	MSTCD-01	Faixa 16	CD *Arte em movimento - vários intérpretes*

97	*Bandido com razão*	1994	Zezé di Camargo	Zezé di Camargo e Luciano	Sony Music - 1994	850.233/ 2-47416	Lado A - Faixa 6	LP/ CD *Zezé di Camargo & Luciano*
98	*Luiz Inácio (300 picaretas)*	1995	Herbert Vianna	Os Paralamas do Sucesso com participação de Jairo Cliff	EMI-Odeon - 1995	834.158-2	Faixa 3 do CD nº 2	CD duplo *Vamos batê lata*
99	*Mova-se (Prisão sem muro)*	1993	DMN	DMN	Continental/ Warner - 1993	sem dados	Lado A - Faixa 4	LP *Cada vez + preto*
100	*Assassinato sem morte*	1993	GOG	GOG	Só Balanço - 1993	sem dados	Lado A - Faixa 3	LP *Vamos apagá-los... com nosso raciocínio*
101	*Haiti*	1993	Caetano Veloso e Gilberto Gil	Caetano Veloso e Gilberto Gil	Polygram - 1993	518.178-1	Lado A - Faixa 1	LP *Tropicália 2 - Caetano Veloso e Gilberto Gil*
102	*O meu país*	1994	Orlando Tejo, Livardo Alves e Gilvan Chaves	Flávio José	LBC Gravações - 1994	sem dados	Lado B - Faixa 3	LP *Nordestino lutador*
103	*Meu Deus, que país é este?*	1992/ 1993	Téo Azevedo	Galdino de Atalaia e Roque José	MD Music - 2002 (relançamento)	sem dados	Faixa 2	CD *Os grandes repentistas do Nordeste - Galdino de Atalaia & Roque José - v. 2*
104	*Luta de classes*	1994	Samuel Rosa e Chico Amaral	Cidade Negra	Epic/ Sony Music - 1994	850.229 / 2-476.246	Lado A - Faixa 4	LP *Sobre todas as forças*
105	*A cidade*	1994	Chico Science	Chico Science & Nação Zumbi	Chaos/ Sony Music - 1994	850.334 / 2-464.476	LP: Lado A - Faixa 3 // CD: Faixa 2	LP/ CD *Da lama ao caos*
106	*Monólogo ao pé do ouvido/ Banditismo por uma questão de classe*	1994	Chico Science	Chico Science & Nação Zumbi	Chaos/ Sony Music - 1994	850.334 / 2 - 464.476	LP: Lado A - Faixa 1 // CD: Faixas 1 e 2	LP/ CD *Da lama ao caos*
107	*Todo camburão tem um pouco de navio negreiro*	1994	Marcelo Yuka e O Rappa	O Rappa	Warner Music - 1994	M - 450997093 - 2	Faixa 3	CD *O Rappa*
108	*Tá na hora*	1994	W-Gee, Aplick e DJ Adriano	Consciência Humana	MA Records	MALP-001	Lado B - Faixa 1	LP *Enchergue seus próprios erros*
109	*Papo furado*	1993	Reni Veneno e Marquinhos	Olodum	Warner Music - 1993	107405521	LP: Lado B - Faixa 1 // CD: Faixa 8	LP/ CD *O movimento*
110	*Perfeição*	1993	Renato Russo, Dado Villa-Lobos e Marcelo Bonfá	Legião Urbana	EMI-Odeon - 1993	070 828.098-1	Lado A - Faixa 4	LP *O descobrimento do Brasil*
111	*O político*	1994	Dicró e Pongá	Dicró	CID - 1994	90.202/0	Lado A - Faixa 2	LP/ CD *O bingo da sogra*
112	*Melô dos cão didatos*	1994	Marcelo Martins e Marcelle	Alípio Martins	Premier/ RGE - 1994	306 6103	Lado B - Faixa 5	LP *No país das maravilhas*

113	*Fernando Henrique é o Brasil que vai vencer*	1994	PC Bernardes	Dominguinhos	RB Produções - 1994	sem dados	sem dados	sem dados
114	*Lula, Brasil*	1994	autor(es) desconhecido(s)	intérprete(s) desconhecido(s)	Gravação especial	sem dados	sem dados	Gravação especial

Anexo

Faixa	Título	Ano	Autor(es)	Intérprete(s)	Gravadora/ Ano	Número do disco	Lado/ Faixa do disco	Mídia/ Nome do álbum
1	*No jardim da política*	1985	Tom Zé	Tom Zé e Charles Furlan	Gravadora independen-te - 1998	TZ-1073	Faixa 1	CD *No jardim da política*
2	*Chega de mágoa*	1985	Criação coletiva	interpretação coletiva	Continental - 1985	sem numeração	Lado A - Faixa única	Compacto simples *Nordeste já*
3	*O sindicato dá*	1985	Amarina	Trabalhadores rurais de Pernambuco	Museu Nacional/ UFRJ - 2007	sem numeração	Faixa 11	CD *Lutando e Cantando - Música e política dos trabalhadores rurais de Pernambuco*
4	*Mamãe sangra*	1991	Ras Bernardo, Bino Farias, Da Gama e Lazão	Cidade Negra	Sony Music - 1991	231.263 / 1-464.168	Lado B - Faixa 4	LP *Lute para viver*
5	*Uma história de Ifá (Elegibô)*	1987	Ythamar Tropicália e Rey Zulu	Margareth Menezes	Polydor - 1988	837459-1	Lado A - Faixa 1	LP *Margareth Menezes*
6	*Serpente negra*	1988	Ythamar Tropicália, Valmir Brito e Roque Carvalho	Banda Reflexu's	EMI-Odeon - 1988	67 791.648-1	Lado A - Faixa 1	LP *Serpente negra*
7	*Canto à Nigéria*	1993	Júlio Leite	Banda Reflexu's	Som Livre - 1993	407 0129	Lado A - Faixa 3	LP *Atlântida*
8	*Madagascar Olodum*	1987	Rey Zulu	Banda Reflexu's	EMI-Odeon - 1987	62 748.544	Lado A - Faixa 1	LP *Reflexu's da Mãe África*
9	*Prisioneiro*	1987	Maurício de Fendi e Roger Moreira	Ultraje a Rigor	WEA - 1987	BR-38072	Lado A - Faixa 4	LP *Sexo!!*
10	*Autoridades*	1987	Fê Lemos, Flávio Lemos, Loro Jones, Bozzo Barretti e Dinho Ouro Preto	Capital Inicial	Polydor - 1987	833.728-1	Lado A - Faixa 2	LP *Independência*
11	*Violência, não*	1987	Marcelo Hayena, Cal Galvão e Nilo Nunes	Uns e Outros	Polygram - 1987	833.199-1	Lado B - Faixa 1	LP *Nós normais*
12	*Yankees, go home!*	1988	Mau	Garotos Podres	Continental - 1988	1 01 404.349	Lado A - Faixa 3	LP *Pior que antes*
13	*Eu vi*	1988	Maurício Pereira e André Abujamra	Os Mulheres Negras	Warner Music - 1988	670 4237	Lado A - Faixa 8	LP *Música e ciência*

14	*Sistema do vampiro*	1988	Edson Gomes	Edson Gomes	EMI-Odeon - 1988	064 791024-1	Lado A - Faixa 1	LP *Reggae e resistência*
15	*Reforma agrária*	1988	Lourdinha e J. Batista	Os Fazendeiros	Aleson - 1988	1070	Lado B - Faixa 3	LP *O retorno da rosa branca*
16	*Milagre brasileiro*	1988	Noca da Portela e Toninho Nascimento	Beth Carvalho	Polygram - 1988	836.695-1	Lado A - Faixa 4	LP *Alma do Brasil*
17	*Plano Furado II*	1989	Gordo, Jão e Jabá	Ratos de Porão	Eldorado - 1989	168 89 0548	Lado A - Faixa 8	LP *Brasil*
18	*Bugio 88*	1988	Lourdinha e Zé Maria	Os Fazendeiros	Aleson - 1988	1070	Lado A - Faixa 1	LP *O retorno da rosa branca*
19	*Disputa de poder*	1988	Almir de Araújo, Marquinhos Lessa, Hércules Correia e Balinha	Simone	CBS - 1988	231.157	Lado B - Faixa 5	LP *Sedução*
20	*Eu não gosto do governo*	1988	Mau	Garotos Podres	Continental - 1988	1.01.404.349	Lado A - Faixa 1	LP *Pior que antes*
21	*Pânico na zona sul*	1990	Mano Brown	Racionais MC's	Zimbabwe Records - 1990	ZB 0002	Lado A - Faixa 1	LP *Holocausto urbano*
22	*Candidato caô caô*	1988	Walter Meninão e Pedro Butina	Bezerra da Silva	RCA Victor - 1988	103 0732	Lado A - Faixa 1	LP *Violência gera violência*
23	*O teu futuro espelha essa grandeza*	1988	Paulo Ricardo, Luiz Schiavon, Paulo P.A. Pagni e Fernando Deluqui	RPM e Bezerra da Silva	Epic/ Sony Music - 1988	231.084	Lado B - Faixa 4	LP *Os quatro coiotes*
24	*Baião agrário*	1989	Cecéu e Maranguape	Luiz Gonzaga	Copacabana - 1989	612.986	Lado A - Faixa 6	LP *Vou te matar de cheiro*
25	*Xote ecológico*	1989	Aguinaldo Silva e Luiz Gonzaga	Luiz Gonzaga	Copacabana - 1989	612.986	Lado B - Faixa 1	LP/ CD *Vou te matar de cheiro*
26	*Chico Mendes*	1989	Alberto Cabañas e Enrique Bergen	Jessé	RGE - 1989	320 6033	Lado B - Faixa 2	LP *In Nashville*
27	*Chico Mendes*	1990	José Fernando Gonzales e Talo Pereira	João Almeida Neto	RGE - 1990	308 6248	Lado A - Faixa 2	LP *João de Almeida Neto*
28	*Chico Mendes, o arauto da natureza*	1991	João Banana, Serjão, Jorge Paulo, Paulinho e Tuca	Celino Dias	BMG/ Ariola - 1991	223 1001	Lado A - Faixa 4 do LP nº 2	LP duplo *Sambas de enredo das escolas de samba do grupo especial - carnaval de 1991*
29	*Chico Mendes, pau-Brasil*	1992	Eron Vianna, Cláudio Ribeiro e Rosa Maria Mineiro Dias	Eron Vianna e Tutuca	Chororó - 1992	LPC-10392	Lado A - Faixa 1	LP *Pepino roxo*
30	*Ditadores (Como diria Raulzito)*	1989	Zé Geraldo	Zé Geraldo	Eldorado - 1989	156.89.0565	Lado B - Faixa 5	LP *Viagens & versos*
31	*Filha da puta*	1989	Roger Moreira	Ultraje a Rigor	Warner Music - 1989	670 8039	Lado A - Faixa 2	LP *Crescendo*
32	*Cabo eleitoral*	1989	Ivan Lins e Vitor Martins	Ivan Lins	Polygram - 1989	836.613-1	Lado A - Faixa 4	LP *Amar assim*

33	*Panamericana (Sob o sol de Parador)*	1989	Lobão, Tavinho Paes e Arnaldo Brandão	Lobão	BMG/ Ariola - 1989	150 0001	Lado A - Faixa 1	LP *Sob o sol de Parador - Lobão e os presidentes*
34	*Com Afif, juntos chegaremos lá*	1989	autor(es) desconhecido(s)	intérprete(s) desconhecido(s)	Gravação especial	sem numeração	sem dados	Gravação especial
35	*Bote fé no velhinho*	1989	PC Bernardes	intérprete(s) desconhecido(s)	RB Produções - 1989	sem numeração	sem dados	Gravação especial
36	*Vai ter que mudar*	1990	Alípio Martins e Marcelle	Alípio Martins	Continental - 1990	1 07 405.446	Lado A - Faixa 5	LP *Que delícia*
37	*Os presiden-ciáveis (As lamentações)*	1990	Alípio Martins	Alípio Martins	Continental - 1990	1 07 405.446	Lado A - Faixa 4	LP *Que delícia*
38	*Éramos felizes e não sabíamos*	1990	Gaúcho da Fronteira e Beto Caetano	Gaúcho da Fronteira	Alvorada/ Chantecler - 1990	2.07.405.330	Lado A - Faixa 1	LP *Gaitaço*
39	*Guerreiro do Terceiro Mundo*	1990	Edson Gomes	Edson Gomes	EMI-Odeon - 1990	795.024-1	Lado B - Faixa 2	LP *Recôncavo*
40	*Beco sem saída*	1990	Edi Rock e KL Jay	Racionais MC´s	Zimbabwe Records - 1990	ZB-0002	Lado A - Faixa 2	LP *Holocausto urbano*
41	*Nada mudou*	1991	Winston Foster (música); Ras Bernardo, Bino Farias, Da Gama e Lazão (versão)	Cidade Negra	Sony Music - 1991	231.263-1 / 464.168	Lado A - Faixa 5	LP *Lute para viver*
42	*Nos jardins desta nação*	1991	Ras Bernardo, Bino Farias, Da Gama e Lazão	Cidade Negra	Sony Music - 1991	231.263-1 / 464.168	Lado B - Faixa 3	LP *Lute para viver*
43	*Honestidade*	1991	Juca Chaves	Juca Chaves	Sdruws Record - 1995	sem dados	Faixa 17 do CD nº 1	CD triplo *O melhor de Juca Chaves, o menestrel do Brasil*
44	*Sou mais no tempo do Figueiredo*	1991	Falcão, Tarcísio Matos e Flávio D'Independência	Falcão	Continental - 1991	1 07 405.493	Lado A - Faixa 5	LP/ CD *Bonito, lindo e joiado*
45	*Quem mandou votar no "home"?*	1991	Alípio Martins e Marcelle	Alípio Martins	Continental - 1991	1 07 405.485	Lado B - Faixa 3	LP/ CD *Alípio Martins*
46	*O imexível*	1992	Alípio Martins e Amanda	Alípio Martins	Continental - 1992	1 07 405.508	Lado A - Faixa 3	LP *Alípio King Martins*
47	*O culpado*	1992	Valdir Teles e Severino Feitosa	Valdir Teles e Severino Feitosa	MD Music - 1992	sem dados	Lado B - Faixa 1	LP *Viva o repente*
48	*Galope caboclo*	1992/ 1993	Andorinha e Sebastião Marinho	Andorinha e Sebastião Marinho	CTN/ BMG/ Ariola - 1992	LPCTN-107	Lado B - Faixa 3	LP *Andorinha e Sebastião Marinho*
49	*Vida operária*	1992	Sérgio Andrade e Waltinho	Banda de Pau e Corda	Polydisc - 1992	472.024	Lado A - Faixa 3	LP *Cristalina*
50	*Coisas de Brasil*	1994	Duck Jam & Nação Hip Hop	Duck Jam & Nação Hip Hop	TNT - 1994	144	Lado A - Faixa 2	LP *Metamorfose*

51	*Marginais fardados*	1992	Comando DMC	Comando DMC	Black Mad Records - 1992	BM-03	Lado B - Faixa 1	LP *Vamos dar a volta por cima*
52	*Vem, presidente*	1992	Comando DMC	Comando DMC	Black Mad Records - 1992	BM-03	Lado A - Faixa 4	LP *Vamos dar a volta por cima*
53	*Hora do Brasil*	1993	Paulo Ricardo, Fernando Deluqui e Franco Júnior	Paulo Ricardo	Polygram - 1993	514.692-2	Faixa 7	LP *Surfista Prateado - Paulo Ricardo & RPM*
54	*Metida provisória*	sem data	Paulo Caruso e Chico Caruso	Paulo Caruso e Chico Caruso	Dabliú Discos - 1998	DB-0051	Faixa 13	CD *Pra seu governo*
55	*Presidente mauricinho*	1991	Lobão e Tavinho Paes	Lobão	BMG/ Ariola - 1991	150 0015	Lado A - Faixa 5	LP *O inferno é fogo*
56	*Fernandinho veadinho*	1993	Mau e Mauro	Garotos Podres	Radical Records - 1993	487.800-1	Lado A - Faixa 2	LP *Canções para ninar*
57	*Suposicollor*	1994	João Gordo e Jão	Ratos de Porão	Roadrunner - 1994	RR-9015-2	Faixa 9	LP/ CD *Just another crime... in Massacreland*
58	*Cara pintada*	1993	Toinho Alves e Dudu Alves	Quinteto Violado e Patrícia França	RGE - 1993	320 6223	Lado B - Faixa 5	LP *Algaroba - Quinteto Violado e Patrícia França*
59	*Mordomia*	1993	Mau, Sukata e Mauro	Garotos Podres	Radical Records - 1993	427.800-1	Lado B - Faixa 2	LP *Canções para ninar*
60	*Somos gênios despertando o resto da humanidade*	1994	Sebastião Marinho	Andorinha e Sebastião Marinho	Disco Kid/ Gravadora independente - 1992	DK-1014	Lado B - Faixa 3	LP *1º Congresso de Repentistas do CTN - 1994*
61	*Capitães de areia × meninos de rua*	1993	Adailton Poesia e Valter Farias	Banda Mel	Continental - 1993	1 07 405.520	Lado B - Faixa 3	LP/ CD *Mãe preta*
62	*Palafitas*	1993	Davi Salles	Banda Mel	Continental - 1993	1 07 405.520	Lado A - Faixa 1	LP/ CD *Mãe preta*
63	*Quando chegar na terra*	sem data	Ademar Bogo	Fábio Paes	Discograf - 2002	MSTCD - 01	Faixa 9	CD *Arte em movimento - vários intérpretes*
64	*Brasil CPI*	1994	Pinto do Acordeon	Pinto do Acordeon	Nova Produções - 1994	111 0003	Lado B - Faixa 1	LP *O rei do forró sou eu*
65	*Vote presidencialismo*	1993	Reginaldo Bessa	Reginaldo Bessa	Gravação especial	sem dados	sem dados	sem dados
66	*Vote no rei*	1993	autor(es) desconhecido(s)	intérprete(s) desconhecido(s)	Gravação especial	sem dados	sem dados	sem dados
67	*O fusquinha do Itamar (Uns gostam do olho, outros da ramela)*	1993	Roger Moreira	Ultraje a Rigor	Warner Music - 1993	993.624	Faixa 10	LP *Ó!*
68	*Pastelzinho de pelo*	sem data	Paulo Caruso e Chico Caruso	Paulo Caruso e Chico Caruso	Dabliú Discos - 1998	DB-0051	Faixa 12	CD *Pra seu governo*

69	*Extermínio*	1992	Alípio Martins e Marcelle	Alípio Martins	Continental - 1992	1 07 405.408	Lado A - Faixa 5	LP *Alípio King Martins*
70	*Lavagem cerebral*	1993	Gabriel, o Pensador	Gabriel, o Pensador	Chaos/ Sony Music - 1993	850.202/ 2-464423	Lado A - Faixa 5	LP *Gabriel, o Pensador*
71	*Assassinos sociais*	1994	GOG	GOG	Só Balanço - 1993	65423	Faixa 1	CD *Dia a dia da periferia*
72	*É hora de Quércia*	1994	autor(es) desconhecido(s)	intérprete(s) desconhecido(s)	Gravação especial	sem dados	sem dados	sem dados
73	*Amin do meu país*	1994	Ronaldo Pelicano	intérprete(s) desconhecido(s)	RB Produções - 1994	sem dados	sem dados	sem dados

Capítulo X

"Eu só quero é ser feliz"

Faixa	Título	Ano	Autor(es)	Intérprete(s)	Gravadora/ Ano	Número	Lado/ Faixa do disco	Mídia/ Nome do Álbum
1	*Rap da felicidade*	1995	MC Cidinho e MC Doca	MC Cidinho e MC Doca	Som Livre - 1995	2022-1	Faixa 1	LP/ CD *Rap Brasil*
2	*Rap das armas*	1995	MC Júnior e MC Leonardo	MC Júnior e MC Leonardo	Columbia/ Sony Music - 1995	177.450-	Faixa 8	LP/ CD *De baile em baile*
3	*Rap do curral*	1995	MC Marcelo e MC Padilha	MC Marcelo e MC Padilha	Som Livre - 1995	2022-1	Faixa 10	LP/ CD *Rap Brasil*
4	*Favela também é arte*	1995	Dr. Rocha e Mr. Catra	Dr. Rocha e Mr. Catra	Som Livre - 1995	2082-1	Faixa 5	LP/ CD *Rap Brasil - v. 3*
5	*Futuro do país*	1995	Marcelo D2 e Rafael Crespo	Planet Hemp	Sony Music - 1995	850.242/2 - 479.030	Faixa 9	CD *Usuário*
6	*Porcos fardados*	1995	Marcelo D2 e Rafael Crespo	Planet Hemp	Sony Music - 1995	850.242/2 - 479.030	Faixa 2	CD *Usuário*
7	*Meus direitos*	sem data	MC Cidinho e MC Doca	MC Cidinho e MC Doca	Riserec/ Vidisco - 2008	sem dados	Faixa 6	CD *Rap das armas*
8	*Política*	1994	Athalyba e a Firma	Athalyba e a Firma	Plug - 1994	7.432.123.397-1	Lado A - Faixa 1	LP *De política em política*
9	*Profissão ladrão*	1994	Athalyba e a Firma	Athalyba e a Firma	Plug - 1994	7.432.123.397-1	Lado B - Faixa 5	LP *De política em política*
10	*Sou negrão*	1995	Rappin' Hood	Posse Mente Zulu	PMZ/ independente - 1995	PMZ-01	LP: Lado B - Faixa 1 // CD: Faixa 4	LP/ CD *Revolusom Parte 1*
11	*Sociedade falida*	1995	Edson Gomes	Edson Gomes	EMI-Odeon - 1995	836.151-2	Faixa 11	CD *Resgate fatal*

12	*Meus direitos*	1995	Edson Gomes	Edson Gomes	EMI-Odeon - 1995	836.151-2	Faixa 1	CD *Resgate fatal*
13	*Babilônia brasileira*	1995	Fauzi Beydoun	Tribo de Jah	Indie Records - 1995	7091-2	Faixa 9	LP/ CD *Roots reggae*
14	*Assim já ninguém chora mais*	1995	Zé Pinto	Zé Geraldo	Discograf - 2002	MSTCD-01	Faixa 5	CD *Arte em movimento - vários intérpretes*
15	*Não somos covardes*	1995	Zé Pinto	Zé Pinto	Discograf - 2002	MSTCD-01	Faixa 17	CD *Arte em movimento - vários intérpretes*
16	*Sr. presidente*	1996	Netinho de Paula e Wagninho	Negritude Júnior	EMI-Odeon - 1996	854.640-2	Faixa 6	CD *Nosso ninho*
17	*É assim que me querem*	1996	Edgard Scandurra	Ira!	Paradoxx Music - 1996	Oxx-1150-1	Faixa 3	CD *7*
18	*Presidente mulatinho*	1996	Paulo Caruso e Chico Caruso	Paulo Caruso e Chico Caruso	Dabliú Discos - 1998	DB-0051	Faixa 5	CD *Pra seu governo*
19	*Eldorado dos Carajás*	sem data	Manos da Baixada de Grosso Calibre	Manos da Baixada de Grosso Calibre	Gravação independente do MST-PA - 2002	sem dados	Faixa 12	CD *Um canto pela paz*
20	*As pedras gritarão*	sem data	Rafael Lima	Rafael Lima	Gravação independente do MST-PA - 2002	sem dados	Faixa 3	CD *Um canto pela paz*
21	*Uma grande reforma (Os sem-terra)*	1996	Aracílio Araújo e Alcymar Monteiro	Alcymar Monteiro	Ingazeira - 1996	6.000.031	Faixa 8	CD *Vaquejadas brasileiras - 2º circuito*
22	*Sem-terra*	1996	Samuel Rosa e Chico Amaral	Skank	Sony Music - 1996	758.282-2/ 479.307	Faixa 6	LP/ CD *O samba poconé*
23	*Globalização (O delírio do dragão)*	1998	Fauzi Beydoun	Tribo de Jah	Indie Records - 1998	IN-0021-2	Faixa 1	CD *Reggae na estrada*
24	*Canção nordestina*	1996	Fauzi Beydoun	Tribo de Jah	Indie Records - 1996	7041 - 2	Faixa 9	CD *Ruínas da Babilônia*
25	*Manguetown*	1996	Chico Science, Dengue e Lúcio Maia	Chico Science Nação Zumbi	Sony Music - 1996	850.278/ 2-479.255	LP: Lado B - Faixa 4 // CD: Faixa 12	LP/ CD *Afrociberdelia*
26	*Bem-vindo ao Brasil*	1996	Turbo, Jair dos Santos e Eazy Jay	Comando DMC	TNT Records - 1996	TNT-146	Lado B - Faixa 1	LP *São Paulo está se armando*
27	*Malandro consciente*	1996	Carlinhos do Jorge Turco, Manoelzinho Poeta, Geraldão e Pedro Butina	Bezerra da Silva	RGE - 1996	7574-2	Faixa 13	LP/ CD *Meu samba é duro na queda*
28	*O dia em que o morro descer e não for carnaval*	1996	Wilson das Neves e Paulo César Pinheiro	Wilson das Neves	CID - 1996	CID-00653-8	Faixa 13	CD *O som sagrado de Wilson das Neves*
29	*Fura-fila!*	1996	autor(es) desconhecido(s)	intérprete(s) desconhecido(s)	Gravação especial - 1996	sem dados	sem dados	sem dados

30	*Samba do precatório*	sem data	Paulo Caruso e Chico Caruso	Paulo Caruso e Chico Caruso	Dabliú Discos - 1998	DB-0051	Faixa 8	CD *Pra seu governo*
31	*Zerovinteum*	1997	Marcelo D2, BNegão, Formiga e Black Alien	Planet Hemp e Fernanda Abreu	Sony Music - 1997	758.326-2/ 479.461	LP: Lado A - Faixa 1 // CD: Faixa 1	LP/ CD *Os cães ladram mas a caravana não para*
32	*Homens fardados*	1997	Zé Brown, Tiger, Garnizé, Oni e Massacre	Faces do Subúrbio	Gravadora independente - 1997	sem dados	Faixa 7	CD *Faces do subúrbio*
33	*Não conheço esquerdista que não mude quando pega nas rédeas do poder*	sem data	Ivanildo Vilanova	Ivanildo Vilanova	Pentagrama - 1997	sem dados	sem dados	CD *Improvisos do Brasil*
34	*Retratos do Brasil*	sem data	José Luiz Carlos de Lima	Ivanildo Vilanova e Valdir Teles	Pentagrama - 1997	sem dados	sem dados	CD *Improvisos do Brasil*
35	*Pátria que me pariu*	1997	Gabriel, o Pensador e André Gomes	Gabriel, o Pensador	Sony Music - 1997	758.344-2/ 2-488.302	Faixa 1	CD *Quebra--cabeça*
36	*João Ninguém Sem-Terra*	1997	Zé Mulato e Cassiano	Zé Mulato e Cassiano	Velas - 1997	11 - V 266	Faixa 11	CD *Meu céu*
37	*Floriô*	1997	Zé Pinto	Chico César	Discograf - 2002	MSTCD-01	Faixa 4	CD *Arte em movimento - vários intérpretes*
38	*Descobrimos lá na base*	1998	Zé Pinto	Nil Bernardes	Discograf - 2002	MSTCD-01	Faixa 8	CD *Arte em movimento - vários intérpretes*
39	*Sem-terra*	1998	Everardo Senna	Raio da Silibrina	Brilho - 1998	Brilho cd 007	Faixa 15	CD *Onde?*
40	*Sem terra*	1998	Zé Ramalho	Zé Ramalho	BMG Brasil - 1998	7432162222-2	Faixa 9	CD *Eu sou todos nós*
41	*Índio*	1998	Gabriel Moura, Seu Jorge e Sérgio Granha	Farofa Carioca	Polygram - 1998	557.755-2	Faixa 10	CD *Moro no Brasil*
42	*Funk da PM*	sem data	Paulo Caruso e Chico Caruso	Paulo Caruso e Chico Caruso	Dabliú Discos - 1998	DB-0051	Faixa 9	CD *Pra seu governo*
43	*Candelária*	sem data	Lazinho, Guiguio e Joccy Lee	Olodum	Sony Music - 1999	898.228/ 2-495.526	Faixa 15	CD *A música do Olodum - 20 anos*
44	*Bom é ser presidente*	1998	Paulo Caruso e Chico Caruso	Paulo Caruso e Chico Caruso	Dabliú Discos - 1998	DB-0051	Faixa 4	CD *Pra seu governo*
45	*H. Aço*	1998	DMN	DMN	Companhia Paulista de Hip Hop - 1998	sem dados	Faixa 6	LP/ CD *H. Aço*
46	*Esse é o meu país*	1998	X	Câmbio Negro	Trama - 1998	sem dados	Faixa 2	CD *Círculo vicioso*
47	*Matemática na prática*	1998	GOG	GOG e Japão	Só Balanço - 1998	sem dados	Faixa 3	CD *Das trevas à luz*
48	*Reengenharia*	1998	Itamar Assumpção	Itamar Assumpção	Atração Fonográfica - 1998	ATR 31057	Faixa 17	*CD Pretobrás - Por que eu não pensei nisso antes?*

49	*Quebrando o cabresto*	1998	domínio público; Falcão (adaptação)	Falcão	BMG Brasil - 1998	7432161847-2	Faixa 4	CD *Quanto pior, melhor*
50	*Vote em mim e não se preocupe*	1998	Falcão e Tarcísio Matos	Falcão	BMG Brasil - 1998	7432161847-2	Faixa 12	CD *Quanto pior, melhor*
51	*Reeleger Fernando Henrique presidente*	1998	PC Bernardes	Dominguinhos	MCR - Gravação especial - 1998	sem dados	sem dados	Gravação especial
52	*Coração brasileiro*	1998	Hilton Acioli	intérprete(s) desconhecido(s)	Gravação especial - 1998	sem dados	sem dados	Gravação especial
53	*Real e justo*	1998	autor(es) desconhecido(s)	intérprete(s) desconhecido(s)	Gravação especial - 1998	sem dados	sem dados	Gravação especial
54	*A face da moeda*	1999	Zé Mulato e Cassiano	Zé Mulato e Cassiano	Velas/ Universal - 1999	325911000482-	Faixa 11	CD *Navegante das Gerais*
55	*Mancada 2000*	1999	Face da Morte	Face da Morte	Gravadora independente - 1999	sem dados	Faixa 6	LP duplo/ CD *O crime do raciocínio*
56	*Que lei é essa?*	1999	Da Guedes	Da Guedes	Trama Records - 1999	sem dados	Faixa 11	CD *Cinco elementos*
57	*Soldado do morro*	1999	MV Bill	MV Bill	Natasha Records/ BMG - 1999	74321705072	Faixa 8	CD *Traficando informação*
58	*Tribunal de rua*	1999	Marcelo Yuka e O Rappa	O Rappa	Warner Music - 1999	398422763-2	Faixa 1	CD *Lado B, lado A*
59	*Xibom bombom*	1999	Rogério Gaspar e Wesley Rangel	As Meninas	Universal Music - 1999	73145474502-	Faixa 1	CD *Xibom bombom*
60	*Quinhentos anos de história*	1998	Fauzi Beydoun	Tribo de Jah	Indie Records - 1998	IN-0021-2	Faixa 7	CD *Reggae na estrada*
61	*O Cassino da URV*	2000	Paulo Caruso e Chico Caruso	Paulo Caruso e Chico Caruso	Som Livre - 2000	2289-	Faixa 8	CD *E la nave và*
62	*Nesse Brasil de Mãe Preta, de Caboclo e Pai João*	sem data	Ivanildo Vilanova	Ivanildo Vilanova e Valdir Teles	Pentagrama - 2000	sem dados	sem dados	CD *Improvisos do Brasil*
63	*Procedência C.D.*	2000	Rafael Crespo, BNegão e Jackson	Planet Hemp	Sony Music - 2000	758.534/ 2-495.690	Faixa 4	CD *A invasão do sagaz homem fumaça*
64	*Test-drive de freio de camburão*	2000	Marcelo D2, BNegão e Gustavo Black Alien (letra) e Zé Gonçales (música)	Planet Hemp	Sony Music - 2000	758.534/ 2-495.690	Faixa 3	CD *A invasão do sagaz homem fumaça*
65	*A voz do excluído*	2000	MV Bill, Toni Garrido, Da Gama, Lazão e Bino Farias	Cidade Negra com participação de MV Bill	Sony Music - 2000	2-495.846	Faixa 8	CD *Enquanto o mundo gira*
66	*Meus inimigos estão no poder*	2000	Apocalipse 16	Apocalipse 16 com participação de Eduardo (Facção Central)	7 Taças - 2000	sem dados	Faixa 11	CD *2ª vinda, a cura*

67	*Cidade partida*	2000	Toni Garrido, Da Gama, Lazão, Bino Farias e Dulce Quental	Cidade Negra	Sony Music - 2000	2-495.846	Faixa 5	CD *Enquanto o mundo gira*
68	*Procura, procurador, procura*	2000	Paulo Caruso e Chico Caruso	Paulo Caruso e Chico Caruso	Som Livre - 2000	2289-	Faixa 12	CD *E la nave và*
69	*Purucutruco*	2000	Bráulio de Castro	Caju e Castanha	Trama - 2000	T-500/ 153-2	Faixa 10	CD *Vindo lá da lagoa*
70	*A chegada de Raul Seixas e Lampião no FMI*	2000	Tom Zé	Tom Zé	Trama - 2000	TESN-111-2	Faixa 12	CD *Jogos de armar - Faça você mesmo*
71	*São Paulo vai dar a volta por cima*	2000	Maurício Gaetani e João Andrade	intérprete(s) desconhecido(s)	Gravação especial - 2000	sem dados	sem dados	Gravação especial
72	*Filhote da ditadura*	2001	Suely Mesquita e Mathilda Kovak	Suely Mesquita e Mathilda Kovak	Gravadora independente - 2001	SMSP-01	Faixa 12	CD *Sexo puro*
73	*Homem do povo*	2001	Alexandre Carlo e Rodolfo	Natiruts	EMI Music - 2001	532.773-2	Faixa 9	CD *Verbalize*
74	*Abandonados pelo sistema (Babylon System)*	2001	Fauzi Beydoun	Tribo de Jah	Indie Records - 2001	325.912.003.682	Faixa 1	CD *Essencial*
75	*Zona norte*	2001	NJ Sallez	Artigo 331	Net Records - 2001	sem dados	Faixa 10	CD *Hip Hop Rio*
76	*Pega ladrão!*	2001	Gabriel, o Pensador, Tiago Mocotó, Aninha Lima e Liminha	Gabriel, o Pensador	Sony Music - 2001	2-502.505	Faixa 4	CD *Seja você mesmo, mas não seja sempre o mesmo*
77	*Até quando?*	2001	Gabriel, o Pensador, Tiago Mocotó e Itaal Shur	Gabriel, o Pensador	Sony Music - 2001	2-502.505	Faixa 2	CD *Seja você mesmo, mas não seja sempre o mesmo*
78	*Se tu lutas, tu conquistas*	2000	Bastardo, Sombra 2 e Cris	SNJ (Somos Nós a Justiça)	Atração Fonográfica - 2000	ATR-21292	Faixa 1	CD *Se tu lutas, tu conquistas*
79	*Xote do apagão*	2001	Targino Gondim e Jorge Portugal	Targino Gondim	Gravadora independente - 2001	TG-002-02	Faixa 11	CD *Toca pra nós dois*
80	*Xô apagão*	2002	Solange de César e Davison	Aline Barros	AB Records - 2002	sem dados	Faixa 4	CD *Bom é ser criança - v. 2*
81	*Ei, presidente*	2000	GOG	GOG	Zâmbia Fonográfico/ Só Balanço - 2000	sem dados	Faixa 2	CD *CPI da favela*
82	*Brasil com "P"*	2000	GOG	GOG	Zâmbia Fonográfico/ Só Balanço - 2000	sem dados	Faixa 1	CD *CPI da favela*
83	*Fazendo escola*	2001	Aliado G, Mano Ed e DJ Viola	Face da Morte e GOG	Face da Morte Produções - 2001	sem dados	Faixa 1	CD *Manifesto popular brasileiro*
84	*Sei que os porcos querem meu caixão*	2001	Facção Central	Facção Central	Discoll Box - 2001	sem dados	Faixa 7	CD *A marcha fúnebre prossegue*
85	*Discurso ou revólver*	2001	Gilson da Silva	Facção Central	Discoll Box - 2001	sem dados	Faixa 12	CD *A marcha fúnebre prossegue*

86	*Fábrica de pilantras*	2001	Giovani Papini	Giovani Papini	Som Tropical - 2001	sem dados	Faixa 9	CD *Reggae tropical - v. 2*
87	*Linda (Democracia)*	2001	Edson Gomes	Edson Gomes	Gravadora independente - 2001	sem dados	Faixa 3	CD *Acorde, levante e lute*
88	*Quem tem juízo não faz*	2002	Fenelon Dantas e Geraldo Amâncio	Fenelon Dantas e Geraldo Amâncio	MD Music - 2002	sem dados	Faixa 7	CD *Os grandes repentistas do nordeste - v. 6*
89	*Todo ódio à burguesia*	sem data	Clã Nordestino	Clã Nordestino	Face da Morte Produções - 2003	sem dados	Faixa 5	CD *A peste negra no Nordeste*
90	*Lokomotiva da figa*	sem data	Clã Nordestino	Clã Nordestino	Face da Morte Produções - 2003	sem dados	Faixa 12	CD *A peste negra no Nordeste*
91	*ALCAminho-pradestruição*	sem data	A Família	A Família	Pata de Monstro - 2008	AB-0002000	Faixa 9	CD *Mais romântico*
92	*Antigamente quilombos, hoje periferia*	2002	Z'África Brasil	Z'África Brasil	RSF Records - 2002	sem dados	Faixa 4	CD *Antigamente quilombos, hoje periferia*
93	*Negro drama*	2002	Mano Brown e Edi Rock	Racionais MC's	Zâmbia - 2002	ZA-050	Faixa 5 do CD nº 1	CD duplo *Nada como um dia após o outro dia*
94	*O povo da periferia*	2002	Ndee Naldinho	Ndee Naldinho com participação de MP (Expressão Ativa)	Fantasy Music - 2002	sem dados	Faixa 1	CD *O povo da periferia*
95	*Ladrão de gravata*	2002	Tico Santa Cruz e Tiago Mocotó	Detonautas Roque Clube	Warner Music - 2002	5.050.466. 003.928	Faixa 8	CD *Detonautas Roque Clube*
96	*Meu país*	1998	Zezé di Camargo	Zezé di Camargo e Luciano	Sony Music - 1998	789.153 / 2 - 492.133	Faixa 12	CD *Zezé di Camargo & Luciano*
97	*Bote fé e diga Lula*	2002	Péri e Duda Mendonça	intérprete(s) desconhecido(s)	Gravação especial - 2002	sem dados	sem dados	Gravação especial
98	*Quero-quero*	2002	PC Bernardes	intérprete(s) desconhecido(s)	Gravação especial - 2002	sem dados	sem dados	Gravação especial
99	*Fé no Brasil*	2002	autor(es) desconhecido(s)	intérprete(s) desconhecido(s)	Gravação especial - 2002	sem dados	sem dados	Gravação especial
100	*Vem, meu país*	2002	autor(es) desconhecido(s)	intérprete(s) desconhecido(s)	Gravação especial - 2002	sem dados	sem dados	Gravação especial
101	*Agora é Lula, falta pouco ou quase nada*	2002	Péri e Duda Mendonça	intérprete(s) desconhecido(s)	Gravação especial - 2002	sem dados	sem dados	Gravação especial

Anexo

Faixa	Título	Ano	Autor(es)	Intérprete(s)	Gravadora/ Ano	Número	Lado do disco/ Faixa do disco	Mídia/ Nome do Álbum
1	*O verdadeiro canalha*	1995	Jorge Mirim, Rodrigo e Sérgio Fernandes	Bezerra da Silva com participação de Genaro	RGE - 1995	8042-1	Faixa 1	CD *Contra o verdadeiro canalha!*
2	*É a lei, é a lei*	1995	Leci Brandão e Zé Maurício	Leci Brandão	RGE - 1995	7528-2	Faixa 8	CD *Anjos da guarda*
3	*Não me bate, doutor*	sem data	MC Cidinho e MC Doca	MC Cidinho e MC Doca	sem dados	sem dados	sem dados	sem dados
4	*Quem é você?*	1996	Marcelo Nova	Camisa de Vênus	Polydor - 1996	533.322-1	Faixa 1	CD *Quem é você?*
5	*Brasil sem educação*	1999	Aliado G, Mano Ed e DJ Viola	Face da Morte	Gravadora independente - 1999	sem dados	Faixa 9	LP duplo/ CD *O crime do raciocínio*
6	*Este homem é inocente*	1996	Zalém e Zé do Galo	Bezerra da Silva	RGE - 1996	7574-2	Faixa 14	LP/ CD *Meu samba é duro na queda*
7	*Vírus da corrupção*	1996	Zaba e Nilo Bahia	Bezerra da Silva	RGE - 1996	7574-2	Faixa 7	LP/ CD *Meu samba é duro na queda*
8	*Ordem e progresso*	1996	Zé Pinto	Beth Carvalho	Discograf - 2002	MSTCD-01	Faixa 19	CD *Arte em movimento - vários intérpretes*
9	*Procissão dos retirantes*	1996	Martim César e Pedro Munhoz	Pedro Munhoz	Gravação independente do MST-PA - 2002	sem dados	Faixa 2	CD *Um canto pela paz*
10	*Chacina cyber*	sem data	Dimitri Maracajá e Milton Rocha	Arcano XIX	Gravação independente do MST-PA - 2002	sem dados	Faixa 13	CD *Um canto pela paz*
11	*Dezenove*	sem data	Ricardo Dias	Mário Morais	Gravação independente do MST-PA - 2002	sem dados	Faixa 1	CD *Um canto pela paz*
12	*Pra soletrar a liberdade*	sem data	Zé Pinto	Leci Brandão	Discograf - 2002	MSTCD-01	Faixa 2	CD *Arte em movimento - vários intérpretes*
13	*O anjo esquerdo da história*	1997	Haroldo de Campos e Gilberto Mendes	Madrigal Ars Viva com regência de Roberto Martins	EMI Music - 2000	sem dados	sem dados	CD *Música nova para vozes*
14	*Assentamento*	1997	Chico Buarque	Chico Buarque	Companhia das Letras - 1997	T-1001	Faixa 1	CD *Terra*
15	*Tawaraná*	1996	Josino Medina	Pereira da Viola	Lapa Discos - 1996	38074	Faixa 5	CD *Tawaraná*
16	*Mão na cabeça*	1997	Marcelo D2 e Ulisses Cappelletti	Planet Hemp	Sony Music - 1997	758.326 / 2-479.461	Faixa 7	CD *Os cães ladram mas a caravana não para*

17	*O trem*	1997	RZO	RZO	Porte Ilegal - 1997	LPRZO-1	Lado B - Faixa 4	LP *O trem*
18	*Prepare-se*	1996	GOG	GOG	Só Balano/ New Generation - 1996	sem dados	Faixa 1	CD *Prepare-se*
19	*G. R. E. S. Eu e meu cachorro*	1997	Falcão, Tarcísio Matos e Beto de Areia Branca	Falcão	BMG Brasil - 1997	7432146176-2	Faixa 5	CD *A um passo da MPB*
20	*Presidente cara de pau*	1998	Galhardo e Toninho Geraes	Bezerra da Silva	Universal Music - 1998	UMD-51.096	Faixa 7	CD *Eu tô de pé*
21	*Sou um fracas-somaníaco*	sem data	Garotos Podres	Garotos Podres	Gravadora independente - 2003	sem dados	Faixa 3	CD *Garotozil de Podrezepam*
22	*É ladrão que não acaba mais*	1998	Otacílio da Mangueira e Ari do Cavaco	Bezerra da Silva	Universal Music - 1998	UMD-51.096	Faixa 3	CD *Eu tô de pé*
23	*Negócio do Brasil*	1998	Fred 04	Mundo Livre S/A	Abril Music - 1998	1007001	Faixa 11	CD *Carnaval na obra*
24	*País da fantasia*	1998	Da Gama, Lazão, Toni Garrido e Bino Farias	Cidade Negra	Sony Music - 1998	789.150/ 2-492.124	Faixa 11	CD *Quanto mais curtido melhor*
25	*Moro no Brasil*	1998	Seu Jorge, Wallace Jefferson, Jovi Joviniano e Gabriel Moura	Farofa Carioca	Polygram - 1998	557.755-2	Faixa 2	CD *Moro no Brasil*
26	*Jacaré*	1998	Seu Jorge e Sérgio Granha	Farofa Carioca	Polygram - 1998	557.755-2	Faixa 9	CD *Moro no Brasil*
27	*Um país se faz com homens, mulheres e meninos*	1998	Falcão e Tarcísio Matos	Falcão	BMG Brasil - 1998	7432161847-2	Faixa 6	CD *Quanto pior, melhor*
28	*Meu sangue é Brasil*	1999	Almir Guineto e Luverci Ernesto	Beth Carvalho com participação de Almir Guineto	Universal Music - 1999	73145466812	Faixa 6	CD *Pagode de mesa ao vivo*
29	*Reféns da violência*	2000	Albert Griffiths (música); Fauzi Beydoun (versão)	Tribo de Jah	Indie Records - 2000	325.912.000.662	Faixa 1	CD *Além do véu de Maya*
30	*Forró do apagão*	2002	Maciel Melo	Mestre Zinho	Gravadora independente - 2002	014-EMJ-29	Faixa 1	CD *Forró do apagão*
31	*O PIB da PIB (Prostituir)*	2000	Tom Zé, Sérgio Molina e Alê Siqueira	Tom Zé	Trama - 2000	TESN-111-2	Faixa 10	CD *Jogos de armar - Faça você mesmo*
32	*É pra rir ou pra chorar?*	2001	Gabriel, o Pensador e Liminha	Gabriel, o Pensador	Sony Music - 2001	2-502505	Faixa 7	CD *Seja você mesmo, mas não seja sempre o mesmo*
33	*Filhos da pátria*	2001	Q.I.	Q.I.	Só Balanço - 2001	sem dados	Faixa 10	CD *Família GOG - Fábrica da vida - vários intérpretes*
34	*Fogo no pavio*	2001	GOG	GOG	Só Balanço - 2001	sem dados	Faixa 2	CD *Família GOG - Fábrica da vida - vários intérpretes*

35	*Julgamento*	2001	Face da Morte	Face da Morte	Gringos Records - 2001	sem dados	Faixa 2	CD *Manifesto popular brasileiro*
36	*Impunidade*	2000	Fauzi Beydoun	Tribo de Jah	Indie Records - 2000	325912000662-	Faixa 4	CD *Além do véu de Maya*
37	*CPI*	2002	Arlindo Cruz, Babi e Jorge David	Arlindo Cruz e Sombrinha	Indie Records - 2002	325912003922-	Faixa 15	CD *Hoje tem samba*
38	*Melô da democracia*	sem data	Giovani Papini	Giovani Papini	Gema - sem data	sem dados	Faixa 1	CD *20 anos ao vivo*
39	*Eu protesto*	sem data	Giovani Papini	Giovani Papini	Gema - sem data	sem dados	Faixa 8	CD *20 anos ao vivo*
40	*Meteram a mão*	2002	Franklin, Jucian Carlos, Zeh Wilclei e Reges Bolo	O Surto	Virgin - 2002	529.536-0	Faixa 9	CD *Equalizando as ideias*
41	*Ação social*	2002	Lawrence	Comedores de Lixo	Elephantiasis Discos - 2002	sem dados	Faixa 1	CD *A velha seca*

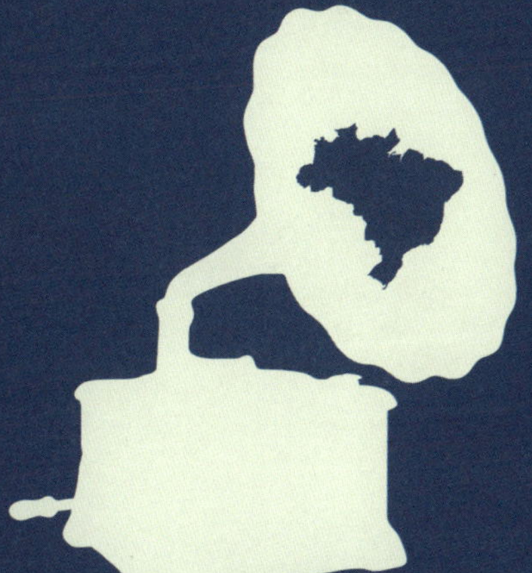

Bibliografia

ABREU, Alzira Alves de et al. *Dicionário histórico-biográfico brasileiro pós-1930*. 2. ed. Rio de Janeiro: Editora da FGV/CPDOC, 2001, 5 vol.

ALBIN, Ricardo Cravo. *O livro de ouro da MPB: a história de nossa música popular de sua origem até hoje*. Rio de Janeiro: Ediouro, 2003.

____. *Dicionário Houaiss ilustrado: música popular brasileira*. Rio de Janeiro: Instituto Antônio Houaiss; Instituto Cultural Cravo Albin; Editora Paracatu, 2006.

ALEXANDRE, Ricardo. *Dias de luta: o rock e o Brasil dos anos 80*. Porto Alegre: Arquipélago Editorial, 2013.

AMANCIO, Geraldo; PEREIRA, Vanderley. *De repente cantoria*. Fortaleza: Premius, 2013.

AQUINO, Rubim Santos Leão de et al. *Sociedade brasileira: uma história através dos movimentos sociais – da crise do escravismo ao apogeu do neoliberalismo*. 2. ed. Rio de Janeiro: Record, 2000.

ARAÚJO, Lucinha. *Cazuza: preciso dizer que te amo*. 2. ed. São Paulo: Globo, 2001.

ARAÚJO, Maria Paula Nascimento. *Memórias estudantis, 1937-2007: da fundação da UNE aos nossos dias*. Rio de Janeiro: Relume Dumará e Fundação Roberto Marinho, 2007.

AVELAR, Idelber; DUNN, Christopher (orgs.). *Brazilian Popular Music and Citizenship*. Durham: Duke University Press, 2011.

AZEVEDO, Ricardo de. *Por um triz: memórias de um militante da AP*. São Paulo: Plena Editorial, 2010.

BACCARIN, Biaggio. *Enciclopédia da música brasileira – Sertaneja*. São Paulo: Publifolha, 2000.

BASTOS, João. *Acadêmicos, Unidos e tantas mais*. Rio de Janeiro: Edições Folha Seca, 2010.

BENJAMIN, Cid. *Gracias a la vida: memórias de um militante*. Rio de Janeiro: José Olympio, 2013.

BRYAN, Guilherme. *Quem tem um sonho não dança. Cultura jovem brasileira nos anos 80*. Rio de Janeiro: Record, 2004.

BUZO, Alessandro. *Hip-hop: dentro do movimento*. Rio de Janeiro: Aeroplano, 2010.

CABRAL, Sérgio. *As escolas de samba do Rio de Janeiro*. 2. ed. Rio de Janeiro: Lumiar Editora, 1996.

CALDAS, Waldenyr. *O que é a música sertaneja*. São Paulo: Brasiliense, 1999.

____. *Iniciação à Música Popular Brasileira*. Barueri (SP): Manole, 2010.

CASTRO, Cid. *Metendo o pé na lama. Os bastidores do Rock in Rio de 1985*. Rio de Janeiro: Tinta Negra, 2010.

CALDAS, Waldenyr. *Iniciação à Música Popular Brasileira*. Barueri (SP): Manole, 2010.

CAMARGOS, Roberto. *Rap e política: percepção da vida social brasileira*. São Paulo: Boitempo, 2015.

CAVALCANTE, Berenice; STARLING, Heloísa; EISENBERG, José (orgs.). *Decantando a República*. Rio de Janeiro: Nova Fronteira; São Paulo: Perseu Abramo, 2004, 3 vol.

DAPIEVE, Arthur. *BRock: o rock brasileiro dos anos 80*. Rio de Janeiro: Editora 34, 1995.

____. *Renato Russo. O trovador solitário*. Rio de Janeiro: Relume Dumará, 2000.

DINES, Alberto; JUNIOR, Florestan Fernandes; SALOMÃO, Nelma (orgs.). *Histórias do poder: 100 anos de política no Brasil*. 2. ed. São Paulo: Editora 34, 2001, 3 vol.

DINIZ, André. *Almanaque do samba*. Rio de Janeiro: Jorge Zahar, 2006.

DINIZ, André; CUNHA, Diogo. *A República cantada: do choro ao funk, a história do Brasil através da música*. Rio de Janeiro: Zahar, 2014.

ENCICLOPÉDIA DA MÚSICA BRASILEIRA: erudita, folclórica e popular. São Paulo: Art, 1977.

ESSINGER, Silvio. *Batidão: uma história do funk*. Rio de Janeiro: Record, 2005.

FRANÇA, Jamari. *Os Paralamas do Sucesso: vamo batê lata*. São Paulo: Editora 34, 2003.

GIL, Gilberto. *Todas as letras*. São Paulo: Companhia das Letras, 1996.

GODINHO, Ruy. *Então, foi assim. Os bastidores da criação musical brasileira*. Brasília: Abravídeo, 2009, 2 vol.

GUERREIRO, Goli. *A trama dos tambores: a música afro-pop de Salvador*. 2. ed. São Paulo: Editora 34, 2010.

HERSCHMANN, Micael. *O funk e o hip-hop invadem a cena*. Rio de Janeiro: Editora UFRJ, 2000.

LISBOA JR., Luiz Américo. *81 temas da música popular brasileira*. Itabuna: Agora, 2000.

LOPES, Nei. *Partido-alto: samba de bamba*. Rio de Janeiro: Pallas, 2008.

MARMO, Herica; ALZER, Luiz André. *A vida até parece uma festa: toda a história dos Titãs*. Rio de Janeiro: Record, 2005.

MOTTA, Nelson. *Vale tudo: o som e a fúria de Tim Maia*. Rio de Janeiro: Objetiva, 2007.

MOURA, Roberto M. *Sobre cultura e mídia*. São Paulo: Irmãos Vitale, 2002.

MUGNAINI JR., Ayrton. *Enciclopédia das músicas sertanejas*. São Paulo: Letras & Letras, 2001.

MUNDIM, Pedro Santos. *Das rodas de fumo à esfera pública*. São Paulo: Annablume, 2006.

MUSSA, Alberto; SIMAS, Luiz Antonio. *Samba de enredo: história e arte*. Rio de Janeiro: Civilização Brasileira, 2010.

NEPOMUCENO, Rosa. *Música caipira: da roça ao rodeio*. 2. ed. São Paulo: Editora 34, 2005.

NESTROVISKI, Arthur. *Música popular brasileira hoje*. São Paulo: Publifolha, 2002.

____. *Lendo música: 10 ensaios sobre 10 canções*. São Paulo: Publifolha, 2007.
PORTO, Walter Costa. *Dicionário do voto*. Brasília: EDUnB, 2000.
RIBEIRO, José Hamilton. *Música caipira: as 270 maiores modas de todos os tempos*. São Paulo: Globo, 2006.
RIBEIRO, Júlio Naves. *Lugar nenhum ou Bora Bora? Narrativas do "Rock brasileiro anos 80"*. São Paulo: Annablume, 2009.
RIDENTI, Marcelo. *O fantasma da revolução brasileira*. São Paulo: Editora da UNESP, 1993.
____. *Em busca do povo brasileiro*. Rio de Janeiro: Record, 2000.
RODRIGUES, João Jorge; MENDES, Nelson. *Olodum, carnaval, cultura, negritude (1979-2005)*. Salvador: Associação Carnavalesca Bloco Afro Olodum; Brasília: Fundação Cultural Palmares, 2005.
SÁ, Celso Pereira de (org.). *Memória do movimento estudantil*. Rio de Janeiro: Museu da República, 2005.
SEVERIANO, Jairo. *Uma história da música popular brasileira: das origens à modernidade*. São Paulo: Editora 34, 2008.
SILVA, Walter (Pica-pau). *Vou te contar. Histórias da música popular brasileira*. São Paulo: Códex, 2002.
SOUZA, Tárik de. *Tem mais samba: das raízes à eletrônica*. São Paulo: Editora 34, 2003.
TATIT, Luiz. *O século da canção*. São Paulo: Ateliê Editorial, 2004.
TELES, José. *Do frevo ao manguebeat*. 2. ed. São Paulo: Editora 34, 2012.
TINHORÃO, José Ramos. *História social da música popular brasileira*. 2. ed. São Paulo: Editora 34, 2010.
____. *Pequena história da música popular*. São Paulo: Círculo do Livro, s/d.
____. *Crítica cheia de graça*. São Paulo: Editora Empório do Livro, 2010.
VIANNA, Hermano. *O mundo funk carioca*. Rio de Janeiro: Jorge Zahar, 1988.
____. *O mistério do samba*. 7. ed. Rio de Janeiro: Jorge Zahar, 2010.
VIANNA, Letícia. *Bezerra da Silva: produto do morro*. Rio de Janeiro: Jorge Zahar, 1999.

Webgrafia

AGENDA DO SAMBA & CHORO: http://www.samba-choro.com.br
COMUNIDADE DO RAP: http://www.comunidaderapdownload.blogspot.com.br
CPDOC DA FUNDAÇÃO GETULIO VARGAS: http://cpdoc.fgv.br
DICIONÁRIO CRAVO ALBIN DA MÚSICA POPULAR BRASILEIRA: http://www.dicionariompb.com.br
FUNARTE – MEMÓRIA DAS ARTES: http://www.funarte.gov.br/brasilmemoriadasartes
FUNK DE RAIZ: http://www.funkderaiz.com.br
INSTITUTO MEMÓRIA MUSICAL: http://www.memoriamusical.com.br
INSTITUTO MOREIRA SALLES: http://www.ims.uol.com.br
RAIZ CAIPIRA: http://www.raizcapira.com.br
SAMBA DE RAIZ: http://www.sambaderaiz.net

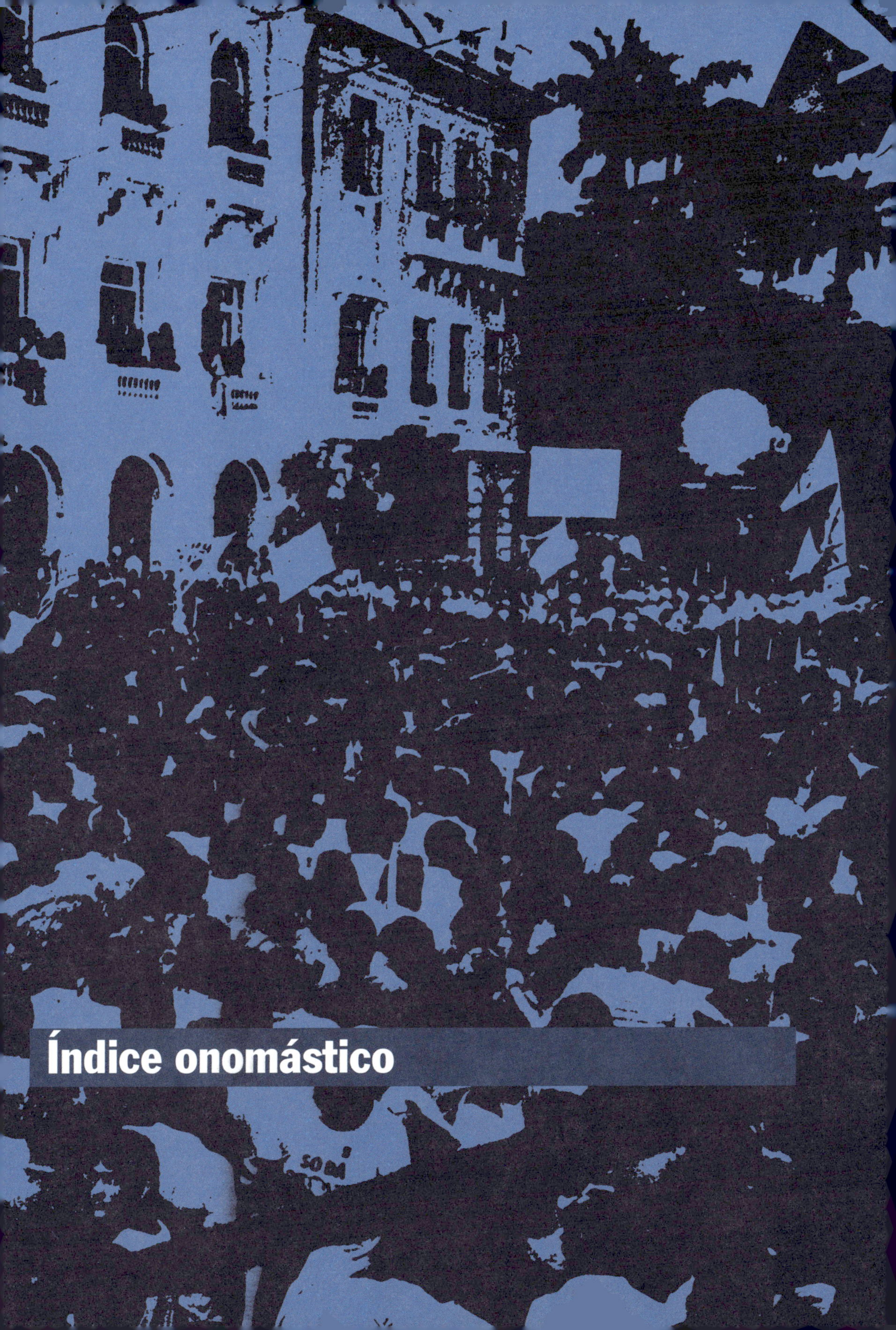

Índice onomástico

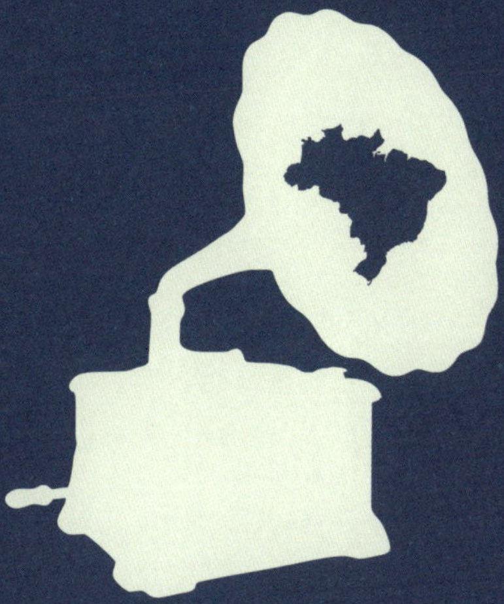

Créditos das imagens

Legenda: a - no alto; b - embaixo; c - no centro; d - à direita; e - à esquerda.
As imagens da capa e do sumário estão listadas a seguir da esquerda para a direita e de cima para baixo.

DA CAPA: Conteúdo | Estadão AE | Foto Roberto Castro, Arquivo Agência Brasil, Conteúdo | Estadão AE | Foto Fernando Pereira, CPDoc JB | Foto Isaías Feitosa, Agência O Globo | Foto Marco Antônio Teixeira, Agência O Globo | Foto Gustavo Miranda, CPDoc JB | Foto Sonia D'Almeida, CPDoc JB | Foto Mabel Arthou.

DO SUMÁRIO: CPDoc JB | Foto Nelson Perez, CPDoc JB | Foto Juvenal Silveira, Arquivo Agência Brasil | Foto Antônio Cruz, Conteúdo | Estadão AE | Foto Roberto Castro, Conteúdo | Estadão AE | Foto Fernando Pereira, Arquivo Agência Brasil, Agência O Globo | Foto Marco Antônio Teixeira, Agência O Globo | Foto Gustavo Miranda, CPDoc JB | Foto Isaías Feitosa, CPDoc JB | Foto Renan Cepeda, Folhapress | Foto Jorge Araújo, Folhapress | Foto Chico Ferreira, CPDoc JB | Foto Mabel Arthou, Folhapress | Foto Patrícia Santos, CPDoc JB | Foto Adriana Caldas, CPDoc JB | Foto Paulo Nicolella, CPDoc JB | Foto Natanael Guedes, CPDoc JB | Foto Adriana Lorete.

Acervo Iconographia: 304.
Acervo Família de rua:: 28.
Agência Brasil:
Antônio Cruz: 320
Agência O Globo:
Carlos Ivan: 33 · *Custódio Coimbra:* 231a · *Gustavo Miranda:* 26a · *J. França:* 17 · *Julio Cesar Guimarães:* 22 · *Marco Antônio Teixeira:* 336/337 · *Nellie Solitrenick:* 169 · *Ricardo Stuckert:* 25b · *Roberto Stuckert:* 26b, 234a · *Sergio Andreade:* 364 · *Sérgio Marques:* 156/157.
Arquivo Agência Brasil: 14.
Arquivo MST: 80.
Arquivo Público do Estado de São Paulo | Fundo Deops: 237b.
Carlos Rodrigues: 25a.
Conteúdo | Estadão AE:
Dida Sampaio: 422/423 · *Epitácio Pessoa:* 420/421 · *Fernando Maia:* 27a · *Fernando Pereira:* 408/409 · *Roberto Castro:* 237a · *Tasso Marcelo:* 289.
CPDoc JB: 232.

Adriana Caldas: 238 · *Adriana Lorete:* 203 · *Alberto Ferreira:* 103 · *André Câmara:* 66/67, 75 · *André Durão:* 97 · *Antonio Lacerda:* 239 · *Antonio Ribeiro:* 101ad · *Antônio Teixeira Filho:* 55, 131 · *Ari Gomes:* 105 · *Arnildo Schulz:* 233b · *Carlo Wrede:* 384/385 · *Carlos Magno:* 233a, 334 · *Carlos Mesquita:* 101ae · *Chquito Chaves:* 62 · *Custódio Coimbra:* 61a · *Dilmar Cavalher:* 120 · *Ed Viggiani:* 50 · *Fernando Bezerra Jr.:* 236 · *Fernando Rabelo:* 186/187 · *Gilberto Alves:* 234b · *Gildo Lima:* 72, 79b, 136 · *Isaías Feitosa:* 87b · *Ismar Ingber:* 10, 241 · *J. C. Brasil:* 173 · *J. França:* 16 · *Jamil Bittar:* 127, 135, 229 · *João Ramid:* 150 · *José Roberto Serra:* 109 · *Josemar Gonçalves:* 180, 184 · *Juvenal Silveira:* 82/83, 84 · *Luis Antonio:* 193 · *Luis Carlos dos Santos:* 167d · *Luiz Antonio:* 228 · *Luiz Morier:* 29 · *Mabel Arthou:* 101b, 147, 192 · *Marcia Gouthier:* 235 · *Marco A. Rezende:* 199 · *Marco Antonio Cavalcanti:* 189 · *Moreira Mariz:* 70 · *Natanael Guedes:* 90, 91 · *Nelson Perez:* 161 · *Olavo Rufino:* 44, 93d, 319 · *Paulo Nicolella:* 143, 206, 225 · *Raimundo Valentim:* 209 · *Renan Cepeda:* 182/183, 217 · *Renato de Souza:* 242 · *Ricardo Chaves:* 122 (reprodução) · *Roberto Faustino:* 230 · *Ronald Theobald:* 79a · *Samuel Martins:* 348 · *Sonia D'Almeida:* 117 · *Tasso Marcelo:* 128 · *Vidal da Trindade:* 106/107 ·.

Editora Abril:

Claudio Versiani: 24 · *Jorge Rosenberg:* 30/31, 58a.

Folhapress: 58b.

Alan Marques: 312/313 · *Chico Ferreira:* 126 · *Eduardo Knapp:* 402 · *Elena Vetorazzo:* 23 · *Helcio Nagamine:* 27b · *Homero Sérgio:* 15 · *Jefferson Rudy:* 268 · *Jorge Araújo:* 21 · *Juca Varella:* 316 · *Luciana Whitaker:* 252d, 298 · *Lula Marques:* 350/351 · *Marlene Bergamo:* 329 · *Moacyr Lopes Jr.:* 265 · *Patrícia Santos:* 258/259, 293d · *Paulo Giandalia:* 274 · *Rogério Carneiro:* 18/19 · *Rosane Marinho:* 231b · *Sergio Lima:* 307, 330 · *Tadashi Nadagomi:* 20 · *Gustavo Miranda:* 223.

Imagens Humanas:

J. R. Ripper: 280.

Acervos consultados: Acervo particular de Roberto de Azevedo; Zico & Chico Discos; Acervo Particular de Geraldo Borges; Discoteca Pública de Belo Horizonte; Acervo Projeto República/ UFMG; Agência O Globo; Arquivo Público do Estado de São Paulo; Cedem Unesp; CPDoc JB; Estadão Conteúdo; Folhapress; Coleção Chico Homem de Melo.

Agradecimento especial: Lucyanne Mano/ CPDoc JB.

Este livro foi composto com as famílias tipográficas Franklin Gothic
e Lucida Bright para a Nova Fronteira em julho de 2015.